Hans D. Barbier
Fides Krause-Brewer

Die Person hinter dem Produkt

Hans D. Barbier · Fides Krause-Brewer
(Hrsg.)

Die Person hinter dem Produkt

40 Portraits erfolgreicher Unternehmer

Der Verlag, der Sie berät NR

CIP-Kurztitelaufnahme der Deutschen Bibliothek
Die **Person hinter dem Produkt** : 40 Portr. erfolgreicher Unternehmer /
Hans D. Barbier; Fides Krause-Brewer (Hrsg.) -
3., überarb. Auflage
Bonn-Bad Godesberg : Rentrop, 1988. -
ISBN 3-8125-0067-1
NE: Barbier, Hans D. [Hrsg.]

1. Auflage Juni 1987
2., überarbeitete Auflage Januar 1988
3., überarbeitete Auflage März 1988

Satz: Fotosatz Gluske, Köln
Druck: Druckerei Laub, Elztal-Dallau
Umschlaggestaltung: Art & Media, Bonn
Objektleitung: Dr. Wolfgang Stock, Bonn

Verlag Norman Rentrop, Theodor-Heuss-Str. 4, 5300 Bonn 2
Tel. 0228/8205-0, Telex 17228309 (ttx d), Teletex 228309 = rentrop
ISBN 3-8125-0067-1

Inhaltsverzeichnis

Erfrischungs-Experten

Genuß-Genies

Küchen-Künstler

Einführung

Der berühmte Nationalökonom Joseph A. Schumpeter hat ihm ein Denkmal gesetzt: dem einfallsreichen, schöpferischen, wagemutigen Unternehmer. Aber alle Sprachkraft Schumpeters hat nicht ausgereicht, die Facetten der Leistung, des Wagens, des Erfolges und der Enttäuschung der Zentralfigur seiner Theorie vom Aufstieg und Niedergang der Wirtschaftssysteme plastisch zu machen. Schumpeters „dynamischer und innovativer Unternehmer" ist letztlich doch zu einer etwas blassen Erscheinung geraten. Wie sollte es auch anders sein? Was ein Unternehmer ist, was ihn um- und antreibt, läßt sich nicht in die Enge eines Modells der Gesellschaft einpassen.

Dieses Buch handelt nicht von Modellen. Es handelt von Unternehmern, deren Namen für ein Produkt, für ein Unternehmen, bisweilen für einen ganzen Konzern stehen. Es werden Unternehmerpersönlichkeiten portraitiert, die Geschichte gemacht haben und in manchen Fällen selbst schon zur Geschichte geworden sind. Dieses Buch ist kein Lehrbuch, aber es läßt sich eine ungeheure Fülle faszinierender Dinge aus ihm lernen: Wirtschaftsgeschichte, dargestellt an Personen, die diese Geschichte geprägt haben. Es ist nicht durchgängig eine Heldengeschichte zu erzählen. Es ist auch die Geschichte des Zweifels und Verzweifelns, der Sorgen und der Tränen. Ein Unternehmer ist keine Figur, deren Gestalt sich aus dem Studium von Bilanzen und Ertragsrechnungen ergibt. Unternehmer sind Leute, die das Leben auf eine Weise meistern wollen, die in den meisten Fällen nicht kopierbar ist.

Was zeichnet einen „Namens-Unternehmer" vor einem wagemutigen Financier oder einem verantwortungsvoll entscheidenden Manager aus? Eigentlich ist es ganz einfach: ihn unterscheidet von beiden die Bereitschaft zur Hergabe seines Namens. Er läßt nicht Rentabilitäten in der Anonymität von Stabsabteilungen berechnen. Er steht mit seiner Person, oft genug auch mit dem Renommee seiner Familie, für ein Produkt ein, das er – sozusagen Auge in Auge mit dem Käufer – auf den Markt bringt. Er hat dabei die Chance, zum gefeierten und wirtschaftlich erfolgreichen Erfinder und Innovator zu werden. Er geht aber auch das Risiko ein, gemeinsam mit seinem Produkt als zu leicht befunden zu werden. Nirgendwo mag der Erfolg sich so berauschend zeigen wie beim Namens-Unternehmer; nirgendwo in der Wirtschaft sonst muß aber auch der Mißerfolg so schmerzen.

Die modernen, hochtechnisierten Marktwirtschaften wären nicht funktionsfähig ohne technische Eliten, spezialisierte Manager und Unternehmensformen, die ein Höchstmaß an kalkulierbarer Beweglichkeit bei gleichzeitiger Risikobegrenzung ermöglichen. Aber die Marktwirtschaften wären auch nicht denkbar ohne die Figur des Namens-Unternehmens. Aus einer Ingenieursformel und einer Finanztabelle wird kein Produkt, wenn da nicht einer auftritt, der - häufig genug gegen wägenden Expertenrat - sein Herz über die Hürde wirft und etwas wagt, das in kein bekanntes Kalkulationsschema paßt. Wer so handelt, der geht nicht auf den Markt - er macht ihn. Und der sollte sich nicht mit Fug als unverzichtbares Element einer Marktwirtschaft fühlen dürfen?

In diesem Sinne möchte dieses Buch anregen. Nicht zur bloßen Imitation - das wäre angesichts der Lebensleistung der Vorbilder ein schwieriges Unterfangen. Vielmehr möchten die Portraits motivieren, Mut zur unternehmerischen Leistung machen. So ganz nebenbei beantwortet dieses Buch vielleicht dabei die Frage nach dem Geheimnis unternehmerischen Erfolges. Denn was haben all diese Erfolgsmenschen gemeinsam? Wie lautet die Formel ihres Erfolges? Einfache Antworten gibt es auf diesen komplexen Sachverhalt nicht. Doch zeigen die 40 Portraitierten Wesensmerkmale auf, die wir genau beobachten sollten.

Da ist zum Beispiel der Drang des Neugierigen, sich kundig zu machen, unternehmerische Weltanschauung dadurch zu gewinnen, daß man sich die Welt tatsächlich anschaut. Da zeigt sich die Erkenntnis, daß Transpiration die Inspiration meist übertrifft, daß Fleiß als Grundstein jedes unternehmerischen Erfolges zu gelten hat. Da entpuppt sich der Unternehmer dann auch nicht als gottähnliches Wesen, sondern als ein seinen Kunden verpflichteter Verkäufer, so wie jeder Unternehmer zunächst und zuallererst ein Verkäufer ist. Nicht zuletzt möchte dieses Buch Mut machen, zur eigenen unternehmerischen Persönlichkeit zu stehen, zu Erfolgen ebenso wie zu unvermeidbaren Rückschlägen.

Viele heute berühmte Namens-Unternehmer haben ganz klein und bescheiden in Hinterhofgaragen angefangen. Gerade der Marken-Pionier ist nicht an eine bestimmte Betriebsgröße gebunden. Weltkonzerne tragen noch heute den Namen ihrer Gründer und deren Nachfolger. Mit ihrem Namen treten aber heute auch viele Jungunternehmer an. Die Startchancen für diese Pioniere wären jedoch dahin, wenn sich in der heutigen Wirtschaftspolitik die Tendenz verstärkte, dem Gruppenlobbyismus oder der „Größe" dienlich zu sein. Eine solche Politik verschüttet gerade die Talente, die in der Ausnahmeerscheinung des Pionierunternehmers liegen. Wenn dieser Band - neben dem Unterhaltungswert jeder einzelnen Geschichte - ein wenig auch dazu beitragen kann, für eine Wirtschaftspolitik der Chancengleichheit zu werben und vor den Gefahren einer Politik des organisierten Gruppenegoismus zu warnen, dann sähen nicht nur die Herausgeber viel erreicht. Es liegt auch in der „List der Idee" der in diesem Band portraitierten Unternehmer, durch ihr Beispiel für eine Politik zu plädieren, die dem Wagemut eine Chance läßt.

Hans D. Barbier   Fides Krause-Brewer

Audi
Auf vier Rädern ins Ziel
von Stephan Mühlbaur

Mit Rodelschlitten sind Jungen auch im 19. Jahrhundert zu ihrem Vergnügen gefahren. In Winningen an der Mosel, einer verträumten kleinen Marktgemeinde, fuhren sie noch mit Holzkufen. Einer von ihnen beließ es nicht beim Spaß. Er grübelte und kam auf die Idee, unter diese Kufen Eisenschienen anzubringen, was den Schlitten enorm beschleunigte. Der findige Junge hieß August Horch, Sohn eines Schmieds. Seine Idee brachte ihm nicht nur Bewunderung seiner Umwelt ein, sondern auch der Schmiede seines Vaters mehr Umsatz. Alle Schlittenfahrer in der Gegend wollten jetzt schneller mit ihrem Rodel die Hänge hinunterfahren, und so bestellten sie Eisenschienen in der Schmiede.

August Horch weist in seiner Autobiographie „Ich baute Autos" nur kurz auf dieses Erlebnis aus seiner Jugendzeit hin. Doch deckt diese Szene bereits viel von den Eigenschaften auf, die Horch zu einem Pionier des Automobilbaus in Deutschland werden ließen: Verständnis für Technik, Erfindergeist und Mut zum Handeln. Das allein genügt freilich noch nicht, um den Pioniercharakter deutlich zu machen, den einer vor rund 90 Jahren haben mußte, der sich einer solch revolutionären Sache wie dem Autobau verschrieben hatte. Ein Fahrzeug ohne Pferd galt damals vielen Zeitgenossen noch als ein Teufelswerk, genauso wie einige Jahrzehnte zuvor auch der Bau der Eisenbahn verteufelt wurde. Was an zusätzlichen Eigenschaften bei Horch und anderen Industriepionieren hinzukam, war eine „Spürnase" für neue Entwicklungen und etwas, was Horch selbst in seinen Erinnerungen als „nüchterne technische Besessenheit" beschreibt. Denn, was nützte die Spürnase, wenn nicht der Wille dazu kommt, es tatsächlich besser machen zu wollen als andere, ohne viel Rücksicht auf den eigenen persönlichen Einsatz.

Der Grundstock für diese Eigenschaften wurde bei dem 1868 geborenen August Horch wahrscheinlich schon in der Kinderstube, der häuslichen Schmiede, gelegt. Er selbst schreibt: „... meine Vorfahren hatten mir ein wunderbares Erbteil mitgegeben: alle diese Männer, bis zurück zum Jahre 1706, waren Schmiede gewesen, auch mein Vater war Schmied. Und auch in mir, das habe ich seit meiner frühesten Jugend ganz klar verspürt, rumorte die technische Neugierde, ein gewisser technischer Verstand und ein gewisser technischer Ehrgeiz." Und an anderer Stelle schreibt er: „Ich hockte lieber in der Werkstatt meines Vaters, und hier verbrachte ich meine meiste Freizeit".

Doch die handwerkliche Schmiede konnte den Interessenhorizont des jungen Horch nicht lange ausfüllen. Die entscheidende Szene beschreibt Horch in seinem Buch so: „Mein Jungendasein aber erhielt einen überwältigenden Aufschwung und sozusagen einen funkelnagelneuen Lebensinhalt, als die Bahn an der Mosel entlang gebaut wurde. Ich rannte in jeder freien Minute hin und fand das Paradies. Schienen wurden gelegt, Dämme errichtet, Kleinbahnlokomotiven dampften und keuchten, eine Brücke vor den Toren Winningens wurde gebaut, das war alles unbeschreiblich herrlich." Von nun an wollte Horch Lokomotivführer werden - ein damals keineswegs selbstverständlicher Jungenwunsch. Selbstverständlich war damals aber, daß er als einziges Kind in die Fußstapfen seines Vaters treten sollte. Der 13jährige Horch fügte sich diesem Wunsch und machte bei seinem Vater die Schmiedelehre. Nach deren Abschluß zog es ihn aber hinaus in die Ferne. Als wandernder Handwerksbursch blieb er nirgends sehr lange. Immer wieder trieb es ihn weiter, Neues zu sehen und kennenzulernen, selbst wenn dies mit vielerlei Schwierigkeiten und Entbehrungen verbunden war. Schließlich landete er beim Eisenbahnbau an der Grenze zwischen Serbien und Bulgarien.

Um diese Zeit herum faßte Horch auch den Entschluß, Ingenieur zu werden. Er wanderte 1888 nach Winningen zurück und ging ans „Technikum" Mittweida/Sachsen. Das Studium des Motoren- und Maschinenbaus fiel ihm anfangs sehr schwer. In den Erinnerungen heißt es: „Manchmal sah es aus, als ob ich vor einer Mauer stünde, die ich meiner Lebtag nicht würde übersteigen können. Es half aber nichts. Mit hartnäckigem Fleiß ging ich diese Mauer an, und das beinahe allmächtige Wunder eines entschlossenen Willens verspürte ich auch an mir: Nach den ersten bitterschweren und harten Semestern ging das Studium leicht." Horch schloß die Ingenieurprüfung schließlich mit „gut" ab. Auch wenn seine persönlichen Erinnerungen manchmal vom schwulstigen Stil der dreißiger Jahre - das Buch erschien 1937 - geprägt waren, gegen Mauern mußte Horch auch in späteren Jahren noch ankämpfen. Zähigkeit und eiserner Wille waren damals auch notwendig, um neuartige Ideen zunächst einmal in die Praxis umzusetzen, und zwar so, daß sie schließlich auch von der Allgemeinheit anerkannt wurden.

Der Maschinenbauingenieur besuchte 1896 im Alter von 28 Jahren in Leipzig eine Motorradveranstaltung, auf der Motorräder einer Leipziger Firma vorgeführt wurden. Sofort war der Besucher begeistert, wanderte um die Maschinen herum und fragte sich, warum es keine Wagen mit solchen Motoren gab. Als er, von seiner Neugierde getrieben, die Veranstalter danach fragte, bekam er die Auskunft, daß es so etwas schon gäbe. Die Firmen Daimler in Stuttgart und Benz & Co in Mannheim beschäftigten sich damit. Lachend fügten sie jedoch hinzu, daß der ganzen Sache nicht zu trauen sei. Der Ingenieur August Horch faßte einen schnellen Entschluß und schrieb noch am selben Tag einen Bewerbungsbrief an die Firma Benz. Kurz darauf wurde er dort als Assistent des Betriebsleiters vom Motorenbau eingestellt.

Für Horch war der zufällige Veranstaltungsbesuch in Leipzig ein Wendepunkt in seinem Leben. Bis dahin hatte er fünf Jahre lang das mehr oder weniger übliche Leben eines Maschinenbauingenieurs geführt. Zuerst arbeitete er bei einer Maschinenfabrik im Ostseehafen Rostock, dann in einem Konstruktionsbüro für Schiffsmaschinen. Danach wechselte er zu einer Leipziger Maschinenfabrik, die sich mit einem „Explosionsmotor" - so hießen Verbrennungskraftmaschinen damals - beschäftigte. Doch erwiesen sich die Entwicklungen dort für einen Dauerbetrieb als unbrauchbar. Von einer neuen, besseren Idee überzeugt, handelte Horch schnell und entschlossen.

Zum schnellen und entschlossenen Handeln kommt im Laufe des Lebens manchmal auch etwas Glück dazu. In Mannheim mußte Horch zunächst in der Gasmotorenabteilung arbeiten, die ihn nicht sehr interessierte. Nach vier Monaten wurde er jedoch Betriebsleiter des Motorenwagenbaus. Im Firmenchef, Carl Friedrich Benz, traf der 22 Jahre jüngere Horch auf einen Ingenieurkollegen, der seine wahren Fähigkeiten schnell richtig einschätzte. Horch konnte von ihm und seinen Mitarbeitern viel lernen und bekam all die vielfältigen Probleme mit, die es gab, wenn an einem neuen Produkt unter schwierigen Verhältnissen gearbeitet wurde. Benz hatte 1885 einen liegenden Einzylinder-Benzinmotor konstruiert. Er trieb damit einen dreirädrigen Wagen an, welcher das erste entwicklungsfähige Kraftfahrzeug darstellte, bei dem Fahrgestell und Motor eine Einheit waren. Horch wurde jedoch nicht nur in die Geheimnisse des Fahrzeugbaus eingeweiht, er lernte bei Benz auch, was es heißt, Verantwortung auszuüben und eine Führungskraft zu sein - eine Erfahrung, die jeder braucht, der ein erfolgreicher Unternehmer werden will.

Dem ehrgeizigen Horch wurden die Ansichten von Benz aber bald zu altmodisch. So hielt Benz zum Beispiel nichts davon, daß die Motorkutschen schneller fahren sollten. Und erst nach langem Drängen war der Firmenchef damit einverstanden, daß seine Wagen auch an Sportveranstaltungen teilnehmen sollten. Sie konnten jedoch keine nennenswerten Erfolge erzielen. Ein Daimler-Wagen war es, der 1899 Aufsehen erregte. Horch kündigte in diesem Jahr. In seinen Erinnerungen schreibt er: „Ich hatte ein gutes Stück Lebensarbeit hinter mir. Ich hatte mich umgesehen und viel gelernt . . . Ich wollte mich selbständig machen . . . Am 15. Oktober verließ ich Mannheim. Am 14. November 1899 wurde in Köln-Ehrenfeld unter Ges. Reg. 4689 die Firma A. Horch & Cie. eingetragen. Einer der Träume meines Lebens hatte sich verwirklicht."

Lange mußte der 31jährige Ingenieur in Köln nach einem Raum suchen, in dem er seine neue Existenz als selbständiger Unternehmer beginnen konnte. Der Traum, unabhängig von einem verehrungswürdigen, aber auch selbstherrlichen Vorgesetzten konstruieren und dem schnellen Fortschritt ohne viel Zeit beanspruchende Diskussionen folgen zu können, stieß im Alltagsgeschäft auf viele Widerstände. Schließlich war ein Raum gefunden - ein großer Pferdestall mit Futterkrippen als Ablage für Konstruktionszeichnungen und sonstiges Papier. Mit Feuereifer begann der Ingenieur August Horch ungeachtet der ungewöhnlichen Umgebung zu arbeiten. Seine erste Konstruktion am Zeichenbrett war ein Abreißgestänge für die Bosch-Magnet-Zündung.

Ein Pionier, der ein Ziel vor Augen hat, stört sich selten an den Umständen, unter denen er arbeiten muß. Horch war es auch schon gewohnt. Bei Benz in Mannheim mußte ebenfalls Pionierarbeit geleistet werden. Auch andere wie zum Beispiel Gottlieb Daimler, der neben Benz als „Vater des modernen Kraftwagens" gilt, haben klein angefangen. Schon bald nach der Gründung seiner ersten selbständigen Existenz konnte Horch sein erstes Patent anmelden: eine spezielle Konstruktion für die Bosch-Magnet-Zündung. Die Idee dazu lieferte allerdings ein Mitarbeiter Horchs, Hermann Lange, der mit ihm die Firma Benz verlassen hatte. Entscheidend für einen Unternehmer ist es nicht, selbst alle Ideen zu haben, sondern gute Ideen zu erkennen und zugleich in der Lage zu sein, sie in die Praxis umzusetzen.

Weitere Patente und Entwicklungen folgten rasch. Nachdem die junge Firma zunächst versuchte, mit Reparaturen von Fahrzeugen ins Geschäft zu kommen, kam 1900 der erste Motorwagen heraus, der viel Aufsehen erregte. Als erster deutscher Konstrukteur hatte Horch die Idee der französischen Automobile aufgegriffen und den Motor nach vorn gelegt. Die Audi AG verwendet neben anderen Firmen dieses Prinzip heute noch. Außerdem war damals neu, daß Horch ein Getriebe mit ständig im Eingriff befindlichen Zahnrädern verwendete. Eine besonders bahnbrechende Neuerung, die Horch und seine Mitarbeiter einführten, war, statt der traditionellen Antriebsriemen oder -ketten den Kardanantrieb mit Gelenkwellen zu verwenden - ein in Deutschland völlig neues Prinzip. Aber auch auf seinen Zweizylindermotor mit gegenläufigen Kolben war Horch stolz. Im ersten Katalog der Firma Horch wurde für den Wagen unter anderem so geworben: „... Bei den bis jetzt bestehenden Wagen wird es wohl jeder als einen Mißstand empfunden haben, daß dieselben, namentlich wenn sie stillstehen und der Motor läuft, sehr zittern und schütteln. Bei unserem stoßfreien Motor fällt jede Erschütterung des Wagens fort."

Das Leitmotiv der Audi-Werke:

Namen wie Horch, Audi, Wanderer, DKW, Auto Union und NSU bedeuten auch für die heutige Audi AG wichtige Wegmarken. Wie das Ingolstädter Unternehmen erklärt, basiert die heutige Leistungsfähigkeit auf einer langen Tradition - Automobilbau bei Audi heißt: der Tradition verbunden, dem Fortschritt verpflichtet.

Auf diesem Grundgedanken ist die Unternehmensphilosophie des Hauses Audi aufgebaut und in dem Leitmotiv „Vorsprung durch Technik" zusammengefaßt. Dieser selbstauferlegte Anspruch bringt die technologische Dynamik gut zum Ausdruck, die schon immer kennzeichnend für Horch und seine Nachfolgefirmen war.

Beispiele für Pionierleistungen mit bahnbrechender Bedeutung für das Unternehmen waren in den letzten sechs Jahren

- der Audi Quattro (1980) als Vorläufer und strategischer Wegbereiter der Technologie des Allrad-Antriebs
- der Audi 100 (1982) mit der weltbesten Aerodynamik
- die Produktion der ersten Großserie mit vollverzinkter Karosserie (1985).

„Vorsprung durch Technik" ist dabei kein bloßer Slogan und auch nicht nur auf technische Gebiete anwendbar, sondern zieht sich wie ein roter Faden durch alle Unternehmensbereiche: Entwicklung, Produktion, Qualitätssicherung, Organisation bis hin zur Arbeitsplatzgestaltung. Die Audi-Philosophie „Vorsprung durch Technik" gilt als treibende Kraft für das Unternehmen und für jeden einzelnen Mitarbeiter.

Nachdem Horch mit seinen sechs Mann zehn Wagen gebaut hatte und an einem neuen verbesserten Modell arbeitete, kam er 1901 in finanzielle Schwierigkeiten, was nicht nur an dem teuren Motor, sondern auch an der Konjunktur allgemein lag. Das knappe Kapital der Firma von 30.000 Mark war verbraucht. Doch zögerte Horch auch diesmal nicht lange. Er fand einen neuen Teilhaber und verlegte seine Firma aus dem ehemaligen Pferdestall in Köln-Ehrenfeld nach Reichenbach im Vogtland in das Gebäude einer ehemaligen Spinnerei. Dort entwickelte Horch mit sieben Mitarbeitern seinen ersten Vierzylindermotor. Bei diesem gab es erstmals auch Kugellager und Chromnickel-Zahnräder sowie hängende Ventile und eine Bosch-Lichtbogenzündung. Die Aufträge stiegen, und die ständigen Verbesserungen - die Konkurrenz schlief schon damals nicht - ließen den Betrieb wachsen. 1904 hatte Horch schon rund 90 Mitarbeiter.

Um die Jahrhundertwende entwickelte sich die deutsche Industrie - angeregt durch zahlreiche Erfindungen - in einem atemberaubenden Tempo. Auch die Automobilbranche, die noch in den Kinderschuhen steckte, setzte auf Wachstum. 1903 wurden im Deutschen Reich 1.311 Personenwagen produziert. 18 davon wurden nach handwerklichen Methoden in einem kleinen Betrieb in Reichenbach/Vogtland hergestellt. Der Jungunternehmer August Horch wollte die Nachfrage befriedigen, sah sich nach neuen Kapitalgebern um und fand sie in Zwickau/Sachsen. Dort wurde 1904 eine Aktiengesellschaft gegründet, die A. Horch & Cie., Motorwagen Werke AG, mit einem Stammkapital von 350.000 Mark. Im gleichen Jahr noch bekam der „Chef" vom Aufsichtsratsvorsitzenden einen Brief, in dem unter anderem stand: „Der Aufsichtsrat beschloß, daß Ihnen schriftlich mitgeteilt werde, daß er die Fortsetzung der bisherig unlohnenden Betriebsweise nicht gestatten kann ... und daß er von Ihnen eine schnelle durchgreifende Reorganisation des Betriebes erwartet ... Der Plan soll davon ausgehen, daß der Betrieb pro Jahr ca. 100 Wagen schaffen kann."

In vielen neuen, schnell wachsenden Betrieben stehen nach einiger Zeit nicht mehr Neuentwicklungen im Vordergrund des Interesses, sondern der Gewinn. Für einen Praktiker wie Horch, der sich kompromißlos für die Verbesserung seiner Autos einsetzte, mußte es da zwangsläufig zu Reibereien kommen. Der Wechsel von einem Konstrukteur mit einem kleinen handwerklichen Betrieb zu einem Industriellen war auch den Konkurrenten Horchs, Benz und Daimler, schwergefallen. Von „Papa Benz" - Horch nannte seinen Lehrmeister in seinen Erinnerungen so - hatte er in dieser Hinsicht nichts lernen können.

Die Entwicklung des Betriebes ging unterdessen weiter aufwärts. Die Vierzylinder-Horch-Modelle verkauften sich gut - nicht zuletzt auch wegen sportlicher Erfolge. 1908 konnten die Zwickauer Autobauer erstmals mehr als 100 Horch-Wagen ausliefern. 1907 wurde der erste Sechszylinder herausgebracht, der jedoch nur auf ein sehr schwaches Käuferinteresse stieß. Die Differenzen mit der kaufmännischen Geschäftsführung häuften sich, und im Juni 1909 kam es zum Bruch. Der Aufsichtsrat „feuerte" seinen technischen Direktor. Horch zog die Konsequenzen auf seine Weise. Mit der Abfindungssumme von 20.000 Mark und neuen Geldgebern - im Umgang mit finanzkräftigen Leuten aus der Oberschicht hatte Horch schon viel Erfahrung - gründete er bereits einen Monat später in der Nähe seiner alten Firma eine neue. Da er den Prozeß um die Namensführung „Horch" verlor, mußte er sich einen neuen Firmennamen einfallen lassen. Der Latein lernende Sohn der Aktionärsfamilie Fikentscher, die auf seine Seite gewechselt war, gab den Anstoß: „Vater - audiatur et altera pars! (man höre auch die andere Seite) ... Vater - audi ... wäre es nicht richtig, anstatt Horch Audi zu sagen?" 1910 wurde die neue Firma mit dem Namen Audi Automobilwerke GmbH mit Sitz in Zwikkau eingetragen.

Mit Elan ging Horch mit seiner neuen Mannschaft, zu der auch sein langjähriger Chefkonstrukteur, Oberingenieur Hermann Lange, gestoßen war, an die Arbeit. Die folgenden Jahre bis zum Kriegsausbruch 1914 können als Glanzzeit im Leben Horchs bezeichnet werden. 1910 kam der erste Audi heraus, der bald mit besseren und stärkeren Motoren ausgerüstet wurde. 1911 errang die neue Marke die ersten Sporterfolge, und auf den internationalen Automobilausstellungen reihte sich der Audi unter die Stars ein. In einer Auto-Fachzeitschrift wurden die Audi-Modelle auf der Internationalen Automobilausstellung Berlin 1911 wegen ihrer Einfachheit, Übersichtlichkeit und starker Bauart bei leichtem Gewicht gelobt. Schon damals wurde, wie auch heute wieder, dem Luftwiderstand viel Wert beigemessen. Allerdings konnten sich die Audi-Werke nicht mehr zu der Größe wie die konkurrierenden Horch-Werke entwickeln. 1914 wurde Audi wegen nötiger Kapitalbeschaffung in eine AG umgewandelt und mußte für die Kriegswirtschaft produzieren. Horch beschäftigte sich von nun an mehr mit Management und Verbandsaufgaben, zog sich 1920 - er war 60 Jahre alt - aus der aktiven Geschäftsführung bei Audi zurück, wurde in den Aufsichtsrat gewählt und beendete praktisch seine Laufbahn als Autokonstrukteur und Industrieller.

In der Frühzeit des Automobils, als das Benzin in Apotheken verkauft wurde, konnten sich nur begüterte Leute ein Motorfahrzeug leisten. Es diente vor allem Repräsentationszwecken und dem Sport. Ab 1904 engagierte sich August Horch auch als Rennfahrer und eigener Werbechef für seine Firma. Der erste bedeutende Sieg wurde auf der Herkomer-Fahrt 1906, einer Rallye durch Süddeutschland und Österreich, erzielt. Die Fachwelt sprach von einer Sensation, vor allem, weil der Siegerwagen der kleinste in der Konkurrenz war. Der Firmenchef selbst belegte mit seinem Wagen den zehnten Platz. Horch beschrieb die neue Situation so: „Die Horch-Wagen standen auf einmal im Vordergrund des Interesses, nachdem man sie beim Start in Frankfurt ... kaum beachtet hatte. Von diesem Augenblick an erfolgte der Aufstieg der Horch-Werke."

Die Motive, mit Autos Rennen zu fahren, waren damals größtenteils dieselben wie heute: Test für Zuverlässigkeit, praktische Erprobung neuer Erfindungen, Werbung für das Produkt. Horch erkannte dies frühzeitig. Der Konstrukteur und Unternehmer stellte in seinen Erinnerungen dies als seine Maxime auf: „Ich war unter allen Umständen bemüht, nur große und gute Wagen aus erstklassigem Material zu bauen." Daneben lag das Repräsentieren durchaus auch im Naturell Horchs, was unter anderem Fotos belegen, die ihn in Siegerpose zeigen.

Große Sporterfolge errang Horch vor allem mit seinen Audi-Modellen. 1911 meldete der leidenschaftliche Rennfahrer drei Wagen für die österreichische Alpenfahrt, einem der schwersten Automobilwettbewerbe der damaligen Zeit. Zwei von ihnen kamen auf den ersten Platz, das heißt, daß sie völlig strafpunktefrei fuhren. Nur der von Horch selbst gesteuerte Wagen bekam Strafpunkte, weil ein Keilriemen gerissen war. Bei der Alpenfahrt 1913 war das

Resultat noch besser. Alle Audi-Wagen blieben strafpunktfrei, gewannen 14 Preise und erhielten auch den Teampreis. Dieses Ergebnis wurde bei der Alpenfahrt 1914, die über 2.400 Kilometer führte, noch einmal übertroffen. Das Audi-Team gewann fast alle Preise, die es gab, einschließlich des Alpenwanderpokals. Horch war mit seinen Wagen die sportliche Nummer eins in Europa geworden. Der Ausbruch des Ersten Weltkrieges stoppte dann zwangsläufig die Erfolgsserie der Audi-Fahrzeuge.

In den dreißiger Jahren gab es aufbauend auf der Tradition der legendären Horch- und Audi-Wagen noch einmal große Sporterfolge, an denen Horch aber nicht mehr als Konstrukteur beteiligt war. In der Abteilung der Horch-Werke der 1932 gegründeten Auto Union AG, Sitz Chemnitz, wurde ein Rennwagen gebaut, der viel Aufsehen erregte. Das Konstruktionsbüro Ferdinand Porsches in Stuttgart lieferte dazu den Motor. Es galt damals, den Erfolgen der Daimler-Benz-Wagen Paroli zu bieten, was auch gelang. Der Auto Union „Silberpfeil" stellte mit Hans Stuck als Fahrer mehrere Weltrekorde auf. Seit einigen Jahren knüpft die in Ingolstadt beheimatete Audi AG ebenfalls an die Tradition dieser Sporterfolge an. 1982 wurde Audi mit dem Audi Quattro, einem Sport-Coupé mit Allradantrieb, Rallye-Weltmeister.

Nach dem Ersten Weltkrieg hatte der deutsche Automobilbau mit enormen Schwierigkeiten zu kämpfen. Während des Krieges war der zivile Automobilbau fast ganz eingestellt worden. Einem soliden, dauerhaften Neuaufbau standen zum einen die wirtschaftliche Lage, die von Reparationsleistungen und Währungsverfall gekennzeichnet war, zum anderen die aufstrebende ausländische Konkurrenz im Wege. August Horch, der schon während des Krieges als Aufsichtsratsmitglied einer 1917 gegründeten „Betriebsstoffeinkaufsgesellschaft" und als Vorstandsmitglied im Verein Deutscher Motorfahrzeugindustrieller (VDMI) mit zahlreichen nationalen Aufgaben betraut worden war, wollte ständig in Berlin bleiben. Denn dort „schlug das starke Herz des Reiches, dort war die Quelle, dort fielen alle Entscheidungen, ich wollte an der Quelle sein", schreibt er in seinen Erinnerungen. Er hoffte, von dort aus auch seinen Audi-Werken mehr nützen zu können.

Politik und Wirtschaft waren in Deutschland in den Jahren nach dem Ersten Weltkrieg noch mehr verflochten als heute. Wirtschaftliche Erfolge hängen auch von politischen Entscheidungsprozessen ab. Deshalb war es verständlich, daß sich der 50jährige Horch nach Berlin begab und sich der Verbandstätigkeit widmete. Unter anderem wurde er auch Vorsitzender des Ausschusses der „Außenhandelsstelle für Fahrzeuge" des Reichsverkehrsministeriums. Horchs Kenntnisse und Erfahrungen auf dem Automobilsektor waren gefragt. Eine der folgenreichsten Entscheidungen: 1923 wurde nach Vorschlägen Horchs für die Audi-Automobile die Linkssteuerung eingeführt, was zum Vorbild für beinahe ganz Europa wurde.

Den Kontakt zum Autobau und zu seinen Werken, deren Gründer er war, ließ Horch trotz seiner Tätigkeiten in Berlin nicht abreißen. 1925, als die Audi-Werke wegen aufwendiger Neukonstruktionen vor dem finanziellen Ruin standen, eilte Horch sofort nach Zwickau und half durch zähe Verhandlungen mit den Gläubigern mit, die Katastrophe abzuwenden. Als gegen Ende der zwanziger Jahre eine Weltwirtschaftskrise ausbrach, welche auch die deutsche Automobilindustrie sehr hart traf, konnte das Werk nur dadurch gerettet werden, daß Jörgen Skafte Rasmussen, ein dänischer Ingenieur, dem die Zschopauer Motorenwerke AG (= DKW) gehörten, die Aktienmehrheit erwarb. Einige Jahre später verschlechterte sich die Absatzlage für die gesamte sächsische Autoindustrie noch einmal drastisch. Mit großzügiger Unterstützung der Sächsischen Staatsbank wurden die Firmen Audi, DKW, Horch und Wanderer zum Staatsbetrieb „Auto Union AG" zusammengeschlossen. Auch im Aufsichtsrat der neuen Gesellschaft bekam Horch einen Sitz.

Während des Zweiten Weltkriegs zog Horch nach Münchberg in Oberfranken. An der Neugründung der Auto Union AG zunächst als GmbH nach Kriegsende in Ingolstadt beteiligte er sich auch noch. Am 3. Februar 1951 starb er 83jährig in Münchberg. Auf seinen Wunsch hin wurde er in seinem Geburtsort Winningen zu Grabe getragen.

UNTERM STRICH

August Horch

Firmenname	AUDI AG
Firmensitz	Ingolstadt
Branche	Automobil
Hauptprodukt/ Dienstleistung	Pkw
Eigentumsverhältnis	fast 100prozentige Tochter der VW AG
Vorstandsvorsitzender	Dr. Wolfgang R. Habbel
Gründer	August Horch
Gründungsjahr	1910
Mitarbeiter	ca. 40.000
Werke	Ingolstadt und Neckarsulm
Umsatz	9,9 Mrd. DM (1986)
Zukunftsziel	-

Daimler & Benz
Die Automobil-Pioniere
von Paul Simsa

Die Aktiengesellschaften Daimler und Benz wurden 1926 vereinigt. Hintergrund waren Sorgen in einer schwierigen Zeit, doch fürs Publikum fügten sich die Namen der Urgründer wie selbstverständlich aneinander, beide mit der Erfindung des Automobils verknüpft. Die Kooperation der Firmen hatte 1924 begonnen, aus der traditionellen Konfrontation der Marken Mercedes und Benz ergab sich kein nachwirkender Identitätskonflikt, wenngleich in Württemberg noch heute „beim Daimler" und in Baden „beim Benz" gearbeitet wird.

Daß Gottlieb Daimler und Karl Benz wie in Bruderschaft verbunden zu Ahnherren eines Unternehmens wurden, ist ein Kuriosum der Geschichte. Sie waren gegensätzliche Naturen, in Lebensgang und Zielvorstellungen ganz verschieden. Auch ihre Gemeinsamkeiten wären unter einem Dach unvereinbar gewesen. Beide haben die Entwicklung ihrer Unternehmen nur eingeleitet, beide waren richtungweisend für Mitarbeiter und Mitinhaber, aber schwierig als Chefs wie als Partner. Beide operierten zeitweise mit eigenen Neugründungen gegen die Stammfirmen trotz Sitz und Stimme in deren Aufsichtsrat. An der Daimler-Benz AG hatten beide keinen Anteil. Daimler war schon im Jahre 1900 gestorben, Benz hatte 1903 den Vorstandsvorsitz seiner Firma niedergelegt und 1924 den Aufsichtsrat verlassen; er starb 1929, hochgeehrt als ein Vater des Automobils, doch seit der Jahrhundertwende ohne Einfluß auf die technische Entwicklung.

Sie waren klassische Pioniere, zielbewußt von Anfang an und von den Kämpfen gezeichnet. Gottlieb Daimler hatte mit seinem großen Konstrukteur Wilhelm Maybach die Grundlagen moderner Motorentechnik geschaffen, Karl Benz auf gänzlich anderem Weg die ersten überzeugenden Motorwagen und ihre erfolgreiche Produktion. 1901 triumphierte Maybachs erster Mercedes, Prototyp des Automobils von heute und Schicksalsschlag für Karl Benz, der die Zeichen der Zeit verkannte.

Gottlieb Daimler, 1834 geboren, entstammte einer Handwerkerfamilie im schwäbischen Landstädtchen Schorndorf im Remstal, vier Fußgängerstunden von Stuttgart entfernt. Der Vorfahre Friedrich Teimbler aus Thüringen war 1660 als Zimmermeister eingebürgert worden; der Dreißigjährige Krieg hatte Ruinen hinterlassen, die Bevölkerung dezimiert. Einstmals war Schorndorf ein blühend entfaltetes Handelszentrum, zweitreichste Stadt Württembergs nach Stuttgart, seit 1535 jedoch als Festung eingepfercht; erst von 1810 bis 1880 wurden die Fortifikationen mühsam abgetragen. In Gottlieb Daimlers Jugend wurde „der nicht selten zum Cretinismus gesteigerte Habitus der unteren, in schlechten und engen Wohnungen zusammengedrängten Klassen“ beklagt. Württemberg litt an Mißernten und Wirtschaftskrisen, besonders schwer von 1846 bis 1854, viele Schwaben wanderten aus.

Schorndorf war Oberamtsstadt, Sitz der Kreisverwaltung. Wirtschaftlich profitierten die Bürger kaum davon, doch traditionelles Selbstbewußtsein blieb bewahrt. Aus der Lateinschule, heute Heimatmuseum, sind bedeutende Gelehrte und Politiker hervorgegangen; auch Gottlieb Däumler, der sich später Daimler schrieb, hat sie besucht.

Die Familie Däumler gehörte zur „oberen Hälfte“ der Bevölkerung. In der Höllgasse nah dem Rathaus betrieb Gottliebs Vater eine bescheidene „Back- und Weinstube“, heute Daimler-Gedächtnisstätte. Des Vaters älterer Bruder war Stadtbaumeister, sein Sohn Geometer des Oberamts; dieser Vetter Wilhelm förderte die zeichnerischen und mathematischen Talente des jungen Gottlieb mit Rat und Tat. Das Entlassungszeugnis der Schule bescheinigte 1848 dem Vierzehnjährigen, daß er „nicht nur die ebene Geometrie und Stereometrie durchgearbeitet, sondern auch die Buchstabenrechnung und Trigonometrie gelernt habe und befähigt sei, praktische Arbeiten daraus zu lösen.“

Ein geeigneter Handwerksberuf lag nah. Die Bürgerwehren, die sich in den revolutionären Turbulenzen formierten, brauchten Waffen aus örtlicher Produktion. Gottlieb lernte Büchsenmacher in Schorndorf, nach vier Jahren lieferte er sein belobigtes Gesellenstück, eine fein ziselierte doppelläufige Pistole.

Doch das Handwerk hatte keinen goldenen Boden mehr, und das Königreich Württemberg gehörte zu den Schrittmachern staatlicher Gewerbeförderung mit dem Ziel, den Anschluß an industrielle Entwicklungen im Ausland zu finden. Treibender Geist war Ferdinand Steinbeis, nachmals geadelt. 1848 wurde er Technischer Rat in der neuen Zentralstelle für Handel und Gewerbe, 1855 übernahm er die Leitung. Neben der Unternehmensförderung widmete er sich besonders dem Aufbau von Fortbildungs- und Berufsfachschulen; talentierten Junghandwerkern gewährte er Stipendien, auch für die Weiterbildung im Ausland.

Der Büchsenmachergeselle Gottlieb Däumler, von Vetter Wilhelm zum Besuch der gewerblichen Fortbildungsschule in Stuttgart angeregt, erhielt 1853 von Steinbeis ein Reisestipendium, um bei Rollé & Schwilqué in Grafenstaden nahe Straßburg die „Hohe Schule der Werkstättenpraxis" zu absolvieren. Das solcherart gerühmte Unternehmen war eine vielseitige Maschinenfabrik, baute unter anderem auch Eisenbahnwaggons und Brücken. Leiter war Friedrich Meßmer, zuvor renommierter Lehrer am Polytechnikum Karlsruhe und Mitgründer der Karlsruher Maschinenfabrik; später hat der Karlsruher Karl Benz hier studiert und in der Maschinenfabrik eine harte Lehrzeit erlebt.

Meßmer eröffnete dem Handwerker Däumler den industriellen Horizont des Gottlieb Daimler. Als er 1856 den Lokomotivbau in Angriff nahm, machte er den Zweiundzwanzigjährigen zum Vorarbeiter, es war eine bedeutende Beförderung. Daimler bewies seine Reife, als er den Lehrer im nächsten Jahr bat, sich wissenschaftlich weiterbilden zu dürfen. Mit der Vereinbarung, nach dem Abschluß zurückzukehren, trat er im Wintersemester das Studium in Stuttgart an. Hier an der Polytechnischen Schule, die später wie das Polytechnikum Karlsruhe zur Technischen Hochschule avancierte, wurde Gottlieb Daimler Maschinenbauer, Ingenieur. Befreundete Studienkollegen gelangten zu hoher Bedeutung für Württembergs wirtschaftliche Entwicklung: Emil Kessler junior, Heinrich Straub und Friedrich Voith im Maschinenbau, Gustav Siegle in der Farbenindustrie.

Daimler hatte Geld gespart. Vater und Vetter schossen etwas zu. Steinbeis sorgte für Erlaß der Studiengebühren, und in Grafenstaden wartete bei Friedrich Meßmer die gesicherte Existenz. Daimler hielt sich an die Vereinbarung, doch größere Aufgaben schwebten ihm vor, auch Weiterbildung in Frankreich und vor allem in britischen Industriemetropolen; Sprachkenntnisse hatte er in Grafenstaden und am Polytechnikum mit Talent erworben. 1861 ließ Meßmer ihn gehen. Steinbeis machte den Sechsundzwanzigjährigen mit einem Reisestipendium mobil. In Paris arbeitete Daimler in der Holzbearbeitungsfirma, die später als Panhard & Levassor den internationalen Erfolg seiner Motoren einleitete. Bei Gautier & Cie. wollte er die Produktion des Lenoir-Gasmotors sehen, die sensationelle Herausforderung der Dampfmaschine, doch als Industriespion wurde er abgewiesen wie andere. Er ging nach England, arbeitete bei besten Adressen in Leeds, Manchester und Coventry, war tief beeindruckt von großindustriellen Produktionsmethoden und Normen, nutzte die Fachliteratur und besuchte 1862 die gigantische Weltausstellung in London.

Als Ingenieur mit internationalem Horizont kehrte er heim, wollte sich mit einem Kollegen aus Grafenstaden im schwäbischen Künzelsau selbständig machen, Holzbearbeitungsmaschinen bauen, ein Kombinat von Gewebebetrieben mit zentraler Dampfmaschine gründen, doch es fehlte an Kapital. Freund Heinrich Straub hatte ihn nach Geislingen geholt; Daniel Straub, Heinrichs Vater, war dort auf der Basis seines ererbten Mühlenbetriebes zum bedeutenden Mühlen- und Turbinenfabrikanten geworden. Für die Arbeit als „Zeichner", Konstrukteur, war Gottlieb Daimler nicht zugeschnitten, und er war schon Emil Kessler, dem Vater seines gleichnamigen Studienfreunds, als Talent für größere Aufgaben ins Auge gefallen. Kessler, an der Gründung der Karlsruher und dann der Esslinger Maschinenfabrik maßgebend beteiligt, hatte Sorgen mit einem Sanierungsobjekt. Die Maschinenfabrik des Bruderhauses Reutlingen, wichtigste Stütze der Wernerschen Anstalten, steckte in Schwierigkeiten.

Pastor Gustav Werner hatte 1837 in Walddorf bei Tübingen eine Kleinkinder- und Arbeitsschule gegründet, die Wernerschen Anstalten mit Papier-, Holz- und Maschinenfabriken gingen daraus hervor. Mittellosen Kindern und Jugendlichen wurden Heimat, Schule und Berufsausbildung geboten, christlicher Sozialismus sollte mit kapitalistischer Wirtschaftsführung verbunden werden, die Geldgeber des „Actien-Vereins" hatten Anspruch auf Dividende. 1863 drohte das Scheitern, der Gläubigerausschuß suchte eine Führungspersönlichkeit für die Maschinenfabrik; Steinbeis bestärkte Messmer, Gottlieb Daimler zu berufen.

Es war ein guter Griff. 1867 arbeitete die Fabrik erstmals mit Gewinn. Bei vorsichtigen Rücklagen wurden zwei Prozent Dividende gezahlt, in den folgenden Jahren vier Prozent. Doch Daimler gab 1869 auf. Kessler, der ihn in endlosen Auseinandersetzungen mit den Geldgebern gestützt hatte, war 1867 gestorben, und eine neue Aufgabe bot größere Dimensionen ohne Bevormundung: Er wurde Technischer Direktor, „Vorstand sämtlicher Werkstätten", der Maschinenbau-Gesellschaft Karlsruhe. Das bedeutende Unternehmen, 1851 als Aktiengesellschaft aus der Karlsruher Maschinenfabrik entstanden, erforderte mit Maschinen-, Lokomotiv- und Brückenbau, mit Gießerei und Schmiede nicht nur technische Kompetenz, sondern auch hohe Fähigkeiten in Organisation und Kalkulation, nicht zuletzt auch in der Ausbildung; im industriellen Aufschwung waren Fachkräfte rar.

Als rechte Hand für rationelle Konstruktionen brachte Daimler aus Reutlingen den zwölf Jahre jüngeren Wilhelm Maybach mit; der Sohn eines Tischlermeisters, den Württembergs Wirtschaftskrise zum verarmten Arbeiter in einer Klavierfabrik gemacht hatte, war 1846 in Heilbronn geboren und 1856 als Vollwaise in die Wernerschen Anstalten aufgenommen worden. 1865 absolvierte er dort eine Lehre als technischer Zeichner, besuchte die Fortbildungsschule und wurde im Technischen Büro des „Actien-Vereins zum Bruderhaus" Konstrukteur. Er ging mit einem hervorragenden Zeugnis nach Karlsruhe; „sehr umfangreiche Kenntnisse in der Mathematik, Mechanik und Maschinenlehre“ wurden ihm neben praktischen Kenntnissen bescheinigt. „Seine Zeichnungen sind schön, mit sehr viel Geschmack und gleicher Genauigkeit ausgeführt, seine Detailkonstruktionen sind sehr zuverlässig, indem er hierbei alle Umstände berücksichtigt, wodurch weder hinsichtlich der Ausführung noch der soliden Dauerhaftigkeit Schwierigkeiten erwachsen ... Seine Berechnungen, Zeichnungen und Gewichtsüberschläge haben sich stets als tadellos erwiesen.“ Daimler und Maybach ergänzten sich ideal; der eine hätte ohne den anderen nicht die spätere epochale Lebensleistung vollbracht.

1872 erhielt Daimler, mit 38 Jahren als erfolgreicher Manager ausgewiesen (das moderne Wort trifft genau auf ihn zu), einen Ruf aus Köln. Eugen Langen, Ingenieur und Unternehmer in der Zuckerindustrie, hatte sich im Gasmotorenbau engagiert. Er förderte seit 1864 den Autodidakten Nikolaus August Otto, der einen atmosphärischen Gasmotor entwickelt hatte; eines der Systeme, bei denen die Verbrennung Unterdruck erzeugte und der äußere Luftdruck den Krafthub des Kolbens bewirkte. Das Kleingewerbe, das keine Dampfmaschine erschwingen konnte, ersehnte einen solchen Motor. Der von Langen finanzierten Firma N.A. Otto & Cie. in Köln gelang ihr besonders sparsames und zuverlässiges Triebwerk, doch nur in den Grenzen handwerklicher Fertigung.

Obwohl Langen beträchtlich zuschoß, geriet die Firma in eine Krise, die 1869 durch einen tätigen Teilhaber, Roosen-Runge, behoben wurde. Als Langen, Otto & Roosen gelangte sie zu dem Erfolg, der 1872 zur Gründung der Gasmotoren-Fabrik Deutz AG führte. Roosen-Runge trat mit seinem Gewinn aus, Langens Anteil am Aktienkapital wurde mit 200.000 Talern bewertet, seine Partner Emil und Valentin Pfeifer beteiligten sich mit 100.000 Talern. Otto wurde mit einem langfristigen Anstellungsvertrag hoch dotiert, erhielt aber keine Aktienoption, seine bestehenden und künftigen Patente gehörten der Firma. Er hatte den technischen Vorsitz angestrebt, der Daimler übertragen wurde. Langen bewog den gelernten Kolonialwarenkaufmann freundschaftlich, sich mit der kaufmännischen Leitung des Unternehmens zu begnügen, ohne seine technischen Interessen aufzugeben. Der empfindliche Grübler Otto, der in den Anfängen sein kleines Vermögen verloren hatte, fühlte sich nicht nach Verdienst gewürdigt; nicht zuletzt kränkten ihn auch die finanziellen Konditionen, die Daimler durchgesetzt hatte, und bald ergab sich eine Konfrontation unvereinbarer Charaktere. Der Schwabe Daimler war herrisch und explosiv, achtete strikt auf seine Kompetenzen. Er holte Wilhelm Maybach als Chefkonstrukteur ins Haus, 1873 begann der Siebenundzwanzigjährige mit der Arbeit in Deutz, gut bezahlt mit 600 Talern Gehalt und einem Taler Prämie für jeden abgelieferten Motor.

Die Produktion wurde mit Erfolg aufgebaut. Otto befaßte sich mit Konkurrenzvergleichen und war bald wieder als Erfinder herausgefordert, als Heißluftmotoren die Leistung der atmosphärischen Gasmaschine beträchtlich übertrafen. 1874 bahnte sich ein Verkaufsrückgang an, 1875 mahnte Franz Reuleaux, Hochschullehrer in Berlin-Charlottenburg und Berater seines Studienfreundes Langen: „Herr Otto muß auf die Hinterbeine, Herr Daimler auf die vorderen meinetwegen, aber es darf keine Zeit mehr versäumt werden." Es ging darum, den atmosphärischen Druck, der höchstens 3 PS brachte, durch direkten Verbrennungsdruck weit zu übertreffen. Otto hatte es ursprünglich angestrebt, war aber an der Ausführung gescheitert. Jetzt gelang ihm, wenngleich mit einer irrigen Theorie, die Problemlösung. In der Versuchsabteilung, die Langen gegen Daimler für ihn durchgesetzt hatte, lief 1876 der epochemachende Viertaktmotor. Daimler hat die Verwirklichung für sich und Maybach beansprucht; tatsächlich konnte Otto keine produktionsreifen Konstruktionen schaffen, doch er bewies weiter sein Genie, vor allem mit den Zündsystemen.

Nach zehn konfliktreichen Jahren erhielt Daimler vom Aufsichtsrat des blühenden Unternehmens die Kündigung. Zuletzt hatte er den russischen Markt erkundet, den Aufbau einer dortigen Niederlassung aber als Abschiebung nicht übernehmen wollen. Eugen Langen war der Schlichtungen müde, und Daimlers enorm gestiegenes Einkommen, über 100.000 Mark im Jahr, spielte auch eine Rolle. Er war ein reicher Mann geworden und erwarb eine Villa mit großem Grundstück in Cannstatt; das heimatliche Heilbad, heute Stadtteil von Stuttgart, war für sein Herzleiden günstig. Doch er blieb aktiv.

Mit Maybach, der gern in Deutz geblieben wäre, aber kein Angebot erhielt, nahm er ein Projekt in Angriff, das eine große Zukunft versprach. Der Viertakt, bis dahin nur in tonnenschweren ortsfesten Triebwerken mit Otto-Patent verwertet, machte einen universellen Kleinmotor möglich, wenn es gelang, die Drehzahl zu erhöhen. Da Deutz kein Interesse in dieser Richtung zeigte, fühlte sich Daimler auch der nachwirkenden Verpflichtung enthoben, nicht als Konkurrent aufzutreten. Er konnte allerdings nicht damit rechnen, die Viertakt-Lizenz zu erhalten, auch im übrigen war das Gebiet der Gasmotoren dicht mit Patenten besetzt. Maybach studierte Hunderte von Patentschriften, und Daimler entwickelte eine Idee, den unabdingbaren Viertakt zu erobern. Otto hatte dargelegt, mit wachsendem Abstand von der Zündstelle schreite die Verbrennung langsamer fort. In der Vermeidung der Explosion sah er den Kern seiner Erfindung, im Viertakt ein Mittel zum Zweck; in dem Patent war der Viertakt ein Unteranspruch. Daimler meldete dagegen 1883 einen ungekühlten Motor mit explosiver Verbrennung zum Patent an; die heißen Zylinderwände sollten die Zündung bewirken. Das Patent wurde erteilt, jedoch hinsichtlich des Viertakts abhängig vom Otto-Patent, also lizenzpflichtig.

Daimler hatte sein Ziel verfehlt, und der Selbstzünder konnte nicht funktionieren; er wurde nicht ausgeführt. Doch für das Zünden der kalten Maschine hatte Maybach eine Lösung gefunden, die hohe Drehzahlen möglich machte: Ein „Glührohr", auch Zündhut genannt, ragte in den Brennraum; es wurde von außen mit einem Flämmchen beheizt. Und Daimler, sonst kein Erfinder, trug zum „Schnelläufer" die Ventilsteuerung mit „Kurvennuten" bei; Nuten in der Schwungscheibe dienten als Schienen für ein Gleitstück, mit dem das Auspuffventil betätigt wurde; das Einlaßventil wurde automatisch durch den Ansaug-Unterdruck betätigt („Schnüffelventil"). Im August 1883 lief, noch ungekühlt, ein Versuchsmotor mit liegendem Zylinder, im Dezember wurde ein Motor mit stehendem Zylinder, Glührohrzündung und Kurvennutensteuerung zum Patent angemeldet. Die Patentierung nahm wiederum den Viertakt aus, doch Daimler rechnete nach Vorbescheiden des Reichsgerichts mit einer Wende. Otto hatte sich mit starken Gegnern angelegt, Maschinenfabriken in Hannover, denen er die Verdichtung in Zweitaktmotoren verbieten wollte. Der Prozeß wurde zu seiner Tragödie; die vier Takte fanden sich in einem französischen Patent von 1862, am 31. Januar 1886 erklärte das Reichsgericht sein Patent im entscheidenden Punkt für nichtig.

Daimler hatte zielsicher spekuliert, Maybach 1884 den leistungsfähigen Kleinmotor vollendet. Das Motorrad von 1885 war der erste Leistungsbeweis für den „auf das zierlichste gestalteten Leichtmotor, der unsere höchste Bewunderung verdient. Niemand außer ihm war damals imstande, etwas Ähnliches zu vollbringen" (schrieb Friedrich Sass 1972). 1886 wurde eine Kutsche motorisiert, vor allem Motorboote dienten für Versuche und Demonstrationen, vielfältige Anwendungsbeispiele folgten. Daimlers Ziel war ausschließlich die Motorenproduktion. 1887 erwarb er eine Fabrik in Cannstatt und beschäftigte 23 Arbeiter. Die Motorkutsche führte er erst 1888 vor, und nur auf Maybachs Drängen genehmigte er den ingeniösen „Stahlradwagen" zur Präsentation auf der Pariser Weltausstellung 1889. Nur ein oder zwei Stücke wurden gebaut; das Neckarsulmer Fahrradwerk, nachmals NSU, lieferte die Fahrwerke nach Maybach-Zeichnung.

34 Arbeiter waren 1889 bei Daimler tätig. Den weiteren Ausbau der Produktion konnte er nicht erschwingen, ohne seine Reserven anzugreifen. Freund der Familie war seit 1886 Max Duttenhofer, Pulverfabrikant in Rottweil. Daimlers Frau Emma, die 1889 starb, legte ihm auf dem Totenbett nah, sich mit diesem Partner zu verbinden. Auch Dr. Kilian Steiner, Chef der Württembergischen Vereinsbank, die mit der Deutschen Bank verbunden war, riet zur Gründung einer Aktiengesellschaft mit Duttenhofer, der den Patronenfabrikanten Wilhelm Lorenz in Karlsruhe heranzog. 1900 wurde die Daimler-Motoren-Gesellschaft mit einem Grundkapital von 600.000 Mark in 6.000 Aktien gegründet. Daimler wurde Aufsichtsratsvorsitzender mit 200 Aktien, Duttenhofer mit 150 und Lorenz mit 180 konnten ihn majorisieren, was zu seiner Enttäuschung alsbald geschah. Maybach wurde nicht Cheftechniker wie vereinbart, der Ingenieur Lorenz zog einen eigenen Vertrauensmann in den Vorstand, Max Georg Schrödter. Daimlers Kleinmotoren fanden kaum Verständnis, Schrödter entwickelte Fehlkonstruktionen.

Die Firma kriselte. Die Zahl der Beschäftigten, im Gründungsjahr 123, sank 1892 auf 92. Daimler reagierte auf seine Weise. Schon 1891 veranlaßte er Maybach und seinen kaufmännischen Mitarbeiter Lynck, den Vorstand zu verlassen. 1892 installierte er in Saalräumen des liquidierten Hotels Hermann in Cannstatt die Motorenfahrzeugfabrik Maybach & Comp. Hier hat Maybach

Daimler-Benz heute - 100 Jahre Erfahrung im Automobilbau:

Daimler-Benz gehört, gemessen am Umsatz und an der Beschäftigtenzahl, zu den größten Industrieunternehmen der Bundesrepublik Deutschland. Trotzdem wurden in Untertürkheim Größe und Wachstum nie als Selbstzweck betrachtet. Geblieben sind seit den Anfängen des Automobils unter Daimler und Benz vor nunmehr 100 Jahren das ständige Ringen um das Bessere und Beste, der Vorrang des Wertbeständigen, der Qualität vor der Quantität, die Liebe zum Detail und das Augenmaß für eine möglichst harmonische Entwicklung auf allen Arbeitsgebieten. Konstruktive Ausgewogenheit, moderne und ausgereifte Technik sowie die optimale Verbindung von Sicherheit, Qualität, Lebensdauer und Wirtschaftlichkeit sind Grundsätze der erfolgreichen Modellpolitik. Ebenso charakteristisch sind für Daimler-Benz die Vielseitigkeit und Breite der Produktprogramme.

Durch die Tochtergesellschaft MTU Motoren- und Turbinen-Union München GmbH ist Daimler-Benz auch führend in der Entwicklung und Produktion von Flugtriebwerken, Hochleistungs-Dieselmotoren für Schiffe, Bahnen und schwerste Nutzfahrzeuge sowie von Dieselantrieben für Boote und zahlreiche industrielle Zwecke. Seit Mitte 1985 ist Daimler-Benz an der Dornier GmbH beteiligt (65,5 Prozent), die auf den Gebieten der Luft- und Raumfahrt, aber auch der Verkehrs-, Medizin- und Umwelttechnik, der Energie- und der Informationstechnik arbeitet. Im Februar 1986 hat Daimler-Benz die Kapitalmehrheit (ca. 56 Prozent) an der AEG Aktiengesellschaft, Frankfurt, übernommen. Auch dieses Engagement dient der Erschließung neuer Tätigkeitsfelder in der Hochtechnologie und zukunftsträchtiger Wachstumsmärkte.

Mit dieser Strategie zur Verbreiterung und langfristigen Absicherung der Unternehmensbasis will Daimler-Benz zugleich auch der gestiegenen Bedeutung neuer Technologien für das Auto der Zukunft Rechnung tragen.

bedeutende Konstruktionen geschaffen, nicht zuletzt auch für Panhard & Levassor in Paris, Daimler-Lizenznehmer seit 1889 neben Peugeot. Daimlers Manöver kam eigentlich zur Unzeit, denn die entnervten Partner hatten ihm die technische Oberleitung in der AG zuerkannt und sogar die Aktienmehrheit angeboten, doch er fühlte sich „quasi an einen Elephanten gebunden“ und schätzte auch die Lizenzgebühren. Er legte 1893 den Vorsitz im Aufsichtsrat nieder und schied 1894 aus, als ihm das Ultimatum gestellt wurde, die Firma würde liquidiert, wenn er nicht mit einer Abfindung von 66.666,66 Mark ginge. Sein Angebot, die Firma zu übernehmen, wurde abgelehnt, er klagte 200.000 Mark ein.

Ungeachtet dieser Unerquicklichkeiten litt der Ruf des Unternehmens nicht entscheidend, gefördert durch Exporte und Lizenzen; Gottlieb Daimler war international hoch angesehen. Frederick Richard Simms, der seit 1893 die Gründung des britischen Daimler Motor Syndicate betrieb, machte den Schritt zur Produktion von der Bedingung abhängig, daß Daimler wie ursprünglich an der Spitze des Aufsichtsrats und Maybach als Cheftechniker eingesetzt würden. Auch der größte deutsche Abnehmer, Wilhelm Deurer, intervenierte. Es ging um sehr viel Geld, Duttenhofer und Lorenz beugten sich. In Cannstatt wurde Versöhnung gefeiert; beiläufig stellte sich heraus, daß die Motorenfahrzeugfabrik Maybach keine registrierte Firma war.

Daimler hatte 1893 wieder geheiratet. Er litt an seiner Herzkrankheit, konnte sich aber doch um die Politik des Hauses kümmern, reiste gern und überließ Maybach die technischen Entscheidungen. Seit 1896 trieb ein eigenartiger Aktivist aus Nizza, der Österreicher Emil Jellinek, zu immer schnelleren Wagen an, setzte sich gegen Kopfschütteln mit großen Aufträgen durch. Maybach war inspiriert, Daimler hat die Ära Mercedes nicht mehr erlebt; er starb am 6. März 1900.

Ein eigenartiges Nachspiel hinter den Kulissen war die Enteignung der Nachkommen bis auf 50 Aktien für die Kinder aus erster Ehe. Daimler hatte französische Lizenzgebühren, die vertraglich der Aktiengesellschaft zustanden, als persönlichen Tribut kassiert; es waren über 300.000 FFs, die mit der Aktienrückgabe getilgt wurden. Als Habgier ist es angesichts des Hintergrundes nicht zu deuten, eher als schieres Selbstbewußtsein. Söhne des Gründers haben in der Mercedes-Geschichte noch eine bedeutende Rolle gespielt: Paul Daimler als Cheftechniker von 1905 bis 1922, auch Adolf Daimler im Vorstand von 1904 bis 1913.

Ganz anders, auch in den Zielsetzungen, ist das Leben von Karl Benz verlaufen. Er war zehn Jahre jünger als Daimler, 1844 in Karlsruhe geboren. Seine Vorfahren waren Handwerker im Schwarzwald, seit Generationen Schmiede. Der Vater wurde einer der ersten Lokomotivführer der badischen Eisenbahn; er starb vor der Geburt des Sohnes an einer Lungenentzündung, die er sich auf dem offenen Führerstand zugezogen hatte.

Karl Benz sollte Beamter werden, nahm sich die aufopfernde Mutter vor. Trotz bescheidener Versorgung brachte sie ihn auf den Bildungsweg im Gymnasium und dann, als es ihn zur Technik zog, in die Polytechnische Schule, die später zur Technischen Hochschule erhoben wurde, die erste in Deutschland. Er hatte mit Uhrenreparaturen etwas Geld zuverdient und war ein begeisterter Photograph, noch mit der Camera obscura für Daguerreotypen, interessiert an Physik und Chemie. In seinem Studium von 1860 bis 1864 fand Benz einen bedeutenden Maschinenbaulehrer, den Österreicher Ferdinand Redtenbacher, der sein Interesse auf Wärmekraftmaschinen lenkte. Der Lenoir-Gasmotor war 1860 erschienen und erregte Aufsehen, doch Redtenbacher ahnte die Hochdruckmaschine, die erst 1876 in Gestalt des neuen Otto-Motors gelang; die „Kapitalerfindung" sei noch nicht gemacht.

Redtenbacher starb 1863, auch sein Nachfolger Franz Grashof war ein großer Lehrer. Nach dem Abschluß hatte Benz wie üblich das Praktikum als Arbeiter, „lehrlingsartiges Subjekt", zu absolvieren. In der Maschinenbau-Gesellschaft Karlsruhe, deren Leitung später Gottlieb Daimler übernahm, erlebte er die Strapazen damaliger Produktion. 1866 fand er seine erste Stelle bei einem Waagenfabrikanten in Mannheim, im nächsten Jahr wurde er zum „Zeichner und Konstrukteur" befördert, aber 1868 entlassen, da ein neuer Teilhaber seine Arbeit übernahm. Bei der Firma Benckiser in Pforzheim, deren Brückenbau interessante Erfahrungen versprach, wurde er Werkführer, fand aber auf die Dauer wohl den Wirkungskreis zu eng, kehrte von einer Eisenkonstruktionsfirma in Wien nach kurzer Zeit enttäuscht zurück und kam bei erneuter Stellensuche nirgends an. Militärdienst im Krieg 1870–71 mußte er als einziger Sohn einer Witwe nicht leisten, in der Konjunktur nach dem deutschen Sieg lag die Gründung einer eigenen Firma nah. Im aufstrebenden Mannheim waren Metallprodukte fürs Baugewerbe gefragt, begünstigt durch eine neue Bauordnung von 1869.

1871 etablierte sich die Firma Carl Benz und August Ritter, Mechanische Werkstätte. Ritter stieg bald wieder aus. Die Rückzahlung der Einlage konnte Benz mit Hilfe seiner Braut erschwingen. Bertha Ringer war Tochter eines Zimmermeisters und Bauherrn in Pforzheim, sie investierte ihre Mitgift im voraus. 1872 heirateten sie, die Mutter von Karl Benz war im Vorjahr gestorben.

Der junge Unternehmer geriet in das Wirtschaftsdebakel nach der kurzen Blüte der Gründerjahre, fand für Blechbearbeitung kaum Nachfrage, auch nicht für hydraulische Tabakballenpressen und andere Produkte; 1877 konnte er ein Darlehen nicht zurückzahlen und entging nur um ein Haar der Versteigerung seines gesamten Besitzes. Am Rande des Ruins setzte Benz auf das Projekt, ein Motorfahrzeug zu schaffen. Die Maschine mußte der „Kapitalerfindung" entsprechen, die Redtenbacher prophezeit hatte, und das selbstbewegliche Fahrzeug schwebte Benz vor, seit er 1867 ein gebrauchtes Holzfahrrad erworben und begeistert gefahren hatte.

Der Motor war das Hauptproblem, und seit 1876 gab es den Otto-Viertakter, dessen Verdichtung Benz in einen Zweitakt-Ablauf einfügen mußte, ohne mit Otto in Konflikt zu geraten. Darüber dachten viele Konstrukteure gleichzeitig nach. Benz ging von Vorbildern aus, entwickelte aber in dreijährigen Mühen neben dem Broterwerb eine vorteilhafte Lösung mit Ladepumpen für Gas und Luft. In der Silvesternacht 1879 lief der Versuchsmotor erstmals, bis zur Produktionsreife vergingen noch zwei schwere Jahre für die kleine „Eisengießerei und mechanische Werkstätte." Größe und Gewicht im Verhältnis zur Leistung machten den Motor nur für stationären Betrieb geeignet, er war jedoch wettbewerbsfähig. Benz fand Geldgeber; mit neun Aktionären, darunter einer Bank, wurde 1882 die Gasmotoren-Fabrik Mannheim gegründet. Die übernommene Firma wurde mit 45.000 Mark bewertet, er konnte mit Aktien für 40.000 Mark seine Schulden bei einem Förderer bezahlen; das Aktienkapital betrug 100.000 Mark.

Doch Benz blieb nur drei Monate in der Firma; er war überreizt, Bevormundungen entnervten ihn. Er hatte seinen Betrieb verloren; die Firma war bei der Vergrößerung umgezogen, das bisherige Areal vermietet. Neue Partner boten sich an. Friedrich Wilhelm Eßlinger war Techniker, der Kaufmann Max Kaspar Rose handelte mit Fahrrädern. Das neue Unternehmen wurde 1883 als offene Handelsgesellschaft eingetragen: Benz & Cie., Rheinische Gasmotoren-Fabrik in Mannheim, befaßt mit der „Herstellung von Verbrennungskraftmaschinen nach den Plänen von Carl Benz." Eßlinger verpflichtete sich zur Finanzierung der Produktion, er war allein zeichnungsberechtigt. Für Benz und Rose, der sich dem Verkauf zu widmen hatte, galt gemeinsame Prokura.

Benz widmete sich intensiv der Weiterentwicklung des Motors, aus ersten Werkstätten mußte die Produktion schon 1885 in eine neue Fabrik umziehen. Auslandspatente wurden erwirkt, doch im Deutschen Reich brachte die Anmeldung 1883 den Bescheid, das Prinzip falle unter das Otto-Patent. 1884 ließen die Vorbescheide erwarten, daß Otto sein Patent verlieren würde, und 1885 war Benz so etabliert, daß er endlich sein Motorfahrzeug entwickeln konnte, unabdingbar mit Viertaktmotor. Benz ging es um volle Brauchbarkeit einer Gesamtkonstruktion; in monatelangen Arbeiten und Fahrversuchen entstand der Prototyp, den Benz am 30. Januar 1886 zum Patent anmeldete. Am nächsten Tag wurde der Viertakt vom Reichsgericht freigegeben.

Der akribische Erfinder betrachtete erst den dritten, schwereren Typ als verkaufsreif, ohne sein Wissen unternahm Bertha Benz mit den jungen Söhnen die kühne Fahrt Mannheim-Pforzheim, doch nur wenige Käufer fanden sich ein. Bis 1892 hat Benz nur zirka 25 Dreiräder gebaut. Die Partner murrten. Als Benz 1890 neue Investitionen zugunsten verbesserter Motorwagen forderte, schieden sie aus. Friedrich von Fischer, ein international erfahrener Kaufmann, sehr vermögend, übernahm die Leitung der Geschäfte, Julius Ganß den Verkauf, und Benz entwickelte die vierrädrigen Wagen, mit denen er zum ersten erfolgreichen Automobilfabrikanten wurde. Julius Ganß erwies sich als großer Marketing-Stratege. Der heimische Markt war begrenzt, Ganß richtete Vertretungen im Ausland ein, sogar in New York, Buenos Aires, Kapstadt, Mexico, Singapur; der Export überstieg die deutschen Verkaufszahlen.

1899 arbeiteten 400 Menschen „beim Benz" in Mannheim. „Beim Daimler" in Cannstatt waren es auch schon 330, doch Benz hatte schon über 1.700 Motorwagen gebaut, Daimler nur 230 neben den Motoren. Die Firma Benz war immer noch eine Personengesellschaft, solide fundiert mit 3,25 Millionen Mark Vermögen. Die langfristigen Verbindlichkeiten betrugen nur 250.000 Mark, doch die Rheinische Creditbank, die das Unternehmen betreute, riet mit Blick in die Zukunft zur Umwandlung in eine Aktiengesellschaft, zumal Fischer erkrankt war und 1898 die Geschäftsführung niederlegen mußte.

Im Jahre 1899 wurde die AG gegründet, je 999.000 Mark in 999 Aktien übernahmen Benz, Ganß und Fischer. Zu den weiteren Aktionären gehörte Max Rose, der mit Benz freundschaftlich verbunden geblieben war; er übernahm den Vorsitz im Aufsichtsrat, Benz den Vorsitz im Vorstand. Mit dem Mercedes von 1901, der Wende zum klassischen Automobil mit hoher Leistung, kam der Absturz für Benz, der mit seinen Motorwagen nur die Pferde ersetzen wollte. Es war eine Revolution, die Benz nicht verstehen konnte. Sein technisches Rüstzeug entsprach zuvor schon nicht mehr dem Trend, der vor allem von Frankreich ausging und bei Daimler von Maybach auf Jellineks Drängen übertrumpft wurde. 1902 erschienen Benz-Typen à la Mercedes, aber nicht von Karl Benz geschaffen, sondern von dem französischen Konstrukteur und Rennfahrer Marius Barbarou, den Julius Ganß ins Haus geholt hatte, um den Ruin abzuwenden. 1903 legte Benz den Vorstandsvorsitz nieder, tief getroffen. Von 1904 bis 1924 saß er im Aufsichtsrat, was ihn nicht hinderte, 1905 die Automobilfabrik C. Benz Söhne im nahen Ladenburg zu gründen.

Die Söhne Eugen und Richard waren in die Stammfirma hineingewachsen, Richard trat erst 1908 widerstrebend in Ladenburg ein und übernahm 1912 die Leitung neben Eugen. Das Fabrikat erreichte einen Achtungserfolg, den der Erste Weltkrieg beendete; nur noch ein Nachspiel bis 1926 folgte. Die Familienfirma überlebte jedoch alle Schwierigkeiten und liefert bis heute Kraftfahrzeugteile für Daimler-Benz.

Karl Benz starb am 4. April 1929 mit 85 Jahren, noch von 1926 bis 1927 hatte er dem Aufsichtsrat der Daimler-Benz AG angehört. Mit Gottlieb Daimler ist er einmal zusammengetroffen, 1897 bei der Gründung des Mitteleuropäischen Motorwagen-Vereins. Doch sie hatten sich nichts zu sagen.

UNTERM STRICH

Gottlieb Daimler / Karl Benz

Firmenname	Daimler-Benz AG
Firmensitz	Stuttgart-Untertürkheim
Branche	Automobil
Hauptprodukt/ Dienstleistung	Personenwagen und Nutzfahrzeuge
Eigentumsverhältnis	Aktiengesellschaft
Gesellschafter/ Geschäftsführer	Edzard Reuter
Gründer	Karl Benz, Gottlieb Daimler
Gründungsjahr	1885/1886, Fusion 1926
Mitarbeiter	166.523 (Konzern 320.000)
Konzerngesellschaften	54
Umsatz	65,5 Mrd. DM (1986)
Zukunftsziel	Verbreiterung und langfristige Absicherung der Unternehmensbasis

Opel
Vom Kuhstall zur Weltfirma

von Ralf Schuster

Man spürt Rüsselsheim gleich bei der Ankunft an, daß es die Opel-Stadt ist. Das Auto wird fast unweigerlich eine der mit diesem Namen benannten Straßen kreuzen. Wer den Zug wählt, steht auf dem Bahnhofsvorplatz vor dem Denkmal von Adam Opel, kurz dahinter sieht man bereits das Hauptportal des von ihm einst geschaffenen Werkes. Tausende von Menschen strömen hier zu Schichtbeginn hinein und nach acht Stunden wieder hinaus. Nicht nur hier, auch an anderen Stellen des 2,6 Millionen Quadratmeter großen Firmengeländes in Rüsselsheim, und anderen Städten: Auch in Bochum, Kaiserslautern und Berlin arbeiten viele Menschen, insgesamt fast 60.000, für die Adam Opel Aktiengesellschaft, eines der führenden Automobilunternehmen in Deutschland.

Der Mann, der diesem Imperium den Namen gab, dieser Adam Opel hat allerdings in seinem Leben nie ein Auto gebaut, er hat auch nie in einem gesessen. Überliefert ist vielmehr, daß er eine regelrechte Abneigung gegen diese motorisierten Fortbewegungsmittel gehabt habe.

Am 9. Mai 1837 wird Adam Opel in Rüsselsheim geboren. Sein Vater Phillip Wilhelm Opel war zwei Jahre zuvor in die Stadt am Main gekommen, die damals etwa 1.500 Einwohner groß war. Phillip Wilhelm Opel ist 33 Jahre alt, als seine Frau Anna Katharina im zweiten Jahr der Ehe Adam als ersten Sohn zur Welt bringt. Ihm folgen noch vier Geschwister, von denen die beiden jüngsten allerdings schon im Kindesalter starben.

Adam Opel gehorcht dem Wunsch seines Vaters und erlernt dessen Handwerk: Er wird Schlosser, ausgebildet in der väterlichen Meister-Werkstatt. Als 20jähriger bemüht sich der blonde Geselle nach abgeschlossener Ausbildung um eine Wandererlaubnis, erhält diese allerdings zunächst nur für ein Jahr. Adam Opel besteigt in Rüsselsheim das Marktschiff, fährt über Mainz und Eschweiler bis nach Lüttich, wo er eine Zeitlang bleibt und im März 1858 die Nachricht erhält, daß die Beschränkung seiner Wandererlaubnis aufgehoben ist. Jetzt gibt es für den jungen Handwerker keine Schranken mehr: Er geht ins Ausland. Über Brüssel und London gelangt er schließlich nach Paris, wo er sich bis zum August 1862 aufhalten wird. Trotz seines Wanderbuches, das Fleiß und Tüchtigkeit bescheinigt, ist es für den Rüsselsheimer nicht leicht, in der französischen Metropole Fuß zu fassen. Die Wirtschaft befindet sich in einer Krise. Adam Opel spricht in verschiedenen Werkstätten vor - erfolglos. Er lernt am eigenen Leibe kennen, was Arbeitslosigkeit bedeutet, und schläft unter den Brücken der Seine. Ein deutscher Bäckermeister gewährt ihm schließlich Unterkunft, der gelernte Schlosser schiebt jetzt in Nachtarbeit Brote in den Ofen.

Das Lebenswerk des jungen Mannes aber sollen nicht die Teigwaren sein. Er ist vielmehr begeistert und fasziniert von der Technik, von den Möglichkeiten, die sie dem Menschen bietet. Schließlich findet Adam Opel Anstellung in einer Fabrik, die Kassenschränke herstellt, macht in dieser auch gleich einige kleine Erfindungen, schmachtet aber in der Freizeit eine technische Neuheit an, die gerade Einzug auf dem Kontinent gehalten hat: die Nähmaschine. Endlich erfolgt der Wechsel in eine andere Fabrik von Paris, die diese von den Schneidern gehaßten Apparaturen herstellt. Gut zwei Jahre arbeitet Adam Opel in diesem Werk, es ist das bedeutendste seiner Art in der Stadt. In ihm reift bereits der Entschluß: Diese Erfindung soll auch in seiner Heimat bekannt gemacht werden. Für fünf Monate läßt sich der Schlosser noch bei dem wichtigsten Konkurrenten der ersten Nähmaschinenfabrik anheuern, lernt dort andere Systeme, andere Arbeitsweisen kennen - und macht sich mit all diesem Wissen im Kopf schließlich im August 1862 auf den Heimweg nach Rüsselsheim.

Dort allerdings werden die neuen Geräte, die Nadel und Garn durch Fußkraft schneller führen als die Schneider von Hand, als Phantasie abgetan und belächelt.

Auch Adams Vater Wilhelm Opel will sich auf die Auswüchse der neuen Zeit nicht einlassen und fördert die Ideen seines Sohnes keineswegs. „In mei Werkstatt kommste merr mit deim neumodische Schwinnel net enei", poltert

Adams früherer Ausbilder gleich nach der Ankunft seines Ältesten los, und Adam Opel steht mit seinen Ideen auf der Straße. Aber nicht lange: Ein Onkel, der Bauer ist, hat sich gerade einen neuen Kuhstall gebaut, und der alte wird frei. In diesen, in der Rüsselsheimer Ochsengasse gelegen, stellt der 25jährige sein primitives Werkzeug und beginnt zu schaffen.

Sechs Monate benötigt Adam Opel, um seine erste Nähmaschine herzustellen. Sie ist einfach gebaut, mit verschnörkeltem Ständer und zwei Antriebspedalen in Fußform. Sie wird in den darauffolgenden Jahren einem Rüsselsheimer Schneidermeister wertvolle Dienste leisten und ist heute im Museum der Stadt Rüsselsheim zu bewundern.

Die zweite Nähmaschine ist bereits in sechs Wochen fertig. Sie an den Mann zu bringen ist nicht so einfach: Als Adam Opel das Gerät bei einem Schneider in Flörsheim, auf der anderen Mainseite gelegen, abliefern will, wird er am Landeplatz der Fähre von dessen um ihre Zunft fürchtenden Schneiderkollegen mit Steinwürfen erwartet und zurückgedrängt. Bei Nacht und Nebel wird die Maschine schließlich ausgeliefert. Dann geht die Produktion weiter. Im April 1863 erscheint eine Anzeige im Groß-Gerauer Kreisblatt: „Adam Opel, Mechaniker in Rüsselsheim, empfiehlt selbstgefertigte Nähemaschienen aller Art, nach der neuesten Construktion, zu festen und billigen Preisen."

1865 wird der erste Arbeiter eingestellt, außerdem ein Lehrling, der danach 62 Jahre lang ununterbrochen im Unternehmen tätig sein wird, länger als dessen Gründer. Außerdem sind jetzt mit dabei: Adams Brüder Wilhelm und Georg. Letzterer, ein Jahr jünger als Adam, hatte in Frankreich ebenfalls das Nähmaschinenfach gelernt und von dort aus bereits vorher die in Deutschland noch kaum erhältlichen Spezialstähle für die Geräte beschafft. Kapital für die junge Firma kommt auch durch den Vertrieb von nicht selbst gefertigten Nähmaschinen zustande. Diese werden aus Frankreich importiert. Das Geschäft mit der Nähmaschine läuft. Der 16 Quadratmeter große Ex-Kuhstall mit dem von Arbeiterhand getriebenen Schwungrad reicht nicht mehr aus.

1867, fünf Jahre nach der Rückkehr in die Heimat, kauft Adam Opel für 144 Gulden einen 1.500 Quadratmeter großen Acker, verkehrsgünstig gelegen direkt an der Bahnlinie zwischen Mainz und Frankfurt. In unmittelbarer Nähe des Rüsselsheimer Bahnhofes wird dort im Spätsommer 1868 ein zweistöckiger Fabrikbau, ein Backsteinhaus mit Zwischendecken in Holzkonstruktion, in Betrieb genommen. In ihm sind von Beginn an 40 Arbeiter tätig, außerdem – von außen durch den großen Schornstein signalisiert – eine Dampfmaschine, die mit 15 PS Leistung die Werkzeugmaschinen antreibt.

Zu den Fabrikgebäuden gesellt sich neben den Büros auch eine Privatwohnung. In diese zieht Adam Opel mit seiner im Jahr der Neubau-Fertigstellung frisch angetrauten Frau Sophie Marie ein, der Tochter eines wohlhabenden Homburger Fabrikanten. Die 10.000 Taler Mitgift fließen in den Betrieb. Selbst bei der Hochzeitsreise wird der geschäftliche Hintergrund nicht vergessen: Während der Flitterwochen führt man in Paris auch Gespräche über den

Nähmaschinen-Handel. Nach dem Import aus Frankreich will Adam Opel dort nun auch seine eigenen Geräte loswerden. Seine Frau ist bei den Geschäften gerne behilflich. Ab 1870 wird dafür für zehn Jahre ein Nähmaschinenmodell mit dem Namen „Sophia" hergestellt, Adam Opels Frau gewidmet.

46 Arbeiter hat die Firma im Jahre 1876. Stolz stellen sie sich hinter einer Schusternähmaschine zu einem Gruppenfoto auf, das die Jahrzehnte überstehen wird und heute überlebensgroß im Rüsselsheimer Museum zu bewundern ist. Gut war zum Zeitpunkt der Aufnahme und auch in den Jahren danach das Verhältnis der Arbeiter zu ihrem Chef: Sie redeten Adam Opel mit einem kollegialen „Du" an und waren stolz auf den Aufschwung „ihrer" Fabrik.

Adam Opel selbst hat zumeist schon einige Stunden Arbeit hinter sich, wenn die Angestellten in die Firma kommen. Daß er überall selbst zugreift, an der Werkbank, am Konstruktionstisch und im Verkauf, das wird auch später so bleiben. „Unser Vater war mit und in der Fabrik groß geworden", wird lange nach dem Tode des Gründers einer der Söhne über Adam Opel anläßlich einer Jubiläumsrede sagen.

Fünf Söhne hat Adam Opel mittlerweile, sie sind zwischen 1869 und 1880 geboren. Aber nicht nur seine Familie vergrößert sich, auch seine Fabrik: Es wird angebaut. Neben Nähmaschinen werden nun auch Geräte für Kellereien hergestellt, Kapsel- und Stopfmaschinen; in Frankreich hat man eine Beteiligung an einer Gießerei erworben, die das Roheisen liefert. 210 Beschäftigte hat Adam Opel im Jahre 1882. In Rüsselsheim, mittlerweile fast 3.000 Einwohner stark, ist sein Unternehmen längst das größte. Es gibt ansonsten noch zwei Hasenhaarschneidereien, eine Zichorien- und zwei Teppichfabriken.

1884 stellt Adam Opel 15.000 Nähmaschinen her. Im gleichen Jahr allerdings beginnt eine neue Etappe im Wirken des erfolgreichen Schlossers, gleichzeitig Auftakt zu einem Produktionsumschwung für seine expandierende Firma. Der jetzt 47jährige Mann mit Schnauzbart und immer höher werdender Stirn hat erneut den richtigen Riecher für einen Bedarf der Zukunft. Und er holt sich seine Anregung erneut im Nachbarland Frankreich: Auf einer Paris-Reise macht er die erste Bekanntschaft mit einem neuen Fortbewegungsmittel, damals noch eher als Sportartikel angesehen: dem Fahrrad.

Von England waren die ersten Hochräder nach Frankreich exportiert worden. Adam Opel läßt sich bald ein solches Gefährt kommen, es ist als Geschenk für seine Söhne gedacht. Zuvor aber sollte das moderne Gerät in aller Heimlichkeit vom Vater selbst ausprobiert werden – und das geht schief: Adam Opel steigt auf das Hochrad, gestützt von zwei Gehilfen aus der Firma, thront in schwindelnder Höhe, beim Losfahren entgleiten ihm die Pedale und er landet im Straßengraben. Die Begeisterung über das „Velo" ist zunächst vorbei, es wird an einen zufällig anwesenden Nähmaschinenhändler weiterverkauft.

Als Adam Opel allerdings von dessen hoher Gewinnspanne beim Weiterverkauf hört, höher als bei jeder Nähmaschine, und angesichts der traurigen, fahrradbegeisterten Söhne, die um ihr Geschenk gebracht wurden, reift in dem Rüsselsheimer Fabrikanten doch die Erkenntnis, daß es sich hier um einen Artikel handelt, dem es besondere Aufmerksamkeit zu widmen gilt. Weitere Fahrradteile werden in England geordert, 1886 entstehen die ersten Fahrrad-Prototypen im Rüsselsheimer Werk. Ab 1888 kann von einer regelrechten Fahrradproduktion gesprochen werden. Das Unternehmen Adam Opels hat ein neues, ertragreiches Standbein. Die Fabrikationsanlagen werden wieder erweitert.

Die Unternehmensphilosophie der Adam Opel AG:

Seit die Adam Opel AG von General Motors übernommen wurde, regieren die Amerikaner in Rüsselsheim. Erst seit 1982 hat das Autowerk wieder deutsche Chefs. Normalerweise wird schnell gewechselt. Im Gegensatz zu anderen Unternehmen steht im Rüsselsheimer Konzern niemand lange an der Spitze. Die Zielsetzungen von Opel müssen so immer wieder aus anderem Munde entnommen werden.

Robert Stempel, bislang letzter amerikanischer Vorstandsvorsitzender, setzte im Jahr 1981 einen Schwerpunkt auf den Umgang mit den Mitarbeitern. Soziale Fürsorge sei auch bei notwendigem Abbau der Beschäftigtenzahlen oberstes Gebot.

Ferdinand Beickler, seit 1982 erster deutscher Opel-Generaldirektor, betonte den engen Zusammenhang zwischen Gewinnen, Wettbewerbsfähigkeit und Arbeitsplatzsicherung.

Dr. Horst W. Herke, der 1986 auf den Vorstandssessel rückte, zu einer Zeit, in der Opel sich in der Verlustzone bewegte, betonte dennoch die Notwendigkeit von Investitionen zur Erneuerung des Produktprogramms und zur Modernisierung der Fabriken. Im Jahr 1985 führte Opel mit über 1,5 Milliarden Mark das größte Investitionsprogramm in der Geschichte des Unternehmens durch.

Seine persönlichen schlechten Erfahrungen beim ersten Kontakt mit dem Rad hat Adam Opel schnell überwunden. Bald gerät er ins Schwärmen über das neue Produkt: „Bei keiner anderen Erfindung ist das Nützliche mit dem Angenehmen so innig verbunden, wie beim Fahrrad," schreibt der Fabrikant im Dezember 1887 in dem Vorwort zu der ersten von ihm herausgegebenen Fahrradpreisliste. Und weiter: „Im Dienste vieler Gewerbe, der Zeitungsbeförderung, der Post, der Landboten, des Lebensmittellieferanten sowie des Arztes hat sich dieser stets dienstfertige Schnelläufer gleich nützlich erwiesen und kommt immer mehr in Verwendung. Eine ebenso große und stets wachsende Popularität genießt das Fahrrad in allen Schichten der Bevölkerung dank der allgemeinen Würdigung, welche das Radfahren vom gesundheitlichen Standpunkt aus bei der Gesellschaft findet." Selbst Damen und älteren Herren biete das Dreirad Gelegenheit zu gesunder Erholung, betont der Rüsselsheimer Unternehmer noch. Er selbst trägt dazu bei, daß der neuartige Artikel, unter dem Namen „Rhenia", „Merkus" oder „Viktoria" für zwischen 250 und 375 Mark an den Mann - oder für 450 Mark als Dreirad „Expreßpost" an die Frau - gebracht, richtig genutzt werden kann. Spezielle Fahrhallen und Fahrbahnen für die Räder, die mittlerweile auch die besser federnden Luftreifen bekamen, stellt man in Rüsselsheim her. Adam Opel, seine Frau Sophie und Mitarbeiter des Werkes sind hier höchstpersönlich als Lehrer für das neue Fortbewegungsmittel tätig, das im öffentlichen Straßenraum von der Polizei noch als gefährlich eingestuft wird. Auf der Landstraße muß der Radfahrer vor jedem scheuen Pferd absteigen. Um sich gegen derlei Behörden-Hemmnisse zu erwehren, schließen sich die vom „Drahtesel" Begeisterten zusammen. Adam Opel ist mit dabei: Er gründet in Rüsselsheim den ersten Radfahrerverein.

Im sportlichen Bereich erlebt das Fahrrad schnell seine Triumphe, besonders die in Rüsselsheim produzierten Modelle „Schwalbe" und „Blitz". 240 Siege auf Opelrädern gab es im Jahre 1889, darunter im Juli in London die Weltmeisterschaft. Der erfolgreiche Pedaletreter auf dem Opelmodell war August Lehr, auf einem Hochrad. Diese Variante allerdings stirbt bald aus. Im Jahre 1892 ist das Hochrad im Katalog von Adam Opel nur noch als Auslaufmodell enthalten. Man favorisiert allgemein die im Mechanismus überlegenen und beim Sport auch ungefährlicheren Niederräder, bei Opel in Rüsselsheim laufen sie jetzt unter der Bezeichnung „Viktoria-Blitz".

Das Absatzgebiet erstreckt sich nicht nur über alle Teile Deutschlands, auch die Nachbarländer werden beliefert - und selbst nach Übersee, beispielsweise Australien, gehen die in Rüsselsheim gefertigten Produkte. Neben den Fahrrädern werden nach wie vor Nähmaschinen hergestellt, in immer weiter verbesserten Variationen und für alle Ansprüche. Was Adam Opel einst in einem Kuhstall etablierte, ist zur Weltfirma geworden. Übrigens die erste im weiten Umkreis, die mit elektrischem Licht versorgt wird.

Adam Opel sieht langsam seine Lebenskraft ermüden. Einmal reist er noch nach Paris und macht dabei die flüchtige Bekanntschaft mit einem der gerade neu entwickelten Motorwagen. Aber es kommt keine Begeisterung in ihm auf, kein Drang zu einer Initiative in diese Richtung. Er spricht von einem „Spielzeug für Millionäre", dem er keine reellen Chancen beimißt. Zeit, daß sich die negativen Eindrücke des ersten Kontakts mit dem Auto wandeln, wie auch beim Fahrrad geschehen, gibt es nicht mehr: Am 8. September 1895 stirbt Adam Opel im Alter von 58 Jahren an Typhus. Bei einer seiner Geschäftsreisen nach Belgien und Holland hatte er sich die Infektion geholt und war nie richtig davon losgekommen, trotz Pflege durch die besten Ärzte Deutschlands.

Am 10. September wird der Firmengründer zu Grabe getragen, begleitet von einem stattlichen Trauerzug. Sein ältester Sohn Ludwig gab später in Versen wieder, welche Grundsätze Adam Opel in seinem Leben leiteten:

„Im Denken besonnen und klar,
im Reden offen und wahr,

im Wollen nur edel und recht,
im Handeln stets fest und gerecht,
im Geschäfte das Kühnste nicht wagen,
in Gefahr niemals verzagen."

Daß das Vermächtnis Adam Opels unverändert in seinem Sinne fortgeführt werden kann, dafür sorgen seine Witwe und seine Söhne, denen testamentarisch die Firma übertragen worden war. Bis ins Detail ist der weitere Weg des Unternehmens vorausgeplant, verbunden mit dem letzten Wunsch des Rüsselsheimer Pioniers an seine Nachkommen: „Liebet Euch untereinander", diese drei Worte finden sich in zittriger Handschrift unter seinem letzten Willen.

Gleich nach dem Tod des Gründers wird das Haus Opel in eine offene Gesellschaft verwandelt. Als eingetragene Gesellschafter fungieren Sophie Opel, die ihrem Mann während der ganzen Jahre eine gute Beraterin und Stütze im Geschäftsleben gewesen ist, sowie die beiden ältesten Söhne Carl und Wilhelm, damals 26 und 24 Jahre alt.

Heinrich Opel hat (nach einer kaufmännischen Ausbildung im Hause seines Vaters) eine eigene Firma in Wien gegründet, als Generalvertretung Opels für Österreich-Ungarn. Er tritt bald nach dem Tode seines Vaters wieder in das Rüsselsheimer Werk ein, während seine beiden jüngeren Brüder Fritz und Ludwig noch studieren, betreut von ihrem Onkel, Adam Opels Bruder Georg.

Was allen fünf Opel-Söhnen gleich ist, das sind die sportlichen Ambitionen auf den vom Vater gefertigten Rädern. Auf einem speziell hergestellten fünfsitzigen Tandem stellen sie sich allerortens zur Schau.

In Rüsselsheim wird die Fahrradproduktion weiter ausgeweitet. Der vor dem Tode von Adam Opel bereits in Angriff genommenen Betriebsvergrößerung wird ein weiterer Anbau hinzugefügt. 1898 allerdings gibt es eine Krise: Der erste Fahrradboom ist vorbei, die Wirtschaft stagniert allgemein. Das Haus Opel spürt diese Depression, kommt aber mit ihr zurecht, zumal die neuen Chefs ganz im Sinne des Firmengründers den Blick nach vorne behalten und so die Arbeitsplätze ihrer Mitarbeiter sichern. In dieser Zeit wird nicht nur die nach wie vor laufende Nähmaschine, die aufgrund der Fahrraderfolge zeitweise etwas stiefmütterlich behandelt worden ist, modifiziert und durch neue Konstruktionsmerkmale gegen ausländische Konkurrenz gerüstet, es gibt vielmehr auch die ersten Kontakte mit dem Auto.

Auf Reisen haben Carl und Wilhelm Opel bereits die Automobil-Fertigung in Augenschein genommen - die Anfänge der Entwicklung betrieben bekanntlich die Firmen Benz in Mannheim und Daimler in Cannstatt. Aber auch ein Mann aus Dessau, Friedrich Lutzmann, der wie einst Adam Opel als Schlosser angefangen hat, wird zu einem Pionier dieser neuen Technik. Der damals 39jährige legt schließlich den Grundstein für die Autofertigung bei der Firma Opel, die das komplette Lutzmann-Unternehmen kurzerhand für über 116.000 Mark - ein Vermögen in der damaligen Zeit - aufgekauft und den gesamten Betrieb im Winter von 1898 nach Rüsselsheim verlagert hatte.

Anfang 1899 kommt der erste hier produzierte Opel-Patent-Motorwagen vom System Lutzmann heraus. Er hat einen hintenliegenden Motor mit Akkumulatorenzündung, auf der Kurbelwelle ist eine Riemenscheibe angebracht, von der aus die motorische Kraft über eine weitere Kette auf die Räder übertragen wird. Der erste Opel kann zwei Personen mit seinen 4 PS in zwei verschiedenen Geschwindigkeiten - die schnellere liegt bei 20 Stundenkilometern - befördern und kostet zwischen 2.000 und 3.000 Mark.

Im Jahr 1899 kommt schon der erste Zweizylinder von Opel heraus, 45 Kilometer in der Stunde erreicht er. Die sportlichen Ambitionen des Hauses Opel, schon bei den Fahrrädern bewiesen, stellen sich auch bei den Autos heraus: Eines der ersten Bergrennen Deutschlands, auf einer 7,5 Kilometer langen Steigung am Königsstuhl bei Heidelberg, wird von einem der Opel-Modelle gewonnen: Die 17 Minuten und 20 Sekunden sind Tagesbestzeit. Auch auf Ausstellungen zeigen die Rüsselsheimer ihre Autos, müssen dabei allerdings feststellen, daß andere Firmen mehr Fortschritte auf diesem Sektor vorweisen können. Auch die wirtschaftlichen Erfolge der Lutzmannmodelle bleiben aus.

So beschließen die beiden Söhne von Adam Opel zusammen mit ihrer Mutter im Jahr 1900 zunächst einmal, die Produktion der vierrädrigen Gefährte wieder einzustellen. Die Firma Opel, die gerade nur etwas über 30 Autos hergestellt hat, trennt sich von Ingenieur Lutzmann und geht für eine Zeitlang auf die Herstellung von Motorrädern über.

Aber das Auto spukt natürlich weiter in den Köpfen der Rüsselsheimer Unternehmer herum, zumal sein Siegeszug überdeutlich wird. Und daran will man teilhaben. Ab 1902 ist es dann wieder einmal die Verbindung zu französischen Firmen, die Opel weiterbringt. Der Motor kommt nach vorn, und die ganze Karosserie sieht anders aus.

Im Jahr 1902 kommt wieder ein Opelauto auf den Markt, zunächst noch mit zwei Zylindern, ein Jahr später dann mit vieren. Die Produkte aus Rüsselsheim sind, wie soll es anders sein, wieder erfolgreich - und die Fabrikationsanlagen am Bahnhof müssen erneut erweitert werden. Hergestellt werden nach wie vor Nähmaschinen und Fahrräder, außerdem Motorräder und Autos. Ein vielseitiges Unternehmen also, noch fest in der Hand der Familie Adam Opels: Auch sein jüngster Sohn Ludwig steigt um diese Zeit in das Geschäft ein. Etwa 1.000 Mitarbeiter sind zum Anfang des Jahrhunderts für Opel tätig, bis 1910 verdreifacht sich die Zahl. Mit der Autoproduktion geht es ähnlich steil bergauf: 1903 werden erstmals über 100 Autos hergestellt, 1908 sogar 500, bis 1910 verdreifacht sich auch diese Zahl. Im Jahr 1911 schließlich ein Einschnitt: In der Nacht vom 19. auf den 20. August gerät das Werk in Brand, insbesondere seine alten Teile werden komplett zerstört. Aufgrund des Feuers trennt sich die Firma von dem Zweig, der sie einst entstehen ließ: Die Produktion der Nähmaschine wird aufgegeben. Wenige Tage nach dem verhängnisvollen Brand hätte gerade das einmillionste Exemplar hergestellt werden sollen.

Als im Jahr 1912 das 50jährige Betriebsjubiläum in einem rauschenden Festakt begangen wird, sitzt Sophie Opel mit ihren Söhnen noch in der ersten

Reihe und schreitet anschließend mit dem Großherzog von Hessen das Werk ab. Ein Jahr später stirbt die Frau des Firmengründers. Auch Adam Opels Bruder Georg wird begraben. Die erste Generation besteht also nicht mehr. Das Schicksal des Werks liegt fortan in den Händen der Söhne seines Gründers. Adam Opel aber lebt im Geiste des Unternehmens weiter, der Name steht für das ganze Werk. Noch im Jahre 1907, mehr als zehn Jahre nach dem Tod des Rüsselsheimer Pioniers, werden Briefe an die Mitarbeiter verteilt, die in Ichform gehalten und schlicht mit „Adam Opel“ unterschrieben sind. Vielleicht sollte so auch bewußt an die Solidarität der Angestellten mit „ihrer“ Fabrik appelliert werden - ging es doch um eine heftige Auseinandersetzung mit den Gewerkschaften.

Nach dem Einschnitt des Ersten Weltkrieges gibt es bei Opel wieder eine Etappe, die Geschichte macht: Die Fließbandfertigung wird zwischen 1923 und 1924 eingeführt, erstmals für Deutschland. Zunächst gibt es eine 45 Meter lange Linie für die Fahrradproduktion, später entstehen auch die Autos am Band. Der grüne „Laubfrosch“ ist das erste Serienauto, er wird bis 1927 in 60.000 Exemplaren hergestellt. Außerdem laufen in der größten Fahrradfabrik der Welt am Rüsselsheimer Bahnhof weiterhin täglich 1.000 „Drahtesel“ von den Bändern - die sich bis 1929 auf eine Gesamtlänge von über zwei Kilometern vergrößern.

UNTERM STRICH

Adam Opel

Firmenname	Adam Opel AG
Firmensitz	Rüsselsheim
Branche	Automobil
Hauptprodukt/ Dienstleistung	Pkw
Eigentumsverhältnis	General Motors, Detroit (100%)
Gesellschafter/ Geschäftsführer	Dr. Horst W. Herke
Gründer	Adam Opel
Gründungsjahr	1862
Mitarbeiter	55.438 (1986)
Niederlassungen	4 Werke, 2.311 Händler in der BRD
Umsatz	14,83 Mrd. DM (1986)
Zukunftsziel	Steigerung des Pkw-Absatzes in der BRD und in den Exportländern

In jenem Jahr gibt es dann einen weiteren Einschnitt: Opel wird an General Motors verkauft. Zum erstenmal wird ein deutsches Unternehmen von einem amerikanischen Konzern zu 100 Prozent übernommen. Über 33 Millionen Dollar fließen dafür über den „großen Teich". Ein Amerikaner wird Geschäftsführer. Adam Opels Sohn Wilhelm bleibt zunächst Vorsitzender des Aufsichtsrates. Bald aber gibt es kein Mitglied der Familie mehr in der Firma. Die Fahrradproduktion, die Adam Opel einst begann und die insgesamt über 2,5 Millionen Exemplare hervorgebracht hatte, wird 1937 eingestellt.

Nur der Name „Adam Opel Aktiengesellschaft" blieb bis heute bestehen. Wo einst durch die Nähmaschinenfertigung der Grundstein gelegt wurde, in der Ochsengasse von Rüsselsheim, werden heute Hinterhof-Anlieferungen für moderne Einzelhandelsgeschäfte erledigt. Einst im Kuhstall hätte sich Adam Opel wohl nicht träumen lassen, was sein Pioniergeist nach seinem Tod noch für Folgen hatte: 1962 wurde das erste Opel-Zweigwerk im Bochum errichtet, 1964 ein kleines in Berlin, 1966 ein weiteres in Kaiserslautern. 1983 lief der zwanzigmillionste Opel vom Band. 1986 wurde die modernste, mit Robotern bestückte Autofertigungsstätte Europas in Rüsselsheim in Betrieb genommen. Und das alles im Namen des einfachen Schlossers, der hier 1862 das Startsignal gab. Selbst wer heute im großen Autowerk anruft, kann das Glück haben, daß sich die Telefonisten kurz und bündig mit „Adam Opel" melden.

Porsche
Vater und Sohn schreiben Automobilgeschichte

von Lothar Dudeck

In den letzten sonnigen Maitagen des Jahres 1948 können die Bergbauern, die auf den Feldern und Wiesen zwischen Mauterndorf und Rennweg arbeiten, ein faszinierendes Schauspiel beobachten: ein Auto, niedrig, flach wie eine Flunder, prescht die schmale Schotterstraße zum Katschberg hinauf, driftet durch die Kurven, fegt polternd über Holzbrücken und nimmt die Steigungen schnell mit dröhnendem Motor. Ohne auf der Paßhöhe anzuhalten, rast der silberne, offene Wagen am Gasthof und an der alten Grenzsäule zwischen Salzburg und Kärnten vorbei und verschwindet, eine lange Staubwolke hinter sich herziehend, talwärts in Richtung Gmünd. Am Lenkrad sitzt ein junger, mittelgroßer Mann, 38 Jahre alt - der Konstrukteur des Wagens. Nur wenige Jahre später wird das Auto seinen Namen in alle Welt hinaustragen: Porsche.

Seinen Namen? Auch den seines Vaters, denn daß dieses Fahrzeug - es trägt die Typenbezeichnung Porsche 356 - entstehen konnte, ist der Genialität, dem

Können und der Leistung zweier Männer zuzuschreiben: dem Professor Dr. Ing. h.c. Ferdinand Porsche und seinem Sohn Ferdinand Anton Ernst, kurz Ferry genannt. Am 19. September 1909 kommt Ferry in Wiener Neustadt im Kaiserreich Österreich zur Welt. Seinen Vater, 1875 in der Nähe von Reichensberg in Nordböhmen geboren, kennt in Fachkreisen jeder. Er ist Technischer Direktor von Österreichs renommierter Automobilfabrik Austro-Daimler und ein erfolgreicher Rennfahrer. An diesem Septembersonntag ist Vater Porsche nicht in Wiener Neustadt. Er fährt, gegen starke internationale Konkurrenz, auf einem Austro-Daimler eigener Konstruktion das wichtige Semmering-Bergrennen. Als der 34jährige am Abend als Sieger nach Hause kommt, ist der Stammhalter schon da. Nach der 1904 geborenen Tochter Louise das zweite Kind.

Der kleine Ferdinand erlebt eine glückliche Kindheit in geborgener Umgebung. Der Vater, erfolgreicher Konstrukteur und autoritäres Familienoberhaupt, wird sein leuchtendes Vorbild. Schon mit 25 Jahren hat er für die Firma Lohner den elektrischen Radnaben-Antrieb entwickelt. Die Presse bezeichnet ihn als einen „von unermüdlichem Arbeits- und Schaffenstrieb beseelten Enthusiasten der Technik“, eine Charakterisierung, die 50 Jahre lang auf ihn zutreffen wird. Seit 1906 ist er der leitende Techniker der großen Firma Austro-Daimler, und das, ohne jemals ein Ingenieur-Studium abgeschlossen zu haben. Er ist ein Naturtalent.

Im Hause Porsche dreht sich alles um die Technik, um Motoren und Fahrgestelle, Lenkungen und Getriebe. So wird auch für den kleinen Ferdinand, der bald nur noch Ferry gerufen wird, das Automobil zum Pol, um den sich alles dreht. Es fasziniert ihn so sehr, daß er lange glaubt, in einem Auto geboren zu sein. Da die elterliche Direktoren-Villa unmittelbar an das Werksgelände grenzt, wird die Fabrik zum bevorzugten Spielplatz. Ferry ist überall zu finden: Er beobachtet die Spengler beim Bau der handgefertigten Karosserien, steht in der Schmiede, schaut den Zeichnern zu und sitzt neben den Chauffeuren, wenn die luxuriösen Tourenwagen und die starken Rennautos eingefahren werden. Das Auto beherrscht ihn, kaum daß er laufen gelernt hat. Zum 4. Geburtstag bekommt er seinen ersten eigenen Wagen geschenkt; nur ein Tretauto. Aber es ist die Miniaturausgabe des berühmten, 86 PS starken und 140 Stundenkilometer schnellen Prinz-Heinrich-Wagens, den der Vater 1910 entworfen hat. Da es richtige Modellautos noch nicht gibt, baut sich der Junge selber welche, aus Holz; und als er zur Schule kommt, werden Mathematik und Physik seine Lieblingsfächer.

1914 - Ferry wird gerade fünf Jahre alt - gehen in Europa die Lichter aus. Der Erste Weltkrieg beginnt. Die Industrie wird auf Heeresbedürfnisse umgestellt. Austro-Daimler hat schon vor dem Kriege schwere Mörserzugwagen mit Vierradantrieb gebaut, deren Schnelligkeit und Beweglichkeit die schwere Artillerie der Mittelmächte in die Lage versetzt, dem raschen Vormarsch der Infanterie zu folgen und, vor allem im Westen, schlachtentscheidend einzugreifen. Ihr Konstrukteur: Ferdinand Porsche. Jetzt entwickelt und verfeinert er weitere Zugsysteme, so den Landwehrtrain mit benzinelektrischem Antrieb, der auf Straße und Schiene gleichermaßen verwendbar ist, den C-Zug für schwere Mörser mit elektrischem Radnaben-Motor - jeder seiner sechs selbständigen Einheiten hat eine Zugkraft von 53 Tonnen - und die leichte Kraftprotze für die Feldartillerie. Außerdem baut er hervorragende Flugmotoren. 1916 verleiht ihm die Technische Hochschule Wien für seine Leistungen auf technischem Gebiet die Würde eines Ehrendoktors, er wird, mit 41 Jahren, Generaldirektor von Austro-Daimler und erhält hohe Orden. Im fünften Kriegsjahr beschließt der Kaiser, den schöpferischen Ingenieur für seine Verdienste in der Flugindustrie zu adeln. Das Dekret, von Karl I. unterschrieben, nennt den neuen Namen: Ferdinand Porsche von Propeller. Bevor die Urkunde überreicht werden kann, fegt die Novemberrevolution die Habsburger vom Thron. Der Krieg ist zu Ende, Österreich wird Republik, der Adel abgeschafft. Die Porsches bleiben bürgerlich.

Die Automobilindustrie des jetzt klein gewordenen Staates an der Donau versucht, sich wieder zivilen Konstruktionen zuzuwenden. Unbeirrt von den Wirren der Nachkriegszeit, von Inflation und Hungersnöten, Materialmangel und Devisenschwierigkeiten arbeitet Generaldirektor Porsche weiter. Er muß für seine 6.500 Arbeiter und Angestellte Aufträge bekommen. So setzt er auf Fahrgestelle, die aus der Vorkriegszeit übriggeblieben sind, modische Karosserien. Die Personenwagen-Produktion kommt wieder in Gang. Schon das erste Nachkriegsmodell wird ein Erfolg. Aber Porsche wäre nicht Porsche, wenn er sich damit zufrieden geben würde. Neue Modelle entstehen: ein 4,4-Liter-Sechszylinder mit 60 PS Leistung und der legendäre Sascha, ein kleiner Sportwagen, nach einem Freund der Familie, Graf Alexander (Sascha) Kolowrat, benannt. Auf der Targa Florio 1922, einem der berühmtesten und schwersten Straßenrennen Europas, zeigt der kleine Sascha, was in ihm steckt. Alfred Neubauer, der spätere Rennleiter von Daimler-Benz, fährt einen beachtlichen Klassensieg heraus und ist mit dem 1,1-Liter-Wagen fast so schnell wie die großmotorige Konkurrenz.

So bleibt dem Techniker Porsche der Erfolg treu. Von Jahr zu Jahr wird sein Name bekannter. Inzwischen hat er, der nicht nur autoritär ist, sondern auch mit aller Liebe und Fürsorge an der Familie hängt, dem Filius einen Herzenswunsch erfüllt. Zum Weihnachtsfest 1920 bekommt Ferry sein erstes *richtiges* Auto unter den Tannenbaum gestellt. Der kleine Zweisitzer hat einen luftgekühlten Benzinmotor und ist 50 km/h schnell. Als Vater Porsche den Junior einweisen will, winkt der lässig ab und fährt los - ohne Ruckeln, ohne Abwürgen. Jetzt kommt es heraus, daß der Elfjährige schon seit langem Wagen der Firma auf dem Fabrikgelände gefahren hat - große Sechszylinder mit PS-starken Motoren, schwergängigen Kupplungen und kraftverzehrenden Lenkungen. Der Junge hat Autos im Blut.

1923 verläßt Porsche Austro-Daimler - nach 17 Jahren, in denen er maßgeblich die Geschicke des Unternehmens bestimmt hat. Firmenpolitische Umstände sind die Ursache. Er folgt einem Ruf aus dem krisengeschüttelten

Deutschland und geht als Technischer Direktor zur Daimler Motoren AG nach Stuttgart-Untertürkheim.

Inflation und Absatzschwierigkeiten stören ihn nicht. Ihn interessiert nur die technische Herausforderung. Dieser Wechsel in die württembergische Hauptstadt wird sein ganzes weiteres Leben bestimmen; und das seiner Familie. Die Porsches werden Stuttgart treu bleiben. Ferdinand Porsche ist jetzt 48 Jahre alt. Sein Bekanntheitsgrad ist so groß, daß die Weltpresse über diesen Firmenwechsel berichtet. Im gleichen Jahr - im November - wird endlich die Inflation im Deutschen Reich gestoppt. Mit der Einführung der Rentenmark bessert sich die Wirtschaftslage. Die Automobilindustrie kann wieder arbeiten und produzieren. Da in ganz Deutschland nur rund 100.000 Personenkraftwagen zugelassen sind - umgerechnet kommt ein Pkw auf 600 Einwohner -, ist ein gutes Absatzfeld vorhanden. Es gibt im Reichsgebiet 86 Firmen, die Automobile herstellen. Viele von ihnen sind klein und spezialisiert, manche sind Eintagsfliegen, die nach ein paar Modelljahren wieder verschwinden. Große Bedeutung haben nur wenige Namen: Opel in Rüsselsheim, Horch, Wanderer und Audi in Sachsen, Benz in Mannheim und Daimler in Stuttgart. Daimler, der neue Arbeitgeber Porsches, hat im Automobilsport schon immer ein gewichtiges Wort mitgeredet. Jetzt, unter der Leitung des neuen Cheftechnikers, beginnt wieder eine Ära der Rennerfolge. Schon die erste Porsche-Konstruktion wird ein großer Wurf: Er entwickelt einen Vierzylinder - 2 Liter mit Kompressor, 150 PS stark - und meldet ihn zur Targa Florio 1924. 21 Italiener, 7 Franzosen, 3 Österreicher und 11 Deutsche stehen am Start. Der neue Daimler siegt souverän mit 8 Minuten Vorsprung. Es ist der erste deutsche Rennsieg nach dem Kriege. Weitere Renn- und Sportwagenmodelle entstehen, mit denen Porsche die Grundlage für den Weltruhm der SSK-Mercedes und der Silberpfeile der 20er und 30er Jahre schafft. Er ist unbestritten *der* Automobilkonstrukteur in Europa. Um so unverständlicher ist es, daß Deutschland den von Wien verliehenen Ehrendoktor nicht anerkennt. Er muß sich also wieder ganz schlicht Ferdinand Porsche nennen. Ihm, den Äußerlichkeiten nicht beeindrucken, der nur in seiner technischen Welt lebt, macht das nichts aus. Es berührt ihn auch kaum, daß er ein Jahr später den Titel wieder tragen darf. Die Technische Hochschule Stuttgart verleiht ihm 1924 den Dr. Ing. h. c. und vermerkt auf der Urkunde den Targa-Florio-Sieg ausdrücklich als einen Verdienst Porsches auf dem Sektor des Automobilbaus.

Während der geniale, rastlose Techniker der veralteten Daimler-Produktion neuen Schwung gibt, wächst der junge Porsche ins Leben hinein, geht zur Schule, büffelt, verliebt sich, gewinnt Freunde und bleibt bei seiner großen Liebe, dem Auto. Mit 16 Jahren macht er den Führerschein. Was der Vater konstruiert und bauen läßt, der Filius fährt es und beurteilt die Wagen wie ein versierter Testfahrer. Er ist in seinem Urteil so klar und unbestechlich, daß der Vater oft das Urteil des Jungen einholt, und sei es nur, um sich wieder einmal über den technischen Verstand Ferrys zu freuen. 1928 läuft Porsches Fünfjahresvertrag in Stuttgart aus. Eine Erneuerung lehnt er ab. Daimler hat zwei

Jahre zuvor mit Benz fusioniert, und mit einigen Herren des Benz-Managements kommt Porsche nicht gut zurecht. Die Mannheimer zeigen sich wenig kooperativ, dafür um so kritikfreudiger. Es kommt zu Verstimmungen, harte Worte fallen - der Ehrendoktor zweier Hochschulen nimmt seinen Hut und geht.

Natürlich geht ein Mann mit einem solchen Ruf nicht einfach ins Ungewisse. Auf ihn, der dem lädierten Ruhm der Firma Daimler-Benz mit Konstruktionen wie den Typen „Mannheim“ und „Stuttgart“ und dem 4,6 Liter Tourenwagen „Nürburg“ wieder auf die Beine geholfen hat, warten viele offene Türen. Er wählt die von Steyr, wo man seit 1920 traditionsbewußt solide Autos baut. Ein bißchen frischen Wind können die Steyr-Werke AG, die aus der Österreichischen Waffenfabrik-Gesellschaft hervorgegangen sind, durchaus brauchen. Porsche bringt ihn und konstruiert in kürzester Frist den „Steyr-Austria“. Das ist eine überaus elegante Limousine mit einem obengesteuerten 5,3-Liter-Motor, der 100 PS leistet. Eine Sensation! Schon 9 Monate nach Porsches Dienstantritt steht sie als bewundertes Einzelstück auf dem 23. Pariser Automobilsalon. Auch Ferdinand Porsche ist in Paris und sieht seine neueste Entwicklung bestätigt. Tag für Tag werden Verkaufsabschlüsse für den Luxuswagen gebucht. Aber er wird nie gebaut! Die Weltwirtschaftskrise, die Ende Oktober 1929 mit dem Schwarzen Freitag in New York beginnt, greift rasch nach Europa über. Sie erfaßt zuerst die Banken. Die Oesterreichische Boden-Kredit-Anstalt bricht zusammen, die Hausbank von Steyr. Dadurch kommt das Werk in die Hände von Austro-Daimler. Dort aber sitzen Leute, mit denen Porsche nicht zusammenarbeiten mag. So dauert die Steyr-Zeit nur ein Jahr. Porsche verläßt die repräsentative Direktorenvilla an der Enns und geht nach Stuttgart zurück. Dort, auf dem Killesberg, hat er sich schon vor Jahren ein Haus bauen lassen. Hier will er jetzt leben und arbeiten. Es paßt ihm nicht mehr, immer nur der einfallsreiche, aber oft genug unbequeme Konstrukteur für andere zu sein. Er will sein eigener Chef werden, seine eigene Firma gründen - und die soll seinen Namen tragen. Der hat, das weiß er, weltweit einen großen Ruf.

So findet man gegen Jahresende 1930 in den Stuttgarter Tageszeitungen eine Meldung, die besagt, daß „Dr. Ferdinand Porsche beabsichtigt, nach Stuttgart zurückzukehren, um hier sein eigenes Konstruktionsbüro zu eröffnen“. Um die Jahreswende wird das neue Unternehmen in das Handelsregister eingetragen. Partner sind der damals bekannte Rennfahrer Adolf Rosenberg und der Wiener Schwager, der Mann von Schwester Louise, Dr. Anton Piëch. Die Firma heißt, etwas langatmig, aber klar: Dr. Ing. h. c. Ferdinand Porsche GmbH, Konstruktionsbüro für Motoren-, Fahrzeug-, Luftfahrzeug- und Wasserfahrzeugbau.

Der Start ist nicht leicht. Die Wirtschaftskrise wirkt weltweit lähmend. Fabriken arbeiten mit halber Kraft, andere müssen schließen, die Arbeitslosenzahl steigt von Woche zu Woche. Waren es im November 1929 im Deutschen Reich noch 900.000, so sind es nur drei Wochen später schon 3,32 Millionen. Bald wird es ein Heer von über 5 Millionen sein. Sie werden jahrelang vergeblich auf Arbeit warten. Die Automobilindustrie verkümmert. Nur wenige Menschen haben jetzt noch das Geld, sich ein Auto kaufen und unterhalten zu können. In dieser miserablen Wirtschaftssituation hat es die neue Firma schwer.

Das Unternehmen ist kein Einmann-Unternehmen. 12 Männer arbeiten mit dem Inhaber zusammen. Da ist Karl Rabe, der Chefkonstrukteur. Porsche schätzt ihn seit 1913 und holte ihn schon zu Austro-Daimler. Franz Xaver Reimspieß, der später das heute noch gültige VW-Zeichen entwerfen wird, gehört ebenfalls zu den Männern der ersten Stunde - aber auch Sohn Ferry, jetzt 21 Jahre alt.

Der Junior hat die Realschule mit der Mittleren Reife abgeschlossen. Der Schulzeit folgte eine Lehre bei Bosch, die seiner unstillbaren Passion für alles Technische sehr gelegen kam. Während der Vater in Steyr arbeitete, wohnte Ferry bei der Schwester in Wien und hörte Vorlesungen an der Technischen Hochschule. Als der Vater die eigene Firma gründet, holt er den Sohn zu sich. Er ist der Meinung, daß der Junge im väterlichen Büro, im engsten Kontakt mit der Praxis, mehr und effektiver lernen kann als in den Hörsälen. Die Zukunft wird ihm recht geben.

Die Arbeit beginnt mit einem Konstruktionsauftrag für die sächsische Firma Wanderer. Es wird ein besonders elegantes Auto mit einem 2-Liter-Motor. Da jeder Auftrag, auch der kleinste, eine Arbeitsnummer trägt, läuft der Wanderer unter Nummer 7. Ihm folgt ein zweiter Wanderer-Auftrag. Ein 8-Zylinder-Wagen. Damit kommt das erste Geld ins Haus. Das aber braucht man auch dringend, denn um Aufträge überhaupt ausführen zu können, benötigt man Material. Und das kostet Geld. Von Löhnen, Gehältern und Mieten gar nicht zu reden. Ferry muß monatelang auf sein Gehalt verzichten. Er tut das ohne Murren, denn als engster Vertrauter seines Vaters weiß er nur zu genau, daß nicht alle Honorar- und Spesensätze so kalkuliert werden können, daß immer ein angemessener Gewinn übrigbleibt. Will man weiter im Geschäft bleiben, dann muß man auf die Auftraggeber Rücksicht nehmen. Die allgemeine Lage zwingt auch große Firmen zum eisernen Sparen. Auch in der eigenen Firma wird jeder Groschen dreimal umgedreht. Wenn Vater und Sohn zum „Großen Preis" an den Nürburgring fahren, wird im Campingzelt übernachtet. Dem Endfünfziger machen die Strapazen nichts aus, und für den jungen Porsche ist diese Art mit Geld umzugehen eine gute Schule.

Weitere Kunden kommen. Auf Wanderer folgt Zündapp, dann NSU. Für beide Firmen, die als Motorradhersteller ins Pkw-Geschäft einsteigen wollen, werden Kleinwagen entwickelt. Sie haben, auch wenn sie wegen der wirtschaftlichen Entwicklung nie gebaut werden, für die Automobilgeschichte große Bedeutung: Es sind die Vorläufer des späteren Volkswagen.

Die gelungenen Arbeiten für Wanderer - die Firma hat sich mit Horch, Audi und DKW zur Auto-Union zusammengeschlossen - haben neue Aufträge gebracht. Der wichtigste ist die Entwicklung eines Mittelmotor-Rennwagens für die neue Auto-Union. Mit diesem Fahrzeug siegt Stuck beim „Großen Preis von Deutschland", fährt im März 1934 Weltrekord und außerdem viele Klassenrekorde. Auch in den kommenden Jahren liegt die Rennwagen-Entwicklung für die große sächsische Firma voll in den Händen von Porsche. So kann sich die Auto-Union bis 1938 mit Daimler-Benz messen, deren Silberpfeile ja ebenfalls auf Porsches Einfallsreichtum beruhen und nur weiterentwickelt worden sind. Die Wagen jedoch, die Bernd Rosemeyer und seine Teamgefährten Stuck und Varzi von Erfolg zu Erfolg fahren, sind alle auf den Reißbrettern in Porsches Stuttgarter Büro entstanden. Ab 1938 wird er allerdings wieder für Untertürkheim arbeiten.

Inzwischen sind die Nationalsozialisten an die Regierung gekommen. Hitler träumt von einer Vollmotorisierung. Er will ein Auto, das sich jeder leisten kann, der genügend Geld für ein Motorrad gespart hat. Dieser Wagen soll ein einfaches, wirtschaftliches und zuverlässiges Transportmittel sein. Er darf nur weniger Verschleißteile haben und muß niedrige Reparaturkosten garantieren. Es sind die alten Kontakte, die Porsche - der völlig unpolitisch ist und nie die Nähe irgendeiner politischen Partei gesucht hat - mit Hitler in Verbindung bringen. Der Münchner Daimler-Benz-Vertreter, ein Herr Werlin, kennt Porsches Zündapp- und NSU-Entwicklungen. Werlin ist aber auch seit Jahren ein guter Bekannter des neuen Reichskanzlers. Er gilt als der Automobil-Berater Hitlers - und er spricht mit ihm über Porsches Kleinwagen-Ideen. Nun geht alles ganz schnell. Von einem Tag zum anderen wird Ferdinand Porsche nach Berlin beordert. Im Herbst 1933 befiehlt Werlin dem Stuttgarter Konstrukteur nach Berlin ins Hotel Kaiserhof zu kommen. Hitler läßt bitten!

Der neue Herr hat nur eine Viertelstunde Zeit. Aber diese 15 Minuten reichen völlig, um festzustellen, daß die Ansichten über das zu bauende Auto gleich sind: 100 Stundenkilometer, autobahnfest. Platz für 4 bis 5 Menschen, also familienfreundlich. Komfortabel genug für lange Fahrten und einen Verbrauch von etwa 7 Liter Benzin auf hundert Kilometer. Der Liter kostet rund 40 Pfennige. Für drei Reichsmark wird man also von Berlin nach Dessau, von Dresden nach Leipzig oder von Stuttgart nach Ulm fahren können. Der Preis, so fordert der Reichskanzler, muß unter 1.000 Mark liegen.

Das erscheint Dr. Porsche unmöglich. Der P 4 von Opel, ein solider Wagen einfacher Bauart, der etwas später erscheint, wird 1.450 Mark kosten. Schon bei diesem Preis bleiben für Werk und Händler nur wenig Gewinn. Ohne Gewinn aber ist keine Wirtschaft denkbar. Man muß Porsche regelrecht überreden, den Entwicklungsauftrag anzunehmen. Viel Freude hat er, vorerst wenigstens, nicht daran. Zwar bekommt er im Sommer 1934 ganz offiziell vom Reichsverband der Deutschen Automobilindustrie (RDA) den Auftrag, einen Volkswagen im hitlerschen Sinne zu entwickeln, aber die Herren vom RDA sorgen schon dafür, daß die Stuttgarter Bäume nicht in den reichsdeutschen Himmel wachsen. Zehn Monate gibt man ihm für die Entwicklung, und pro Monat erhält er 20.000 Reichsmark. Das ist nicht nur zu wenig Zeit, das ist auch viel zu wenig Geld für den gesamten Entwicklungsstab. Natürlich ist der

Reichsverband überhaupt nicht an der Lösung dieser Aufgabe interessiert. Ein solcher Volkswagen ist für die Deutsche Automobilindustrie nicht opportun. Er ist eine unerwünschte Konkurrenz.

Porsche und sein Team schaffen es nicht in zehn Monaten. Sie brauchen zwanzig. Dann sind die ersten zwei Versuchstypen fertig; aber der RDA macht Schwierigkeiten. Er versucht, den Wagen schon im Entwicklungsstadium zu torpedieren. Der Geheimrat Opel sagt Porsche in aller Offenheit: „Was wollen Sie denn eigentlich? Das ist doch ein schöner Auftrag und bringt gutes Geld! Sie denken etwas nach, und dann schreiben Sie eine Denkschrift, daß es nicht geht." Für solche Vorschläge hat Ferdinand Porsche kein Ohr. Er will gute Arbeit leisten und dem RDA beweisen, was er kann. Das ist schwierig, denn die Umstände, unter denen die Prototypen entstehen, sind primitiv genug. Um überhaupt arbeiten zu können, werden zwei Garagen an seiner Privatvilla ausgeräumt und mit den allernotwendigsten Maschinen und Werkzeugen versehen: 2 Drehbänke, 1 Fräsmaschine und 3 Schraubstöcke. So werden, in reiner Handarbeit, die ersten 3 Wagen gebaut. Mißtrauisch von den Technikern des Reichsbundes beäugt, gehen sie auf Probefahrt. Jeder Wagen muß in wenigen Wochen 50.000 km hinter sich bringen. Auch der Versuchsleiter des RDA gibt ganz offen zu, daß eine privatwirtschaftlich geführte Industrie keinerlei Interesse an diesem Projekt haben kann. Aber er ist auch korrekt genug, mit Akribie und neutral zu prüfen. Nach Abschluß der 50.000-km-Fahrt durch Schnee und Eis, über Landstraßen und Autobahnen muß er zugeben, daß „die Bauart sich als zweckmäßig erwiesen hat". Der Chefingenieur von Daimler-Benz kommt neugierig zu Besuch. Kopfschüttelnd steht er vor den Garagen und sagt im Angesicht der bescheidenen Ausstattung: „Wie kann man so ein Auto unter so primitiven Verhältnissen überhaupt bauen!" Das Team um Porsche kann es. Es ist inzwischen stark gewachsen. 40 Ingenieure arbeiten jetzt im Büro, und in Zuffenhausen wird ein Entwicklungszentrum gebaut. Den nächsten Auftrag will man nicht mehr in der Chefvilla erledigen.

Aufgrund des positiven RDA-Urteils wird 1937 bei Daimler-Benz eine Serie von 30 Volkswagen aufgelegt. Sie sollen einer gnadenlosen Prüfung unterzogen werden. Man wird sie 2,4 Millionen Kilometer über Alpenpässe und Landwege, über Autobahnen und Schotterpisten jagen: jeden einzelnen der Prototypen mehr als 80.000 Kilometer! Die Porsche-Konstruktion, aus der das Stuttgarter Ingenieur-Team Fehler um Fehler ausmerzt, bewährt sich glänzend. Hitler befiehlt, den Wagen bauen zu lassen. Damit der Preis gehalten werden kann, soll eine eigene staatliche Fabrik entstehen. Als Standort wird eine Heidefläche östlich Hannover in der Nähe des einsam gelegenen Renaissance-Schlosses Wolfsburg gewählt. Das Areal liegt verkehrsgünstig. Der Mittellandkanal fließt vorbei, die Autobahn Hannover–Berlin liegt nicht weit, und auch der Eisenbahnanschluß ist kein Problem. Die „Gezuvor" (Gesellschaft zur Vorbereitung des Volkswagens) wird gegründet. Geschäftsführer für den technischen Bereich ist Dr. Ferdinand Porsche. Am Mittellandkanal wachsen die ersten Fabrikhallen und Wohnhäuser empor.

In diesen hektischen Jahren - der Chef ist voll mit Aufträgen vieler Firmen beschäftigt - hat sich Sohn Ferry zum fähigen Konstrukteur entwickelt. Er leitet nicht nur das väterliche Konstruktionsbüro, sondern er entwirft auch schon eigene Pläne. Er denkt an einen kleinen Sportwagen, der teilweise auf dem Volkswagen basiert. Immer wieder sitzt er über den Plänen, zeichnet, denkt, ändert. Wieviel im Volkswagen steckt, weiß er nur zu genau. Er ist ja Hunderttausende von Kilometern mit ihm gefahren. Er weiß auch, daß man den 24-PS-Motor leicht auf 30, vielleicht sogar auf 40 Pferdestärken bringen könnte. So entsteht schließlich ein VW mit Stromform-Karosserie, ein Coupé, das für internationale Wettbewerbe gedacht ist. Der erste Einsatz soll die Fernfahrt Berlin–Rom–Berlin sein. Doch da bricht der Zweite Weltkrieg aus!

Im nahezu fertiggestellten Volkswagenwerk läuft die Produktion an: Kübelwagen für die Wehrmacht, Minen für die Kriegsmarine, Flugzeugreparaturen für die Luftwaffe. Auch das Konstruktionsbüro in Stuttgart wird in die Kriegsmaschinerie eingespannt. Die Rennwagenkonstruktionen werden weggepackt. Ein riesiger sechsrädriger Rennwagen, fast 9 Meter lang und über 3.000 PS stark, ist das letzte, was für Daimler-Benz entwickelt worden ist. Nach Ablauf des Auto-Union-Vertrages hat es wieder enge Kontakte mit Untertürkheim und viele Aufträge gegeben. Das Resultat: Mercedes gewinnt 1939 sechs von neun wichtigen Rennen. Allein Hermann Lang siegt in Tripolis, beim Eifelrennen, in Pau, beim Großen Preis der Schweiz und bei dem von Belgien. Aber das alles ist nun Vergangenheit. Das Porsche-Büro verbessert den Kübelwagen auf VW-Basis, entwickelt daraus einen Schwimmwagen und viele andere Variationen. 1938 hat Ferdinand Porsche den Nationalpreis erhalten und ist Professor geworden. Jetzt ist er Berater des Rüstungsministeriums und Leiter der Panzerkommission. Panzertypen werden entwickelt, gebaut, verbessert. Auch an der Entwicklung der V 1 ist er beteiligt. Als der Bombenkrieg Stuttgart bedroht, wird das ganze Entwicklungsbüro mit Personal, Werkstätten und Archiven nach Österreich verlagert. In Gmünd in Kärnten, unweit vom Katschberg, kann man noch ruhig arbeiten und, vielleicht, auch von den Aufgaben träumen, die man anpacken möchte, wenn wieder Friede ist. Zum Beispiel einen eigenen kleinen Sportwagen auf VW-Basis zu entwickeln, nämlich den, den Ferry schon einmal für Langstreckenfahrten entworfen hatte.

Als der Krieg vorbei ist, gibt es von Frieden keine Spur. Zwar leben die Porsches nun alle in Österreich, zum Teil auf dem Familiengut in Zell am See, zum Teil in den Holzbaracken eines ehemaligen Sägewerkes in Gmünd. Professor Porsche wird von den Amerikanern verhaftet, nach Frankfurt gebracht und drei Monate lang verhört. Man kann ihm nichts vorwerfen und muß ihn schließlich entlassen. Er kehrt, politisch unbelastet, nach Zell zurück.

Im November 1945 erscheint ein französischer Offizier und lädt den inzwischen 70jährigen Professor im Namen des französischen Industrieministers nach Baden-Baden ein. Kontakte und Besprechungen mit der französischen Automobilindustrie stünden an. Der alte Herr, von gesundem Mißtrauen erfüllt, schickt zuerst den Sohn. Dem erzählen die Franzosen, daß man ihnen als Kriegsbeute das VW-Werk zugesprochen habe. Nun brauche man Porsche als Fachmann. Der Professor fährt. Am 15. Dezember 1945 werden Vater und Sohn verhaftet und unter Anklage gestellt. Ihnen wird vorgeworfen, Franzosen zur Arbeit in Wolfsburg gezwungen zu haben. Die Vorwürfe erweisen sich als haltlos, Ferry wird im März 1946 bedingt entlassen. Der Vater bleibt, trotz schlechten Gesundheitszustandes, weiter in Haft. In Paris muß er die Zeichnungen für einen neuen Renault-Typ, den 4 CV, prüfen. Er entdeckt eine Menge Fehler, schlägt Änderungen an Aufhängung, Gewichtsverteilung und Reifengröße vor. Das bringt dem kleinen Renault 4 CV (Typ R 1060) den verkaufsfördernden Ruf ein, eine echte Porsche-Konstruktion zu sein. In den offiziellen Renault-Geschichten liest man bis heute nichts davon.

Der Vorstand des Hauses Porsche zur Firmenphilosophie:

„Porsche ist eine Firma mit einer an fortschrittlicher Technologie und persönlichem Engagement reichen Geschichte. Angefangen vom Volkswagen-Käfer, der von Prof. Porsche entwickelt wurde, bis hin zum allradgetriebenen 959 hat Porsche sowohl in technischer als auch in menschlicher Hinsicht immer die Ziele von hervorragender Leistung und besonderer Güte verfolgt. Um seine gesellschaftspolitischen Aufgaben zu erfüllen, hat sich Porsche drei Unternehmensziele gesetzt:

1. Faszinierende Produkte und Dienstleistungen anzubieten, die die Porsche-Kundschaft zufriedenstellen und die auf den Schutz der gesamten Umweltbedingungen größtmögliche Rücksicht nehmen.
2. Der gesamten Porsche-Belegschaft die sichere Möglichkeit zu bieten, in einem positiven Arbeitsklima all das zu erreichen, was für sie beruflich und persönlich möglich ist.
3. Eine attraktive Umsatzrendite zu schaffen, um die erforderlichen Investitionen zu ermöglichen.

Als wir am Ende der vierziger Jahre anfingen, Sportwagen zu bauen, hielten das viele für einen Anachronismus. Die Zeichen der Zeit standen nicht günstig für den Erfolg solcher Fahrzeuge. Aber bei den geringen Stückzahlen, die wir in liebevoller Handarbeit fertigten, konnten wir es uns leisten, Automobile ganz nach unseren Vorstellungen zu bauen. Damals wie heute freuen wir uns, daß es Autofahrer gibt, die diese Vorstellungen mit uns teilen. Auf dieser Gemeinsamkeit des Geschmacks und der individuellen Ansprüche basiert noch heute das Zusammengehörigkeitsgefühl aller Porsche-Fahrer, das uns gerne von der ‚Porsche-Familie' sprechen läßt."

Erst im August 1947 läßt man Professor Porsche frei, nachdem er noch ein halbes Jahr im Polizeigefängnis von Dijon einsitzen mußte. Eine Verhandlung gegen Porsche hat nie stattgefunden, trotzdem verlangen die französischen

Behörden für die Entlassung die damals enorme Summe von 1 Million Franken. Porsche, der in seinem arbeitsreichen Leben rund 350 Automodelle konstruiert und damit die Grundlagen für Milliarden-Gewinne geschaffen hat, besitzt jetzt, am Ende seines Lebens, keinen roten Heller. Er müßte, obwohl vom Arzt haftunfähig geschrieben, weiter im Gefängnis bleiben, wenn Sohn Ferry nicht wäre. Ferry, der die Zusammenarbeit mit den Franzosen strikt verweigert hat, ist im Juli 1946 nach einer halben Internierung in Rippoldsau nach Österreich zurückgekehrt. In Gmünd angekommen, sucht ihn ein Gewerkschaftsvertreter auf und erklärt forsch, er, Ferry Porsche, sei nun nicht mehr geschäftsführender Direktor der Firma Porsche. Der müsse von der Gewerkschaft erst neu bestellt werden. „Schön", sagt Ferry, „wenn das so ist, dann kommt aber unser Firmenschild vom Tor weg. Sie haben dann nicht das Recht, unseren Namen im Zusammenhang mit der Firma zu benutzen!" Der Gewerkschaftsvertreter wird verlegen, will diskutieren, geht schließlich. Der Versuch einer kalten Enteignung ist gescheitert. Die Gewerkschaft erkennt Ferry Porsche als Inhaber an. Und als Inhaber - der Vater ist ja noch in Frankreich - sucht Ferry sofort neue Kunden. Man beginnt mit der Reparatur von Automobilen, baut Seilwinden und Handkarren, deren Räder von abgeschossenen Panzern stammen; aber auch Ersatzteile für landwirtschaftliche Maschinen werden hergestellt. Die Porsche-Mannschaft kommt über die Runden. Über Kontakte mit Carlo Abarth erreicht man den ersten Entwicklungsauftrag nach dem Kriege, ein Traumprojekt: die Konstruktion eines Rennwagens der Formel I. Auftraggeber ist ein Turiner Textilfabrikant und Automobil-Enthusiast, Piero Dusio. Mit den Vorauszahlungen kann Ferry die von Frankreich geforderte Kaution für den zu Unrecht festgehaltenen Vater zahlen.

Als der Professor, gesundheitlich stark geschädigt, nach Gmünd zurückkommt, findet er bereits die fertigen Pläne für den Formelrennwagen, den Cisitalia, vor, aber daneben auch die Zeichnungen für einen Sportwagen. Dem ersten Auftrag aus Italien folgen weitere. Sie bringen Geld. Nicht sehr viel, aber doch genug, um an die Verwirklichung eines Traumes zu gehen: den Bau eines eigenen Sportwagens, eines Wagens, der den Namen Porsche tragen soll. Das gesamte Fahrwerk, Aufhängung, Bremsen, Lenkung, das Getriebe und der Motor sind Original-VW-Teile, allerdings mit Veränderungen. Der Motor ist auf 40 PS gebracht. Die schnittige Karosserie wird von Hand geschneidert. Für den Prototyp braucht man dazu zwei Monate, was eine außerordentliche Leistung ist. Für die Nachfolge-Fahrzeuge wird man die Karosserie jeweils innerhalb einer Woche herstellen können. Immer noch von Hand. Die Probefahrten übertreffen die Erwartungen von Vater und Sohn. Der Wagen ist 130 Stundenkilometer schnell, erklettert die Berge wie eine Gemse und sieht gut aus. Er müßte ein Erfolg werden.

Er wird einer! Ein Schweizer Interessent findet sich, der nicht nur das notwendige Geld für den Anlauf einer „Serienfertigung" zur Verfügung stellt, sondern auch VW-Aggregate und anderes notwendiges Material liefern kann. Obwohl die Verhältnisse in den Holzbaracken außerordentlich primitiv sind –

Maschinen und Werkzeuge wurden gestohlen, der vorhandene Werkzeugmaschinen-Bestand ist sehr beschränkt - werden in weniger als 12 Monaten 50 Wagen mit der Entwicklungsnummer 356 hergestellt. Und zwar in bester Verarbeitungsqualität. Die Porsche 356 sind keine billigen Autos. Das Coupé kostet 1949 10.200 DM, das Cabriolet 2.000 DM mehr. Aber sie werden gekauft. Die Nachfrage ist so groß, daß die Produktion von Gmünd nach Stuttgart verlegt werden muß. In Gmünd gibt es ja nicht einmal Bahnanschluß. Die eigenen Gebäude in Zuffenhausen, das alte Konstruktionsbüro, sind von den Amerikanern besetzt. Aber gleich daneben, in der Karosseriefabrik Reuter, finden sich ein paar Baracken. Hier wird produziert. 1950 arbeiten schon 108 Leute am 356. Im nächsten Jahr sind es über 200. Der alte Professor, der wieder in sein Haus am Killesberg eingezogen ist, sieht das alles mit Befriedigung. Aus seinem größten Werk, dem Volkswagen, hat sein Sohn ein Auto geschaffen, das seinen Namen trägt und sein Denkmal bleiben wird. Am 30. Januar 1951 um 13.48 Uhr stirbt Professor Dr. Ing. h. c. Ferdinand Porsche, 75 Jahre alt. Er hat viel geschafft - aber, seiner Meinung nach, nicht genug. Er wäre gerne 100 Jahre alt geworden.

Sein Sohn baut weiter Autos, und er tut das, was der Vater gern getan hätte: Er geht mit eigenen Wagen in den Rennsport. 1951 ist zum ersten Male ein Porsche in Le Mans dabei. Er erringt einen Klassensieg. Das hat Folgen. Die Produktionsanlagen müssen erweitert werden, Gelände wird gekauft, es wird gebaut, und schließlich wird das alte, vom Vater gebaute Gebäude auch freigegeben. Im März 1954 verläßt der 5.000. Porsche das Werk. 1958, nur 10 Jahre nach der Premiere, sind es schon 25.000, und weitere 5 Jahre später hat man die stolze Zahl von 60.000 Porsche 356 erreicht. Der 911 wird sein Nachfolger. Dazwischen liegt eine endlose Erfolgsserie im Motorsport. Die bekanntesten Fahrer des Jahrzehnts starten auf Porsche: Richard von Frankenberg und Graf Berghe von Trips, Huschke von Hanstein und Hans Herrmann, Helmut Polensky und Jo Siffert. In den 60er und 70er Jahren werden es nicht weniger berühmte Namen sein: Elford und Stommelen, Rodrigues, Zasada und Rindt. Sie fahren Siege und Rekorde und tragen den Namen Porsche hinaus in alle Welt.

Heute ist das Werk, das 1972 in eine Aktiengesellschaft umgewandelt wurde, die zwar kleinste Automobilfabrik Deutschlands, aber auch die feinste. Die Mitarbeiterzahl hat sich in den vergangenen 30 Jahren verzehnfacht, die Produktion ist von 50 Wagen im Jahr 1949 auf 53.000 im Jahr 1986 gestiegen. Im Geschäftsjahr 1985/86 betrug der Umsatz 3,6 Milliarden Mark. Bis zum Jahr 1986 wurden insgesamt 722.000 Porsche-Wagen gebaut, davon laufen noch 480.000 - von je 3 gebauten Porsches also noch zwei. Vom Typ 914 wurden von 1969 bis 1975 120.000 Stück gebaut, davon sind noch rund 60.000 fahrbereit - die Hälfte. Das jüngste dieser Modelle ist 11 Jahre alt! Das sind Zahlen, die, so trocken sie klingen, für die Qualität sprechen, die den Namen nicht weniger groß gemacht hat wie die Sportlichkeit und Eleganz.

Der Junior Ferry ist längst zum Senior geworden, Vater von 4 Söhnen und immer noch anerkanntes Haupt der Familie und Kopf des Unternehmens -

wenn auch jetzt als Vorsitzender des Aufsichtsrates. Über den enorm sportlichen Ruf der Porsche-Autos ist für den Normalbürger die Bedeutung des 1930 gegründeten Konstruktionsbüros etwas in den Hintergrund geraten. Es existiert immer noch, größer denn je. In Weissach, zwischen Stuttgart und Pforzheim, liegt das Porsche-Entwicklungszentrum, das im Firmenbereich gern als „Denkfabrik" bezeichnet wird und in der Fachwelt die „Auto-Universität" heißt. Viel von dem, was unter bekannten Namen und Firmenzeichen auf Europas Straßen fährt, ist hier ersonnen und entwickelt worden. Die Auftraggeber reden nicht gern darüber, obwohl es die gleichen sind, die schon den Vater mit Aufträgen bedachten - inklusive des Staates. Daran hätte der alte Professor bestimmt seine Freude - doch am meisten würde es ihn wohl befriedigen, daß sein begabter Sohn heute ebenfalls die Würde eines Ehrendoktors der TH Stuttgart und den Titel eines Professors trägt. Ohne Studium, bitte! Genialität ist also, manchmal, erbbar. Dazu sollte noch gesagt werden, daß Ferrys ältester Sohn Ferdinand Alexander, werksintern Butzi genannt, verantwortlich für die Karosserie des Porsche 911 zeichnet - und dieser Wagen steht heute im Museum of Modern Art in New York und gehört dort zu den am meisten beachteten Exponaten. Es gibt Familien, da wird Genialität in direkter Linie weitergegeben.

UNTERM STRICH

Ferdinand Porsche

Firmenname	Dr. Ing. h. c. F. Porsche AG
Firmensitz	Stuttgart
Branche	Automobil
Hauptprodukt/ Dienstleistung	Pkw
Eigentumsverhältnis	Aktiengesellschaft
Gesellschafter	Familien Porsche und Piëch
Vorstandsvorsitzender	Heinz Branitzki
Gründer	Professor Ferdinand Porsche
Gründungsjahr	1931
Mitarbeiter	8.500 (1986)
Niederlassungen	5 (Ausland)
Umsatz	3,6 Mrd. DM (1986)
Zukunftsziel	Konsolidierung des Unternehmens

Boss
Deutschlands Herausforderer der französischen und italienischen Herrenmode

von Robert Ingersoll

Als Westdeutschlands erfolgreicher Modezar, die Hugo Boss AG, am 18. Juni 1986 seine erste Aktionärsversammlung hielt, gab es nur wenig Kritik am Managementstil der Geschäftsführung. Mit einem Umsatz von 308,7 Millionen DM erreichte die Boss AG 1985 eine Gewinnsteigerung von 45 Prozent auf das Vorjahr. Das entspricht einem glänzenden Gewinn von 75 DM pro Aktie. Und der Höhenflug des schwäbischen Modemachers hält weiter an: Im abgelaufenen Jahr schraubte man den Umsatz auf 430 Millionen DM.

Im Dezember 1985, als die Firma sich in eine Aktiengesellschaft verwandelte und ein Drittel der gesamten Aktien-Emission an der Börse verkaufen ließ, war Boss an die Börse gegangen – zu einem Emissionskurs von 800 DM. Neun Monate hatte sich die Boss-Aktie auf ihrer Höhenfahrt bis zur Marke von 2.300 DM hinaufgeschossen. „Bis jetzt ist es die Geschichte eines Unternehmens, das scheinbar überhaupt nichts Falsches machen kann", sagte ein Wertpapier-Experte einer führenden westdeutschen Bank.

Trotzdem ist aber wahrscheinlich, daß die Zukunft der Boss AG nicht ganz ohne Schwierigkeiten bleiben wird. Ihr schnelles Wachstum innerhalb des begrenzten deutschen Marktes kann kaum auf ewig dauern. Aus diesem Grund schickt sich Boss an, Pläne für eine Ausdehnung ins Ausland zu erarbeiten. Jenseits der deutschen Grenzen werden zur Zeit nur 24 Prozent des gesamten Umsatzes erwirtschaftet. „Ausländische Märkte haben für uns als Quellen des künftigen Wachstums eine sehr große Bedeutung. Wir möchten zum international bekannten Namen werden", meint der schicke Jochen Holy. Der 44jährige betreibt die Geschäftsleitung zusammen mit seinem 46jährigen Bruder Uwe. Die Brüder Holy sind Enkelkinder eines schwäbischen Geschäftsmannes namens Hugo Boss, der 1923 die Firma gründete.

Boss - auch in Metzingen geboren - war 38 Jahre alt, als er die Firma 1923 ins Leben rief und in der unsicheren Nachkriegszeit versuchte, ein Kleiderproduzent von nationaler Bedeutung zu werden. Doch schon vorher hatte er 1914 einen kleinen Laden gegründet, in dem Frauenmode und Bettwäsche im Laden verkauft und im Hinterzimmer hergestellt wurden. Begonnen hat er seine Karriere aber noch viel früher: Schon als Jugendlicher schloß er eine kaufmännische Lehre in seiner Heimatstadt ab.

Boss war ein leidenschaftlicher Jäger und Sportfischer, der seine Freizeit am liebsten mit Freunden an den Bächen und in den Naturparks der Schwäbischen Alb verbrachte. Seine Frau Anna, eine gebürtige Löffel, die ebenfalls aus der Gegend stammte, brachte insgesamt vier Kinder zur Welt, von denen drei - Siegfried, Gertrud und Doris - zeitweise auch in der Firma des Vaters tätig waren. Die älteste Tochter Hildegard heiratete einen Seifenfabrikanten. Die jüngste Tochter Doris arbeitet noch heute bei der Boss AG, obwohl sie keine Aktien besitzt. Jochen und Uwe Holy sind Söhne der zweitältesten Tochter Gertrud.

Interessanterweise war die 1923 gegründete Firma bekannt als ein Hersteller von Arbeiterkleidung und später auch von Uniformen, die kurz vor Beginn des Zweiten Weltkrieges zum Sortiment hinzugefügt wurden. Ein Sortiment, das im starken Kontrast zu der modischen Kleidung steht, die heutzutage von Boss produziert wird. Erst nach dem Zweiten Weltkrieg, der Firmengründer starb 1943, verwandelten die Kinder von Boss die Firma in einen Hersteller von Herrenmode. Und es sollte der Beginn einer Weltkarriere werden.

Nach dem Vorbild ihrer bis jetzt einzigen ausländischen Tochterfirma in Frankreich sehen die Expansionspläne der Brüder Holy weltweit Gründungen von Tochterfirmen in den USA, Großbritannien und Japan vor. Obwohl die Boss AG ihre Waren schon in viele Länder exportiert, wird es mit einer verstärkten Expansion in solch robuste Märkte - insbesondere in die USA - schwierig, die gesunden Wachstumsraten, an die Boss gewöhnt ist, zu halten. „Immer wieder haben deutsche Firmen, darunter auch Riesen wie Daimler-Benz und Hoechst, Probleme und Verluste im amerikanischen Markt erlitten, die sie nie erwartet hätten", meint ein Frankfurter Unternehmensexperte. „Wird die Boss AG klüger und glücklicher als diese Firmen sein?"

Gutes Management, scharfe Intuition und eine gehörige Portion Glück haben der Firma zum Erfolg verholfen. Seitdem die Brüder Holy die Geschäftsleitung 1968 übernahmen, ist die Boss AG von einem Produzenten von dezenter Herrenbekleidung mit einem Umsatzvolumen von jährlich 3,5 Millionen DM zum Hauslieferanten von sich jugendlich fühlenden Managern aller Lebensalter geworden. Etwas mehr als 15 Jahre nach der Ankunft der Brüder hat sich Boss zum berühmtesten Modeschöpfer in Deutschland emporgearbeitet. Und auch über die Grenze der Bundesrepublik verbreitet sich der Ruf der neuen Modezare Holy & Holy.

Zu den regelmäßigen Kunden der Firma gehören: der US-Botschafter in Bonn, Richard R. Burt, der Porsche-Vorstandsvorsitzende Peter Schutz, Lufthansa-Vorstände Heinz Ruhnau und Frank Beckmann, Daimler-Benz Aufsichtsratsmitglied Hans-Jürgen Hinrichs und der Präsident des Verbandes der Deutschen Automobilindustrie Hans-Erdmann Schönbeck. Sylvester Stallone trägt Boss-Sweatshirts in „Rocky IV", und Boss sicherte sich auch die Werbehilfe anderer bekannter Persönlichkeiten wie Björn Borg und Bernhard Langer. Unter den Verkaufsstellen im Ausland sind exklusive Warenhäuser wie Harvey Nichols in Großbritannien und Niemann S. Marcus in den USA. Ihre Zielgruppe: Aufsteigende und „angekommene" Manager im Alter zwischen 30 und 50 Jahren.

Merkwürdigerweise tragen Anzeigen in Frauenzeitschriften zum guten Ruf der Firma bei. „In 75 Prozent aller Fälle bestimmen Frauen, was Männer tragen. Daher haben wir schon in den frühen 70er Jahren damit angefangen, Werbung in Frauenzeitschriften zu schalten", sagt Jochen Holy, der schlank und gutaussehend genug wäre, als Fotomodell in seinen eigenen Anzeigen zu erscheinen.

Als die beiden Brüder frisch die Universität München mit Diplomen in Volks- und Betriebswirtschaft verließen, war die Zukunft der Firma noch im Ungewissen. Schwierigkeiten entstanden vor allem durch die wachsende Konkurrenz von billigen Textilimporten aus Fernost. Darüber hinaus wollte es Boss nicht gelingen, sich dem veränderten Markt anzupassen und die veralteten Fabriken zu renovieren. Streitereien unter den Eigentümern in der Familie machten eine Übereinstimmung in bezug auf den künftigen Kurs der Firma, deren wachsende rote Zahlen ein höchst unbequemes Polster abgaben, immer schwieriger. „Einige Familienmitglieder wollten dies, andere wollten das, und am Ende wurde ohne Rücksicht auf den Markt produziert", erinnert sich Jochen Holy in seinem mit moderner Kunst geschmückten Büro.

Den entscheidenden ersten Schritt zum dauerhaften Erfolg machten die Brüder, als sie in den frühen 70er Jahren die anderen Familienmitglieder auszahlten und die 100prozentige Kontrolle der Firma erwarben. Ohne Widerstand konnten sie nun ihre Pläne durchsetzen, die Boss AG zum Top-Hersteller für „Manager-Mode" zu machen. Der Aufbau einer 10-Millionen-DM-Fabrik etwas außerhalb von Metzingen mit besseren Maschinen und größeren Lagerräumen war die erste wichtige Maßnahme der neuen Holy-Strategie. Die

Entscheidung, die alte Fabrikhalle in Metzingens Zentrum nicht zu veräußern, sondern sie später als Verkaufsladen zu nutzen, hat sich im nachhinein als überaus klug erwiesen.

Jochen Holy zur Tradition des Hauses Boss:

„Ich kenne im Moment keine Firma im internationalen Vergleich, die sich so komplett mit einer in jeder Produktgruppe qualitativ und modisch stimmigen Aussage darstellt. Diese Entwicklung wurde durch einen konsequenten Ausbau der Marketingpolitik der letzten drei Jahre geschaffen und hat uns international an das Image von großen Designernamen angebunden. Im Gegensatz zu einer Designerkollektion sind wir in der Lage, im richtigen Moment weltweit aktuellen Modetrends nachzugehen, ohne dabei einem Stil untreu zu werden und dadurch unglaubwürdig zu wirken. Über die Stärke unseres abgestimmten, qualitativ und imagemäßig hochstehenden Gesamtpaketes stoßen wir heute in alle Lebensbereiche des Mannes.

Wenn ein Manager, oder wer auch immer, im Berufsleben den Anzug als Arbeitskleidung tragen muß, abends nach Hause kommt und sich für die Freizeit umzieht, dann möchten wir, daß er sein BOSS-Sacco gegen eine BOSS-Weste und seine BOSS-Hose gegen eine BOSS-Jeans wechselt. Nicht zu vergessen sind die Möglichkeiten bei sportlichen Aktivitäten, dem passiven und teilweise aktiven Sportswearbereich. Dieser Bereich hat in den letzten zwei Jahren unserem Markennamen Kraft und Bedeutung gegeben. Hier haben wir es auch verstanden, durch die Übertragung des Produktgedankens neue jüngere Käuferschichten anzusprechen und diese langfristig an unsere Produkte heranzuführen. Wir bieten so den jungen Käuferschichten den Einstieg in unser Produkt BOSS.

Der Anzug, das Sacco und die Hose werden weiterhin die BOSS-Basis, das ‚Meisterstück der Konfektion', bleiben, doch die zukunftsträchtigen Steigerungsraten werden heute von der Freizeit geprägt.

Auch in der Zukunft sollen sich unsere Endverbraucher weltweit mit unserer Marke BOSS identifizieren - BOSS tragen und sich als BOSS fühlen in Beruf, Freizeit und Sport -."

Das neue Konzept der beiden Eigner: Boss sollte Mode herstellen, die in der internationalen Herrenmode mithalten konnte, ja sogar marktführend sein sollte, die aber gleichzeitig Rücksicht auf die typisch deutsche Neigung zur Qualitätsarbeit nehmen würde. Mit Textilien sind die Brüder aufgewachsen. „Ich war mit sieben Jahren zum ersten Mal in einer Modenschau, und unser liebster Zeitvertreib war der Schaufensterbummel entlang Stuttgarter Kleidergeschäften", sagt Jochen Holy, der als Leiter von Marketing und Verkauf Verantwortung trägt.

Deutsche Journalisten haben Jochen als die „kreative" Kraft und Uwe als das „Buchhaltungsgenie" des Teams beschrieben, doch das dürfte zu einfach sein. „Wir ergänzen einander", meint Jochen. „Ich habe eine feine Nase für Textilien und Design, während mein Bruder sich mehr um Organisation und finanzielle Dinge kümmert. Das ist eine gute Kombination. Wir verstehen uns sehr gut und lassen unser gutes Verhältnis durch Zeitungsberichte nicht stören". Dank ihres guten Riechers für Qualität und Wirkung entschieden sich die Brüder für italienische Textilien. Glücklicherweise verzichteten sie darauf, diesen Textilien einen auffallenden, beinah grellen Mittelmeer-Touch zu geben. „Wir wollten Mode herstellen, die wir selbst gerne tragen würden - und wir sind Geschäftsmänner", erklärt Jochen. Preist der zufriedene Kunde Schönbeck vom VDA: „Die Qualität ist hervorragend, die Textilien sind eindrucksvoll, und die Kleider passen, wie vom Schneider Maß genommen."

Zu Anfang hatte Boss Schwierigkeiten mit Lieferanten in den kleinen Webereien Norditaliens. Nur wenige von ihnen waren bereit, Geschäfte mit dem Neuling zu machen. Sie waren gewöhnt, Textilien nur für die renommierten italienischen Modehäuser, wie Georgio Armani, Nino Cerruti und Zegna herzustellen. „Damals kannten sie uns nicht, und deshalb mußten wir fast betteln, um überhaupt etwas von ihnen zu bekommen", lächelt Jochen, „heute kommen sie zu uns."

Im Gegensatz zu ihren großen italienischen und französischen Konkurrenten verkauft die Boss AG ihre Moden nicht nur in teuren Läden, sondern auch in eigenen Verkaufsstellen in Stuttgart, Reutlingen und München. Weiterhin stellt Boss auch Kleider her, die ins eigene Inventar kommen. „Die meisten Modehäuser produzieren nur das, was von den Kunden bestellt wird und nicht mehr", sagt Jochen. „Wir gehen das Risiko ein, Kleider fürs eigene Inventar herzustellen. Damit der Kunde bei rasch ausverkauften Modellen gleich mehr von uns bestellen kann." An seine besonders wichtigen Kunden verkauft Boss auch vom Werk aus, wo die Firma besondere Ausstellungsräume eingerichtet hat. Ist eine außergewöhnlich große Nachfrage nach bestimmten Produkten vorhanden, die die Herstellungskapazität der eigenen Fabrik übersteigt, wird die Produktion von Lizenzherstellern übernommen, wobei streng auf Qualität geachtet wird. Auch spielen Lizenzhersteller eine wachsende Rolle im Verkauf von Produkten, die außerhalb der traditionellen Boss-Kollektion stehen. Wo früher nur Anzüge, Hosen, Jacketts und Trenchcoats angeboten wurden, findet der Kunde heute auch Pullis, Hemden, Lederwaren, Sportmode und After-shaves. Das meiste davon wird von verschiedenen Herstellern in Lizenz erzeugt, ein Zubrot von 4 Millionen DM pro Jahr für die Boss-Brüder. „Dieses Einkommen ist reiner Vor-Steuer-Gewinn, den wir ohne allzu viele Mühe einkassieren können," meint ein Boss-Manager. Die Firma hat bereits Verträge mit kleineren Herstellern abgeschlossen, die Sportmode, Zubehör und Schuhe à la Boss herstellen werden.

Der Geschäftsleitung liegt die Flexibilität, die solche Arrangements bieten. „Im Grunde genommen bedeutet dies, daß unser Management- und Produktionserfolg nicht einzig abhängig ist vom Wachstum der Firma“, sagt Uwe Holy, dessen sachliche Sprechweise seine Neigung nach Verwaltung und Finanzen verrät. Dies sei wichtig, so Holy, weil die Bewahrung eines umgänglichen und persönlichen Managementstils durch eine möglichst kleine Anzahl von Managern erstrebenswert sei.

Boss weiß, daß zu viele Lizenzverträge große Schwierigkeiten mit sich bringen können. Deshalb hat die Firma nicht vor, solche Arrangements allzu häufig abzuschließen. „Wir werden unsere Grundkollektion immer selbst herstellen und die Zahl von Lizenzverträgen begrenzt halten“, sagt Jochen Holy. „Einige von unseren großen Konkurrenten stellen gerade fest, daß der Verkauf des eigenen Namens in alle Welt an Hersteller, die man nicht überwachen kann, ein Spiel mit dem Feuer ist.“ Deutsche Herrenmode-Experten zeigen da mit dem Finger auf Pierre Cardin, dessen Kreationen in Deutschland unter Lizenz hergestellt und auf den Markt gebracht werden. Zuletzt sind sie in Warenhäusern und großen Supermärkten verkauft worden. „Cardins Name wurde dadurch arg in Mitleidenschaft gezogen, und er versucht immer noch, seinen Marktanteil in Deutschland wiederzugewinnen“, meint ein Experte.

UNTERM STRICH

Hugo Boss

Firmenname	Hugo Boss AG
Firmensitz	Metzingen
Branche	Textil
Hauptprodukt/ Dienstleistung	Herrenmode
Eigentumsverhältnis	Aktiengesellschaft Gebrüder Holy (51%)
Gesellschafter/ Geschäftsführer	Uwe Holy / Jochen Holy
Gründer	Hugo Boss
Gründungsjahr	1923
Mitarbeiter	1.100 (1986)
Niederlassungen	10 (Inland), 1 (Ausland)
Umsatz	430 Mio. DM (1986)
Zukunftsziel	Den Auslandsmarkt auszubauen

Die Eröffnung eigener Firmen im Ausland stellten ein weiteres Risiko dar. Die Tochterfirmen sollten am Anfang nur aus einzelnen Häusern in New York, London oder Tokio bestehen, in denen Geschäftsführung und Verkaufsabteilung unter einem Dach vereint sind. Die Gründung von Tochterfirmen bedeutet wahrscheinlich, daß Kleider in jenem Land hergestellt werden müssen, hauptsächlich um hohe Zollklippen zu umschiffen. Boss-Manager gehen von einer Vervierfachung der Verkäufe in den USA innerhalb von zwei oder drei Jahren nach Gründung der Tochterfirma aus. Dazu muß die Firma fähige Manager in jedem Land suchen. „Wir machen uns nichts vor, wir wissen, daß Erfolge in solchen hart umkämpften Märkten sehr schwer zu erringen sind. Dazu braucht man die richtigen Leute", meint Jochen Holy.

Mittlerweile hat die Boss AG einen Vorgeschmack auf solche Widrigkeiten bekommen. Seit sechs Monaten ist die Firma auf der Suche nach einem Manager, der die Verantwortung für Export und Joint Venture übernehmen kann. „Wir fanden einen, der genau zu uns zu passen schien", sagt ein Boss-Manager, „aber in einem einzigen Monat - seinem ersten und letzten - ist der 7.500 Kilometer innerhalb Süddeutschlands herumgereist; dazu beanspruchte er Spesen wie ein Mittagessen in München zu 500 DM, um zu zeigen, was für ein Senkrechtstarter er doch sei." Also sind die Boss-Späher abermals unterwegs, wobei die Brüder Holy wieder etwas mehr von der Kärrnerarbeit wissen, die getan werden muß, um auch international ein Großer zu werden.

Bogner
Auf vielen Pisten heimisch

von Julia Weichselgartner

Bogner - da denkt man an Schnee, Ski, aber auch an Mode. Seine Skibegeisterung hat Willy Bogner, den 1977 verstorbenen Gründer der Münchner Firma Willy Bogner & Co. KG, nicht nur zu großen sportlichen Erfolgen geführt, sie war auch ausschlaggebend für seine berufliche Karriere. Lange bevor er an das Modemachen in großem Stil ging, war Willy Bogner schon ein bekannter Skisportler: Elfmal verteidigte er seinen deutschen Meistertitel in der nordischen Kombination, fünfmal war er bayerischer Meister und brach bei der Weltmeisterschaft 1935 mit einem dritten Platz als erster Mitteleuropäer in die Vormachtstellung der Nordländer ein.

Viel von dem, was heute unter dem Namen Bogner läuft, ist dem Engagement von Frau Maria Bogner zuzuschreiben, die noch immer die Geschicke des Familienunternehmens - zwar von außen inzwischen -, aber mit viel Interesse verfolgt. Auch für Willy Bogner junior, den heutigen Chef des weltweit zu einem Begriff gewordenen Münchner Bekleidungsherstellers, ist der Sport zum bestimmenden Faktor geworden in seinem bisher recht erfolgreich verlaufenen Leben - als Boss der von den Eltern übernommenen Firma ebenso wie als Filmproduzent, Regisseur und Kameramann.

Als Willy Bogner, der 1909 im oberbayerischen Traunstein geborene Sohn eines Spenglers, im Jahr 1930 nach einer Lehrzeit in der Skifabrik des Norwegers Erikson nach München zurückkehrte, hatte er schon eine Volontärzeit in einem großen Münchner Bekleidungshaus hinter sich. Er ließ sich in der bayerischen Landeshauptstadt nieder und eröffnete hier ein Importgeschäft für Ski und Skizubehör sowie Strickwaren aus Norwegen. So besonders gut scheint das nicht gelaufen zu sein. Als Gründungsjahr der Firma Bogner gilt das Jahr 1932.

Im Frühjahr 1934 begegnete der junge, gutaussehende Bogner auf der Zugspitze bei einem Skispringen einer blonden Kölnerin. Maria Lux war unter den Zuschauern. Später erzählte sie, wie sie ihren Willy kennengelernt hat: In einer Pause habe sie einen Schneeball an den Kopf bekommen, wütend drehte sie sich um und - „da lachte mich ein junger Mann an, ein blonder, den ich dann aber lange nicht mehr gesehen habe". Bogners Freunde betrachteten die „Auswärtige" zwar recht skeptisch - „A netts Madl is scho, aber a Preußin halt", erinnert sich Maria Bogner an ihre Bemerkungen. „Aber er hatte Schneid und heiratete mich". Das war dann 1937.

Eines Tages schenkte Willy Bogner seiner Maria einen Anorak aus Norwegen - nach dem damals so begehrten Norwegermuster gestrickt. Weil ihr dieser viel zu weit und groß war, änderte sie ihn und erregte damit viel Aufsehen und Interesse unter den Skifahrern. Sie hatte sich ja schon immer darüber geärgert, daß die Skikleidung so unförmig, farblos, ohne jeden Schick war. Und so wollte sie ihren Willy davon überzeugen, daß sie Attraktiveres zu machen in der Lage war. Premiere für die erste Bogner-Kollektion waren die Olympischen Spiele in Garmisch-Partenkirchen im Jahr 1936, bei denen Willy Bogner - damals der bekannteste deutsche Skiläufer - den Olympischen Eid sprach. Die deutsche Nationalmannschaft trug „Bogner-Blusen" und wurde deshalb viel bewundert.

Mit dieser Ski-Blusen-Produktion hatte sich Bogner ein gutes Entree verschafft, aber vor allem einen völlig neuen Modestil kreiert, der über Jahrzehnte richtungsweisend und bestimmend in der Sportmode geblieben ist. Für die Sommer-Saison verschaffte sich Willy Bogner eine Auslastung mit zunächst in Lizenz hergestellten Dirndlkleidern und Trachtenblusen. In dem Fabrikgebäude in der Münchner Schommerstraße liefen die Nähmaschinen jedenfalls schon sehr bald auf Hochtouren. Der Zweite Weltkrieg setzte dem aber ein Ende. Der Betrieb wurde zwangsverpflichtet und auf Kriegsproduktion umgestellt. Ende 1944 fiel das Gebäude unter den Bomben zusammen. Als Willy Bogner erst 1947 aus der Gefangenschaft zurückkehrte, hatte seine Frau inzwischen bereits wieder die Arbeit aufgenommen. In Oberaudorf stellte sie mit 25 Näherinnen auf fast schrottreifen Maschinen Wickelschürzen her.

Die Zeit bis zur Währungsreform brachten die Bogners so recht und schlecht hinter sich. Willy Bogner erwies sich in dieser Zeit als echtes Organisationstalent, wenn es darum ging, Stoffe oder sonstiges Zubehör zu beschaffen. Im Frühjahr 1948 zogen die Bogners wieder nach München um. Schon im Herbst, also wenige Monate nach der Währungsreform, die Willy Bogner mit einer Schuldenlast von 16.000 DM überstand, stellte Maria Bogner ihren Kunden eine neue Kollektion vor: Sie war dabei Modeschöpferin und Mannequin zugleich. Die Anoraks und Skihosen zeigten die typische Bogner-Handschrift - sportlich und trotzdem modisch, in hellen, bunten Farben, wie man sie vorher in der winterlichen Landschaft noch nie gesehen hatte. Völlig neu waren vor allem die Formen, eng und nicht so flattrig die Hosen.

Von den Kunden wurde die Kollektion begeistert aufgenommen. Sie bestellten so schnell und so viel, daß Bogner gar nicht das Geld zur Verfügung hatte, um die Stoffe zu kaufen. So schrieb er die Einzelhändler an: „Wenn ihr von uns beliefert werden wollt, dann müßt ihr uns Vorschuß geben".

Schon bald sah man Bogner-Skibekleidung auch auf den Skihängen in Österreich, in der Schweiz und sogar in den Vereinigten Staaten. Maria Bogner, die als Erfinderin der Stretch-Skihose gilt, schuf in Zusammenarbeit mit den Textilfabrikanten mit neuen Stoffen (Elastiss bzw. Elastic) immer engere und straffer sitzende Hosen und konnte dabei kostenlose Werbeträger wie Marilyn Monroe, Jane Mansfield, Ingrid Bergman oder die schwedischen Prinzessinnen für sich gewinnen. „A Bogner" wurde in den USA zum Begriff für die Skihose schlechthin (im „Oxford Dictionary of Synonyms" ist er als Ausdruck für Skihosen aufgeführt!). Auch heute noch kann Bogner auf „Models" aus der High-Society verweisen (Lady Di, Jaqueline Kennedy).

Schon 1949 mußte der Betrieb ausgebaut werden. Für 60.000 DM kaufte Willy Bogner in München-Trudering eine Sauerkrautfabrik, die zur Keimzelle für das Unternehmen geworden ist. Ein Neubau, 1955 fertiggestellt, galt damals als einer der modernsten in der Branche. In dem Betrieb waren nach kaum fünf Jahren bereits an die 500 Mitarbeiter beschäftigt. Auch mit ihren sommerlichen Entwürfen hatte Maria Bogner nämlich große Erfolge einheimsen können: die Dirndlröcke, trachtige Jacken und grob gewebte Spenzer waren Vorläufer des inzwischen weltweit bekannten „Bavarian Style". Auch den Lodenmantel holte sie - modisch aufgewertet - aus seiner Versenkung hervor. Die Fabrik in Trudering mußte bald erweitert werden, und als man auch hier an die Grenzen stieß, übernahm Bogner ein Werk von Triumph International in Mainburg/Hallertau mit 100 Belegschaftsmitgliedern.

Die stürmische Entwicklung der nächsten Jahre - 1965 wurde ein Umsatz von gut 20 Millionen DM erreicht - zwang zum Ausweichen auf weitere Betriebsstätten in Bayern: Heute bestehen außer in Mainburg Werke in Eging (Bayerischer Wald), in Garching (Oberbayern) und in Seiboldsdorf (Chiemgau). Schon 1983 entschloß sich das Familienunternehmen dazu, um den immer interessanter werdenden amerikanischen Markt abzusichern, in den USA eine eigene Produktionsstätte in Newport/Vermont aufzubauen. In den Staaten war zuvor der Senior als „Dior der Skimode" gefeiert worden. Wie hoch der Ruf der Münchner eingeschätzt worden ist, zeigte die Tatsache, daß bei den Olympischen Spielen 1956 in Cortina d'Ampezzo nicht nur die deutsche Skimannschaft selbstverständlich von Bogner eingekleidet war. Auch die Amerikaner hatten sich in einem „dramatischen Auftritt" geweigert, die Erzeugnisse der heimischen Hersteller anzuziehen. Sie setzten Bogner-Skianzüge durch. Die deutsche Skimannschaft trägt Bogner übrigens seit 1936 bis heute.

Aus der „Haus-Fibel" – Unternehmensgrundsätze und Führungsrichtlinien des Hauses Bogner:

Von Anfang an bestimmen die persönlichen Überzeugungen der Firmengründer Willy und Maria Bogner den Charakter ihres Unternehmens:

der Wille, Qualität zu schaffen; der Grundsatz, Individualität vor Massengeschmack zu stellen; die Einstellung, stets einen Schritt voraus zu sein. In wenigen Jahrzehnten ist Bogner mit diesen Prinzipien zu einer führenden, internationalen Marke auf dem Sektor der Sportmode geworden.

Hochwertige Materialien, ausgefeilte, funktionelle Paßformen und erstklassige Verarbeitung, verbunden mit einer eigenständigen, sportlich-klassischen Stilrichtung, prägen die Produkte.

Eine liberale Einstellung und sportlich-fairer Geist bilden die Grundlage des Zusammenlebens in der betrieblichen Gemeinschaft und der partnerschaftlichen Beziehungen zu Kunden und Lieferanten.

Die Unternehmensführung ist überzeugt, daß diese Grundsätze auch für die weitere Zukunft Bestand und Geltung haben werden. Sie sind das verbindende Element aller Mitarbeiter in der gemeinsamen Zielsetzung.

Solche Erfolge hatte die Münchner Firma aber nicht etwa dem Einsatz eines hohen Werbeetats zu verdanken. Das waren noch paradiesische Zeiten: Ende der 50er Jahre ging Bogner auf keine Messen. Kunden, die von sich aus kamen, wurden erst gar nicht angenommen. Diese „Zuteilung" von Bogner-Kleidung führte, wie in einem Artikel der „Süddeutschen Zeitung" vom Oktober 1958 berichtet wird, zu der grotesken Situation, daß zum Beispiel ein Münchner Sporthaus, das von Bogner nicht beliefert wurde, seine Lehrmädchen zur Konkurrenz schickte, damit diese von dort 35 Bogner-Modelle kaufen, um sie – ohne Gewinn natürlich – den Kunden im eigenen Geschäft anbieten zu können. Doch der Rivale bekam davon Wind und schickte wiederum seine Lehrmädchen aus, denen es dann auch gelang, die kostbare Ware zurückzukaufen.

Richtig steil bergan ging es ab Mitte der 60er Jahre bei Bogner. 1970 war der Umsatz auf 40 Millionen DM geklettert, 1975 belief er sich bereits auf 70 Millionen DM. Zum ersten Mal ging Bogner dann - von steigenden Lohnkosten in die Defensive gedrängt - über die Grenzen Bayerns hinaus. Ab 1979 wurde in Malta von 140 bis 150 Mitarbeitern Bogner-Kleidung genäht.

Inzwischen hatte sich auch sonst so einiges geändert. Schon 1950 war zur Skibekleidung und der modischen Damen-Kollektion eine Herren-Kollektion im sportlichen Genre gekommen. 1973 wurde die Angebots-Palette um die lukrativen Accessoires wie Gürtel, Taschen, Handschuhe, Tücher und Hüte erweitert. Knapp zehn Jahre später wurde eine Leder-Linie gebracht. In der Abteilung Sport fertigte Bogner neben der Ski-Mode Wander-Kleidung, ab Mitte der 70er Jahre konnten sich auch Tennisspieler und Skilangläufer in Bogner-Mode sehen lassen, und rechtzeitig, schon vor dem zuvor noch jungen Golf-Boom, nämlich 1976, stiegen die Münchner in Golf-Mode ein. Bernhard Langer war über einige Jahre ein guter Botschafter dafür. Willy Bogner jun. zählt mit seinem Single-Handicap zusätzlich natürlich auch zu den Spitzen-Golfern. Zuletzt wurde die Auswahl der Produkte noch um Sonnenbrillen und mit großem Erfolg erst vor einem Jahr um Kosmetik unter der Marke „B“ erweitert.

An der expansiven Phase in den siebziger Jahren war der Junior sehr wesentlich beteiligt. Willy, das jüngste der drei Bogner-Kinder, 1942 geboren, ist mit dem Sport und dem Geschäft aufgewachsen. An die 700 Rennen, 70 Pokale, vier deutsche und ein Weltmeisterschafts-Titel lassen seine sportliche Leistung deutlich werden. Er scheint das Talent dafür ebenso wie den Sinn für das Geschäftliche von seinen Eltern voll mitbekommen zu haben. Schon als 10jähriger empfand er es als spannend mitzuerleben, ob und welchen Erfolg die Vorstellung einer neuen Kollektion brachte. Ein „richtiges Trauma“ löste allerdings dabei das Vorführen von hauseigenen Modellen bei einer Modenschau aus. „Aber dann hat es doch auch wieder Spaß gemacht“, erzählt der Junior.

Obwohl - oder vielleicht gerade, weil - dem jungen Willy vorgezeichnet war, daß er in die Fußstapfen seiner Eltern treten sollte, hatte sich dieser schon immer auch mit dem Gedanken befaßt, andere, eigene Wege einzuschlagen. Da war vor allem ein Hobby von Willy junior, das ihn zunächst „fremdgehen“ ließ: Schon mit elf Jahren erstand er mit seinem Taschengeld seinen ersten Fotoapparat. Mit 16 drehte er die ersten Familien- und Dokumentar-Filme, nachdem er sich die Filmkamera seines Vaters hatte schenken lassen. Als ihn der Sport-Moderator Harry Valérien 1960 ermutigte, einen Film über das Randgeschehen der Olympischen Spiele in Squaw Valley zu drehen, war dies der Start zur Karriere von Willy Bogner jun. als Filmemacher - einer Berufung, die ihn bis heute nicht losgelassen hat.

In Squaw Valley war Willy Bogner, nachdem er schon als 16jähriger bereits mehrfacher deutscher Jugendmeister gewesen war, Mitglied der Olympia-Mannschaft und ganz dicht an der Goldmedaille - er stürzte im zweiten

Durchlauf. Auch in Innsbruck gehörte er 1964 der Olympia-Mannschaft an. Für ihn ist sein sportlicher Lebenslauf nicht einfach das Erbe seiner ebenfalls sportlich sehr aktiven Eltern. Willy Bogner betrachtet seine Erfahrungen auf diesem Gebiet vor allem auch als gute Schule für seine Laufbahn als Unternehmer. Gerade beim Skifahren habe er sehr früh gelernt, auch Niederlagen einzustecken. Und bei schwierigen Entscheidungen als Firmenchef orientiert er sich gern an seinen Erlebnissen im Sport. „Da muß man - beim Skirennen - losfahren, auch wenn man es im letzten Moment mit der Angst zu tun bekommt". Willy Bogner meint, daß der mangelnde Mut verantwortlich ist für viele Fehlentscheidungen.

Die Eltern hätten es jedenfalls sehr gern gesehen, wenn Willy Bogner nach dem Abitur sein Studium der Betriebswirtschaft abgeschlossen oder nach dem Umsatteln auf Kleidertechnik gleich ganz „im Hause" geblieben wäre. Aber da reizte den Junior immer wieder einmal, nachdem er sich 1967 aus dem internationalen Ski-Rennsport zurückgezogen hatte, das Filmen. Er hat inzwischen über dreißig eigene Filme für das Kino, aber auch für das Fernsehen, gedreht. Am meisten Furore gemacht hat sein Mitwirken bei James-Bond-Filmen. Nur er als exzellenter Skifahrer konnte in voller Fahrt so sensationelle Aufnahmen bringen - vorwärts oder rückwärts auf Skiern fahrend, mit der schweren Filmkamera statt der Stöcke in den Händen. Willy Bogner gilt heute als der beste Skifilmer und schnellste Kameramann der Welt, ja als Erfinder einer revolutionären Aufnahmetechnik für Skiszenen. Seine Skifilme sind mehrfach preisgekrönt. Bei den Bond-Filmen reichte sein Einfluß weit über den eines Kameramanns hinaus. Wußte doch nur ein erfahrener Skisportler wie er, welche Szenen überhaupt möglich waren. Sein jüngster Film „Feuer und Eis", der ab Januar 1986 in den Kinos lief, wurde mit vielen Auszeichnungen bedacht.

Willy Bogner räumt ein, daß es manchmal schon recht schwierig sei, seine Berufe (Chef der Firma Bogner, Filmemacher, Produzent und Kameramann) unter einen Hut zu bringen. So manches Wochenende hat er am Schneidetisch verbracht. Aber er ist davon überzeugt, daß ihm diese Arbeit viel auch für seine Tätigkeit als Firmenchef bringt. Er bekomme davon einen „unheimlichen Puch für die Kreativität". Außerdem habe er dadurch aus dem Image des Leistungssportlers ausbrechen können und bewiesen, daß er, der Sohn so erfolgreicher Eltern, auch etwas aus sich selbst heraus zu schaffen in der Lage ist. Das stärke das Selbstbewußtsein unheimlich und mache unabhängig. „Ich weiß, daß ich jederzeit auch etwas anderes machen könnte als Mode".

In das elterliche Unternehmen ist Willy Bogner offiziell 1972 eingetreten. Nach dem Start mit einer nach seinem Design gestalteten Ski-Kollektion ging er gleich daran, diese durch weitere Sportbekleidung zu ergänzen. Besonders reizvoll war es für ihn, nicht nur Mode für Frauen zu machen - „das konnten auch andere vor mir schon recht gut" –, die Verbindung von Sport und Mode hat den typischen Bogner-Stil in der Herrenkleidung geprägt. „Jetzt beginnen auch die Männer, mit der Kleidung ihrer Umwelt verstärkt Signale zu geben", schätzt Willy Bogner die derzeitige Mode-Entwicklung ein. Er selbst entspricht übrigens genau dem Typ für Bogner-Herrenkleidung. Das Gespür für solche Trends muß einem in die Wiege gelegt werden, meint Willy Bogner. Erlernen kann man das nicht. Nicht ohne Spuren ging, das wird bei Bogner heute zugegeben, der Generationswechsel in der Verantwortung für den Hauptumsatzträger Damenbekleidung (Anteil 65 Prozent, Herrenbekleidung 15 und Sport 10 Prozent) über die Bühne. Maria Bogner hatte hier das Heft fest in der Hand gehabt. 1970 war ihr von der Stadt München der Modepreis verliehen worden. „Mein Vater war wohl der tolerantere Teil“, umschreibt Willy Bogner den Einfluß seiner Eltern. Manche meinen, der seiner aktiven Mutter sei „beherrschend“ gewesen. Anfang der achtziger Jahre kam es, nachdem Willys Frau Sonia - eine Brasilianerin, die Modell bei Valentino war und von Maria Bogner aus Rom mitgebracht wurde - die Regie in der Damenmode übernommen hatte, zu einem nicht übersehbaren „Einbruch“. Der Umsatz schrumpfte 1982 von knapp 180 Millionen DM auf 155 Millionen DM.

Aber schon nach zwei Jahren schaffte das Familienunternehmen die Kehrtwende nach oben. 1986 hat Bogner erstmals einen Umsatz von über 200 Millionen Mark erreicht. Auch in den schlechten Zeiten sind, wie Willy Bogner betont, nie rote Zahlen geschrieben worden. Wenn eine Firma ständig wächst, da kommt schon eine gewisse Großzügigkeit auf, meint er heute. Für ihn sei es aber ein Schlüsselerlebnis gewesen zu beobachten, wie dann alle bei den Bemühungen um Kostenreduzierung mitgezogen haben. Dabei habe sich das über Jahre zusammengeschweißte Team bezahlt gemacht. Willy Bogner sieht durchaus die Probleme, die sich in einem Unternehmen, das so stark auf eine Person zugeschnitten ist, ergeben können. Doch glaubt er ausreichend Vorsorge getroffen zu haben. So stecke in dem hervorragenden Designer-Team ein „gewaltiges Entwicklungs-Potential“. Das zu koordinieren, sei seine wichtigste, aber lösbare Aufgabe. Bei den sportlichen Kollektionen trifft er selbst die letzten Entscheidungen, für die Damen-Kollektion ist Sonia Bogner zuständig. Aus der engen geschäftlichen Zusammenarbeit des Ehepaares haben sich bisher keine Komplikationen ergeben. Willy Bogner schöpft hier wohl auch aus den Erfahrungen in der Zeit, in der er mit seiner Mutter klarkommen mußte.

Daß er auch unangenehme Dinge angeht und durchficht, hat er bewiesen. Sein Bruder Michael ist vor kurzem ganz aus dem Betrieb ausgeschieden - er bleibt lediglich Mitgesellschafter -, nachdem die Brüder nicht miteinander konnten. Das war ein offenes Geheimnis nicht nur in München. Michael, der zuletzt die Bogner-Tochter in den USA geleitet hatte, hat sich selbständig gemacht. An der Maximilianstraße in München eröffnete er erst vor kurzem ein Einrichtungshaus. „Er war nie so sportlich aktiv, und er hat sich wohl zu sehr als Erbe gefühlt“, meint Willy. Schwester Rosemarie sah sich ohnedies nie zum elterlichen Unternehmen hingezogen.

In den USA hatte auch Willy Bogner zwischendurch nach dem Rechten gesehen. Er war ab 1976 verantwortlich für die Bogner of America in Newport. Die Kenntnisse des amerikanischen Markts, die er sich in dieser Zeit aneignen konnte, kommen ihm jetzt beim Ausbau des Amerika-Geschäfts sehr zugute.

Vor allem für die Damen-Kollektion und für Golf-Mode sieht er noch gute Absatzchancen in den USA. Die bisher zwei eigenen Shops - in New York in der attraktiven Madison Avenue und in San Francisco - sollen noch um weitere Flagg-Schiffe des Hauses Bogner ergänzt werden. Aber auch in Fernost werden Stützpunkte angesteuert. So soll bereits ein Shop in Tokio eingerichtet werden, Hongkong ist ebenfalls vorgesehen. Und die Produktionsstätte in Amerika wird zügig ausgebaut. Die Expansionsmöglichkeiten im Inland und auf den europäischen Märkten sind nach Ansicht Bogners derzeit etwas begrenzt. Schon seit einigen Jahren bewegt sich der Exportanteil um die 30 Prozent. Sehr viel wird sich da nicht mehr tun lassen. Das Lizenzgeschäft will nicht auf Touren kommen. Bisher wird lediglich in Japan in bescheidenem Umfang Ski-Mode in Lizenz hergestellt. Mehr würde dem Firmen-Image nicht bekommen, meint man bei Bogner. Überdies zeigten die Beispiele anderer, wie schwierig es werden kann, die Qualität zu halten. Eine Bogner-Kollektion umfaßt heute immerhin an die eintausend Teile aus durchschnittlich vier verschiedenen Materialien in fünfzehn Farben und in zwölf Größen. Da muß die Produktion schon sehr flexibel sein. Bogner hat sich vor fünf Jahren denn auch nicht gescheut, bei dem Experiment „Humanisierung der Arbeitswelt" mitzumachen - ist aber wohl nicht ganz von der Wirklichkeit der „Probeläufe nach menschlichem statt nach betrieblichem Rhythmus" überzeugt worden.

UNTERM STRICH

Willy Bogner

Firmenname	Willy Bogner GmbH & Co. KG
Firmensitz	München
Branche	Bekleidung
Hauptprodukt/ Dienstleistung	DOB, HAKA, Sport
Eigentumsverhältnis	GmbH & Co. KG
Gesellschafter	Maria Bogner, Rosemarie Bogner, Michael Bogner, Willy Bogner und Bogner Sport GmbH
Geschäftsführer	Willy Bogner, Fritz Wagnerberger
Gründer	Willy Bogner sen.
Gründungsjahr	1932
Mitarbeiter	1.290
Niederlassungen	Inland (1), Ausland (3)
Produktionswerke:	Inland (4), Ausland (2)
Umsatz	über 200 Mio. DM (1986)
Zukunftsziel	Weltweite Expansion

Wie ernst bei Bogner der Mensch genommen wird, sollen die „Unternehmens-Grundsätze und Führungsrichtlinien“ verdeutlichen. Unter Führungsstil liest sich das dann so: „Jeder Mitarbeiter will als Mensch anerkannt werden, den Sinn und Zweck seiner Arbeit erkennen, durch die Wertschätzung seiner Arbeit bestätigt werden, seine unmittelbaren Arbeitsbedingungen mitgestalten, Möglichkeiten zur Selbstentfaltung am Arbeitsplatz erhalten. Durch kooperatives Verhalten können vor allem die Führungskräfte bei allen Mitarbeitern Arbeitsfreude, Initiative, Verantwortungsbereitschaft und Interesse an den übertragenen Aufgaben bewirken“. Für den Kunden ist es nach Ansicht Willy Bogners - gerade bei modischer Kleidung - interessant, wenn hinter dem Produkt, für das er sich entschieden hat, nicht nur ein leerer Marken-Name steht. Bei Bogner konnte bisher das sportliche Image des Firmenchefs auf das beste vermarktet werden. „Der Name allein bringt es nicht“, meint Willy Bogner trotzdem. „Wir müssen uns immer wieder auf dem Markt behaupten, jede Kollektion muß stimmen - sonst sind wir genauso schnell weg vom Fenster wie ein Sportler, der keine Leistungen mehr bringt.“

Rodenstock
Immer den richtigen Durchblick
von Hermann Bößenecker

Solche Glücksfälle sind in der deutschen Industrie selten. Wo gibt es das noch, daß sich der aktive Firmenchef in der dritten Generation selbst an den Gründer erinnert und zugleich der Exponent der vierten Generation bereits fest im „Geschirr" ist - daß Familientradition, Gestaltungswillen und unverbrauchte Führungskraft auch nach mehr als hundert Jahren noch in direkter Erbfolge in dieser Kombination lebendig bleiben.

Oft genug schlagen schon die Gründersöhne aus der Art, haben weder Qualifikation noch Lust, das Werk des Vaters fortzusetzen; meist versiegt dann spätestens bei den Enkeln die unternehmerische Kreativität. Ja, manche Gründer zerstören noch selbst eigensinnig ihr Lebenswerk, können nicht verhindern, daß es in fremde Hände gerät.

Rodenstock in München, ein Name, der für Spitzenleistung und hohe Qualität auf vielen Gebieten der Optik steht, besticht durch eine lückenlose Kette unternehmerischer Kontinuität. Wenn heute der Enkel, der 69jährige Professor Rolf Rodenstock, alle Blicke auf sich zieht und das Bild des Gründers wie des eigenen Vaters verblassen läßt, dann wegen seines beispiellosen Engagements in der Wirtschaft: Schon mit 35 wurde er Vizepräsident des Bundesverbandes der Deutschen Industrie (BDI). Lange Zeit stand der Münchner Optikindustrielle mit dem weltmännischen Flair und dem legeren Akzent an der Spitze des Landesverbandes der bayerischen Industrie sowie des Verbandes der Deutschen Feinmechanischen und Optischen Industrie. Seit 1971 ist er Präsident der Industrie- und Handelskammer für München und Oberbayern, und von 1978 bis 1984 repräsentierte er als BDI-Präsident die deutsche Industrie mit Bravour nach außen.

Nicht wenige Verbandsbosse verlieren über ihren zeitraubenden strapaziösen Aktivitäten in den Organisationen der Wirtschaft leicht das eigene Unternehmen aus den Augen. Doch bei Rolf Rodenstock, der stets sportlich trainiert und sonnengebräunt daherkommt und den Anschein erweckt, als sei er gegen all den Streß immun, ist es gerade umgekehrt: Die unermüdliche Hingabe an die sogenannten Ehrenämter hat ihm gerade den Blick geschärft für die Situation des eigenen Unternehmens in seiner Branche und im weltweiten Konkurrenzkampf.

Genauer als andere hat er die wirtschaftspolitischen Voraussetzungen seiner unternehmerischen Aufgabe gesehen. Die Wechselwirkung zwischen dem „Job" des Alleinunternehmers, der mit Augenmaß praktizierten Innovations- und Risikofreudigkeit, und seiner Sprecherfunktion für die Wirtschaft hat ihn genauso geprägt wie er das Haus Rodenstock in den 33 Jahren, in denen er dort an der Spitze steht. Und Rolf Rodenstock ist dabei immer das Gegenbild des Multifunktionärs geblieben, immer eigenwillig, nie „angepaßt", immer bereit, gegen den Strom zu schwimmen, unverwechselbar, unfeierlich und auch stets für verbale Überraschungen gut.

Dieser Mann erinnert sich nun - an einem späten Freitagnachmittag, im etwas sterilen Sitzungssaal des Unternehmens, angesichts der an den Wänden hängenden Bilder von Großvater, Vater und Onkel. Er denkt an seine eigene Jugend, die schon untrennbar mit dem Geschick des 1877 gegründeten Unternehmens verbunden war, und an den Mann, der am Anfang der Firma Rodenstock steht: Großvater Josef Rodenstock (1846–1932).

Die Firma heißt seltsamerweise nicht Josef, sondern G. Rodenstock. Das „G." steht für den Urgroßvater Georg. Da Josef die Firma zusammen mit dem Bruder Michael ins Leben gerufen hat, einigte man sich beim Namen, so der heutige Chef, „auf den gemeinsamen Vater, der damals auch noch ein bißchen mitgeholfen hat".

Die Rodenstocks sind eine Unternehmerfamilie, wie sie im Buche steht. Der Urgroßvater, der „Namensgeber" Georg, war ursprünglich Meister in einem tuchproduzierenden Betrieb im westlichen Thüringen. Als in der ersten Hälfte des 19. Jahrhunderts die englische Konkurrenz der Textilbranche stark zusetzte, verlor er seine Stelle und schlug sich mehr schlecht als recht durch: erst in der Landwirtschaft, dann im Kleinhandel, mit wenig Erfolg.

„Aber es ist nichts so schlecht, daß es nicht sein Gutes hätte“, stellt heute Urenkel Rolf fest. Das Gute war, daß nun Georgs Sohn Josef mitverdienen mußte. Gleich nach der Volksschule, einer einfachen Dorfschule, mit 14 Jahren, hatte er sich um den Lebensunterhalt der Familie zu kümmern. Mit dem bißchen Geld, daß er zusammenkratzen konnte, stieg er in den Landhandel ein, kaufte beim Großhandel ein und zog mühsam übers Land, um die Güter wieder an den Mann zu bringen. Aber das genügte dem ehrgeizigen und ungemein lernbegierigen Jungen nicht. In der wenigen freien Zeit, die ihm blieb, widmete er sich der vom Onkel hinterlassenen umfangreichen Bibliothek - so liest man es in der Firmengeschichte. Sein Vater Georg war über den Bücherwurm, der am Abend über seinen Folianten hockte, gar nicht so begeistert: „Arbeite du lieber was und verdiene Geld“, mahnte er ihn.

Aber der jugendliche Autodidakt zog bald viel Nutzen aus dieser Lektüre. Er verkaufte immer mehr fertige Brillen und Quecksilberbarometer, und schon mit 15 Jahren gelang es ihm, die Barometerröhren selbst zu füllen, so daß er die Geräte nun herstellen und Reparaturen vornehmen konnte. Der Erfolg ermutigte ihn dazu, nun auch allerlei andere Instrumente zu konstruieren und zu vertreiben, so einen Metalltachometer für Bierwürze, eine Wasserwaage für Bauhandwerker, einen Taschensäuremesser (für Essigsäure), eine Lupe zur Hopfenprüfung und die ersten Brillenfassungen aus Golddoublé.

Die Brille faszinierte den ehrgeizigen jungen Mann, der sich als wahres Naturtalent entpuppte, immer mehr. Da stieß er auf das 1866 in deutscher Sprache erschienene Buch des Utrechter Augenarztes Franz Cornelius über „Die Anomalien der Refraktion und Accomodation des Auges“. Er war Feuer und Flamme und sah hier die Gelegenheit, sich eine eigene Existenz als Optiker zu schaffen. Die Herstellung von Brillen und Fassungen: das war der Beruf, der ihn lockte, der ihn ausfüllen konnte.

Als 31jähriger wagte Josef Rodenstock den Schritt in die Selbständigkeit als Unternehmer und eröffnete 1877 in der Universitätsstadt Würzburg eine Einzelhandelsfirma, die zwei Jahre später als „Optisches Institut G. Rodenstock“ firmierte, im Haus Kaiserstraße 2. (Als dieses vor mehr als zehn Jahren abgerissen wurde, kam an einer Brandmauer noch der Name Rodenstock zum Vorschein - und die lokalen Zeitungen berichteten darüber.)

Warum Würzburg? Nun, die Verbindungen zwischen Thüringen und dem ebenso reizvollen Land am Main waren recht eng. Der junge Rodenstock arbeitete dort mit der Universität Würzburg zusammen, mit der mathematisch-physikalischen Abteilung und mit der Medizin, als eine Art Universitätsmechanikus, wie der Enkel in Erinnerung hat. Das Startkapital der kleinen feinmechanischen Werkstätte zur Herstellung von Barometern, Präzisionswaagen, Meßinstrumenten, Brillengläsern und -fassungen war mit 30.000 Mark gar nicht so gering. Stolz, aber keineswegs zu Unrecht bezeichnete sich Josef Rodenstock als Physiker. Schon 1879 bekam er sein erstes Patent, bei dem es darum ging, störende Reflexe an den Schliffrändern der Brillengläser zu vermeiden. Schon 1881 gliederte der junge Unternehmer, der inzwischen mit seinen derart verbesserten „Diaphragma-Gläsern“ eine gewisse Berühmtheit erlangt hatte, seiner mechanischen Werkstätte eine Glasbläserei und eine optische Glasschleiferei an, und er beschäftigte in der Fabrikation nun 25 bis 30 Mitarbeiter.

Schon fünf Jahre nach der Gründung - zahlreiche optische und ophthalmologische Neuerungen hatten inzwischen Rodenstocks Firma bekannt gemacht - genügte dem ehrgeizigen Fabrikanten die fränkische Provinz nicht mehr: Mit einem Filialgeschäft faßte er Fuß in der Landeshauptstadt, Karlthor 8. Als erster Optiker richtete Josef Rodenstock, der die Leitung der Münchner Dependance selbst übernahm, einen Untersuchungsraum zur Anpassung einer jeden Brille nach Maß unter Verwendung verkaufsfertiger Gläser ein. Die Bestimmung der Fehlsichtigkeit (Refraktion) gehörte, darauf pochte Rodenstock, zum Wirkungskreis des Optikers.

München faszinierte den arrivierten Unternehmer so stark, daß er schon zwei Jahre darauf, 1884, auch den Fabrikationsbetrieb an die Isar verlegte und Würzburg „Ade“ sagte. Bald war der Standort gefunden, an dem sich auch heute noch Rodenstock mit einem nun recht imposanten Gebäudekomplex befindet, in damals gewiß recht idyllischer Lage an der Isartalstraße; und wenn man dahin ging, so vor allem wegen der unmittelbaren Nähe des Flusses, der die Nutzung der Wasserkraft für die Fabrikation möglich machte: Die Maschinen wurden damals über eine Art Mühlrad angetrieben.

Halten wir inne und fragen wir den 1917 geborenen Enkel: Welche Erinnerungen hat er heute noch an den bedeutenden Großvater? „Er war damals, als ich aufwuchs, schon aus dem aktiven Dienst ausgeschieden“ und hat seinem Sohn Alexander Rodenstock (1883–1953) die Leitung des Unternehmens, das in eine Kommanditgesellschaft umgewandelt wurde, überlassen. „Er saß dann auf seinem Besitz in Erl in Tirol. Der Großvater war nicht nur von seiner unternehmerischen Leistung, sondern auch von seiner Statur her eine sehr bedeutende Persönlichkeit, hochgewachsen für die damalige Zeit, 1,90 oder mehr groß. Dies und sein Vollbart gaben ihm das Aussehen eines wahrhaften Patriarchen.“

Rolf Rodenstock hat einen lebhaften Eindruck von ihm im Gedächtnis: „Er hatte eine sehr tiefe Stimme und war auch für einen Bub von fünf oder sechs Jahren eine wirklich imponierende Gestalt. Er war in der ganzen Familie geachtet, aber auch ein bißchen gefürchtet.“ Er war in seiner Art ein phantastischer Bursche. Aufgewachsen in dem kleinen Dorf in Thüringen, arbeitete er ein Leben lang an sich, bildete sich auf vielen Gebieten weiter. „Er war Klasse“, resümiert der Enkel. Er beschränkte sich keineswegs auf sein Fach und dessen Randgebiete, beschäftigte sich sogar mit Philosophie und Sanskrit. Er hat auch Lebenserinnerungen geschrieben, in denen er seine Weltanschauung und Lebensauffassung darlegte.

Und hat er dem Sohn Alexander, Rolf Rodenstocks Vater, auch dann noch hineingeredet, als er sich 1919 mit 73 Jahren aus dem aktiven Geschäft zurückgezogen hatte? „Da ist einiges an gehörter Überlieferung, auch von meiner

Mutter her: Angeblich hat mein an sich doch auch ziemlich autoritärer Vater das leichte Zittern bekommen, wenn es hieß, der alte Kommerzienrat kommt. Und dieser hat sich dann gründlich umgeschaut, und wenn irgendwo ein Bindfaden lag, hat er geschimpft: ‚So wird hier mit dem Geld umgegangen!'"

„Komischerweise", wie der heutige Chef kommentiert, hat der Großvater noch zwei Schwiegersöhne mit ins Geschäft genommen als Komplementäre, so daß das Verhältnis, wie alle Dreiecksverhältnisse, nicht ganz harmonisch

Die Firmenphilosophie von Professor Rolf Rodenstock:

Das „Patriarchalische" hat ihm nie als Leitlinie vorgeschwebt, allenfalls wenn man es mit sozialer Gesinnung verbindet, wohldosiert als Synonym für Traditionsbewußtsein und unternehmerische Ethik. Insoweit akzeptiert es Prof. Rodenstock. „Aber wenn Sie ihm einen autoritären oder gar autokratischen Beigeschmack geben, dann wäre das für mich nicht persönlichkeitskonform."

Wichtiger ist ihm ein Führungsstil, der flexibel den Zeitläuften, den Notwendigkeiten und Zwängen, dem Umfeld des Unternehmens und seinen Märkten angepaßt ist. Er muß „modern und liberal" sein - nach dem Motto „suaviter in modo, fortiter in re" - und attraktiv für gescheite junge Leute, die sich an ein Unternehmen binden, aber nicht alte Zöpfe in Kauf nehmen wollen. „Ich lasse allen ziemlich freien Lauf": das ist Realität, nicht nur schöne Theorie in Rodenstocks „Chefetage".

Dynastisches Denken liegt Rodenstock fern. Der Sohn soll lieber etwas falsch machen und daraus lernen, als etwas tun, dessen Sinn er nicht sieht. Lieber einmal ein Fehlgriff in der Entscheidung als Untätigkeit. Kein Vater-Sohn-Problem? „Mein Sohn Randolf versichert glaubhaft, das gibt es nicht. Er hat zum Glück keine Komplexe, sondern ein natürliches Selbstbewußtsein." Rodenstock ist Pragmatiker. Pragmatische Lösungen liegen ihm, „man muß sich aus der jeweiligen Situation heraus immer etwas einfallen lassen".

Tradition ist für ein Unternehmen, das 110 Jahre zählt, natürlich nicht unwichtig. „Aber Erfolg hat man nicht mit der Tradition, sondern mit dem Reagieren auf die Märkte, auf die Konkurrenz und auf neue technische Entwicklungen."

war. Da gab es viele Spannungen und Reibereien, mit denen Gründersohn Alexander fertig zu werden hatte. „Der Vater mußte sich gegen die Kritik, den Widerstand im Hause durchsetzen, und dabei hat er an Format gewonnen."

Als Josef Rodenstock 1932 starb, waren beide Schwiegersöhne noch in der Firma. Der eine lebte nicht mehr lange, der andere wurde durch Mithilfe der

Bayerischen Hypotheken- und Wechsel-Bank, die Kredite gegeben hatte, davon überzeugt, daß es besser sei, wenn er in den Ruhestand gehe. Er wandelte seinen Kapitalanteil in eine Rente um. Es war so eine „glückliche Fügung", wie es der heutige Chef sieht, daß das Kapital in der zweiten Generation wieder in eine Hand zusammenkam.

Alexander Rodenstock hatte, nachdem sein Onkel Michael wegen seiner angegriffenen Gesundheit schon 1904 ausgeschiedenen war und der Vater glaubte, die Bürde der Leitung des rasch wachsenden Unternehmens mit 59 nicht mehr allein tragen zu können, mit 22 Jahren sein Maschinenbaustudium abbrechen müssen, um sich um das Unternehmen zu kümmern. Sein Engagement trug dazu bei, daß sich die Firma schon vor dem Ersten Weltkrieg von der bis dahin üblichen handwerklichen Produktionsweise zum Industriebetrieb mit immerhin rund tausend Beschäftigten wandelte. „Er hatte es nicht ganz leicht, seine zukunftsorientierten Intentionen gegen die mit zunehmendem Alter zurückhaltender gewordene Grundeinstellung des Vaters durchzusetzen und das Unternehmen den erweiterten technischen, wissenschaftlichen und kaufmännischen Erfordernissen anzupassen", heißt es hinreichend kritisch in der detaillierten internen Firmengeschichte von Theodor Wietek. Schon 1906 wurde eine mathematische Abteilung gegründet, das Haus in die Fabrikationszweige Brillenoptik, Foto-Optik und später (1911 nach Aufnahme von Prismenfeldstechern und Theatergläsern) „Tele" aufgefächert.

Die große Bewährungsprobe war für Alexander Rodenstock die Weltwirtschaftskrise. Nachdem noch 1929 mit rund 1.500 Beschäftigten ein Umsatz von 5,7 Millionen Reichsmark erreicht worden war, mußte die mit 60 Prozent des Geschäfts auf den Export angewiesene Präzisionsfirma innerhalb eines Jahres einen Umsatzschwund von 23 Prozent hinnehmen. In den folgenden drei Krisenjahren schrumpfte er um weitere 50 Prozent auf nur noch 2,2 Millionen Mark. Das Personal wurde auf die Hälfte abgebaut. So geriet das Unternehmen in „existenzbedrohende finanzielle Schwierigkeiten". Allergrößte Sparsamkeit war oberstes Gebot im harten Überlebenskampf, wie der Chronist diese schwierigste Phase beschreibt, in der zudem der Fortbestand dadurch bedroht wurde, daß es „starke Bestrebungen" gab, Rodenstock in der Zeiss-Gruppe aufgehen zu lassen. Mit eisernem Durchhaltewillen bewahrte Kommerzienrat Alexander Rodenstock die Selbständigkeit.

Er mußte immer kämpfen. Erst war ihm die interne Struktur der Firma im Weg, dann kam die Inflation, dann die Rentenmarkstabilisierung. Zeiss und Goerz waren die großen Konkurrenten. In Rathenow bei Berlin war ein Zentrum der Brillenfertigung. Goerz hat dort vor und während des Ersten Weltkrieges sehr stark expandiert, ist dann aber auch in Schwierigkeiten gekommen. Da gab es einen „ganz unangenehmen Patentprozeß" über die Durchbiegung von Brillengläsern. Bei Rodenstock hat dies Professor Kühl entwickelt. „Goerz hat dann behauptet, wir hätten ihr Patent verletzt. Da ging es um Sein oder Nichtsein." Der Gründerenkel hat das damals „hautnah miterlebt", und das hat ihn geprägt.

Rolf Rodenstock hatte sich für das Studium der Betriebswirtschaft entschieden, nachdem er mit den ganzen Problemen der Physik und der Optik und den Produkten des Unternehmens aufgewachsen war, immer wieder durch das Werk gegangen ist und sich intensiv damit beschäftigt hat. Rodenstock sagt heute ganz salopp: „Erst wollte ich überhaupt nicht studieren, weil ich die Fähigkeiten dazu bei mir bezweifelt hatte." Augenzwinkernd fügt er hinzu: „Doch da hat ein Schulfreund mir gesagt: ‚Du, da gibt's noch Dümmere.'"

Ihm war damals schon klar, daß die wirtschaftlichen Fragen, die betriebswirtschaftlichen Voraussetzungen für die Leitung eines Unternehmens von ausschlaggebender Bedeutung sind. Er hat das Ökonomie-Studium aber verbunden mit technischen Fächern, die er zusätzlich belegte, um mit den Ingenieuren im Hause sachverständig diskutieren und auch über Entwicklungsvorhaben einigermaßen kompetent mitentscheiden zu können. Daß er dann auch Professor für Betriebswirtschaftslehre an der Universität München wurde, das war „eine Mischung aus Absicht und Zufall". Einmal hatte er zwei Prädikatsexamina gemacht, und dann fehlte es nach dem Krieg an Hochschullehrern, auch durch die Entnazifizierung. Sein Doktorvater K. Rößle hat ihn gefragt, ob er nicht Lust hätte, Lehrbeauftragter zu werden. Daraus ergab sich dann das Angebot, sich zu habilitieren, er akzeptierte „nicht wissend, was das bedeutet".

Daß sein Sohn Randolf dann Physik studierte, das hat sich auch im Gespräch mit dem Vater so ergeben. Aus seiner Kenntnis und Erfahrung erschien es ihm wichtig, daß der Nachfolger sich die Grundkenntnisse der Naturwissenschaften und der Technik aneignete, da das Unternehmen sehr stark physikalisch-technisch orientiert ist. Genauso legte er Wert darauf, daß der Sohn die nötigen Management-Techniken lernte, und hat ihn daher zum „Aufbaustudium" auf die berühmte Unternehmerschule INSEAD in Fontainebleau geschickt.

Unter Rolf Rodenstocks Leitung hat das Unternehmen stark expandiert und ist immer mehr in internationale Dimensionen hineingewachsen. In der dritten Generation entwickelte Rodenstock seinen traditionellen Schwerpunktbereich Brillengläser, wie es der Firmenchronist sieht, „mit einer Intensität und Aktionsbreite fort, die seine starke Wettbewerbsposition ständig verbesserte" – sowohl was die Eigenschaften der Sehhilfen als auch die Produktionstechniken angeht. Spezialbrillen aller Art bis hin zu Colormatic- und Gleitsichtgläsern, neben der Silikat- die moderne Kunststoffglasbrille, kommen dem „Sehkomfort" immer mehr entgegen.

Schon 1962 kam ein Werk für Brillenfassungen in Ebersberg dazu. Denn Rolf Rodenstock war entschieden der Ansicht, daß ein Unternehmen, das Brillengläser herstellt, auch über eine leistungsfähige Fassungsproduktion verfügen sollte. In den siebziger Jahren wurde die Absatzorganisation in weltweitem Maßstab ausgebaut. Im In- und Ausland wurden immer neue Töchter gegründet. Für den US-Markt etablierte Rodenstock 1973 in Puerto Rico eine Fabrik für Brillenfassungen, 1981 wurde eine Fertigungsstätte für schlichtere und billigere Fassungen (Zweitmarke NiGuRa) in Malta zusammen mit einer

Düsseldorfer Firma erworben. In Chile werden schon seit 1951 Brillen und Fassungen hergestellt.

Hat der 69jährige eine Vorstellung, wann er sich einmal ganz zurückziehen und Sohn Randolf das Unternehmen allein überlassen will? Er antwortet mit Bedacht: „Jede Verhaltensweise entspringt einmal der eigenen Charakterveranlagung und Denkweise und zum zweiten der Erfahrung." Beides habe bei ihm die Erkenntnis ausgelöst, daß man rechtzeitig dem Nachfolger den nötigen Spielraum und Verantwortung geben muß, auch wenn dabei einmal irgendetwas schiefläuft. „Da hab ich mich auch wieder an meinen Vater gehalten: Der hat, was ich damals nicht verstand, aber inzwischen verstehen gelernt habe, mir sehr viel freie Hand gelassen. Ich war in dieser Beziehung ihm wahrscheinlich ein viel unbequemerer Partner als heute mein Sohn mir gegenüber."

Das hat sich auch aus den damaligen hektischen Aufbauzeiten ergeben: Rolf Rodenstock war seit 1943 in leitender Funktion im Unternehmen. Er hat die ganze Aufbauleistung nach dem Krieg mitgemacht, ja im wesentlichen gesteuert. Der Vater war zeitweise nicht da, saß im bayerischen Senat als Vizepräsident. Als Alexander Rodenstock dann starb, hatte der Sohn „Gott sei Dank" das Unternehmen voll im Griff – und was er an seinem eigenen Sohn beobachtet hat, bestärkt ihn in seiner Überzeugung, daß dieser heute genauso weit ist.

Am Anfang war es Randolf Rodenstock gar nicht so geheuer, einmal in die Fußstapfen des Vaters, einer durch seinen Rang in der Wirtschaft doch sehr dominanten Vaterfigur, treten zu sollen. „Gott sei Dank hat er das gut verdaut." Rolf Rodenstock ist ein Unternehmer, der auch als Verbandsboß nie etwas sagt, was er nicht sagen will, der vor niemandem kuscht und kuschen muß („außer vor meinen Kunden").

Es ist schon eine imponierende Folge, sozusagen im 36-Jahre-Rhythmus: der Vater ist mit 36 Chef geworden, er selbst im gleichen Alter, als der Vater starb, und der Sohn wurde mit 36 Jahren als weiterer Komplementär sein Mitregent, dem er immer mehr Konpetenzen überlassen wird. Natürlich hat „eine Familiengesellschaft besondere Risiken zu tragen". Aber „der Professor", wie er im Unternehmen genannt wird, ist gerade deshalb sehr stolz auf diese ununterbrochene Kette unternehmerischer Kontinuität.

Die Aktiengesellschaft ist für ihn vorerst keine Alternative, auch wenn er heute, ginge er an die Börse, gewiß einen finanziellen „Schnitt" wie wenige andere Börsenneulinge machen könnte. Aber die Gunst der Stunde zu nutzen und jetzt „abzusahnen", das „liegt nicht in der Tradition unserer Familie". Ob der Sohn später diesen Schritt an den Kapitalmarkt, aufs Börsenparkett einmal tun muß, „wer kann das heute voraussagen". Gibt es in seinem Testament irgendwelche Bestimmungen, was der Sohn tun oder nicht tun soll? „Nein." Der Sohn soll in dem Punkt völlig freie Hand haben. Es gibt natürlich einen Gesellschaftsvertrag. Aber Rodenstock ist überzeugt, daß jede Generation aus der jeweiligen Lage heraus eigene Entschlüsse fassen muß.

Rolf Rodenstock wird vorerst noch im Unternehmen bleiben - aber er hat keineswegs vor, „je nachdem, wie lang meine Lebensuhr läuft, bis an mein selig Ende voll im Geschirr auszuharren". Sukzessive will er mehr und mehr an den Sohn abgeben, aber gleichzeitig auch „eine Auffangstellung aufbauen", die Führungsspitze (ein „Direktorium" gibt es ohnedies schon) ergänzen. „Zur Zeit sind wir alle bis über die Ohren mit Aufgaben und Problemen beschäftigt - die Veränderung der Märkte und die technische Entwicklung halten uns in Atem."

Das Unternehmen hat mit rund 7.600 Mitarbeitern und nahezu 700 Millionen Mark Umsatz eine Größe erreicht, die es gegenüber den Spitzenfirmen der Branche voll konkurrenzfähig macht. Rodenstock ordnet sich weltweit unter die ersten fünf oder sechs Optikfirmen ein - je nach der Produktionsstruktur, die nicht bei allen gleich ist.

Es war vor allem angesichts der japanischen Konkurrenz in den letzten Jahrzehnten nötig, „Ballast" abzuwerfen, so die Feldstecher und Theatergläser und die einfachen Objektive aufzugeben, sich immer mehr auf High-Tech-Produkte zu konzentrieren. In Deutschland ist Zeiss einer der Hauptwettbewerber, bei Brillengläsern und bei einem Teil der Instrumente. Dazu kommen die ausländischen Konkurrenten, vor allem die Niederlassung der französischen Firma Essilor, die in der augenoptischen Industrie des Nachbarlandes eine starke Konzentration vollzogen hat, und die leistungsfähige, auch hierzulande aktive japanische Firma Hoya. Dann gibt es einen großen Kranz von Betrieben, die ausschließlich Brillenfassungen herstellen und die Optiker und ihre Einkaufsverbände umwerben.

Im Aufspüren von Märkten und besonders von Marktnischen hatte der in volkswirtschaftlichen Kategorien denkende Unternehmer Rodenstock immer den richtigen Blick. Auch in geschäftlichen Dingen ist er recht unkonventionell. Und obwohl er ständig als prominenter Industrie-Repräsentant im Blickfeld der Öffentlichkeit steht, ist er in der Publicity fürs eigene Unternehmen eher zurückhaltend, ja schweigsam. Manches läuft eben besser, wenn man nicht immer gleich über alle Vorhaben redet. Seit den siebziger Jahren gibt es gute Kontakte nach dem Osten. 1981 hat Rodenstock eine komplette Brillengläserfabrik für 50 Millionen Mark nach Rußland geliefert, ferner gingen dorthin mehrere hunderttausend Brillengestelle und auch Gläser in größerer Stückzahl, ehe der Devisenmangel bremste. In „ganz kleiner Stückzahl" werden fertige Brillen in die Sowjetunion geliefert: Vor allem die Kreml-Prominenz deckt sich hier ein und blickt dank Rodenstock besser durch. „Auch Gorbatschow trägt eine Rodenstock-Brille."

Einer der bedeutendsten Märkte ist Amerika. In der Zeit des hohen Dollarkurses war man sehr glücklich über den Betrieb in Puerto Rico, von wo Kunststoffbrillengestelle damals ausschließlich nach den USA und Kanada gingen. Jetzt werden von dort wieder mehr Drittmärkte bedient wie schon davor. Wertmäßig ist der Export nach den USA aus der Bundesrepublik viel höher als der Wert der Lieferungen aus Puerto Rico. Im ganzen kommt das Amerika-Geschäft auf mehr als zehn Prozent vom gesamten Umsatz.

Wie risikofreudig ist der Professor Rodenstock als Unternehmer? Wie weit würde er gehen, wenn er gewisse Chancen sähe, aber viel auf dem Spiel stünde? „Die Grenze des Risikos liegt immer da, wo es im negativen Fall zu einer ernsten Existenzgefährdung führen würde. Ein Rückschlag muß noch einkalkulierbar sein."

Was war sein größter Verlust? Der Professor redet ganz offen und gelassen, wie es seine Art ist, darüber: Der größte Mißerfolg war die Gründung einer Entwicklungsgesellschaft in den USA im berühmten Silicon Valley. „Da hat sich ein Team von Wissenschaftlern über unsere Instrumentengesellschaft bei uns gemeldet: Die hatten einige Entwicklungen von elektronisch gesteuerten Sehstärkemeßgeräten und Brillenglasmeßgeräten und erklärten, daß sie das in relativ kurzer Zeit marktreif machen könnten." Sie brachten ihr Goodwill als Kapital in eine gemeinsame Gesellschaft mit ein. Doch es hat sich dann leider

UNTERM STRICH

Josef Rodenstock

Firmenname	Optische Werke G. Rodenstock
Firmensitz	München
Branche	Optik
Hauptprodukt/ Dienstleistung	Brillengläser und -fassungen (gut 80 %) Ophthalmologische Instrumente, Präzisionsoptik, Hochleistungsobjektive
Eigentumsverhältnis	KG Familie Rodenstock (100%)
Gesellschafter/ Geschäftsführer	Komplementäre: Prof. Rolf Rodenstock Randolf Rodenstock
Gründer	Josef Rodenstock
Gründungsjahr	1877
Mitarbeiter	rund 7.600
Niederlassungen	5 (Inland), 17 (Ausland)
Umsatz	rund 700 Mio. DM (1986)
Zukunftsziel	Erfolgreich die Eigenständigkeit behaupten

herausgestellt, „trotz aller Nachhilfe von hier und aller zusätzlichen Leistung", daß die Ansätze nicht richtig waren. Inzwischen brachten amerikanische und japanische Firmen entsprechende Neuheiten auf den Markt, und es war für das eigene Projekt, das nur bis zu Prototypen gediehen war, zu spät: Man mußte es abbrechen und darauf „einige Millionen“ abschreiben. Es ärgert Rodenstock allenfalls, daß er sich damit am Markt nicht erfolgreich etablieren konnte.

Wegen des schwer kalkulierbaren Risikos konnte er sich bisher nicht entschließen, Kontaktlinsen ins Programm aufzunehmen. „Schon aus Gründen der Produkthaftung wollen wir nicht gerne in diese sensible Materie einsteigen.“ Doch daran läßt Rodenstock keinen Zweifel: „Wir beobachten natürlich sehr genau, was sich da tut!“

Der Unternehmer stellt sein Licht nicht unter den Scheffel: „Ich fühlte mich den Aufgaben immer relativ gut gewachsen – und ich habe eben immer versucht, zwischen Spreu und Weizen, Wichtigem und Unwichtigem zu unterscheiden.“

adidas
Drei Streifen auf Erfolgskurs
von Ulrich Kaiser

Ein Ort an der alten Handelsstraße zwischen Nürnberg und Würzburg, den man um das Jahr 1000 herum Uraha nannte - Auerochsenwasser. Es läßt sich bezweifeln, ob diese Raststätte zu jener Zeit besonders friedlich lebte: Warum hätte man den Flecken sonst befestigen sollen? In den lateinischen Urkunden ist von „castrum“ und „oppidum“ die Rede - die Reste von Wällen und Gräben sind heute noch zu erkennen. Es heißt, daß die mächtig gewordenen Reichsstädter aus Nürnberg am Weihnachtsabend 1449 hier einbrachen und durch ihre schwerbewaffneten Reiter 27 Kühe wegtreiben ließen; das gleiche geschah einige Monate später noch einmal zu Ostern des folgenden Jahres - dieses Mal verzeichnet die Chronik den Verlust von vierzig Kühen und vielen Schweinen. Derartige Details mögen heute vielleicht sogar belustigend wirken - Besetzungen, kriegerische Auseinandersetzungen, finanzielle Bürden, wechselnde Herrscher haben über Jahrhunderte hinweg die Menschen dort geprägt. Sie lernten, sich zu fügen, sich zu arrangieren, Kompromisse zu schließen, ohne dabei ihre Eigenart zu verlieren. Fränkische Eigenarten wie

Beharrlichkeit, Fleiß, auch Geschäftstüchtigkeit. Seit der Erhebung zur Stadt in der ersten Hälfte des 14. Jahrhunderts bürgerte sich für den Ort die Bezeichnung Herzogenaurach ein.

Während fast fünf Jahrhunderten wurde das Städtchen von den Zünften der Tuchmacher und Weber mehr oder weniger beherrscht. Noch 1880 arbeiteten in Herzogenaurach mehr als siebzig Meister mit ihren Gesellen an 250 Webstühlen, die ihre Ware auf dem großen Tuchmarkt zu Nürnberg feilboten. Heute würde man von einer florierenden Textilindustrie sprechen, die allerdings auf Grund ihrer Einseitigkeit auch besonders anfällig gegen plötzliche wirtschaftliche Schwierigkeiten war. In den Jahren um 1900 sank die Zahl der Beschäftigten auf diesem Sektor geradezu bestürzend. Denn: Die Handwerkerbetriebe vermochten mit den großen Industrien der Hauptstädte nicht Schritt zu halten. Zum gleichen Zeitpunkt allerdings entwickelte sich in Herzogenaurach des Gewerbe der Schuhmacher; die Zahl der in dieser Sparte Beschäftigten wuchs zwischen 1880 und 1910 von 180 auf 459. Noch gab es durchaus Berührungspunkte zwischen beiden Berufen, da die Tuchmacher den textilen Teil für die Fertigung der Schuhe anlieferten. Auf Jahrmärkten jener Zeit genossen die Schuhmacher einen hervorragenden Ruf für ihre Erzeugnisse - man sprach in Franken von den „Schlappenschustern“ aus Herzogenaurach.

In den achtziger Jahren des 19. Jahrhunderts entstanden zwei größere Fertigungsbetriebe, die man fast schon als Fabriken bezeichnen konnte. Nach 1918, als der Erste Weltkrieg verloren war, gab es zunächst sogar so etwas wie einen wirtschaftlichen Aufschwung. 1922 war mehr als die Hälfte der arbeitsfähigen Bevölkerung in Herzogenaurach in neunzehn kleineren und sechs großen Betrieben beschäftigt, in denen Schuhe hergestellt wurden. Umso stärker schlug sich in der Zeit der weltweiten Wirtschaftskrise in den Jahren 1926 bis 1929 jene bereits erwähnte Gefahr nieder, die in einer Monoindustrie liegt. Herzogenaurach meldete eine Arbeitslosenquote von 71 Prozent - die höchste, die im damaligen Reich gezählt wurde. Das „fränkische Pirmasens“, von dem man so stolz gesprochen hatte, gab es nicht mehr - oder nur noch in kleinsten Familienbetrieben.

Adi Dassler wurde am 3. November 1900 in Herzogenaurach geboren. Er wuchs auf in einer Zeit, in der sich die Geschichte der Stadt noch einmal auf wenige Jahrzehnte zu komprimieren schien: Armut, Wohlhabenheit, Krieg, Frieden, Blüte und Zusammenbruch. Es waren sicherlich keine leichten Jahre - die meisten Menschen fügen sich darein, ducken sich, lassen das schlechte Wetter vorüberziehen, hoffen auf irgendeine Besserung durch irgendwelche höheren Gewalten. Adi Dassler nutzte die Jahre als Zeit des Lernens. Auf Wunsch seiner Eltern absolvierte er eine Bäckerlehre.

Es waren aber zwei ganz andere Dinge, die sein Leben bestimmten und die er miteinander zu verbinden versuchte: Einmal alles, was mit den Schuhen zu tun hatte - zum anderen ein damals vor allem in einer Kleinstadt gar nicht so häufiges Steckenpferd, der Sport. Dassler spielte ein wenig Eishockey, er war ein guter Hochspringer - es gibt die Geschichte, wo er vor den staunenden Augen der Nachbarn mit einem Küchentisch zur Winterszeit an einen Hang marschierte und dort den Schnee so aufschaufelte, bis sich daraus so etwas wie eine Skisprungschanze ergab. Er hat diese Eigenkonstruktion dann selbst ausprobiert - Stilnoten hat es wohl keine gegeben, man weiß auch nicht, welcher Art die Landung war. Aber entscheidend war dies: Seine Gedanken und Vorstellungen entsprangen nie der reinen Theorie, sondern besaßen immer den praxisbezogenen Hintergrund. Auch viel später noch: Wenn der Schuh drückte, wußte Dassler, daß der Schuh verändert werden mußte und nicht der Fuß des Sportlers.

Er war noch keine zwanzig Jahre alt, als er eine Fräse entwickelte, die - elektrischen Strom gab es nicht - von einem Freund betrieben wurde, der auf einem Fahrradsattel saß und strampelte. Damals stellte er den ersten Dassler-Schuh her; nach den seinerzeit noch geläufigen Vorstellungen über den Sport handelte es sich natürlich um keinen Spezialschuh - man sprach ganz einfach von einem Turnschuh. Später kamen Fußballschuhe hinzu, die er im Anwesen der Eltern herstellte. Entscheidend war dabei vor allem ein Gesichtspunkt: Immer holte er sich auch die Anregungen von bekannten Sportlern und brachte dazu seine eigenen Erfahrungen und Ideen ein. Dasslers Sportschuhe genossen schnell in eingeweihten Kreisen einen besonderen Ruf. Natürlich war die Herstellung großer Stückzahlen seinerzeit noch nicht möglich. Aber der Schutz der Gesundheit, die Verbesserung der Funktionalität und die Haltbarkeit der Modelle standen von vornherein als erste Voraussetzungen für das Produkt auf dem Programm. Im Laufe der Jahre tüftelte Dassler in seiner kleinen Werkstatt an der Verbesserung seiner Schuhe. In der Leichtathletik ging es um die richtigen Dorne der Spikes, ihre druckfreie Anordnung und die stabile Befestigung - dazu auch noch um die Differenzierung zwischen den Schuhen von Kurz-, Mittel- und Langstreckenläufern. Das Thema der Gewichtsersparnis bedeutete eine weitere Aufgabe - übrigens ine, die bis auf den heutigen Tag die Hersteller von Sportschuhen beschäftigt.

Bei den Olympischen Spielen 1932 in Los Angeles gewann der Deutsche Arthur Jonath über hundert Meter die Bronzemedaille. Er tat es in Schuhen aus dem Hause Dassler in Herzogenaurach. Er steht an erster Stelle jener vielen tausend Meister, die es im Sport zu den allergrößten Ehren brachten. Vier Jahre danach bei den Olympischen Spielen in Berlin hatte Dassler für den Amerikaner Jesse Owens den seinerzeit leichtesten Sportschuh der Welt gebastelt. Jedermann, der sich für Sport nur ein wenig interessiert, kennt das Ergebnis: Jesse Owens kam zum Teil über Weltrekorde zu vier Goldmedaillen - über 100 Meter, 200 Meter, im Weitsprung und in der 4-mal-100-Meter-Staffel. Er gilt noch heute als der Star jener Spiele, die in Deutschland in einer Zeit stattfanden, aus der wenig Erfreuliches überliefert ist. Die federleichten Spikes des Jesse Owens sind im adidas-Sportschuhmuseum in Herzogenaurach zu besichtigen.

Die Erfolge des Jesse Owens festigten den Ruf des jungen Unternehmens und legten vor allem Grundsteine auf internationaler Basis. Adi Dassler war zu dem Zeitpunkt noch nicht einmal 36 Jahre alt. Nur wenige Jahre zuvor hatte er beim Studium in der immer noch als Schuh-Metropole geltenden Stadt Pirmasens seine Frau Käthe kennengelernt. Sie wurde weit mehr als die Gattin eines aufstrebenden Unternehmers - sie wurde zu einer kenntnisreichen Partnerin auch in den geschäftlichen Bereichen. Neben dem umfangreichen Haushalt und der größer werdenden Familie, in deren gastlicher Atmosphäre viele Kontakte geknüpft, Freundschaften geschlossen, Entscheidungen vorbereitet und getroffen wurden, fand sie Zeit, sich um die persönlichen Anliegen der Mitarbeiter zu kümmern. Sie schaffte ihrem Mann dadurch die notwendigen Freiräume für seine Arbeit und die Umsetzung seiner Ideen in die Praxis.

1937 war die Palette der Sportschuhe aus dem Hause Dassler bereits auf elf verschiedene Sportarten erweitert worden. 1939 erreichte der damals überragende Athlet Rudolf Harbig - der „fliegende Gasmann" - seine legendären Weltrekorde in Schuhen des Hauses Dassler. Bald darauf entbrannte der Zweite Weltkrieg. Die Menschen - nicht nur in Deutschland - hatten andere Sorgen als Höchstleistungen auf dem Gebiete des Sports; wer wollte denn schon wissen, in welchen Schuhen man schneller laufen kann?

Sicherlich war die kleine Stadt Herzogenaurach von den schrecklichen Zerstörungen verschont worden, als man 1945 wieder daran denken durfte, einen wirtschaftlichen Neuaufbau zu wagen. Das änderte allerdings nichts daran, daß die Probleme hier kaum geringer waren als anderswo. Der Zustrom der Flüchtlinge ließ die Bevölkerungszahl in die Höhe schnellen. Es kamen aber auch Industriezweige in die Stadt, die es vorher nicht gegeben hatte. Das Miteinander verhinderte auch den Aufbau neuer Monoindustrien - man war weniger krisenanfällig geworden.

Adi Dassler holte seine aus Fahrradteilen zusammengebaute Fräse wieder hervor, die mit Muskelkraft angetrieben wurde. Aus alten Beständen erwarb er Segeltuch. Auf den Flughäfen der vergangenen Wehrmacht standen die zerschossenen Maschinen herum, in deren Tragflächen sich die Tanks aus Gummi und Rohgummi befanden. Auf oft abenteuerliche Art und Weise wurde dieses Material besorgt. 1946 stellte Adi Dassler die ersten Sportschuhe aus diesen Materialien her - Exemplare, die der heutigen Generation nicht sehr viel bedeuten, den Älteren jedoch mit dem Abstand von Jahrzehnten nostalgische Gefühle vermitteln. Es war ja merkwürdig: Ausgerechnet zu einem Zeitpunkt, als die meisten Menschen nun wirklich mehr an das tägliche Brot und das Dach über dem Kopf dachten, entstanden überall und völlig unabhängig voneinander Sportgruppen. Von Vereinen war da noch weniger die Rede - zum Teil waren sie verboten.

Adi Dassler entwickelte 1948 unter eher primitiven Verhältnissen einen Hallen-Rennschuh. Im gleichen Jahr gründete er die Firma adidas und nahm mit 47 Mitarbeitern die Produktion wieder auf. 1949 wurde jenes Zeichen kreiert, das in seiner grafischen Schlichtheit so überzeugend ist wie kaum ein anderes Markenzeichen auf der Welt - die drei Streifen. Die ersten Fußballschuhe, die mit einer durchlaufenden Gumminockensohle hergestellt wurden, gehörten zu jenen Modellen, die das Zeichen als erste trugen.

Horst Dassler über die adidas-Tradition:

„Die Firma adidas und ihre Produkte wurden geprägt von einem Mann - Adi Dassler. Sein Name steht jedoch nicht allein für die Tradition des Hauses, sondern auch für die Gegenwart und die Zukunft. Von seinen bahnbrechenden Entwicklungen in fast allen Sportarten wird adidas noch viele Jahre zehren. Geradezu genial seine Entscheidung, als Markenzeichen drei Streifen zu wählen, die der Marke adidas einen Bekanntheitsgrad beschert haben, der kaum noch steigerbar ist und denen eine entscheidende Bedeutung in der Kommunikation mit allen relevanten Zielgruppen zukam und zukommt. Entscheidend für das erfolgreiche Schaffen aber war Adi Dasslers Liebe zum Sport, die oft sogar Geschäftsinteressen in den Hintergrund drängte.

Die heutige Geschäftsleitung fühlt sich dieser Tradition verpflichtet, sie baut auf ihr auf und entwickelt aus ihr heraus ihre Konzepte und Strategien für die heutigen Bedürfnisse des Marktes, auch wenn heute der Sport nur noch den kleineren Teil zum Gesamtumsatz beisteuert. Dennoch sind Adi Dasslers Nachfolger bestrebt, im Bereich der technisch funktionellen Sportschuhe weiterhin die Nummer eins in der Welt zu bleiben, nicht zuletzt deshalb, weil die aus dem Hochleistungssport resultierenden Entwicklungen und Ideen in die Produkte des Freizeitbereichs einfließen.

Die Zielsetzung der heutigen Geschäftsführung geht dahin, zum einen die Arbeit mit den Spitzensportlern der Welt im Sinne Adi Dasslers fortzusetzen und zum anderen zusätzliche Marktsegmente wie die des Freizeitsports und der Freizeitmode zu erobern. Adidas will neben dem Sport auch der Welt erfolgreichster Anbieter von Schuhen und Textilien für die Freizeit und da vor allem für die Jugend werden."

Der stille Mann im fränkischen Herzogenaurach stellte sich seine Aufgaben selbst. Frühmorgens, lange bevor der erste seiner Mitarbeiter kam, zog er sich in seine Werkstatt zurück - überlegte, tüftelte, probierte. Die Grundidee war relativ einfach: Wie stelle ich zwischen Fuß, Schuhsohle und Boden einen Kontakt her, der für den Sportler ideal ist? Diese so simpel klingende Überlegung komplizierte sich allerdings durch die Tatsache, daß jener anzustrebende Kontakt bei hundert verschiedenen Sportarten auch hundert verschiedene Lösungen verlangte. Die unterschiedlichen Platz-, Bahn- und Bodenverhältnisse verlangten jeweils eigene Sohlenkonzepte, um Verletzungen möglichst auszuschalten und Höchstleistungen zu sichern. Es entstand beispielsweise der sogenannte Samba-Schuh für die Fußballspieler auf eis- oder schneebedeckten Plätzen. Eine Selbstverständlichkeit heute, die damals eine Sensation war. Diese Sohle half den Spielern in jenen Breiten, wo man monatelang unter Frost zu leiden hat. In Pakistan dagegen spielte man Fußball auf knochenharten Lehmplätzen - die Spieler taten es barfuß mit bandagierten Knöcheln. Als man aber in den Weltverband aufgenommen werden wollte, wo die Regeln zwingend das Tragen von Schuhen vorschreiben, waren die Kickstiefel aus Herzogenaurach mit der epochemachenden Gummi-Nokkensohle die seinerzeit einzig mögliche Alternative.

Als die deutschen Sportler 1952 wieder zu den Olympischen Spielen nach Helsinki eingeladen wurden, erkannte Adi Dassler nicht nur die Notwendigkeit, sondern auch sicherlich die Werbewirkung dieser Gelegenheit. Er beriet sich mit den Athleten, berücksichtigte ihre Hinweise - er bastelte in seiner Werkstatt die Modelle und ließ sie in größerer Stückzahl herstellen. Dassler reiste selbst nach Finnland und erlebte den Erfolg seiner Produkte an Ort und Stelle. Erstmals exportierte die Firma in die USA - der Umsatz stieg um unglaubliche 45 Prozent. Man brachte übrigens Taschen, das erste schuhfremde Produkt auf den Markt. Im Hause adidas hält man das Jahr 1952 für jenes, in dem der Durchbruch auf dem internationalen Markt gelang.

Man muß auch dieses Datum mit der Zeit in Einklang bringen: Die Währungsreform hatte ohne Zweifel einen Umschwung eingeleitet - das sogenannte Wirtschaftswunder steckte noch in seinen Kinderschuhen - aber die Arbeit, die überall geleistet wurde, trug sichtbare Früchte. Um in der hier angebrachten Sprache des Sports zu bleiben: Es hieß jedoch, am Ball zu bleiben, Vorsprünge zu wahren und auszubauen, besser zu sein als die anderen. Adi Dassler wurde zum „Schuster der Nation", als die deutsche Fußballnationalmannschaft 1954 in der Schweiz überraschend die Weltmeisterschaft gewann. Der damalige Trainer Sepp Herberger sagte einmal, daß Fußballspiele in der Kabine entschieden werden. Er meinte damit die richtige Wahl der Schuhe. Jenes Finale gegen die seit Jahren ungeschlagenen Ungarn wurde unter anderem deswegen gewonnen, weil Adi Dassler die auswechselbaren Schraubstollen unter den Schuhen anbrachte. Nach diesem Erfolg stieg die Nachfrage nach diesem Modell so gewaltig, daß eine Erweiterung des Betriebsgebäudes notwendig wurde.

Um noch einmal diese Jahre zu erwähnen: Es hatte die ersten Erfolge der Springreiter Winkler und Thiedemann gegeben, die aufstrebende Motorradindustrie investierte, und es gab Weltmeister, der Bobfahrer Ostler in Oslo, vielleicht noch einige Skifahrer - aber es gab sonst nicht viel zu feiern in jenen Jahren. Deswegen überstrahlte der Sieg der populären Fußballspieler alles andere. Jeder, der irgendwann auf einem Schulhof einmal herumgekickt hat, fühlt sich diesem Spiel verbunden. Daran hat sich bis heute kaum etwas geändert - man kann es an den Stammtischen hören, wenn eine Million „Bundestrainer" ihre Meinung dazu abgibt. Und wenn „wir" Weltmeister werden, dann gibt es kaum einen Jungen, der nicht genau die Schuhe tragen möchte, die Fritz Walter trug. Das ganze ist ein ebenso einfaches wie geniales Marketing-Konzept - ein Wort übrigens, mit dem damals kaum jemand etwas anzufangen wußte. Adi Dassler kannte es wahrscheinlich auch nicht, aber er hat es im Blut.

Aus Kanada kam 1955 der Vorschlag von Ray Schiele, die drei Streifen dort einzuführen. Aus Fußballschuhen wurden Footballboots. Die damit ausgerüstete Mannschaft wurde mehrere Male Meister des Landes. 1956 bei den Olympischen Spielen in Melbourne präsentierte man einen nur noch 150 Gramm schweren Laufschuh - den leichtesten, den die Sportwelt bisher erlebte. Mit den adidas-Schuhen wurden 25 Gold-, 23 Silber- und 24 Bronzemedaillen gewonnen - außerdem wurden in ihnen im Laufe des Jahres 1956 33 Weltrekorde aufgestellt. Als neuen geeigneten Werkstoff hatte Dassler längst Nylon entdeckt. 1959 wurde das Zweigwerk in Scheinfeld in Betrieb genommen. Im gleichen Jahr begann Sohn Horst im elsässischen Dettwiler mit dem Aufbau von adidas-France. Im Sog der Olympischen Spiele von Rom 1960 lieferte adidas seine Produkte in 66 Länder - das Haus wurde die exportintensivste Firma der Sportschuh-Industrie. In den sechziger Jahren expandierte Scheinfeld fast auf den dreifachen Umfang, in der Schweiz wurde die adidas-Sport-GmbH gegründet, in Jugoslawien wurde eine Produktionsstätte gegründet, der Export erfolgte mittlerweile in 88 Länder, seit 1962/63 war man der größte Produzent von Fußballschuhen auf der Welt. Das Rezept des Erfolges blieb gleich: Neue Erfindungen oder Verbesserungen - damit neue Rekorde und Meisterschaften - dadurch wiederum steigende Nachfrage und Beliebtheit der Erzeugnisse.

Die ansteigenden Kurven in Produktion und Umsatz beweisen die Richtigkeit des Vorgehens vor allem in den Jahren großer Sportereignisse wie Olympischer Spiele oder auch Fußballweltmeisterschaften. Adi Dassler ging nach wie vor frühmorgens in seine Werkstatt. Er studierte Fotos, Filme, Statistiken der Mediziner und Orthopäden, sammelte Erfahrungen in Diskussionen mit Sportlern und Trainern. Es entstanden Sportschuhe von einer Perfektion, die Jahre zuvor undenkbar war - 1968 sprang der Amerikaner Bob Beamon in Mexiko seine 8,90 Meter in das Jahr 2000 - die Tennisspieler Bungert und Laver arbeiteten mit an der Entwicklung ihrer Spezialschuhe - selbst in den Schuhen für Ruderer oder später für Bobfahrer steckten völlig neue Ideen, denen immer die Praxisnähe zugrunde lag. 1968 brachte man die ersten Trainingsanzüge auf den Markt; bald darauf folgten die „Franz-Beckenbauer-Sporthosen". Man vollzog den Schritt vom Schuhwerk zu den Textilien, ohne groß Aufhebens davon zu machen, als logische Folge der Entwicklung. Wenn man so will: Das Städtchen Herzogenaurach, das sich in seiner wirtschaftlichen Geschichte ebenfalls einmal auf diesen und einmal auf den anderen Zweig spezialisiert hatte, fand seine Historie nun unter einem Dach vereint wieder.

Wenn man den mittelgroßen Mann mit der markanten Nase in jenen Jahren bei Messen, bei Feierlichkeiten oder bei Repräsentationen beobachtete, so konnte man sich des Eindrucks nicht erwehren: Er wunderte sich. Es schien, als würde er staunen über die Betriebsamkeit, die da um ihn herrschte - über die vielen Menschen, die ihm Respekt und Ehrerbietung entgegenbrachten. Wirtschaftsführer, Politiker, Prominente. Es sah mitunter aus, als würde er über die freundliche Aufmerksamkeit hinaus, die er jedem entgegenbrachte, nach innen auch lachen. Nein - keine Ironie, sondern eher eine stille Heiterkeit, weil man ihn in eine Position brachte, die ihm nicht lag, oft vielleicht auch peinlich war. Staunen wohl auch darüber, daß seine Arbeit in der Werkstatt in Herzogenaurach in der ganzen Welt eine Anerkennung - und auch Nachahmer - fand, die kaum zu übertreffen ist. Staunen eventuell, weil er glaubte, etwas ganz „Normales" getan zu haben - seine Arbeit.

Woran ihm allerdings viel gelegen war, das waren die Gespräche mit seinen Sportlern, die ihm so viel zu verdanken hatten. Der Uwe Seeler etwa, dem er nach einem Riß der Achillessehne einen eigenen Schuh baute, der dann später als Modell für Schuhe nach ähnlichen Verletzungen galt. Oder der Boxer Muhammed Ali. Oder die Leichtathletin Heide Rosendahl. Oder die Skifahrerin Rosi Mittermeier. Oder der Zehnkämpfer Willi Holdorf. Oder Fritz Walter. Viele von ihnen blieben nach dem Ende ihrer Karriere dem Hause treu - und was dabei wichtiger, weil seltener ist: Das Haus hielt auch weiterhin zu ihnen, gab ihnen Arbeitsplätze, kümmerte sich um ihr Wohlergehen. Adi Dassler wußte, was er der Kooperation mit den Sportlern zu verdanken hatte, und lohnte Treue - ohne darüber großes Aufheben zu machen. Jemand schrieb in den Tagen seines Lebensabends von „Dassler - dem modernen Märchen unserer Zeit". Tatsächlich ein Märchen? Wenn Märchen über ein Auf und Ab führen, wenn sie Arbeit beinhalten und Liebe zu dieser Arbeit, und am Ende der Erfolg steht - dann war das Leben Adi Dasslers wohl tatsächlich mit einem Märchen zu vergleichen. Wenn man allerdings „Glück haben" als Sinn eines Märchens auslegt, muß man seine Zweifel hegen. Es sei denn, das Glück des Tüchtigen.

Als Adi Dassler im September 1978 starb, hinterließ er mehr als siebenhundert Patente und Gebrauchsmuster, nach denen täglich von mehr als zehntausend Menschen in der Welt weit über eine Viertelmillion Paar Schuhe hergestellt wird.

Seine Frau Käthe überlebte ihn um sechs Jahre. Sie war während dieser Zeit „die Chefin", die das Erbe in die neuen Hände übergab, so daß die Kontinuität des Hauses gewahrt blieb. Horst Dassler, der Sohn, kehrte aus Frankreich heim und trat die Nachfolge an. Er wurde von den Gesellschaftern und dem Stiftungsbeirat zum Vorsitzenden des Vorstandes der adidas-Sportschuhfabriken Adi Dassler Stiftung & Co. KG, Herzogenaurach, bestellt. Gesellschafter der Holding-Gesellschaft des adidas-Konzerns sind als Komplementärin die Adi und Käthe Dassler Stiftung sowie je zu einem Fünftel als Kommanditisten Horst Dassler und seine vier Schwestern. Durch den plötzlichen Tod Horst Dasslers im Frühjahr 1987 hat sich im Führungsmanagement von adidas eine riesige Lücke aufgetan.

Adidas ist der größte Sportartikel-Hersteller der Welt. Neben den Schuhen genießen die Sport- und Freizeit-Textilien, die Sporttaschen, die Bälle, die Tennis-, Squash- und Badminton-Schläger sowie die Bindungen für den Skilanglauf einen hervorragenden Ruf. Die Erzeugnisse werden in mehr als 160 Länder exportiert. In mehr als vierzig Ländern bestehen Tochterunternehmen, Lizenz- und Lohnproduktionen.

Im Jahre 1986 war der Umsatz von adidas weltweit auf über vier Milliarden Mark gestiegen. Allein im Inland wurde mehr als eine Milliarde Mark umgesetzt. Die Konzerngesellschaften konnten ihre eigenfakturierten Umsätze - also ohne Lizenznehmer - auf über drei Milliarden Mark anheben. Vertriebsnetze in den USA, in Großbritannien und Japan wurden neu organisiert, in Frankreich erzielte man das beste Ergebnis überhaupt.

Im Stammwerk in Herzogenaurach hat man das einzige Sportschuh-Museum der Welt eingerichtet. Dort kann man jene aus Fahrradteilen zusammengebaute Fräse anschauen, mit der Adi Dassler einst sein Werk begann.

UNTERM STRICH

Adi Dassler

Firmenname	adidas-Sportschuhfabriken Adi Dassler Stiftung & Co. KG
Firmensitz	Herzogenaurach
Branche	Sportartikel
Hauptprodukt/ Dienstleistung	Sportschuhe/Sporttextilien
Eigentumsverhältnis	Stiftung & Co. KG
Gesellschafter/ Geschäftsführer	Familie Dassler (100 %)
Gründer	Adi Dassler
Gründungsjahr	1948
Mitarbeiter	12.000 (weltweit 1985)
Niederlassungen	in über 160 Ländern dieser Erde
Umsatz	4,1 Mrd. DM
Zukunftsziel	-

Jil Sander
Star am Modehimmel
von Marlet Schaake

Sie ist Deutschlands Modemacherin Nummer eins. Sie hat der deutschen Mode den Weg bereitet zu neuer Anerkennung, zu Internationalität. Die renommierte Modezeitschrift „Vogue" bezeichnete sie als eine der zehn besten Designer der Welt. Die französische Tageszeitung „France Soir" schrieb: „Coco Chanel ist tot - es lebe Jil Sander!"

Ihr Name - in schwarzen Lettern und im für sie typischen Understatement perfekt designt - charakterisiert 32 Boutiquen und beinahe zweihundert Verkaufsstellen in Europa, den USA, in Japan und Hongkong. Der Umsatz für ihre Mode, für ihre Parfums und Kosmetika, für ihre Brillen, für ihre Taschen, ihr Gepäck und ihre Pelze hat 150 Millionen Mark jährlich überschritten.

Ihr unverändert mädchenhaftes Gesicht wirbt weltweit auf ganzseitigen Zeitungsanzeigen und von erleuchteten Reklamekästen herab für das, was sie macht. Jil Sander - eine Karriere, aber kein Wunder. Denn was die Hamburgerin mit eiserner Energie, mit unvorstellbarem Kraftaufwand, dem totalen Einsatz ihrer Phantasie und Kreativität erreicht hat, ist in knapp zwanzig Jahren langsam gewachsen. Ist aufgebaut auf solidem Grundstock. Ist nicht zu vergleichen mit einer modischen Sternschnuppe, die schnell wieder verlischt.

Jil Sander - ein Star? Wer die schmale blonde Frau beobachtet, bei der Arbeit im Atelier, bei den Vorführungen der Kollektionen hinter den Kulissen, wer ihr zuschaut, wie sie mit Einkäufern verhandelt oder mit Geschäftspartnern in schwierigen Gesprächen, der muß feststellen: Jil Sander hat keine Allüren. Sie ist einfach nicht der Typ dafür. Sie ist weder launisch und extravagant noch herbe und harte Karrierefrau.

Sehr zurückhaltend, fast scheu wirkt sie, und mädchenhaft auch noch mit vierzig.

Wie viele ihrer Geschäftspartner, vor allem die männlichen, hat Jil Sander verblüfft, wenn sie bei den Verhandlungen dann unerwartet auf ihren glasklaren Verstand stießen, auf ihr Durchhaltevermögen, ihre Fähigkeit, ihren Standpunkt zu erklären und zu verteidigen. Ihre Fähigkeit, die anderen von ihren Ideen zu überzeugen. Jil Sander - ein Star ohne Allüren auf der deutschen Modebühne. *Der* Star. Sie selbst lehnt diese Bezeichnung ab, hat dafür ein zu distanziertes Verhältnis zu sich selbst und ihrer Arbeit. Daß sie über eine enorme Potenz verfügt, über große Kreativität und Phantasie, das war Jil Sander allerdings schon immer bewußt. Bereits mit zwanzig, als junge Moderedakteurin, verkündete sie: „Ich werde etwas bewegen!" Wohin genau sie diese Überzeugung führen würde, allein das wußte sie damals noch nicht.

Jil Sander ist weder erstaunt darüber, daß sie so begabt ist, noch daß sie diese Begabung so fruchtbar anzuwenden weiß. „Ich denke nur von Zeit zu Zeit: Was für ein Glück, daß sich meine Firma so positiv entwickelt hat", meint sie dazu mit besagter Distanz und mit Humor. „Ich bin so ergebnisbegabt. Ich weiß genau, was man tun muß, um erfolgreich zu sein. Ich kann das unternehmerisch umsetzen." Sie sagt das ohne Überheblichkeit, auch ohne falsche Bescheidenheit. Sie stellt diesen Tatbestand fest.

Jil Sander wurde am 27. November 1943 in Wesselburen, Holstein, geboren. Ihre Mutter war dorthin aus Hamburg evakuiert worden. Jil Sander kam als Siebenmonatskind zur Welt, überzart und anfällig. Weichen werden in der Jugend gestellt: Wie Erwachsene sind, da haben Eltern, Erzieher und andere Begleitpersonen mitbestimmt. Das Abenteuer Kindheit prägt den Menschen fürs ganze Leben. Auch Jil Sander wurde von ihren Eltern, von ihrer Umwelt geprägt und geformt. Ihre Mutter, sehr kreativ, hatte im Nachkriegs-Hamburg, in das sie mit ihrer Tochter zurückgekehrt war, kaum eine Chance, ihre Begabungen auszuleben. Um so empfindsamer war sie für die entsprechenden Anlagen und Bedürfnisse ihrer Tochter.

Jil Sander: „Ich war ein ungemein sensibles Kind. Alle Dinge um mich herum habe ich sehr stark empfunden." Anfällig für Krankheiten, zart und empfindsam - woraus wuchs gleichzeitig ihre Unzerbrechlichkeit, ihre eiserne Disziplin? Jil Sanders Unfähigkeit, einen einfachen Weg zu gehen, wenn der lediglich zu Mittelmaß führt? „Die Kämpfe meiner Jugend focht ich mit meinem Stiefvater aus. Er war ein begabter, aber ein sehr unbeugsamer Mann", erklärt sie dazu. „Aber er hat mich nicht gebrochen, im Gegenteil, er hat mich aufgebaut. Er hat mir zugestanden, daß ich mich gegen ihn wehre. Er hat mich anerkannt und mich gefördert." Er hat Jil Sander manchmal bis an den Rand ihrer Kräfte getrieben. Aber ohne seine Härte hätte sie den Weg an die Spitze wohl kaum bewältigt.

Jil Sander über Unternehmertum:

„Ich bin überzeugt davon, daß man gute Arbeit nur dann leisten kann, wenn man sich total mit seiner Idee und deren Umsetzung identifiziert. Ich versuche darum auch, meine Mitarbeiter mit der Absicht zu motivieren, daß sich jeder in seiner Arbeit bestätigt fühlt. Enorm wichtig für eine Unternehmerin bzw. einen Unternehmer ist es, glaube ich, delegieren zu können. Ebenso wichtig scheint mir, daß unter meinen Mitarbeitern gute Kommunikation herrscht, der sogenannte Teamgeist. Ich bemühe mich ständig, die Verantwortlichkeit meiner Mitarbeiter zu stärken.

Für erfolgreiche Arbeit und Zusammenarbeit ist von großer Bedeutung, daß sich bei ihnen ein Bezug zur Materie herstellt. Was für mich unter anderem heißt, daß ich höchste Ansprüche nicht nur an meine Produkte stelle, sondern auch an Ausstattung und Design unserer Arbeitsräume. Das ästhetische Ambiente in Büro und Atelier formt einerseits das Empfinden der Mitarbeiter, andererseits bietet es ihnen auch ein angenehmes Environment.

Fazit: Meine Produkte zeichnen sich durch hohe Qualität aus. Ich glaube, daß sich auf die Dauer ein entsprechender Anspruch meinerseits nur halten kann, wenn ich die gleiche Qualität im Umgang mit den Mitarbeitern anbiete."

Nach der Schule in Hamburg besuchte sie die Textilfachschule in Krefeld, schloß dort als Textil-Ingenieurin ab. „Was mir heute enorm hilft. Die Leute sagen, es gäbe kaum jemanden in meiner Branche, der so schnell Stoffe beurteilen kann wie ich." Nach dem Krefelder Abschluß gewann sie die größte Machtprobe mit dem Stiefvater: gegen die eigene Überzeugung gestand er ihr zu, in Amerika weiterzulernen. In Los Angeles besuchte Jil Sander ein College, zeichnete Cartoons und fand eine Möglichkeit, bei der berühmten Frauen- und Modezeitschrift „Mc Calls" zu arbeiten.

Daß ihr beruflicher Weg der Mode gelten würde, das war ihr inzwischen klar. Sie verfügte über technisches Wissen, einen sicheren Geschmack und einen genauso sicheren Blick für gutes Design. Nach Deutschland zurückgekehrt, bot sich vorerst die Chance, ihr Können im Journalismus unter Beweis zu stellen. In vier Jahren stieg sie auf von der Jungredakteurin bei der Frauenzeitschrift „Constanze" in Hamburg bis zur Leiterin der Promotion-Abteilung bei der „Petra". Eine vielversprechende Karriere deutete sich an. Doch die

Idee, eine erstklassige Modejournalistin zu werden, paßte nicht in ihr Konzept. Sie fühlte in sich den unstillbaren Wunsch, etwas Eigenes zu schaffen, ihre Kreativität, ihre Phantasie in noch andere Bahnen zu lenken. Mehr und mehr kristallisierte sich ein Vorbild heraus: Coco Chanel - jene Königin der französischen Mode, die sich als erste darüber Gedanken gemacht hatte, wie sich eine Frau in ihren Kleidern fühlt. Und nicht, wie man eine Frau am geschicktesten verkleiden (und einengen) könne.

„Wenn die Leute heute über mich reden, sagen sie, ich sei damals unheimlich ehrgeizig gewesen", bemerkt Jil Sander belustigt zur jungen Redakteurin, die ihrer Umwelt in den Jahren 1963 bis 1968 das Leben schwer machte. Sie stritt sich mit vorgesetzten Kollegen und ihren Chefredakteuren. „Ich regte mich furchtbar auf über schlechte Qualität, ich war sehr eigensinnig und dachte damals schon unternehmerisch." Dieses beherrschende Gefühl für Qualität, das sei ihr wie angeboren. Unternehmerisch zu denken, das habe sie von ihrem Vater gelernt. Die Form, ihre Überzeugung anzubringen, hat sich in den vergangenen zwanzig Jahren verändert. Der Inhalt nicht.

Die nächste Station auf dem Weg zur Selbstverwirklichung hieß Hoechst. Der deutsche Chemiekonzern bot Jil Sander an, eine Kollektion zu entwerfen, um die neue Faser „Trevira" zu lancieren. Jil Sander überwand für einmal ihre Abneigung gegen Chemiefasern und zeichnete. Sie wußte, um etwas Eigenes zu machen, brauchte sie Geld. Also verdiente sie es als freie Stilistin. Jil Sander bewohnte damals eine kleine Wohnung im Hamburger Stadtteil Pöseldorf, der sich gerade anschickte, chic zu sein. Der weitere Verlauf ihrer Karriere war in ihrem Kopf inzwischen ausgearbeitet: Sie wollte eine eigene Boutique. Um die Ecke hatte sie einen Laden entdeckt; der, so fand sie, wäre das passende Objekt. Mit der für sie charakteristischen Ausdauer gelang es ihr nach ein paar Monaten, den Mietvertrag für das Geschäft zu unterzeichnen.

Sie hatte den Raum, den sie brauchte. Aber was nun? Unternehmerisch denken. Jil Sander kratzte alle Ersparnisse zusammen, verkaufte sogar ihr Auto, um zu einem Anfangskapital zu kommen. Noch im selben Jahr, 1968, eröffnete Jil Sander die Boutique in Pöseldorf, bis heute Stamm-Boutique; im aktuellen Design, im Ausbau Modell für alle Jil-Sander-Niederlassungen im In- und Ausland. Für den Start hatte Jil Sander 150 Kleider, Röcke, Jacken entworfen und nähen lassen. Einzelstücke, die im Nu verkauft waren. Würde man jetzt eines finden, hätte es bereits Museumswert. Da sie damals noch über keinen Produktionsbetrieb verfügte, mußte Jil Sander vorerst andere Namen in ihrer Boutique anbieten. Sie fuhr nach Paris und orderte Sonia Rykiel und Chloé. „Als ich meinen ersten Auftrag in Paris schrieb, zitterten mir die Finger." Daß Jil Sanders Kopf so klar funktioniert, heißt nicht, daß ihre Seele frei wäre von Emotionen.

Neben der Arbeit für die Pöseldorfer Boutique verdingte sich Jil Sander vorerst weiter als freie Stilistin, lernte Zeichnen, lernte Umsetzen, was möglich ist, was nicht möglich ist. Dann, 1973, entschloß sie sich, den entscheidenden Schritt zu wagen, die erste Kollektion unter eigenem Namen zu präsentieren.

Ihr Slogan: „Gutes Design für wenig Geld." Hit der Kollektion waren die ersten ungefütterten Blazer. Die Leute orderten begeistert. Trotzdem wurde aus dem mutigen Versuch ein Schlag ins Wasser. Die Stoffe für die Kollektion hatte Jil Sander in Indien ausgewählt; dort, so meinte sie, könnte die Produktion auch günstig genäht werden. Doch die Stoffe wurden nicht rechtzeitig geliefert, noch schwerwiegender: vor der Fertigung hatte man vergessen, ausreichend Material für die von Jil Sander so geschätzten Kappnähte zu berechnen. Alles war zu klein. Die Kunden schickten die Lieferungen zurück. Für andere wäre eine solche Schlappe wohl vernichtend gewesen. Nicht für Jil Sander. Besessen von ihrer Mission konnte sie ihre Mitarbeiter, konnte sie auch Geldgeber bei den Banken erneut motivieren.

Ihre nächste Wahl - „gutes Design, erstklassiges Material, höchste Qualität auch in der Verarbeitung" zu entsprechend hohen Preisen - brachte schließlich 1974 den ersehnten Erfolg. „Du mußt immer groß denken!" hatte schon ihre Devise geheißen, als sie klein anfing. Und diese Maxime führte Jil Sander in den Jahren ihres Aufstiegs auf den Mode-Olymp an allen unternehmerischen Abgründen vorbei, überzeugte stets zur rechten Zeit die notwendigen Helfer in der Branche, in den Banken, in den eigenen Reihen.

Das Ergebnis spricht für sich. Jil Sander beschäftigt siebzig festangestellte Mitarbeiter in Hamburg. Sechshundert weitere arbeiten ständig für die Firma in den Fertigungsstätten um Mestre bei Venedig. Achtzig Prozent der Jil-Sander-Mode-Produktion werden nämlich in Italien hergestellt.

Warum ausgerechnet Italien? Jil Sander: „Die Italiener sind begeistert, wenn man ihnen sagt: ‚Ich habe da ein ganz kompliziertes Thema!' Sie sind geradezu besessen, es zu lösen. Sicher hätte ich auch in Deutschland etwas aufbauen können. Denn es hängt ja schließlich vom Steuermann ab, wie das Schiff fährt. Als ich vor Jahren geeignete Produktionsstätten suchte, kam mir die Mentalität der Italiener jedoch sehr entgegen. Ich war beeindruckt von ihrer Phantasie, von ihrer Sensibilität. Zu Beginn konnte ich ja nicht mit großen Aufträgen locken, sondern nur mit meiner Idee. Sie haben sie begriffen und sind heute stolz darauf, Teil unserer Sache zu sein." Das gilt übrigens auch für die Stoff-Fabrikanten, die gemeinsam mit Jil Sander neue Stoffe entwikkeln. „Ich glaube, daß sich unsere Kleidung in Zukunft noch funktioneller gestalten wird", sagt Jil Sander in diesem Zusammenhang. „Dafür ist die Erarbeitung solcher neuen Materialien notwendig und sehr interessant."

Fasziniert liest sie entsprechende Trendanalysen, nimmt teil an entsprechenden Seminaren. „Ich finde es sehr wichtig, die Entwicklung genau zu verfolgen und zu analysieren. Ich habe gelernt, auch in dieser Hinsicht sehr unternehmerisch zu denken. Ich muß mich ja ständig fragen: Was wird in fünf Jahren sein, was in zehn?" Antworten auf diesbezügliche Fragen sind Jil Sander nicht fremd. Sie weiß, will sie sich bei der Entwicklung, die ständig mehr auf Technologie aufbaut, in zehn Jahren noch von anderen unterscheiden, muß sie *ihre Idee* weiter verfolgen, muß sie *ihr Konzept* und *ihre Haltung* bewahren, die hinter all ihren Produkten stehen.

Ein Zeichen ihrer zeitlosen Mode ist der hohe Anspruch an die Qualität der Stoffe, ob Cashmere, Wolle, Baumwolle, Seide oder Leinen. Und noch ein Zeichen: nach Aussage vieler Fachleute ist es bisher niemandem so gelungen wie Jil Sander, eine derartige klare und trotzdem derartig weibliche Linie zu finden. Sie selbst meint dazu, es entspräche dem Geist unserer Zeit, für die Frauen und von den Frauen aus zu denken. Sie hat es da leichter als ihre männlichen Kollegen: sie ist ja selbst eine Frau. Sie empfindet selbst jenes Körpergefühl, das sie übertragen möchte. Sie sitzt nicht nur am Zeichentisch, sie probiert selbst jedes einzelne der rund dreihundert Teile einer jeden Kollektion an, korrigiert, verbessert am eigenen Körper. Erst, wenn sie sich darin wohl fühlt, wandert der Rock, die Hose, die Bluse, der Mantel in die endgültige Kollektion. Das gilt übrigens ebenso für jeden Schuh.

Was sie einengt, was ihren Augen weh tut, wird verändert, wird weggelassen. „Ich bin ein sehr visueller Mensch“, sagt sie dazu. Jil Sander liebt gedämpfte Farben. Beige, Khaki, Olive, Schwarz, Grau und Weiß ziehen sich seit Beginn an wie ein roter Faden durch ihre Kollektionen. Auch wenn sie gelegentliche Farbtupfer nicht scheut. Zeitgeist, aber auch Sander-Perfektionismus: sie probiert nicht nur jedes Kollektionsteil an, sie kümmert sich genauso um jede Duftnote ihrer Parfums, um jede Farbnuance der Verpakkungen („Manchmal brauche ich zweihundert Farbproben, bevor ich mich für ein Beige, für ein Apriko entscheide“). Sie prüft Flaschenverschlüsse und Glasherstellung, segnet das Design jeder Flasche, jeder Verpackung, jeder Puderdose ab. Jil Sander ist das Maß aller ihrer Dinge.

„Die Frauen fühlen, daß hinter dem, was ich mache, meine Phantasie, meine Art zu denken und zu leben, also meine Seele steht. Ich finde, es reicht nicht aus, nur eine schöne Optik zu haben. Mir geht es nicht allein um Material, mir geht es um Innerlichkeit. Die kann mir niemand wegnehmen, und die kann auch niemand kopieren“, sagt Jil Sander dazu. Und: „Ich kann sehr gut erkennen, was ich brauche. Ich gehe keinen Mittelweg.“

„Egozentrik“ nannte sie vor ein paar Jahren im Proust-Fragebogen einer Zeitung ihren größten Fehler. Ein Charakterzug allerdings, mit dem Jil Sander sich, ihre Idee, ihr Unternehmen am Leben erhält. Warum also ein Fehler? „Manche meinen, daß ich sehr egoistisch sei. Aber ich gehe eben ganz zielbewußt vor. Ich würde niemals auf die Idee kommen, mich von irgend jemandem unterbrechen zu lassen.“ Eine Einstellung, die bisher vorwiegend den Männern vorbehalten war. Zeichen unserer Zeit, daß sie mehr und mehr auch den Frauen zugestanden wird. Zumindest den unternehmerischen Frauen.

Auf die Frage, ob soviel Einsatz über die Jahre hinweg einen Menschen nicht auffrißt, meint Jil Sander: „Es gibt nichts geschenkt im Leben. Ich verzichte auf viele Dinge, die ich gerne täte. Aber ich kann nicht zu einem Ja sagen und mich über das andere beschweren.“ Zum Ja-Sagen gesellt sich der unternehmerische Erfolg ihrer Firma. Ans Ja-Sagen reihen sich unzählige Preise und Auszeichnungen für ihre Arbeit. Die ehrwürdige Fédération Française du Prêt-à-porter Feminin verlieh ihr zum Beispiel einen Mode-Oskar, die

Stadt München den Modepreis, genauso wie Spanien, fünfmal erhielt sie den „Fil d'Or" des Internationalen Leinenverbandes Paris für die beste Kollektion der Saison und in Los Angeles den zweiten Preis für den besten Entwurf für das Jahr 2000. Das Design ihrer Kosmetik-Packungen wurde zweimal in New York ausgezeichnet. Für zwei Jahre unterrichtete sie als Gast-Professorin Mode an der Wiener Universität. Die Dresdner Bank wählte Jil Sander in ihren Beirat.

Für ihre Produkte wirbt Jil Sander mit dem eigenen Gesicht, aufgenommen vom New Yorker Starfotografen Francesco Scavullo. Noch ist es mädchenhaft, beinahe makellos. Auf die Frage, ob sie sich Sorgen mache, daß dieses Gesicht bald einmal auch von Falten gezeichnet sein wird, antwortet Jil Sander: „Ein Gesicht kann sehr viel Schönheit in sich bergen, gerade wenn es älter wird. Ausdruck und Falten in einem Gesicht sind legitim. Früher hat man gemeint, nur Männer dürfen altern und werden damit schöner. Ich kenne viele Frauen, die sich im Alter verbessert haben."

Wohin sie noch will? „Wenn ich die Umsatzsteigerungen der letzten Jahre anschaue, brauche ich nur eine einfache Rechnung aufzumachen: In fünf Jahren wird sich unsere Produktion mehr als verdoppelt haben." Expandieren, das Ausland in noch größerem Maße erobern - kennt Jil Sander überhaupt keine Grenzen? Gelegentlich fällt es ihr schwer, die vom eigenen Körper diktierten einzuhalten. „Vom Kopf her", sagt sie, „könnte ich noch in ganz andere Dimensionen vordringen. Und das würde mich auch interessieren."

UNTERM STRICH

Jil Sander

Firmenname:	Jil Sander GmbH
Firmensitz	Hamburg
Branche	Textil
Hauptprodukt/ Dienstleistung	Damenmode/Kosmetik/Brillen/Leder
Eigentumsverhältnis	GmbH (100 %)
Gesellschafter/ Geschäftsführer	Jil Sander
Gründer	Jil Sander
Gründungsjahr	1968
Mitarbeiter	70
Niederlassungen	keine
Umsatz	60 Mio. DM Textil / 45 Mio. DM Kosmetik
Zukunftsziel	Intensivierung des Exports

Dannemann
Ein Konterfei als internationale Marke

von Stan Hill

Marken- und Warenzeichen sind überwiegend klare, besonders einprägsame Symbole oder Buchstaben. Man denke nur an den berühmten Daimler-Benz-Stern und – um im Automobilsektor zu bleiben – das verschlungene Doppel-R der britischen Nobelmarke Rolls Royce. Abbildungen von Landschaften, Personen oder Gegenständen treten dagegen sehr viel seltener als unverwechselbare Produkterkennungszeichen in Erscheinung.

Zu den Raritäten auf diesem Sektor zählt zweifellos das ovale Firmenemblem der zur Mindener Melitta-Gruppe gehörenden Dannemann Cigarrenfabrik GmbH im ostwestfälischen Lübbecke: Das Portrait eines seriös wirkenden Herren mit akkurat geschnittenem Vollbart, eingerahmt von Palmen und Bauten im Kolonialstil, ziert die Dannemann-Zigarillo- und Zigarrenschachteln. Dieses Bild prägte im Laufe von Jahrzehnten eine internationale Marke, auf deren turbulente Vergangenheit später noch näher eingegangen werden soll.

Zum Konterfei selbst: Richtig, das kann eigentlich nur Herr Dannemann sein. Herr - und nicht Mister oder Monsieur - weil jener Mann eben aus Deutschland stammte, genauer aus der Hansestadt Bremen. Man schrieb das Jahr 1873, als der junge Gerhard Dannemann (das Alter ist nicht bekannt) seine Vaterstadt verließ und nach Südamerika auswanderte. Warum er damals Europa den Rücken kehrte, scheint ziemlich klar zu sein. „Geraldo" - so lautete sein Vorname bald jenseits des Atlantiks - wollte dem alten Kontinent und dessen Wirren entkommen. Zur Erinnerung: In jenen Tagen hatte nach Preußens Kriegen gegen Österreich sowie Frankreich der Zigarrenraucher und Bündnis-Schmied Otto von Bismarck gerade das Deutsche Reich etabliert, rollte die zweite industrielle Revolution über Europa hinweg. Die Zeiten waren unsicher und blieben es. Der junge Dannemann, in der Handels-, Hafen- und Tabakstadt Bremen groß geworden, kannte sich im Tabakgeschäft aus, verstand etwas vom Zigarrenmachen.

Mit sicherem Instinkt erkor der Auswanderer Brasilien als künftiges Domizil, ließ sich dort im Staate Bahia nieder, wo der beste brasilianische Tabak wächst. „Geraldo" wollte einen neuen Anfang, eine wirkliche Aufgabe. In Brasilien, damals ein kaum berührtes Land mit vielen Möglichkeiten, fand er sie. Brasilien bildete eine Herausforderung - Dannemann nahm sie an. Der Überlieferung zufolge begann er bereits 1873 ein Tabakgeschäft in São Felix (Bahia) und stieg - unterstützt von Partnern - in den internationalen Handel ein.

Dieses São Felix war früher eine reiche Stadt, ebenso wie ihr Gegenüber Cachoeira. Zwischen beiden Orten fließt der schiffbare Paraguassu. Der Fluß sowie São Felix, beides von Cachoeira aus gesehen, finden sich im Dannemann-Logo wieder. Nach Aussage von Brasilien-Reisenden hat sich an dieser Ansicht bis auf den heutigen Tag kaum etwas geändert. Wer seinen Fuß auf Cachoeira setzt, betritt, nebenbei bemerkt, geschichtsträchtigen Boden: Für wenige Tage war dieser Ort die Regierungshauptstadt Brasiliens, bis der damalige Kaiser von Brasilien aus ihr vertrieben wurde. Das Kaisertum stürzte 1889. Geraldo Dannemann haben jene historischen Ereignisse offenbar wenig berührt, konnten weder Selbstvertrauen noch Optimismus des jungen Kaufmannes erschüttern. Dannemanns unternehmerisches Credo, später die Produktphilosophie der traditionsreichen Marke, lautete schon damals: „Sag ja zu unserer Welt, nutze die Gegebenheiten zu einer optimistischen Weiterentwicklung." Diese Absage an weinerliches Selbstmitleid, dieser Drang zum Positiven und das Vertrauen in die eigene Stärke - konnte und kann es eine bessere, zeitlosere Grundlage für erfolgreiches unternehmerisches Wirken geben? Dannemann jedenfalls verbuchte überragenden Erfolg.

Die guten Verbindungen des Bremers zu seiner Heimatstadt, damals wie heute Zentrum des Tabakimportes, machten nicht nur Geraldo Dannemanns Zigarren, sondern auch sein Bildnis in Deutschland populär. Denn sein Konterfei prangte bereits in jener Zeit als Markenzeichen auf der Innenseite der Zigarrenkisten. Im Jahr 1908 erhielt Dannemann auf einer Ausstellung in

Rio de Janeiro zusammen mit dem aus Westfalen stammenden und ebenfalls nach Brasilien ausgewanderten August Suerdieck den einzigen Preis, den Brasilianer je für Zigarren vergaben. Die handgerollten Suerdieck-Zigarren, ähnlich bekannt wie die Dannemann-Produkte, werden heute exklusiv in Deutschland von der Dannemann Cigarrenfabrik GmbH vertrieben. Über

Hans-Günther Hildl über die Marketing-Strategie des Hauses Dannemann:

„Dannemann Cigarren und Cigarillos sind ‚Markenartikel zum Genießen'. Durch sie soll der Genuß-Aspekt des Rauchens erlebbar gemacht werden. Diese Zielsetzung erfordert hohe Ansprüche an die Qualität der Rohstoffe, der Verarbeitung und der Konfektionierung. Sie bedingt eine Marketing-Strategie, die sich an höherpreisigen Marktsegmenten mit Wachstumschancen orientiert. Dannemann setzt deshalb auf Spezialitäten von hoher Qualität, deren Marktanteil bereits steigt. Daran hat das Unternehmen aus Lübbecke als Trendsetter erheblichen Anteil.

Sie macht neue Zielgruppen ansprechbar, die nur ‚junge' Cigarren und Cigarillos akzeptieren. Nur gleichbleibend hohe Qualität kann zum gewünschten Erfolg führen: den Genuß-Aspekt bewußt und damit Dannemann Cigarren und Cigarillos dauerhaft zu unverwechselbaren Markenartikeln zu machen.

Dafür wird viel getan: Eine eigene Rohstoffbeschaffungsbasis in Brasilien, die Firma Dancoin, ist nicht nur Aufkäufer von Tabak, sondern berät auch die Tabakbauern vom Anbau bis zur Ernte. Deren Fachkenntnis ist entscheidend für die gleichbleibend hohe Qualität. Denn die handverlesenen Deckblätter sind die wesentlichen Geschmacksträger aller Cigarren und Cigarillos. Und Dannemann verwendet nur echte Brasil- und Sumatra-Deckblätter.

Eingehende Qualitätskontrollen der Rohstoffe vor Ort und bei Ankunft im Tabaklager in Lübbecke sowie ein wirkungsvolles Qualitätssicherungssystem bei Verarbeitung und Konfektionierung sind seit langem eingerichtet.

Experten prüfen ständig die Zusammensetzung der Tabakmischungen und kontrollieren den Geschmack. Damit wird erreicht:

Dannemann Cigarren und Cigarillos haben überall auf der Welt nicht nur das gleiche Markenbild, sondern vermitteln Kennern auch den gleichen, hohen Rauch-Genuß. Die ‚Dannemann' ist zum modernen, zukunftsträchtigen Genußmittel mit internationaler Geltung geworden."

eines gibt es kaum Zwist in der Zigarrenwelt: Solchen deutschen Fachleuten wie Dannemann und Suerdieck verdankt die „Brasil" ihren fast schon legendären Ruf. Die einzigartige Qualität der Tabake und sorgfältigste Verarbeitung zeichnen sie aus. Daß die hochwertigen Zigarren und Zigarillos aus Sumatratabaken inzwischen ähnliche Reputation erlangten, spricht nur für die Branche.

Doch zurück zu Dannemann. Die Entwicklung verlief stürmisch: Bereits 1905 war die Marke in Großbritannien registriert, 1908 erfolgte die Gründung von Dannemann & Co. in Hamburg. Im Jahr 1922 fusionierte Dannemann mit einem großen Konkurrenten zur Companhia Brasileira de Charutos Dannemann (CBCD). Zu Beginn des Zweiten Weltkriegs war Dannemann rund um den Erdball vertreten, hatte den Sprung zur großen internationalen Marke geschafft. Während des Krieges konfiszierte Brasilien die CBCD. Nach 1945 wurde ein neues Kapitel in der wechselvollen Dannemann-Geschichte aufgeschlagen.

Die Dannemann-Lizenzen waren damals über die ganze Welt verstreut. Zwei Unternehmen sorgten dann für Ordnung, erwarben alle Rechte und erweckten die CBCD zu neuem Leben: die heutige Dannemann GmbH in der Bundesrepublik und das Unternehmen Burger Söhne AG (Burg) in der Schweiz. 1980 beschlossen Burger und Dannemann, ihre Kräfte für eine Stärkung der internationalen Marke zusammenzufassen. Sie gründeten mit jeweils 50 Prozent Beteiligung das Gemeinschaftsunternehmen Dannemann AG (Schweiz) als Zentrum für internationale Marketing-Aktivitäten - und Eigentümerin aller Dannemann-Markenrechte. Burger nutzt die Rechte in der Schweiz, Spanien, Andorra und im duty-free-Sektor, die Dannemann GmbH besitzt den übrigen, weltweiten Nutzungsanspruch. Genutzt wird die Marke nicht nur im Zigarren- und Zigarillobereich, sondern auch für Pfeifentabake, die der Brinkmann-Konzern in Lizenz produziert.

Der Vollständigkeit halber sei erwähnt, daß die Dannemann Cigarrenfabrik GmbH aus der 1863 in Lübbecke gegründeten Zigarrenfabrik Blase hervorgegangen ist. Blase war traditioneller Lizenznehmer der Marke Dannemann. Als das Unternehmen 1965 von den Melitta-Werken übernommen wurde, firmierte man 1980 vollgerichtlich in Dannemann um.

Die Melitta-Konzernleitung hatte schon Ende der 60er Jahre erkannt, daß die klassische Zigarre mit ihrem Opa-Image keine großen Zukunftschancen besaß. Mit viel Geduld, Zähigkeit und hohem Werbemitteleinsatz wurde deshalb eine andere, vielversprechende Produktgruppe forciert: Zigarillos. Sie bestreiten heute über 80 Prozent des gesamten Dannemann-Umsatzes, der 1986 knapp 56 Millionen Mark betrug. Das Lübbecker Unternehmen zählt fraglos zu den Zigarillo-Pionieren und verdankt seine führende Position auf diesem Gebiet vor allem einer konsequenten Markenpolitik, in deren Mittelpunkt natürlich der bärtige „Geraldo" steht. Die dabei im Marketing vollbrachte strategische Meisterleistung steht der persönlichen Pionierleistung Gerhard Dannemanns kaum nach. Das Bildnis eines konservativ gekleideten Mannes um die Jahrhundertwende, im Laufe von Jahrzehnten zum weltweit anerkannten Markenzeichen und Inbegriff für hochwertige Zigarren avanciert, wirbt heute mit großem Erfolg für ein modernes, vor allem junge Raucher ansprechendes Produkt. Gewiß, der Hang zur Nostalgie mag es den Lübbekkern erleichtert haben, einer zwar hoch angesehenen, gleichwohl eigentlich für antiquiertes (Zigarren-)Image stehenden Marke auch im Computerzeitalter unverändert Aktualität zu verleihen. Jener Nostalgie-Bonus schmälert jedoch keineswegs die Marketing-Verdienste der heutigen Dannemänner, die die im Firmenzeichen verkörperte große Tradition zeitgemäß umsetzen. Sie haben sich - mehr oder weniger bewußt - das Motto ihres Marken-Schöpfers zu eigen gemacht: „Sag ja zu unserer Welt, nutze die Gegebenheiten zu einer optimistischen Weiterentwicklung.“

UNTERM STRICH

Gerhard Dannemann

Firmenname	Dannemann Cigarrenfabrik GmbH
Firmensitz	Lübbecke
Branche	Genußmittel
Hauptprodukt/ Dienstleistung	Cigarren und Cigarillos
Eigentumsverhältnis	GmbH, zur Unternehmensgruppe Melitta gehörend
Gesellschafter/ Geschäftsführer	Hans-Günther Hildl
Gründer	August Blase, Gerhard Dannemann
Gründungsjahr	Blase: 1863, Dannemann: 1873
Mitarbeiter	361 (1986)
Niederlassungen	keine
Umsatz	56 Mio. DM (1986)
Zukunftsziel	Den Genuß feiner Cigarren und Cigarillos unter dem Markendach Dannemann international zu forcieren

Reemtsma
Der Mann, der Zigarettengeschichte schrieb

von Mark W. Rien

Reemtsma - Name einer Familie und zugleich Begriff für alle, die auf dieser Welt mit Tabak handeln oder in diesem Land zu den Liebhabern der Zigarette zählen. Reemtsma - ein Unternehmen, das nach seiner 75jährigen Geschichte für zahllose Menschen immer noch der Inbegriff dieses Produkts ist, obwohl es längst auch auf dem Biermarkt der Bundesrepublik eine führende Position innehat. Drei Reemtsmas waren es vor allem, die für diese Entwicklung standen. Aber nur einer von ihnen ermöglichte sie und prägte das Bild des Unternehmens: Philipp Fürchtegott Reemtsma.

Pewsum ist nicht leicht zu finden. Es liegt tief im Ostfriesischen versteckt, hat keine eigene Telefonvorwahlnummer, und das Verzeichnis der Postleitzahlen verweist auf Krummhörn. Pewsum wurde eingemeindet. Dabei hat sich die Einwohnerzahl, im Jahr 1900 auf 560 beziffert, seit der Jahrhundertwende fast vervierfacht. Und die Burg Pewsum, auf der einst die Manningas als Häuptlinge residierten, die Pewsum zu ihren Herrlichkeiten zählten, erinnert daran, daß dieser Flecken an der versandeten Meeresbucht schon um 1500 längst seine Bedeutung hatte.

Bis in jenes Jahr reichen die Urkunden der Reemtsma-Familie zurück, deren Namen heute überall in der Welt ein Begriff ist, wo es um Tabak geht. Jahrhundertelang blieben die Reemtsmas in Pewsum und seiner unmittelbaren Umgebung ansässig: als Bauern und Kirchenvorsteher, als Landpächter und - nach der großen Flut von 1717 - auch als Tagelöhner.

Der erste Reemtsma, der die engere Heimat verließ, war der Vater des Firmengründers. Er zog nach Amsterdam, heiratete eine Holländerin und kehrte mit ihr nach Kloster Sielmönken zurück, um als Bäckermeister, Landwirt, Zollpächter und Schankwirt seinen Lebensunterhalt zu verdienen. Eine Welteroberung, die rund 3.000 Meter vom heimatlichen Pewsum entfernt endete.

Ganz anders sein Sohn Johann Bernhard Reemtsma, der 1857 in Kloster Sielmönken zur Welt kam. Der nämlich zog nach der Lehre bei einem Kolonialwarenhändler in Emden nach Osterholz-Scharmbeck bei Bremen und entdeckte dort frühzeitig seine Liebe zum Tabak. Schon mit dreiundzwanzig Jahren wurde er Teilhaber einer Zigarrenfabrik und heiratete noch im gleichen Jahre die Schwester des ortsansässigen Konkurrenten, des Zigarrenfabrikanten Hermann Zülch.

Von Osterholz-Scharmbeck zog er mit seiner Frau und den inzwischen drei Kindern nach Blankenburg im Harz, wo er ein Zigarrengeschäft betrieb, und 1908 weiter nach Erfurt. Dort machte er endgültig ernst mit seiner Tabakleidenschaft. 1909 erwarb er eine Beteiligung an der Zigarettenfabrik DIXI. Ein Jahr später schon war er ihr Alleininhaber. Unter den rund tausend Zigarettenfabriken im damaligen Reich war DIXI zwar eine der kleinsten. Aber Bernhard Reemtsma hatte Söhne, die nicht weniger vom Tabak fasziniert waren als ihr Vater. Und so konnte es geschehen, daß 1910 zum Gründungsjahr eines Unternehmens wurde, das inzwischen sein 75jähriges Jubiläum feiern konnte.

Spätestens von diesem Zeitpunkt an gab es für die Reemtsmas - anders als noch für den Vater des Firmengründers - kein Zurück nach Pewsum mehr. Der Ursprung im Friesischen freilich behielt seine Bedeutung. Die Hausmarke der Reemtsmas - das Schwert des Freibauern, gekreuzt mit dem Kirchenstab des Kirchenvorstehers - hat heute noch ebenso ihre Gültigkeit wie im Jahre 1587, als sie der Brandglocke von Pewsum eingeprägt wurde. Und auch der Wikingersteven wurde nicht von ungefähr zum Zeichen ihres Unternehmens. Denn die Art, wie sie dachten und arbeiteten, wurde von ihnen stets als Ausdruck der die Friesen kennzeichnenden Unrast gedeutet, „die dieses kleine Volk auf die Meere trieb“. Die Bürger von Pewsum, unter denen immer noch dreizehn Familien - einschließlich derer des Bürgermeisters - den Namen Reemtsma tragen, revanchierten sich, indem sie eine ihrer Straßen nach dem Mann benannten, der aus der kleinen Zigarettenfabrik DIXI ein Unternehmen von Weltruf machte: nach Philipp Fürchtegott Reemtsma.

Schon die Art, wie Philipp Reemtsma sich in der Firma seines Vaters einführte, deutete auf einen Mann von ungewöhnlichem Zuschnitt hin. Nachdem der 1893 in Osterholz-Scharmbeck Geborene sein Abitur in Erfurt und eine kaufmännische Lehre in Hamburg absolviert hatte, wurde er unverzüglich zum Leiter der Indien-Abteilung seiner Ausbildungsfirma ernannt. Als Kriegsfreiwilliger kehrte er nach einer schweren Armverletzung 1915 nach Erfurt zurück - gerade rechtzeitig, um für seinen einberufenen älteren Bruder Hermann und den erkrankten Vater bei DIXI einzuspringen.

Da seit Kriegsbeginn jede Zigarettenfabrik nur ein bestimmtes Kontingent produzieren durfte, handelte der Branchenneuling rasch: Durch den Erwerb einer Reihe von Kontingenten kleinerer Hersteller weitete er die eigene Produktionsmöglichkeit beträchtlich aus. Auf eine Vergütung für seine Arbeit verzichtete er. Statt dessen ließ er sich im festen Glauben an die Zukunft des Unternehmens mit 50 Prozent an dem Reingewinn der Firma beteiligen, der das Ergebnis des bis dahin besten Geschäftsjahres überstieg.

Nach seiner Genesung ging Philipp Reemtsma Ende 1917 zur Luftwaffe, nachdem er zuvor - wie sein Bruder - Mitinhaber und persönlich haftender Gesellschafter in der zur offenen Handelsgesellschaft umgewandelten väterlichen Firma geworden war. Wenig später sah er im Erwerb der Zigarettenfabrik JOB in Straßburg eine neue Chance zur Erweiterung des Kontingents. Da sich der Vater wegen des hohen Preises sperrte, erwarb er JOB auf eigene Faust und mit vorwiegend geliehenem Geld. Zwar ging dieser Betrieb bei Kriegsende an Frankreich, aber seine Rechnung ging dennoch auf; das JOB-Kontingent blieb den Reemtsmas erhalten.

Als Philipp Reemtsma nach einem Flugzeugabsturz mit zerschmettertem Bein 1919 nach Erfurt zurückkehrte, wußte er, daß er über Jahre hinaus an Krücken gefesselt sein würde. Er wußte aber auch, daß er inzwischen zweierlei bewiesen hatte: Unternehmergeist und ein ausgeprägtes Gespür für ein Geschäft, das ihn nie mehr loslassen sollte: das Zigarettengeschäft.

Die Krücken, mit denen er nunmehr aufgrund seiner schweren Beinverletzung fürs erste leben mußte, hinderten Philipp Reemtsma nicht daran, den weiteren Aufbau des Unternehmens energisch voranzutreiben. Kennzeichnend für seine gesamte spätere Unternehmenspolitik ist, daß er dabei von der - heute zur Selbstverständlichkeit gewordenen, damals geradezu revolutionären - Idee ausging, daß die Zigarette, um wirklich erfolgreich zu sein, aus ihrer Anonymität befreit und zum echten Markenartikel entwickelt werden müsse.

Angesichts von mehr als zwanzigtausend beim Patentamt registrierten Warenzeichen der Tabakbranche hatte man sich bis dahin in der Zigarettenfabrik DIXI wie allen anderen kleinen Firmen mit der Verwendung sogenannter Freizeichen begnügt. Mit Namen also, für die große Unternehmen sich nicht rechtzeitig Warenzeichenschutz gesichert hatten. Nach der Umwandlung der DIXI GmbH in die Zigarettenfabrik DIXI, B. Reemtsma & Söhne im Juli 1917 wurde ein erster, zaghafter Schritt in eine neue Richtung unternommen, indem man den Familiennamen mit „Haus Reemtsma“ und „Reemtsmagold“ für Sortenbezeichnungen einsetzte.

1919 dann entwickelte Wilhelm Deffke, der wohl bedeutendste Gestalter von Warenzeichen und Handelsmarken in jenen Jahren, auf Veranlassung von Philipp Reemtsma das Emblem, das bis heute Warenzeichen des Hauses ist: den Wikingersteven. Damit war die Grundlage für das gefunden, was man heute „corporate design" nennt, und was im weiteren Verlauf konsequent weiterentwickelt wurde. Ab Anfang 1920 wurde das neue Warenzeichen überall an den Eisenbahnstrecken eingesetzt, und auch an den Schaufenstern der Fachgeschäfte klebte als Glasplakette der Wikingerbug. Auf diese Weise prägte sich das Zeichen tief ein, und die „Deffke-Ära" führte das Unternehmen aus der Anonymität heraus.

Aber obwohl der Umsatz im Jahr 1920 gegenüber dem Vorjahr verdoppelt werden konnte, war unverkennbar, daß das damalige Qualitätsniveau der Zigaretten dem hohen Anspruch dieser Werbung nicht entsprach. Man war noch nicht in der Lage, bei den nicht nur von Jahr zu Jahr und von Lage zu Lage, sondern oft sogar von Partie zu Partie wechselnden Tabakqualitäten ein gleichbleibendes Produkt zu gewährleisten.

In dieser Situation gelang es Philipp Reemtsma, den legendären Tabakfachmann David Schnur - Mitinhaber der Zigarettenfabrik Kar-Mitri AG in Berlin - gegen Gewinnbeteiligung für Tabakeinkauf und -mischungen des Hauses Reemtsma zu gewinnen. Die Verbindung dieser Männer war ein echter Gewinn für beide; denn Schnur seinerseits faszinierte, daß Reemtsma schon damals hochpreisige Zigaretten in Größenordnungen verkaufte, die er mit seinen Kar-Mitri-Spitzenfabrikaten deshalb nie erreichen konnte, weil ihm Markentechnik noch ein fremdes Phänomen war. Damit hatte Philipp Reemtsma die Qualitätsfrage gelöst. Aber in der Zeit der Diskrepanz zwischen werblichem Anspruch und Produktqualität war bei Händlern und Konsumenten viel Vertrauen verloren worden.

Und wieder wußte er genau den Mann zu finden und ans Haus zu binden, mit dem er für Abhilfe sorgen konnte: den Markentechniker Hans Domizlaff. Domizlaff, dessen Hauptaugenmerk zunächst der Vertrauensbildung galt, die von Packungen und Werbung ausgehen muß, blieb über lange Jahre verantwortlich für die Stilbildung des Hauses Reemtsma im Markenbereich. Das Element des Überdrucks, das tabakfachliche Element und das Warenzeichen Deffkes wurden und blieben bestimmend für den Stil des Hauses, für die maßgebenden Markenschöpfungen Domizlaffs und die Werbung. Markterfolge wie Gelbe Sorte, Senoussi, Erste Sorte, Ernte 23 und die R 6 ohne Mundstück brachten Domizlaff schon bald den Ruf des Großmeisters der Markenschöpfung ein.

Mit ihm und dem Tabakexperten David Schnur, der mit seinem einmaligen Know-how bei Rohtabakeinkauf und Mischungsverhältnissen die Unverwechselbarkeit und die gleichbleibende Qualität der einzelnen Marken sicherstellte, erfüllte Philipp Reemtsma eine entscheidende Voraussetzung für den Aufstieg der kleinen Zigarettenfabrik mit weitgehend anonymen Produkten zum bedeutendsten deutschen Hersteller von Markenzigaretten - den Aufstieg in einer Zeit der Inflation und der späteren Depression zumal, die für die große Mehrzahl der Zigarettenfabriken den unweigerlichen Abstieg bedeutete.

Neben der Entwicklung der Markentechnik und des Tabak-Know-hows galt das Augenmerk Philipp Reemtsmas insbesondere dem Ausbau der wirtschaftlichen Basis. Am Anfang dieser Arbeit stand im Herbst 1921 die Umwandlung der Firma B. Reemtsma & Söhne in die Reemtsma AG, der David Schnur und seine Mitgesellschafter bei der Kar-Mitri mit einem Drittel des Gründungskapitals beitraten.

Damit waren die Weichen für den Aufstieg Reemtsmas zum größten deutschen Zigarettenhersteller gestellt. Äußeres Zeichen dafür war der Umzug des Unternehmens von Erfurt in das geografisch günstiger gelegene Hamburg im Jahre 1923. Erste Konsequenzen waren der Zusammenschluß der Reemtsma AG mit der Kar-Mitri AG David Schnurs und der Erwerb der Manoli AG in Berlin im Jahr danach.

Die Folge war eine rasante Steigerung des Zigarettenabsatzes von durchschnittlich rund 30 Millionen Stück pro Monat im Jahr 1922 auf monatlich 75 Millionen Zigaretten 1924, die überdies fast ausschließlich zur höheren Preislage gehörten. Die Folge war aber auch, daß der Vater Bernhard Reemtsma offenbar spürte, daß dies nicht mehr sein Weg war. Er schied aus der aktiven Geschäftsführung aus, um 1924 - ein Jahr vor seinem Tode - seinen Aktienbesitz an die Söhne zu verkaufen. Dadurch wurde zugleich festgeschrieben, was sich bereits bewährt hatte und über weitere Jahrzehnte bewähren sollte: Während der Bruder Hermann für Fabrikation und Verwaltung zuständig war, behielt sich Philipp Reemtsma die Bereiche Finanzen und Organisation, Werbung, Markenschöpfung und Verkauf vor.

Ein Jahr später fand die erste Phase des Aufbaus ihren Abschluß durch den Zusammenschluß mit der legendären Jasmatzi AG, dem Erwerb der Zigarettenfabrik Yenidze und der Gründung einer schlagkräftigen Einkaufsorganisation. Bei alledem war die Triebfeder für Philipp Reemtsma nicht der damals verbreitete Gedanke einer Vertrustung nach amerikanischem Vorbild. Hinter seinen Schritten stand vielmehr eine ganz andere wirtschaftliche Konzeption. Die Kar-Mitri wurde um eines Mannes willen erworben, den Philipp Reemtsma aufgrund seines genialen „Tabakverstandes" für unverzichtbar hielt: David Schnur, dessen Doppelfunktion in beiden Unternehmen auf die Dauer unzumutbar war.

Im Erwerb der Mehrheit bei Manoli sah Philipp Reemtsma die Chance einer Reaktivierung der Manoli-Marken in Berlin, wo der strenge Markenstil Reemtsmas nur wenig Chancen hatte. Was schließlich Jasmatzi und Yenidze betrifft, so schien es ihm wegen der Labilität des Zigarettengeschäfts wünschenswert, verschiedene, in Stil und Preislage deutlich voneinander abweichende Marken am Markt zu halten, um das Gesamtgeschäft unabhängiger zu machen von Absatzschwankungen in den einzelnen Segmenten. Jasmatzi, zum Beispiel, stellte vorwiegend billigere Zigaretten her, Yenidze hatte eine starke Position im Markt der Mittelpreislage, und Reemtsmas Hauptabsatz lag in den höheren Preislagen. Die Steigerung der Wirtschaftlichkeit des Tabakeinkaufs schließlich war notwendig geworden, da es die großen Rohtabakhändler der Vorkriegszeit in Dresden, Hamburg und Bremen nicht mehr gab.

Jürgen Peddinghaus über 500 Jahre Rauchkultur:

„Heute, ein halbes Jahrtausend nachdem Europäer erstmals Tabakraucher zu Gesicht bekommen hatten, beherrscht in aller Welt die Zigarette das Feld der Rauchgenüsse. In ihr haben die Raucher des 20. Jahrhunderts offenbar die Form des Tabakgenießens gefunden, die dem Zeit-Erleben der Gegenwart am meisten entspricht. Für sie ist die „Zigarettenlänge“, was für den rauchenden Bürger des 19. Jahrhunderts die halbe Stunde war, die er benötigte, bis seine Zigarre geraucht war. Die „Zigarettenlänge“ als dem modernen Zeitgefühl angemessenste Form des Rauchens: das ist gewiß der entscheidende Grund dafür, daß die Zigarette unter allen Formen des Tabakgenusses so eindeutig an die Spitze rücken konnte.

Die Menschen rauchen, obwohl die Stimmen derer, die gegen den Tabak und seine Liebhaber polemisieren, seit den Zeiten des Kolumbus keineswegs leiser geworden sind - und beileibe nicht immer überzeugender.

Seit sich im Bereich der Genußmittel mit dem Beginn der sechziger Jahre die Tendenz zum „Weniger ist mehr“ abzeichnete, investierte die Zigarettenindustrie weltweit Milliardenbeträge in die konkret meßbare Reduzierung der Rauchinhaltsstoffe der Zigarette bei gleichzeitiger Erhaltung des Geschmacks. Der Erfolg: in den letzten 25 Jahren konnten die Nikotin- und Kondensat-Werte ihres Produkts ohne Geschmackseinbußen um durchschnittlich 50 Prozent gesenkt werden.“

Nachdem so in der ersten Entwicklungsphase gleichsam das Instrumentarium des Erfolgs geschaffen worden war, verwirklichte Philipp Reemtsma in einer zweiten Phase von 1926 bis 1928 die Möglichkeiten, die ihm dies Instrumentarium bot. Nach einer umfassenden Reorganisation aller Unternehmensteile und -bereiche und der Gründung der Jasconsa - der späteren Reemtsma-Frischdienst-Organisation - brach 1928 in der deutschen Zigarettenindustrie ein heftiger Preiskampf aus, den Philipp Reemtsma im wohlverstandenen Interesse seines Unternehmens - jedoch vergebens - zu verhindern gesucht hatte. Das Ende dieses Preiskampfes, in den die beiden Großen der Zigarettenindustrie - Reemtsma mit knapp 40 Prozent und Haus Neuerburg mit knapp 10 Prozent - Anfang 1929 mit einem gemeinsamen Sonderangebot eingriffen, brachte für die Zigarettenindustrie und den Tabakwarenhandel eine Phase der Erholung.

Für Philipp Reemtsma, dessen Unternehmen durch den Erwerb zahlreicher Zigarettenfabriken und Warenzeichen seine führende Position erheblich ausgebaut hatte, brachte es überdies erstmals die Gesamtverantwortung für das Schicksal einer ganzen Industrie. Nicht mehr das Problem, Reemtsma-Zigaretten zu verkaufen, stand von nun an für ihn im Vordergrund, sondern die Aufgabe, den Zigarettenmarkt vor Krisen zu bewahren oder solche Krisen zu meistern.

Gleichwohl wuchs auch sein Unternehmen weiter. Und als Haus Neuerburg durch die Absatzsteigerungen der von der SA protegierten Zigarettenfabrik Sturm und das Vordringen Brinkmanns unter Druck geriet und so - aufgrund eines Abkommens von 1930 - von Reemtsma übernommen werden mußte, verfügte Philipp Reemtsma mit seinem Haus über einen Marktanteil von bis zu 70 Prozent, bevor das Zigarettengeschäft ab 1933 einer wachsenden Zerrüttung verfiel.

Als nach dem Ende des Zweiten Weltkriegs auch die deutsche Zigarettenindustrie vor einem Neubeginn stand, hatte das Haus Reemtsma ein 35jähriges, überaus erfolgreiches Stück Unternehmensgeschichte hinter sich - und das in vieler Hinsicht. Die Reemtsma-Werke in Dresden, Berlin (Ost) und Danzig waren verloren, die Werke in den Westzonen weitgehend zerstört oder beschlagnahmt. Es kam zur Entflechtung von Reemtsma und Haus Neuerburg. Hinzu kam, daß die Tabakbestände nach Jahren der Abschottung von den Weltmärkten so gut wie abgebaut waren.

Die Einheitszigarette - mit Raucherkarte und viel Geduld als Sondermischung zu ergattern - ließ dem traditionsreichen Markenhersteller keine Chance, seine Erfahrungen einzubringen. Und wichtiger: Diese Erfahrungen waren kaum noch gefragt, denn eine ebenso illegale wie feste „Virginia-Währung" - eine Stange = 1.000 Reichsmark - auf dem schwarzen Markt hatte eine tiefgreifende Wandlung des Rauchergeschmacks eingeleitet. Hatte der Anteil der Orient-Zigaretten hierzulande vor dem Krieg noch 98 Prozent betragen, so kehrte sich das Verhältnis nunmehr radikal um. Die reichen Erfahrungen aber, die Reemtsma im Umgang mit Orienttabaken gesammelt hatte, ließen sich kaum für die amerikanischen Virginias und Burleys nutzen.

Eines freilich hatte sich nicht verändert: Philipp Reemtsmas Gespür für den Zigarettenmarkt und seine Entschlossenheit, diesen Markt zu erobern. Beurteilung und Bearbeitung der US-Tabake, Mischungsverhältnisse und Fabrikationsmethoden: Das alles ließ er „aus dem Stand" und unter Hochdruck erforschen und erproben, um den Anschluß an den gewandelten Markt zu sichern. Der Erfolg: Ende 1948, nur wenige Monate nach den ersten Tabaklieferungen der amerikanischen Militärregierung an die deutsche Industrie, konnten die Resultate dieser Arbeit präsentiert werden: die Collie als erste in Deutschland gefertigte „American Blend"-Zigarette, die eine Zeitlang die meistgerauchte Zigarette in diesem Land war, und ihre etwas teurere Schwester, die Fox.

Trotz dieser Erfolge versuchte Philipp Reemtsma 1949 - im Interesse der gewachsenen Handelsbeziehungen, aber auch im Hinblick auf mögliche Devisenprobleme beim ausschließlichen Virginia-Einkauf - noch einmal die Chancen des Orienttabaks zu testen. In rascher Folge brachte er deshalb die Orient-Marken Laferme, Mercedes, Salem und Abdullah auf den Markt. Obwohl der Markt für Orient-Zigaretten Anfang 1950 endgültig zusammenbrach und die eben herausgebrachten Marken zu Liebhaberspezialitäten wurden, war das verlorene Terrain noch vor Jahresende zurückerobert.

Und das nicht etwa mit einer „American Blend"-Marke, sondern mit einem neu entwickelten Zigarettentyp, der „German Blend", die durch einen höheren Orientanteil dem traditionellen Geschmack der deutschen Raucher in besonderer Weise entsprach und rasch ihre begeisterten Anhänger fand.

Die Konsequenz dieses mutigen Schritts: Philipp Reemtsma konnte mit seinem Unternehmen im Frühjahr 1952 die Grenze von einer Milliarde Zigaretten pro Monat überschreiten und damit den Marktanteil zurückgewinnen, den er auf dem Höhepunkt der „Orientgeschichte" des Hauses 1928 hatte verbuchen können.

Mitte der 50er Jahre dann begann in Deutschland der Vormarsch der Filterzigarette, die bis dahin nur ein Schattendasein als „Spezialität" geführt hatte. Und wieder hatte Philipp Reemtsma das richtige Gespür für die Bedürfnisse des Marktes. Durch jahrzehntelange Erfahrung mit der Herstellung geschmackfreier Zigaretten-Mundstücke gleichsam vorprogrammiert führte er bereits 1956 die Traditionsmarke Ernte 23 als Filterzigarette ein. Er trug damit entscheidend dazu bei, daß der Anteil der Filterzigaretten am Zigarettenmarkt in der Bundesrepublik von 5,4 Prozent im Jahr 1954 auf heute rund 92 Prozent ansteigen konnte.

Am 11. Dezember 1959 starb Philipp Reemtsma - in eben dem Jahr, das ihm zwei große Erfolge gebracht hatte. Gegen den Rat vieler Fachleute hatte er die Peter Stuyvesant eingeführt, die als „Der Duft der großen, weiten Welt" den Markt eroberte. Und in Berlin-Wilmersdorf wurde das neue Reemtsma-Werk in Betrieb genommen, das heute - nach seinem Ausbau im Jahr 1985 - die führende Produktionsstätte des Unternehmens ist.

Das Bild des Industriellen Philipp Reemtsma ist geprägt durch eine lange Kette von Erfolgen für Unternehmen und Branche. Wie aber sieht das Bild des Privatmannes Philipp Reemtsma aus? Seine fast schüchtern wirkende Zurückhaltung gab dem einen oder anderen Zeitgenossen Rätsel auf. „Manchmal denkt man", so der Journalist Ferdinand Fried anläßlich des 65. Geburtstages, „er verbirgt sich hinter seinen Brillengläsern, und mit seiner leichten Unbeholfenheit wirkt er eher wie ein präziser preußischer Beamter denn wie einer unserer größten Industriellen." Was er - „ein Werbegenie ersten Ranges" - in die Werbung seines Unternehmens hineingelegt habe, das scheine er von der Werbung für seine Person abgezogen zu haben.

Tatsache ist, daß Philipp Reemtsma es nicht liebte, auf Persönliches angesprochen zu werden, und daß ihn öffentliche Ehrungen sichtbar verlegen machten. Dabei ließ er es als bedeutender Mäzen keineswegs an Anlässen für solche Ehrungen fehlen. Museen, Universitäten, Wissenschaftlern und Künstlern, dem Roten Kreuz, der Max-Planck-Gesellschaft und vielen anderen Institutionen stellte er beträchtliche Summen zur Verfügung. Und das von ihm ins Leben gerufene Begabtenförderungswerk hat bis heute zahllosen jungen Menschen geholfen, ihr Studium zu finanzieren.

Kennzeichnend für Philipp Reemtsma ist nicht zuletzt, daß er schon sehr früh für umfassende soziale Einrichtungen in seinem Unternehmen sorgte. Eine großzügige Altersversorgung für alle Betriebsangehörigen, die Fünftagewoche, Erholungsheime für Kinder und ein hohes Lohnniveau waren längst eingeführt, als sie in der übrigen Wirtschaft noch keineswegs selbstverständlich waren. Und es war ganz und gar kein Zufall, daß zu diesen Einrichtungen eine Stiftung zur Unterstützung der Hinterbliebenen gefallener Mitarbeiter gehörte. Auch zwei seiner eigenen Söhne waren aus dem Krieg nicht heimgekehrt; der Drittälteste fiel der Kinderlähmung zum Opfer.

Sein jüngster Sohn war erst sieben Jahre alt, als Philipp Reemtsma 1959 - zwei Jahre vor seinem älteren Bruder - starb. Als Jan Philipp Reemtsma 21 Jahre später die Mehrheit der Anteile zufiel, war er längst entschlossen, seinen eigenen Weg zu gehen. 1980 trennte er sich deshalb von seinen Anteilen: Der jüngste Reemtsma verabschiedete sich von einem Unternehmen, dessen Name durch seinen Vater fast zum Synonym für das Wort „Zigarette" geworden war.

UNTERM STRICH

Johann Bernhard Reemtsma

Firmenname	Reemtsma Cigarettenfabriken GmbH
Firmensitz	Hamburg
Branche	Genußmittel
Hauptprodukt	Zigaretten, Bier
Eigentumsverhältnis	45% Tchibo Frisch-Röst-Kaffee AG, 8% Ingeborg Herz, 25,9% Hermann-Hinrich Reemtsma, Rest Streubesitz
Vorstandsvorsitzender	Jürgen Peddinghaus
Gründer	Johann Bernhard Reemtsma
Gründungsjahr	1910
Mitarbeiter	7.583 (1986, Inland)
Niederlassungen	-
Umsatz	5,9 Mrd. DM (1986, Inland)
Zukunftsziel	Ausbau des Auslandsgeschäftes

Davidoff
Zigarrenzar aus Genf
von Michael Freitag

Davidoff – den Namen kennen alle als unbestimmtes Femininum für ganz bestimmt maskuline Männer: Eine Davidoff. Sie zu rauchen gilt bei allen, die sie sich leisten – und genauso bei denen, die das nicht tun – als Höhepunkt des Genusses und der Extravaganz. Eine Davidoff ist viel mehr als eine Zigarre, sie ist Objekt der Begierde, sie ist Luxus pur. Keine betont das so sehr wie die berühmte „Nummer eins". Sie hat die Havana-Zigarre für junge, aufstrebende, dynamische Menschen attraktiv gemacht, sie war schon die Yuppie-Zigarre, als es das Wort noch nicht gab. Sie ist das Symbol des Genießers, der so erfolgreich ist, daß er sich ein bißchen Verschwendung leisten kann, sie hat das Kommerzienrats-Image der Zigarre meilenweit hinter sich gelassen.

Das erklärt wohl hinreichend, warum Männer wie Manfred Lahnstein, der ehemalige sozialdemokratische Bundesminister und heutige Topmanager bei Bertelsmann, und Michael Graeter, der Bild-Klatschkolumnist, nichts anderes rauchen. Nicht, daß die beiden Ähnlichkeit hätten, aber zwischen beiden Exponenten erstreckt sich die Zielgruppe dieser Zigarre, die mit vierzig Mark manchen so unverschämt teuer ist, daß sie spotten, man könne doch auch gleich zwei gerollte Zwanzigmarkscheine verbrennen. Das zu tun bleibt jedem unbenommen, aber Papier hat wohl kaum das betörende Aroma besten kubanischen Tabaks aus der Vuelta Abajo.

Davidoff - der Name bezeichnet nicht nur das edle Produkt, sondern ein seit Jahrzehnten eingeführtes Geschäft in bester Genfer Innenstadtlage und ein hochmodernes, in aller Welt aktives Unternehmen mit Zentrale in Basel. Zino Davidoff, der Patron, ist ein sympathischer, feiner Mann von einundachtzig Jahren, der nur dann nicht lächelt, wenn es mit der Publicity einmal zuviel wird. Er pflegt altmodische Unternehmertugenden: Noch immer steht er jeden Tag im Geschäft, wenn er nicht gerade irgendwo auf der Welt für seine Produkte wirbt. Und hat der Genuß einer guten Zigarre nicht, bei aller Modernität, etwas erfrischend Altmodisches? Im Namen Davidoff scheint sich noch dazu wie in einem Brennglas das Licht einer Welt zu bündeln, die wir längst untergegangen wissen. Geben wir es zu: Es funkelt und glitzert verführerisch, wenn wir an russische Groß- und Kleinfürsten, an die kleinen und großen Bälle des Adels denken. Von weither kommen die Schlitten gefahren, aus ihnen steigen in dicke Pelze gehüllte Gestalten. Sie verstehen es zu leben - und sie verstehen sich aufs Feiern. Ihre Konversation pflegen sie auf französisch, die Weine, die sie aus Kristallpokalen trinken, kommen vom Château Yquem: goldgelb, schwer, zu Kopfe steigend. Genauso in Geschmack und Wirkung, wenn auch etwas dunkler im Teint sind die Zigarren, zu denen die Herren sich zusammensetzen, wenn die Damen gegangen sind, die erlauchten Nasen zu pudern. Im blauen Dunst des Herrenzimmers kann man über Geschäfte, über das schwere Schicksal Väterchen Rußlands und über die Heiratschancen der allerliebsten Töchter schwadronieren - oder man kann sich bei einem Jeu-chen um Kopf und Kragen, um Hab und Gut spielen.

Was für Zigarren bevorzugen die Herren, hier wie in den Salons des Westens? Flauberts Romanheldin Emma Bovary, die von ihrer Mutter genau gelernt hatte, wie man die Männer in jeder Weise zufriedenstellt, konnte also auch die richtigen Zigarren einkaufen: Puros natürlich, Havanas, von der Trauminsel in der Karibik, wo so viele Europäer ihr Vermögen machten, indem sie anderen vermögenden Europäern Träume aus blauem Dunst verkauften.

Ironischerweise wird Zino Davidoff heute oft „Zigarrenzar" tituliert. Er, der soviel wie kein anderer Lebender dafür getan hat, daß auch heute wenigstens noch eine Ahnung vom Savoir-vivre, vom schönen und luxuriösen Leben überlebt. Er, der die Havana ins gepflegte bürgerliche Zimmer gebracht hat - ausgerechnet er hatte mit dem süßen Leben der schwerreichen russischen Aristokratie nie etwas zu tun.

Er wurde am 11. März 1906 in Kiew in kleinbürgerlichen Verhältnissen geboren. Sein Vater hatte einen Tabakladen. Das hieß damals, daß er Zigaretten und Zigarren, vor allem Papyrossi, selbst drehen mußte. Kautabak gab es hier natürlich auch zu kaufen. Wie das in bürgerlichen Kaufmannskreisen damals so war, neigte der Vater des kleinen Zino, Hillel Davidoff, dazu, sich unter seinesgleichen äußerst wohl zu fühlen. Man ging nicht ins Caféhaus, man kam zu Davidoff in den Tabakladen. „Man", das waren Männer die aus diversen Gründen schlecht auf das zaristische Rußland zu sprechen waren. Sie politisierten munter drauflos, während die Familie, der kleine Sohn eingeschlossen, Zigaretten drehte. Am beliebtesten waren schwere, süßliche türkische Tabaksorten. Aber auch griechische und bulgarische Provenienzen wurden verarbeitet, während die Männer redeten und die Ochrana, der Geheimdienst des Zaren, ein wachsames Auge auf den Davidoff-Laden hielt. Aber es waren dann schlußendlich 1911 nicht vorrangig politische Gründe, die Vater Davidoff zur Emigration bewogen. Ein Jude schwebte damals in Kiew immer in Lebensgefahr, ein Pogrom konnte schnell ausbrechen, ja Pogrome wurden als Mittel der Politik oft und gezielt angewendet.

Eine solche Lage ist eine schlechte Grundlage für den ruhigen Nachtschlaf. Also packte die Familie ihre Koffer und zog nach Genf. Zino war damals fünf Jahre alt. Er erlebte in den kommenden Jahren, daß auch in der neuen Heimat scheinbar alles so weiterging wie bisher. Der Vater, Henry nannte er sich jetzt, hatte wieder ein Tabakgeschäft. Wieder drehte die ganze Familie Zigaretten mit der Hand, wieder wurde Pfeifentabak aus großen Fässern zusammengemischt, und auch für Kau- und Schnupftabak gab es Nachfrage. Sogar Russen kamen. Die Legende der Firma besagt, daß einer der Kunden ein gewisser Uljanow war, der später als Lenin berühmt werden sollte. Er habe damals so überstürzt zur Revolution nach Sankt Petersburg fahren müssen, daß er keine Zeit mehr gefunden habe, seine Rechnung zu begleichen ...

Eine Revolution im Tabakhandel sollte später Zino bewerkstelligen. Aber vorher muß auf die kluge Standortwahl verwiesen werden, die der Vater getroffen hatte. Wir wissen nicht, ob er sie bewußt oder zufällig vornahm, sehr wahrscheinlich waren verwandtschaftliche Gründe maßgebend. Genf bot Entwicklungschancen, die einmalig waren. In der Stadt, die Sitz des Völkerbundes und vieler internationaler Organisationen werden sollte, flanierten Herrschaften, die aus allen Ländern der Welt locker sitzende, prallgefüllte Brieftaschen mitbrachten. Die Verbindungen nach Frankreich waren und sind traditionell eng, Engländer tauchten hier, im Schatten der Dreitausender, schon frühzeitig auf. Viele Amerikaner wurden nach dem Ersten Weltkrieg von dem neutralen Finanzplatz angezogen. Viel besser konnten die Startchancen eines Geschäftes für teure Qualitätsprodukte also nicht sein.

Davon war der Laden aber noch weit entfernt, als der junge Zino Mitte der zwanziger Jahre mit einem Smoking, wenig Geld, vielen guten Wünschen und einigen Empfehlungsbriefen in der Tasche nach Südamerika geschickt wurde, damit er alles über den Tabak, seinen Anbau und den Handel lerne. Zuerst trat er in ein Import/Export-Kontor in Argentinien ein, danach ging er nach Brasilien. Hier, auf einer Plantage, machte er die Entdeckung seines Lebens: „Von Brasilien aus brach ich nach Kuba auf, auf den Rat hin, den ein alter Pflanzer mir gegeben hatte. Er sagte zu mir, wenn ich den Tabak liebte, würde ich dort mein Glück machen. Er hat mich nicht belogen, er, von dem ich meine erste Havana erhielt, die ich unter freiem Himmel rauchte. Nie zuvor hatte ich etwas ähnliches geschmeckt. Ich wurde gewissermaßen von einer wilden Liebe zu dieser Rolle von Tabakblättern ergriffen. Ich lernte dann, wie man mit ihr umgehen muß. Dabei halfen mir meine kubanischen Freunde, die sofort von meiner Leidenschaft entzückt waren." So erinnerte er sich in seinem Buch: Histoire du Havane. In Havana lernte er, daß die edelste, vollmundigste, „nahrhafteste" Zigarre, wie er gern formuliert, das schwül-feuchte Inselklima braucht. Wenn sie überall in der Welt so gut schmecken sollte, mußte man ihr ähnliche Bedingungen schaffen.

Nach Genf kehrte er 1931 zurück, er hatte ausgelernt. Es war jetzt für ihn an der Zeit, zu heiraten und bald das Geschäft des Vaters zu übernehmen. Im Keller richtete er einen Klimaraum ein, den Urvater jener Klimaschränke und Humidore, auf die heute kein besseres Geschäft und Restaurant verzichten kann. Bei konstant fünfundsiebzig Prozent Luftfeuchtigkeit und achtzehn Grad Celsius lagerte er seine kostbaren Havanas. Die Investitionsentscheidung war für einen Einzelhändler in jenen Jahren unmittelbar nach dem großen Börsenkrach nicht leicht. Seinen Kunden saß das Geld nicht mehr so lokker, und so zahlte sich das Risiko kurzfristig auch nicht aus. 1986 erzählte er in einem Interview des „Frankfurter Allgemeine Magazin", daß er sich in manchen Jahren seine eigenen Zigarren nicht leisten konnte.

Sein Glück begann dann paradoxerweise mit dem Ausbruch des Zweiten Weltkriegs. Die französische Tabakmonopolverwaltung S. E. I. T. A. wollte eine große Sendung Havanas vor den Deutschen in Sicherheit bringen. Der Abnehmer war Davidoff. Er mußte dafür seinen Kredit aufs äußerste anspannen, aber die letzten Zigarren aus Kuba für den Kontinent während des Krieges waren Gold wert.

Wieder bewährte sich der Standort Genf. Hier gab es immer noch ein internationales Publikum. Das strömte erst recht nach dem Krieg in die landschaftlich und steuerlich prächtige Gegend. Und da einige Berühmtheiten schon von Davidoffs Zigarren geschwärmt hatten, wollten andere nicht zurückstehen. So wurden Fürst Rainier von Monaco, König Faruk von Ägypten, sämtliche Rothschilds, Frankreichs Präsidenten, Generäle und Minister, die Reeder Onassis und Niarchos, die Kennedys, die Schauspieler Orson Welles und Roger Moore, die Musiker Arthur Rubinstein und Isaac Stern - eine kleine Auswahl - seine Kunden. Mehr noch, die meisten von ihnen wurden seine Freunde. Sie brauchten das nicht als Herablassung zu empfinden. Er war mehr als ein normaler Kaufmann - er bezauberte als polyglotter Mann von Welt mit seinem Charme und seinem Esprit. Er mochte die Frauen (gerade weil er glücklich verheiratet war), und sie mochten ihn. Man sah bei ihm Melina Mercouri, Brigitte Bardot, Marlene Dietrich, Greta Garbo und Lauren Bacall, die wunderschöne Frau des unvergessenen Humphrey Bogart.

Die beiden berühmtesten Zigarrenraucher in der Welt der Politik, Winston Churchill und Ludwig Erhard, waren keine Davidoff-Kunden. Trotzdem versorgte er sie mit Zigarren. Churchill, der vor seinem vielbändigen Bestseller über den Zweiten Weltkrieg kein wohlhabender Mann gewesen war, erhielt viele Doppelcoronas geschenkt. Seine Freunde hatten sie meist bei Davidoff gekauft. Erhards schwarze Suerdieck Brasil sandte Zino regelmäßig in den Elysée-Palast nach Paris, wenn der deutsche Minister und spätere Kanzler dort angesagt war.

1946 hatte Zino eine seiner wichtigsten Ideen: Er nannte seine neue Serie von fünf Zigarren unterschiedlicher Formate nach den fünf berühmtesten Bordeaux-Weingütern: Die kleinste war und ist die Château Haut Brion, und dann geht es über Lafite-Rothschild, Margaux, Latour bis zur Château Mouton-Rothschild, einer großen Zigarre im Lonsdale-Format. „Seine" Zigarren, das hieß, anders als heute, daß er als Händler bei den Exporteuren in Kuba fertige Zigarren aus ganz genau beschriebenen Tabakmischungen orderte. Der wichtigste Lieferant war die Firma „José Gener - Hoyo de Monterrey". Davidoff hatte ausgewählt, „selectionné" - nicht mehr, nicht weniger. Das stand auch auf den raffiniert schlichten Naturholzkisten, auf die Davidoff Wert legte.

Diese Art der Belieferung war kein Problem bis zur kubanischen Revolution 1959. Aus war es mit dem Privateigentum an Tabakplantagen und Zigarrenmanufakturen. Auf Kuba, der Perle der Karibik, hatten viele Reiche, die die Bahamas als zweitrangiges Ziel betrachteten, ihre Geliebten und ihre Sommerresidenz - und manch ein Connaisseur, wie Arthur Rubinstein, hatte seine eigene Plantage. Fidel Castro beendete all das und gründete die „Cubatabaco", eine staatliche Einheitsfirma für Produktion und Handel. Traditionsreiche Marken verließen mit ihren Eigentümern Kuba, beispielsweise „Bock" und „Henry Clay", die der Kommunist Bert Brecht so geliebt hatte. „Cubatabaco" verfolgte in den Anfangsjahren die abenteuerliche Idee einer „Volkszigarre". Ohne auf den Markt zu achten, wollte Castro die Zigarrenherstellung „rationalisieren". Als ob bei Zigarren die Ratio eine Rolle spielte ...

Punch, Hoyo de Monterrey, Romeo y Julieta, Partagas, Montecristo, Bolivar, El Rey del Mundo, Sancho Pansa: Alle diese traditionsreichen Namen und Marken sollte es nicht mehr geben. Die Handarbeit wollte man abschaffen, Maschinen sollten die Fertigung übernehmen. Jeder Raucher weiß, was das für einen Qualitätsverlust zur Folge gehabt hätte. All das wurde geplant, als der amerikanische Markt durch das Embargo der Präsidenten Eisenhower und Kennedy - es gilt bis heute - verlorengegangen war. Kuba war also gerade auf die europäischen Märkte angewiesen - und auf gute Berater, die den Unsinn beendeten. Davidoff war der wichtigste von ihnen. Von der Volkszigarre künden heute nur noch billige Sorten wie Caney und Quintero.

1967 wurde dagegen die neue kubanische Marke „Davidoff" aus der Taufe gehoben. Ihr Signum: beste Qualität, sonst nichts. Zino hatte so viel für den Ruf der Havana getan, und er verkaufte sie in großen Mengen. Er schreibt: „Die kubanischen Spezialisten der Havana kamen zu mir nach Genf und schlugen mir vor, nur für mich, unter meinem Namen eine Marke zu schaffen. Dafür sollten nur die feinsten und raffiniertesten Tabakmischungen verwendet werden. Sie boten mir ein seltenes Privileg. Bei aller Bescheidenheit war ich doch sehr gerührt. Ich akzeptierte - wie ich hoffe, ohne zuviel Stolz zu zeigen. In mir spürte ich ein merkwürdiges Gefühl, verborgen, aber stark, ruhig, aber fremdartig, das bizarrerweise wie ein Bruder dem ähnelte, das ich in meiner Jugend empfand, als ich das erste Mal eine Havana rauchte."

Zum Angebot gehörte, daß Zino das Produkt bestimmen kann. Aus Gründen der Qualität und Liefersicherheit bestand und besteht er darauf, daß immer Tabake aus drei Ernten gemischt verwendet werden. Nur so, argumentiert er, könne man es sich leisten, auf mittelmäßige Qualitäten zu verzichten. Das müsse man, wenn man den eigenen Ruf wahren wolle. Der strikte Qualitätsanspruch mag zu Anfang für die Partner aus der Karibik schwer zu begreifen gewesen sein - heute ist das kein Problem mehr. Zino hatte sie überzeugt. Zuerst durch seine geschäftlichen Erfolge und dann vielleicht mehr noch durch seine überragende Kennerschaft bei allem, was die Havana-Zigarre angeht. Seine Kenntnisse sind ebenso „extraordinaire" wie sein Geschmack. Für die Herstellung der Davidoff-Zigarren stellten die Kubaner eine Fabrik in der prächtigen, stuckverzierten Villa des ehemaligen Bürgermeisters von Havana zur Verfügung.

Damit die neue Marke ein Erfolg werden konnte, mußte sie überall zu kaufen sein. Für ein eigenes Markensortiment war der Laden in Genf zu klein, so erfolgreich er auch sein mochte. Ein paar Zahlen: Das Ladenlokal an der Ecke Rue de Rive/Rue de la Fontaine ist 90 Quadratmeter groß, es verfügt über eine Lagerfläche von 46 und einen Klimakeller von 30 Quadratmetern. Auf dieser winzigen Fläche wird nach unwidersprochenen Schätzungen - genaue Angaben werden geheimgehalten - ein Umsatz zwischen 17 und 20 Millionen Franken gemacht, und zwar ausschließlich mit Tabakwaren und Accessoires. So außergewöhnlich diese Zahl sein mag - verglichen mit den 350 Millionen Franken, der Oettinger-Gruppe in Basel, von der der Name Davidoff international vermarktet wird, ist sie winzig.

Und damit sind wir bei dem Mann angelangt, der hinter der Marke Davidoff und damit gewissermaßen im Windschatten des Publicity-Genies Zino Davidoff steht: Dr. Ernst Schneider. Seine Firma Imex-Oettinger ist seit 1875 im Tabak-Großhandel aktiv, sie zählt zu den bedeutendsten Importeuren in der Schweiz. Die Firma hat in den vergangenen anderthalb Jahrzehnten ein stürmisches Wachstum bewältigt. Das lag nicht zuletzt an dem Engagement mit Davidoff, das im Jahr 1970 unter Dach und Fach gebracht wurde. Zino wollte damals sein Geschäft verkaufen. Er war vierundsechzig und hatte keinen Nachfolger, denn seine Tochter hatte einen erfolgreichen Arzt geheiratet. Schneider witterte die Chance. Der Kaufpreis war exorbitant, aber angemessen. Man munkelt von zehn Millionen Franken. Schneider wußte, wie man eine Marke „macht" - und er wußte, mit Zino zusammen geht das besser. Also überließ er ihm ein Drittel der neu gegründeten Firma Davidoff International. Er ließ ein Markenimage entwerfen, das beim Schriftzug anfängt und bei der legendären weißen Zigarren-Bauchbinde noch lange nicht aufhört.

Zino Davidoff über Luxus:

Für eine Zigarre muß man sich mindestens eine Stunde Ruhe verschaffen oder eine Stunde, bei der man nur Musik hört oder nur gute Konversation macht. Sonst schmeckt eine Havana nicht so, wie sie schmekken kann. Mit dem, was ich jetzt gerade mache, diesem schnellen, nervösen Zigaretten-Rauchen - dafür sind meine eigenen Zigaretten viel zu schade -, hat das nichts zu tun. Wer den ganzen Tag raucht, hat kein Pläsier. Das hat nur der, der wenig raucht. Die Davidoff-Cigarette ist für Genießer. Man kann nicht viele davon rauchen, nur fünf oder sechs pro Tag, weil sie dicker, fester und viel nahrhafter sind als ordinäre Zigaretten. Viel teurer sind sie natürlich auch, aber sie zu rauchen verschafft eine sinnliche Lust.

Luxus ist etwas sehr Subjektives. Ich war kürzlich von einigen sehr netten Menschen zum Essen eingeladen worden. Als ich gefragt wurde, was ich gerne essen würde, sagte ich: Hering mit Kartoffelsalat. Das hat Verwunderung ausgelöst. Für viele ist Kaviar Luxus, ich mag ihn auch, wenn es nicht anders geht, aber Hering ist mir lieber. Viele sind verrückt auf Champagner, ich mag Rotwein lieber. Ich habe kein Auto. Meine Frau allerdings, die hat einen Wagen. Einen Opel, keinen Rolls-Royce. Manche können das nicht verstehen, aber der Wagen hat vier Räder, und meine Frau kann mich damit fahren, wohin ich will. Ein Schloß habe ich auch nicht, weil mir eine Wohnung besser gefällt. Ein Schloß macht so viel Arbeit, und man muß viele Angestellte haben. Das mag ich nicht.

Manch einer kommt in mein Geschäft und sagt: „Geben Sie mir die beste Zigarre, die Sie haben." Ich bin dann ratlos. Welche ist die beste Zigarre? Die zu dreißig Franken, die ihm vielleicht nicht schmeckt? Es ist nur eine Frage des Geschmacks. Mir sind meistens die Zigarren für vier oder fünf Franken lieber. Der Arbeiter, der jeden Tag bei mir eine billige Zigarre, am Samstag jedoch eine für zwei oder drei Franken kauft, weil er sich am Wochenende mit einer guten Zigarre verwöhnen will, der ist ein Kenner, ein Luxusmensch. Er versteht auch, warum manche Zigarren zehn oder fünfzehn Franken kosten müssen. Solche Zigarren kann er sich nicht leisten, aber er kauft sich etwas Extravagantes - nach seinen Maßstäben.

Gleichzeitig konzipierte Schneider die Vertriebspolitik, das Herzstück der Unternehmensstrategie. Ihr Ziel besteht darin, höchste Qualität des Produktes vom Lager bis zum Verbraucher zu garantieren. Dreizehn Pilot-Geschäfte - das Genfer Stammhaus einmal beiseite gelassen - präsentieren das Sortiment beispielhaft. Sie befinden sich in London, Paris, Amsterdam, Brüssel, Toronto, Montreal, Singapur, Kuala Lumpur, Djakarta, Frankfurt, Berlin und Hongkong, wo gleich zwei dieser Geschäfte, in Kowloon und in den New Territories, eingerichtet wurden. Die Belieferung der übrigen Einzelhändler, Depositäre genannt, erfolgt weltweit über zweiundzwanzig Agenten. Der deutsche Agent ist die Firma Gebrüder Heinemann in Hamburg. Aber die Agenten beliefern nicht nur, sie schulen auch das Personal der „Depots“, sie sorgen für die fachgerechte Ausstattung der Lager- und Verkaufsräume, sie verteilen das Material für Werbung und Verkaufsförderung, das in enger Absprache mit Davidoff International hergestellt wird. Alle Verkäufer sollen das „Ritual“ des Zigarrenrauchens beherrschen, und sie sollen den Kunden vermitteln, daß Sorgfalt zur Behandlung einer guten Zigarre gehört. Ein bißchen Schau kann dabei nicht schaden, denn man weiß natürlich, daß die Entscheidung für teure Havanas in starkem Maße von emotional bestimmten Faktoren wie Status und Prestige abhängt.

Das zweite Standbein des Vertriebs ist die gehobene Gastronomie. Auch Restaurateure sind Depositäre. Sie verfügen mindestens über das Grundsortiment „Davidoff Grande Réserve“: fünf Sorten Zigarren in verschiedenen Formaten, einschließlich der kleinen Damenzigarre „Ambassadrice“, die aufbewahrt und präsentiert werden im Mahagoni-Humidor. Ehrgeizige Restaurants mit entsprechender Kundschaft können natürlich auch das komplette Davidoff-Sortiment von fünfzehn Havana-Sorten führen. Durch regelmäßige Besuche bei den Depots gewährleisten die Agenten die richtige Behandlung der Zigarren auf Dauer. Dieses Vertriebssystem gilt international. Dabei müssen drei Einschränkungen gemacht werden: Es kann in den Ländern nicht praktiziert werden, zum Beispiel in Spanien oder Frankreich, wo es ein staatliches Tabakmonopol gibt. Dort erfolgt die Belieferung der Detailhändler über den Apparat des Monopols. Zweitens ist dieser Aufwand nur bei Havanas rentierlich. Das Nebensortiment unter dem Namen „Zino“, Zigarren aus Hondura-Tabaken, wird aber in seinem Image indirekt angehoben.

Drittens ist für die Havana der interessante US-Markt versperrt. Hier geht die Firma neue Wege. Wein und Zigarren werden gewissermaßen zu einem „Savoir-vivre-Paket“ zusammengeschnürt. Zusammen mit „La Baronnie“, der Handelsfirma der Mouton-Rothschilds in Pauillac bei Bordeaux, wird die Marke „Mouton-Cadet“ an den Mann und die Frau gebracht. Der Name steht zuerst für den Markenwein der Besitzer des berühmtesten Weingutes der Welt und gleichzeitig für eine neue Serie von Zigarren aus Honduras-Tabaken. Bei der Markteinführung 1985/86 bewährte sich wieder das große Talent Zino Davidoffs: Zusammen mit Philippine de Rothschild, der Tochter des legendären Charmeurs Philippe de Rothschild, die heute die Geschäfte von La Baronnie leitet, brachte er den Amerikanern in ungezählten Fernsehshows und Promotion-Parties bei, daß ohne gute Zigarren und guten Wein das Leben nur halb so fein ist. Beide Firmen profitieren von der Zusammenarbeit: Der Wein und die Zigarren haben eingeschlagen.

Kooperation ist das Geheimnis des Davidoff-Erfolgs. Die Zusammenarbeit mit den Wein-Châteaus etablierte den Namen und das Produkt in der Spitzengastronomie als ein Muß für den anspruchsvollen Genießer. Die Kooperation mit der Champagnerfirma Moët/Hennessy führte zur Doppelcorona „Dom Pérignon". Eine sehr große, sehr teure Zigarre, die sich nach Zinos Beobachtungen kleine reiche Männer besonders gerne leisten. Für die, denen sie noch nicht reicht, gibt es seit dem 11. März 1986, dem 80. Geburtstag Zinos, die „Anniversario 80", ein Superformat, das in Deutschland hundert Mark und in der Schweiz immerhin noch vierzig Franken kostet. Es ist die erste Zigarre des Hauses Davidoff, die ohne Zinos Zutun, aber speziell für ihn entwickelt wurde. Der Geehrte findet sie „extraordinaire".

Über den Umsatz von Davidoff International wird nicht gerne geredet. Oettinger ist in vierzehn Profitcenter unterteilt, die zusammen im Jahr 1985 mit 350 Mitarbeitern gut 350 Millionen Franken umsetzten. Der Davidoff-Anteil daran betrug im Jahre 1986 rund 180 Millionen Franken. Deutschland ist für die Firma, wie es Raymond Scheurer, der zuständige Geschäftsführer, wohlwollend formuliert, ein Markt mit „großem Entwicklungspotential". Weniger freundlich ausgedrückt heißt das, daß die deutschen Raucher die Havana noch nicht recht entdeckt haben. Während in Spanien pro Jahr vierzig Millionen Stück verkauft werden, in England zehn Millionen, in Frankreich acht und in der Schweiz fünf, reichen die deutschen Händler nur eine Million Havanas über den Ladentisch. Und das sei schon viel, sagt Scheurer: Als seine Firma 1970 angefangen habe, den Markt zu bearbeiten, sei man bei Null gestartet. Dementsprechend hoch sei heute der Marktanteil. Aber darauf schaue man nicht in einem Land mit prohibitiv hohen Zöllen und Steuern, es gehe vielmehr zunächst darum, bei den deutschen Rauchern ein Faible für gute Zigarren zu erzeugen.

In Basel scheut man davor zurück, dem Beispiel Dunhills zu folgen und das Feld des Tabakhandels weitgehend zu verlassen. Zino sagt, warum man es überhaupt machte: „Krawatten, Uhren und Parfum wollten wir ursprünglich gar nicht herstellen, aber der Markt zwingt uns dazu. In Spanien wurde angeblicher Davidoff-Wein gefunden, in Frankreich Konfekt, in Südostasien Trikots und Pullover. Um meinen Namen zu schützen, haben wir allein 1,2 Millionen Franken für Anwälte ausgeben müssen. Sie können aber nur dann anderen den Gebrauch des Namens untersagen, wenn Sie selber am Markt sind. Also mußten wir produzieren, obwohl wir am liebsten nur mit Tabak handeln würden. Wir sind Tabakfachleute. Aber wir müssen im Moment zwölf Prozesse gegen Markenpiraten führen."

Mit Lizenzen ist man sehr zurückhaltend. Das beste Beispiel dafür ist die Reemtsma-Cigarette-Davidoff. Es dauerte Jahre, bis die Verträge unter Dach und Fach waren. Das Produkt wurde gemeinsam entwickelt, sämtliche PR-, Werbe- und Verkaufsförderungsaktivitäten werden in Abstimmung mit der Baseler Zentrale durchgeführt. Lancaster, die Wiesbadener Tochter des britischen Pharma-Konzerns Beecham, ist der zweite Partner. Die erste „Davidoff"-Parfum-Serie läuft fast von allein, die zweite Serie „Zino" scheint wegen einer imagefremden Werbekampagne nicht so erfolgreich zu werden. Die kleine Serie von hochpreisigen Omega-Uhren in modernem Design unter dem Davidoff-Label ist hingegen ein gutes Beispiel dafür, wie man einen exklusiven Namen dank kluger Zurückhaltung exklusiv hält und eben nicht in kleiner Münze verschleudert. In den Markt der Lederkollektionen will man nicht hinein, obwohl es gute Chancen gäbe. Davidoff setzt stattdessen in einigen Märkten auf eine enge Vertriebskooperation mit Louis Vuitton, wozu eine Joint Venture gegründet wurde. Beide Namen treten miteinander, nicht gegeneinander an.

Zino Davidoff steht für alle Aktivitäten als Berater zur Verfügung. Ohne Arbeit kann der Einundachtzigjährige sich sein Leben nicht vorstellen, „zwanzig Jahre müssen Sie mindestens mit mir noch rechnen". Er raucht vielzuviel, wie er meint. Meist die Cigarette-Davidoff. Sein Rat an die Raucher lautet: „Rauchen Sie weniger, aber besser!"

UNTERM STRICH

Zino Davidoff

Firmenname	Davidoff & Cie / Davidoff Extension / Zino Davidoff SA
Firmensitz	Genève resp. Zug/Schweiz
Branche	Tabak
Hauptprodukt/ Dienstleistung	exklusive Tabakwaren und Raucherbedarfsartikel, Herrenkosmetik, Uhren, Krawatten
Eigentumsverhältnis	Zino Davidoff / Oettinger Imex AG / Säuberli Import AG
Gesellschafter/ Geschäftsführer	Dr. Ernst Schneider
Gründer	Zino Davidoff
Gründungsjahr	1940
Mitarbeiter	40 (inkl. Davidoff International)
Niederlassungen	3 (Inland), 20 (Ausland)
Umsatz	180 Mio. SFR (1986)
Zukunftsziel	Nummer eins im Tabakwarenbereich bleiben und die Marke weltweit gegen Markenpiraten verteidigen.

Doornkaat
Der Kühle aus Norden
von Jochen v. Osterroth

„Die Gratulation zum 175jährigen Jubiläum eines bedeutenden Unternehmens wird für den Bundeswirtschaftsminister zu einem noch erfreulicheren Anlaß, weil eben diese Firma von ihrer Gründung bis zum heutigen Tag im Besitz derselben Familie geblieben ist und mit ihrer Geschichte auch beweist, daß es eben nicht immer nur die anonymen Konzerne sind, die das Gesicht unserer Wirtschaft bestimmen.“ So begann das Grußwort, das 1981 der damalige Wirtschaftsminister, Otto Graf Lambsdorff, an die Doornkaat AG richtete.

Und zum gleichen Anlaß schrieb der niedersächsische Ministerpräsident Ernst Albrecht: „Das Unternehmen mit weltweitem Ruf ist für die Stadt Norden und ganz Ostfriesland ein bedeutender Wirtschaftsfaktor. Auch für die Landwirtschaft ist die Firma als Weizenabnehmer ein wichtiger Partner.“ Die Leistung des Firmengründers würdigte der Vorsitzende des Markenverbandes e. V., Karl Mück: „Mit seiner Devise, ‚immer das Beste geben, aber auch fordern‘ war der Firmengründer, Jan ten Doornkaat Koolman, im Jahre 1806 zum Markenartikelhersteller prädestiniert". Den Mut Jans, trotz der napoleonischen Wirren unternehmerische Initiative zu zeigen, bewunderte die niedersächsische Wirtschaftsministerin, Frau Birgit Breuel, und Dr. Arend Oetker attestierte dem Ahn dieser Kornbrenner-Dynastie: „Er brachte ‚nur' das mit, was wir heute ‚Know-how' nennen."

Ja, dieses ‚Know-how' besaß Jan (I.) ten Doornkaat Koolman, geboren am 12. 8. 1773 in Midwolda, Holland, wirklich. Sein Vater Fiepko Olferts Koolman und seine Mutter Annegien - die älteste Tochter des Kaufmannes und Buchweizenmüllers Jan ten Doornkaat - mußten nach zwei großen Viehseuchen 1784 ihre landwirtschaftliche Pacht aufgeben.

In Pekela (heute Oude Pekela) begannen sie als Branntwein-Brenner eine neue Existenz. Zunächst ganz bescheiden. Ein großer Kupferkessel war so ziemlich alles, was die Familie mit den vielen Kindern - bis 1794 ein volles Dutzend - aus Midwolda gerettet hatte. Er diente zunächst zum Brennen.

Da der holländische Genever mit seinen aparten Gewürzen ein beliebtes Getränk war und sich auch im benachbarten Ostfriesland gut absetzen ließ, brachte es Fiepko bald wieder zu einem gewissen Wohlstand. Der Mennonit und Demokrat Fiepko Olferts Koolman geriet als Führer der Patriotischen Partei seines Landes ständig mit den Oraniern auf politischen Kollisionskurs und kam schließlich in Den Haag hinter Schloß und Riegel. Die gut florierende Genever-Produktion der Koolmans erlebte ein Tief. Den erheblichen Besitzverlusten folgte ein familiärer Schock: Annegien starb.

„Regt door Zee" (geradeaus durch die See) - dieses Leitmotiv für Zielstrebigkeit hatte sie ihren Söhnen mit auf den Weg gegeben. Derk und Hendrik Koolman gingen zur See, und die gab sie nicht mehr zurück. Uko, der Jüngste, ließ sich in Ostfriesland nieder. Dorthin wanderten auch seine Brüder Scholto, Jacob, Selbo und Jan aus. Alle brachten nur einen Besitz mit: Sie verstanden sich gar vorzüglich auf die Kunst des Brennens. In dieser fehlte den Ostfriesen noch das gewisse Etwas.

1806 trat Jan ten Doornkaat Koolman (er hatte die Nachnamen beider Elternteile vereint) in Norden ein. Jan, wie alle seine urkundlich feststellbaren Vorfahren mennonitischer Glaubensüberzeugung, fand in dem Kaufmann Doede Lübberts Cremer - ebenfalls ein Mennonit - einen Förderer. Cremer: „Junger Mann, Sie sind genau der, der dem alten Taaks unter die Arme greifen kann." Taaks, ein Krämer und Destillateur, war in Nöten. Schnell brachte ten Doornkaat Koolman die marode Brennerei wieder auf Vordermann und übernahm sie. Schon ein Jahr später sprach die Stadt Norden dem zielstrebigen und fleißigen Mann das Bürgerrecht zu.

Sein Bruder Scholto verstärkte den Betrieb sporadisch. Jan, der Vielbeschäftigte, fand so etwas Zeit, auch an private Dinge zu denken, genauer gesagt, an Antje. Die hübsche Tochter seines Förderers hatte es ihm angetan. 1810, ein Jahr nachdem Jan und Scholto von der Nordener Mennoniten-Gemeinde getauft worden waren, wurde Hochzeit gefeiert. Die Geburt einer Tochter, ebenfalls Antje genannt, kostete der Mutter das Leben.

Sichtlich verzweifelt stürzte sich Jan wieder auf seine Arbeit, während Antje bei ihrem Onkel zusammen mit dessen Tochter Pela großgezogen wurde. Antje machte ihren Weg auf väterliche Art - regt door Zee. Später verheiratet mit dem Abgeordneten der Deutschen Nationalversammlung, dem Reichsflotten-Kommissar und Abgeordneten des Norddeutschen Reichstags Ysaac Brons, widmete sie sich als Schriftstellerin, Historikerin und Buchautorin der mennonitischen Geisteshaltung.

Aus ihrer Feder stammt vieles über ihren Vater Jan ten Doornkaat Koolman. Da heißt es unter anderem: „Er sah in erster Linie nicht darauf, ob das, was er tat, ihm materiellen Gewinn brachte, sondern darauf, daß die durch ihn bewirkten Produktionen gut waren." Ein Zeugnis für ausgeprägtes Markenbewußtsein!

1812 heiratete Jan die holländische Kaufmannstochter Jeikelina Cool. Mit ihr bezog er ein geräumiges Haus, dessen Grundstück den Kernpunkt des heutigen Doornkaat-Areals darstellt. Aus dieser Ehe gingen zwei Töchter und fünf Söhne hervor. Dieser „privaten Expansion" folgte auch eine betriebliche: Jan baute eine neue Brennerei mit anschließenden Stallungen. Schließlich ist die beim Brennen anfallende Schlempe ein hervorragendes Futtermittel. Was sprach also gegen eine eigene Mastviehhaltung!

Ausgestattet mit für damalige Zeiten fortschrittlichem Gerät, das Jan in Berlin gekauft hatte, hatte ten Doornkaats Brennerei 1833 in Norden die Spitzenposition dieser Branche erobert. Während Jans Söhne Gerrit und Jacobus als Kaufleute ins Ausland gingen und Fiepko (II.) schon ab seinem 13. Lebensjahr in des Vaters Brennerei arbeitete, schien Jan (II.) total aus der Art zu schlagen. Er erlernte das Buchbinder-Handwerk und entpuppte sich als „Leseratte", die sich mit Lektüre geradezu vollstopfte.

Jan „der Ältere" hatte dem Filius jedoch einen anderen Werdegang bestimmt und holte ihn zunächst als Buchhalter in die Firma. Kaum hatte er ihn in dem neuen Tätigkeitsbereich sattelfest gemacht, als er erkannte, daß sich sein ursprünglich lokales Unternehmen nur dann erfolgreich in die Region ausdehnen kann, wenn das Feld dafür von einem Handelsvertreter „beackert" wird. Mit dieser Aufgabe betraute er also den wortgewandten Jan. Fiepko (II.) war eher ein Praktiker, der sich um die Brenn-Technik kümmerte.

Ausgestattet mit einer eigenen Brenn-Konzession übernahmen die Brüder 1846 die Firma. Jan (I.) hatte sie bis zu seinem 73. Lebensjahr geführt. Ihm waren noch fünf Jahre verdienten Ruhestandes vergönnt.

Neben seinem Engagement für die Firma widmete sich Jan (II.) zunehmend der Politik. Doch damit nicht genug: 1880 bekam er den Meisterbrief des Freien Deutschen Hochstifts in Frankfurt/Main, und 1887 ernannte ihn Kaiser Wilhelm I. zum Geheimen Kommerzienrat. Die unglaubliche Vielseitigkeit dieses Mannes äußerte sich noch auf andere Art. 1857-61, 73-77 und 79-89 diente er als Diakon und später als Kirchenältester der Mennoniten-Gemeinde von Norden.

Interessanter ist schon sein Faible für Naturwissenschaften und speziell für Pflanzenkunde - das übrigens auch der heutige Firmeninhaber teilt - und seine umfassenden sprachwissenschaftlichen Studien, die sogar Hebräisch und die altindische Gelehrtensprache Sanskrit umfaßten. Überdies war er ein bekannter Obstzüchter. Der heutige Pomologische Garten zeugt von seiner Tätigkeit als Apfelzüchter. Jan ten Doornkaat Koolmans Werk als Buchautor gipfelte 1884 in dem ‚Wörterbuch der ostfriesischen Sprache'. 1885 wird dieses dreibändige Opus, in dem auf nicht weniger als 2.126 Seiten das Platt flüssig über die Zunge geht, von Soltau in Norden (Verlag Herm. Braams) gedruckt. Noch heute ist die Firma Soltau die Hausdruckerei von Doornkaat.

Plattdeutsch war auch die Speisekarte des Festessens zum 50. Firmenjubiläum „fan uns olle Her Handelsrâd Jan ten Doornkaat Koolman" gedruckt. Drei Jahre später wurde der alte Herr zu Grabe getragen. Bereits 1876 war sein Sohn Hildebrand in die Firma eingetreten, bekam im Folgejahr Prokura und leitete von 1883 bis 1896 als Teilhaber seines Vetters Jan (III.) die Geschäfte.

Dieser Vetter, ältester Sohn von Fiepko (II.), führte auch das geistige Erbe der ten Doornkaat Koolmans fort. Jan war der Mitbegründer der Norder Freiwilligen Feuerwehr und ihr Hauptmann bis zu seinem Tode 1913. Außerdem war er Mitbegründer der Norder Diakonissen-Station.

Seine Gewächshäuser, in denen vornehmlich Rosen und seltene Exemplare der Flora gediehen, sind freilich nur als Hobby Jan des III. zu betrachten. Sein Dienst als Diakon (1881-85) in der Gemeinde entspricht der religiösen Tradition der Familie. Als Lokalpolitiker, 1883-93 Bürgervorsteher, ab 1896 Bausenator, verschaffte er sich Respekt. Zumal der Rettungsmedaillen-Träger (er bewahrte ein Kind vor dem Ertrinken) sich auch als Förderer sozialer Einrichtungen einen Namen machte. Der Titel Kommerzienrat, verliehen von Kaiser Wilhelm II., würdigte seine Leistungen. Auch Jan (III.) wird Buch-Autor, der sich die Historie der mennonitischen Gemeinde und seiner ostfriesischen Heimat zum Thema machte.

Zurück zum Unternehmen Doornkaat, das ein gesundes Wachstum verzeichnete. Seit 1850, dem Anschaffungsjahr einer eigenen Dampfmühle, wurde dem technischen Fortschritt stets Rechnung getragen. Eine moderne Dampfkessel-Anlage folgte in den achtziger Jahren.

Am 17. Februar 1899 erfolgte der Zusammenschluß der Firma Jan ten Doornkaat Koolman Söhne Brennerei und der Brauerei H. und Jan ten Doornkaat Koolman zu einer Aktiengesellschaft, deren Stammkapital mit zwei Millionen Reichsmark beziffert wurde. Jan (III.) übernahm den Vorsitz im Aufsichtsrat, Fiepko (II.) wurde Betriebsdirektor.

Schon fünf Jahre zuvor hatte das kaiserliche Patentamt „Doornkaat" das eingetragene Warenzeichen Nr. 999 zuerteilt. Bereits 1885 erging ein Gerichtsurteil, in dem festgestellt wurde, daß Doornkaat eine weit über Ostfriesland hinaus bekannte Marke war und die Verwendung des Namens durch andere Firmen grundsätzlich unzulässig ist.

Die AG kaufte 1901 zwölf Kilometer außerhalb von Norden Heideland zur Urbarmachung auf und baute ein Gut zur Ochsenmast. Die Schlempe der Brennerei wurde mit ochsenbespannten Fuhrwerken dorthin gebracht. Breite Eisenbahnschienen in der Spur eines Ackerwagens waren zwischen Betrieb und Gut auf diese zwölf Kilometer Distanz in der Landstraße verlegt. Ein beliebter Fahrweg für bespannte Fahrzeuge und Radfahrer.

Der Erste Weltkrieg hinterließ tiefgreifende Spuren. Fiepko (II.) und sein Bruder Gerhard (I.) ten Doornkaat Koolman mußten - wie alle Betriebsangehörigen - an die Front. Gerhard fiel 1916 bei Verdun und hinterließ eine Tochter sowie die Zwillinge Gerhard (II.) und Jan (IV.). Der Betrieb, der während des Krieges brach dalag, bot ein erschütterndes Bild: Alle aus Kupfer gefertigten Anlagen - die Herzstücke der Brennerei - waren der Demontage zum Opfer gefallen, da Geräte aus Kupfer ablieferungspflichtig waren. Man brauchte das Buntmetall für die Fertigung von Führungsringen für Geschosse.

Fiepko mußte nun „Feuerwehr" im eigenen Betrieb spielen. Der landwirtschaftliche Zweig und die Brauerei wurden abgestoßen, doch die Inflationszeit gestaltete den Neubeginn äußerst schwierig. Zusammen mit dem Kaufmann Walter Schwöbbermeier, der 1924 einen Direktorenposten bekam, rappelte sich das Unternehmen wieder hoch. Es wurde auch wieder - wie schon seit den achtziger Jahren - Werbung betrieben. Professor Ludwig Hohlwein, der herausragende Werbefachmann der zwanziger Jahre, schuf den seither gültigen Doornkaat-Schriftzug und das seit jener Zeit berühmt gewordene „Kennerbild" für Doornkaat, das er kurz vor seinem Tode 1948 noch überarbeitete. Dieses „Kennerbild" ist weit über 50 Jahre für die Doornkaat-Werbung charakteristisch gewesen. Der wirtschaftliche Erfolg der Fiepko-ten-Doornkaat-Koolman-Schwöbbermeier-Ära ließ sich auch durch den Zweiten Weltkrieg nicht bremsen, da man sich rechtzeitig um Wehrmachtslieferungen bemüht hatte.

1947 trat Gerhard (II.) in das etablierte Familienunternehmen ein. Fiepko, von 1899 bis 1949 Direktor (50 Jahre!) und von 1949 bis zu seinem Ableben 1952 Aufsichtsratsvorsitzender, hatte einen Nachfolger gefunden, der die fünfte Doornkaat-Generation im Stile seiner Vorgänger verkörperte.

Gerhard (II.), am 2. Juni 1916 in Hannover geboren, hatte nach dem Abitur einige Betriebspraktika absolviert, ehe er zu den Waffen gerufen wurde. Zwar wurde ihm zu Beginn des Krieges noch sporadisch Studien-Urlaub gewährt, doch er, der Chemiker werden wollte - wie sein Vater Dr. Gerhard (I.) - konnte dem Ruf „für Führer, Volk und Vaterland" nicht entrinnen. Nach Kriegsende ließ er eine kaufmännische Ausbildung und betriebswirtschaftliche Studien, also die Voraussetzungen für einen erfolgreichen Firmeneintritt, folgen. 1953 folgten er und Dr. Heinz Klautschke, ein Familienfremder, Schwöbbermeier in den Vorstand. Von 1976–84 war Gerhard (II.) ten Doornkaat Koolman Vorstandsvorsitzender und bekleidet heute - nach seinem Ausscheiden 1984 - den Posten eines stellvertretenden Vorsitzenden des Aufsichtsrates.

Wie alle Doornkaats entfaltete Gerhard (II.) ein reges Geistesleben. Naturwissenschaften, besonders Astronomie, sowie Vogel- und Pflanzenkunde beschäftigen ihn nicht minder intensiv als Geschichte, für ihn ein „hochinteressantes Feld“. Auch für ihn trifft das „Regt door Zee“ zu, in mehrfacher Hinsicht. „Ich bin eigentlich begeisterter Seefahrer. Motorboote aller Art - und da interessiert mich besonders die technische Seite - haben es mir angetan.“ So wie er das Meer liebt, fürchtet er es auch und gehört deshalb zu den Förderern der Deutschen Gesellschaft zur Rettung Schiffbrüchiger.

Gerhard ten Doornkaat Koolman über Doornkaat:

„Als Namensträger des Unternehmens - und das schon in der fünften Generation - habe ich mich stets bemüht, das Wohlergehen der Doornkaat AG und damit auch der Stadt Norden und Ostfrieslands zu mehren. So, wie es mir das Beispiel meiner Vorfahren auferlegt hat.

Als größter Arbeitgeber in dieser Region fühlt sich Doornkaat gegenüber seinen Mitarbeitern verpflichtet, trotz moderner Techniken Arbeitsplätze zu sichern. Bereits zur Jahrhundertwende haben wir eine Betriebskrankenkasse eingeführt, die damit zu den ältesten Einrichtungen dieser Art in Niedersachsen zählt. Allein in den Jahren 1984 und ’85 leistete unser Unternehmen freiwillige soziale Leistungen in einer Gesamthöhe von 934.000 Mark.

Doornkaat ist ein klassischer Markenartikel, dessen geheimes Familienrezept sich durch die Generationen fortvererbt. Gleichbleibende Spitzenqualität ist dabei oberstes Gebot.

Dank der tatkräftigen Unterstützung aller Mitarbeiter und aufgrund neuer Marken und Marktstrategien sieht das Unternehmen optimistisch in die Zukunft. Aufgrund der Reinheit und Zeitlosigkeit unserer Produkte bauen wir auf eine breite Akzeptanz bei allen sozialen Schichten und Altersgruppen. Das wird unsere Zukunft sichern.“

Sein Hauptinteresse war die Fortführung und Festigung der Marke Doornkaat in jeder Hinsicht. Es begann mit der technischen Ausstattung, der Einführung des Pilferproof-Verschlusses für die deutsche Spirituosenindustrie, Einführung der Karton-Verpackung und der Überholung der gesamten Betriebstechnik von der Spritherstellung bis zu modernsten Abfüllgeräten.

Zeitgemäße, intensive Werbung - insbesondere Verkehrsmittel-Werbung - flankierte seine Maßnahmen. Mit der Einführung der grünen Vierkantflasche und deren Alleinstellung für die Marke Doornkaat setzte er einen weiteren Meilenstein in der Firmengeschichte.

Unter der Vorstands-Ära Gerhard ten Doornkaat Koolman und Dr. Heinz Klautschke fand ein stürmischer Aufschwung statt. In den sechziger Jahren wurde das Kapital der Gesellschaft von 1,2 Millionen auf 21 Millionen Mark erhöht. Trotzdem wurden gute Dividenden gezahlt und erhebliche finanzielle Reserven geschaffen, die die Firma den Schock der Branntweinsteuer-Erhöhungen in den siebziger und achtziger Jahren leichter ertragen ließ.

Die Klippen zum Aufstieg des Unternehmens umschiffte er äußerst geschickt. Zur Finanzanlage beteiligte sich die Gesellschaft in den sechziger Jahren - zusammen mit der Reederei Bernhard Schulte und ab 1970 mit der Reederei F. Laeisz - an etlichen Partenreedereien (jedes Schiff ist eine Partenreederei). Anfang der achtziger Jahre endeten die Schiffsbeteiligungen in den „Rettungsbooten". Die stolzen Schiffe rentierten sich aufgrund des weltweiten Frachtratenverfalls nicht mehr.

Der Aufstieg der Firma zu einem weltbekannten Unternehmen war unaufhaltsam. Die grüne Vierkantflasche hatte 1956 - dem 150. Jubiläum der Firma - bereits 37 Millionen Mark Umsatz gemacht.

Zwei Jahre nachdem der Spirituosenmarkt die erste Branntweinsteuer-Erhöhung verdaut hatte, brachte die Doornkaat AG 1968 mit dem „Corvit" einen 32prozentigen feinen Weizenkorn heraus. Im Jubiläumsjahr 1981 - 175 Jahre Doornkaat - wurde ein neues Kornerzeugnis auf den Markt gebracht. Mit dem „Gründerbrand" - einem unvergleichlich weichen Gewürzweinbrand in limitierter Auflage - wurde das Programm nach oben abgerundet.

Bereits 1930 wurde zur Ergänzung des Spirituosen-Programms schwarzer Tee aufgenommen. Insbesondere den Ostfriesen ist Doka-Tee (später Doornkaat's Tee) als qualitativ hochwertig bestens bekannt. Tee ist bekanntlich das Nationalgetränk der Ostfriesen. Der Pro-Kopf-Verbrauch in Ostfriesland liegt bei etwa 3.000 Gramm im Jahr (Bundesdurchschnitt: 240 Gramm).

1971 wurde die erste und zwei Jahre später eine weitere Kleinflaschen-Anlage in Betrieb genommen. Heute verlassen täglich über 400.000 Kleinflaschen die Doornkaat AG.

Das 175jährige Firmenjubiläum stand wirtschaftlich unter einem besonders günstigen Stern. Konnte doch Gerhard (II.) ten Doornkaat Koolman einen Rekordumsatz von 240 Millionen Mark vermelden. Am Firmament ballten sich derweil schon die dunklen Wolken weiterer Branntweinsteuer-Anhebungen. Schwere Zeiten für die ganze Branche schickten ihre Vorboten.

Gerhard (II.) ten Doornkaat Koolman, der 1984 aus Altersgründen zurücktrat, fungiert seither als stellvertretender Vorsitzender des Aufsichtsrates der Doornkaat AG. Er ist nach wie vor Mehrheitsaktionär der Gesellschaft.

Ungeachtet der Strukturprobleme im deutschen Spirituosen-Markt, besonders in der traditionellen Konsumpreislage, sowie angesichts verstärkter Import-Aktivitäten kann die Doornkaat AG auf einen befriedigenden Gesamtabsatz aller von ihr vertriebenen Spirituosen blicken. Mit einem neuen Marketing-Konzept, das Mitte 1985 gestartet wurde, konnte sich die Stamm-Marke Doornkaat von einem Mengenrückgang der Vorjahre sichtlich erholen. Bei gleichzeitiger - unverändert anhaltender - Wachstumsrate von Corvit und der guten Positionierung von Gründerbrand im Hochpreissegment ist Optimismus begründet.

Die sechste Doornkaat-Generation wird indessen behutsam aufgebaut. Ten Doornkaat Koolman: „Ich habe Kay, den Sohn meines Zwillingsbruders, adoptiert und für eine umfangreiche Ausbildung gesorgt." Ob Banklehre, Betriebswirtschaftsstudium oder diverse Praktika, der nächste ten Doornkaat Koolman wird gut gerüstet ans Ruder des Familienunternehmens gehen. Da bleibt ihm nur zu wünschen: „Regt door Zee!"

UNTERM STRICH

Jan ten Doornkaat Koolman

Firmenname	Doornkaat AG
Firmensitz	Norden
Branche	Spirituosen, alkoholfreie Getränke, Tee, Wein
Hauptprodukt	Doornkaat, Gründerbrand, Corvit, Boskop, Nikita
Eigentumsverhältnis	Aktien-Mehrheit Familie ten Doornkaat Koolman und Streubesitz
Vorstand	Hans A. Alles, Helmut Michels (stellv.)
Gründer	Jan ten Doornkaat Koolman
Gründungsjahr	1806
Mitarbeiter	600 (1987)
Niederlassungen	Tochtergesellschaften
Umsatz	248,6 Mio. DM (1986)
Zukunftsziel	Ausbau Spirituosen- und AFG-Geschaft

Jacobs
Der Kaffeebaron aus Bremen

von Hermann Gutmann

Gegen Ende des Jahres 1907 stürzten die Vereinigten Staaten von Amerika in eine schwere Finanzkrise. Die Weltmarktpreise wurden gedrückt. Die Schifffahrt geriet ins Wanken, wovon auch Bremen betroffen wurde. Der Norddeutsche Lloyd, die große Bremer Reederei und Stolz der Hansestadt, dampfte zum ersten Male in ihrer Geschichte in eine Krise hinein. In Bremen machte die Arbeiterbewegung durch Streiks von sich reden. Die Zahl der Arbeitslosen wuchs, und die Gewerkschaften sahen sich außerstande, ihre Mitglieder ausreichend zu unterstützen. Hatte man noch zu Beginn des Jahrhunderts mit Optimismus in die Zukunft geblickt, so machten sich jetzt Niedergeschlagenheit und Hoffnungslosigkeit breit.

Und in dieser Situation ließ sich ein junger Mann in Bremen die Bauerlaubnis erteilen „zur Einrichtung einer kleinen Kaffeerösterei und Aufstellung eines kombinierten Kaffeerösters, der nur den Bedarf an Kaffee für Jacobs herstellt". Dieser junge Mann war Johann Jacobs, der zwar schon seit einigen Jahren ein

Kaffee- und Teegeschäft führte, jetzt aber - mitten in der Krise - den Mut zu einem neuen Schritt fand. Mit diesem Schritt begann die Entwicklung der Firma zu einem Imperium.

Dabei war es Johann Jacobs nicht an der Wiege gesungen worden, der Gründer eines Weltunternehmens zu werden. Die Familie Jacobs stammt aus einem kleinen Dorf am Rande von Bremen, das inzwischen eingemeindet worden ist. Die Jacobs' sind dort seit dem Jahre 1581 als Bauern nachzuweisen, und Johann Jacobs wurde dort - es handelt sich um das an der Wümme liegende Dorf Borgfeld - am 20. Mai 1869 geboren. Johann Jacobs besuchte die Dorfschule, die er mit vierzehn Jahren verließ, und wie so viele junge Leute jener Zeit drängte es ihn zu neuen Ufern: Er wollte nach Amerika auswandern, um dort sein Glück zu suchen.

Der Gedanke war naheliegend. Das benachbarte Bremen, das man von Borgfeld aus zu Fuß in ein paar Stunden erreichen konnte, war zu jener Zeit einer der bedeutendsten europäischen Auswandererhäfen. Dort trafen sich Tausende und Tausende von Menschen aus dem Osten Europas und aus den mit irdischen Gütern weniger gesegneten Teilen des Deutschen Reiches, um sich ihren Traum vom glanzvollen Leben in der Neuen Welt zu erfüllen. Auch ein Onkel des Johann Jacobs war ausgewandert und hatte sich in Amerika eine Existenz geschaffen. Zu ihm wollte nun der eben den kurzen Hosen entwachsene junge Mann aus Borgfeld. Aber der Onkel winkte ab: „Schlechte Zeiten - Wirtschaftskrise, warten bis es besser wird."

So war es also einstweilen nichts mit dem großen Glück, und Johann Jacobs erinnert sich: „Daraufhin blieb ich vorläufig im Elternhause und arbeitete in der Landwirtschaft mit. Als aber der Herbst ins Land zog mit seinen rauhen Stürmen und man manchmal bei der Arbeit im Freien, wie man wohl sagt, bis auf die Knochen durchgefroren war, da erkannte ich, daß die Landwirtschaft kein Lebensberuf für mich sein konnte. Meine Mutter und ich, wir sahen uns nach einer Lehrstelle um, und sehr bald stand ich hinter dem Tresen eines Bremer Kolonialwarengeschäftes". Es handelte sich um die Groß- und Kleinhandlung in Kolonialwaren von Carl Ferdinand Lahusen, der auch mit Kaffee handelte, der damals zunehmend zu einem beliebten Genußmittel wurde.

Man muß dazu wissen, daß der Kaffee verhältnismäßig früh nach Bremen gekommen ist, ja, es gilt unter traditionsbewußten Bremern als ausgemachte Sache, daß sich das erste Kaffeehaus Deutschlands in den unteren Räumen des Bremer Schütting befunden habe. Der Schütting ist das Haus der Kaufleute. Es gibt für diese Behauptung bedauerlicherweise keinen Beweis, und es schmerzt infolgedessen jeden nationalbewußten Bremer, daß ausgerechnet die Hamburger über Belege verfügen, mit denen sie beweisen können, daß das erste Kaffeehaus Deutschlands bei ihnen eingerichtet worden ist. Immerhin, das Bremer Kaffeehaus im Schütting hat - und das ist nachzuweisen - Ende des 17., Anfang des 18. Jahrhunderts bestanden und war ein Treffpunkt der Kaufleute, die dort den Kaffee gelegentlich pur tranken, meistens aber mit einem reichlichen Schuß Branntwein versehen.

Zunächst blieb der Kaffee ein Getränk der wohlhabenden Bürger. Aber bereits 1830 berichtete der Bremer Arzt Philipp Heineken: „Am Morgen, der in der Regel bei den Meisten eben nicht gar früh anbricht, beginnt das Frühstück mit dem vielbeliebten Kaffee, der selbst dem Aermsten so zum Bedürfnis geworden ist, daß er ihn nicht zu entbehren vermag und ihm willig die schwersten Opfer bringt.“ Es muß allerdings dazu gesagt werden, daß es sich bei diesem Kaffee, der ja an sich ein ziemlich teures Kolonialprodukt war, meistens um ein Getränk handelte, das stark gewürzt war mit einem größeren Zusatz von Zichorien.

Herr Lahusen handelte also unter anderem auch mit Kaffee und machte in diesem Zusammenhang bei seinem Lehrling Johann eine merkwürdige Entdeckung: Der Junge vom Lande hatte, wie es schien, einen ausgeprägten Geschmackssinn, der sich vor allem beim Rösten der Kaffeeproben und beim Probieren des gerösteten Kaffees bewährte. Für Herrn Lahusen war das manchmal ein richtiges Rätsel. Johann Jacobs empfand aber etwas anderes als viel gravierender, nämlich daß es in dem Kolonialwarengeschäft, wie er es nach der harten Feldarbeit gehofft hatte, „zu meiner Enttäuschung durchaus nicht warm war, denn geheizte Lebensmittelgeschäfte gab es zu jenen Zeiten noch nicht, obgleich die Winter meiner Lehrjahre mir noch als ziemlich garstig in Erinnerung sind“.

Nach seiner Lehrzeit war Johann Jacobs vier Jahre in Detailgeschäften tätig, ehe er eine Stellung im Büro einer Großhandlung fand. Und dort wurde nun seine Tüchtigkeit zum ersten Male offenbar und sorgte für Gesprächsstoff in einigen Bremer Kontoren: denn dem „dschungen Mann“ aus Borgfeld wurde bereits mit 23 Jahren Prokura erteilt. Für Bremer Verhältnisse kam das einer Sensation gleich. Denn ein Prokurist, der ja immerhin so etwas wie die rechte Hand des Chefs war, der galt etwas in der alten Hanse- und Handelsstadt an der Weser. Und eigentlich wurde man Prokurist erst in etwas gesetzterem Alter, wenn man die Stürme des Lebens erfolgreich bestanden und sich in Jahrzehnten zuverlässiger Mitarbeit bewährt hatte. Doch Johann Jacobs, der damit ein Ziel erreicht hatte, von dem viele erst in sehr viel späteren Lebensjahren zu träumen wagten, spürte, daß er noch nicht die letzte Stufe seiner Karriereleiter erreicht hatte: „Trotzdem es mir vergönnt war, im jugendlichen Alter bereits eine geachtete Stellung zu bekleiden, kam ein innerer Drang nach Selbständigkeit nicht zur Ruhe“, schreibt er in seinen Erinnerungen. Und so dauerte sein Prokuristen-Dasein eben zwei Jahre, da wagte er den Schritt in die Selbständigkeit - und wenn man so will - unter den ungünstigsten Verhältnissen.

Denn eigentlich hatte er sich im Großhandel selbständig machen wollen. Dafür aber reichten die bescheidenen Mittel nicht aus, die ihm zur Verfügung standen. So eröffnete er am 15. Januar 1895 im Hause Domshof 17/18 einen Kaffee- und Teeladen. Seine Überlegung: „Derzeit gab es am Domshof noch manche alte, angesehene Geschäfte mit guter Kundschaft. Und das veranlaßte mich, es auch dort zu versuchen.“ Es war schon ein mutiger Schritt, von einigen Bremern gar als waghalsig empfunden, sich sogleich in die Höhle des Löwen zu begeben und sich der alteingeführten Konkurrenz in deren Revier zu stellen. Und die Sache ging auch nicht gut. Johann Jacobs: „Bald mußte ich erkennen, daß ein toter Platz, abseits vom großen Verkehr, keine Lage für ein Spezialgeschäft in Konsumartikeln ist, in dem man seine Kundschaft jede Woche einmal sehen will.“ Für Johann Jacobs war das allerdings kein Grund, das Unternehmen abzublasen. Er sah sich nach einem neuen Ladengeschäft um, was allerdings nicht so leicht war für einen Mann, der nicht über die ausreichenden Mittel verfügte.

Die Grundsätze des Hauses Jacobs:

„Jacobs Suchard ist:
1. schweizerisch
Jacobs Suchard ist eine schweizerische Aktiengesellschaft. Der schweizerische Charakter der Firma wird vom Management durch eine europäisch geprägte unternehmerische Orientierung gewährleistet, die vom Geist menschlicher Beziehungen getragen ist.

2. führend
Die Jacobs-Suchard-Gruppe ist ein führender Hersteller von Süßwaren- und Kaffee-Produkten. Diese führende Position kommt im Image der verschiedenen Produkte, in ihrer Qualität sowie im Kostenbewußtsein und Know-how des Unternehmens zum Ausdruck. Diese Merkmale sollen eine führende Markt- und Ertragsposition ermöglichen.

3. innovativ
Die Jacobs-Suchard-Gruppe ist innovativ sowohl mit Bezug auf das Produkt, das Personal, die angewandte Technologie als auch hinsichtlich der Beziehungen zu Kunden und Konsumenten.

4. wachstumsorientiert
Die Jacobs-Suchard-Gruppe ist wachstumsorientiert und bevorzugt langfristig ausgerichtetes Handeln gegenüber kurzfristigem Gewinndenken. Das Wachstum soll auf jene Märkte konzentriert werden, die für Produkte wie Kaffee und Süßwaren oder hinsichtlich ihrer geographischen Bedeutung umfassende Entwicklungsmöglichkeiten bieten.“

Die besten Lagen waren damals – wie auch heute noch – in der Sögestraße und in der Obernstraße. Das wußten natürlich auch die Hausbesitzer und verlangten infolgedessen beachtliche Mieten. Mieten jedenfalls, die sich ein Anfänger ohne Kapital nicht leisten konnte. Doch Johann Jacobs ließ nicht locker und fand schließlich ein bescheidenes Ladengeschäft in der Sögestraße, das er im Frühjahr 1897 bezog. Der Laden war zwar nicht klein, besaß aber eine nur sehr schmale Front zur Straße hin, so daß er so gut wie gar nicht auffiel. Johann Jacobs erinnerte sich: „Die Folge war, daß viele meiner alten Kunden mich nicht wiederfanden und ein ziemlicher Reklameaufwand erforderlich war, ehe ich zufriedenstellende Umsätze erzielen konnte.“ Immerhin: zu einer Zeit, da gerade der Einzelhandel der Reklame doch noch etwas abwartend gegenüberstand, hatte Johann Jacobs deren Wert und Bedeutung erkannt und setzte sie zu seinem Nutzen ein.

Er hätte nun ein zufriedenes Leben als allseits geachteter Einzelhändler führen können. Doch er fand und fand keine Ruhe, die aber auch sowieso gestört worden wäre durch eine rege Bautätigkeit in jenem Bereich der Bremer Innenstadt, in dem er sich etabliert hatte. Die Obernstraße, Hauptgeschäftsstraße der Stadt, sollte verbreitert werden. Alte Häuser wurden niedergerissen, neue und großartige Häuser erbaut. Und auch das Haus, in dem sich sein Ladengeschäft befand, stand bereits auf der Liste der für den Abriß vorgesehenen Bauten. Es sollte einem großen Kaufhaus weichen. Johann Jacobs sah sich nach einem neuen Laden um. „So saß ich im Frühjahr 1902 mit meinem Geschäft in dem damaligen Hause Obernstraße 6... Hier hatte ich einen nach jeder Hinsicht ansprechenden Laden, der gesehen und beachtet wurde, und in dem das Geschäft einen guten Aufschwung erlebte“. Nicht nur der Bremer gewöhnte sich daran, seinen Kaffee bei Jacobs zu kaufen. Auch von außerhalb kamen die Leute in die Stadt, um bei Jacobs in der Obernstraße ihren Kaffeebedarf zu decken.

An dieser Praxis hat sich übrigens bis heute nichts geändert. Jacobs in der Obernstraße gilt nach wie vor als eines der führenden Kaffeegeschäfte in der Hansestadt, in dem „man“ sich seinen Kaffee und seinen Tee holt. Ein Zufall, wie es so oft im Leben ist und auch in der Geschichte großer Unternehmen, brachte Johann Jacobs auf den Weg des Kaffeerösters. Jacobs erzählt, daß der Eigentümer des Hauses, in dem er seinen Laden führte, die Möglichkeit hatte, „sein Grundstück durch Zukauf zu vergrößern“ und diese Möglichkeit auch nutzte. Dadurch bot sich dem jungen Jacobs im Jahre 1906 – und nach immerhin schon elfjähriger Selbständigkeit – die Chance, sich eine eigene Rösterei einzurichten.

Er erfüllte sich damit einen langgehegten Wunsch; denn bis dahin hatte er seinen Kaffee „in Lohn“ rösten lassen. Doch „von diesem Zeitpunkt an – es war 1906 – gewährte mir der Geschäftsbetrieb erst seinen vollen Reiz“. Denn er hatte es immer schon als wenig förderlich für sein Geschäft empfunden, daß sein Kaffee in der Lohnrösterei eher schablonenhaft geröstet wurde, eine Sorte wie die andere. Dem Kaffeekaufmann, der schon als Lehrling wegen seiner guten Zunge gerühmt worden war, mußte das ein ständiges Ärgernis sein. Und das war es wohl auch. Jetzt endlich konnte er jede Kaffeesorte nach ihrer Eigenart und Struktur der Bohne behandeln und somit seinem Kaffee eine besondere Geschmacksrichtung geben. Es war – wenn man so will – die Geburtsstunde des Jacobs Kaffee (wunderbar), der schon sehr bald zu einem

Begriff wurde, ohne daß er sich deswegen gleich zu einem Markenartikel entwickelt hätte. Es war für die Kundschaft der Kaffee von Johann Jacobs, und schon bald entdeckte der junge Unternehmer, daß sich seine Umsätze in erfreulichem Maße nach oben hin orientierten, was seine Ursache aber auch in dem persönlich aufgezogenen Kundendienst des kleinen Unternehmens hatte: Johann Jacobs beschäftigte einen „Laufburschen für den ganzen Tag". Im Jahre 1910 wurde frischer Jacobs Kaffee innerhalb des Bremer Stadtgebietes zwei- bis viermal täglich geliefert. Der Versand an Kunden, die außerhalb Bremens wohnten, erfolgte portofrei.

Johann Jacobs führte damals elf Sorten beziehungsweise Mischungen Röstkaffee - in den Preislagen von 110 bis 220 Pfennig per Pfund. Es wurde aber auch Rohkaffee abgegeben, der in allen gangbaren Sorten vorrätig war. In vielen Haushaltungen gab es damals noch Röstpfannen, die speziell für Kaffee vorgesehen waren, denn viele Hausfrauen verließen sich beim Kaffee gern auf ihren eigenen Geschmack. Aber die Zahl dieser Frauen wurde weniger mit der zunehmenden Qualität der bei Jacobs gelieferten Ware, zumal Johann Jacobs auch größten Wert darauf legte, daß täglich frisch geröstet wurde.

Nur am Rande sei vermerkt, daß sich Johann Jacobs auch damals schon sehr intensiv mit dem Teehandel beschäftigte. All das, was noch heute im Teehandel das gute Sortiment ausmacht, wurde schon bei ihm angeboten: Assam, Darjeeling, Ceylon, englische und russische Mischung und - natürlich - Ostfriesische Mischung, um nur einige zu nennen. Die Preise bewegten sich zwischen 140 und 600 Pfennigen per Pfund. Es gab ungefähr 60 Preislagen.

Im Sommer 1913 sah sich Johann Jacobs wieder einmal vor der Notwendigkeit, Ausschau nach einem neuen Laden zu halten. Denn das Haus Nummer 6 in der Obernstraße war ohne sein Wissen verkauft worden. Diesmal machte der Kaffeekaufmann „Nägel mit Köpfen". Er kaufte selbst - und zwar das Haus Obernstraße 20, wo auch heute noch Jacobs Kaffee verkauft wird. Er ließ das Haus umbauen und konnte es im Jahre 1915 beziehen. Es war kein besonders glücklicher Zeitpunkt; denn Europa befand sich mittlerweile im Ersten Weltkrieg, was zu schmerzhaften Eingriffen führte. Im April 1916 wurden sämtliche Kaffeebestände beschlagnahmt, und Johann Jacobs wurde damit seiner Geschäftsgrundlage beraubt.

Es galt, sich umzustellen. Johann Jacobs verschaffte sich die Genehmigung vom Bremer Senator für Ernährung, Krankennahrung zu verkaufen - natürlich „auf Marken". So gab es denn fortan bei Jacobs Haferflocken und Gries, Reis, Zucker und Kakao - für Kranke und für Privatkunden. Auf diese Weise hat sich Johann Jacobs mit seinem Geschäft während der Kriegsjahre über Wasser gehalten. Aber auch nach dem Krieg sah es für einen Handel mit Genußmitteln nicht besonders rosig aus.

Es gab zwar im Jahre 1919 schon wieder Kaffee. Aber nicht bei Jacobs, sondern auf dem schwarzen Markt. Und es dauerte bis zum Jahre 1920, ehe die Einfuhr von Kaffee in beschränkten Mengen für den Fachhandel freigegeben wurde, womit aber die Schwierigkeiten nicht behoben waren. Johann Jacobs: „Hiervon hatten die Röstbetriebe aber leider keinen Segen, denn sie mußten die Ware mit Devisen bezahlen und in Papiermark verkaufen, somit bedeutete in der Inflation jeder Umschlag des Lagers einen erheblichen Substanzverlust“. Und weiter heißt es in den Erinnerungen des Kaffeekaufmannes: „Als im November 1923 unsere Währung stabilisiert wurde, hatte sich mein Betriebskapital in ein Nichts aufgelöst, und nur der Umstand, daß ich Besitzer eines Grundstückes war, ermöglichte mir die Beschaffung neuer, wenn auch nur beschränkter Betriebsmittel.“

Es zeigte sich aber auch diesmal wieder, daß außergewöhnliche Zeiten den außergewöhnlichen Menschen mit ungeahnten Kräften ausstatten. Johann Jacobs: „Hätte mir jemand im Jahre 1913 gesagt, daß das Haus Obernstraße 20 einmal für mein Geschäft zu klein werden könnte, hätte ich ihn ausgelacht.“ Im Jahre 1923 war dieses Haus im Grunde alles, was er noch besaß. Und nicht einmal das; denn er hatte es ja beleihen müssen. Im Jahre 1926 sah sich Johann Jacobs genötigt, neue Geschäftsräume anzumieten; denn die Versandabteilung paßte nicht mehr ins bisherige Geschäftshaus. Intensive Werbung und neue Verkaufsmethoden, wozu auch die Anschaffung eines motorisierten Frischdienstwagens gehörte, führten innerhalb weniger Jahre zu einer steilen Aufwärtsentwicklung des Unternehmens. Im Jahre 1932 erwarb Johann Jacobs an der Großen Allee (heute Langemarckstraße) in der Bremer Neustadt ein Grundstück, auf dem er eine moderne Großrösterei bauen ließ. Sie wurde im Sommer 1934 in Betrieb genommen, zu einer Zeit, da sich schon wieder neues Ungemach ankündigte, zumal die Bremer Kaffeekaufleute nicht zu den bevorzugten Hätschelkindern der braunen Machthaber gehörten. Kaffee kostete Devisen und war überdies ein Genußmittel, und unvergessen sind die Philippiken des eifernden Reichspropagandaministers Joseph Goebbels gegen die „Kaffeetanten“, die er als eine unzumutbare Belastung für alle ordentlichen Volksgenossen betrachtete.

Der Zweite Weltkrieg brachte dann wieder einen tiefen Einschnitt. Die Produktion wurde unterbrochen. Das Geschäftshaus in der Obernstraße wurde von Bomben getroffen und zerstört. Es sah nicht gut aus. Aber hatte es nicht immer wieder im Leben des Johann Jacobs Zeiten gegeben, da es nicht gut aussah?

Er war 76 Jahre alt, als der Krieg zu Ende war. Jeder andere hätte sich mit resignierender Geste von den Trümmern seines Lebenswerkes abgewandt, zumal kaum Hoffnung auf bessere Zeiten bestand. Nicht so Johann Jacobs. Unverdrossen begann er mit dem Wiederaufbau. Und als nach der Währungsreform im Jahre 1948 auch Kaffee nach Deutschland importiert werden konnte, wußte der alte Herr, daß er einmal mehr den Weg aus einer Talsohle heraus gefunden hatte. Seit 1948 gab es wieder Jacobs Kaffee, und in seiner Vita heißt es: „Der Erfolg seiner Unternehmungen ist in erster Linie darauf zurückzuführen, daß Jacobs jedem Mitarbeiter die Notwendigkeit, einen wirklichen Qualitätskaffee zu liefern, ans Herz legte. Dieser Sinn für die Qualität und die Schaffung eines Markennamens sind das bleibende Verdienst Jacobs', eines schlichten Kaufmannes, der nicht nach öffentlichen Ehren strebte, sondern in der Stille wirkte." Und das höchste Lob, das einem Bremer Kaffeekaufmann zuteil werden kann, drückt sich aus in den Worten: „Sein Lebenswerk hat in nicht geringem Umfange dazu beigetragen, die Stellung Bremens als ‚Stadt des Kaffees' zu begründen." Immerhin stammt heute jede dritte Tasse Kaffee, die in Deutschland getrunken wird, aus einer Bremer Rösterei. Johann Jacobs hat den Wiederaufstieg seines Unternehmens noch erleben dürfen. Am 21. Februar 1958 ist er in Bremen gestorben.

UNTERM STRICH

Johann Jacobs

Firmenname	Jacobs Suchard AG
Firmensitz	Zürich
Branche	Nahrungs- und Genußmittel
Hauptprodukt/ Dienstleistung	Kaffee, Schokolade, Süßwaren
Eigentumsverhältnis	Aktiengesellschaft
Gesellschafter/ Geschäftsführer	Klaus J. Jacobs (Vorsitzender des Verwaltungsrates)
Gründer	Johann Jacobs
Gründungsjahr	1895
Mitarbeiter	16.400 (1987)
Niederlassungen	international
Umsatz	7 Mrd. DM (1986)
Zukunftsziel	Expansion, Innovation

Verpoorten
Eine Weltmarke im Wandel der Weltgeschichte

von Thomas Linke

Ist Verpoorten denn wirklich ein rheinischer Name? Die Bonner geraten über den berühmten Markenartikler in ihrer Stadt sicher so manches Mal ins Grübeln. Ein typisch rheinischer Name wie Schmitz ist er sicher nicht. Dabei gehört doch der Hersteller des meistgekauften Eierlikörs der Welt am Autobahn-Verteilerkreis zur Hauptstadt dazu wie das Münster, das hübsche alte Rathaus oder Beethoven - bei dem klingt die Endung doch schon viel eher nach Rhein und Karneval.

Die Antwort über die Anfänge der langen Verpoorten-Geschichte liegt im flandrischen Raum um Antwerpen, der einstmals reichsten Stadt Europas am Kreuzungspunkt der Handelswege von Westeuropa in die Ostseeländer und von England nach Mitteleuropa. Hier lebte in der zweiten Hälfte des 19. Jahrhunderts der Schnapsbrenner Eugen Verpoorten (geboren am 6. 9. 1815) mit seiner Frau und dem Sohn Mathias Hubert (geboren am 1. 5. 1859). Er hatte eine kleine Destille, wie es sie zu Hunderten in der Stadt gab.

Doch um die Ursprünge des Eierlikörs zu ergründen, müssen noch größere Entfernungen überwunden werden. Ein Sprung über den Atlantik ist nötig – ins heutige Brasilien zur Zeit der Kolonialisierung. Um 1500 hatte Cabral Brasilien für die Portugiesen entdeckt. Bis Anfang des 19. Jahrhunderts blieb das Land am Amazonas ein von Portugal abhängiges Vizekönigreich. Die Kolonialherren zogen riesige Mengen Gold und Zuckerrohr aus dem Land ab – nebenbei entdeckten sie bei den Ureinwohnern eine Leckerei.

Haben die dunkelhäutigen, heißblütigen Indianer Südamerikas, die Tupi-Guarani-Stämme am Amazonas, schon vor Jahrhunderten Eierlikör getrunken? Mitnichten. Aber unbewußt haben sie ein Rezept komponiert, mit dem ein Bonner Unternehmer heute in den Spirituosenregalen der Welt vertreten ist. Die Indianer am Amazonas ernteten die Abacate - heute als Avocadobirne bekannt. Die Avocado ist ein 20 Meter hoher, immergrüner Baum mit 20 cm langen, derben, länglichen eiförmigen Blättern. Doch das Ei des Kolumbus ist die Frucht. Sie ist etwa faustgroß, birnenförmig mit einem großen bitteren Kern. Richtig wohlschmeckend ist nur das Fruchtfleisch. Es ist butterweich, weiß bis rahmgelb, sehr zuckrig und ölhaltig. Der Geschmack ist süß-sahnig. Mit Branntwein und Gewürzen versetzt ergab es ein köstliches Getränk.

Die Portugiesen schauten sich diesen Schluck bei den Indianern ab - eine willkommene Ablenkung im rüden Kolonialgeschäft. Auch die Niederländer, die sich mit den Portugiesen um deren Kolonien zankten, hatten den Wohlgeschmack schnell erkannt. Doch 1654 mußten sie aus Brasilien wieder abziehen. Den Holländern blieb ein Trost: das Getränk mit der Avocadobirne. Sie nahmen es mit nach Indien und Indonesien, von wo es den Weg nach Europa fand, auch in das Flandern um Antwerpen.

Doch bald zeigte sich ein großes Problem. Es wollte und wollte nicht gelingen, die Avocadobirne in den kühlen, europäischen Breitengraden anzubauen. Aber die Flamen wollten auch nicht auf das leckere Getränk verzichten. Was tun? Anstatt der störrischen Avocadobirne mischten sie Eidotter zusammen mit Branntwein, Zucker und anderen Gewürzen. Die Komposition genügte allerhöchsten Ansprüchen: Charaktervolle Würze, anregende, kräftige Wirkung und der gleiche rahmgelbe Farbton. So wurde aus der unwilligen Avocadobirne der Likör Advocaat - wie noch heute auf jeder Flasche Verpoorten Eierlikör zu lesen ist. Wobei Advocaat also kein Markenzeichen ist. Und auch nicht ein von Rechtsanwälten bevorzugtes Getränk, wie wohl manche meinen. Viktor Verpoorten, heutiger Firmenchef und nie um einen Spruch verlegen: „Ein Advokat kann für Ihr Recht in einem Prozeß sorgen. Ein Verpoorten Advocaat sorgt in jedem Fall für Ihr Wohlbefinden.“

Advocaat stellten in der flämischen Metropole viele her. Doch die Zeiten in Antwerpen waren hart. Nichts mehr war von dem Glanz des 16. und 17. Jahrhunderts übrig. Die spanische Unterdrückung der Reformation läutete den Niedergang ein. Plünderung, Brandschatzung und Blockaden in der Auseinandersetzung zwischen Spanien und den Niederlanden taten ein übriges. Auch im 19. Jahrhundert fand das altehrwürdige Antwerpen nur langsam zurück zu seiner einstigen Blüte. Zu langsam für Eugen Verpoorten. Weiter im Osten ging der Stern eines vielversprechenden Landes auf: das geeinte Deutschland.

Eugen Verpoorten zog mit seiner Familie nach Heinsberg im Selfkant, dem deutsch-niederländischen Grenzgebiet. Eine ruhige Kreisstadt mit einer spätgotischen Pfarrkirche samt romanischer Krypta. 1876 gründete der Hausherr die Verpoorten-Eierlikörfabrik mit zuerst nur acht Mitarbeitern. Advocaat war längst nicht wie heute das allein dominierende Produkt. Verpoorten brannte Schnäpse, Kräuterliköre und Weinbrand. Zudem sorgte ein Colonialwaaren-Verkauf für das Auskommen.

Produziert wurde mit einfachsten Geräten. Die Eier wurden mit der Hand aufgeschlagen. Das blieb so bis Ende der sechziger Jahre dieses Jahrhunderts. Heute erledigen das hochmoderne Maschinen. Für eine 0,7-Liter-Flasche braucht Verpoorten heute rund ein Dutzend Eidotter. Jährlich verbraucht die Firma fast 100 Millionen Eier.

Die Philosophie des Viktor Verpoorten:

Die Popularität des Firmennamens hat der 64jährige Viktor den Verpoortens ins Nest gelegt: „Tradition stärkt uns zwar den Rücken, aber im Grunde muß man schon beim Aufwachen überlegen, was heute besser zu machen ist."

Bei seinem geistigen Frühsport hat Viktor Verpoorten zwei elementare Bestandteile der Unternehmensphilosophie ausgebrütet: Qualität und Werbung. Neben den Eiern - Güteklasse A - kommen nur natürliche Produkte in Verpoortens Flasche. Farbstoffe oder Verdickungsmittel sind Fremdwörter in der heutigen Unternehmensphilosophie. Und dafür gibt Viktor Verpoorten auf jeder Flasche Brief und Siegel. Bei ihm ist das Überzeugung und kein billiger Reklamegag.

Dabei spielt die Werbung die zweite Hauptrolle für das Bonner Unternehmen. Der Firmenchef heute: „Die Ware kann ohne Werbung noch so gut sein. Erst mit der Werbung kommt der richtige Umsatz." Das Medium wechselte: Presse, TV, Radio oder Rezepte an der eigenen Ware. Der Spruch blieb immer gleich: „ei, ei, ei, Verpoorten" - für den Eierlikör das Ei des Kolumbus.

Trotz der dagegen eher simplen Produktion in Heinsberg vor hundert Jahren - der gute Tropfen kam an. Größere Kapazitäten waren nötig und vor allem schnellere Liefermöglichkeiten. Die Zentren des Reiches lagen weiter östlich. Der Selfkant war nur das Sprungbrett zu einem landesweiten Vertrieb.

Auch heute spielt der Vertrieb in der Philosophie der Verpoortens eine entscheidende Rolle. In der vierten Generation kann Viktor Verpoorten dabei auf ein System zurückgreifen, das den Vorgängern nicht zur Verfügung stand.

Diese fuhren ihre Liköre noch bis zum Zweiten Weltkrieg als Faßware zu größeren Fabriken, die den Likör dann unter ihrem Namen verkauften. Erst Viktor Verpoorten hat aus seinem Eierlikör nach dem Zweiten Weltkrieg einen Markenartikel gemacht. Das ging nur mit einem motivierten Handel und einem intakten Außendienst, der aufgrund guter Kontakte der Hersteller untereinander neben Verpoorten noch andere Markenspirituosen vertritt. Viktor Verpoorten: „Diese Verbindungen gründeten hauptsächlich in meiner Kontaktfreudigkeit".

Ärger gab es nicht, denn die Marken kamen sich nicht in die Quere; vielmehr ergänzte eine die andere. Selbständig arbeitende Handelsvertreter waren das Fundament. Rund 70 Vertreter reisen für Verpoorten. Der Export geht in alle Erdteile. Lizenzproduktionen gibt es in den bedeutenden Auslandsmärkten Italien, Schweiz, Österreich, Spanien und Holland, das gleichzeitig den englischen Markt versorgt.

Solche Möglichkeiten fehlten Eugen Verpoorten in Heinsberg. Er überließ der zweiten Generation, Sohn Mathias Hubert, das Ruder. Die Produktion wurde kurz darauf nach Duisburg verlegt. Hier arbeiteten rund 20 Beschäftigte. Im Jahr 1890 wurde Willi Verpoorten geboren. Schon früh trat er in die Fußstapfen des Vaters. Schwierigkeiten beim Generationswechsel gab es für die Familie nie. Stets wurden die Kinder erzogen, schon früh für die Firma dazusein. Das ist in der fünften Generation - trotz gesellschaftlicher Generationskonflikte - bei Verpoorten nicht anders als vor einem Jahrhundert. William Verpoorten - der im letzten Herbst bereits für die sechste Generation gesorgt hat - ist nach Betriebswirtschaftsstudium, Banklehre und einem Jahr beim Mitbewerber Jägermeister im Unternehmen allein zuständig für den Export. Auch der jüngste Sprößling Dirk, ein Twen in den frühen Zwanzigern, wird einmal in Spirituosen machen.

Für Viktor Verpoorten hat der Familienbetrieb Zukunft. „Unsere Familie ist bescheiden und sparsam. Das Geld stecken wir zum größten Teil wieder in das Unternehmen. Ich glaube, wir sind ein Beispiel dafür, daß man auch heute noch einen Familienbetrieb führen kann."

Die Zukunft für Mathias Hubert und Willi Verpoorten in Duisburg sah dagegen erst einmal düster aus. Die Zeichen standen auf Krieg. In den Jahren 1914 bis 1918 hatten die Leute andere Sorgen, als Eierlikör zu trinken. Willi Verpoorten mußte an die Front. Als er 1918 aus Frankreich zurückkam, fiel der Neuanfang in Duisburg schwer. Das pulsierende Leben hatte sich wieder weiter nach Osten verlagert. Die goldenen Zwanziger spielten sich trotz aller politischen Irrungen und Wirrungen in Berlin ab. Da durfte auch ein guter Eierlikör nicht fehlen. Willi Verpoorten verlegte den Betrieb abermals - nach Berlin, allerdings noch immer mit demselben, geheimen Rezept.

Auch heute noch ist Berlin neben Bonn das Standbein des Unternehmens. Dort in Kreuzberg, ganz in der Nähe der Mauer, füllen 100 Mitarbeiter täglich bis zu 80.000 Flaschen Eierlikör ab. In Bonn sind es bei ebenfalls 100 Mitarbeitern maximal nur 70.000 Flaschen. Die Weltpolitik hat Berlin heute - trotz Berlinförderung - zu einem schwierigen Produktionsstandort gemacht. Die Entfernung zu vielen Teilen des Marktes Bundesrepublik Deutschland ist groß. Viele Unternehmer kehrten deshalb der Stadt in den unruhigen fünfziger und sechziger Jahren den Rücken. Nicht so Verpoorten. Für ihn hat der Standort Berlin politische Bedeutung: „Wenn Berlin eines Tages verlorengehen würde, wäre auch das Vertrauen in die Bundesrepublik hin. Berlin schlägt sich so tapfer. Ich stehe zu meiner, wenn auch relativ kleinen unternehmerischen Verantwortung für die Stadt."

Vater Willi Verpoorten - inzwischen Firmenchef - hatte damals andere Motive. Berlin war Zentrum. Von hier aus versorgte er ganz Deutschland per Pferdewagen und Eisenbahn mit allen möglichen Schnäpsen, Kräuterlikören - und natürlich mit Eierlikör. Doch von dem Markenartikel Verpoorten - wie man ihn heute kennt - war noch nichts zu sehen.

Dann schlug die Weltpolitik wieder zu. Hitler setzte seine finsteren Pläne in die Tat um. Das hatte auch Auswirkungen für Verpoorten. Die Eier aus der Umgebung von Berlin dienten erst einmal der gesunden Volksernährung. Devisen für Eier aus dem Ausland gab es erst recht nicht. Die wurden für weit martialischere Dinge gebraucht. Kurzum: Berlin war kein Überschußgebiet für Eier mehr. Jetzt zeigten sich die Vorteile eines Familienbetriebes. Elly Verpoorten - Seniorchefin bis zu ihrem Tod 1968 - ging 1936 nach Straubing in Niederbayern. Dort machte sie einen Zweigbetrieb auf. Hier konnte sie Eier aufkaufen, denn Niederbayern war Überschußgebiet. Ihr Mann blieb in Berlin. Die Verantwortung wurde geteilt.

Doch die große Politik verlangte noch weitere Opfer. Sohn Viktor - am 3. Juni 1922 im Sternzeichen des Zwillings in Berlin geboren - wurde nach dem Abitur auf der höheren Handelsschule 1940 mit 18 Jahren zum Arbeitsdienst in der Tschechoslowakei verpflichtet. Weihnachten 1941 gab es ein fünftägiges Wiedersehen mit Berlin und der Familie - dann ging es an die Ostfront und von dort direkt in amerikanische Gefangenschaft. Die dauerte glücklicherweise nicht lange. Auch der Rest der Familie hatte Glück. Er überlebte. Die Fabrik in Kreuzberg gab es nicht mehr. Ein Trümmerhaufen. So traf man sich in Straubing zur Wiedersehensfeier - und vor allem zum Neubeginn. An Alkohol war vorerst jedoch nicht zu denken. Viktor und sein Vater - einmal Unternehmer, immer Unternehmer - begannen, Gurken einzulegen und mit heißen und kalten Getränken zu handeln. Viktor Verpoorten: „Auch wenn wir heute stolz sind auf unsere über hundertjährige Tradition, 1945 haben wir absolut von Null angefangen, so daß mein Vater und ich im Grunde auch Gründer sind." Von Null? Nicht ganz. Das Rezept hatte den Krieg überstanden.

Am 20. Juni 1948 kam der Startschuß: Währungsreform. Guthaben in Reichsmark wurden im Verhältnis 10 : 1 eingetauscht. Jede natürliche Person erhielt einen Kopfbetrag von 40 Mark, im August kamen dann noch einmal 20 Mark dazu. Das war zuwenig, um wieder einen eigenen Betrieb aufzumachen. Eier waren begehrt und teuer. Da erklang aus dem Äther an diesem 20. Juni

1948 die Stimme Ludwig Erhards, der die Zwangswirtschaft für beendet erklärte. Die Soziale Marktwirtschaft war geboren.

Doch trotz Auflösung der Zwangswirtschaft gab es Probleme. Die große Politik schlug wieder zu. Bayern war längst kein Überschußgebiet mehr für Eier. Die vielen Millionen Flüchtlinge aus den ehemaligen Ostgebieten mußten ernährt werden. So mußten sich die Verpoortens die Eier zum größten Teil aus Holland und Belgien beschaffen. Auch die Flaschen kamen von weit her: aus dem Ruhrgebiet und aus Gerresheim bei Düsseldorf. Abgefüllt rollten sie dann wieder bis nach Flensburg. Im Unternehmerkalkül war dies ein Unding. Die Verpoortens sahen sich nach einem anderen Standort um. Angebote gab es aus Frankfurt, Düsseldorf und aus Bonn. Die Politik war schon in das bis dahin eher verschlafene Städtchen am Rhein gezogen. Nun folgte ihr 1952 auch Verpoorten. Doch nicht aus irgendeinem politischen Kalkül. Der Grund, nach Bonn zu gehen, war rein kalkulatorisch. Die Stadt konnte allein von der Bundesregierung nicht leben. Industrie mußte her - aber bitte schön, rauch- und lärmfrei wollte es die ehemalige Residenz haben. Da bot sich ein Unternehmen wie Verpoorten an. Und man konnte schließlich etwas bieten: ein Grundstück genau am Ende der Autobahn Köln-Bonn, am Verteilerkreis. Innerhalb von nur drei Stunden sind die Transporter mit den Eiern aus Norddeutschland, Belgien und Holland auf dem Hof. Praktisch legefrisch. So hat die Weltpolitik Bonn als bis jetzt letzten Standort einer Weltmarke bestimmt.

UNTERM STRICH

Eugen Verpoorten

Firmenname	Verpoorten
Firmensitz	Bonn
Branche	Spirituosenhersteller
Hauptprodukt	Verpoorten Advocaat
Eigentumsverhältnis	Familienunternehmen
Gesellschafter/ Geschäftsführer	Viktor Verpoorten
Gründer	Eugen Verpoorten
Gründungsjahr	1876
Mitarbeiter	200
Niederlassungen	2 (Inland), 5 (Lizenzbetriebe im Ausland)
Umsatz	Keine Angabe
Zukunftsziel	Weiterhin der meistgekaufte Eierlikör der Welt zu bleiben

Underberg
Die geheimnisvollen Kräuter
von Eva Maria Zacharias

Der Stoff, aus dem Erfinder-Träume gewebt sind, nimmt bekanntlich mancherlei ungewöhnliche Formen an. Für einen ehrgeizigen jungen Mann, der in der ersten Hälfte des 19. Jahrhunderts im niederrheinischen Rheinberg geboren wurde, offenbarte er sich in einem ganz speziellen Tröpfchen, das seinen Zeitgenossen zwar zunächst recht bitter über die Zunge floß, dann aber im Magen eine Wirkung entfaltete, die dem Trank alsbald den Ruf einer wohltätigen Medizin einbrachte. Zwar wird die alkoholhaltige Kräutermischung - ehemals „Boonekamp of Maagbitter" getauft - schon längst nicht mehr als Arznei verschrieben, wie im vorigen Jahrhundert durchaus möglich, doch hat sich an ihrer Zusammensetzung bis heute nichts geändert, und die hat es in sich. Ein Auszug erlesener Kräuter aus nicht weniger als 43 Ländern, frisches Brunnenwasser und Alkohol gehören dazu, soviel ist bekannt. Der Rest aber, jenes gewisse Etwas, dem das inzwischen weltweit bekannte Getränk aus dem Hause Underberg noch immer den exotischen Reiz des Rätselhaften verdankt, blieb seit der Gründerzeit bestgehütetes Familiengeheimnis. Ein Geheimnis, das auch Hubert Underberg-Albrecht nicht als unverhoffte Inspiration in den Schoß fiel, sondern nach dem er jahrelang intensiv und zielstrebig gesucht hatte.

Die kleinstädtische Welt, in die Hubert als drittes Kind der Rheinberger Kaufmannsfamilie Underberg am 14. Oktober des Jahres 1817 hineingeboren wurde, zeigt sich in vielen volkstümlichen Erzählungen von der beschaulichen Seite. Überliefert sind ungezählte Histörchen vom Leben in der ländlichen Region, von Alltagsbräuchen und Feierlichkeiten, die die Menschen zu kirchlichen Festtagen und weltlichen Vergnügungen zusammenführten. Bei der „Annendracht" zum Beispiel, bei der man alljährlich am 26. Juli in großer Prozession zum Annaberg zog, um die Schutzheilige um Beistand zu bitten, und die zugleich den willkommenen Anlaß für zünftige Kirmesfreuden bot, zu denen der Duft nach frischem Apfelkuchen verführerisch durch die Straßen zog. Berichtet wird auch von manchem Streich des aufgeweckten Schülers Hubert, seiner Leidenschaft für das Angeln und seinem lebhaften Interesse für die Kräuterküche des Posthalters, dem er nicht selten über die Schulter geschaut und beim Ansetzen seiner würzigen Elixiere geholfen haben soll. Der Junge schaute zu, wie die duftenden Ingredienzen zermahlen wurden, reinigte die Tiegel und füllte die Flaschen. Wer vermag zu sagen, ob schon damals der Traum Gestalt annahm, einmal selbst eine solche Mixtur zu mischen, vielleicht gar ein einmaliges Getränk, in dem noch unbekannte Rinden, Blüten und Blätter aus fernen Ländern ihre Wirkung entfalten würden? Auch die Fuhrleute, die zuweilen auf dem Weg nach Köln oder nach Holland durch Rheinberg kamen, hatten es dem Jungen angetan. Sie fanden in ihm einen geduldigen Zuhörer für ihre Erzählungen. Möglich, daß die durchreisenden Besucher auch den Entdeckerdrang in die bürgerliche, von christlichen Traditionen geprägte Welt trugen, in der Hubert zu Hause war. Zusammen mit den beiden älteren Schwestern, Anne-Therese und Lisette, und vier jüngeren Geschwistern wuchs er in einer Familie auf, in der der Kaufmannsberuf Tradition hatte.

Huberts Großvater siedelte im 18. Jahrhundert von Wesel nach Rheinberg über und betrieb dort eine Färberei, die sein Vater, Gerhard, übernahm und um einen schwunghaften Klompenhandel erweiterte. Dieser machte übrigens als Schöpfer eines besonderen Leinen-Musters von sich reden, indem er das „Rheinberger Blau" kreierte, während Huberts Mutter, Maria Katharina, die kleine Manufaktur und den Laden in Schwung hielt. Der frühe Tod von Gerhard Underberg, der 1826, erst 43jährig, überraschend starb, bürdete ihr die Sorge um den Unterhalt der Familie auf, deren jüngstes Mitglied wenige Monate später zur Welt kommen sollte. Hubert, damals noch keine zehn Jahre alt, ging der Mutter in den folgenden Jahren so weit wie möglich bei ihren umfangreichen Geschäften zur Hand.

Es war die Zeit, in der die anbrechende Industrialisierung ihre Vorboten vorausschickte. Die Rheinberger nahmen sie in Gestalt der Qualmwolken wahr, die mit dem ersten Dampfschiff über dem Rhein aufstiegen. Skeptisch beäugten sie vom Ufer aus die Rauchzeichen einer neuen Epoche. Sie setzten vorerst auch wenig Vertrauen in das neumodische „Feuerschiff", dessen Maschine obendrein den Dienst versagte, so daß die Strecke bis nach Ruhrort mit Hilfe traditioneller Pferdestärken bewältigt werden mußte. Doch das Schiff wurde wieder flott und der Schiffahrt auf dem Strom insgesamt kräftig Dampf gemacht. Hubert Underberg drückte inzwischen fleißig die Schulbank, zuerst in der „Kleinen Schule" hinter der Kirche, „achter de Kerk", dann in der Lateinschule „vör de Kerk", wobei ihn vor allem die Pflanzenkunde fesselte. 1829 durfte er für ein Jahr nach Lüttich reisen, um die französische Sprache zu erlernen.

Später führten ihn die Lehrjahre der Berufsausbildung in Handelshäuser und Banken in Antwerpen, Rotterdam und Amsterdam. Dort mixten die Wirte in den Gasthäusern ein populäres Getränk, den sogenannten Boonekamp. Dabei floß zuerst Genever ins Glas und dann aus einer zweiten Flasche ein brauner, bitterer Kräuterextrakt, den man Elixier nannte. Jeder Wirt ging freilich nach eigenem Gutdünken zu Werke, der eine schenkte mehr, der andere weniger Bitter-Extrakt aus. Hubert Underberg sah sich aufmerksam um, beobachtete und schmiedete eigene Pläne. Er wollte ein Produkt entwikkeln, das immer gleichbleibend - semper idem - schmecken sollte. Gedacht, getan? Nun, der Vorsatz war zwar schnell gefaßt, doch bis der Gedanke tatsächlich in Gestalt der langgesuchten Flüssigkeit die Gläser füllte, kostete das Studium der brauchbaren Kräuter, Wurzeln und Pflanzen noch viel Zeit und Forscherdrang. Wertvolle Hinweise mögen dabei auch die Erfahrungen der Seeleute beigesteuert haben, die sich bei einem Gläschen Genever sicher nicht erst lange bitten ließen, bis sie ihre Erlebnisse zum besten gaben. Daß sie ihre Geschichten mit einer kräftigen Prise „Seemannsgarn" gewürzt haben, darf getrost vermutet werden. Den pflanzenkundigen Rheinberger Zuhörer konnte das nicht irritieren, fügte er doch zu guter Letzt aus der verwirrenden Fülle der einzelnen Teilchen die wichtigen Informationen wie ein Puzzle zusammen. Welch ein Stoff für einen Abenteuerroman! Aus der vertrauten, behüteten Welt des Rheinberger Elternhauses wagt sich der Protagonist ins prickelnde Milieu der Hafenstädte und spürt den Geheimnissen nach, die er vielleicht jenseits der Weltmeere vermutet. Ein Hauch von Fernweh liegt über der Szenerie, und doch reist die Hauptperson nur in der Phantasie zu entlegenen Kontinenten - das eigentliche Erfolgsrezept gilt es, in heimischen Gefilden zu entdecken. Die Proben von vielerlei Gewächsen aus aller Herren Länder liefern dem künftigen Erfinder lediglich die Zutaten, die zusammen mit seinem Wissen um die Pflanzenkunde nach langem Probieren und Experimentieren den großen Wurf möglich machen. Bewußt setzte Hubert Underberg auf die vorbeugenden und heilenden Eigenschaften bestimmter Kräuter, um schließlich ein Produkt aus der Taufe zu heben, das bald wegen seiner wohltuenden Wirkung geschätzt wurde. Kein Zweifel, die Liebe zum „Boonekamp of Maagbitter" ging durch den Magen, dem die enthaltenen Bitterstoffe besonders zuträglich waren. Hubert Underberg baute nicht nur auf die wirksamen Substanzen in den ausgewählten, aus 43 Ländern beschafften Kräutern, sondern erfand als geeignete Herstellungsmethode die warme Mazeration, die unverändert bis heute angewendet wird. Die Idee, die Kraft der Kräuter in einem Alkohol-Wasser-Gemisch mittels warmer Mazeration auszuziehen, erwies sich dabei auch im Hinblick auf die Herstellungsdauer als vorteilhaft. Die Zeit für Ansatz und Lagerung der Mischung, die anfangs mehr als ein Jahr in Anspruch nahm, ließ sich mit dieser Methode deutlich verkürzen. Noch immer braucht dieser besondere Tropfen allerdings viele Monate, um in mächtigen Eichenfässern zu reifen. Da mußte sich auch der Erfinder mit Geduld wappnen, bevor er das gelungene Werk genießen konnte.

Glaubt man zeitgenössischen Berichten, so gehörten mehrere Ärzte zu den ersten Gutachtern, die ihr Urteil über den neuen Trank abgeben durften. Überliefert ist, daß die Doktoren allen Patienten, die mit Bauchweh zu ihnen kamen, mit Vorliebe jenen Kräuterbitter verordnet haben sollen. Legende oder Tatsachen-Story - die ärztliche Empfehlung war, so eindrucksvoll sie auch die wohltätigen Inhaltsstoffe bestätigt, nicht so ganz im Sinne des Erfinders. Schließlich wollte dieser nicht nur eine Arznei für kranke, sondern auch einen guten Tropfen für gesunde Abnehmer auf den Markt bringen. Und damit sich dieses Angebot auch gebührend herumsprach, ließ er sich allerhand einfallen, was auch einem modernen Marketing- und Public-Relations-Fachmann alle Ehre gemacht hätte. Doch davon später mehr.

Am selben Tag, an dem der Rheinberger Bürgersohn Hubert Underberg die Tochter einer Rheinberger Patrizierfamilie, Catharina Albrecht, heiratete - es war der 17. Juni 1846 -, gründete er den Fabrikationsbetrieb H. Underberg-Albrecht, wobei er seinem eigenen Namen den Mädchennamen seiner Frau hinzufügte. Catharina unterstützte ihren Mann mit Engagement und Geschäftssinn. Sie übernahm Mitverantwortung als Prokuristin und als Geheimnisträgerin, die in die verborgenen Details der Underberg-Produktion eingeweiht war. Um den Ruf seines Produktes weit über die Grenzen seiner Heimatstadt hinauszutragen, schlug der Firmengründer ungewöhnliche Wege ein. Zu einer Zeit, die weder Rundfunk, noch Film oder Fernsehen als Werbeträger kannte, nutzte er eifrig die Möglichkeiten der Zeitung als Kommunikationsmittel. Das Echo auf diese Inserate war so lebhaft, daß er die Anzeigenwerbung bis in die benachbarten Niederlande und nach Belgien ausdehnte. Das Underbergsche Archiv besitzt noch die Originale zahlreicher Annoncen, die zwischen Antwerpen, Königsberg in Preußen und Wien erschienen sind. Bald schätzten auch hochkarätige Kreise das magenfreundliche Hausmittel. Es mundete zur deftigen Kost in ländlichen Gasthöfen genauso gut wie zu den Tafelfreuden gekrönter Häupter, und schon im ersten Jahrzehnt nach der Firmengründung durfte sich Underberg stolz als Hoflieferant an Königs- und Fürstenhöfen empfehlen. Was Majestäten vor Bauchgrimmen bewahrte, mochte auch die Reisenden auf den beschwerlichen Touren jener Zeit stärken. Die „gute alte" Postkutschen-Ära mutet jedenfalls aus der nostalgischen Perspektive weitaus gemütlicher an, als sie anno dazumal von den Passagieren auf holprigem Pflaster empfunden wurde. Offenbar schlugen die langwierigen, unbequemen Fahrten, vielleicht auch die Qualität der Verpflegung, den Reisenden nur allzuoft auf den Magen.

Philosophie des Hauses Underberg:

Es ist schon nicht alltäglich, daß die Eigentümer eines seit 1846 bestehenden Unternehmens jetzt in der vierten Generation unmittelbare Nachkommen des Firmengründers sind; ganz ungewöhnlich ist jedoch, daß der Underberg, nach dem Geheimverfahren des Erfinders getreu der Devise „semper idem" hergestellt, auch nach 140 Jahren noch wegen seiner appetitanregenden und verdauungsfördernden Eigenschaften in aller Welt geschätzt wird.

Nach 1949 wurde das Produkt nur noch in der kleinen Flasche verkauft, „ein Underberg in Originalpackung". Das Hausmittel in der Portionsflasche erschloß neue Verbraucherschichten. Bald darauf folgten die Wiederaufnahme des Exports und vielfältige internationale Aktivitäten. Besondere Aufmerksamkeit gilt nach wie vor der Bewahrung der gewerblichen Schutzrechte.

Mit einer umfassenden Änderung der Vertriebsorganisation, der Nutzung neuer Werbemedien und dem Einsatz elektronischer Kommunikationsmittel begegnete das Unternehmen in den letzten Jahrzehnten dem Strukturwandel in den Vertriebsformen des Lebensmittelhandels, den veränderten Gewohnheiten der Verbraucher und den Erfordernissen einer betriebswirtschaftlichen Transparenz.

Wenn es auch vor dem Hintergrund eines stagnierenden Spirituosenmarktes und unter dem Einfluß staatlich gesetzter Rahmenbedingungen in den letzten Jahren zu schmerzhaften strukturellen Maßnahmen kam, so ist die Geschäftsführung davon überzeugt, daß sich die Zukunft des Unternehmens mit Wachstum leichter und besser sichern läßt. Die Expansion kann jedoch nur erreicht werden, wenn das Unternehmen aus den angestammten Märkten ausbricht.

Wenn nun die geplagten Passagiere der Schnellpost auf dem Weg nach Holland oder von dort kommend in Rheinberg Station machten und aus der engen Postkutsche herauskletterten, froh endlich wieder die Arme und Beine strecken zu können, wartete eine originelle Überraschung auf die Ankömmlinge. Draußen stand nämlich ein Gehilfe der Firma Underberg-Albrecht mit einem Tablett und kredenzte ein goldbraunes, duftendes Getränk mit Empfehlung seines Chefs als „das Bekömmlichste vor, während und nach der Reise".

An dem liebenswerten Rheinberger Brauch, der gleichermaßen Gastfreundschaft und Geschäftssinn bekundet, hielt sogar der Sohn des Firmengründers noch fest. Der unkonventionellen Öffentlichkeitsarbeit des Hauses Underberg konnte seinerzeit selbst der Regierungspräsident in Düsseldorf nicht widerstehen. Dieser soll ein Schreiben, in dem um eine schnellere Zollabfertigung des angegebenen Quantums Kräuterbitter gebeten wurde, mit folgender Bemerkung abgelehnt haben: „Underberg? Kenn' ich nicht, soll mich in Ruhe lassen!" Dies war nun eine Herausforderung, auf die der Rheinberger Fabrikant mit Phantasie und Witz zu antworten wußte. Als die nächste Visite des Regierungspräsidenten in den Kreisämtern anstand, begegnete ihm prompt allerorts auf den Landstraßen ein Konvoi von Planwagen, auf denen unübersehbar der Name Underberg zu lesen war. Die Zahl der Wagenkolonnen beeindruckte den Düsseldorfer so nachhaltig, daß er das nächste Gesuch problemlos genehmigte. Hubert Underberg-Albrecht war der Streich gelungen, die Quantität seiner Transporte kurzerhand ein wenig optisch aufzustocken, indem er sich rechtzeitig über die Reiseroute des Regierungspräsidenten informiert und jeweils dieselbe Wagenkolonne in entgegengesetzter Richtung in Marsch gesetzt hatte.

Doch nicht nur die geschickte Imagewerbung, sondern auch die Verpakkung des unnachahmlichen Produktes sorgte dafür, daß der Rheinberger Magenbitter unverwechselbar blieb, auch wenn es an Zeitgenossen nicht fehlte, die am Erfolg mit klingender Münze teilhaben wollten. So wird erzählt, daß der Firmengründer höchstpersönlich einst einen dreisten Betrüger entlarvte, der sich in einer Gaststätte als ein gewisser Herr Albrecht vorstellte und sich damit brüstete, als Underbergs Partner das besagte Geheimnis zu kennen. Der angebliche Teilhaber gab eine geschickt inszenierte Vorstellung zum besten, die in der Klage gipfelte, daß sein treuloser Mitinhaber ihn so verärgert habe, daß er dem Unternehmen nun sein Kapital entziehen und fortan mit einem neuen Partner das Fabrikationsgeheimnis zu Geld machen wolle. Während er schon die ersten Angebote entgegennahm, meldete sich ein bis dahin stiller Zuhörer zu Wort und schlug den Hochstapler mit wenigen Sätzen in die Flucht. Kein anderer als Hubert Underberg-Albrecht selbst war zum Ohrenzeugen des unlauteren Handels geworden und klärte nun die verhinderten Underberg-Produzenten umgehend über den familiären Hintergrund des Doppelnamens auf. Versteht sich, daß dieses Ereignis noch mit etlichen Runden Underberg begossen wurde, denn schließlich ertappt man nicht alle Tage einen solchen Schwindler auf frischer Tat. Für jenen Herrn Albrecht blieb der Abend nicht ohne Nachspiel. Vor Gericht mußte er eingestehen, daß er Hermann hieß und nicht Catharina. Andere Zeitgenossen versuchten sich im Etiketten-Schwindel und zierten ihre „Mogelpackungen" zum Beispiel mit dem Namenszug „Unterbrecht" oder „Unkerberg", um auf diese Weise bei unaufmerksamen Kunden vom Geschäftserfolg des Originals zu profitieren. Bei der Abwehr solcher unliebsamen „Teilhaber" erwies sich einmal mehr die Weitsicht und vorausschauende Planung des Gründers. Schon am 25. August 1851 deponierte er nämlich die von ihm ausgewählte Kropfhalsflasche, die mit dem HUA-Siegel gekennzeichnet und stets einheitlich mit rustikalem gelbbraunem Strohpapier und weißgrundigem Etikett versehen war, zusammen mit einigen Werbedrucksachen beim Handelsgericht Krefeld, um Nachahmer oder Fälscher künftig verfolgen zu können. Diese Deponierung gilt noch heute als eine der weittragendsten Handlungen des einfallsreichen niederrheinischen Geschäftsmannes. Zeigte sich Underberg-Albrecht schon mit der charakteristischen Ausstattung seiner Ware den damals üblichen Geschäftspraktiken überlegen (andere Hersteller füllten ihre Getränke üblicherweise in die unterschiedlichsten Flaschen, die sie von den Händlern und Wirten zurückbekamen), so weist ihn der denkwürdige Depotakt erst recht als einen Vorreiter auf dem Feld des Markenartikel-Gedankens und des Markenschutzrechtes aus. Die dergestalt aktenkundige Aufmachung und Beschriftung der Flaschen erfüllte einen doppelten Zweck. Einmal schreckte sie potentielle Fälscher mit dem Hinweis „gesetzlich deponiert“ ab, zum anderen bürgte sie auch für die beständige Qualität des Inhaltes. Die Sorge um die Bewahrung der gewerblichen Schutzrechte sollte auch noch spätere Generationen immer wieder beschäftigen. Die Berichte über den Kampf um den Underberg-Markenschutz füllen mittlerweile sieben stattliche Bände. Ohne die Pionierleistung des Erfinders jedoch wären wohl alle Bemühungen der Nachfahren, das Warenzeichen zu verteidigen, vergeblich gewesen, denn je deutlicher die erfolgreiche Absatzstrategie des Firmengründers Früchte trug, um so mehr beflügelte dieser Aufwärtstrend auch die Anbieter anderer bitterschmeckender Spirituosen. Gestützt auf den Depotakt beim Königlichen Handelsgericht in Krefeld konnte sich Hubert Underberg-Albrecht jedoch trotz des damaligen Mangels an gesetzlichem Schutz für Warenzeichen und Ausstattung mit seinem Produkt gegen die unerwünschte Konkurrenz abgrenzen.

Mit dem Geschäftserfolg stieg der Wohlstand im Hause Underberg und ebenso das Ansehen, das die Familie in Rheinberg genoß. Der florierende Betrieb hatte seinen Sitz am Rathaus mitten im Herzen der Stadt. Doch zurück zum Kern der Geschichte: jenem Geheimnis, das die Einmaligkeit des Unternehmens erst begründete. Am 24. Januar 1857 rief Underberg-Albrecht in seinem Büro alle Mitarbeiter sowie weitere 21 Persönlichkeiten, darunter die Vorsteher der Handwerksinnungen, zusammen, um in ihrer Anwesenheit vor dem Königlich-Preußischen Notar in Rheinberg und in Gegenwart seiner Frau Catharina eine Erklärung abzugeben. Als Gründer der Firma H. Underberg-Albrecht und Erfinder sowie alleiniger Destillateur des „Boonekamp of Maagbitter“ halte er es für seine Pflicht, so erfuhren die Versammelten, das Geheimnis der Bereitung dieses berühmten und heilsamen Getränkes bis in die späteste Zeit sich und seiner Familie zu bewahren und die Frucht seines Fleißes und seines Nachdenkens nicht in die Hände der Pfuscher gelangen zu lassen, die schon jetzt kein Mittel scheuten, ihm den Verdienst und den Vorteil seiner Erfindung zu entreißen. Damit dieses Vorhaben auch über seinen Tod hinaus wirke, habe er allein seine Ehegattin in alles eingeweiht und das

Geheimnis an Dritte weder verkauft, verschenkt, vertauscht oder auf irgendeine Weise veräußert. Diese Erklärung wurde mit einer Urkunde besiegelt und so die Urheberschaft an der Erfindung für die Nachwelt dokumentiert. Und auch die nachfolgenden Generationen blieben diesem Anliegen treu. Das Rezept wurde dem Sohn und danach den Enkeln und Urenkeln anvertraut.

Als Hubert Underberg-Albrecht am 30. Dezember 1891 im Alter von 74 Jahren starb, hinterließ er seiner Familie ein geordnetes Haus. Sein Sohn Hubert, den er rechtzeitig in die Führung des Unternehmens eingewiesen hatte, führte die Familientradition fort. Er setzte sich auch weiterhin erfolgreich für die Erhaltung des Warenzeichenschutzes ein. Maßgeblich beteiligte er sich an den Vorbereitungen für das „Gesetz zum Schutze von Warenbezeichnungen", das schließlich 1894 in Kraft trat. Danach entbrannte ein Streit um den Begriff Boonekamp, der schließlich zu der Feststellung führte, daß das Wort Boonekamp inzwischen zum Gattungsbegriff avanciert war, womit die Voraussetzung für eine Eintragung in das Warenzeichenregister fehlte. Als das Kaiserliche Patentgericht daraufhin die Bezeichnung Boonekamp zum Freizeichen erklärte, verzichtete Hubert Underberg auf die ursprüngliche Namensgebung und beschloß 1916 - 70 Jahre nach der Firmengründung -, das Produkt ab sofort nur noch „Underberg" zu nennen. Unter diesem Markenzeichen wurde der ungewöhnliche Rheinberger Kräuterbitter rund um den Globus zu einem Begriff - semper idem.

UNTERM STRICH

Hubert Underberg-Albrecht

Firmenname	Underberg AG, Zürich, Underberg KG, Rheinberg
Firmensitz	Zürich/CH, Rheinberg/Rhld.
Branche	Nahrungs- und Genußmittel
Hauptprodukt/ Dienstleistung	Spirituosen, Weine, Sekt, Fruchtsäfte, diätetische und pharmazeutische Erzeugnisse
Eigentumsverhältnis	Familie Emil Underberg (100 %)
Gesellschafter/ Geschäftsführer	p. h. G. Emil Underberg
Gründer	Hubert Underberg-Albrecht
Gründungsjahr	1846
Mitarbeiter	900
Niederlassungen	Underberg AG: 23 Underberg KG: 9
Umsatz	keine Angabe
Zukunftsziel	Weltweit im Dienste des Wohlbefindens

Deinhard
Die Farbe Lila
von Christian Dennert

Man schreibt den 24. Oktober 1794. Der Revolutionsgeneral Marceau hat über Koblenz, der sechseinhalbtausend Einwohner zählenden Stadt am Zusammenfluß von Rhein und Mosel, die französische Flagge aufziehen lassen.

Was hat die kurfürstlich trierische Residenzstadt in den zurückliegenden Jahren nicht alles erlebt! Nur kurz war die Zeit der positiven Entwicklung von Wirtschaft und Kultur unter dem Krummstab eines fortschrittlichen und leutseligen Feudalherrschers, des Kurfürsten Clemens Wenceslaus, der eigentlich in Trier sein hohes Amt auszuüben hatte, der aber den Gestaden des Rheins den absoluten Vorzug gab, verlockt natürlich auch von gewissen Gewohnheiten seiner erlauchten Vorgänger, die hier schon seit Generationen Schlösser gebaut und Adel angesiedelt hatten.

Clemens Wenceslaus hatte etwas bewegt an Rhein und Mosel, Handel und Wandel gefördert, ein riesiges Schloß gebaut und einen ganz neuen Stadtteil drumherum, ein wunderschönes Theater, eine Prachtstraße und eine Wasserleitung. Handel und Wandel standen in Hochblüte und lockten Männer in die

Stadt, die äußerst unternehmungs- und nicht weniger abenteuerlustig waren. Ein Sog war entstanden, der aber auch Verwandte und Bekannte, Gesinnungs- und Gefolgschaftsgenossen des Fürsten nach Koblenz brachte, die auf der Flucht waren. Die Revolution in Frankreich hatte sie vertrieben. Die Rhein-Mosel-Stadt wurde ihr Sammelplatz, Zentrum einer Art Gegenrevolution, Sitz der „Exilregierung".

Die Hundertschaften von Adeligen, Prinzen, Grafen, Ministern und Kardinälen wären für die Bevölkerung noch zu verkraften gewesen, auf Dauer aber nicht die zahllosen Diplomaten aus allen Ländern Europas, die unvermeidlichen Hofschranzen, die insgesamt ein 3.000-Mann-Heer von Besatzern bildeten, die rauschende Feste feierten, das Geld mit vollen Händen ausgaben und die kleinen Leute schikanierten. Kein Wunder, daß diese sich die Ideen der Revolution zu eigen machten und Lieder sangen, die man auch in Paris seit 1789 hörte. 1792 verschwand der Spuk, als die Preußen des ersten Koalitionskrieges gegen Frankreich zogen, für immer. Der Kurfürst selbst und alles, was noch feudalistisch war, aber erst Ende 1794, verdrängt von der Revolutionsarmee, die nun in Koblenz stolz die blauweißrote Flagge zeigte.

Genau ein halbes Jahr vorher, am 1. Mai, hatte ein junger Mann namens Johann Friedrich Deinhard ein Weinhandelsgeschäft in den Mauern dieser Stadt eröffnet. Er war selbst kein gebürtiger Koblenzer, vielmehr wurde er offenbar vom „ausgiebigen" Treiben der feinen und reichen Leute aus Versailles und Paris hierher gelockt. Daß er, obwohl erst 22 Jahre alt, eigentlich zu spät gekommen war, sollte er sehr bald zu spüren bekommen, denn ehe er sein Geschäft auf eine solide Basis bringen konnte, waren mit den jetzt anwesenden Franzosen aus den adeligen Emigranten Sansculotten geworden, ohne Schuhe, ohne Strümpfe, auch ohne Hemden. Echte Revolutionäre, Befreier der Unterdrückten, Eroberer in jeder Hinsicht, denn sie tranken viel und zahlten kaum. Böse Zeiten also für den frischgebackenen Unternehmer, der, wie es damals üblich war, mit seinem Weinhandelsgeschäft gleich ein Bank- und Wechselgeschäft verband und beispielsweise das Frankfurter Bankhaus Mühlhens in Koblenz vertrat.

Überhaupt hatte er eine grundsolide und vielseitige Ausbildung genossen. Kaufmann wurde er in einem Wormser Großhandelsgeschäft für Wein, Holz und Salz, das auch eine Reederei auf dem Rhein betrieb. Hier schon knüpfte er wichtige freundschaftliche Bande, die für sein späteres Weinhandelsgeschäft wichtig werden sollten. Es läßt sich nicht leugnen, die Geschäfte gingen schlecht. Daß Deinhard dennoch schon jetzt den kämpferischen, unbeirrbaren Wirtschaftspionier erkennen läßt, sieht man daran, daß er die verschiedensten Aktivitäten entwickelte, um voranzukommen. Er betrieb neben dem Weinhandel eine Lotterieagentur und ein Früchtegeschäft. Er handelte mit Kaffee, holländischem Salz und Käse, mit Schokolade, Kölnisch Wasser, Zukker, Zitronen und Reis. Aus der Situation, die ihm die Soldateska aufzwang, versuchte er, das Beste zu machen. So entstand eine Verbindung zur französischen Generalität, die schließlich den Handel mit Champagner-Wein ermöglichte, und ganz frühe Kontakte zum damals bedeutendsten Koblenzer Weinhandelshaus, das einem Johann Nikolaus Nebel gehörte. Eine Beziehung, die 1801 zur Heirat mit Nebels Tochter Barbara Ludowica führte. Schließlich wurde dieser Akt die Basis für eine Expansion seines Weingeschäfts über den engeren mittelrheinischen Raum hinaus.

Der Geschäftssinn seines Schwiegervaters und seiner Schwäger zeigte ihm die verschiedenen Wege, auf denen über persönliche Kontakte Werbung für die eigenen Wirtschaftsunternehmungen geschehen konnte. Der Schwiegervater betrieb neben seinem Weinhandelsgeschäft einen Handel mit englischen Fayencen und Truhen und machte Deinhard mit dem englischen Absatzmarkt bekannt, dem naturgemäß nach der Aufhebung der Kontinentalsperre Deinhards Hauptinteresse galt. Er ließ sich von seinem Schwiegervater, der Maire von Koblenz war, in die Freimaurerloge einführen und in das Richterkollegium der Stadt wählen. Deinhard übernahm zahlreiche öffentliche Ämter und Funktionen. Sein Bekanntheitsgrad stieg, Aufträge ließen nicht auf sich warten. Seine Schwäger waren als Kaufleute in Italien, Belgien und Norddeutschland tätig; auch ihre Wirtschaftsverbindungen nutzte der junge Deinhard für seine Zwecke. Ebenso beteiligte er sich an einer bedeutenden Lederfabrik und assoziierte sich 1807 mit seinem angeheirateten Schwager Karl Anton Tesche, der ebenfalls in Koblenz Weinhandel betrieb. Mit diesem Schritt war die krisenfeste Basis für ein großes, kapitalkräftiges Weinhandelsgeschäft geschaffen.

Deinhard, jetzt gerade 35 Jahre alt, konnte stolz sein. Ein Gemälde aus jener Zeit zeigt uns den jungen Mann in eleganter Haltung neben seinem Sekretär, auf dem Geschäftspapiere in verschiedenen Formaten liegen. Daneben steht, auf einem Schreibpult aufgeschlagen, das erste Hauptbuch des Geschäfts, das bis heute erhalten geblieben ist. Johann Friedrich hat damals nicht wissen können, was sich aus seiner Gründung entwickeln würde. Er wollte ein tüchtiger, erfolgreicher Weinkaufmann sein, sich selbst in den Wirren der Zeit behaupten, nachdem er eine Familie gegründet hatte, seinen Kindern ein standesgemäßes Erbe hinterlassen.

Doch dieser Johann Friedrich Deinhard bildete nur als Firmengründer einen Anfang. Seine Nürnberger Vorfahren waren nachweisbar seit 1580 als Weinschänker und Wirtshausbesitzer tätig, woraus Erfahrungen auf dem Wirtschaftsgebiet von Weinbau und Weinhandel entstanden sind, die bis in die Generation des Vaters Johann Michael Deinhard reichten. Dieser verwaltete als Beamter der Freiherren von Gemmingen Guttenberg deren Weinbergbesitz in Wollenberg im Nordbadischen. Er besaß selbst Weinberge und war wie seine Vorfahren im Weinbau und Weinhandel tätig. Zusätzlich betrieb er in seiner Gemeinde das Gasthaus „Zum Löwen“, in dem Johann Friedrich Deinhard 1772 geboren war.

Den vom Schwiegervater vorgezeichneten Weg in die Öffentlichkeit beschritt auch Deinhard mit der Übernahme der Funktion eines Munizipalrates, wurde Deputierter des Departements bei der Krönung Napoleons I. und Führer der Eskadron, die als Ehrengarde den Kaiser auf der Reise nach Bonn begleitete.

Die Redlichkeit eines Kaufmannes war der beste Beweis für die Solidität eines Unternehmens. Der französische Staat ließ damals Beurteilungen von der Verwaltung abfassen, die sich auf die Persönlichkeit und den Charakter des Kaufmannes, den Geschäftsumfang und die Kreditwürdigkeit bezogen. In allen diesen Punkten wurden Deinhard beste Eigenschaften und eine erfolgreiche Geschäftstätigkeit bescheinigt, so daß ihm und seinem Unternehmen ein ausgezeichneter Ruf vorausging.

Nach dem Inventar von 1811 hatte sein Weinbestand einen Wert von 84.000 Talern, 1816 einen solchen von 136.000 Talern. Die Weine stammten vorwiegend aus dem hervorragenden 1811er Jahrgang. Das Weingeschäft entwickelte sich ausgezeichnet. Man beschäftigte mehrere Reisende und versandte - nachweisbar seit 1810 - regelmäßig Preislisten. Ebenso war es üblich, Zirkulare zu verfassen und an die Kunden zu schicken, die jeweils eine Vorausschau auf die Qualität des neuen Jahrgangs zum Inhalt hatten. So auch geschehen unter dem 15. Oktober 1822, als ein solches Schreiben versicherte, „daß die Qualität des Neuen Weines nicht nur dem 1811er beikommen, sondern ihn sogar an Stärke übertreffen werde". Kurz vorher hatte ein gewisser Anton Jordan, Sohn eines kurpfälzischen Offiziers, bei Deinhard und Tesche eine Stellung als Buchhalter angetreten, um vielleicht auch als Reisender tätig zu werden. Jordan war gerade 18 Jahre alt und begegnete dem 16jährigen August Deinhard, der als Lehrling im väterlichen Geschäft tätig war. Mit Erfolg führte Jordan Deinhard-Weine in England ein.

Am 23. Oktober 1827 starb Johann Friedrich Deinhard, der Begründer und mehr als drei Jahrzehnte lang energischer Patron des Geschäfts, dem es über viele widrige Umstände hinweg gelang, Koblenz zum Sitz einer für damalige Zeit bedeutenden Weinhandlung zu machen und es neben die alten Weinstapelplätze Frankfurt, Mainz und Köln zu stellen.

Mit Leib und Seele Kaufmann, unermüdlich tätig bei der Ausdehnung des Geschäfts, nach vielen Seiten interessiert, was auch Mißerfolge bei Ansätzen außerhalb des Weingeschäfts verursachte, hatte er stets die Zukunft im Blick. So befindet sich unter seinen nachgelassenen Papieren ein bis ins Detail ausgearbeiteter Plan, gemeinsam mit anderen rheinischen Kaufleuten, insbesondere mit Fabrikanten in Krefeld, ein Schiff nach Buenos Aires zu schicken, das ihre Waren absetzen und hauptsächlich Häute zurückbringen sollte. Dieser Plan kam nicht zur Ausführung. Uns ist er interessant, weil er erkennen läßt, wie Deinhards Unternehmungslust und Jordans Reisen nach England in den 20er Jahren Blickfeld und Interesse in eine ungewohnte Richtung erweiterten. Wer dachte damals schon in Koblenz an Südamerika? Deinhards Tod war ein großer Verlust für das von ihm gegründete Weinhandelshaus, der nur sehr schwer wettzumachen war.

August Deinhard, der 1806 geborene Sohn, trat nun für sich und seine Geschwister ins Geschäft. Im Jahre 1830 unternahm Carl Deinhard, Augusts jüngerer Bruder, seine erste Englandreise. Sowohl August Deinhard wie Anton Jordan, der Teilhaber wurde, gründeten noch im Jahre 1834, in dem auch Friedrich Deinhard, der dritte Sohn, seine erste Geschäftsreise nach Holland und Belgien antrat, eine Familie. Eine Schwester der Deinhard-Brüder verheiratete sich mit Jordan, der nun auch mit den Namensträgern seines Unternehmens verschwägert war.

Mit dem Eifer und der Tatkraft junger Geschäftsleute und Familiengründer widmeten sie sich der festeren Fundierung und dem weiteren Ausbau ihres Geschäfts. Sie ergänzten einander vortrefflich in der Arbeit, indem Deinhard die Leitung des Geschäfts in Koblenz, insbesondere die Pflege und Vervollständigung des schnell wachsenden wertvollen Weinkellers, übernahm. Carl Deinhard verlegt schon 1835–36 seinen Wohnsitz nach England, um sich gänzlich dem für das Gesamtunternehmen wichtigen englischen Geschäft widmen zu können.

In die 40er Jahre fallen die ersten Koblenzer Versuche zur Schaumweinbereitung. Ziemlich genau zur Zeit der Firmengründung, als nämlich in den Revolutions-, Koalitions- und schließlich in den Befreiungskriegen Soldaten aus vielen Ländern die Champagne durchzogen und dort das eigenartige Getränk kennen- und schätzen lernten, wurde der Champagner weithin bekannt und auch schon volkswirtschaftlich wichtig. Inzwischen waren an die 40 Jahre ins Land gegangen, deutsche Weinkäufer und Kellermeister aus der Champagne, wo sie sich das Wissen um die Geheimnisse der Schaumweinbereitung angeeignet hatten, in ihre Betriebe zurückgekehrt und werkelten mühsam an der Nachahmung des französischen Weinwunders herum. Und ehe ein eigenständiges, beachtenswürdiges Produkt zur Verfügung stand, waren ihre Keller voll von ungeliebten Schaumweinen, die weder das eifrige Bemühen noch das investierte Kapital rechtfertigten. Waren es die einheimischen Weine, die tatsächlich gewisse Eigenschaften entbehrten, die eben Champagner zu Champagner machten? In dieser Zeit gab man den deutschen Weinen hochtrabende französische Fantasienamen, was von überraschendem, wenn auch kurzem Erfolg gekrönt war. Der Absatz stieg zwar sprunghaft, und eine neue Erwerbsquelle schien endlich zu sprudeln.

Allerdings verlockte das schnelle Geschäft zu immer kürzeren Herstellungsperioden mit der Folge empfindlicher Vertrauenseinbußen. Moussierender Wein braucht eben Sorgfalt in Auswahl und Zusammenfügung der Grundweine, kenntnisreiche Erfahrung mit den komplizierten Vorgängen der zweiten Gährung und vor allem geduldiges Warten auf den Zeitpunkt der Reife. Das alles mußten die deutschen Winzer erst einmal begreifen. Es war ganz natürlich, daß damals viele aufgaben und nur wenige den Ehrgeiz aufbrachten, es mit dem uneinholbaren Benefit des „echten“ Champagners aufzunehmen. Bronner, ein Fachjournalist, schrieb noch 1842 in nationalistisch gefärbter Sachkenntnis: „Solange noch in dem Publikum der Wahn verbreitet ist, daß nur in der Champagne der Wein so süß, geistig und prickelnd erzeugt werde und alle anderen Schaumweine nachgemachte, künstliche Ware sei, solange wird über den teutschen Fabriken kein glänzender Stern stehen, weil deren Fabrikat mit gewisser Geringschätzung betrachtet wird, während das französische stets als Original angesehen, immer mit Vorzug betrachtet wird, selbst wenn es minder gehaltreich ist."

In der Tat hatte sich die Spreu vom Weizen getrennt. Einige Weinkellereien des Rhein-Main-Mosel-Raumes waren nun durchaus in der Lage, dem Champagner Paroli zu bieten und konnten mit einem schäumenden Wein aufwarten, der gefiel, und der das Geld, das man dafür hinlegen mußte, auch wert war.

Die Philosophie des Hauses Deinhard:

Wagemut, Vertrauenswürdigkeit und das richtige Gespür für den Zeitgeist kennzeichnen den guten Kaufmann. Kontinuität und Flexibilität gewährleisten ihm Erfolg. Das sind auch die Komponenten einer fast 200jährigen Deinhard-Tradition. Und die Basis für eine erfolgreiche Zukunft.

Gewiß - moderne Märkte wandeln sich rasanter als die der Vergangenheit. Bedarfsfreiräume werden immer rarer und enger. Zur Zeit konturiert sich eine neue Dimension von Konsumverhalten gerade bei der jungen Generation, die kritisch ist und intelligent. Ein erfreulicher Trend begleitet dieses Phänomen. Life-style ist die Parole. Genußvolle Selbstverwirklichung. Man sucht das bewußte Erleben von Essen und Trinken, die gourmethafte Orientierung an höchster Qualität und Originalität.

So wird man sich bei Deinhard mit hoher Flexibilität vor allem dieser Herausforderung stellen. Gleichzeitig gilt es, weitere Nischen aufzudecken und sie mit bewährten und neuen Marken zu füllen. In der damit verbundenen, wachsenden Anforderung an die Welt der Produkte liegt die Chance des Hauses, die man wahrnehmen wird, getreu dem Motto: Tradition, die Zukunft hat. Erfolg, der Tradition hat. Hierzulande und auf den Märkten der Welt. So wird sich der Weg gestalten, der das Haus Deinhard in das dritte Jahrhundert seines Bestehens führt.

1843 war man auch bei Deinhard so weit, nachdem man zehn Jahre lang mit dem „Champagner" vorlieb nehmen mußte, den man vom ehemaligen Kompagnon Jordan bezog. Deinhards eigener „Schäumender Rheingauer", „Sparkling Moselle" und „Sparkling Hock" machten im Ausland, hauptsächlich in England, eine unglaubliche Karriere. Die Korrespondenz der Deinhards aus den 50er Jahren zeigt, daß Handelsbeziehungen nach Kalkutta und Melbourne, nach St. Louis und New Orleans bestanden.

Am 7. Februar 1865 starb August Deinhard, nachdem ihn bereits seit einigen Jahren ein Herzleiden bei der Arbeit sehr behindert hatte. Fortan gab es keinen Deinhard mehr in der Leitung des Unternehmens, lediglich anonyme Anteilhalter - der Name selbst stand nunmehr für die Marke. Und seine beiden Teilhaber wußten, welches unersetzliche Gut mit dem inzwischen weltweiten Ruf dieses Namens es zu hegen und pflegen und vor allem zu mehren galt.

Mit den Teilhabern Wegeler und Haßlacher begann eine neue Ära kontinuierlicher Firmenentwicklung. Wer nun waren diese beiden jungen Teilhaber? Im Jahre 1857 mußten - nicht zuletzt wegen des erwähnten sprunghaften Anstiegs des Schaumweingeschäfts mit England - zwei neue Reisende eingestellt werden. Der erste, Jacob Haßlacher, hatte gerade seine vierjährige Lehrzeit bei Deinhard beendet und wurde nun zur Erledigung der Comptoir-Arbeit und Weinaufträge nach London geschickt. Seine Tätigkeit und die damit verbundenen Erfolge banden ihn so sehr, daß er bereits 1860 die englische Staatsbürgerschaft annahm.

Der andere junge Mann hieß Julius Wegeler, wie Haßlacher Koblenzer. Er hatte Auslandserfahrung, die er aus Paris mitbrachte und reise nun ebenfalls für Deinhard. Hauptsächlich nach London. Beide wirkten außerordentlich erfolgreich zusammen. Haßlacher bald gänzlich in London, Wegeler fast ständig in Koblenz. Ihr Kundenkreis wuchs hüben wie drüben beträchtlich. Julius Wegeler heiratete die Tochter seines Prinzipals August Deinhard, der keinen Sohn und damit keinen Namenserben hatte.

Die industrielle Revolution, an deren wachsender Aktivität in Industrie und Handel sich eine erstaunliche Fülle von Entwicklungen und Erfindungen anschloß, war in vollem Gange. Sie bot bald wissenschaftlich erprobte Produktionsmethoden, die auch der Wein-und Sektwirtschaft zugute kommen sollten. Auch die alteingesessene Firma Deinhard sah sich in harte Konkurrenz mit neugegründeten Unternehmen eingebunden, so daß die bislang bewährten Angebots- und Verkaufsmethoden nicht mehr genügten. Man war aber auch flexibel genug, die Zeichen der Zeit zu erkennen und die aufkommenden Möglichkeiten „moderner Werbung“ zu nutzen. Öffentlichkeitsarbeit wurde bei Deinhard fortan großgeschrieben. Jede erwähnenswerte Tat Julius Wegelers und seines jüngeren Bruders Carl, der inzwischen auch in die Leitung des Unternehmens eingetreten war, fand redaktionellen Eingang in die Gazetten. Und das oft weltweit. Kein anderes Mittel war wirksamer als die kontinuierliche Berichterstattung über besondere Geschäftserfolge, die sich immer häufiger in spektakulären Zahlen dokumentierten. Die frühe, geballte Werbearbeit der Firma Deinhard läßt sich schon seit den 70er Jahren detailliert verfolgen. Sie verursacht noch heute ein bewunderndes Erstaunen, zeigt aber auch, wie deutlich die Herren Wegeler die Abhängigkeit von Erfolg und Fortschritt von zielorientierter Werbung erkannten.

Wegeler war es, der den Ruf des Hauses Deinhard als Weinerzeuger begründete, indem er hervorragende Weingüter im Rheingau und an der

Mosel erwarb, die den Qualitätsanspruch erfüllten, den man schon an die bisher vermarkteten Weine gestellt hatte. Im Jahre 1900 erwarb Carl Wegeler einen größeren Teil des damals schon weltberühmten „Bernkasteler Doctor" zum damals sensationellen Preis von 100 Goldmark pro Weinstock.

Werbung mit Leitbildern gehörte zum wichtigsten Repertoire der Firmenpräsentation. Die bis zum Untergang der Monarchie 1918 währenden engen Beziehungen der Firma Deinhard zu deutschen Herrscherhäusern, die sich durch Koblenz als Residenzstadt der Kaiserin Augusta ergaben, verfehlten ihre Wirkung nicht. Die mit dem Besuch der Kaiserin 1875 verbundenen Erinnerungen beherrschten die Deinhard-Werbung vieler Jahrzehnte. Zahlreich waren die Kontakte mit Angehörigen der Häuser Hohenzollern und Baden bei Deinhard. Kaiser Wilhelm II. trug sich in das Gästebuch ein, nachdem er den Deinhardschen Cabinet-Sekt probiert hatte. Leitbilder wie Kaiser, Adel und Offizierscorps waren nach dem Ersten Weltkrieg dahin. Mit der Wirtschaft war auch der Wohlstand ruiniert. Von einer Weltgeltung des Hauses Deinhard konnte ohnehin keine Rede mehr sein, da Deutschland als Ganzes für viele Jahre vom Welthandel ausgeschlossen war.

Doch unter der Asche, die Krieg und Inflation zurückgelassen hatten, glimmte es noch. Mit dem Deinhard Lila des Jahrgangs 1921 wurde in den Illustrierten eine Werberenaissance eingeleitet, die viel Neues, darunter das Deinhard-Mädchen, bringen sollte. Deinhard Kabinett - jetzt mit „K" und „tt" geschrieben - und Deinhard Hochgewächs begleiteten den Deinhard Lila noch in den 20er Jahren zu neuem Ansehen. Durch die Herausstellung dieser drei Sektmarken in Wort und Bild wurde auch eine als notwendig erkannte Konzentration der Werbung erreicht und so ein neuer Stil erkennbar.

Die Idee, für den verwöhnten Geschmack eine besondere Marke von ausgesprochen trockenem Charakter zu schaffen, hatte sich schon im Jahre 1910 realisiert, als es noch galt, dem Champagner etwas Gleichwertiges entgegenzusetzen. Man brauchte nur noch für eine hochangesiedelte Marke einen zugkräftigen und markanten Namen zu finden, der auch auf Jahrzehnte hinaus Erfolg sichern konnte.

Lila war modern. Und lange bevor eben diese lila Farbe in den Massenmedien als Signalelement angewendet werden konnte, hatte der Begriff „Lila" bereits Leitbildfunktion für den hohen Standard aller Deinhard-Marken erreicht, bevor der Zweite Weltkrieg abermals alle so mühsam wieder aufgebauten Verbindungen zum Verbraucher abreißen ließ.

Mit der Währungsreform 1948 und der allmählichen Konsolidierung des Wirtschaftslebens setzte auch eine erste stürmische Nachfrage nach Sekt ein. Die Aufhebung des Sektherstellungsverbotes und die Reduzierung der Sektsteuer von drei Mark auf eine Mark im Jahre 1952 brachten eine enorme Belebung der gesamten Sektszene. Deinhard ist schon bald wieder in „über 60 Ländern der Erde" und „auf den Getränkekarten der großen Hotels".

Der Sektmarkt expandierte. Das „Luxusgetränk" Sekt, bisher weitgehend einer kleinen, wohlbetuchten Verbraucherschicht vorbehalten, begann sich zu demokratisieren. Die Einkommensentwicklung der prosperierenden 60er Jahre ermöglichte es immer größeren Verbrauchergruppen, Sekt zu trinken.

Die strotzende Lebenskraft des Hauses Deinhard war stets auf Qualitätserzeugnisse gegründet, die als Exportartikel auch der Konkurrenz des Auslandes standgehalten hatten. Das traditionelle Qualitätsverständnis des Hauses Deinhard ließ keine andere Entscheidung zu, als sich in seiner gesamten Kommunikation auf die Spitzenmarke Deinhard Lila zu beschränken, die in Qualität, Preis und Prestige noch über den Traditions-Marken des Wettbewerbes angesiedelt war.

Während der letzten Jahre sind im Hause Deinhard Veränderungen von entscheidender Bedeutung vorgenommen worden. Es wurden zahlreiche Voraussetzungen geschaffen, um die Firmengruppe weiterhin zu einem stabilen und bedeutenden Faktor im Getränkemarkt zu machen und ihr eine der Spitzenpositionen auch für die fernere Zukunft zu sichern.

UNTERM STRICH

Johann Friedrich Deinhard

Firmenname	Deinhard & Co. KGaA
Firmensitz	Koblenz
Branche	Sekt- und Weinkellerei / Weinbau
Hauptprodukt/ Dienstleistung	Sekt
Eigentumsverhältnis	Rolf Wegeler und Hanns Christof Wegeler (85%)
Gesellschafter/ Geschäftsführer	Rolf Wegeler und Hanns Christof Wegeler
Gründer	Johann Friedrich Deinhard
Gründungsjahr	1794
Mitarbeiter	500 (1986)
Niederlassungen	2 (Ausland), 10 (Inland)
Umsatz	282 Mio. DM
Zukunftsziel	Wie bisher: Wachstum durch Qualität

Kaiser
Am Anfang war der Kaffee
von Brigitte Ueffing

„Der Kaiser ist tot" flüsterten sich die Alten an diesem Samstagmorgen nach der Frühmesse in St. Remigius zu. Die Nachricht vom Tod des Kommerzienrates Josef Kaiser eilte am 17. Juni 1950 wie ein Lauffeuer durch Viersen. Vom Bäcker über den Milchmann zu Kaiser's Kaffee, wo die Hausfrauen die letzten Einkäufe fürs Wochenende einpackten. Hans Leo B., heute Hobby-Archivar in der Unternehmenszentrale, war damals acht Jahre alt und unsicher: „Und wenn sie nicht gestorben sind, so leben Kaiser doch heut' nur noch im Märchen!?" „Nein", sagte die Mutter, „der Kaiser, bei dem der Großvater schon als Lehrer gearbeitet hat - in der Kaufmannsschule, die hat er auch gegründet -, der Kommerzienrat ist gestorben!" Beim Angelus-Läuten um Hoch-Mittag wußten es alle und murmelten nach dem letzten Ave „Herr, gib dem Verstorbenen die ewige Ruhe".

Als der Firmengründer fast 88jährig starb, war das Unternehmen 70 Jahre alt. Es hatte jedoch schon diese zeitlose Bedeutung erreicht, die Volkes Mund in den Worten „Kaiser's gibt's schon immer" erfaßt und zu der mehr gehört als Marktanteile, Umsatzgröße und hohe Filialzahl.

Josef Kaiser, am 20. Oktober 1862 geboren, wurde schnell erwachsen in einer Zeit wirtschaftlicher Umwälzungen, in der neue unternehmerische Ideen rasch aufblühen, tragend und fruchtbar aber nur werden, wenn den Mut zum Risiko der richtige Riecher fürs Geschäft absichert. Als er 15jährig nicht Weber wie der Vater wurde - obschon er mit „Spülchen-Drehen" schon so manche Mark zu Hause verdient hatte -, sondern zu einem Schlosser in die Lehre ging, hatte das wilhelminische Berlin gerade seinen großen Gründer- und Börsenkrach hinter sich. Und im niederrheinischen Viersen drängte der mechanische Webstuhl die Hausweber, die sich in der Samt- und Seidenweberei länger gehalten hatten, nun auch in die Fabriken und die frisch abgeteuften Schächte an der Ruhr. Kaiser nahm aus dem zukunftsträchtigen Handwerk die Aufgeschlossenheit für Mechanik, Maschinen, technischen Fortschritt in jeder Form mit.

Doch er trat 1880 in den elterlichen Kolonialwarenladen ein, den die Mutter als Nebenerwerb in der Hon(Hundert)schaft Hoser, einem ländlichen Ortsteil, betrieb. „Winkel" nannten die Viersener solche Gemischtwarenläden. Hier gingen neben Blötschen (Holzschuhen), Grieß und Hülsenfrüchten, Sauerkraut, Salzheringe, Schmalz, Öl und Petroleum eine brüderliche Duft- und Geschmacksverbindung mit grünen Kaffeebohnen ein, welche die Hausfrauen damals noch selbst in der Pfanne über dem offenen Herdfeuer rösteten. Kaffee war zu der Zeit schon Massengetränk. Kaffeegenuß stellte sich beim Selbstbrennen allerdings nur in seltener Verquickung glücklicher Umstände ein.

Da zündete der unternehmerische Funke bei Josef Kaiser. Mit besserem Geschmack und dem richtigen Riecher für gute, gleichbleibende Mischungen röstete er seinen Kaffee selbst, den er einer wachsenden Kundschaft über Land mit Pferd und Wagen frei Haus lieferte. Der Handkessel wurde gar nicht mehr kalt, deshalb rasch von zwei leistungsfähigeren Rösttrommeln abgelöst, die 1885 auf Otto-Gasmotorantrieb umgestellt wurden. Im selben Jahr stellte die von der Familie betriebene „Dampf-Kaffee-Rösterei von Hermann Kaiser", wie sie nach dem Vater damals noch hieß, den ersten Angestellten ein.

In der Rückschau erscheint die rasante Aufwärtsentwicklung innerhalb weniger Jahre fast zwangsläufig. Tatsächlich gehörte aber wohl ein überdurchschnittlich kühl-kalkulierender Instinkt dazu, Verteilstellen für Großkunden (andere Kolonialwarengeschäfte) in Filialen umzuwandeln, um den Weg zum Endverbraucher kürzer und die Ware billiger zu machen. Von Logistik - wie die Nachkommen königlicher Kaufleute heute ihre Warenverteilsysteme nennen - hatte Josef Kaiser sicher noch nichts gehört. Die sogenannten offenen Läden wie in Belgien und die aufstrebenden Konsumvereine gab es am Niederrhein auch noch nicht. Doch er eröffnete in den Jahren 1885/86 gleich acht Filialen zwischen Duisburg und Dortmund und stieß drei Jahre später vierfach ins Bergische Land vor, was den Warennachschub zweifellos verbilligte, zumal da inzwischen die Eisenbahnen von Bismarck verstaatlicht worden waren.

Die Beeckstraße 39 im dicht besiedelten Wohngebiet mit Massenkaufkraft der Duisburger Innenstadt - von wo aus 50 Jahre später mit ähnlichen Überlegungen auch Helmut Horten seine Vertriebsidee multiplizierte - war und blieb der typische Kaiser's-Standort. Die Geschäfte waren mit einem preiswerten Standardsortiment von gleichbleibender Güte durch gleichartige Einrichtung und äußere Gestaltung sofort als „Tochter"-Läden zu erkennen.

Mit dieser Kernidee erfolgreicher Filialisierung, die Kaiser bald durch direkten Einkauf und eigene Produktionen optimierte, wuchs das junge Aufsteiger-Unternehmen schnell auch in gesellschaftsrechtlich akzeptable Formen. Beim Tod des Vaters hatte die Familien-OHG - Schwester und Brüder von Josef Kaiser schieden im Laufe der Jahre aus - bereits einen Kapitalwert von 30.000 Mark erwirtschaftet. Die Eröffnungsbilanz der Kaiser's Kaffeegeschäft GmbH zum 1. Januar 1899 wies einen Millionenwert aus. Die alten niederrheinischen Tuch- und Eisenbarone sahen es indigniert und ein wenig konsterniert: Die Kaffeehandlung en gros erhält den Viersener Telefonanschluß No. 7; der junge Chef, der auf einem Foto aus der Zeit unüblich bartlos und sehr selbstbewußt aussieht, heiratet die Brauereibesitzers-Tochter Julie Didden; der Kessel wird auf Dampf umgestellt und der Kamin der Rösterei auf 35 m hochgezogen (Firmendetails aus: Willy Geyr, Entwurf zu einer Chronik von Kaiser's Kaffeegeschäft GmbH, 1932).

Der Viersener Schreinermeister Johann Molls, der die ersten Ladeneinrichtungen gebaut hatte, konnte nicht mehr Schritt halten mit den Neueröffnungen entlang der Rheinschiene bis nach Straßburg. In der Reichshauptstadt führte sich der Kaffeeröster aus der preußischen Grenzprovinz gleich mit fünf Filialen und der ersten Zweigrösterei ein. 1897 wurde in Bamberg der 100. Kaiser's-Laden in Betrieb genommen. Das Unternehmen wuchs in einem Tempo, das seinen nachgeborenen Discount-Vettern später noch alle Ehre machte. Unter seinem neuen Namen startete „Kaisers's Kaffeegeschäft" ins 20. Jahrhundert mit 410 Filialen, weiteren Röstbetrieben in Breslau und Heilbronn und einer Schokoladenfabrikation in der ehemals Freiherrlich Diergardtschen Sammetfabrik in Viersen. Die Läden hatten schon vorher neben Kaffee zwei weitere „Kolonial"-Produkte angeboten: Tee und Kakao, letzteren auch in veredelter Form als Schokolade oder Pralinen.

Den Aufschwung seiner Verkaufsorganisation - sozusagen aus dem Stand - konnte Kaiser auf der Basis eines fundierten Einkaufs wagen, den er Schritt für Schritt mehr in eigene Regie übernahm. Werner Peiner, Kaiser-Biograph aus den 30er Jahren, erzählt, eine Maklerrechnung von der Rotterdamer Kaffeeversteigerung, zufällig bei einer Rohkaffeelieferung gefunden, habe dem jungen Firmenchef die Kostenvorteile direkten Rohwarenbezugs bewußt gemacht. Anfangs mußte noch eine Kontraktfirma dazwischen geschaltet werden, doch bald konnte Kaiser über einen Makler auf allen holländischen Versteigerungen nach vorliegenden Proben die Sorten Java-Kaffee einkaufen, die er für seine gleichbleibenden Röstkaffee-Mischungen brauchte. Der Viersener Kaffeeröster roch sich systematisch ins große Kaffeegeschäft ein, sah sich auch

Unternehmensphilosophie der Tengelmann-Gruppe:

Traditionsbewußtsein und gesellschaftspolitisches Engagement über den Tag hinaus kennzeichnen die Unternehmensphilosophie der Tengelmann-Gruppe. Wie Kaiser's ist Tengelmann ein traditionsreiches Familienunternehmen.

Das Mülheimer Stammhaus, die Firma Wilh. Schmitz-Scholl, wurde 1867 von Wilhelm Schmitz und Louise Schmitz, geb. Scholl, gegründet. Sie waren die Urgroßeltern von Erivan Haub, dem heute allein geschäftsführenden Gesellschafter der Unternehmensgruppe Tengelmann.

Der damalige Grundsatz, dem Verbraucher qualitativ hochwertige Waren zu günstigen Preisen zu bieten, gilt noch heute für alle Vertriebszweige von Tengelmann über Kaiser's, Plus, Accos, Grosso bis kaiser's drugstore.

Es war nicht nur eine kluge unternehmerische Entscheidung, daß Tengelmann den traditionsreichen Namen Kaiser's und die Firma als selbständige Aktiengesellschaft erhielt. „Es war für mich auch selbstverständlich, daß dieses seit Generationen bekannte und beliebte Unternehmen weiterbestehen würde, weil ich vor der unternehmerischen Pionierleistung des Kommerzienrates Josef Kaiser große Hochachtung habe", sagt Erivan Haub. Der Tengelmann-Chef ist überzeugt, daß sein Marketing-Konzept stimmt. Es nutze die Möglichkeiten zur Rationalisierung und zum glücklichen Zusammenwirken beider Unternehmen, stelle gleichzeitig noch stärker die typischen Merkmale der ehemaligen Konkurrenten heraus.

Die Mülheimer Unternehmensstrategie sieht unter dem Motto „Wir wollen Deutschlands bester Lebensmittelanbieter werden" Kaiser's und Tengelmann nach wie vor im Wettstreit, wenn dieser auch innerbetrieblich ausgetragen wird. „In unserem Bestreben, erstklassigen Dienst am Kunden zu leisten, wollen wir nicht nur Lebensmittel verkaufen, sondern auch Lebensqualität anbieten", sagt Erivan Haub.

Lebensqualität zu vermitteln bedeute für ihn nicht nur Produktqualität und Service, sondern auch ein gesellschaftspolitisches Engagement. Die Familie Haub setze sich seit Jahrzehnten für die Belange des Umweltschutzes ein. In den Filialen werden regelmäßig Umwelt-Aktionen durchgeführt. Als dritte Komponente, welche neben dem Verbraucher und der Umwelt die Firmenpolitik bestimme, nennt Haub die Mitarbeiter. Ihre Arbeitsplätze zu erhalten und für ihr Wohlergehen zu sorgen, ist „mein persönliches Anliegen". Über 100.000 Menschen sind weltweit in der Tengelmann-Gruppe beschäftigt.

mal in Le Havre um und knüpfte neue Geschäftsbeziehungen an. Er machte sich mit Warentermingeschäften vertraut, wie sie in Hamburg üblich waren, und lernte Kaffeepreis-Politik verstehen, wie sie die Erzeugerländer damals zu treiben begannen, als sich Brasilien anschickte, Holländisch-Ostindien den Rang als wichtigster Rohkaffee-Lieferant abzulaufen.

Der bis heute entscheidende Einfluß des Brasil-Kaffees auf den deutschen Kaffeegeschmack geht zurück auf Hamburger Importhäuser und einen Viersener Kaffeeröster. Santos-Kaffee, preiswerter als die Java-Provenienzen, und das Hamburger Handelshaus Theodor Wille, das den ersten Sack aus dem brasilianischen Bundesstaat São Paulo auf den Markt brachte, sind miteinander groß geworden. Hamburg war damals Umschlagplatz auch für Österreich-Ungarn. Kaiser, wieder einmal dem Geschmack seiner Zeit voraus, orientierte sich nach der Hansestadt um und arbeitete eng mit der Firma Theodor Wille zusammen, deren Seniorchef, Bankier Gustav Diederichsen, ihm - wie in alten Geschäftsunterlagen zu lesen ist - auch finanziell unter die Arme griff. Mit der Ausweitung des Filialnetzes, dem steigenden Einkaufsvolumen, ging Kaiser aber bald kaum noch über die Börse, sondern organisierte den direkten Import aus Übersee für Kaffee, Tee, Kakao und Südfrüchte.

Damit hatte er auch in der Warenbeschaffung die Voraussetzungen für seine Verkaufsphilosophie geschaffen, die Kunden preiswert und gleichbleibend gut zu bedienen. Aus direkten Einkaufs- und Absatzwegen sowie eigenen Fertigungen, die Zwischenstufen von Handel und Verarbeitung übersprangen, summierten sich Kostenvorteile, die Kaiser's Kaffeegeschäft an die „verehrte Kundschaft" weitergab. Und doch blieb das Unternehmen im Wettbewerb immer eine Spanne voraus. Zu Beginn des 20. Jahrhunderts war die betriebswirtschaftlich-organisatorische Grundform geschaffen und weiteres Wachstum programmiert. Das „Kaiser-Reich" mit der „lachenden Kaffeekanne" im Wappen, die 1904 als Schutzmarke von dem Berliner Grafiker Paul Böhm entworfen und zehn Jahre später von Prof. Peter Behrens, dem Mitbegründer des Werkbundes, versachlicht worden war, dehnte sich über ganz Deutschland und die Grenzen hinweg in die Schweiz aus. Als sie 25 Jahre alt wurde, zählte die Firma 962 Filialen und 2.060 Angestellte und Arbeiter.

Das knappe Jahrzehnt zwischen dem Firmenjubiläum und dem Ersten Weltkrieg war ein gradliniger Aufschwung. Die Verbreiterung der eigenen Fertigung ging einher mit der Absatzausweitung in neuen Läden. Erfahrungen aus der Brauerei des Schwiegervaters nutzend, baute Kaiser eine eigene Malzkaffee-Fabrikation auf. Er gliederte sie der an fünf Standorten dezentralisierten Kaffeerösterei an, was ihm nach Krieg und zeitweisem Verlust der Rohkaffeebasis zustatten kam. Gebäck, Zwieback und Kekse stammten aus der eigenen Backwarenfabrik. Dabei beschränkte sich Kaiser auch später, als Konserven-und Konfitürenherstellung, ein Nährmittelwerk, Brauerei und Weinkellereien hinzukamen, immer auf den eigenen Bedarf der Filialen und „Niederlagen". Diese - ähnlich heutigen Kaffee-Depots - hatten selbständige Einzelhändler an Orten eingerichtet, wo Kaiser's Kaffeegeschäft nicht vertreten war.

Maschinenpark und Transport hielt er auf dem technisch neuesten Stand. Der Gleisanschluß reichte ans Lager, 1910 wurde das erste Lieferauto in Betrieb gestellt, und in der Viersener Zentralverwaltung arbeiteten sehr früh Schreibmaschinen.

Zur Umsatzsteigerung wurde bereits 1904 ein fünfprozentiges Rabattmarkensystem in den Filialen eingeführt, die auf Barzahlung achteten, während ansonsten im Kolonialwarenhandel „Anschreiben“ gang und gäbe war. Zur Werbung nutzte Kaiser heute alltägliche Mittel und Wege, die damals als revolutionär gelten mußten, zum Beispiel wissenschaftliche Gutachten und Analysen seines Kaffees und anderer Produkte. Das Unternehmen warb auf regionalen und nationalen Gewerbeschauen und Ausstellungen. Es präsentierte sich nach Angliederung einer Druckerei sowie eines Papier- und Kartonagenwerkes in Annoncen, Werbedrucksachen und auf Warenverpackung mit einem auffälligen und einheitlichen Erscheinungsbild. Nimmt man die mit ihren roten Fassaden und den aus der eigenen Großschreinerei stammenden Ladeneinrichtungen standardisierte Filialkette hinzu, so hatte Kaiser's Kaffeegeschäft in den Anfängen dieses Jahrhunderts bereits verwirklicht, was unter dem Schlagwort von der „corporate identity“ heute als unternehmerische Glanzleistung gefeiert wird.

Vorbildlich war offenbar auch die innerbetriebliche Organisation. Sie förderte, ohne die modernen Vokabeln zu kennen, betriebliches Vorschlagwesen und Mitspracherecht der Beschäftigten in Arbeiterausschüssen. Andererseits wurde Schlendrian in den Filialen unterbunden durch ständige Kontrollen von einigen Dutzend Revisoren und persönliche Visitationen des Chefs, bei denen man auch die Konkurrenz wachsam im Auge hielt. So heißt es in einem Revisorenbericht vom 8. Mai 1911 an die Geschäftsleitung: „Um der neuen Konkurrenz Tengelmann zu begegnen, hält man es für dringend notwendig, noch vor Pfingsten eine Zugabenreklame zu veranstalten und dieselbe vor Ende des Jahres, kurz vor Eröffnung der Tengelmann'schen Filiale zu wiederholen“ (Entwurf einer Jubiläums-Broschüre, Dr. Wolfgang Löhr, S. 12, unter Hinweis auf das Werksarchiv.).

Die eigene strenge Disziplin, rastlosen Einsatz, den er selbst für sein Werk erbrachte, durfte er offenbar auch von anderen fordern. „Motivation“ nennt man dieses besondere Etwas, das die Unternehmerpersönlichkeiten jener Gründerjahre auszeichnete und ihre Unternehmen beseelte und dem heute mehr als Forderung denn als realisierter Tugend wachsende Bedeutung zukommt.

Auch bei dem Ehepaar Kaiser kam das beachtliche soziale Engagement der Gründer über die Belegschaft hinaus dem Gemeinwesen zugute, schon deshalb, weil in den Jahren beinahe jede Familie in Viersen irgendwie mit dem Unternehmen verbunden war. Den Mitarbeitern stellte Kaiser's schon seit 1897 eine Betriebskrankenkasse zur Verfügung, der eine Unterstützungskasse und eine Altersversorgung ohne Beitragszahlung sowie eine Geschäfts-Sparkasse und die Julie-Kaiser-Stiftung für Wöchnerinnen folgten. Als Josef

Kaiser, 48jährig, am 1. Oktober 1910 zum Königlich Preußischen Kommerzienrat ernannt wurde, sah die Öffentlichkeit (Biograph Peiner) „mit Recht darin die Anerkennung für eine Leistung, die schon als Erfüllung einer Lebensaufgabe gelten kann".

Kurz vor Kriegsausbruch war das Unternehmen mit fast 4.000 Beschäftigten und über 1.370 Verkaufsstellen so weit verzweigt, daß es durch Krieg und Zusammenbruch empfindlich getroffen werden mußte. Rund ein Viertel der Filialen ging durch Gebietsabtretungen im Versailler Vertrag (Elsaß) verloren oder mußte geschlossen werden, weil das Hinterland fehlte. Die galoppierende Geldentwertung machte es immer schwieriger, den Warenbestand zu ersetzen. Die Einfuhren versiegten fast, weil Devisen fehlten. Kaiser's Kaffeegeschäfte mußten immer mehr Grundnahrungsmittel anbieten. Das Unternehmen machte riesige Umsätze, doch Verluste. Als die Inflation im Herbst 1923 dem Höhepunkt zustrebte, kostete ein Pfund Röstkaffee mehrere Billionen Papiermark. Viersen erhielt in diesen Notjahren der Wirtschaftskrise eine Kraftzentrale, eine Stiftung für Kriegsinvaliden und -hinterbliebene wurde ins Leben gerufen, und das Unternehmen überwies jedem Ort mit einer Kaiser's-Filiale 1.000 Mark als „Nothülfe" für die Armen.

Weil Kaiser die Jahre der äußeren Beschränkung zur inneren Stärkung in mancher Beziehung genutzt hatte, konnte das Unternehmen die kriegs- und inflationsbedingten Verluste schnell überwinden. Als der Firmenchef, neben dem inzwischen der Sohn Walter Mitverantwortung übernommen hatte, 1930 das 50jährige Kaufmanns- und Firmenjubiläum beging, hatte das Unternehmen seine Vorkriegsstellung mit 1.422 Filialen wieder erreicht. Und das Fundament war solide, denn Kaiser verfiel nicht in den Kardinalfehler dieser Scheinblütejahre, wahllos auf Teufel komm heraus zu investieren. Er engagierte sich wohl ein wenig, als die Kohle auf die linke Rheinseite ging. Er überführte stattdessen etwa ein Zehntel der Filialen in Eigentum – noch heute verfügt KKG über einen beachtlichen Immobilienbesitz – und modernisierte Technik und innerbetriebliche Organisation weiter. Er stellte die Unterstützungseinrichtungen auf solide Stiftungs-Basis und schenkte der Stadt Viersen, die den 70jährigen langjährigen Beigeordneten zu ihrem dritten Ehrenbürger machte, eine Badeanstalt und die Hälfte der Baukosten für eine neue Festhalle. Auf eigene Rechnung unterhielt Kaiser in seiner Vaterstadt, in der er 1.000 Arbeitsplätze geschaffen hatte, eine Kaufmannsschule.

10.000 Mitarbeiter arbeiteten 1939 im Kaiser's-Imperium auf breiter Produktionsbasis und in über 1.900 Geschäften im Zeichen der „schmunzelnden Kaffeekanne", darunter in eigenen Tochtergesellschaften 750 östlich der Elbe und 110 in der Schweiz. Der Neubeginn nach dem Zweiten Weltkrieg, in dem Kaiser's Kaffeegeschäft fast 60 Prozent seiner Betriebe und seines Filialbestandes verloren hatte, war sehr viel schwerer als nach dem Ersten Weltkrieg, zumal da die englische Besatzung bis Ende der 50er Jahre Zentralverwaltung und Werksgelände in Viersen beschlagnahmt hielt. Der Senior, der auf seinem Altersruhesitz Haus Clee Rindvieh und Hühner mit gewohnter Aktivität züchtete, beobachtete den Wiederaufbau mit wachem Auge, zeigte auch Interesse für die Selbstbedienung, die allerdings erst nach seinem Tode in die Kaiser's-Läden einzog.

Nachdem sich die Kaiser-Familie aus der aktiven Geschäftsführung 1961 zurückgezogen hatte, wurde die Firma 1962 in eine Aktiengesellschaft umgewandelt. Als sowohl die in mehrere Zweige aufgesplitterten Kaisers-Erben wie auch das seit 1899 in Viersen engagierte Hamburger Importhaus Theodor Wille kostenträchtige Modernisierung und Umstrukturierung nicht mehr mittragen mochten, setzte einer der spannendsten Paket-Poker im Nachkriegs-Einzelhandel ein. Nach mehrfachem Besitzerwechsel landete die Aktienmehrheit plus Option auf den Rest 1971 schließlich bei dem 1893 gegründeten Mülheimer Großfilialisten Tengelmann, in dem Josef Kaiser seligen Angedenkens schon früh die erstarkende Konkurrenz gewittert hatte. Viersen trug seinen Kaiser an einem strahlenden Sommertag, am 21. Juni 1950, mit jener Mischung aus Trauer, Dankbarkeit, Bewunderung und ungläubigen Staunen zu Grabe, in der sich die Spur bedeutender Zeitgenossen nie ganz verliert.

UNTERM STRICH

Josef Kaiser

Firmenname	Unternehmensgruppe TENGELMANN
Firmensitz	Mülheim a. d. Ruhr
Branche	Lebensmitteleinzelhandel
Hauptprodukt/ Dienstleistung	Lebensmittel
Eigentumsverhältnis	Warenhandelsgesellschaft (Familienunternehmen)
Gesellschafter/ Geschäftsführer	allein geschäftsführender Gesellschafter: Erivan Haub
Gründer	Wilhelm Schmitz u. Louise Schmitz, geb. Scholl
Gründungsjahr	1867
Mitarbeiter	42.000 (Inland), über 100.000 (weltweit) Stand 1986
Umsatz	11,4 Mrd. DM im Inland, Stand 1986
Zukunftsziel	–

Eckes
Macher von Marken und Märkten
von Kurt Reinke

Eckes. Neun von zehn Bundesbürgern denken an „Eckes Edelkirsch“, wenn sie diesen Namen hören. Daß Peter Eckes, Nieder-Olm, eines der größten Getränkeunternehmen in Deutschland mit vielen anderen bedeutenden Einzelmarken im Spirituosen- und Fruchtsaftmarkt ist, wissen wenige. Zwei Erzeugnisse dieses Hauses vor allem haben revolutionäre Veränderungen in ihren Marktbereichen bewirkt und die Trinkgewohnheiten der Deutschen nachhaltig beeinflußt. Als „weiche Welle“ eroberte der Weinbrand „Chantré“ Anfang der fünfziger Jahre den Markt und machte Weinbrand zur beliebtesten Spirituose. Der Orangensaft „hohes C“ löste 1958 eine Entwicklung aus, die den Marktsektor Fruchtsäfte zu einem bedeutenden Umsatzträger im Lebensmittelhandel gemacht hat. Die Geschichte von der Entstehung und dem Erfolg dieser zwei Markenartikel ist auch ein Teil der Lebensgeschichte des Mannes, der, wenn auch nicht Gründer, so doch Architekt des Unternehmens war.

Den „Hecht im Karpfenteich“ nannte man ihn in seiner Branche, „Ludwig, der Allmächtige“ wurde er von einem Journalisten betitelt, und rheinhessische Kommunalpolitiker sprachen von ihm - so hat er selber amüsiert berichtet - als vom „Großmogul von Nieder-Olm“. Hinter solchen „Ehrentiteln“ stand vor allem die Achtung vor der Tatkraft und den Leistungen eines ungewöhnlich erfolgreichen Unternehmers. Gemeint war damit der Rheinhesse Ludwig Eckes, der in der zweiten Hälfte seines Lebens das kleine Familienunternehmen Eckes zu einer Firmengruppe von internationaler Bedeutung ausgebaut hatte.

Die Geschichte des Getränkeunternehmens Peter Eckes, Nieder-Olm, begann 1857. Damals hatte in seinem bäuerlichen Betrieb im kleinen rheinhessischen Dorf Nieder-Olm der Landwirt und Fuhrunternehmer Peter Eckes eine erste Brennblase zur Destillation von Weinrückständen aufgestellt. Die Postkutschenzeit ging zu Ende, und die neue Eisenbahn schmälerte die Verdienstmöglichkeiten durch das Frachtgeschäft auf der alten Handelsstraße Mainz - Paris. Die kleine Destillerie sollte hier Ausgleich schaffen. Söhne und Enkel konnten auf der von Peter Eckes geschaffenen Grundlage aufbauen und neben der Landwirtschaft auch die Brennerei erweitern. Um die Jahrhundertwende war die Herstellung von Reinweinstein und Weinbeeröl zur Weiterverarbeitung in der chemischen Industrie neben der Spirituosenfabrikation ein bedeutender Faktor des Produktionsprogramms. Das Unternehmen war zu dieser Zeit im Besitz der Brüder Heinrich, Jakob und Richard Eckes.

Als Sohn des Jakob Eckes wird im April 1913 Ludwig Eckes geboren. Früh entwickelt der Knabe einen ausgeprägten Freiheits- und Tatendrang. Den Schulbetrieb empfindet er als langweilig und als unliebsame Einschränkung persönlicher Freiheit. Nach der Volksschule haben auch die Lehrer an einer Mainzer Oberrealschule mit ihm so ihre Schwierigkeiten. Der Vater läßt darum die schulische Ausbildung abbrechen und schickt ihn mit 16 Jahren in eine Lehre bei der Deutschen Bank in Mainz. Der junge Mann zeigt Begabung für den Umgang mit Zahlen und Geld - Geld wird für ihn zeitlebens ein „Werkstoff“ bleiben, den er zur Realisierung seiner hochgesteckten Pläne und Ideen benötigt. Die Lehre absolviert er erfolgreich bereits innerhalb von zwei Jahren.

Eigentlich sollte diese Banklehre bestimmend für den späteren Beruf sein. Bankleiter oder Börsenmakler, das sind 1931 die Vorstellungen des damals 18jährigen Ludwig Eckes von künftigen Positionen im Beruf. Zunächst will sich der junge Bankkaufmann in fernen Ländern den Wind um die Nase wehen lassen und Fremdsprachen erlernen. Er geht nach Frankreich, um die französische Sprache zu studieren. Danach macht er sich in England mit modernen Vertriebsformen vertraut. An die Arbeit im väterlichen Betrieb als Lebensaufgabe denkt er noch keineswegs. Spanien, Italien und die USA sollten die nachfolgenden Stationen seiner Lehr- und Wanderjahre sein. Doch die Zeit ist gegen solche Pläne. Die Weltwirtschaftskrise wirkt sich auch auf das Geschäft der Spirituosenfabrik in Nieder-Olm aus. Der Jahresumsatz der

„rund um den Schornstein" verkauften Erzeugnisse liegt bei 180.000 DM. Im Betrieb und in den Bürozimmern der Firma herrscht Totenstille, und die Keller sind leer, als Ludwig Eckes zum 1. Oktober 1931, vom Vater nun ultimativ zur Mitarbeit im Unternehmen gebeten, nach Nieder-Olm zurückkehrt.

Er arbeitet dort, wo immer jemand gebraucht wird, in der Produktion, im Büro und vor allem im Außendienst. Schon bald hat er die nötige Übersicht. „Die leeren Keller müssen wieder gefüllt werden, und dann müssen wir verkaufen, und zwar Markenartikel", das ist sein Vorsatz. Mit Zustimmung von Vater und Familie geht der Jungunternehmer ans Werk. Sein erstes Ziel ist die Straffung des damals fast 70 verschiedene Produkte umfassenden Sortiments an Spirituosen. Eine Konzentration auf weniger Erzeugnisse, darunter auch Trauben- und Apfelsaft, soll größere Marktbedeutung bringen. Der neu geschaffene Schriftzug „Eckes" weist in Richtung Markenerzeugnis. Vertreterverbindungen werden in ganz Deutschland angeknüpft. Im Handel erhält der Name Eckes einen gewissen Bekanntheitsgrad. 1935 erzielt Ludwig Eckes erstmals auf einer überregionalen Messe in Berlin einen beachtlichen Verkaufserfolg für sein Spirituosensortiment. Mit im Messestand hilft Marianne Chantré, seine spätere Frau.

Die Weinsteinfabrikation kann in den 30er Jahren erheblich erweitert werden. Die Menge der verarbeiteten Weinhefe steigt von jährlich 120 Tonnen auf 500 bis 700. 1938 wird mit dem Magenbitter „Eckes Drey Drey" der erste konsequente Schritt zum Markenartikel getan. Der Firmenumsatz steigt auf über eine Million. Erste Handelsvertreter arbeiten jetzt für Eckes, der Bitter hält einen wesentlichen Anteil an der Gesamtproduktion, die immer noch aus etwa 40 Erzeugnissen besteht.

Im Jahre 1938 heiratet Ludwig Eckes. 1939, im November, wird Sohn Harald geboren, doch der junge Vater ist bereits Soldat. Der Beginn des Zweiten Weltkrieges unterbricht den weiteren Ausbau des Unternehmens. Zehn Jahre lang wird Ludwig Eckes nicht mehr im Unternehmen arbeiten, und die junge Frau Marianne Eckes-Chantré sieht ihren Mann in den folgenden Jahren, wie mit ihr ungezählte andere Soldatenfrauen, nur während weniger Urlaubswochen. 1943 bekommen sie ihr zweites Kind. Im Juli wird Tochter Heidrun geboren.

Nach dem Frankreichfeldzug muß Ludwig Eckes 1942/43 an der großen Winterschlacht in Rußland teilnehmen. 1945 gerät er in Deutschland erst in französische, dann in amerikanische Gefangenschaft. Während des Krieges und in der Gefangenschaft hatte sich Ludwig Eckes überlegt, was zu unternehmen sei, um aufbauend auf Ideen und Erfahrungen aus den 30er Jahren das Unternehmen wieder voranzubringen. Unverzüglich nach seiner Rückkehr versucht er die Realisierung solcher Pläne mit Hilfe der wenigen Mitarbeiter, die noch oder schon wieder in der Firma sind.

Als auch sein Vetter und Mitinhaber, der Lebensmittelchemiker Peter Eckes, aus der Kriegsgefangenschaft zurückkehrt, findet Ludwig Eckes in ihm den Mitstreiter, der in den kommenden Jahren an seiner Seite all seine ehrgeizigen Pläne mit verwirklichen hilft. Zunächst ist es ihr fester Vorsatz, künftig Markenprodukte auf den Markt zu bringen. Mit ersten Flaschen im Musterkoffer geht Ludwig Eckes von Geschäft zu Geschäft. Er erkennt bald, daß seine zwei Füße allein nicht ausreichen. Also macht er sich an den Wiederaufbau einer Vertreterorganisation.

Besonders aufmerksam hat Ludwig Eckes bei seinen Verkaufsreisen das Weinbrandgeschäft studiert. Deutscher Weinbrand ist wie französischer Cognac eine ziemlich „harte" Spirituose und recht teuer. Zu teuer jedenfalls für die meisten Verbraucher, um dafür ihre wenigen neuen D-Mark auszugeben. Darüber hinaus zeichnet sich ein Geschmackswandel zu weicheren Spirituosen ab. Ludwig Eckes sieht die ganz große Chance für sein Unternehmen, und er geht an die Realisierung eines Wagnisses, das ihn zum „Hecht im Karpfenteich" werden läßt. Auf dem deutschen Weinbrandmarkt behaupten zu Beginn der fünfziger Jahre einige etablierte Firmen die ihnen zugewachsenen Anteile. Neben Markenweinbränden zum Preis zwischen 13 DM und 14 DM wird billiger Weinbrandverschnitt verkauft. In diesen ruhigen, wohlgeordneten Markt stößt Ludwig Eckes mit einer revolutionären Idee. Er beschließt, einen Qualitätsweinbrand von betont weichem Charakter herzustellen und ihn zum damals kaum vorstellbar niedrigen Endverbraucherpreis von unter 10 DM zu verkaufen.

Nach zahllosen Brennversuchen und Ausmischungen - es sind nach der Firmenchronik 1.007 gewesen - gelingt Chefdestillateur Friedrich Vogelsberger ein Weinbrand, von dem Ludwig Eckes und Peter Eckes sagen: „Das ist er".

Ludwig Eckes über Unternehmertum:

„Wir handeln als überzeugte Anhänger der ‚Sozialen Marktwirtschaft' nach deren Grundsätzen und setzen uns engagiert für sie ein, wobei wir die uns vorgegebenen nationalen und internationalen Gesetze und sozialpartnerschaftlichen Regelungen achten. Unseren Führungskräften ist aufgegeben, ihr unternehmerisches Handeln an den nationalen Gepflogenheiten und dem gesellschaftlichen Verständnis des jeweiligen Landes zu orientieren".

Große Umsatzmengen bei geringer Gewinnspanne ist das Prinzip, mit dem Ludwig Eckes sein Produkt zum Erfolg führen will. Erste eigene Verkaufstouren mit dem neuen Weinbrand bringen ihm Gewißheit, daß er auf dem richtigen Wege ist. Seinem Vater, Jakob Eckes, kann der Sohn noch kurz vor dessen Tode 1952 von dem sich anbahnenden Erfolg berichten. Den Namen für das neue Erzeugnis findet er im Geburtsnamen seiner Frau: Chantré. Er gründet 1952 die Firma Chantré & Cie. 1957 - einhundert Jahre nach der Firmengründung durch Peter Eckes I - ist die 100-Millionen-Umsatzgrenze überschritten. „Eckes Edelkirsch" ist im Sog des Chantré-Erfolges ebenfalls ein bundesweit bekannter Markenartikel geworden und der Deutschen liebster Kirschlikör. 400 Mitarbeiter zählt das Unternehmen jetzt, das 1949 mit 50 Beschäftigten wieder neu begonnen hatte. Es ist kaum vorstellbar, mit welchem Einsatz Inhaber und Mitarbeiter in diesen Jahren an der Verwirklichung der hochgesteckten Ziele arbeiten. Manchmal scheint es, als würde es nicht mehr weitergehen. So, als Ludwig Eckes Mitte der fünfziger Jahre das am nächsten Tag für Brennweinlieferungen aus Frankreich fällige Geld - es sind Millionen - erst nach stundenlangem, zähem Ringen von seiner Bank vorgelegt bekommt. Unermüdlich spornt Ludwig Eckes seine Mitarbeiter im Innen- und Außendienst an. Er selber arbeitet rastlos vom frühen Morgen bis spät in die Nacht und kümmert sich um alles, was im Betrieb geschieht. Sein persönlicher Einsatz reißt alle mit, es geht ständig aufwärts.

Die Konkurrenz, die dem Erscheinen des „Markenartikels ohne Werbung" zunächst eher mitleidig oder belustigt zugeschaut hat, ist 1955 aufs höchste alarmiert. Wenn „Chantré" in den ersten zwei Jahren ohne werbliche Unterstützung nur aufgrund von Qualität und Preis schon so erfolgreich war, so muß die jetzt mit hohem Einsatz anlaufende Werbung diesen Erfolg noch verstärken. Das soll verhindert werden. Zahlreiche Prozesse werden in den nachfolgenden Jahren von anderen Weinbrennereien gegen Chantré & Cie. wegen angeblicher Verletzungen des Wettbewerbsrechts angestrengt. Ludwig Eckes, der die eigenen Interessen vor Gericht häufig selber vertritt, geht aus den Verhandlungen stets als Sieger hervor.

Dann kommen Weinbrände auf den Markt, die schlicht als Nachahmungen zu bezeichnen sind. Durch üble Gerüchte wird außerdem versucht, die Qualität des „Chantré" in der Meinung der Verbraucher herabzusetzen. Doch „Chantré" ist 1957 mit 30 Prozent Marktanteil der größte deutsche Weinbrand und wird diese führende Stellung über Jahre hinweg behaupten. Zu ihrem großen Erstaunen erkennt die Branche, daß mit dem Siegeszug des „Chantré" auch die alteingeführten Marken vorangekommen sind. Cognac/Weinbrand, bis dahin nur ein Getränk bessersituierter Kreise, hat nun in breitesten Verbraucherschichten Eingang gefunden.

In den Betriebsanlagen in Nieder-Olm wird seit 1953 als Folge der steigenden Produktion Jahr für Jahr um- und ausgebaut. Die Belegschaft wächst rasch. Es kommt vor, daß der Chef im eigenen Hause auf Personen trifft, die ihm unbekannt sind und die er fragt, wo sie denn im Unternehmen arbeiten. Autorität, Sparsamkeit und eigene Anspruchslosigkeit haben ihn in diesen Jahren zur Vaterfigur im Unternehmen werden lassen. Über sich bildende hierarchische Strukturen hinweg findet noch jeder für seine persönlichen Sorgen und Nöte ein offenes Ohr bei ihm. Vom Vater hat Ludwig Eckes die Verpflichtung zur Fürsorge für alle Mitglieder seiner Betriebsfamilie übernommen. Zum Jubiläumsjahr werden alle Mitarbeiter am Erfolg beteiligt. Sie erhalten großzügige Prämien und Sonderzuwendungen, die als ein Modell für Vermögensbildung in Arbeitnehmerhand bezeichnet werden können.

Erfolge sind für Ludwig Eckes kein Grund, zufrieden zurückzublicken. Ihn treibt es vorwärts zu neuen Taten. Schon während des erfolgreichen Ausbaus des Spirituosensektors denkt er darüber nach, wie Eckes auch im Fruchtsaftmarkt an Bedeutung gewinnen kann. In diesem Marktbereich ist Eckes seit den dreißiger Jahren mit einem Traubensaft von hoher Qualität vertreten, ohne damit jedoch nennenswerte Umsatzgrößen erreicht zu haben. Bei anderen heimischen Fruchtsorten ist der Markt weitgehend in festen Händen. Ludwig Eckes kommt zu dem Entschluß, einen Orangensaft in Flaschen herzustellen und zu vermarkten. Diesen Entschluß setzt er mit der ihm eigenen Zielstrebigkeit und Beharrlichkeit, vielen Widrigkeiten zum Trotz, in die Tat um.

Zitrussäfte hatte es bis dahin - hauptsächlich aus den USA importiert - nur in Dosen gegeben. Sie waren, weil von den deutschen Verbrauchern nicht akzeptiert und als minderwertig beurteilt, im Fruchtsaftmarkt ein unbedeutendes Nebengeschäft. Auf einer Spanienreise hatte Ludwig Eckes 1954 die Verarbeitung von Orangen zu konzentriertem Saft kennengelernt. Eine Studienreise nach Florida vertieft diese Kenntnisse, und er entwickelt erste Pläne. Die in den USA gebräuchliche Vertriebsform, bei der das Konzentrat dem Kunden ins Haus geliefert und dort erst zu trinkbarem Saft rückverdünnt wird, ist für den deutschen Markt ungeeignet. Also sucht Ludwig Eckes nach neuen Wegen.

Als amerikanische Firmen ihre Fühler ausstrecken, um die Absatzmöglichkeiten für Orangensaft auf dem deutschen Markt zu erkunden, hat er bereits ein Konzept für das neue Produkt fertig. Seine Realisierung treibt er in atemberaubendem Tempo voran. Er sichert sich zunächst die freiberufliche Mitarbeit des Leiters des damaligen Instituts für Obst- und Gemüseverwertung der Forschungsanstalt Geisenheim, Prof. Dr. Julius Koch, der sich bereits mit der Technologie der Orangensaftherstellung befaßt hatte. Nach ersten Pilotversuchen im Sommer 1957 entwickelt Prof. Dr. Koch die verbindlichen Qualitätsrichtlinien für die Produktion von konzentriertem Orangensaft und seine Weiterverarbeitung zu „hohes C“.

Bereits im September des gleichen Jahres werden mit 19 ausgewählten Fruchtsaftherstellern Abfüllverträge für das neue Produkt - das sich zu diesem Zeitpunkt noch in der Entwicklung befand und zunächst nur auf dem Papier existierte - geschlossen. Als Warenzeichen für den Orangensaft wird am 6. November 1957 der Name „hohes C“ in das Warenzeichenregister eingetragen. Als ein bekannter Begriff aus der Musikwelt leicht erinnerbar, soll dieser Name gleichzeitig den hohen Vitamin-C-Gehalt des neuen Produktes signalisieren.

In Florida glaubt man zunächst, es mit einem Irren zu tun zu haben. Da kommt ein völlig unbekannter Mr. Eckes aus einem Dorf in Germany zu Verkäufern von Orangensaftkonzentrat und will kaufen. So riesige Mengen kaufen, daß man vorsichtshalber erst Auskunft darüber einholt, ob die Fa. Eckes überhaupt existiert. Von dem Geschäft, über das er verhandeln will, versteht das Greenhorn erkennbar wenig. Doch der Neuling kauft und sichert damit zunächst die Rohstoffbasis für sein „hohes C“ für die ersten Jahre.

Daß dieses Geschäft voller Risiko und Wagnis ist, muß Ludwig Eckes bald erfahren. Nachtfröste vernichten über die Hälfte einer Jahresernte in Florida, und die sprunghaft steigenden Preise für Orangensaftkonzentrat bringen die Preiskalkulation für das neue Produkt in Gefahr. Doch die Weichen sind gestellt, Produktionsbeginn und Markteinstieg terminiert. Ludwig Eckes läßt sich von Schwierigkeiten nicht beirren. Das Lehrgeld, das er jetzt zahlt, ist gut angelegt. Die Wetterabhängigkeit des Orangensaftmarktes in Florida läßt ihn in aller Welt nach einer stabileren Rohstoffbasis Ausschau halten. Wenige Jahre später wird er sie in Brasilien finden, wo er mit amerikanischen und brasilianischen Partnern ein Unternehmen zur Verarbeitung von Orangen gründet, das einmal zu den drei größten dieser Art in der Welt zählen wird.

Im Frühjahr 1958 erscheint „hohes C“ auf dem bundesdeutschen Markt. Dem neuen Erzeugnis wird ein alle Erwartungen übertreffender Einführungserfolg beschieden. Konsequent setzt Ludwig Eckes in den nachfolgenden Jahren auf die Verbraucheraufklärung durch die Werbung und läßt durch Zeitungsartikel sowie durch Fachbeiträge in Zeitschriften die wichtige Rolle des Vitamin C für die menschliche Gesundheit herausstellen. Der große Erfolg des neuen Fruchtsaftes ruft schon bald nach 1958 die Konkurrenz auf den Plan. Eine Vielzahl von anderen Orangensäften und Orangensaftgetränken (mit geringem Fruchtsaftanteil) will in den Jahren danach am Erfolg teilhaben. Ein riesiger neuer Markt entsteht, für den die Idee des Unternehmers Ludwig Eckes den Grundstein gelegt hat. Sein „hohes C“ ist unter allen Orangensaftmarken die größte Einzelmarke geblieben.

Zeitlebens wird Ludwig Eckes von seinem ungestümen Temperament getrieben, etwas zu unternehmen und zu verantworten. Die sechziger und siebziger Jahre sind für den Ruhelosen Jahre voller Aktivitäten, das eigene Unternehmen zu vergrößern und schließlich in internationale Dimensionen zu führen. Auf häufigen Reisen, immer auf der Suche nach neuen Möglichkeiten unternehmerischer Betätigung, gründet er im In- und Ausland neue Firmen oder schließt Beteiligungsverträge ab.

So legt er z. B. 1961 mit dem Erwerb der Klosterbrennerei Mariacron in Oppenheim den Grundstein für die absolute Spitzenstellung seines Unternehmens im deutschen Spirituosenmarkt. Weinbrand Mariacron wird bis 1972 den Chantré-Umsatz übertreffen und von diesem Jahr an Deutschlands meistgetrunkene Spirituose sein.

Über seine Erfolge sagt er selber 1971: „Ich bin nicht aufgrund irgendeiner genialen Begabung erfolgreich gewesen, sondern wegen meiner Entschlossenheit, meine Ziele hoch anzusiedeln und ihre Realisierung mit allen Kräften und unter Ausnutzung aller Mittel zu versuchen“.

Zur langfristigen Sicherung des Unternehmens werden 1972 die Ludwig-Eckes-Familienstiftung und die Peter-Eckes-Familienstiftung gegründet. In ihren Satzungen ist festgelegt, daß in den Stiftungsbeirat und in den Unternehmensvorstand neben Mitgliedern der beiden Familien auch nicht zur Familie gehörige Führungskräfte berufen werden müssen. Ein Jahr darauf gibt Ludwig Eckes die Geschäftsführung ab und übernimmt den Vorsitz im Stiftungsbeirat. Die Kontinuität als Familienunternehmen sichert er 1974 durch die Berufung von Angehörigen der fünften Eckes-Generation in den Vorstand.

Er selbst widmet seine ganze Lebenskraft dem Unternehmen. Von allen Mitgliedern seiner Belegschaft erwartet er ebenfalls die Bereitschaft zu höchster Leistung. Er sucht leistungswillige Menschen und fördert sie. Seine Einstellung zu ihnen formuliert er: „Maschinen kann man kaufen. Hallen kann man bauen, um gute Mitarbeiter muß man sich bemühen."

Er hat viele gefunden, die ihm bereitwillig und begeistert geholfen haben, die weitgesteckten Ziele zu erreichen. Sein Vorbild war ihnen Ansporn und wirkt über seinen Tod am 14. Januar 1984 hinaus im Unternehmen weiter.

UNTERM STRICH

Peter Eckes

Firmenname	Peter Eckes KG mit beschränkter Haftung
Firmensitz	Nieder-Olm
Branche	Getränke und Lebensmittelgrundstoffe
Hauptprodukt/ Dienstleistung	Spirituosen- und Fruchtsaftmarken
Eigentumsverhältnis	Familienunternehmen
Gesellschafter	Ludwig-Eckes-Familienstiftung und Peter-Eckes-Familienstiftung und Mitglieder der Familien
Geschäftsführer	Vorstand (sechs Mitglieder)
Gründer	Peter Eckes I
Gründungsjahr	1857
Mitarbeiter	1.608 (1986)
Niederlassungen	Tochter- und Beteiligungsgesellschaften im In- und Ausland
Umsatz	998 Mio. DM (1986)
Zukunftsziel	Expansion in den bisherigen Marktbereichen

Bahlsen
Vom Cake zum Keks

von Fabian Lith

Es sind häufig die kleinen und auf den ersten Blick ziemlich bedeutungslosen Zufälle, aus denen sich Großes entwickelt. Es geschah in Hannover in den achtziger Jahren des vorigen Jahrhunderts, daß ein gewisser Herr Schmückler aus der Friesenstraße mit seinem „Fabrikgeschäft englischer Cakes und Biskuits“ in wirtschaftliche Schwierigkeiten geriet. Er wandte sich hilfesuchend an die ihm bekannte Frau Bahlsen, die als Tochter des Königlichen Hofgarteninspektors Wendland in die Tuchhändler- und Goldschmiedefamilie Bahlsen eingeheiratet hatte. Sie war nicht unvermögend und lieh Herrn Schmückler 20.000 Mark.

Um diese Zeit arbeitete Hermann Bahlsen, der Sohn von Frau Bahlsen, als Angestellter und Zuckeraufkäufer einer englischen Firma. Seine Aufgaben führten ihn häufig nach Deutschland und in die engere Heimat, deren Entwicklung er mit offenen Augen verfolgte.

Hannover hatte in jenen Jahren einen tüchtigen Aufschwung genommen, den Skeptiker nicht vorausgesehen hatten! Immerhin, die einstige Residenz der hannoverschen Könige war im Jahre 1866 preußische Provinzhauptstadt geworden. Wer mochte da an Aufwärtsentwicklung glauben? Die aber kam mit der Eisenbahn. Hannover wurde Mittelpunkt des nördlichen deutschen Eisenbahnsystems und damit interessant für Unternehmer.

Hermann Bahlsen sah das alles mit wachsendem Interesse, und beim englischen Tee, zu dem er wohl auch einmal einen englischen Cakes knabberte, machte er sich seine Gedanken. Er spürte - wie es in einem Bericht über sein Leben heißt -, „daß der soziale Strukturwandel, den die Industrialisierung in jenen Jahren allerorts auszulösen begonnen hatte, noch unübersehbare Ausmaße annehmen" werde. An Kekse dachte Hermann Bahlsen zunächst allerdings nicht. Vielmehr trat er nach seiner Heimkehr als Auslandskorrespondent bei der „Continental Cautchouc & Gutta-Percha Comp." ein.

In jenen Tagen aber muß es wohl zu einigen ernsthaften Gesprächen gekommen sein zwischen Herrn Schmückler, dem etwas unglücklichen Cakes-Fabrikanten aus der Friesenstraße, und seiner Gläubigerin Frau Bahlsen. Es waren Gespräche, die für Herrn Schmückler unter einem unglücklichen Stern standen; denn - er konnte seine Schulden nicht zurückzahlen. Über diese Gespräche wurde selbstverständlich auch Hermann Bahlsen informiert, und er fing an, sich etwas eingehender mit den Produkten des ins Schlingern geratenen „Fabrikgeschäftes englischer Cakes und Biskuits" zu beschäftigen.

Bahlsen wußte aus seiner Zeit in England von einem englischen Butterkeks, der sich - nach Art eines Schiffszwiebacks - dauerhaft aufbewahren ließ, der überdies gut verdaulich war und jedenfalls sehr viel besser schmeckte als ein einfacher Schiffszwieback. Und ein solcher Keks war in einer Zeit, da die Menschen immer mobiler wurden, von unschätzbarem Wert. Mit der wachsenden Industrialisierung standen die Menschen häufiger vor der Notwendigkeit, sich über längere Distanzen von ihrem häuslichen Herd zu trennen. Außerdem nahm die Reiselust mehr und mehr zu. Ganz klar, daß unter solchen Umständen die Nachfrage nach einem lange frischen und haltbaren Mundvorrat in absehbarer Zeit den bis dahin noch unvorbereiteten Markt überraschen würde.

Bahlsen rechnete sich aus, daß es in Deutschland möglich sein müsse, Backwaren dieser englischen Art auf den Weg des Erfolgs zu führen. Denn bisher sah es mit einem solchen Gebäck ziemlich trübe aus. Die Deutschen kannten nur Backwerk sehr einfacher Art, das in Tonnen und Kisten geliefert wurde. In Konditoreien spielte das Gebäck eine nur untergeordnete Rolle. Allenfalls wurde es von den Hausfrauen selbst gebacken. Wer aber auf die feinen Cakes, Biskuits und Waffeln aus England und auch aus Frankreich nicht verzichten wollte, der mußte hohe Preise bezahlen; denn der Zoll kassierte tüchtig mit.

Hermann Bahlsen kam mit seinen Überlegungen zu folgendem Ergebnis: Man müsse neue Rezepte entwickeln für Dauerbackwaren von hoher Qualität und - in mehreren unterschiedlichen Sorten. In seiner Biographie heißt es dazu: „Mit solch substanzreicher Nahrung, die jeder überallhin in der Tasche mit sich tragen konnte, hoffte er, den Beifall aller Bevölkerungsschichten zu erringen und sich auf dem Markt des In- und Auslandes erfolgreich durchzusetzen."

Und nun muß man sich folgendes vorstellen: Als Angesteller einer Firma, die mit Kautschuk und Guttapercha handelte, brauchte sich Hermann Bahlsen um seine Zukunft keine Sorgen zu machen. Kautschuk und Guttapercha hatten Konjunktur. Und dennoch wagte der junge Mann den Schritt aus der Sicherheit eines gesunden Unternehmens in das ziemlich unsichere Geschäft einer maroden Keksfabrik: Er wurde zum Teilhaber von Herrn Schmückler. Freilich, lange blieb er das nicht. Schon nach einem Jahr konnte er Schmückler ausbezahlen und an die Verwirklichung eigener Ideen gehen.

Von diesen Ideen aber einmal abgesehen, besaß der damals knapp 30 Jahre alte Hermann Bahlsen nicht besonders viel: eine kleine Bäckerei mit einem 30-PS-Gasmotor. In der Bäckerei waren zehn Mitarbeiter beschäftigt. Das war die Basis seiner Fabrik, die er am 1. Juli 1889 unter dem Namen Hannoversche Cakes-Fabrik H. Bahlsen in das Handelsregister der Stadt Hannover eintragen ließ. Aus dem kaufmännischen Angestellten von gestern war ein Fabrikant von morgen geworden. Und es gab in Hannover einige Leute, die bedenklich den Kopf schüttelten. Wie wollte einer, der selbst nie in seinem Leben an einem Backofen gestanden hatte, mit einer Keksfabrik erfolgreich sein?

Es dauerte keine vier Jahre, da beschäftigte Hermann Bahlsen 100 Mitarbeiter. Seine Fabrik befand sich nicht mehr in der Friesenstraße. Sie bestand inzwischen aus einem Neubau mit Dampfmaschine und eigener Gasanlage an der damaligen Celler Straße, die später in Podbielskistraße umbenannt wurde. Bahlsen und die Podbielskistraße sind bis heute ein unzertrennliches Gespann. Allerdings - der Schritt in die Celler Straße geschah nicht ohne die Bereitschaft zum Risiko. Und möglicherweise wäre er gar nicht vollzogen worden, wenn es nicht in der alten Bäckerei gebrannt hätte. Bahlsen stand vor der Notwendigkeit, etwas Neues aufzubauen. Er benötigte dafür aber Geld und nahm eine Hypothek von 50.000 Mark auf das Haus seiner Mutter auf. Er ging das Wagnis ein im Vertrauen auf seine und seiner Mitarbeiter Tüchtigkeit.

Immerhin: Auf der Nahrungsmittelausstellung in Brüssel im Jahre 1891 hatten Bahlsens Kekse eine Goldmedaille erhalten. Auf der Weltausstellung in Chicago im Jahre 1893 waren sie mit der „Höchsten Auszeichnung" dekoriert worden. Damals, in Verbindung mit seinem Besuch der Weltausstellung in Chicago, nutzte Hermann Bahlsen die Möglichkeit, sich in Amerika umzusehen und technische Anregungen zu sammeln. Er hatte erkannt, daß das Land der unbegrenzten Möglichkeiten zugleich auch das Land der Zukunft für die Europäer war.

Wie sehr sich der junge Fabrikant aus Hannover von dem gängigen Unternehmertyp seiner Zeit unterschied, wird an seinen Zielen deutlich: Mit seiner neuen Fabrik und deren Einrichtung wurden die Möglichkeiten einer immer rationeller werdenden Produktion einkalkuliert. Es gab Misch-, Walz- und Ausstechmaschinen. Die Kekse wurden in neuartigen und 15 Meter langen Kettenöfen gebacken, die Bahlsen im englischen Glasgow hatte bauen lassen.

Doch wesentlich für den Erfolg war Bahlsens Grundsatz, nur erstklassige Ware zu liefern. Sein Credo: „Grundprinzip der Fabrik ist die Verwendung bester Grundstoffe und Beachtung peinlichster Sauberkeit bei der Fabrikation nach streng hygienischen Grundsätzen, ausführbar durch vorzügliche maschinelle Einrichtungen." Dieses Prinzip ist bis heute unverändert der wichtigste Grundsatz des Unternehmens.

Und noch in einem anderen Punkt gehörte Hermann Bahlsen zu den Wegbereitern in Deutschland: Er setzte voll auf Markenpolitik. Standardartikel der Firma wurde der Leibniz-Keks, der im Jahre 1891 zum ersten Male herausgestellt und innerhalb von zwei Jahren durch seine besondere Qualität in Deutschland und im Ausland bekannt wurde. Dieser Leibniz-Keks gehört heute zu den ältesten Markenartikeln überhaupt.

Ungewöhnlich war der Name dieses Gebäcks, der eigentlich gar nicht in eine Zeit paßte, in der neben heroischen Erinnerungsnamen nur noch Verniedlichungen Platz hatten. Was hatte in dieser Gesellschaft der Philosoph Gottfried Wilhelm v. Leibniz zu suchen, den Hannover als einen seiner berühmtesten Bürger verehrt? Nun, diese Namensgebung entsprach dem Naturell Hermann Bahlsens. Bahlsens Bestreben war es zu allen Zeiten, das Materielle stets mit dem Humanen und dem Geistigen zu durchdringen.

In einer Publikation des hannoverschen Unternehmens wird daran erinnert: „Der nächste Schritt auf dem Weg zu solcher Verschwisterung der sonst einander gern ignorierenden Sparten war die Kinderfigur, die Bahlsen vom Bildhauer Professor Engelhard für den Ausstellungsstand in Chicago 1893 schaffen ließ. Sie erregte sofort Aufsehen, da diese Einbeziehung der Kunst in die profanen Bezirke des industriellen Wettbewerbs bisher kaum jemanden in den Sinn gekommen war."

Die Verbindung zwischen dem Materiellen und dem Geistigen setzte sich fort mit dem Markenzeichen des Unternehmens. Zunächst hatte Bahlsen das springende Niedersachsen-Roß in den Dienst seiner Firma gestellt. Im Jahre 1904 wurde es durch das heute allgemein bekannte TET-Zeichen ersetzt. Dieses Zeichen ist eine Arbeit des Malers und Grafikers Heinrich Mittag, der es aus einer altägyptischen Hieroglyphe schuf. Ihre Bedeutung: Ewig dauernd – ein eindrucksvolles Zeichen für die Haltbarkeit des Backwerkes aus Hannover. Und es erscheint dem Betrachter der Geschichte völlig logisch, daß dieses neue Markenzeichen auf der ersten luft- und staubdichten TET-Packung erschien, die Ende 1904 auf den Markt kam und den nun allerdings nicht mehr aufzuhaltenden Siegeszug des Leibniz-Keks einleitete.

Der Erfolg jedoch ließ den jungen Unternehmer nicht ruhen und ihn nach immer neuen Ideen suchen. Die Beliebtheit der von Professor Engelhard geschaffenen Kinderfigur und das Markenzeichen von Heinrich Mittag ließen ihn auf die Möglichkeiten aufmerksam werden, die in der Kunst lagen, um in der Werbung erfolgreich tätig zu sein. Das war ungewöhnlich – ungewöhnlich als Einfall eines Fabrikanten, aber auch für die Künstler, die bis dahin „eine solche Profanierung ihrer Kunst nicht akzeptiert hätten". Bahlsen, der sich bald den Ruf eines großzügigen Mäzens verschaffte, fand in den besten Künstlern seiner Zeit zunächst interessierte, später begeisterte Mitarbeiter. Sie stellten sich ihm zur Verfügung und halfen, in Plakat- wie Verpackungsentwürfen das Gesicht des Unternehmens mit zu bestimmen.

Die Unternehmensphilosophie des Hauses Bahlsen:

Die Bahlsen-Gruppe versteht sich als international operierendes Unternehmen. Mit modernen Management- und Marketing-Methoden erschließt sie neue Märkte. Dem Wandel im Handel setzt Bahlsen eine flexible Produkt- und Belieferungspolitik entgegen. Das Ziel ist, partnerschaftlich die Wünsche der Konsumenten zu befriedigen.

Traditionelles Bestreben des Unternehmens ist das strikte Qualitätsdenken. Der Qualitätsbegriff umfaßt unter anderem neben modernsten Fertigungsmethoden die Verwendung erstklassiger Rohstoffe, möglichst schonende und natürliche Verarbeitung der Gebäcke, ständige Produktinnovation und penible Qualitätskontrolle.

Das Unternehmen engagiert sich über den geschäftlichen Rahmen hinaus für das Allgemeinwohl, vor allem in den Bereichen Wissenschaft, Kunst und Kultur. Es fördert in diesem Rahmen auch das Engagement seiner Mitarbeiter in Gremien der Fachverbände der Branche und in Wissenschaft und Forschung.

Ein besonderes Anliegen ist die ständige Weiterbildung der Mitarbeiter auf allen Ebenen. Dies soll ihnen helfen, die ständig wechselnden Anforderungen des Berufslebens erfolgreich zu erfüllen.

Hermann Bahlsen verfügte über ein ausgeprägtes soziales Empfinden. Er achtete seine Arbeiter und Angestellten als Menschen und Mitarbeiter. Den damals üblichen Begriff des „Untergebenen" kannte er nicht. Bahlsen war ein Patriarch im positiven Sinne. Er hat Zeit seines Lebens den Arbeitgeber- und Arbeitnehmerverbänden sehr skeptisch gegenüber gestanden. Was sollte das? Die Sorge für jene, die am Gelingen seines Werkes mithalfen, war ihm selbstverständlich. Es wird erzählt, daß er nur durch den Betrieb zu gehen brauchte, um zu erkennen, ob einer seiner Mitarbeiter bedrückt war. Und dann ließ er nicht locker, bis er den Grund der Sorge kannte, um zu helfen, soweit dies möglich war. Der Unternehmer Hermann Bahlsen baute bereits in einer Zeit, da andernorts die Arbeiter um ihre primitivsten Grundrechte kämpfen mußten, in seiner Firma ein Sozialsystem auf. Im Jahre 1899, die hannoversche Keksfabrik feierte das Jubiläum ihres zehnjährigen Bestehens, richtete er für die damals 300 Mitarbeiter eine Betriebskrankenkasse ein. Er zahlte Treueprämien und konnte dankbar registrieren, daß sein Betrieb in Zeiten größter Arbeitsunruhe von jeglichen Streiks verschont blieb.

Kleinigkeiten sind es oft, die zusammengenommen das Bild eines Menschen ergeben. Der moderne Unternehmer, der sich als Patriarch die „altmodische“ Menschlichkeit ins Industriezeitalter hinübergerettet hatte, konnte mit seiner Dickköpfigkeit selbst Sprachwissenschaftler zur Verzweiflung bringen. Jahrelang ist er gegen sie zu Felde gezogen, um das Wort „Keks“ durchzusetzen. Das englische Cakes gefiel ihm längst nicht mehr. Bahlsen deutschte das Wort ein, indem er die englischen Laute kurzerhand deutsch schreiben ließ. Das fanden die Sprachwissenschaftler aber überhaupt nicht gut. Der Kampf zwischen ihnen und dem Unternehmer zog sich bis zum Jahre 1911 hin. Dann jedoch hatte Bahlsen sich durchgesetzt. Packungen, Plakate und Briefköpfe erhielten fortan den Aufdruck: „H. Bahlsens Keksfabrik“.

Als selbst in den entlegensten Dörfern, die nicht einmal mit der Eisenbahn zu erreichen waren, nach Bahlsens Keksen verlangt wurde, rüstete Hermann Bahlsen einige seiner Vertreter mit Zweirädern aus, die damals sehr in Mode waren. Die Luftschiffe des Grafen Zeppelin wurden mit Leibniz-Keksen ausgerüstet, und in Stettin veranlaßte ein Mitarbeiter des hannoverschen Unternehmens, daß auf den Bällen einiger Vereine Keks-Polonaisen veranstaltet wurden, zu denen Bahlsen eine Anzahl TET-Packungen gestiftet hatte.

Die Bezeichnung Public Relations gab es damals noch nicht. Hermann Bahlsen aber praktizierte Public Relations bereits mit großem Erfolg. Dazu gehörte auch, daß er im Jahre 1911 die erste Werkzeitung der Firma erscheinen ließ, die „TET-Blätter“ genannt wurden und später den Titel „Leibniz-Blätter“ erhielten. Bahlsen sah darin ein Bindeglied zwischen Geschäftsleitung und Mitarbeitern. Die Blätter sollten der Fortbildung der Arbeiter und Angestellten dienen, ihnen aber auch gehaltvolle Unterhaltung bieten. Was heute selbstverständlich ist (oder sein sollte), war damals eine Sensation. Denn diese Werkzeitung ermöglichte den Mitarbeitern Einblicke in das Betriebsgeschehen. Zahlen und Daten wurden veröffentlicht, Erfolge von Mitarbeitern gewürdigt, von Diät-Erfolgen und „Keks-Erfahrungen“ berichtet.

Bei einer Würdigung der Persönlichkeit des Hermann Bahlsen ist es immer wieder ratsam, sich zu vergegenwärtigen, daß alles, was dieser Mann erdacht und geleistet hat, zu Beginn unseres jetzt zu Ende gehenden Jahrhunderts geschah. Und wenn man sich dann zum Beispiel vor Augen hält, daß es heute häufig notwendig ist, die Produkte von Firmen auf die Reinheit ihrer Rohstoffe zu untersuchen, weil es Anlaß zu Mißtrauen gibt, dann bekommt die Praxis des Hermann Bahlsen besonderes Gewicht: Bahlsen ließ bereits um die Jahrhundertwende durch eine amtliche Analyse die Reinheit der Rohstoffe von Bahlsen-Keksen einwandfrei belegen. Im Jahre 1913 schloß er dann mit dem Lebensmittelchemiker Dr. H. Freese einen Vertrag. Freese wurde verpflichtet, die chemischen und bakteriologischen Untersuchungen der Rohstoffe und der Fertigwaren vorzunehmen.

In jenem Jahr 1913 hatte Bahlsen 1.700 Mitarbeiter. Sein Jahresumsatz betrug rund 8 Millionen Mark. In der Keks-Fabrik wurden 60.000 Zentner Mehl, 4.000 Zentner Butter, 240.000 Zentner Zucker, 385.000 Liter Milch und

3 Millionen Eier verarbeitet. Eine Tagesproduktion aller Sorten zusammen betrug 500 Zentner Kekse. Bahlsen bestritt 60 Prozent der gesamten deutschen Dauerbackwaren-Produktion.

Das war die Grundlage - dieser Vorausgriff in die Zukunft sei gestattet - für ein Weiterleben des Unternehmens nach dem Ersten Weltkrieg und dem weitaus schlimmeren Zweiten Weltkrieg. Eine Grundlage, deren Festigkeit allerdings nur dann garantiert war, wenn die Erben sich ihrer zu bedienen bereit waren. Am Vorabend des 100jährigen Bestehens der Firma darf wohl behauptet werden, daß sich die Nachfolger an das Vorbild des Gründers gehalten haben.

Hermann Bahlsen war 55 Jahre alt, als der Erste Weltkrieg ausbrach. Doch eben da zeigte es sich, daß er nichts von seinem Pioniergeist verloren hatte. Die Nachfrage nach Keksen stieg bis zum Jahre 1916. Sie wurden bis dahin noch ohne Brotmarken abgegeben. Aber Fett, Zucker und Mehl, für ihre Herstellung nun einmal notwendig, wurden immer knapper. Die Produktion von Waffeln und Fruchtpasten wurde verboten. Im Jahre 1917 mußte Hermann Bahlsen zum ersten Male schweren Herzens darauf verzichten, seine Kekse als Liebesgaben an die Front zu schicken. Er versuchte, wenigstens Kinder und Kranke zu beliefern, und druckte für sie eigene Bezugsmarken. Im Jahre 1918

UNTERM STRICH

Hermann Bahlsen

Firmenname	H. Bahlsens Keksfabrik KG Hannover
Firmensitz	Hannover
Branche	Ernährungsindustrie
Hauptprodukt/ Dienstleistung	Dauerbackwaren
Eigentumsverhältnis	KG
Gesellschafter/ Geschäftsführer	Hermann Bahlsen, Lorenz Bahlsen
Gründer	Hermann Bahlsen
Gründungsjahr	1889
Mitarbeiter	8.400 (1986)
Niederlassungen	25 Betriebe im In- und Ausland
Umsatz	1,524 Mrd. DM (1986)
Zukunftsziel	Mindestens 50 % Auslandsanteil am Gesamtumsatz

wurde verfügt, daß nur noch Zwieback nach einem Einheitsrezept hergestellt werden durfte. Bahlsen entwickelte aus diesem Einheitsrezept einen immer noch schmackhaften Keks.

Als Hermann Bahlsen auf Antrag des Polizeipräsidenten von Hannover wegen seiner großen Verdienste während des Krieges - er hatte unter anderem für wohltätige Zwecke weit über 2 Millionen Mark ausgegeben - mit dem Titel eines Kommerzienrates ausgezeichnet werden sollte, lehnte er ab. Er wollte nicht sich, sondern sein Werk geehrt sehen. Daraufhin wurde die Firma noch im Mai 1918 mit der Königlich Preußischen Staatsmedaille ausgezeichnet.

Und während ringsum der Niedergang unübersehbar geworden war, reifte in Hermann Bahlsen eine seiner genialsten Ideen, dachte er an den Aufbau und an die Zukunft. Hermann Bahlsen wollte eine TET-Stadt erbauen lassen. Im Jahre 1916 kaufte er am Stadtrand von Hannover das Gelände für diese ungewöhnliche Stadt, deren Modell er in enger Zusammenarbeit mit dem Bildhauer Professor Bernhard Hoetger ausarbeitete. Hoetger, ein genialer Künstler, der später segensreich in Worpswede wirkte und für den Bremer Kaffeekaufmann Ludwig Roselius die Böttcherstraße schuf, stellte eine neue und große Fabrik in eine Siedlung für Arbeiter und Angestellte der Firma. Die TET-Stadt erhielt Schulen, Kirche, Theater, Kino, Sportplatz und Grünanlagen, wohlgemerkt, alles vor dem Ersten Weltkrieg geplant, und man hätte anfangen können. Da kam der große Zusammenbruch. Hermann Bahlsen schrieb an den Freund Bernhard Hoetger: „Es war ein schöner Traum, unser TET-Projekt. Ich begrabe es diese Nacht, einen anderen Vorschlag kann ich Ihnen nicht machen."

Hermann Bahlsen, der so oft die Initiative ergriffen hatte, wenn es galt, nach vorn zu streben, sah sich am Ende. Er erlebte noch, wie im September 1919 die Produktion des Leibniz-Keks nach dem Originalrezept wieder aufgenommen werden konnte. Es war ihm noch vergönnt, hoffnungsvoll in die Zukunft zu blicken. Doch seine Zukunft war es nicht mehr. Am 6. November 1919 starb Hermann Bahlsen. Er war 60 Jahre alt.

Ritter
Genuß im Quadrat
von Friedrich Bräuninger

Wenn sich die Schwaben schon einen Spiegel ihrer Mentalität und ihres mitunter auch etwas sonderlichen Wesens vorhalten lassen, dann am liebsten von geistreichen Landsleuten wie Sebastian Blau alias Josef Eberle. „Alles habe man den Schwaben schon vorgeworfen“, schrieb der Journalist und Buchautor in seiner 1936 erschienenen Sammlung volkskundlicher Monographien, „nur nicht, daß sie es gut verstünden, sich ins Licht zu setzen“. Selbstbewußtsein, vielleicht sogar Eitelkeit, so scheint es, können bei den Schwaben in einer seltsamen Bescheidenheit ihren Ausdruck finden. „Warum“, so fragt Sebastian Blau, „haben sie sich ungeschickter und rauher gezeigt, als sie waren? Warum haben sie ihre besseren Eigenarten so meisterhaft geschickt vor den anderen versteckt?“ Treffender lassen sich wichtige Fragen zur Person und Geschichte jenes Mannes kaum formulieren, dessen quadratische Sportschokolade und dessen Namen immerhin über 90 Prozent aller Bundesbürger kennen.

Doch Publicity für die eigene Person, Prestigedenken oder gar Großmannssucht sind offenbar nie Alfred Ritters Sache gewesen. Nicht einmal in seiner

Firma, der heutigen Alfred Ritter Schokoladenfabrik GmbH & Co. KG in Waldenbuch, gibt es so etwas wie eine Biographie des Gründers - obwohl das Haus seinen Namen trägt und den Aufstieg an die Spitze der deutschen Schokoladenindustrie ganz wesentlich seiner unternehmerischen Leistung verdankt. Anders als sein großer Landsmann und Zeitgenosse Robert Bosch hat Ritter seinen Nachfolgern und Erben kein schriftlich fixiertes Vermächtnis oder gar eine Unternehmensphilosophie hinterlassen. Nach wörtlichen Zitaten suchen Interessenten deshalb vergebens. Allenfalls Leute, die ihn noch persönlich kannten, erinnern sich an den ein oder anderen Satz. „Ich mach mei Gschäft, machet ihr was ihr wollet", soll Ritter auf der Verbandstagung der Schokoladen-Industriellen in den dreißiger Jahren einmal gesagt haben.

Sein „Gschäft", das ist zunächst der kompromißlose Wunsch nach unternehmerischer Selbständigkeit. Kaum hat der gelernte Konditor des Geburtsjahres 1885 den Meisterbrief in der Hand, da fackelt er nicht lange und eröffnet in der schwäbischen Kleinstadt Backnang seine eigene Zuckerbäckerei. Zwar hat das Handwerk nach der Jahrhundertwende auch in Backnang goldenen Boden, doch die Großstadt Stuttgart scheint den jungen Unternehmer wie ein Magnet anzuziehen. Stuttgart nämlich, die schwäbische Hauptstadt, ist um 1910 im Deutschen Reich die führende Schokoladenmetropole. Dort hat es eine ganze Schar ehemaliger Konditoren mit stolzen Manufakturen zu Ansehen und Reichtum gebracht: etwa Moser & Roth, Waldbaur, die Hoflieferanten Starker & Pobuda, Schoko-Buck oder Stangel & Ziller, aus deren Initialen S und Z sich der Markenname Eszet herleitet. Alfred Ritter freilich denkt zunächst nicht an Schokolade, sondern macht in einem noch bescheidenen Laden in der Moltkestraße Bonbons.

Die Wege seiner Brautschau führen den 27jährigen immer wieder ins nahe gelegene Bad Cannstatt, wo er 1912 die hübsche Clara, Inhaberin eines Süßwarengeschäftes, kennenlernt und heiratet. Doch dem jungen Paar bleiben nur zwei Jahre Zeit, sich an der Arbeit und guten Entwicklung ihrer gemeinsamen Bonbonkocherei - die immerhin schon zwei Vertreter beschäftigt - zu erfreuen. Bei Kriegsausbruch im Jahre 1914 muß Alfred Ritter den weißen Arbeitskittel mit der grauen Uniform der Soldaten vertauschen und seine Firma schließen.

An der Front indessen dämmert es den kommandierenden Militärs reichlich spät, daß zur Moral der Krieger auch süße Munition gehört. Doch in der Heimat fehlen die notwendigen Spezialisten, die für Nachschub und die gewünschte Anreicherung der Feldpostpäckchen sorgen könnten. Deshalb wird der Konditor Alfred Ritter 1917 arbeitsfähig aus der Armee entlassen und bei Eszet in Stuttgart dienstverpflichtet. Der Heimkehrer nutzt diese Zeit sehr intensiv, um zu lernen und Know-how über die Finessen der Schokoladenproduktion aufzubauen.

Trotz der schlechten Zeit nach dem Ersten Weltkrieg trägt dieses Kapital schon bald üppige Zinsen. Der Gedanke, Schokolade nicht nur für Bonbons oder Pralinen zu verarbeiten, sondern sie in eigener Regie herzustellen, läßt ihn fortan nicht mehr los. Zunächst aber fehlt noch eine geeignete Produktionsstätte, denn die Bonbonmanufaktur in der Moltkestraße erweist sich für Ritters ehrgeizige Expansionspläne als viel zu klein. Mit der für ihn typischen vorsichtigen Kalkulation kauft er 1919 das Anwesen Wilhelmstraße 16 in Bad Cannstatt, wo die Fabrikation im Stil einer Großkonditorei ihren Betrieb aufnehmen soll.

Doch Nachfrage und Kapazitätsauslastung entwickeln sich derart günstig, daß der Bau wenig später aus allen Nähten platzt. „Die Wohnung lag neben den Arbeitsräumen, und der große und breite Hausflur diente oft als Warenlager, während er sonst zum Fußballspielen benutzt werden konnte“, erinnert sich später sein Sohn Alfred Ritter junior. Der Chef hilft sich fürs erste mit einer in Schwaben altbewährten Methode: die Fabrik wird bis an die Grenzen der Möglichkeiten ausgebaut und um zwei Stockwerke erhöht.

Während die deutsche Wirtschaft Anfang der zwanziger Jahre geradewegs auf eine schlimme Inflation hinsteuert, verhält es sich mit der Sortimentsinflation im Hause Ritter kaum anders. Es vergeht selten eine Woche, in der sich Alfred Ritter und seine von ihm inspirierten Mitarbeiter nicht neue Artikel ausdenken. Sichtbarer Ausdruck dieser Kreativität sind beispielsweise die hinter Schaufenstern ausgestellten Nachbildungen des Kölner Doms und anderer Bauwerke aus Zucker. Andererseits zwingt der rapide einsetzende Verfall des Geldwertes zu höherem Tempo im Verkauf.

Alfred Ritter eröffnet jetzt zwei Ladengeschäfte, um seine Ware rascher absetzen und Rohstoffe einkaufen zu können. Ehe sich die Verhältnisse wieder normalisieren, muß Ritter mit seiner jungen Firma bange Monate überstehen. Eine Tafel Schokolade kostet 1923 in Stuttgart 673,28 Milliarden Mark, nach der Geldreform ist die gleiche Menge wieder für 25 Pfennig zu haben.

Zwar macht sich jetzt, an der Schwelle zu den goldenen zwanziger Jahren, auch im Lager der Schokoladenindustrie Aufbruchstimmung breit. Doch die Branche hat nach wie vor mit einem Manko zu kämpfen: Ihre Produkte werden vom Verbraucher eher als Naschartikel und Seelentröster, aber noch nicht als ein alltägliches Nahrungsmittel akzeptiert. Immer noch versuchen sich die etablierten Hersteller im jetzt sich verschärfenden Wettbewerb mit ihrer Sortimentsvielfalt zu überbieten. Und sie beobachten mit zunehmender Aufmerksamkeit die Aktivitäten und Entwicklung des Branchenneulings Ritter, der sein „Geschäft“ macht.

Den Löwenanteil seines Umsatzes freilich stellt in dieser Phase nicht etwa Tafelschokolade, sondern vielmehr eine bunte Palette von Confiserieprodukten wie Weihnachtsmänner, Osterhasen, Tannenzapfen, Marzipantiere, Kleeblätter, Herzen oder etwa Krokanteier. Allein seine Preisliste für Osterartikel umfaßt rund 100 verschiedene Erzeugnisse. Die Vielzahl von Spezialitäten in geringen Losgrößen und ein hoher Handarbeitsanteil setzen der von Ritter angepeilten Rationalisierung freilich noch enge Grenzen. Dennoch hält er fieberhaft nach Möglichkeiten Ausschau, Kosten zu drücken, den Materialfluß zu beschleunigen und Herstellungsverfahren zu vereinfachen.

Aus gutem Grund. Bereits in den zwanziger Jahren nämlich nehmen die Preiskämpfe im Schokoladenmarkt an Schärfe zu. Und Alfred Ritter, dessen Briefkopf mittlerweile das Bild einer stolzen Ritterrüstung ziert, stellt sich der Herausforderung. Die Preise seiner Waren, die er fast ausschließlich über den regionalen Einzelhandel in Baden und Württemberg verkauft, liegen meist unter denen der Konkurrenz - ohne daß er an der Qualität Abstriche machen will. Großhändlern, die auf herben Preisnachlässen und Rabatten bestehen, zeigt der Schokoladenfabrikant mit den handwerklichen Wurzeln die kalte Schulter. Und obwohl sich das konjunkturelle Konsumklima bis zum Jahre 1930 immer mehr verschlechtert - in Deutschland sind sieben Millionen Menschen ohne Arbeit - geht Alfred Ritters Rechnung auf. Er beschäftigt jetzt immerhin 80 Mitarbeiter, und schon wieder sind seine Produktionskapazitäten zu klein.

Hermann Ottmüller über die Unternehmensphilosophie des Hauses Ritter:

„Die Firma Alfred Ritter betreibt die Produktion und den Vertrieb von Schokoladenwaren und betätigt sich im Süßwarenbereich sowie im erweiterten Bereich der eßbaren Genußmittel. Die Produkte von Ritter sind qualitativ hochwertig und tragen den Bedürfnissen der Verbraucher verantwortungsvoll Rechnung. Mit dem Wachstum der Firma Alfred Ritter haben sich vor allem in den 60er und 70er Jahren Grundsätze herausgebildet und bewährt, die es auch in Zukunft ungeschmälert zu erhalten gilt.

Hierzu zählen vor allem die gegenseitige Achtung und die vertrauensvolle Zusammenarbeit aller im und am Unternehmen Beteiligten, das selbstbewußte, aber zurückhaltende Auftreten der Firma nach außen und die besonnene, aber gleichwohl entschlossene Ausdehnung der unternehmerischen Aktivitäten. Als Familienunternehmen mit überschaubarer Betriebsgröße ist sie beweglich und kann sich sehr schnell auf neue Gegebenheiten einstellen. Dadurch hat sie - trotz der bekannten Schwierigkeiten unseres Marktes - sehr gute Chancen, die Traditionen und Philosophien des Firmengründers erfolgreich fortzuführen."

Jetzt aber steht der mittelständische Unternehmer vor einer schwierigen Entscheidung. Wachstum oder Stagnation lautet die Grundsatzfrage, die Alfred Ritter intensiv überdenkt. Wie saures Bier werden in Deutschland schon leerstehende Schokoladenfabriken zum Kauf oder zur Vermietung angeboten, darunter auch eine im schwäbischen Dorf Waldenbuch, rund 40 Kilometer südwestlich von Stuttgart entfernt. Der Entschluß, den Standort seines Unternehmens auf das Land zu verlagern, fällt ihm nicht leicht. Werden ihm seine qualifizierten Mitarbeiter, die er alle persönlich und mit Namen kennt, die Treue halten und den Umzug mitmachen? Wird sich das teure Investment und die Vergrößerung der Produktionskapazitäten rechnen?

Um die Risiken so gering wie möglich zu halten und um den Bestand der Firma nicht zu gefährden, entschließt sich der Schokoladenfabrikant, das neue Werk erst mal zu mieten, bevor er es später endgültig kauft. Obwohl ihm seine Mitarbeiter die Stange halten und täglich in einem Mercedes-Omnibus von Bad Cannstatt nach Waldenbuch pendeln, bleiben die üblichen Anlaufprobleme nicht aus.

Die Waldenbucher müssen erst noch zu Schokoladenspezialisten ausgebildet werden, und in der für sie noch ungewohnten Umgebung will auch der Stammbelegschaft nicht jeder Handgriff auf Anhieb perfekt gelingen. Alfred Ritter schließt das Geschäftsjahr 1930 – für ihn eine völlig neue Situation – erstmals nicht mit Gewinn, sondern mit Verlust ab.

Doch sein Prinzip der grundsoliden Finanzierung erweist sich gerade in dieser Phase als wichtiger Trumpf, um die kurze Durststrecke zu überstehen. Kreativität und Einfallsreichtum leiden jedenfalls nicht darunter. Im Gegenteil. Ritters hellwacher Innovationsgeist, wie man das heute wohl nennen würde, führt 1932 zur Entwicklung und Herstellung jenes Produktes, das Jahre später einmal die Stärke und das besondere Profil seines Unternehmens entscheidend bestimmen wird: die Sportschokolade.

Während die Konkurrenten im rechteckigen Format das Nonplusultra der Tafelschokolade sehen, kreieren die Waldenbucher in der Provinz einen neun mal neun Zentimeter großen quadratischen Block, der etwas dicker sein muß, um das Standardgewicht von 100 Gramm auf die Waage zu bringen. Das neue Format, verpackt in dunkelbraunem Zellophanpapier, ist nicht etwa ein unbedeutender Ausfluß origineller Spielerei, wie man in der Branche zunächst vermutet. Es ist vielmehr Ergebnis der genauen Beobachtung des Verbraucherverhaltens und der Suche nach Zweckmäßigkeit.

Ritters Ehefrau Clara nämlich ist aufgefallen, daß die herkömmlichen rechteckigen Schokoladentafeln nicht so recht in Mantel- oder Jackentaschen passen, häufig sichtbar herausragen, und mitunter sogar an den Ecken brechen. Das Quadrat erscheint ihr praktischer und die etwas dickere Tafel, so vermutet sie, könnte eher zum Hineinbeißen einladen.

Wichtiger freilich als die Formgebung ist der Stempel „Sport“, den Alfred Ritter seiner Schokolade aufdrückt. Warum er dies getan hat, wird letztlich wohl immer ein Geheimnis bleiben. Daß die neue Fabrik in Waldenbuch direkt neben einem Sportplatz liegt, der für einen möglichen Werksausbau vorgesehen ist, dürfte sicherlich nicht der entscheidende Grund gewesen sein. Wahrscheinlicher ist vielmehr die Überlegung des Unternehmers, daß „Ritter's Sportschokolade“ gut in eine Zeit passen könnte, in der Sport in Deutschland kräftig an Auftrieb gewinnt.

Die Menschen und vor allem die Jugend fiebern den Olympischen Spielen in Berlin entgegen. Das Großereignis des Jahres 1936 führt - nicht zuletzt wegen der zahlreichen deutschen Erfolge - zu einer bis dato nie dagewesenen Breitenwirkung des Sports. Mit den braunen Machthabern, die aus ganz anderen Gründen jede Form von körperlicher Ertüchtigung nach Kräften forcieren, läßt sich Alfred Ritter nach Möglichkeit nicht ein. Er will weder Parteimitglied werden noch Verbandsfunktionär. Sein Engagement gilt allein der Firma, allenfalls seiner Jagdleidenschaft gibt er ab und an einmal nach.

Der Chef beginnt frühzeitig, sich mit der Nachfolgeregelung zu befassen. Sohn Alfred, 1914 geboren, muß sich als Lehrling die ersten Sporen in der Schokoladenfabrik verdienen, ehe ihn der Vater als Volontär auf die Lehr- und Wanderjahre nach Danzig, Hamburg und Bremen schickt. Daheim, im Schwäbischen, läuft derweil noch alles bestens. Darunter auch die Sportschokolade, für die der Seniorchef - einmal mehr als Pionier seiner Branche - nicht nur an Plakatsäulen oder im Schaufenster, sondern auch im Kino kräftig die Werbetrommel rührt.

Marketing ist zu diesem Zeitpunkt noch ein absolutes Fremdwort in Deutschland, und Ritter kann nicht wissen, daß gerade die Schokoladenindustrie später einmal zu den werbeintensivsten Branchen gehören wird. Er selbst hat vielmehr das Pech, den Erfolg seiner eigenen Werbeaktivitäten nicht mehr voll auskosten zu können.

Denn jetzt, im Jahr 1937, werden die Rohstoffe, vor allem die Kakaobohnen, immer knapper und von Funktionären zugeteilt. Die Waldenbucher müssen wie andere ihre Ware strecken und haben bei der Kakaozuteilung nicht die besten Karten. Alfred Ritters Schokoladenfabrik darf noch bis 1940 auf kleiner Sparflamme weiterarbeiten, dann werden auch die letzten Mitarbeiter in die Rüstungsproduktion abkommandiert. Manche seiner Wettbewerber aus der Schokoladenindustrie - wohl die mit den besseren Beziehungen nach Berlin - produzieren unter Volldampf Süßigkeiten für Wehrmacht und die Kriegsmaschinerie, der Unternehmer Alfred Ritter wird zur Untätigkeit verdammt.

Als Deutschland 1945 in Schutt und Asche liegt, ist Alfred Ritter 60 Jahre alt. Während Schoko-Buck, Eszet oder Waldbauer in Stuttgart weitgehend ausgebombt sind, ist zumindest seine Fabrik in der Substanz heil geblieben. Aber auch Ritters fester Wille, zumindest die Basis seines durch den Krieg zerstörten Lebenswerkes neu aufzubauen. Zwangswirtschaft und Mangel freilich lassen zunächst nur die Herstellung von Nährstangen aus Brot zu. Zucker gibt es allenfalls auf dem Schwarzmarkt, Verpackungsmaterial muß gegen Holz eingetauscht werden. An Kakao oder Schokolade ist überhaupt nicht zu denken. Außer sechs Mitarbeitern, darunter drei Führungskräfte, will in der ersten Nachkriegszeit kaum einer bei Ritter arbeiten - jedenfalls nicht für Geld.

Das ändert sich erst, als die Währungsreform 1948 das deutsche Wirtschaftswunder einläutet. Die Konkurrenten aus der Schokoladenstadt Stuttgart machen jetzt den ersten Fehler und kaufen Rohkakao zu fast jedem Preis - bis zu 600 Mark für 100 Kilogramm. Alfred Ritter dagegen beteiligt sich nicht am Spekulationspoker, sondern konzentriert sich vielmehr auf den technischen Ausbau seines Maschinenparks. Während die Creme der Stuttgarter Schokoladenindustrie durch Pleiten oder Übernahmen später dahinschmelzen wird, gedeiht ausgerechnet das mittelständische Familienunternehmen in Waldenbuch zu neuer Pracht. Doch daran kann sich Alfred Ritter nicht mehr lange erfreuen. Zwei Jahre vor seinem Tod übergibt er 1950 die Regie der Schokoladenfabrik an seinen aus der Kriegsgefangenschaft zurückgekehrten Sohn mit dem gleichen Vornamen. Inflation, Kriege und Rohstoffbewirtschaftung bleiben dem Filius des Gründers erspart - nicht aber die Widrigkeiten eines äußerst hart umkämpften Marktes. In diesem Terrain schreibt der Junior bis zu seinem Tod im Jahre 1974 mehrere Kapitel beeindruckender deutscher Marketinggeschichte.

1950 lag der Umsatz der Waldenbucher Schokoladenfabrik noch bei vier Millionen Mark, heute sind es gut 350 Millionen, auf der Lohnliste dieses führenden Unternehmens der deutschen Schokoladenindustrie stehen 700 Mitarbeiter. Sie alle produzieren und verkaufen - in 17 diversen Sorten - fast ausschließlich jene quadratische Sportschokolade, eben „Ritter Sport“, die der Gründer Alfred Ritter 1932 erstmals in den Markt geschickt hatte.

UNTERM STRICH

Alfred Ritter

Firmenname	Alfred Ritter GmbH & Co. KG Schokoladenfabrik
Firmensitz	Waldenbuch
Branche	Süßwaren
Hauptprodukt/ Dienstleistung	100-Gramm-Tafelschokolade im Quadratformat
Eigentumsverhältnis	Familie Ritter (100%)
Gesellschafter/	Marta Ritter, Alfred Ritter, Marli Hoppe-Ritter
Geschäftsführer	Gerhart Kleindienst, Hermann Ottmüller
Gründer	Alfred Ritter
Gründungsjahr	1912
Mitarbeiter	700
Niederlassungen	England/Österreich
Umsatz	350 Mio. DM (1986)
Zukunftsziel	Ausdehnung im Nicht-100-Gramm-Tafelschokolade-Bereich; Ausbau im europäischen Markt

Nestlé
Von der Wiege bis zum Kästle
von Karlheinz Ludwig

Einen größeren Bekanntheitsgrad als Nestlé dürfte international kaum ein Produkt haben. Auf dem Lebensmittelsektor steht dieser Name für gute und preiswerte Qualität. Es ist die Garantie des Produzenten, eine gleichmäßige Ware anzubieten, deren Herstellung laufend zu überwachen, immer nach Möglichkeiten zu forschen, das Produkt zu verbessern, und dies vor allem hinsichtlich Nährwert, Geschmack, Gesundheit und möglichst einfacher Gebrauchsfähigkeit, sowie schließlich dafür zu sorgen, daß dieses Produkt dort jederzeit verfügbar ist, wo es der Verbraucher leicht erwerben kann. Wie man erkennt, sind das die normalen Voraussetzungen für einen Markenartikel des Lebensmittelbereichs. Produkte unter dem Namen Nestlé sind Markenartikel.

Begonnen hat alles mit Heinrich Nestlé, geboren 1814 in Frankfurt am Main. Dieser Apotheker gab seinen Namen dem größten Unternehmen der Nahrungsmittelindustrie in der Welt. Herr Nestlé war voller Ideen. Er verließ seine Geburtsstadt und ließ sich 1843 in Vevey nieder. Hier gab er als Beruf

„Kaufmann“ an, und als solcher verkaufte er Senf, Sämereien und Petroleumlampen. 1857 tat er sich mit weiteren Geschäftsleuten der Stadt zusammen. Es entstand eine kleine Firma, die Kunstdünger produzierte und zudem noch flüssiges Gas für die insgesamt zwölf Straßenlaternen von Vevey. Nestlé bezeichnete sich von jetzt an als „Chemiker“.

Von der großen gefühlsbetonten Welle zur sozialen und humanitären Hilfe, die in dieser Zeit die Schweiz durchzog und in ihrem Gefolge die erste Genfer Konvention „zum Schutz der Verwundeten und Kranken der Heere im Feld“ zu Papier brachte, wurde auch Herr Nestlé erfaßt. In Anpassung an seine französisch sprechende Umgebung und im Bewußtsein, inzwischen hier seine Heimat gefunden zu haben, nannte er sich bereits Henri Nestlé. Er war, wie viele andere auch, von der Tatsache betroffen, daß damals in der Schweiz von fünf Kindern im ersten Lebensjahr eines starb. Der Gedanke daran ließ Nestlé nicht los. Als Mann der Tat begann er, nach einem Produkt zu forschen, das Kleinkinder vollwertig ernähren kann, wenn die mütterliche Brust versagt. Nestlé hatte Erfolg. Über seine Erfindung berichtete er: „Die Grundlage meines Kindermehls ist die gute Schweizer Milch, die mittels einer mit Luftdruck arbeitenden Pumpe bei niedriger Temperatur konzentriert wird, wobei die ganze Frische der warmen Milch erhalten bleibt. Das Brot wird nach einer neuen, von mir erfundenen Methode gebacken und nach wissenschaftlich genau ausgewogenen Verhältnissen beigemischt und stellt somit eine Nahrung dar, die nichts mehr zu wünschen übrig läßt.“ Und dann kam 1867 Nestlés eigenes Erlebnis hinzu, als ihn sein Freund Professor Schnetzler bat, einen Versuch mit dem Kindermehl an einem 15 Tage alten Kleinkind durchzuführen, das die Ärzte bereits aufgegeben hatten. Nestlé bekam sein Erfolgserlebnis. Sein Produkt hatte einem Baby das Leben gerettet. Doch, wie so oft, erlitt auch Nestlés Hochstimmung ihren Dämpfer. Der Handel stand dem Produkt mißtrauisch gegenüber, und man verweigerte ihm sogar den Kredit für einen Sack Mehl.

Die wahre Größe Nestlés zeigte sich jetzt. Je mehr Schwierigkeiten auftauchten, desto stärker setzte er sich für sein Kindermehl ein, zumal dieses Produkt die Zustimmung von immer mehr Ärzten fand, die es selbst ausprobiert hatten. Allerdings blieb Nestlé Realist genug, um zu wissen, daß die ihm zur Verfügung stehenden Mittel zu begrenzt waren, um ganze Märkte zu erschließen und großtechnisch zu produzieren. Trotzdem blieb er seinem Ziel treu, Schritt für Schritt in diese Richtung zu gehen. 1868 wurde sein Kindermehl nicht nur in Vevey verkauft, sondern auch in Lausanne und in Frankfurt am Main. Dank der Güte seiner Qualität fand das Produkt nun auch Absatz in Paris und London. Ende 1869 lag die Tagesproduktion für Kindermehl schon bei einer halben Tonne. Die Aufträge stiegen und kamen, wie Henri Nestlé selbst sagte, „wie Lawinen“ auf ihn zu. Wie viele erfolgreiche Unternehmer, sah sich Henri Nestlé nun im Zugzwang, seine Produktion auszubauen, zu investieren. Kommerziell blieb Nestlé vorsichtig. Dazu zählte auch seine Preisgestaltung. Sie drückte sich aus in seiner Äußerung: „Es sind keineswegs die reichen Leute, die unser Erzeugnis am meisten kaufen. Vielmehr müssen wir versuchen, unser Kindermehl für jeden Geldbeutel erschwinglich zu machen. Es ist einträglicher, zwei Büchsen für 3,60 Franken zu verkaufen als eine zu 2 Franken." Er räumte den Apothekern Rabatte ein und wandte sich an die Ärzte zur Prüfung seines Produktes. Damals war das Wissen um erfolgreiche Werbung noch nicht bekannt. Deshalb kam Henri Nestlé erst relativ spät darauf, die Mütter direkt anzusprechen.

1870 brach der deutsch-französische Krieg aus, der Nestlés Geschäft erheblich behinderte. Als der Krieg zu Ende war, waren die Rohstoff- und Verpackungskosten gestiegen und drückten auf den Gewinn. Auch bei Transport und Zoll hatte man die Tarife beträchtlich angehoben. Nestlé meisterte auch dies. Bald waren seine dreißig Mitarbeiter wieder voll beschäftigt, und der Versand ging sogar bis Niederländisch-Indien, Argentinien, USA und Rußland. „Seien wir vorsichtig und wagemutig zugleich." Diese Äußerung ist typisch für eine Unternehmerpersönlichkeit wie Henri Nestlé, der sein Familienwappen zu einer Marke machte, nämlich das Nest, das die junge Brut schützt.

Man schrieb das Jahr 1874. Der Jahresumsatz von Nestlés Unternehmen lag bei einer halben Million Büchsen Kindermehl. Henri Nestlé war 61 und abgekämpft. Seine Produkte erfreuten sich guter Nachfrage, und der Zeitpunkt war abzusehen, daß neue Investitionen für die Erweiterung der Produktionsmittel fällig wurden. Henri Nestlé brauchte nicht lange nach einem Käufer für sein florierendes Unternehmen zu suchen. Die neu gegründete Aktiengesellschaft „Farine Lactée Henri Nestlé" übernahm alles, auch den Namen. Henri Nestlé erhielt eine Million Schweizer Franken und eine schöne zweispännige Kutsche, von der er und seine Frau im Gebiet von Montreux ausgiebig Gebrauch machten. Er lebte dort bis zu seinem Tod Mitte 1890. Nachkommen hatte er keine.

Die Eigentümer der neuen Gesellschaft standen bereits seit langem mit Henri Nestlé in Verbindung: Der Müller Roussy als Lieferant und Jules Monnerat als Bürgermeister von Vevey und schließlich der Müller-Neffe Gustave Marquis, ein Großgrundbesitzer. Entsprechend ihren Berufen übernahmen sie die Ressorts Technik, Verwaltung und Finanzen. Eine beinahe ideale Lösung. Und sie holten sich junge und dynamische Mitarbeiter heran. Das Unternehmen florierte, verlangte aber viel Anpassung. Um die Qualität des Grundstoffes Milch zu verbessern, wandte man sich direkt an die bäuerlichen Lieferanten und beriet sie hinsichtlich Viehfütterung und hygienischer Milchbehandlung. Eine Aufgabe, die der Nestlé-Konzern noch heute zu seinen international wichtigsten Tätigkeiten zählt. Mit qualitativ guter Milch konnte die Gesellschaft 1878 mit der Fabrikation von Kondensmilch beginnen. Der gute Name der Firma öffnete ihr diesen Markt trotz des hier herrschenden Überangebotes.

Die Konkurrenz litt ebenfalls unter – so würde man heute sagen – der „Kondensmilch-Schwemme". Vor allem war es die Anglo-Swiss Condensed Milk Co. in Cham bei Luzern, gegründet 1866 von den Brüdern Page, von denen einer US-Konsul in Zürich war. Sie nahm 1877 zusätzlich die Produktion von

Kindermehl auf. Ihre Marke „Milchmädchen“ stand in ständiger Konkurrenz zur Marke „Nestlé“. Auf internationaler Ebene wurde der Wettbewerb zwischen beiden Firmen immer stärker. Dabei blieben ihnen auch Rückschläge nicht erspart.

Vevey war ein Zentrum der Schweizer Schokoladenindustrie. Schon der Erfinder der Milchschokolade, Daniel Peter, war mit Henri Nestlé befreundet gewesen. So, wie Nestlé sein Mehl mit Milch vermischte, so begann er mit der Mischung von Milch und Schokolade. Auf internationalen Ausstellungen erhielt er für sein Produkt Silber- und Goldmedaillen. 1904 fusionierte seine Firma mit der Schokoladenfabrik des Jean-Jacques Kohler. Zwischen dieser „Société Générale des Chocolats Peter et Kohler réunis“ und dem Haus Nestlé entstand ein Abkommen, nach dem sich Nestlé an dieser Firma beteiligte, dorthin Milch lieferte und Milchschokolade unter dem Namen Nestlé produziert bekam.

Das Jahr 1905 wurde zum Markstein in der Geschichte des Nestlé-Konzerns. Die sich bisher einander heftig bekämpfenden Konkurrenten Anglo-Swiss und Nestlé einigten sich. Es entstand aus beiden Firmen die „Nestlé and Anglo-Swiss Condensed Milk Co.“. Hauptsitze waren Cham und Vevey. Es wurde ein hartes Stück Arbeit, zwei bisher konkurrierende Organisationen auf einen gemeinsamen Nenner zu bringen, denn kaum jemand von den leitenden Angestellten wollte seine Position aufgeben. Erst die Krisenjahre nach dem Ersten Weltkrieg machten dem ein Ende. Nestlé entkam der Weltwirtschaftskrise, die bereits gegen Ende des Jahres 1920 sichtbar wurde, nur unter größten Anstrengungen. Ausgaben wurden gekürzt, die Produktion verkleinert und die Unternehmensleitung neu organisiert. Man holte den bekannten Wirtschafts- und Finanzexperten Louis Dapples, der sich vor allem um die finanzielle Erholung des Konzerns erfolgreich bemühte und zum Präsidenten ernannt wurde. 1925 war Nestlé saniert. In der auf Vevey konzentrierten Verwaltung hatten seitdem fachlich ausgewählte Manager das Sagen. Es ging wieder aufwärts. Das Jahr 1929 begann mit der Übernahme der Schokoladengruppen Peter, Cailler und Kohler durch Nestlé.

1929 begann in den Vereinigten Staaten eine Wirtschaftskrise, die vier Jahre die ganze Welt erschütterte. Diesmal war der Nestlé-Konzern auf derartige Ereignisse vorbereitet, und so konnte der Konzern diesmal Maßnahmen ergreifen, um mit Elastizität die Risiken einzuschränken. Nestlé überstand diese Krise mit Bravour. Am darauf folgenden wirtschaftlichen Aufschwung nahm auch Nestlé teil. Noch enthielten alle Nestlé-Produkte in irgendeiner Weise Milch. 1938 kam der lösliche „Nescafé“ hinzu. Als Pulver ließ er sich beliebig dosieren.

1936 wurde die „Unilac Inc.“ mit Sitz in Panama zur Übernahme gewisser Nestlé-Beteiligungen in Übersee gegründet. Um das Vermögen der Gruppe im Konfliktfall zu schützen, hatte man die Unilac noch im selben Jahr von einer Tochtergesellschaft in eine Zwillingsgesellschaft der Nestlé SA umgewandelt, indem den Aktionären der Nestlé SA für jede Nestlé-Aktie gratis eine

Unilac-Stammaktie übergeben wurde. Weil die beschränkten Vorteile dieser Doppelstruktur inzwischen nicht mehr deren verwaltungstechnische und finanzielle Nachteile rechtfertigten, wurde 1986 der Status quo ante wieder hergestellt. Die Nestlé/Unilac-Zwillingsaktien hat man gegen neue Nestlé-Aktien umgetauscht. Daß der Schutz des Nestlé-Vermögens ab 1936 überhaupt notwendig war, bewies die Weltgeschichte. Eine Beschlagnahme der Konzernzentrale im Krieg durch fremde Truppen hätte keinesfalls deren Zugriff auf das weltweite Nestlé-Vermögen bedeuten können. Nestlé war bald zwei Jahre lang während des Zweiten Weltkriegs ein doppelköpfiges Unternehmen. Sowohl in der Schweiz als auch bei Unilac in Stamford/Connecticut in der Nähe von New York in den anfangs noch neutralen Vereinigten Staaten fand man einen Teil des Nestlé-Rahmenpersonals. Für einen Konzern, der Nahrungsmittel für jedermann produziert, konnte ein Krieg nur sinnlos sein.

Auch der Zweite Weltkrieg war - im Vergleich zu dem, was manche andere internationalen Konzerne erlitten hatten - für Nestlé glimpflich vorübergegangen. Nestlé-Mitarbeiter fühlten sich über Kriegshaß und Schlachten hinaus weiterhin mit Nestlé verbunden. Das erleichterte die notwendig gewordene Neuordnung mit Konzentration auf Vevey. Der Nestlé-Konzern, der bis dahin an Maggi-Produkten wenig Interesse zeigte, unterhielt durch familiäre Bindungen des späteren Nestlé-Verwaltungsrats-Vizepräsidenten Carl J. Abegg gute Beziehungen zur Maggi-Holding Alimentana. 1947 übernahm Nestlé die Maggi. Aus dieser Fusion entstand die „Nestlé Alimentana Aktiengesellschaft“. Große Umorganisationen fanden nicht statt, denn die Maggi-Gruppe behielt unter dem Dach der neuen Holding weitgehend ihre Eigenständigkeit.

Es blieb nicht bei der Übernahme von Maggi. 1960 wurde Crosse & Blackwell in Großbritannien übernommen mit einem Produktionsbereich, der von Büchsensuppen über Pickles, Erbsen-, Bohnen- und Fischkonserven bis Schokolade und Konfitüre reichte. Nestlé erwarb in Italien mit La Gragnanese SpA einen Hersteller von Tomatenerzeugnissen sowie mit Übernahme der Mailänder Locatelli SpA einen Produzenten von Käse-, Fleisch- und Tomatenprodukten. 1962 wanderten Findus International AG und damit das Tiefkühlgeschäft in Nestlés Nest. 1966 wurde Nestlé 100 Jahre alt. 1970 übernahm Nestlé die Libby, McNeill & Libby in Chicago, an der schon eine Beteiligung von 20 Prozent bestand, nun mehrheitlich.

Schon lange arbeitet der Nestlé-Konzern in Deutschland. 1970 begann hier schrittweise die Neugestaltung. Nach außen sichtbar wurde dies durch das 40-Millionen-DM-Verwaltungsgebäude in Frankfurt-Niederrad. Die deutsche Nestlé-Gruppe mit damals knapp 1 Milliarde DM Umsatz erhielt als Führungsgesellschaft die Nestlé Unternehmungen Deutschland GmbH, die allerdings keine echte Holding war, sondern deutschen Nestlé-Gruppenfirmen gehörte und nicht umgekehrt. Eine der drei Säulen des Konzerns in der Bundesrepublik Deutschland war die Deutsche Nestlé GmbH mit den Hauptprodukten „Nestlé“ und „Nesquick“. Die Maggi GmbH bot zu dieser Zeit immerhin 300 verschiedene Packungen an.

Helmut O. Maucher, Delegierter des Verwaltungsrates der Nestlé AG, Vevey, über die Grundprinzipien von Nestlé:

„Nestlé ist ein Weltunternehmen und kein Allerweltunternehmen. Wir sind grundsätzlich stärker mitarbeiter- und produktorientiert als systemorientiert. Systeme müssen sein, aber sie haben Führungs- und Operationshilfen zu bleiben und dürfen nicht Selbstzweck werden. Die starke Orientierung auf den Menschen, auf den Mitarbeiter, auf die Führungskraft halten wir für eine ganz entscheidende, wenn nicht die entscheidende Komponente des langfristigen Erfolges. Zur Produktorientierung als zweitwichtigstem Faktor möchte ich erwähnen, daß letztlich unsere Legitimation darin besteht, den Konsumenten Produkte anzubieten, die für sie hinsichtlich Qualität, Service, Vielfalt und Preis interessant sind und die im Wettbewerb bestehen können.

Die langfristige Perspektive: Das wesentliche Anliegen unserer Unternehmensgruppe ist die Bewahrung ihrer Fähigkeit, Produkte erfolgreich zu vermarkten und daraus mittel- und langfristig einen befriedigenden Ertrag zu erzielen. Es kann nicht um eine kurzfristige Ergebnismaximierung zu Lasten des langfristigen Potentials gehen. Aber nur ein zufriedenstellendes Ertragsniveau gestattet uns, langfristig zu denken und zu handeln. Wir reden nicht nur von Dezentralisierung, sondern wir setzen diesen Grundsatz konsequent in die Praxis um. Wir verwirklichen in unserer Gruppe soviel Dezentralisierung wie möglich und sowenig Zentralisierung wie nötig. Eine solche Einstellung schafft nicht nur mehr operative Stärke und Flexibilität, sie führt auch zu Maßnahmen und Entscheidungen, die besser auf die spezifische Situation eines Landes abgestimmt sind.

Eine ganz wichtige Frage ist das Problem, inwieweit wir einheitliche Grundsätze, Policies, Verhaltensweisen, Strategien usw. haben sollen und wieweit diese nach Ländern, Gesellschaften, Regionen bzw. nach Branchen oder Produktgruppen zu differenzieren sind. Diese Frage hat eine ganz entscheidende Bedeutung für den Erfolg eines Unternehmens. Unsere generelle Politik ist, uns in allen operativen Fragen soweit wie möglich in die regionalen Gegebenheiten, Mentalitäten und Situationen zu integrieren und globale Konzepte auf Grundsätzliches zu beschränken. Bei der Auswahl der Führungskräfte spielt bei uns die Persönlichkeit eine ganz besondere Rolle. An erster Stelle steht hierbei die Glaubwürdigkeit.

Bezüglich der Organisationsstruktur bevorzugen wir breite Kontrollspannen und möglichst wenig Führungsstufen. Wir sind für einen kollegialen Führungsstil, aber ohne die jeweilige Führungsverantwortung in Frage zu stellen; d. h., wir sind nicht für ein Team als Spitze, sondern für ein Team mit Spitze.“

Die Kunst, mit der Wurst nach der Speckseite zu werfen, schien Nestlé zu beherrschen. Die „große Nestlé" übernahm die schon seit Jahrzehnten als „kleine Nestlé" bezeichnete Ursina-Franck AG. Daraus entstand 1971 ein Nahrungsmittelkonzern mit rund 300 Firmen auf der ganzen Welt. Zum Schwerpunkt wurde die Bundesrepublik Deutschland mit allein fast 50 Konzerngesellschaften. Beide Fusionspartner waren bisher voneinander unabhängig. Als „kleine Nestlé" bezeichnete man die Ursina-Franck AG, weil sie in Tätigkeit, Internationalität und sogar in ihrer Schwerpunktbildung dem Nestlé-Konzern sehr nahe kam. Beide Konzerne verdankten ihre Existenz der Kuh bzw. deren Milch. Doch die Milchdosen der Ursina ziert ein Bär. Es ist das Wappentier von Bern, dem Sitz des Konzerns und seiner Hauptfirma Berner Alpen Milchgesellschaft in Konolfingen bei Bern. Der Bär mußte als Namensgeber für eine ganze Reihe bekannter Konzernprodukte herhalten, wie für die Kondensmilch „Bärenmarke" oder in Ableitung der lateinischen Bärenbezeichnung „ursus" für „ursa"-Joghurt, „Alpursa" oder sogar für den Konzernnamen Ursina.

Bedeutendes Unternehmen des Ursina-Bereiches ist die Allgäuer Alpenmilch AG (AAA) in München. Ihr Hauptprodukt wurde die Kondensmilch „Bärenmarke". Für die starke Marktposition mit Babykost zeichnet die Tochtergesellschaft Alete. Die AAA-Tochter St. Ursula Weingut und Weinkellerei GmbH in Bingen wurde mit „Goldener Oktober" zum größten deutschen Markenwein-Hersteller. Der AAA gehörte auch bereits die halbe Joseph Wolf KG in Alsbach an der Bergstraße, die über ein Viertel des deutschen Dauerbackwaren-Brezelmarktes beherrschte. Viele weitere AAA-Tochtergesellschaften arbeiteten bereits im Spezialitätengeschäft.

Die zweite Hälfte der von Nestlé übernommenen Ursina-Franck AG war nicht weniger interessant. Hauptfirma dieses Bereiches war ebenfalls ein bundesdeutsches Unternehmen, das man als Spitze einer bis dahin in sich abgegrenzten Firmengruppe ansehen konnte. Es handelte sich um die Unifranck Lebensmittelwerke GmbH in Ludwigsburg bei Stuttgart. Von ihr stammten „Linde's", „Kathreiner" und „Caro" Kaffeesurrogate, „Inka" Bohnenkaffee und „Thomy's" Feinkost, um nur die wichtigsten Marken zu nennen. Über die Unifranck-Tochter Organkreis Mineralquellen und Getränke GmbH in Rietenau bestand bereits eine Verbindung zum Getränke-Heimdienst Vorlo.

Auch Ursina machte Nestlé international reicher. Mit Alpura AG in Bern besaß man eine Verfahrens-Verwertungsgesellschaft für Sterilabfüllung uperisierter Flüssigkeiten in Verlorenpackungen. Deren Hauptlizenznehmer bestanden aus der britischen A.P.V. und der schwedischen AB Tetra. Mitten im französischen Hochsavoyen arbeitete die Ursina-Konzerntochter Lait Mont Blanc, die aus der Fusion einer Reihe französischer Ursina-Firmen entstanden war und zu den führenden Unternehmen der französischen Milchwirtschaft zählte. Die Sté. Claudel produzierte Butter und Käse in der Normandie, die Duchesse de Bourgogne SA Qualitätskonfitüren. N.V. Vereenigde Veluwsche Melkproduktenfabrieken hieß die niederländische Ursina-Tochter.

Orsina SpA in Mailand produzierte unter ihren Milchprodukten auch „Guigoz“-Marken. Die Massanés y Grau SA stand fest im spanischen Käsegeschäft.

Geheiratet wurde in der Schweiz, doch in der Bundesrepublik Deutschland zeigte sich die Verbindung der Nestlé mit Ursina-Franck am deutlichsten. Zum Dreierblock Nestlé-Maggi-Sarotti waren Allgäuer Alpenmilch und Unifranck hinzugekommen. Der Gruppenumsatz 1971 war auf 1,8 Milliarden DM geklettert. Die Bearbeitung des Bundesbürgers durch die Nestlé-Strategen beginnt gleich nach seiner Geburt. Schließlich stammten um den genannten Zeitpunkt 30 Prozent der Säuglings-Milchnahrung vom Konzern, genau 17 Prozent von Nestlé und 13 Prozent von Alete. Mit Baby-Beikost, bestehend aus Säften, Gemüse und Fertigmenüs, erreichte Alete eine Quote von rund 40 Prozent. Juniorenkost ist die nächste Stufe. Und weil Nestlé und Ursina-Franck durch Milch groß wurden, bot nun der erweiterte Nestlé-Konzern dem deutschen Verbraucher eine Palette von Dosenmilch-Marken an. Davon hatte die „Bärenmarke“ mengenmäßig 28 Prozent Marktanteil erreicht. Von denselben Molkereien stammte auch die weniger fettreiche „Alpenkrone“. Libby-Milch mit 8 Prozent Marktanteil war ebenfalls ein Nestlé-Konzernprodukt. Aus Nestlé-Betrieben floß die „Ideal-Milch“ mit dem Markenzeichen „Milchmädchen“. Mit deren 2 Prozent war der bundesdeutsche Dosenmilch-Markt zu 38 Prozent durch Nestlé abgedeckt. Auf dem interessanten Markt für Milchfrischprodukte erschien Nestlé nach Übernahme des zweitgrößten französischen Joghurtproduzenten Chambourcy mit Chambourcy-Joghurt, Desserts auf Milchbasis und Frischkäse. Reichhaltig zeigte sich das Angebot des Konzerns an Konserven. Vor allem Maggi sprach hier ein wichtiges Wort mit. 47 Prozent Marktanteil erreichte Maggi bereits auf dem deutschen Suppenmarkt, der sich aus Dosen- und Trockensuppen zusammensetzt. Auch Soßen, Brühen und Feinkosterzeugnisse enthielt das Maggi-Programm. Bei Würzmitteln wurden etwa 35 Prozent des Marktes erreicht und dabei 21 Prozent durch die Maggi-Würze. Wo dieser Gesamtmarkt anfängt und aufhört, war zu dieser Zeit allerdings eine schwierige Definitionsfrage. Aus dem vergrößerten Haus Nestlé erschien nun unter der Marke „Thomy's“ Mayonnaise, Senf, Tomatenmark, Ketchup, Röstzwiebeln und Meerrettich bis zum Sonnenblumenöl. Mit „Sel“ stand jetzt sogar das Salz für die Suppe im Angebot. Da nach Feststellung von Matrosen der Durst oft schlimmer ist als Heimweh, beschickte Nestlé bereits diesen Markt mit Wein und Wasser. Verspürt der Mensch nach gutem Essen das Bedürfnis nach einer ebenfalls guten Tasse Kaffee, denkt man an „Nescafé“, denn dessen Zubereitung ist einfach: Nur heißes Wasser drüber.

Kehren wir nach Vevey zurück, wo nach Übernahme der „kleinen Nestlé“, sprich: Ursina-Franck, die große Nestlé Alimentana SA stark an Umfang gewonnen hatte. 1973 wurde der US-Konzern Stouffer (Fertiggerichte, Hotellerie) übernommen, 1974 kamen die Blauen Quellen, Rhenser Sprudel, Selters und andere Mineralwasser hinzu. Mit einer Beteiligung an L'Oréal und Alcon stand Nestlé bereits im Bereich der Kosmetika und Pharmazeutika.

In Deutschland beteiligte sich die Nestlé Maggi GmbH an dem Gemeinschaftsunternehmen Alois Dallmayr OHG. Die Münchner kauften beim traditionsbeladenen „Dallmayr" schon immer gern ihren Kaffee. Der Dosenmilchproduzent Glücksklee GmbH Hamburg wurde der Allgäuer Alpenmilch AG angegliedert und deren Joghurt-Tochter Lünebest bei Chambourcy GmbH. Es erfolgte die Umbenennung der Chambourcy GmbH zur Nestlé Milchfrischprodukte GmbH, die seitdem Chambourcy-, Lünebest- und Elite-Marken vertreibt. Nestlé Maggi GmbH erwarb Dany Club Sandwich GmbH in Heppenheim, die mit Snacks für die Getränke-Gastronomie in den Großverbraucher-Bereich eingegliedert wurde.

Es ließe sich ein dramatischer Bericht schreiben, wie Nestlés Kaffee - unter welchen Markennamen auch immer - aus Kaffeeautomaten fließt, wie junge Menschen in „yes"-Karamel-Riegel beißen, wie auch anspruchsvolle Restaurants mit pikanter Soße von Nestlé aufwarten, der Duft von Braten oder Krustentieren bzw. Fisch per Nestlé ebenso zum Großverbraucher gelangt wie das klare Gelee für die kalte Platte. Ähnlich verhält es sich mit der Baumnuß-Torte von Frisco oder dem ausgezeichneten Eiscrem à l'Américaine. Zur Wahl Nescafé Classic oder Cailler Feinste heiße Schokolade? Etwas „Ô de Lancôme" hinter das Ohr und Gemey-Rouge auf die Lippen - und Nestlé erfüllte wiedermal seine Aufgabe. Von all dem konnte Henri Nestlé nichtmal träumen.

UNTERM STRICH

Henri Nestlé

Firmenname	Nestlé SA
Firmensitz	Vevey (Schweiz)
Branche	Lebensmittel
Hauptprodukt/ Dienstleistung	Lebensmittel
Eigentumsverhältnis	Aktiengesellschaft (Société Anonyme)
Gesellschafter/ Geschäftsführer	Präsident Paul R. Julles, Delegierter des Verwaltungsrates Helmut O. Maucher
Gründer	Henri Nestlé
Gründungsjahr	1866
Mitarbeiter	162.000 (1986)
Niederlassungen	159 Niederlassungen in 63 Ländern
Umsatz	38.050 Millionen Schweizer Franken (1986)
Zukunftsziel	Gesunde Bilanz und Gewinn- und Verlustrechnung

Haribo
Der Weltstar aus Kessenich

von Michael Rieck

Er ist 20 Millimeter hoch und 1,8 Gramm schwer. Seine Hauptbestandteile: Glukose, Zucker und Gelatine. Die Rede ist vom Gummibärchen, der wohl bekanntesten Süßigkeit zwischen Flensburg und Garmisch-Partenkirchen. Auch international entwickelte sich das Gummibärchen längst zur Berühmtheit und mit ihm ein Unternehmen, das 1920 in einer Waschküche gegründet wurde und heute Weltfirma und Familienbetrieb zugleich ist: Haribo.

Der Name steht für den Vater und den Geburtsort der kleinen Köstlichkeit, die bekanntlich Kinder und Erwachsene gleichermaßen froh macht. Haribo ist die Abkürzung für Hans Riegel Bonn. Und dahinter verbirgt sich die beachtliche Karriere einer ungewöhnlichen Persönlichkeit. Nicht vom Tellerwäscher, sondern vom Bonbonkocher zum Millionär könnte ihre Überschrift lauten.

Alles begann unmittelbar nach dem Ersten Weltkrieg. Hans Riegel, geboren 1893 im Bonner Vorort Friesdorf, kehrte aus dem Kampf zurück. Der 25jährige suchte Arbeit und fand sie bei der Bonbonfabrik Kleutgen und Meier unweit seines Elternhauses. Hier lernte er die Geheimnisse der süßen Branche kennen. Und er erkannte, daß mit Bonbons Geld zu verdienen war.

Der Rheinländer zögerte nicht lange. 1920 kündigte er seinem Arbeitgeber und machte sich selbständig. Die Namenswahl zeugte schon damals von seinem Einfallsreichtum. Unter dem Namen Haribo ließ er seine Firma am 23. Dezember 1920 im Bonner Handelsregister eintragen.

Dabei konnte man von einer Firma noch gar nicht so richtig sprechen. Eine Waschküche ist nun einmal keine normale Bonbonfabrik, ein Sack Zucker, eine Marmorplatte, ein Hacker, ein Herd, ein Kupferkessel und eine Walze stellen eigentlich auch kein sicheres Startkapital dar. Doch viel mehr besaß „Herr Haribo" damals nicht. Mit zwei Ausnahmen: einer Ehefrau und den festen Willen, erfolgreich zu sein.

Diese Voraussetzungen genügten. Es gab zwar keinen Blitzstart, doch leben konnte das Ehepaar Riegel allemal von den Einnahmen ihres Unternehmens. Auf ihrem Lieferprogramm standen herkömmliche Bonbons in verschiedenen Variationen; was der Unternehmer am Tag kochte, fuhr Frau Gertrud mit dem Betriebsfahrrad abends zu Kunden.

Der Durchbruch von Haribo kam dann irgendwann im Jahr 1922. Ursache war das berühmte Gummibärchen. Die Firmenchronik weist erhebliche Lükken auf. So ist weder klar, wie Riegel auf die Idee mit den neuen Süßigkeiten kam, noch, wann er sie zum ersten Mal verkaufte. Bekannt ist nur, daß sie „Tanzbären" hießen und erheblich größer als die heutigen Gummibärchen waren.

Bekannt ist aber auch, daß sich der Umsatz des jungen Unternehmens von nun an sprunghaft vergrößerte. Kochte Hans Riegel in den ersten Monaten täglich nur einen Zentner Fruchtgummi, mußte er die Produktionskapazitäten bald um ein Vielfaches erhöhen. Das Fahrrad reichte als Lieferfahrzeug längst nicht mehr aus, ein Auto mußte her. Und auch die ersten Mitarbeiter stellte Riegel ein. Frau Gertrud konnte sich nun endlich um die Familie kümmern. 1923 wurde Sohn Hans geboren, zwei Jahre später folgte das zweite Kind, wiederum ein Sohn, der auf den Namen Paul getauft wurde.

Längst war die Produktion von der heimischen Waschküche in eine kleine Fabrikhalle in den Bonner Stadtteil Kessenich verlegt worden. Riegel entwikkelte weitere Produkte. Neben verschiedenen Varianten beim Fruchtgummi setzte er auf Lakritz. Auch hier zeigte sich, daß er den richtigen Geschmack besaß. Seine Lakritzprodukte waren nicht - wie vielfach üblich - bitter, sondern süß. Unter den Kindern sprach's sich schnell herum. Und es soll auch schon damals einige Erwachsene gegeben haben, die Fans von Haribo-Leckereien waren. Jedenfalls stieg die Nachfrage nach den neuen Lakritzschnecken und dem bunten Konfekt rapide, sehr zur Freude des Firmengründers.

Die weitere Expansion war damit programmiert. Die Kessenicher Fabrik wuchs und wuchs. Riegel mußte investieren. Er ließ Gebäude vergrößern, aufstocken, an- und neubauen. Er entwickelte neue Maschinen und fand umsatzbringende Verkaufswege. So konnte die Bonner Bevölkerung in einer kleinen Verkaufsstelle an den Toren der Fabrik Fruchtgummi und Lakritz noch ofenwarm kaufen. Eine gut organisierte Vertriebsabteilung sorgte dafür, daß auch im übrigen Deutschen Reich die Gummibärchen, Teufelchen oder Salinos in den Mündern zergingen.

Bei der gesamten Entwicklung des Unternehmens bis zum Zweiten Weltkrieg stand immer ein Mann im Mittelpunkt: Hans Riegel. Seine Entscheidungen hatten Langzeitwert und führten zu einem soliden Fundament für das Wachstum. Noch heute profitiert Haribo von dem Gründer. Die damals entwickelten Süßigkeiten bringen immer noch den weitaus größten Teil des Umsatzes, die produktionstechnischen Verfahren befinden sich noch vielfach im Einsatz, wenn auch auf den neuesten technischen Stand gebracht. Und selbst der Werbespruch wurde zum Dauerbrenner. „Lassen Sie sich etwas einfallen“, beauftragte Riegel in den dreißiger Jahren einen durchreisenden Werbetexter. Dessen Idee war Gold wert. „Haribo macht Kinder froh“ pinselte der Werbemann in großen Lettern auf die Schaufenster der kleinen Kessenicher Verkaufsstelle. Der Zusatz „und Erwachsene ebenso“ war dann das persönliche Bekenntnis des damaligen Haribo-Werbeleiters und Süßigkeiten-Fans Fred Friedmeyer in den sechziger Jahren.

Bis zum Ausbruch des Zweiten Weltkriegs 1939 wuchs Haribo zu einem soliden mittelständischen Unternehmen heran. 400 Mitarbeiter standen auf der Gehaltsliste, mehr als dreiviertel davon in der Produktion. Nach modernen Managementlehren war Haribo recht altertümlich geführt, unterschiedliche Entscheidungsebenen gab es nicht. Denn Entscheidungen fällte Hans Riegel mehr oder weniger allein.

Der Unternehmer sah sich als Patriarch, die Firma mit all den Angestellten war seine Familie. Riegel kümmerte sich selbst um kleine Details, kannte jeden Mitarbeiter persönlich. Für private Probleme hatte er ebenso ein offenes Ohr wie für Verbesserungsvorschläge. Wenn ihm etwas gegen den Strich ging, konnte es aber auch ein großes Donnerwetter geben. Hemdsärmlig dirigierte der Bonner sein Unternehmen - rheinisch unkonventionell sozusagen.

Als Dickkopf galt er, Fröhlichkeit und Feste verschmähte er nicht. Mit ihm konnte man ein Bier trinken gehen, aber wehe, wenn Dinge schief gingen. Haribo senior war ein Unternehmer, der Selbstzweifel nicht kannte. Seine Person und seine Firma bildeten immer eine Einheit.

Das galt auch in schlechten Zeiten. Der Zweite Weltkrieg machte Haribo schwer zu schaffen. Anstatt Süßigkeiten waren Panzer gefragt, doch damit hatte Riegel nichts im Sinn. Seine Mannschaft schrumpfte auf 40 Personen, die Produktion sank ebenso drastisch. Der Vater des Gummibärchens war tief betroffen, sein Gesundheitszustand verschlechterte sich. Kurz nach Ende des Kriegs im Mai 1945 starb Hans Riegel in Bonn.

Nach wie vor durchziehen süße Düfte den Bonner Stadtteil Kessenich, begegnen einem auf den Straßen die blau-roten Haribo-Laster. Der „Weltstar aus Kessenich“, wie ein Journalist Haribos Gummibärchen einmal nannte, ist nicht von der Bühne verschwunden, sondern steht weiter im Rampenlicht.

Dafür sorgen die beiden Söhne des Gründers. Hans junior und Paul sitzen heute an den Schalthebeln der Zentrale. Im Gegensatz zu anderen Erben der deutschen Nachkriegsgeschichte ruhten sie sich nicht auf den Erfolgen ihres Vaters aus, sondern bauten darauf auf. Viele Ähnlichkeiten zur Firmenpolitik des Gründers sind zu erkennen, das Konzept des Familienbetriebs zum Beispiel. Wieder ist es die Person, genauer gesagt sind es zwei Personen, die das Unternehmen verkörpern.

Doch zuerst in Kürze der historische Abriß der Nachkriegsjahre. Nach dem Tod von Riegel senior übernahm die Ehefrau das Ruder, denn die beiden Söhne befanden sich noch in Kriegsgefangenschaft. 30 Mitarbeiter und zehn Sack Zucker bildeten die Grundlage für den Wiederaufbau. Im Mai 1946 kehrte Hans nach Bonn zurück, sechs Monate später der zwei Jahre jüngere Paul. Die beiden Twens, 1923 und 1925 geboren, trafen schnell eine wichtige Entscheidung: Arbeitsteilung hieß die Devise. Hans übernahm den kaufmännischen Bereich einschließlich Produktentwicklung und Werbung, Paul den technischen.

Wer den beiden Brüdern begegnet, kann den Entschluß bald nachvollziehen. Zu unterschiedlich sind die beiden Persönlichkeiten, zu viele Berührungspunkte würden die Arbeit augenscheinlich erschweren. Die Aufgabenteilung ermöglicht es, die Stärken des einzelnen am effizientesten einzusetzen.

Hans Riegel ist der populärere der beiden. Er steht oft im Rampenlicht, nicht zuletzt aufgrund seiner unkonventionellen Lebensweise. Von der Ehe hält er nicht viel. Ein Versuch scheiterte nach nur einem Jahr. Seitdem lebt der geborene Junggeselle alleine, in einer riesigen Villa in Pech, zehn Kilometer vor Bonn, mit einem noch riesigeren Grundstück. 130.000 Quadratmeter hat er dort nach der Währungsreform gekauft, zum Teil für 50 Pfennig pro Quadratmeter.

Auch sonst fehlt es Riegel an nichts. Im Swimmingpool dreht er regelmäßig seine Runden, hinter der Sauna ließ sich „Haribo" einen Squash-Court bauen, das eigene Fitness-Center gehört ebenso zur Ausstattung. In der Garage steht ein halbes Dutzend teurer Autos, vom Mercedes 500 SE bis zum Lamborghini. Und da auch der bei eiligen Geschäftsterminen immer noch zu langsam ist, erwarb Riegel die Lizenz als Hubschrauberpilot. Seine Agusta A 109 fliegt er mit 280 Stundenkilometern Spitzengeschwindigkeit meist selbst.

Das jedoch ist nicht das einzige ungewöhnliche Hobby des Gummibärchen-Produzenten. In einem alten Klostergut, das der Unternehmer zu einem Tagungshotel und einem Bauernhof zugleich umgebaut hat, züchtet er französische Charolais-Rinder. 180 stehen inzwischen in den Stallungen, Riegel konnte sich einen internationalen Ruf als Züchter erwerben. Weithin bekannt sind auch seine Künste als Skeet- und Trap-Schütze. Und im Badminton brachte es der rastlose Riegel in den fünfziger Jahren gar zum Deutschen Meister im Doppel. In Bonn ließ er vor über 20 Jahren die erste Badminton-Halle Deutschlands bauen, um den ungewöhnlichen Sport, den er in Skandinavien kennengelernt hatte, hier populär zu machen.

Ein Kind von Traurigkeit war Riegel, der übrigens am liebsten Lakritzschnecken aus eigener Produktion ißt, noch nie. Bei den betriebsinternen

Weihnachtsfeiern hält der Chef meist bis zum Schluß durch. Und auch die Partys in der Pecher Villa erfreuen sich eines guten Rufs. Mitglieder der Freiwilligen Feuerwehr erhalten ebenso eine Einladung wie Außenminister Genscher, der nebenan wohnt. Doch bevor ein falscher Eindruck entsteht: Hans Riegel läßt sich nicht mit dem verstorbenen Krupp-Erben Arndt von Bohlen und Halbach vergleichen. Die Schickeria liegt ihm nicht. Und er verjubelt auch nicht, wie andere geborene Millionäre, das Erbe seines Vaters, sondern arbeitet selbst hart am Erfolg.

Hans Riegel über die Firmentradition von Haribo:

Revolutionäre Veränderungen gehören nicht zur Firmenpolitik des Bonner Fruchtgummi-Produzenten. Erklärtes Ziel ist vielmehr ein solides Fundament, ein Unternehmen, das nach kaufmännischen Gesichtspunkten geführt und weiterentwickelt werden soll.

Das bewährte Sortiment steht dabei im Vordergrund. Das schließt neue Produkte nicht aus, aber diese müssen passen, sich integrieren lassen.

Das gleiche gilt für die Expansion durch Unternehmenskäufe. Nicht branchenfremdes Wachstum streben die beiden Eigentümer an. Deshalb kauften sie im In- und Ausland auch nur Unternehmen aus dem Süßwarenbereich. „Nur dann kann man geschlossen nach außen hin auftreten, Profil gewinnen“, sind Dr. Hans und Paul Riegel überzeugt. „Außerdem reduziert es das Risiko, wenn man das macht, was man beherrscht.“

Bei dieser Überlegung spielen auch die Mitarbeiter eine große Rolle. Sie sind für Haribo neben den Erfolgsprodukten das wichtigste Kapital. „Nicht rationalisieren um jeden Preis“, lautet die Devise. Die Riegel-Brüder legen mehr Wert auf eine gute, familiäre Atmosphäre. Das erspart Anlernkosten, Krankheitszeiten und macht die Zusammenarbeit leichter.

Und trotz der Entwicklung zum internationalen Unternehmen geben sich die Fabrikanten bodenständig. Die Heimatstadt Bonn bleibt auch weiterhin die Firmenzentrale, hier existieren die notwendigen Kontakte zu Behörden, Banken und Bevölkerung, hier ist Haribo ein ernsthafter Wirtschaftsfaktor, der mehr als nur akzeptiert wird. Haribo soll berechenbar bleiben, eine gute Voraussetzung für eine erfolgreiche Zukunft.

Ähnlich wie Riegel senior kennt er alles und jeden in seiner Fabrik. Über Vertriebswege und Expansionsmöglichkeiten entscheidet er ebenso wie über neue Produkte. Immerhin bringt er acht bis zehn neue Süßigkeiten pro Jahr auf den Markt. Sein Geschmack und der seiner leitenden Mitarbeiter inspirieren ihn dabei ebenso wie der enge Draht zum Kunden. Dabei hilft ihm auch die Fernsehserie „Sesamstraße“ oder die Lektüre von Comics.

Seine Ideen halten viele auf Trab. Wo er hinkommt, herrscht emsiges Schaffen. Wie sein Vater will auch er seinen Mitarbeitern ein Chef zum Anfassen sein. Doch wer nicht spurt, erfährt schnell Riegels Ungeduld. „Da wackeln auch schon mal die Wände“, so ein Vertrauter.

Wie sein Vater macht sich Riegel in der Firma nahezu unersetzlich. Fast alles geht über seinen Schreibtisch, absolut selbständige Entscheidungsebenen unter ihm sind Mangelware. Folge: Die Zeitbelastung ist enorm, auch wenn er „nichts von einem 16- bis 18-Stunden-Arbeitstag“ hält. Er scheint ihn aber oft zu haben. Zwei Monate, zwanzig Anrufe und fünf Schreiben dauerte es, bis ein Termin mit „Herrn Haribo“ zustande kam.

Seine Kompetenz und seine Leistungsfähigkeit sind unbestritten. Er stellt sie immer wieder unter Beweis. Ein Jahr, nachdem er zusammen mit seinem Bruder die Firma übernommen hatte, begann er nebenbei ein Volkswirtschaftsstudium. 1950 hatte er bereits das Diplom in der Tasche, ein Jahr später den Doktortitel. Und die wirtschaftliche Entwicklung des Unternehmens kann sich ebenfalls sehen lassen. Doch dazu später mehr.

Im Gegensatz zu „Dr. Riegel“, wie Hans junior von seinen Mitarbeitern fast ehrfurchtsvoll genannt wird, ist „Herr Riegel“, sein Bruder Paul, eher die Kompetenz im Hintergrund. Zu gleichen Teilen an der GmbH & Co. KG beteiligt, ist Paul Riegel für Produktion und Technik verantwortlich. „Ein Tüftler“ wird er genannt. Im Mittelpunkt steht er ungern. Seine Familie und die Arbeit sind ihm wichtiger als Popularität. In zweiter Ehe verheiratet ist Paul Riegel Vater von vier Kindern, drei Jungen und einem Mädchen. In ihnen liegt die Zukunft von Haribo als Familienbetrieb. Sohn Hans-Jürgen verdient sich bereits die ersten Sporen. Der Betriebswirt arbeitet bei einer Haribo-Tochterfirma als Verkaufsleiter.

Vater Paul kümmert sich derweil darum, daß die Räder, genauer gesagt die Produktionsmaschinen nicht stillstehen. Und derer gibt es viele. Das beginnt bei den Anlagen für die Gummibärchen. Die Glukose-Gelatine-Mischung fließt in gepreßte Lebensmittelstärke-Formen, trocknet und kommt anschließend als fertiges Gummibärchen aus der Form heraus. Die wiederum wird automatisch zerstört und die Stärke einen Arbeitsschritt weiter wieder zu einer neuen Form gepreßt.

Viele Maschinen bei Haribo wurden von Paul Riegel selbst entwickelt. Die Anlage, mit der die Lakritzschnecken produziert werden, beispielsweise. Über zwanzig Meter hinweg erstrecken sich die Lakritzbahnen, die anschließend aufgerollt und geschnitten werden. Um der Konkurrenz nicht die Produktionsgeheimnisse zu verraten, gehören Betriebsführungen zur Ausnahme.

Nach außen hin tritt Paul nur selten in Erscheinung. „Sehr häuslich“ charakterisieren ihn seine Mitarbeiter. Er wohnt zwei Kilometer von der Fabrik entfernt und fährt trotzdem mit seinem silbernen Mercedes ins Büro - mehr ist nicht zu erfahren. Zu seinen Hobbys zählt die Pferdezucht.

Wichtige Entscheidungen fällen die beiden Brüder gemeinsam. Der Kontakt untereinander ist gut, ernsthafte Streitigkeiten kommen so gut wie nie vor. Schon allein die Arbeitsteilung sorgt dafür, daß die unterschiedlichen Persönlichkeiten nicht unnötig aneinandergeraten.

Das schafft die notwendige Grundlage zur Expansion. Und die fand in den vergangenen vier Jahrzehnten seit dem Tod des Vaters vehement statt. Auf den ersten Blick zeugt davon nur ein vergrößertes Fabrikgebäude. Die Zentrale des Süßwarenherstellers befindet sich nach wie vor in Kessenich, inzwischen umgeben von ansprechenden Wohnhäusern. Wuchtig wirkt das Unternehmen und optisch nicht besonders schön. Doch die roten Backsteinbauten und das Verwaltungsgebäude bilden auch keinen absoluten Fremdkörper in der Landschaft. Die Hans-Riegel-Straße ist ohne das Gebäude Nr. 1 nur sehr schwer vorstellbar.

Immerhin umfaßt das Firmengelände 2,5 Hektar. Wie so oft in der Vergangenheit platzt der Betrieb wieder aus allen Nähten. Es gibt nur noch geringe Erweiterungsmöglichkeiten. Warum machen es die Riegels nicht wie andere Bonner Unternehmer und verlagern die Fabrik auf die grüne Wiese im Umland? „Wir gehören zu Bonn", so die Antwort. „Schon der Name sagt es."

Längst ist Haribo in der Bundeshauptstadt zu einem bedeutenden Wirtschaftsfaktor geworden. Nach dem Zweiten Weltkrieg war das noch lange nicht abzusehen. Mit 30 Mitarbeitern ging es zügig bergauf. Bei der Währungsreform 1948 beschäftigte Haribo bereits 60 Personen, heute sind es allein in Kessenich 1.250.

Die Mitarbeiter stehen bei den Unternehmern hoch im Kurs. „Dr. Riegel" und „Herr Riegel" bemühen sich, daß das Betriebsklima stimmt. Ein eigener Kindergarten soll Müttern eine Sorge abnehmen, Sportmöglichkeiten helfen bei der Freizeitgestaltung. Diese Firmenpolitik bewährt sich, die Fluktuation ist denn auch gering, 25jährige Betriebsjubiläen sind an der Tagesordnung.

Obwohl 60 Prozent des Personals Gastarbeiter sind, gibt es nur selten Konflikte unter den Kollegen. Deutsche, Türken und Italiener arbeiten einträchtig nebeneinander, selbst ehemalige Angestellte können nicht von ernsthaften Problemen berichten. Dabei ist die Arbeit nicht überall im Werk angenehm, beispielsweise wenn die bunten Haribo-Herzen zum Trocknen mit lautem Geklacker durch einen Bottich geschleudert werden. Doch die Riegels zahlen nicht schlecht, und wer Überstunden macht, kann mit Aufschlägen von 40 Prozent auf den Grundlohn rechnen.

Nicht nur in der Produktion geht es emsig zur Sache. Auch die Verwaltung hat genug zu tun. Denn einen Wasserkopf gibt es nicht. 100 Mitarbeiter sorgen für Vertrieb, Buchhaltung, Entwicklung, Presse und Werbung. Viele duzen sich untereinander, unverkennbar im Bonner Dialekt. Oft haben schon die Väter bei Haribo gearbeitet, die Verbundenheit zur Firma ist groß. Umgekehrt genauso. Eigentlich könnten die Brüder Riegel in der Produktion rationalisieren. Die Roboter bieten sich an, die Kartons selbst verpacken und versandfertig machen. Doch Entlassungen gehören nicht zur Firmenpolitik, solange das Geschäft so gut läuft.

Ansonsten setzen Hans und Paul Riegel kompromißlos auf neue Techniken. Der erste Computer wurde bereits vor 30 Jahren angeschafft, damals ein Lochkartensystem. Heute stehen auf jedem Arbeitsplatz in der Einkaufs- und Verkaufsabteilung Bildschirme, die an einen modernen IBM-Rechner angeschlossen sind.

Bis zu 2.000 Tonnen Süßigkeiten werden in Bonn Woche für Woche produziert. Rund 10 Prozent entfallen alleine auf die Gummibärchen. Konkurrenz kennen die Riegels nicht, genauer gesagt, sie haben keine Angst davor. Denn immerhin beherrscht Haribo 50 Prozent des deutschen Fruchtgummimarktes.

Mitbewerber haben da nicht viel zu lachen. Hans Riegel beobachtet Schwächen bei der Konkurrenz ganz genau und reagiert gegebenenfalls schnell. Und wenn eine Süßwarenfabrik in finanzielle Schwierigkeiten kommt, steht der Herr Doktor vor der Tür und unterbreitet ein Kaufangebot. So geschehen ist das ein knappes dutzendmal in den vergangenen 40 Jahren.

Dennoch erkannten beide Unternehmer frühzeitig, daß ihr Sortiment an die Marktgrenzen in Deutschland stößt. Der Pro-Kopf-Verbrauch der Bundesbürger liegt bei 400 Gramm und damit weltweit im oberen Feld. Sämtliche Vertriebsmöglichkeiten, vom Einzelhandel über den Discounter bis hin zum Automatenverkauf, sind weitgehend ausgeschöpft. Da kann auch die Werbung nicht mehr viel ausrichten. Knapp 2 Prozent vom Umsatz investiert Haribo in diesen Posten. Deshalb orientierte sich das Unternehmen frühzeitig hin zu ausländischen Märkten.

In den vergangenen Jahren kaufte „der Doktor" Firmen in England, Frankreich und Dänemark auf. Deren Sortiment stellte er zumindest teilweise auf die Haribo-Erfolgsprodukte um. Außerdem gründete er Vertriebsgesellschaften in Schweden, Holland, Österreich und Spanien. Der Exportanteil liegt heute bei 20 Prozent. Per Lkw werden die süßen Köstlichkeiten angeliefert, 200 Fahrzeuge umfaßt der Fuhrpark des Unternehmens inzwischen.

Besondere Hoffnungen setzt Hans Riegel in den amerikanischen Markt. Auch dort existiert inzwischen eine Haribo-Niederlassung. Die Amerikaner sind ganz wild auf Gummibärchen, nicht nur wegen des guten Geschmacks, sondern auch, weil sie so schön glänzen und nicht – wie heimische Produkte – an den Zähnen kleben.

Die Auslandsniederlassungen leiten Mitarbeiter, die Riegel an Ort und Stelle sucht. Deren Wissen soll seine fehlenden Kenntnisse über den neuen Markt ausgleichen. Dennoch legt der Unternehmer Wert auf einen engen Kontakt. Deshalb besucht er die Niederlassungen regelmäßig, meist im eigenen Hubschrauber. Die guten Geschäfte im Ausland bringen dem Gesamtunternehmen jährlich zweistellige Umsatzzuwächse. Mit genauen Zahlen halten sich die Brüder diskret zurück. „Wir sind nicht publizitätspflichtig", so die Begründung. Auf 400 Millionen DM Jahresumsatz wurde Haribo in einem

Zeitungsartikel geschätzt. Doch darüber schmunzeln die Chefs nur. Experten gehen davon aus, daß die halbe Umsatzmilliarde bei weitem überschritten ist.

Und auch die Gewinnsituation kann so schlecht nicht aussehen. „Kein Pfennig Bankkredit steckt in dem Unternehmen", ist Hans Riegel stolz. Da hatte er ein einziges Mal schlechte Erfahrungen gemacht. Ende 1948 - die Osterproduktion lief bereits auf vollen Touren - war das Geld knapp geworden. Um Rohstoffe vorzufinanzieren, lieh sich Riegel Geld bei der Sparkasse Bonn. Als das aufgebraucht war, kamen Mitarbeiter des übervorsichtigen Geldinstituts und klebten Schilder mit der Aufschrift „Eigentum der städtischen Sparkasse" auf das Firmengelände. Seitdem achtet Dr. Haribo peinlich genau darauf, von Krediten unabhängig zu sein.

Dabei würden sich jetzt viele Bankiers darum reißen, der wohlhabenden Firma Geld zu guten Zinsen zu borgen. Nicht ohne Grund stellt eine Auskunftei in ihrer Analyse fest, daß die „Firma für jeden Betrag, der bei den laufenden Geschäften in Anspruch genommen wird, gut" sei. Haribo macht eben nicht nur Kinder und Erwachsene froh, sondern seine Besitzer mindestens ebenso.

UNTERM STRICH

Hans Riegel

Firmenname	Haribo GmbH & Co. KG
Firmensitz	Bonn
Branche	Süßwaren
Hauptprodukt/ Dienstleistung	Fruchtgummi (Gummibärchen)
Eigentumsverhältnis	GmbH & Co. KG
Gesellschafter/ Geschäftsführer	Dr. Hans Riegel / Paul Riegel
Gründer	Hans Riegel
Gründungsjahr	1920
Mitarbeiter	knapp 2.000
Niederlassungen	9
Umsatz	über 500 Mio. DM (geschätzt)
Zukunftsziel	Verstärkung des Auslandsgeschäfts

Knorr
Vom Dörrobst zum Suppenwürfel
von Uwe Jacobi

Mit Früchten frisch aus der Landwirtschaft hatte er seine ersten Gulden verdient. Für einen begehrten Luxusartikel, der zu hohen Preisen aus Südamerika importiert werden mußte, bot er aus eigenen Landen eine preisgünstige Alternative, die er zum Markenartikel machte. Als Sitz seines Unternehmens wählte er eine Stadt, die mitten in einem blühenden Ackerland und an der Kreuzung wichtiger Handelswege zu Land und Wasser lag. Bei der Finanzierung half ihm die Mitgift seiner Frau aus reichem Haus. Was daraus wurde, belebt seit bald 150 Jahren die vorgefertigten Nahrungsmittel und gehört zum internationalen Speisezettel.

Am Anfang stand ein unternehmungslustiger Pionier aus Niedersachsen, der durch die Liebe im Schwäbischen gelandet war. Der Heilbronner Stadtrat pries ihn bereits in der ersten Hälfte des 19. Jahrhunderts als einen „Mann von musterhaftem Charakter, Fleiß und Umsicht". Zu diesen Tugenden kam, was man heute Cleverness und Gespür für Marketing nennt. Frühzeitig erkannte er die Bedeutung von Gütezeichen und Markenartikeln, dachte auch an die

Gefühlswelt der Käufer, paßte sich dem Zeitgeschmack an und bestimmte ihn mitunter maßgeblich selbst.

Der am 15. Mai 1800 in Meerdorf bei Braunschweig geborene Lehrersohn Carl Heinrich Theodor Knorr war als Großhändler für landwirtschaftliche Produkte in die Nahrungsmittelbranche eingestiegen. Nach dem frühen Tod seiner ersten Frau zog er ins hessische Hanau. Bei einem Geschäftsbesuch in Württemberg lernte er die Heilbronnerin Karoline Seyffardt kennen und heiratete sie.

Auf dem linken Neckarufer vor dem Brückentor der Industrie- und Weinstadt Heilbronn gründete er 1838 die „Cichorien-Caffee-Fabrik" C. H. Knorr mit eigener Mühle zur Herstellung von Kaffee-Surrogaten. Gleichzeitig blieb er Großhändler für Landesprodukte und gedörrtes Obst. Startkapital waren 2.000 eigene und 5.000 weitere Gulden aus der Mitgift seiner Frau. Die Firma lag mitten im Niemandsland, ein Feldweg führte zu der Fabrik.

Weil das Unternehmen C. H. Knorr heißt, wird in der Firmengeschichte gern vergessen, daß der Gründer mit seinen Vornamen nach Carl Heinrich auch noch Theodor hieß; das scheint nicht so recht ins C. H. Knorr-Bild zu passen. Tatsächlich spricht die Firmierung für den Spürsinn des klugen Knorr, der ein beziehungsreiches Gütezeichen bieten wollte. Das „T." ließ er mutmaßlich ganz einfach weg, weil mit „C. H." schon von den Buchstaben her auf „CicHorien" gefolgert werden konnte, der damaligen Schreibweise von „Zichorien", deren geröstete Wurzeln zu Kaffee gemahlen wurden.

Das Geschäft mit dem anregenden Getränk aus Zichorien, verfeinert mit Mandeln und Eicheln, blühte bis nach Bayern und in die Schweiz. Ein „Preiß-Courant" aus jener Zeit beweist, daß Knorr selbstbewußt auf den Markenartikel mit abgestufter Qualität und unterschiedlichen Verpackungen setzte und auch ans Gemüt dachte. Bei vierzehn Kaffeesorten kletterte das Angebot von „Feiner Gesundheits-Caffee in gelbem oder violettem Papier" über „Fein fein deutscher Caffee in ordinär gelbem Papier mit Rösschen" bis zu „Extra fein Cont(inental)Caffee in blau Papier". Barzahler bekamen 1,5 Prozent Skonto.

Es darf spekuliert werden, warum Knorr 1855 die Kaffee-Fabrik an den Bruder seines Schwiegersohnes verkaufte. Die Konkurrenz im „Fabrik-Geschäft" mit Kaffee aus Zichorien hatte sich verschärft. In Heilbronn war ein zweiter Fabrikant auf den Kaffee gekommen. Ein Frankfurter Geldgeber hatte Knorr ein Darlehen von 15.000 Gulden gekündigt. Durch die deutschen Gaue wogte eine Teuerungswelle mit Notstandsmaßnahmen . . .

Nach Nahrung und Genuß entdeckte Knorr bei seiner Suche nach einer gewinnbringenden Marktlücke die Bekleidung. Der ehemalige Kaffeemahler wurde Tuchfabrikant. 1856 pachtete er zunächst eine Wiese, auf der er Tuchrahmen herstellen ließ. Schon bald gründete er in einer ehemaligen Mühle eine Fabrik zur Anfertigung von Tuchen in Verbindung mit Spinnerei, Appretur und Walkerei. Aber bereits 1858 hatte Knorr die Nase voll von Tüchern und verkaufte die Fabrik, nicht zuletzt unter dem Druck seines Hauptgläubigers, der 15.000 Gulden zu fordern hatte.

Speisen nähren halt doch am besten, mag Knorr gedacht haben und kehrte zurück zu den landwirtschaftlichen Produkten. Neben seiner früheren Tätigkeit als Müller, Trockner und Vermahler von Zichorien stürzte er sich 1859 vor allem in den Großhandel. Aber diesmal ging er weiter. Knorr kaufte, mahlte und verkaufte, zu seinem Angebot gehörten Perlgraupen und Rollgerste, Grünkern, Reis und indisches Tapioka, getrocknete Früchte wie Birnen und Zwetschgen; sein Dörrobst wurde über das Neckartal hinaus bekannt, der Export erstreckte sich bis nach Ungarn.

Die zündende Idee kam aus Frankreich. Zunächst war der 70jährige Chef noch während des deutsch-französischen Krieges 1870/71 gleich nach der Einnahme von Straßburg ins Elsaß geeilt, um den Absatz seiner Produkte in dieses Gebiet einzuleiten, begünstigt durch die Zollschranken für Waren aus Frankreich. Versuchsweise stieg Knorr auf die fabrikationsmäßige Produktion und Verpackung von Mehlen aus Grünkern, Erbsen, Linsen, Bohnen und Tapioka um. Als Markenzeichen wählte er einen Bienenkorb, den Großhandel gab er auf.

Entscheidend jedoch war die Erkenntnis, daß französische Küchenmeister längst Suppenpulver aus vielen Zutaten gemischt hatten, die auch in Deutschland immer mehr Genießer fanden. Nach Pariser Vorbild begann C. H. Knorr 1873 mit der fabrikationsmäßigen Herstellung von Suppenpräparaten aus Hülsenfrüchten, gemischt mit getrockneten und gemahlenen Gemüsen und Gewürzen.

Gefördert wurde die Suppen-Idee von den beiden Söhnen Carl Knorr (1843–1921) und Alfred Knorr (1846–1895), die im Ausland neben Sprachen auch den Kolonialwarenhandel studiert hatten. Sie waren bereits zu Lebzeiten des Firmengründers 1866/1870 in das Unternehmen eingetreten. Nach dem Tod des Vaters 1875 führten sie das Unternehmen zu neuen Höhen.

Mit seinen Suppen schwamm Knorr in den deutschen Kochtöpfen obenauf. Um die Qualität zu verbessern, gingen die Herren Fabrikanten 1882 selbst unter die Landwirte und ließen Mustergärten anlegen, in denen besondere Gemüsesorten gezüchtet wurden. Samen und Stecklinge gaben sie mit der entsprechenden Unterweisung für den Anbau weiter an die benachbarten Bauern und Gärtner, die sich auf die Wünsche von Knorr einstellten.

Die Geschäfte im Stammhaus kochten über. Mit dem Bau einer Mühle im Heilbronner Südviertel begann 1884 die Ansiedlung von Knorr auf dem heutigen Fabrikgelände. Um die drohende Erhöhung von Einfuhrzöllen zu umgehen, wurden 1885 in der Schweiz und in Österreich eigene Abpackstellen gegründet, 1902 folgten eine Vertriebsstelle in Paris und ein Lagerhaus in Berlin.

Kennzeichnend für Zeitströme, Angebot und Produktion war die Entwicklung der Firmenbezeichnung von C. H. Knorr: Mühlenfabrikate, Landesprodukte, Fabrik von Suppenstoffen (1875), Fabrik diätetischer Nahrungsmittel (1887), Konserven-, Teigwaren- & Biscuit-Fabriken (1894) und schließlich Nahrungsmittelfabriken (1896). Kurz vor der Jahrhundertwende folgte die

Umwandlung in eine AG mit einem Aktienkapital von 2,5 Millionen Goldmark; 80 Prozent blieben im Familienbesitz.

Zur Kulturgeschichte des deutschen Speisezettels gehören die Nahrungsmittel und Verpackungen, die Knorr immer wieder mit Neuheiten würzte. Ein Inserat 1882 empfahl Hafer- und Gerstenschleimmehl von Knorr als „bestes Nahrungsmittel für Kinder“. Ein Knüller war die „Patentsparsuppe Viktoria“ aus Hülsenfrüchten. Ab 1886 wurden exotische Produkte wie „Perle aus Nizza“ aus Tapioka angeboten. Für 15 Pfennig gab's Suppen in gepreßten Tafeln, die sich 1897 in Tabletten verwandelten.

Der Siegeszug der abgepackten Haferflocken begann 1891 mit „Platthafer“. Auf welcher Gefühlswelle geworben wurde, verrät folgender Slogan aus dem Hause Knorr: „Es kaufe stets, wer's haben kann, / die Ware deutsch beim deutschen Mann, / Platthafer, Knorr, wenn man's nur spricht. / Wie markig klingt's, wie deutsch und schlicht!“

Ungeachtet solcher nationaler Sprüche importierte Knorr seine Teigwaren zunächst aus Italien und servierte sie erst 1892 aus der eigenen Küche. Die Nachfrage stieg so gewaltig, daß sich Knorr 1911 als größter Makkaronifabrikant der Welt rühmte; allerdings mit der Einschränkung, daß dieser Superlativ nur außerhalb Italiens galt!

Die meisten Wandlungen durchlebte die Verpackung der Suppen, die es in bis zu 45 Sorten gab. Von der Umstellung auf Würfelform (1910) ist bekannt, daß Carl Knorr danach immer Suppenwürfel in seiner Jackentasche mitnahm und unterwegs an Passanten verteilte.

Die legendäre Knorr-Erbswurst hatte 1889 ihren Vormarsch in die Küche von Otto Normalverbraucher begonnen; deftiger Geschmack und lange Haltbarkeit sind die Vorzüge dieser Erbsensuppe, deren Bestandteile zur Wurstform gepreßt werden. Erfinder war ein Küchenchef namens Grüneberg aus Berlin gewesen. Preußen hatte damit im deutsch-französischen Krieg die Armee in großen Mengen versorgt. Notfalls konnte die Erbswurst kalt verzehrt werden, obwohl natürlich kochendes Wasser zugeschüttet werden sollte, um aus ihr eine Suppe zu machen. Bei Knorr feierte die Erbswurst ihre zivile Auferstehung. Nach fast unverändertem Rezept wird sie heute noch aus Erbsmehl, Fett und Gewürzen zubereitet.

Eindrucksvoll demonstrierte Knorr bei der Gewerbe- und Industrieausstellung 1897 im heimischen Heilbronn, was das Haus zu bieten hatte: gezeigt wurde ein zusammengepreßter Gemüseblock mit einem Kubikmeter Umfang, der ausreiche, um 70.000 Menschen eine Mahlzeit aufzutischen. 1893/1896 versorgte sich Nansen bei seinen Nordpol-Expeditionen mit Knorr-Produkten. Trockengemüse wurde bis Südafrika exportiert.

Nahrhaft, geschmackvoll und trotzdem preisgünstig, lange haltbar und schnell zubereitet! So lauten die Forderungen an die vorgefertigten Nahrungsmittel. Im Kampf um die Teller in aller Welt verschärfte sich der Wettbewerb im 20. Jahrhundert. Knorr gründete eine Fabrik in Nancy (1909) für den französischen Markt und eine italienische Niederlassung in Monza (1912).

Zur Soßen-Schlacht gegen die Maggi-Würze schütteten die Heilbronner schon 1908 eine eigene „Knorr-Soß'“ namens „Hahn“ in die Kochtöpfe; es kam zum Handelskrieg, bei dem sich Knorr vergeblich um eine Interessengemeinschaft bemühte und die Konkurrenz erfolglos versuchte, ein größeres Knorr-Aktienpaket zu erwerben.

Axel C. A. Krauss zur Firmentradition:

„Durch den Zusammenschluß der um die Jahrhundertwende gegründeten Maizena - eine Tochter der heutigen CPC International - mit der bereits 1838 gegründeten Firma Knorr sind die beiden Geschäftsbereiche, nämlich Markenartikel- und Industrieprodukte (Stärke- und Stärkeverzuckerungsprodukte) eingebettet in einen außerordentlich erfolgreichen, weltweiten Verbund gleichgelagerter Aktivitäten.

Unsere lange Tradition in Deutschland - Knorr dürfte einer der ältesten großen Markenartikel sein - ist die Basis für ein ganz besonderes Vertrauensverhältnis und für ein gesundes Traditionsbewußtsein unserer Mitarbeiter. Wir sehen darin unter anderem den Grund für die ungewöhnlich hohe Leistungsbereitschaft und das ausgeprägte Qualitätsbewußtsein unserer Belegschaft; Eigenschaften, die tragende Säulen unseres Erfolgs im Markt sind. Wir sind uns über die Besonderheit dieser Verhältnisse in unserem Unternehmen sehr bewußt und pflegen die Ausbildung unserer Mitarbeiter, das Heranziehen von Nachwuchs und die Atmosphäre der Zusammenarbeit in besonderem Maße.

Natürlich stellt die Überlegenheit unserer Produkte und die Nähe zu unseren Kunden und Verbrauchern eine laufende und besondere Verpflichtung für uns dar. Unser Unternehmen wird in beiden Geschäftsbereichen vom Markt und vom Bedürfnis unserer Kunden als oberste Gebote und als unsere Aktionen bestimmende Faktoren geführt.“

War der „Suppen-Knorr“ fürs Vaterland unter die Spione gegangen? Nach dem Ausbruch des Ersten Weltkrieges berichtete der „New York Herald“, die Plakatwerbung von Knorr in Frankreich werde von der deutschen Spionage gezielt eingesetzt, um den Vormarsch der deutschen Truppen vorzubereiten. Die Texte beinhalten, so wurde behauptet, verschlüsselte Hinweise auf französische Truppen und ihren Proviant. Durch das Notizbuch eines deutschen Offiziers, der bei Charleroi in Gefangenschaft geraten sei, habe man das Geheimnis enthüllt und den Code entschlüsselt.

Der Hinweis „3 Teller 10 Pfg.“, hieß es, bedeute zum Beispiel, daß eineinhalb Meilen südlich dieser Straße eine Geschützbatterie stehe. Hinter „sechs Teller 20 Pfg.“ verberge sich, Straßen und Flußbrücken in dieser Gegend seien unterminiert. Der weitere Text der Plakate beziehe sich auf nahegelegene

Depots und Pferdeställe, die beschlagnahmt werden könnten. Was der „New York Herald“ selbst von der Mär hielt, zeigte sich am besten darin, daß er die Meldung nur in Amerika veröffentlichte, aber nicht in der Ausgabe, die in Paris verteilt wurde.

Während des Ersten Weltkrieges wurden die Knorr-Firmen in Frankreich und Italien beschlagnahmt. Im Gegenzug kassierte Knorr die britischen Anteile an der Mondamin GmbH, Berlin, und damit auch die Warenzeichen „Mondamin“ und „Backmonda“. Nach Kriegsende, Rationierung und Mangel an Rohstoffen suchte Knorr neue Märkte. Fabriken und Niederlassungen wurden in der Schweiz, in den USA, in Antwerpen und Posen aus dem Boden gestampft. Der Versuch, in Großbritannien im eigenen Werk zu produzieren, wurde wegen der wirtschaftlichen Lage aufgegeben.

„Knorr ist ein lebenswichtiger Betrieb“, erklärte die US-Militärregierung nach dem Zweiten Weltkrieg, in dem die Heilbronner Fabrik zu 50 Prozent zerstört worden war. Schon im Juni 1945 begann Knorr wieder mit der Produktion von Haferflocken, Suppen und Suppenwürfeln. Viele Neuerungen folgten. Zum Angebot gehören heute Fertigprodukte wie Suppen von der Markklöschensuppe bis zur Tomatensuppe, Eintöpfe, Soßen, Kartoffelprodukte, Desserts und Kaltschalen sowie „Helferprodukte“ wie Brühen, Bouillons und Bratensossen, Würze, die Welt der Haferflocken bis zum Müsli, Grünkernerzeugnisse, Soßenbinder oder Mehlschwitze.

UNTERM STRICH

Carl Heinrich Knorr

Firmenname	Maizena Gesellschaft mbH
Firmensitz	Heilbronn
Branche	Nahrungsmittel
Hauptprodukt/ Dienstleistung	Suppen, Soßen, Fertiggerichte, Soßenbinder, Dessertprodukte, Speiseöl, Stärkungsmittel, Speisestärke
Eigentumsverhältnis	Muttergesellschaft CPCIInternational, New Jersey, USA
Gesellschafter/ Geschäftsführer	Axel C. A. Krauss, Sprecher der Geschäftsleitung
Gründer	C. H. Knorr (1838) / Maizena (1905)
Mitarbeiter	3.522 (1987)
Niederlassungen	Muttergesellschaft: Weltweit außer Ostblock
Umsatz	1,4 Mrd. DM (1987)
Zukunftsziel	Wachstum durch weitere Innovationen

Durch die Fusion mit der Deutschen Maizena Werke GmbH wurde Knorr 1959 eine Tochtergesellschaft der Corn Products Company International, New Jersey. Die ersten Kontakte hatten bereits in den 20er Jahren stattgefunden; damals übernahm Maizena etwa zehn Prozent der Knorr-Aktien und 75 Prozent des Mondamin-Pakets. Auf die „Hochzeit" folgten die Gründung der Knorr-Küchenbrigade (1963), des Koch-Centrums Heilbronn (1967) und der Caterplan GmbH (1977). Der Firmensitz von Maizena wird 1987 von Hamburg nach Heilbronn verlegt, wo vor fast 150 Jahren die Geschichte von Knorr begonnen hatte.

Zum Heilbronner Werk gehören heute rund 2.000 Mitarbeiter(innen), davon etwa 500 im Außendienst. Der Sprecher der Geschäftsleitung heißt Axel C. A. Krauss, eine Person namens Knorr findet man im Betrieb nimmer. Aber Maizena hin, Maizena her, einzeln oder alle zusammen sehen sich alle noch immer als „Knorrianer". Auf vielen Produkten und in der Vorstellungswelt der Menschen, die dafür arbeiten, hat das alte Markenzeichen allen Wandel überlebt.

Dr. Oetker
Revolution im Kochtopf
von Werner Generotzky

Der bekannte Nationalökonom Joseph A. Schumpeter, der schon vor 50 Jahren die Bedeutung innovativer Verfahren für das Wohl und Wehe einer Volkswirtschaft erkannte und den „Innovator“ in den Vordergrund seiner Betrachtungen stellte, könnte ihn als fleischgewordenes Vorbild für seine Theorien gewählt haben: Dr. August Oetker, Apotheker aus Bielefeld, Unternehmer in der besten und umfassendsten Bedeutung des Wortes, Ahnherr einer heute vielfältig tätigen Unternehmensgruppe, deren Namen in deutschen Landen jeder kennt.

Wo andere sich am Ziel ihrer Wünsche gesehen hätten, fing Oetker erst richtig an. So soll er – noch als junger Praktikant – gesagt haben: „Habe ich erst mein Ziel, den Erwerb einer Apotheke, erreicht, werde ich versuchen, noch etwas ganz Besonderes zu schaffen.“ Was das genau war, wußte er zu diesem Zeitpunkt noch nicht. Aber das Lebensmotto war gestellt. August Oetker verfolgte es mit Fleiß, Zähigkeit, Weitblick und unternehmerischem Gespür. Sein Erfolg war kein kurzlebiges Zufallsprodukt, sondern das Resultat einer Strategie, die vor knapp hundert Jahren bereits die meisten jener „Zutaten" enthielt, die auch noch heute als Garant unternehmerischer Fortune gelten.

Nach zweijährigem intensiven Experimentieren ein Backpulver zu entwikkeln, das bei einfachster Anwendung einen sicheren Erfolg verbürgte, ist als Leistung nicht hoch genug einzuschätzen. Aber sie allein genügt nicht. Sie hätte das Schicksal vieler mehr oder weniger genialer Erfindungen teilen können, denen mangels geschickter Vermarktung nie der durchschlagende Erfolg beschieden war.

Dr. August Oetker tat den nächsten Schritt - er füllte sein Backpulver in gerade jener Menge ab, die für 500 Gramm Mehl ein Kuchen für vier Personen) fertig zum Küchengebrauch bemessen war. Der Preis für eine Tüte „Bakkin" - so nannte Oetker seine Innovation - betrug für damalige Verhältnisse keineswegs geringe zehn Pfennige. Aber die Bielefelder Hausfrauen nahmen die Service-Idee des Apothekers dankbar auf und rissen ihm den Artikel aus der Hand. Zumal - und das kam hinzu - „Backin" eine gleichbleibende Qualität aufwies: Der Sonntagskuchen gelang immer.

August Oetker wurde am 6. Januar 1862 als ältester Sohn des Bäckermeisters August Adolf Oetker im niedersächsischen Obernkirchen geboren. Nach Besuch der Bürgerschule in Obernkirchen und des Adolfinums in Bückeburg begann August Oetker am 2. Oktober 1878 als Lehrling beim Apotheker Dr. Brackebusch in Stadthagen seine berufliche Laufbahn.

Zu den Kunden der Rathsapotheke gehörte damals auch der große Humorist Wilhelm Busch, der - wie verbindlich überliefert wird - „Spaß hatte an der originellen Art, mit der der junge August Oetker seine Drogen und Medikamente anpries". Auch wird gern gemutmaßt, daß Busch den agilen Lehrling zum Vorbild seines „Aptekereiprovisers Mickefett" gewählt haben soll. Die Chronologie („Julchen" lag bereits ein Jahr zuvor im Druck vor) verweist diesen sicherlich reizvollen Zusammenhang ins Reich der Fabel.

Schon sehr früh krümmte sich das Häkchen, das einmal ein Haken werden sollte. Die Begabung Oetkers fiel schon in früher Jugend auf. Man lobte seine Auffassungsgabe, sein leichtes Lernen, das die Eltern den gewiß nicht leichten Entschluß fassen ließ (trotz zehn Kindern), ihrem Ältesten eine akademische Ausbildung zu ermöglichen.

Aber auch sein Fleiß und sein Engagement übertrafen bei weitem den Rahmen des Üblichen: Während seiner Lehrzeit mußte er zweimal am Tag den Weg von Obernkirchen nach Stadthagen (etwa acht Kilometer) zu Fuß zurücklegen. Trotzdem war er morgens der erste und abends der letzte am Arbeitsplatz.

Diese Zielstrebigkeit zeigte sich auch im späteren Studium der Naturwissenschaften, das Oetker in Berlin nach nur vier Semestern mit der auch damals schon nicht alltäglichen Note „sehr gut" abschloß. Doch - wie auch in der Folge bei seiner Produktpolitik - „auf einem Bein" wollte er nicht stehen. Diversifikation, sozusagen bildungsmäßig, tat not. Er wandte sich der Philosophie zu und promovierte im Dreikaiserjahr 1888 an der Universität Freiburg zum Dr. phil., Dissertationsthema: „Zeigt der Pollen in den Unterabteilungen der Pflanzenfamilien charakteristische Unterschiede?“

Indes, der Mensch lebt nicht nur von der Wissenschaft allein. So erfüllte sich August Oetker am 20. März 1889 im Sinne des Wortes einen Herzenswunsch - er ehelichte Caroline Jacobi aus Hanau, die er während seiner Wandergesellenzeit nach Beendigung der Lehre dort kennengelernt hatte. Caroline (Lina) Oetker sollte sich als weiterer, privater Glücksfall im Leben August Oetkers erweisen. Sie war eine kluge Frau mit großer persönlicher Ausstrahlung. Sie war es, die nach dem allzu frühen Tod ihres Mannes sein Lebenswerk erhalten und ausbauen konnte. Lina Oetker verdankt die Stadt Bielefeld die wegen ihrer Akustik weitrenommierte Rudolf-Oetker-(Konzert-)Halle, die sie 1934 zur Erinnerung an den 1916 vor Verdun gefallenen einzigen Sohn stiftete.

Die erste geschäftliche Aktivität nach der Eheschließung - Dr. Oetker beteiligte sich in Berlin an einem Unternehmen, das Apotheken-Einrichtungen vertrieb - erwies sich als Flop. Ein schmaler Markt ließ für die drei Teilhaber „unterm Strich“ nicht viel übrig. So griff Oetker spontan zu, als in Bielefeld unter günstigen Bedingungen eine Apotheke zu erwerben war. Ungeachtet der Ebbe in der Familienkasse scheute er kein Risiko und kaufte die Aschoffsche Apotheke im Herzen Bielefelds, die es bis vor kurzem am selben Platz unter dem Namen „Engel-Apotheke“ gegeben hat. Obwohl ihm die Schwiegermutter einen Teil der Kaufsumme vorschoß, schauten die Hypotheken, wie man heute sagen würde, „zum Schornstein heraus“. Die Übergabe der Apotheke an den neuen Eigentümer erfolgte am 1. Januar 1891. Dieser Tag gilt als offizieller Gründungstag des Hauses Oetker. Das hundertjährige Firmenjubiläum steht somit vor der Tür.

Dr. Oetker als frischgebackener Apotheken-Eigner ließ von Anfang an keinen Zweifel daran, daß er ein mustergültiges Unternehmen führen wollte: „Den Schwerpunkt in meiner Apotheke lege ich auf die Darstellung bester Arzneimittel. Ich betrachte es als Ehrensache, daß jedes Präparat, welches ich abgebe, den höchstgestellten Anforderungen vollkommen entspricht.“ Besonderes Augenmerk ließ er seinem Apotheken-Laboratorium zukommen, von dem er schon nach einem knappen Jahr sagen konnte, daß es sich einer Ausstattung erfreue, „wie sie wohl nur in wenigen Apotheken Deutschlands zu finden ist“.

Der Qualitätsgedanke, der noch nach fast hundert Jahren das Fundament der Oetker-Produktpolitik ist („Qualität ist das beste Rezept“), hielt also bereits in den allerersten Anfängen des Unternehmens Einzug. Daß Dr. August Oetker damit auch ein wichtiges Merkmal des Markenartikels auf seine Fahnen schrieb, mag ihm damals sicher noch nicht bewußt gewesen sein. Weitere Charakteristika sollten alsbald folgen, so daß Oetker als einer der ersten Markenartikler überhaupt bezeichnet werden kann. Daß er am 3. Oktober 1903 zu den Gründern des „Verbandes der Fabrikanten von Markenartikeln“ gehörte und ihm entscheidende Impulse verliehen hat, rundet das Bild.

Im übrigen wäre es falsch, Oetker als Erfinder des Backpulvers zu bezeichnen. Backzusätze waren zu jener Zeit der Hausfrau durchaus schon bekannt. In diesem Zusammenhang ist vor allem ein Mann zu nennen, der ebenfalls aus dem Apothekerstande hervorgegangen ist: Justus Liebig. Unter seinem Namen gingen zu der Zeit, als Dr. August Oetker die Apotheke in Bielefeld übernahm, bereits „selbsttätiges Backmehl, Backpulver, Pflanzengeleepulver und Puddingpulver".

Oetker schloß sich seinerzeit vielmehr einer Bewegung an, die schon etwas in Fluß war. Was den überragenden Erfolg seiner Bemühungen ausmachte, waren erstens die gute und stets gleiche Qualität seines Backpulvers, zweitens und vor allem die backfertige Abpackung. Dieses „absatzpolitische Instrumentarium" sicherte dem Bielefelder Fabrikanten später auch den nötigen Vorsprung vor der ausländischen Konkurrenz, deren Produkte nur in großen Dosen oder Pfundpackungen zu haben waren.

Die richtige Beziehung zwischen Quantität und Qualität war vielfach noch nicht erkannt, nur das „Große" galt etwas. Einen Geschäftsmann, den Oetker für seine Sache gewinnen wollte, der dessen „Tütenkram" aber hochmütig ins Lächerliche zog, beschied er mit den Worten: „Es gibt nichts Kleines in der Welt, es kommt nur auf den Standpunkt an."

Um die Experimente des August Oetker ranken sich heute bereits mancherlei Anekdoten und Histörchen. Tatsache ist, daß er nicht das gut eingerichtete Laboratorium seiner Apotheke für die Versuche verwendete, sondern ein hinter der Apotheke befindliches winziges Gelaß von zwei mal zwei Metern Grundfläche - eine Rumpelkammer oder auf gut Bielefelderisch „Butze". Ganze vier Quadratmeter bildeten also die Urzelle eines Unternehmens, das jetzt in Milliardenumsätzen denkt! Die „Geheimbutze", wie Oetker sie selbst nannte und der Umstand, daß außer seiner Frau hier niemand Zutritt hatte, weisen eindeutig darauf hin, daß er schon zu dieser Zeit seinen Backversuchen besondere Bedeutung beigemessen haben muß.

Denn Oetker war keineswegs einseitig fixiert auf sein Backpulver. Im Gegenteil: Gleich im ersten Jahr als selbständiger Apotheker erfand er ein halbes Dutzend neuer Medikamente, die er mit dem selbstbewußten Slogan vermarktete, daß sie von ihm als „einzigem Fabrikanten des Kontinents" hergestellt würden. Da gab es Sanitätskakao, Fußcreme, Warzentinktur, aber auch „die Seelen erheiternde Produkte der Gärung", wie er seine medizinischen Weine scherzhaft nannte. Auch allerlei Schönheitsmittelchen fehlten nicht, die Oetker nachdrücklich diesseits von „Geheimmitteln" ansiedelte. Jene - so differenzierte Oetker - seien „für den Wissenden so gut wie Schwindel, Spezialitäten dagegen haben volle Berechtigung, denn sie sind meist das Produkt jahrelanger Arbeit und vielfacher Versuche". Darüber hinaus führte Dr. August Oetker die von seinem Vorgänger, Apotheker Saal, übernommene Mineralwasserherstellung weiter. Seine kurz- und mittelfristige Zielsetzung ging dahin, möglichst schnell die drückende Schuldenlast abzubauen.

Aber - wie gesagt - solcherlei Sorgen und Mühen werden zu jener Zeit in deutschen Landen viele andere Apotheker mit Oetker geteilt haben. Von ihnen spricht heute niemand mehr. Sie waren eben keine wirklichen „Innovatoren“ im Schumpeterschen Sinne.

August Oetker über die Philosophie des Hauses Oetker:

„Als wir 1985 unseren Unternehmensgrundsatz für Dr. August Oetker Nahrungsmittel überdachten und unsere Kernbotschaft in die Formel „Man nehme Dr. Oetker - Qualität ist das beste Rezept“ brachten, fanden wir, daß wir uns mit diesem Grundsatz bestmöglich beschreiben. Mittlerweile erleben wir, daß auch die anderen - Verbraucher, Wettbewerber, Handel - unseren Grundsatz als passende und treffende Aussage über unser Unternehmen empfinden.

Die Qualität der Produkte verbindet sich in unserem Grundsatz mit der rezeptorischen Leistung unseres Hauses. Denn die von uns entwikkelten Rezepte garantieren Genuß, Kreativität und gutes Gelingen. Beides, Qualität und Rezept, sind Schlüsselworte unseres Unternehmens und beschreiben unsere Kompetenz.

Mit diesem Selbstverständnis und Anspruch, die in unserer Unternehmensphilosophie „Qualität ist das beste Rezept“ zum Ausdruck kommen, gehen wir auf die Wurzeln des Unternehmens zurück und verbinden sie mit unserer auf die Zukunft ausgerichteten Unternehmenspolitik. Mein Urgroßvater Dr. August Oetker hat über sein erstes Produkt, das Backin-Backpulver gesagt: ‚Die Zusammensetzung meines Backpulvers ist die denkbar beste, frei von allen schädlichen Beimitteln, von stets gleicher Beschaffenheit, und wird von allen Hausfrauen, welche Wert auf Qualität legen, nur verwandt. Der niedrige Preis macht es einer jeden möglich.‘

Qualität und ein für die Leistung angemessener Preis bestimmen unsere Produktpolitik. Qualität ist für uns aber mehr, als im Produkt sichtbar und beim Verzehr nachvollziehbar ist. Der Qualitätsgedanke bestimmt als oberste Maxime das ganze Unternehmen und ist Richtschnur für das Denken und Handeln aller unserer Mitarbeiter in allen Ressorts und Bereichen.“

Unverdrossen arbeitete Dr. Oetker an seiner Backpulver-Veredlung weiter - in Theorie und Praxis. Letztere sind als sogenannte „Backversuche“ dokumentiert. Sie fanden in der Bäckerei Müller in der Bielefelder Obernstraße statt, und zwar in zwei Abschnitten. Zunächst galt es vor allem, das Backmittel so zu gestalten, daß es dem Backwerk die richtige Lockerung verlieh - es durfte nicht „steinig“ oder „hölzern“ sein.

Nach etwa fünf bis sechs Versuchen trat eine Pause von etwa einem halben Jahr ein. Oetker wird in dieser Zeit an der Geschmacksgebung getüftelt haben. Danach stellte er bei Müller Backproben mit neuen Mischungen an. Insgesamt zogen sich die Versuche von 1891 bis 1892 hin. Oetker war 30 Jahre alt. Anschließend experimentierte er nur noch am häuslichen Herd, stets ermutigt und sicherlich oft auch getröstet von Frau Caroline, die - so wird überliefert - jede neue Backprobe selbst überwachte.

1893 war es soweit: „Ich habe eine Mischung ohne Fehlzündung gefunden", formulierte Oetker den erfolgreichen Abschluß seiner Forschungen. Ein wirklich einwandfreies Backpulver, das bei einfachster Anwendung einen sicheren Erfolg verbürgte, war gefunden. Es sollte bereits wenig später den Namen Oetker aus dem damals noch kleinen Bielefeld in alle Welt tragen und den Grundstein legen für eines der größten Nahrungsmittelunternehmen im Lande.

Nun ist der geniale Wurf des Erfinders oder Entdeckers eine Sache, die erfolgreiche Vermarktung eine andere, wie die Geschichte oft genug gezeigt hat. Im Vergleich mit den Amerikanern, die beides meistens ideal zu verbinden wußten, haben wir Deutschen uns in dieser Beziehung oftmals sehr schwer getan. Nicht so Dr. August Oetker. Es zeigte sich, daß in ihm nicht nur ein erfinderischer Wissenschaftler, sondern auch ein hervorragender Unternehmer steckte.

Zunächst einmal strebte er eine vernünftige Eigenkapitalausstattung an und stürzte sich nicht auf der Basis neuer Fremdmittel in die Backpulverherstellung, sondern nahm sie ohne fremde Hilfe im eigenen Betrieb vor. Und als die Absatzzahlen des „Backin" zügig in die Höhe schnellten, ging Oetker nach und nach daran, eine Absatzstrategie zu entwickeln, deren Instrumentarium bis heute Gültigkeit behalten hat. Darüber hinaus stattete er sein Produkt (und später auch die anderen Oetker-Artikel) mit allen jenen Kriterien aus, die den klassischen Markenartikel ausmachen.

So begann Oetker sehr früh mit der Bewerbung seiner Produkte. Der „Almanach für Kranke" ist die erste Werbeschrift aus der Oetkerschen Feder. Das Bändchen im Oktavformat enthält eine Reihe allgemeingültiger Regeln über die Verwendung vieler, auch von ihm erfundener Medikamente. Auch das Backpulver wird bereits erwähnt. Charakteristisch für das Oetkersche Credo (und erstes Merkmal für den Markenartikel) ist der Vermerk im Almanach: „Für reine Qualität leiste ich volle Gewähr."

Dem Service am Kunden wird im Almanach dadurch Rechnung getragen, daß unter der Rubrik „Backpulver" auch gleich zwei Rezepte für Gugelhupf und Sandtorte beigegeben sind. Ein Beweis dafür, mit welchem Fingerspitzengefühl er auf Kundenwünsche einging. Die Hausfrau wurde in ihrer ureigensten Sphäre angesprochen. Der Kunstgriff, das „Backin" säuberlich abgewogen in kleinen Tüten zu verkaufen, muß als Paradebeispiel für das Eingehen auf Kundenwünsche gewertet werden. Wenn auch nicht methodisch, muß sich

Oetker doch recht intensiv mit dem Studium des Marktes beschäftigt haben, eine seinerzeit noch die Ausnahme bildende Praxis.

Mit zunehmendem Erfolg des „Backin" wurde auch die Werbung weiter intensiviert. Neben Inseraten, Prospekten und Plakaten verwendete er als Werbemittel insbesondere die aufklärende Broschüre. Neben der direkten Werbung für seine Erzeugnisse behandelte Oetker dort auch allgemein interessierende Fragen. Der Ton dieser Broschüren war frisch, die Inhalte leicht verständlich gehalten.

Natürlich - so möchte man fast sagen - vergaß Dr. August Oetker auch nicht, seine Produkte mit einem unverwechselbaren Warenzeichen von anderen abzuheben. Schon 1892 verwendete er eine ursprünglich für ein Brausepulver entwickelte Schutzmarke, ein überschäumendes Kelchglas. Dies paßte in der Folge aber nicht mehr für die neuen Oetker-Erzeugnisse. Oetker kam auf die Idee, das Schlagwort „Ein heller Kopf verwendet nur Dr. Oetker-Fabrikate" grafisch umzusetzen. Es entstand der helle Frauenkopf auf dunklem Grund, der „Hellkopf", der, stilistisch jeweils dem Zeitgeschmack angepaßt, bis zum heutigen Tage das unverwechselbare Markenzeichen der Firma Oetker und ihrer Produkte geworden ist. Oetker ließ den „Hellkopf" im Jahre 1900 beim Patentamt in Berlin eintragen. Das Firmenzeichen fällt immer noch durch seine einprägsame Einfachheit auf und bleibt leicht in Erinnerung.

Schon bald nach dem erfolgreichen Start des Backpulvers begann Oetker mit der Diversifikation. Er stellte eine Reihe weiterer Produkte in geeigneten Dosierungen zum fertigen Küchengebrauch her, wie z. B. Vanillin-Zucker zum Würzen der Gebäcke und Nachspeisen, Puddingpulver in verschiedenen Geschmacksrichtungen, reine Speisestärke als Kindernährmittel, die er in Abwandlung seines Vornamens „Gustin" nannte, und schließlich Einmachhilfe. Von diesen Artikeln hat das Puddingpulver schon vor dem Zweiten Weltkrieg das Backpulver überflügelt.

Ein gutes Erzeugnis wird noch besser, wenn eine straffe Verkaufsorganisation für nachhaltigen Vertrieb sorgt. Bei August Oetker war das von Anbeginn an der Fall. Er kümmerte sich höchstpersönlich um Aufbau und ständige Schulung seiner Reisenden, die die Oetker-Erzeugnisse in ganz Deutschland verkaufen sollten. Seine Briefe an die ersten Vertreter sind kleine Musterbeispiele eindringlicher Außendienstschulung und -belehrung, aber auch für angewandte Verkaufspsychologie, ein zu jener Zeit noch weitestgehend unbekannter Begriff.

Sehr früh nutzte Oetker darüber hinaus den verkaufsfördernden Effekt von Messen und Ausstellungen. Bereits 1896, also erst fünf Jahre nach dem Erwerb der Apotheke, gab es „Gold" für seine Artikel auf der großen Kochkunstausstellung in Berlin und zwei Jahre darauf in Hamburg. Diese Auszeichnungen hoben die Oetker-Produkte rasch hervor. Hinzu kam, daß sich die konstante Qualität schnell herumgesprochen hatte. Der Preis für „Backin" mit zehn Pfennigen je Beutel konnte so über Jahrzehnte konstant gehalten werden - ein

Vorgang, für den es in der Geschichte der Markenartikelindustrie kaum ein zweites Beispiel gibt.

Der Unternehmenserfolg dokumentierte sich freilich auch darin, daß der Betrieb im Hause der Aschoffschen Apotheke alsbald aus allen Nähten platzte. Dennoch quälte man sich schlecht und recht über die Runden, bis dann im Jahre 1900 „nichts mehr ging“: Die Apotheke wurde aufgegeben, Verwaltung und Produktion in ein neugebautes Fabrikgebäude in der Bielefelder Lutterstraße verlegt.

Jetzt konnte Oetker auch daran gehen, die Mechanisierung der Fertigung voranzutreiben. Die ersten Maschinen mußten nach eigenen Ideen entwickelt werden, da es keinerlei Muster gab. Der Durchbruch zur Fertigung im großen Stil kam dann ab 1906 mit der automatischen Abfüllmaschine, die die Beutel auch selbständig schloß und sauber verklebte.

Kurz vor Beginn des Ersten Weltkrieges präsentiert sich das Unternehmen als einer der größten Betriebe im aufstrebenden Bielefeld. Längst haben die Oetker-Artikel auch das Ausland erobert. Von Kapstadt bis Casablanca, von Rio de Janeiro bis Tokio und den östlichen Städten Europas kannte man die Erzeugnisse mit dem hellen Kopf. Im Sommer 1914 beschäftigte Oetker 350 Arbeiter und Angestellte, den umfangreichen Außendienst nicht eingeschlossen. Innerhalb zweier Jahrzehnte war ein Industrieunternehmen herangewachsen, das auf dem Kontinent die meisten Mitbewerber bereits überflügelt hatte.

Dr. August Oetker war in diesem Zeitraum vom kleinen Apotheker zum Unternehmer großen Stils aufgestiegen. Der inzwischen zum Kommerzienrat ernannte Firmenchef war dabei weit mehr als nur der Selfmademan im herkömmlichen Sinne. Immer wieder wird auch von der starken inneren Verbundenheit Oetkers mit allen Betriebsangehörigen berichtet. Er kannte alle Mitarbeiter, und es verging kein Tag, an dem August Oetker nicht durch den Betrieb gegangen wäre. Zu Weihnachten gab es für jeden Mitarbeiter ein Goldstück, in besonders erfolgreichen Jahren sogar eine Gewinnbeteiligung für Arbeiter und Angestellte. 1913 forderte Oetker aus eigenem Antrieb die Belegschaft zur Bildung eines Ausschusses auf, der sich aus zehn gewählten Vertretern der Arbeiterschaft und fünf von der Geschäftsleitung bestimmten Angestellten zusammensetzte. Ein sehr früher Vorläufer eines Betriebsrates, der in der deutschen Industrie verstärkt erst nach dem Zweiten Weltkrieg entstand.

1914 stand Dr. August Oetker - 52 Jahre alt - auf der Höhe seines Schaffens. Nichts schien die immer noch rasante Weiterentwicklung des Unternehmens aufhalten zu können. Dann machte der Erste Weltkrieg alles zunichte und brachte die Firma Oetker an den Rand des Untergangs. Am 8. März 1916 fiel Dr. Rudolf Oetker, einziger Sohn und Erbe, vor Verdun. Dr. August Oetker war fortan ein gebrochener Mann. Der Zusammenbruch seines geliebten Vaterlandes tat ein übriges: Dr. August Oetker, eine markante Erscheinung unter den deutschen Wirtschaftspionieren, starb am 10. Januar 1918 mit nur 56 Jahren.

Die zweite Epoche der Firma Oetker, die 20er und 30er Jahre, wird von zwei Männern bestimmt - dem jüngeren Bruder des Gründers, Louis Oetker, und Dr. Richard Kaselowsky, der die verwitwete Schwiegertochter geheiratet hatte. Sie führten das Unternehmen durch eine schwierige Zeit, unternahmen aber auch erste Schritte, das Haus Oetker über den Kreis des Stammhauses hinaus zu erweitern.

Konsequent fortgesetzt wurde diese Politik dann vom Enkel des Firmengründers und Sohn des gefallenen Dr. Rudolf Oetker: Rudolf August Oetker, der nach dem Tod seines „zweiten Vaters", Richard Kaselowsky, 1944 mit 28 Jahren die Geschicke des Unternehmens übernahm. Er ging bewußt den Weg in neue, teilweise dem Stammhaus verwandte, teilweise in aussichtsreiche fremde Unternehmenszweige. Sein Wahlspruch: Niemals alle Eier in einen Korb legen.

Die Oetker-Gruppe mit ihren Schwerpunkten Nahrungsmittel, Getränke und Dienstleistungen - vor allem Schiffahrt, Bank- und Versicherungsgeschäfte - begann sich zu formieren. Rudolf August Oetker, der am 20. September 1986 seinen 70. Geburtstag beging, hat die Geschäfte inzwischen an seinen

UNTERM STRICH

Dr. August Oetker

Firmenname	Dr. August Oetker Nahrungsmittel
Firmensitz	Bielefeld
Branche	Ernährungswirtschaft
Hauptprodukt/ Dienstleistung	Lebensmittel (Backen, Desserts, Eis, Einmachhilfen, Tiefkühl-Fertiggerichte, Müsli-Produkte)
Eigentumsverhältnis	100% in Familienbesitz
Geschäftsführer	August Oetker (Vors.), Axel Andrée, Wolf Echternkamp, Karl Neumann, Frank Petzold, Dieter Tatje
Gründer	Dr. August Oetker
Gründungsjahr	1891
Mitarbeiter	3.200 (1986)
Niederlassungen	8
Umsatz	über 1 Mrd. DM (1986)
Zukunftsziel	Verstärkung in angestammten und neuen Märkten

Sohn August und drei weitere Komplementäre übergeben. Oetker ist bis heute ein reines Familienunternehmen geblieben. Die Holding umfaßt rund 70 Unternehmen, einen Umsatz von 3,5 Milliarden Mark und knapp 10.000 Mitarbeiter. Herausragende Bedeutung hat dabei das Unternehmen Dr. August Oetker Nahrungsmittel mit etwa 1 Milliarde Mark, dem August Oetker als Chef persönlich vorsteht.

Heute wie damals ist es das Bestreben der Firma, die auf viele Millionen angewachsene Schar von Verbrauchern im In- und Ausland mit bewährten und neuen Produkten unter den Marken Dr. Oetker, Langnese-Honig und Ültje-Knabberartikel zufriedenzustellen.

Der redliche Vorsatz, mit dem sich 1891 der junge Apotheker Dr. August Oetker seinen Bielefelder Mitbürgern im Stil der Zeit empfahl, ist jüngst unter dem Slogan „Man nehme: Dr. Oetker. Qualität ist das beste Rezept“ Leitmotiv und Grundsatz des von ihm gegründeten Unternehmens geworden.

Melitta
Eine Hausfrau als Unternehmerin

von Hans-Joachim Block

Frauen haben in der Weltgeschichte stets eine nicht zu unterschätzende Rolle gespielt, die immer dann am deutlichsten zum Tragen kam, wenn die Evastöchter unmittelbar Macht ausübten und als Regentinnen über das Schicksal ganzer Völkerstämme entschieden. Erinnert sei nur an die ebenso legendäre wie geheimnisumwitterte Königin von Saba sowie ihr ägyptisches Pendant Kleopatra oder die diversen Herrscherinnen des britischen Inselreiches.

Nun, heute besitzt der Adel - ob weiblich oder männlich - kaum noch vergleichbaren Einfluß. Die politischen Richtlinien bestimmen in der Regel Kanzler, Präsidenten, Premierminister - im Westen allesamt abhängig von demokratischen Mehrheitsverhältnissen. Die wenigen Frauen in jenen Spitzenpositionen genießen zwangsläufig die besondere Aufmerksamkeit der Öffentlichkeit. Das gilt auch für ihre Geschlechtsgenossinnen im Unternehmerlager, beispielsweise die Harry-Brot-Chefin Marlis Blohm-Harry oder die Quelle-Konzern-Managerin Grete Schickedanz.

Dabei gerät leicht in Vergessenheit, daß es schon um die Jahrhundertwende Frauen gab, die unternehmerisch außergewöhnlich begabt waren. Eine von ihnen legte mit ihrer Erfindung den Grundstein für ein Weltunternehmen: Melitta Bentz, im wahrsten Sinne des Wortes die Mutter des weltweit tätigen Mindener Melitta-Konzerns, der heute als einer der führenden Markenartikler mit etwa 9.000 Mitarbeitern jährlich über 2 Milliarden Mark umsetzt und als Inbegriff für guten Filter-Kaffee gilt.

Melitta Bentz, geborene Liebscher, kam am 31. Januar 1873 in Dresden, der Residenzstadt des damaligen Königreichs Sachsen, zur Welt. Das Leben der jungen Sächsin schien nach dem herkömmlichen Muster zu verlaufen: Heirat (mit Hugo Bentz, Abteilungsleiter in einem Dresdner Kaufhaus), Hausfrau und Mutter (von zwei Söhnen). Die waren gerade 4 und 9 Jahre alt, als ihre resolute Mutter auf eine gleichermaßen einfache wie geniale Idee verfiel.

Als Hausfrau hatte sie sich schon seit geraumer Zeit mit dem Thema Kaffee beschäftigt und häufig über den unbekömmlichen Bodensatz geärgert, der den reinen Kaffeegenuß trübte.

Gewiß, schon anno dazumal gab es so etwas wie Filter, beispielsweise Leinensäckchen. Doch auch sie konnten nicht verhindern, daß Kaffeetrinken ein von Reue begleiteter Genuß blieb.

Melitta Bentz, im Gegensatz zu den meisten Frauen ihrer Zeit offenbar technisch begabt und den Umgang mit Werkzeugen gewohnt, durchlöcherte mittels Hammer und Nagel einen Messingtopf zu einem siebartigen Gefäß und legte da hinein ein passend zurechtgeschnittenes Löschblatt aus dem Schulheft ihres ältesten Sohnes. Das war's, der erste Filter, der einen wirklich satzfreien Kaffee lieferte, hatte das Licht der Welt erblickt. Verständlich, daß der Mindener Konzern das Modell des ersten Filters als symbolträchtiges Urprodukt ehrt. Ironie am Rande: Der Melitta-Filter wurde ausgerechnet in Sachsen erfunden, dessen Bewohner wegen ihres „Blimchenkaffees" nicht gerade sonderlich geschätzt waren.

Jener Filter bedeutete damals eine umwälzende Neuheit, die es vor allem erst einmal in einem größeren Kreis zu testen galt, um sie dann zu vermarkten. Während eines Kaffeekränzchens in der Residenzstadt mußte der Filter seine erste Bewährungsprobe bestehen. Kurz gesagt, die Damen waren begeistert!

Aber da gab es noch ein Problem: Löschpapier filtriert sehr langsam, bot also noch nicht die optimale Lösung.

Erfinderin Melitta und ihr ebenfalls praktisch begabter Ehemann Hugo Bentz suchten nach der richtigen Filterpapiersorte. Sie wurde gefunden, der Filter technisch verbessert und aus Messing zu einem Filterapparat zusammengeschweißt: Der (Melitta-) „Ur-Filter", 13 Zentimeter hoch, mit einliegendem Rundfilterpapier, war komplett. Damit hatte das Ehepaar Bentz unbewußt die ersten Schritte in Richtung des heutigen großen Familienunternehmens Melitta-Werke Bentz & Sohn getan.

Am 11. Juni 1908 reichte die damals 35jährige Hausfrau ihren Filter beim Kaiserlichen Patentamt zu Berlin ein. Bereits neun Tage später – so schnell ging das einst bei den Preußen - erhielt sie Gebrauchsmusterschutz für ihren „Kaffeefilter mit auf der Unterseite gewölbtem und mit Vertiefung versehenem Boden sowie mit schräg gerichteten Durchflußlöchern," eingetragen im Patentblatt Nr. 28, veröffentlicht am 8. Juli 1908 auf Seite 1.145 des 32. Jahrgangs der „Bekanntmachungen aufgrund des Patentgesetzes." Es sollte nicht die einzige Eintragung der zielstrebigen Dame bleiben.

Bereits am 15. Dezember jenes Jahres wurde die Firma M. Bentz gegründet. Hugo Bentz gab seine Kaufhausstellung auf, um sich ausschließlich dem jungen Unternehmen zu widmen. Dessen größtes und im Grunde genommen einziges Kapital bildeten Frau Melittas Erfindung, Wagemut und eine unglaubliche Menge an Fleiß. Im Heim der Familie Bentz, einer Vier- oder Fünfzimmerwohnung in der Marschallstraße 31 zu Dresden, nahm das ehrgeizige Ehepaar in einem großen Abstellraum die Produktion auf. Jener Raum repräsentierte also sozusagen das Anlagevermögen. Im kaum nennenswerten Umlaufvermögen verdient der Posten „liquide Mittel" Beachtung: ganze 73 Reichspfennige betrug der Kassenbestand, sprich das eigentliche Startkapital! Kein Wunder, daß jeder Pfennig mehrfach herumgedreht wurde, bevor er zum Einsatz kam. Geldsorgen hatte die Familie stets während der folgenden 20 Jahre, weil das Unternehmen einfach zu schnell wuchs.

In Handarbeit stellte das Ehepaar Bentz die ersten Original-Melitta-Kaffeefilter her. Die beiden minderjährigen Söhne halfen im Betrieb mit kleinen Handreichungen, karrten mit einem Bollerwagen die anfangs bescheidenen Sendungen dem Fachhandel ins Haus.

Der Alltag jener Familie begann im allgemeinen um 5 Uhr in der Frühe und endete meistens nicht vor 24 Uhr. Manche Nacht wurde auch durchgearbeitet. Aber am Wochenende ... ging die Arbeit erst richtig los! Die inzwischen bei Handwerkern in Auftrag gegebenen, im Laufe der Zeit immer wieder verbesserten Filter mußte Vater Bentz verpacken, verschicken, die Rechnungen selbst schreiben und den gesamten Schriftwechsel erledigen. Tatkräftig unterstützt von Mutter Bentz, die so „nebenbei" auch noch einen großen Haushalt zu versorgen hatte - ohne irgendeine Hilfskraft. Damals existierten weder Waschmaschine noch Staubsauger. Die Wäsche wurde „übers Brett" gewaschen und dann auch noch durch die Stadt zu irgendeinem Trockenplatz gefahren.

Sparsamkeit war bei der Familie Bentz eine aus der Not geborene Tugend. So klopfte der Vater jeden krummen Nagel von den eingehenden Sendungen wieder gerade, bewahrte auch das kürzeste Stück Bindfaden auf, um es wieder zu größeren, für die Verpackung nutzbaren Längen zusammenzuknüpfen. Etwa fünf Jahre lang schrieb Hugo Bentz die Geschäftspost mit der Hand. Es gab nur eine Kopierpresse zum Kopieren von Briefen, denn eine Schreibmaschine kostete 80 Reichsmark und war somit unerschwinglich.

Ein besonderes Kapitel bildete anfangs der Vertrieb: Aufgenommen mit dem erwähnten Bollerwagen der Sprößlinge, fortgesetzt in den ersten Wochen von Hugo Bentz. Er ging auf Reisen, um dem Handel die Filter-Errungenschaft seiner Frau vor Ort in natura zu demonstrieren. Bentz spielte also gewissermaßen die Rolle der ersten „Vorführdame“. Behaupte da jemand, zu jenen Zeiten habe es noch keine Emanzipation gegeben ...

Vater Bentz auf Reisen muß aufgefallen sein, denn neben dem Musterkoffer führte er auch einen zweiten, sehr großen Koffer mit sich, den Frau Melitta fürsorglich mit Proviant ausgestattet hatte. Für das Essen im Hotel fehlte es am nötigen Kleingeld. Dieses harte, ebenso entbehrungsvolle wie arbeitsreiche Leben führte die Melitta-Familie fast 20 Jahre lang. Gewiß, daß Unternehmen gedieh prächtig, bezog größere Räume, stellte Mitarbeiter ein und schaffte Maschinen an - doch der Erste Weltkrieg legte das Geschäft lahm.

Vater Bentz und der älteste Sohn wurden Soldaten, und nach Kriegsende mußte praktisch wieder von vorn begonnen werden. Die erste Geldentwertung bedeutete einen erneuten, schweren Rückschlag, dem dann Anfang der 20er Jahre endlich eine stetige Erholung folgte.

Jörg Bentz zu den Zielen der Unternehmensgruppe Melitta:

„Mit dem Melitta-Filter ist in langjähriger Aufbauarbeit ein Markenartikel geschaffen worden, der internationale Geltung besitzt. Weitere Markenprodukte wurden im Rahmen der Diversifikationspolitik entwickelt und im Markt durchgesetzt. In den kommenden Jahren soll das internationale Geschäft zunehmende Bedeutung gewinnen, globale Produktions- und Marketingstrategien sollen die Kosten optimieren und zum Ausbau von Marktpositionen führen. Um sich in diesem Wettbewerb behaupten zu können, müssen unsere Marken noch stärker profiliert werden. Die Innovationskraft der Unternehmensgruppe ist zu erhöhen, damit die Wachstumsziele zu erreichen sind. Auch die Organisationsstrukturen sind laufend an die veränderten Marktbedingungen und Unternehmensziele anzupassen.

Das heutige internationale Wettbewerbsumfeld stellt somit erhöhte Anforderungen an unsere Führungskräfte und alle Mitarbeiter. Diese komplexen Aufgaben setzen eine hohe Leistungsbereitschaft voraus, die können von hervorragenden Spezialisten nur noch kooperativ gelöst werden. Auf die entsprechende Grundeinstellung im Führungsverhalten legen wir großen Wert.

Wir sind zuversichtlich, gemeinsam mit unseren Mitarbeitern, die vielfältiges Wissen in ihre tägliche Arbeit einbringen, die Zukunft erfolgreich zu gestalten.“

Erfinderin Melitta Bentz, immerhin schon Mitte 50, bekam die erste Hausgehilfin. Und zum gut vorstellbaren Entzücken der Söhne wurde 1927, dem ersten Jahr ohne wirkliche Sorgen, ein Auto angeschafft. Ein gebrauchtes, versteht sich. Mit diesem museumsreifen Gefährt der Marke Audi (die Ingolstädter mögen verzeihen), das kaum 100 Kilometer ohne größere Pannen lief, unternahmen die beiden 54jährigen Eltern mit Sohn Horst am Steuer die erste größere (achttägige) Urlaubsreise ihres Lebens. Sie führte an den Rhein und nach Westfalen.

1929 erfolgte eine Zäsur in der Geschichte des Hauses Melitta. Dem Unternehmen fehlte es in Dresden an Produktionskapazitäten. Auf der Suche nach einem Standort mit mehr Raum wurde man im ostwestfälischen Minden fündig und siedelte kurzentschlossen um. Das weitere Wachstum der Firma vollzog sich in Riesenschritten: Es gesellte sich eine Papierfabrik zur Eigenfertigung der Filterpapiere hinzu, gefolgt von einer Porzellanmanufaktur und den ersten Auslandsfilialen. Das Melitta-Markenzeichen, der geschwungene Schriftzug sowie die markanten Verpackungsfarben Grün-Rot hatten sich inzwischen fest etabliert. Die heute weltweit als Synonym guten (deutschen) Kaffeegenusses geltende Filtertüte wurde im Jahr 1936 entwickelt. Grundlage: Selbstverständlich die Erfindung von Frau Melitta Bentz.

Mit 135 Mitarbeitern war das Unternehmen in Minden gestartet, bei Ausbruch des Zweiten Weltkriegs lag die Zahl zehnmal so hoch. Nach Kriegsende sah die vorläufige Bilanz für die Firma so aus: Die Papierfabrik in Düren lag in Schutt und Asche, die Porzellanmanufaktur in Karlsbad war an die Tschechoslowakei gefallen, nur das Mindener Hauptwerk stand noch völlig intakt. Doch dieser Bau wurde von den Engländern beschlagnahmt und diente ihnen als Kaserne. Nach 13 Jahren Verbannung konnte Melitta 1958 wieder in das Mindener Haus zurückkehren. In der Zwischenzeit hatte die Familie allerdings keineswegs die Hände in den Schoß gelegt, sondern in einer alten Ziegelei produziert und in einem ehemaligen Wehrmachtsdepot das Porzellanzweigwerk Rahling eröffnet.

Der weitere Aufstieg des einst kleinen Familienunternehmens zum weltweit tätigen Konzern ist zweifelsohne das Verdienst des begabten Organisators und gleichermaßen wagemutigen wie rastlosen Unternehmersohnes Horst Bentz. Er leitete die Geschicke der Gruppe über 52 Jahre. Heute zählt diese ungefähr 70 Produktions- sowie Handelsgesellschaften im In- und Ausland. Weitere, bedeutende Marken des Hauses neben der Stammarke Melitta: Granini (Fruchtsaftgetränke, eine Wachstums- und Ertragsperle der Gruppe), Dannemann und Suerdieck (Zigarillos und Zigarren) sowie Friesland (Porzellan). Gesellschafter des Stammhauses sind die Brüder Jörg und Dr. Thomas Bentz als Komplementäre und Dr. Stephan Bentz als Kommanditist.

Es wird an einer neuen Unternehmensstrategie gearbeitet, zu der ein gezielter Ausbau der größten Auslandsmärkte USA, Japan, Brasilien, Frankreich und Großbritannien zählt. Das Melitta-Auslandsgeschäft beläuft sich derzeit auf etwa 675 Millionen von insgesamt gut 2 Milliarden Mark Umsatz. 1987 und 1988 will der Konzern seine Investitionen um jeweils 50 bis 60 Prozent erhöhen. Eine Änderung der Rechtsform für die Obergesellschaft Melitta-Werke Bentz & Sohn ist den Angaben zufolge erst langfristig ein Thema. Markenartikler Melitta: Im Mittelpunkt steht – vor allem mit den Produkten Filtertüten, Kaffee, Kaffee-Automaten und Lebensmittelfolien - nach wie vor der Haushalt. Wen wundert's, hatte doch alles im Haushalt mit der Jahrhundert-Erfindung einer ebenso begabten wie bescheidenen Hausfrau begonnen. Melitta Bentz blieb bis zu ihrem Tod am 29. Juni 1950 in Minden die „Seele des Geschäfts".

Melitta Bentz legte mit ihrer Filteridee fraglos den Grundstein für den Erfolg der Mindener Gruppe. Leistungsbereitschaft und unbändiger Leistungswille, gepaart mit Fleiß, Sparsamkeit, Ausdauer sowie sozialem Empfinden und Praxisnähe - das waren die hervorragenden Tugenden dieser ungewöhnlichen Frau. Wer Pionierarbeit vollbringen will, muß wohl über solche oder ähnliche Tugenden verfügen. Den Satz „Das geht nicht" hat es bei Melitta nie gegeben. Vielleicht ist dies - in Verbindung mit einer wohldurchdachten und konsequent betriebenen Markenpolitik - die eigentlich, zum Erfolg zwingende Unternehmensphilosophie des Mindener Konzerns.

UNTERM STRICH

Melitta Bentz

Firmenname	Melitta Werke Bentz & Sohn (Stammhaus der Unternehmensgruppe Melitta UGM)
Firmensitz	Minden
Branche	Produkte f. Kaffeezubereitung, Haushaltsartikel, Verbrauchsartikel, Elektro-Kleingeräte
Hauptprodukt/ Dienstleistung	Filtertüten u. Filter, Kaffeeautomaten f. Haushalt und Großverbraucher, Lebensmittelfolien, Kaffee
Eigentumsverhältnis	Kommanditgesellschaft
Gesellschafter/ Geschäftsführer	Jörg Bentz u. Dr. Thomas Bentz als Komplementäre, Dr. Stephan Bentz als Kommanditist
Gründer	Melitta Bentz
Gründungsjahr	1908
Mitarbeiter	2.655, UGM insgesamt: 7.800 (1986)
Niederlassungen	71 (davon 33 im Inland) rechtlich selbständige Gesellschaften
Umsatz	Melitta Werke Bentz & Sohn: 830 Mio. DM, UGM insges. 2,07 Mrd. DM (1986)
Zukunftsziel	Den internationalen Anspruch als profilierter Markenartikler ausbauen

Maggi
Der Würzer der Nation
von Horst Monsees

Die Geschichte des Suppenkaspers, der bis zum Tod trotzig seine Kost verschmähte, wäre Julius Maggi sicherlich nie passiert. Er machte es sich schließlich zum Lebenswerk, jedem Eintopf - und schmeckte er noch so fade - den richtigen Pfiff zu geben. 100 Jahre alt ist mittlerweile die Erfindung des Schweizer Kaufmanns, die einerseits in Millionen Haushalten als unentbehrliche Küchenhilfe steht und andererseits so manchem verwöhnten Gourmet nicht über die Zunge geht: Maggi's Suppenwürze. Sie bildet heute einen Klassiker unter den Markenartikeln, der sich von keiner Modewelle unterkriegen ließ. Die braune Mischung, die penetrant nach dem Gewürzkraut Liebstöckel riecht, jedoch ausschließlich auf pflanzlichem Eiweiß aus Erdnußkernen, Mais und Weizen basiert, hat die Eßkultur mit ein paar Spritzern vereinfacht und vereinheitlicht. Die unverwechselbare Maggi-Flasche wurde zum Symbol des Suppenlöffels. Über sieben Milliarden Teller im Jahr leeren heutzutage die Bundesdeutschen. Die Rezeptur der Würze, die sechs Monate lagern muß, änderte sich bis dato ebensowenig wie die eckige Flaschenform mit dem gelbroten Etikett. Gewandelt hat sich allenfalls die Technologie der Herstellung. Das Würz-Allerlei, vom Erzeuger sowohl als appetitanregend als auch verdauungsfördernd gerühmt, beleuchtet nur eine Seite der Pioniertat des Julius Maggi. Die andere kennzeichnen kleine Suppenwürfel und präparierte Gemüsesuppen, die statt Stunden nur noch 15 Minuten zu garen brauchten. Die Kompakt-Küche bot in ihren Anfängen den Armen und Arbeitsamen zumindest am Herd eine gewisse Entlastung. Heute, da die Bürger sich nach mehr Freizeit-Genuß sehnen, gewährt sie ein Stückchen Bequemlichkeit: Muße mit Maggi, wenngleich der Feinschmecker-Gaumen beizeiten rebelliert.

Der 1846 im schweizerischen Thurgau als fünftes von sechs Kindern geborene Julius Michael Johannes Maggi verstand es, aus den gesellschaftlichen Zuständen seiner Zeit Kapital zu schlagen und zudem das soziale Gewissen zu bewahren. Der Wegbereiter der modernen Nahrungsmittel-Erzeugung, der von seinem italienischen Vater das südländische Temperament und von seiner Mutter aus Zürich die Gründlichkeit und Zuverlässigkeit geerbt hatte, gebärdete sich weder als Sozialrevolutionär noch als habgieriger Kapitalist. Ähnlich wie Unternehmerpersönlichkeiten vom Schlage Carl Zeiss' oder Robert Boschs fiel auch Julius Maggi der Erfolg nicht in den Schoß, auch wenn der Müllersohn seine Karriere nicht völlig mittellos startete. Er zeigte sich kontaktfreudig allen Gesellschaftsschichten gegenüber und blendete das Elend in der Arbeitnehmerschaft nicht aus. Allerdings weckte der trostlose Anblick zuallererst seinen gewerblichen Instinkt. Er fühlte sich eben zum Wagnis, weniger zur Wohltat berufen.

Im letzten Viertel des vorigen Jahrhunderts erlebte Maggi das Lauffeuer der Industrialisierung und die Flucht der Menschen in die Städte und Fabriken, um dort Lohn und Brot zu verdienen. Sie mußten sich ihren Platz gegen die wie Pilze aus dem Boden schießenden Maschinen hart erkämpfen - mit der Folge verminderter Einkommen. Es war jene Epoche, in der die Kaufkraft des Proletariats für satte Bäuche nicht ausreichte und die Mitarbeit der Frauen und Kinder existenznotwendig wurde. Um 1900 rekrutierte sich das Beschäftigtenheer zu 20 Prozent aus Frauen. Damit die Arbeiterinnen nach zehn- bis vierzehnstündiger Schufterei auch noch ihren „zweiten Beruf", ihre Rolle als Mütter und Hausfrauen, ausüben konnten, forschte Julius Maggi nach Patentrezepten für die leichte Küche. Nachdenklich verliefen seine Gespräche mit dem Arzt und Sozialpolitiker Fridolin Schuler von der Schweizerischen Gemeinnützigen Gesellschaft, der seit langem traurige Erfahrungen mit den Nöten in der breiten Bevölkerung gesammelt hatte. Die Volksernährung war ihm häufiger als karg, mangelhaft und mitverantwortlich für die beängstigende Säuglingssterblichkeit aufgefallen. Weil Fleisch für die Massen ein Luxusgut darstellte, suchte der Behördenmann nach einer eiweißreichen Ersatzkost. Gemeinsam mit Maggi fand er des Rätsels Lösung - eine weniger schmackhafte, aber wenigstens nahrhafte: Hülsenfrüchte mit viel Protein.

Trotz alledem schwamm immer noch ein Haar in der Suppe. Welche sich tagsüber schindende Fabrikarbeiterin fand abends noch Gelegenheit für die

Ihre Meinung ist uns wichtig

Sehr geehrter Kunde,

vielen Dank, daß Sie diesen Spezialreport gekauft haben. Der Fachverlag für Unternehmensaufbau Norman Rentrop ist ständig bemüht, praxisgerechte und nützliche Aufbauhilfen zum Selbständigmachen zu geben. Damit wir unsere Produkte auch weiterhin so aktuell wie möglich gestalten können, interessiert uns Ihr Urteil. Bitte schicken Sie diese Postkarte ausgefüllt an den Verlag zurück. Als Dankeschön verlosen wir unter den Einsendern jeden Monat 5 wertvolle Buchprämien (unter Ausschluß des Rechtsweges).

1. Titel des Spezialreports, den Sie gekauft haben: . . . .
2. Wie beurteilen Sie diesen Spezialreport?
   (Je näher Sie Ihr Kreuz an den jeweiligen Begriff setzen, desto eher stimmen Sie ihm zu)

	+3	+2	+1	0	—1	—2	—3	
Informationen umfangreich	☐	☐	☐	☐	☐	☐	☐	Informationen lückenhaft
praxisorientiert, nützlich	☐	☐	☐	☐	☐	☐	☐	wirklichkeitsfern, unnütz
Darstellung übersichtlich	☐	☐	☐	☐	☐	☐	☐	Darstellung unübersichtlich
ausführlich	☐	☐	☐	☐	☐	☐	☐	zu kurz
aktuell	☐	☐	☐	☐	☐	☐	☐	veraltet
gute Tips	☐	☐	☐	☐	☐	☐	☐	oberflächlich
gutes Layout	☐	☐	☐	☐	☐	☐	☐	schlechtes Layout
Produkt zu billig	☐	☐	☐	☐	☐	☐	☐	Produkt zu teuer

3. Was haben Sie in diesem Spezialreport vermißt? . . . .

   . . . .

4. Was empfanden Sie als überflüssig? . . . .
5. Andere Verbesserungsvorschläge: . . . .

   . . . .

6. Haben Sie vor, sich mit diesem Spezialreport selbständig zu machen, beziehungsweise die Informationen in Ihrem Unternehmen zu nutzen? Ja ☐ Nein ☐
7. Über welche Themen und Branchen möchten Sie ebenfalls einen Spezialreport lesen? . . . .

   . . . .

JA ich möchte an der Verlosung der Prämie teilnehmen.
Hier meine Anschrift:

. . . .
Name, Vorname

. . . .
Straße

. . . .
PLZ, Ort

. . . .
Telefon

60 Pfennig,
die sich
lohnen

Antwort

Verlag Norman Rentrop
z.H. Frau Sibylle Hebeler
Theodor-Heuss-Str. 4

5300 Bonn 2

langwierige Zubereitung einer Erbsensuppe. Also kratzte Julius Maggi sein Vermögen zusammen, um in dem Mühlenbetrieb, den er mit 23 Jahren von seinem Vater übernommen hatte, mit neuen Produkten Profit zu machen.

1883 schickte er die ersten aus Hülsenfrüchten gewonnenen Mehle - damals hießen sie Leguminosen-Mehle - in den Handel. Es zeugte von seinen Tüftler-Qualitäten, daß er die dafür notwendige Röstpfanne selbst konstruierte. Schon drei Jahre später präsentierte er einem ungläubigen Publikum eine Novität, die dem Schnellkochtopf alle Ehre gereicht: Fertige Suppen auf der Grundlage von Erbsen- oder Bohnenextrakten, denen kluge Hausfrauen nur noch kochendes Wasser zufügen mußten. Darüber hinaus eignete sich das haltbare Trockenpulver bestens für den Vorratskeller.

Zur industriellen Fertigung fehlte jetzt lediglich ein organisatorischer und finanzieller Schritt. Noch im gleichen Jahr 1886 wurde die Kommanditgesellschaft „Julius Maggi & Co" im schweizerischen Kempttal gegründet. Ein Jahr später zog es den Jungunternehmer über die Grenzen hinaus. Aus jenen Tagen stammt auch Maggis Einfall, Warenlager für die Eroberung der Auslandsmärkte zu errichten. Die ersten entstanden in Wien, Berlin, Paris, London und sogar in New York. Bald sprossen Maggi-Fabriken auf ausländischem Boden. Über 150 sollten es im Laufe der Jahrzehnte werden, die sich beinahe über den gesamten Erdball verteilen. In Deutschland siedelte sich der clevere Geschäftemacher 1887 in Singen unweit des Bodensees an. Ein Verwalter und sieben Arbeiterinnen besorgten hier das Abfüllen und den Vertrieb der Suppenwürze. Die charakteristische Flasche, von 1894 an unter der Schutzmarke des Kreuzsterns, den Maggi sich als Glücks- und Erfolgsbringer auserkor, wurde mit liebevollem Respekt „Gütterli" genannt. Auch die Firma schmückte sich im folgenden mit diesem alemannischen Ausdruck für ein kleines Fläschchen.

Der weitsichtig gewählte Standort Singen entwickelte sich 1897 zum Produktionsbetrieb und zählte um die Jahrhundertwende bereits 450 Mitarbeiter. Von der Infrastruktur her erwiesen sich die Bedingungen als optimal für weiteres Wachstum. Das für 29 Pfennig je Quadratmeter erworbene Areal verfügte über einen direkten Bahnanschluß. Ringsherum konnten auf riesigen Gemüsefeldern die Rohstoffe ohne nennenswerte Transportkosten angebaut und geerntet werden. Heute verarbeitet das Unternehmen etwa 400 pflanzliche und tierische Substanzen und muß in seiner Beschaffungspolitik auf die internationalen Märkte zurückgreifen.

Das „Gütterli-Haus" beherbergt im übrigen jetzt das Maggi-Museum. Darin befindet sich nicht nur eine umfangreiche Dokumentation der Firmengeschichte, sondern hier spürt man überdies die Verehrung für den Schöpfer aller ausgestellten Dinge. Gleich am Eingang wartet noch der Reisekoffer des rastlosen Gründers. Im Mittelpunkt des Raumes stellen sich hinter Glasvitrinen gelb-rot leuchtende Schächtelchen und Büchsen dar, ganz so, wie sie sich vor 90 Jahren in den Verkaufsregalen präsentierten. Die 250 Gramm fassende Maggi-Flasche aus jenen Tagen ist mit 1,80 Mark ausgezeichnet. Der Preis blieb über mehrere Jahrzehnte hinweg erstaunlich unbeweglich. Den alten Julius faszinierten seine „Suppenrollen", wie sie der Packung wegen hießen, derart, daß er sich für Augenblicke in die Idee verstieg, seine Tochter „Leguminosa" zu taufen. Unweit des Museums thront der Wasserturm aus dem Jahre 1907 über dem Gelände. Mit etwas Phantasie erkennt man in ihm den typischen Maggi-Flaschenhals - allerdings ein paar Nummern größer. Dieses Wahrzeichen legt Zeugnis ab von einer herrlich hellen Industriearchitektur, die der Eigentümer pflegte, und wurde zu einem frühen Termin aus Stahlbeton errichtet, als die Stahlbranche noch in den Kinderschuhen steckte. Julius Maggi mußte eben überall die Nase vorn haben.

Der Altvater des Fast-Food-Gedankens gehörte zu den Unternehmern im Schumpeterschen Sinne. Sein Verhalten hatte nichts mit der Rationalität zu tun, wie sie ökonomische Theorien unverbesserlich unterstellen. Vielmehr war es geprägt von seinen Erfahrungen, Stimmungen und der Umwelt. Er entpuppte sich als „schöpferisch" Handelnder, der mit „neuen Kombinationen" am Markt seine Chance witterte und nutzte. Die Rendite ging bei ihm auf das auch moralisch vertretbare Konto „Technischer Fortschritt", während in manch anderen Betrieben durchaus noch die „Ausbeutung" als Quelle des Reichtums dominierte. Maggi erkannte rechtzeitiger als viele seiner Artgenossen, daß rationellere Herstellungsverfahren an den Werkbänken nur dann fruchteten, wenn mit ihnen zugleich soziale Verbesserungen für die dort tätigen Menschen einhergingen. Bei Julius Maggi beschränkte sich die Motivation nicht auf die patriarchalische Predigt „Seid nett zueinander", sondern mündete in den Anfängen einer humaneren Arbeitswelt.

Mit der Erkenntnis, daß auch der menschliche Faktor gutes Kapital garantiert, ließ Maggi 1892 Werkswohnungen für seine Belegschaften hochziehen. In Singen werden heute noch 190 solcher Block-Unterkünfte bewohnt: schlicht und wenig komfortabel, jedoch billig und begehrt. Der Firmenchef richtete fabrikeigene Kantinen ein, schuf eine Betriebskrankenkasse, gewährte Gratifikationen, Dienstalterprämien und Renten für Hinterbliebene. Um 1900 schrieb er - ein Novum in der Unternehmenslandschaft - eine Arbeitsordnung fest, die die Rechte und Pflichten der Betriebsangehörigen regelte. 1906 akzeptierte Maggi die Forderung nach Arbeitszeitverkürzung. Die Kinder durften fortan frohlocken: Samstagnachmittag gehören Mami und Papi mir. Schließlich wurden vor jedem Feiertag in der Woche die Werkstore pünktlich um 16 Uhr verriegelt, damit den Beschäftigten noch die Möglichkeit zum Einkaufen blieb. Diese Vereinbarung behielten Maggi-Betriebe bis zur Gegenwart bei. 1907 dann konnte in Singen ein Arbeiterausschuß ins Leben gerufen werden. Dieser Vorläufer des Betriebsrates verschaffte den abhängig Beschäftigten zwar noch keine Mitbestimmung, aber immerhin Gehör in der Geschäftsleitung bei personellen Belangen.

Die großzügigen sozialen Errungenschaften verfehlten die von Unternehmerseite gewollte Wirkung nicht: Es herrschte Friede an den Maschinen. Die Arbeiter kamen nicht auf dumme Gedanken, identifizierten sich mit ihrer

Erwerbsstelle und trugen ihre Zugehörigkeit erhobenen Hauptes in die Öffentlichkeit. Hinzu kam eine intime Wechselbeziehung zu den von ihnen gemachten Produkten. Maggi-Würze bereicherte auch die Speisen der Maggi-Arbeiter und bestimmte deren Privatsphäre.

Die Philosophie des Hauses Maggi:

Julius Maggi war ein Unternehmer, den ein „Konglomerat von Eigenschaften" davor bewahrte, stur vom Chefsessel aus seine Produkte auf den Markt zu werfen. „Er konnte sich stets vom Schreibtisch erheben, sich auf der anderen Seite auf den Stuhl des Verbrauchers setzen und fragen, was erwarte ich eigentlich", umreißt der Vorsitzende der Geschäftsführung, Dr. Hans-Joachim Rieber, Maggis Lehre, die ein Jahrhundert alt und unverändert aktuell ist. Ohne das Zwiegespräch mit dem Konsumenten, der schließlich auch in jedem Manager steckt, würde die florierende Maggi in der launischen Ernährungsbranche wahrscheinlich irgendwann an Dynamik einbüßen.

Das Unternehmen, das über 200 Artikel herstellt und mit flüssiger Würze zu 90 Prozent auf dem hiesigen Markt dominiert, läßt sich allein die Werbung in den Medien über sechs Prozent seines Umsatzes kosten.

Als hilfreich im Wettbewerb mit den ärgsten Konkurrenten - allen voran Knorr - entpuppte sich die Einbindung in den bärenstarken Nestlé-Konzern. Zwar verfolgt die Maggi GmbH auch nach der Fusion (1947) ihre Strategien dem Handel gegenüber weitgehend selbstverantwortlich. Das lange Zeit auf den deutschsprachigen Raum beschränkte Unternehmen profitiert jedoch von den Ressourcen und dem Know-how eines weltweit nicht zu bremsenden Nahrungsmittelmultis, was Rieber „wechselseitige Befruchtung" nennt.

Der Geist von Julius Maggi schwebt weiter über den Köpfen der nachgewachsenen Generationen. Die selbstbewußten „Maggianer" praktizieren ein unverändert starkes Wir-Gefühl. Daß zwei Drittel der Mitarbeiter länger als zehn Jahre für Maggi treu und brav die Töpfe rühren, beweist die hohe Betriebsbindung. Der vorausschauende Julius ebnete frühzeitig den Weg für den rechten Umgang zwischen Leitenden und Untergebenen: Es dominiert das Gefühl von Partnerschaft vor Aufmüpfigkeit und Konfrontation.

Sein Werdegang weist Julius Maggi nicht nur als gescheiten Konstrukteur und Produzenten aus, der sich in der Landwirtschaft engagierte, sich leidenschaftlich physikalischen Gesetzen und chemischen Verbindungen widmete und quasi im Handstreich 1901 die Milchversorgung der Stadt Paris sanierte. Obendrein entpuppte er sich als gewiefter Absatzstratege. Er ahnte, daß sich Ware nicht unbedingt von alleine verkauft und eine Anpreisung beim Kunden

den Umsatz beflügelt. 1886 eröffnete der Firmenherr ein „Reclame- und Pressbüro“, das dem Weltruf seiner Würzflaschen und Fertigsuppen Nachdruck verleihen sollte. Bunte Emailleschilder prangten über der Ladentheke des Krämers, und vom Plakat an der Litfaßsäule versprühte eine Dame im Jugendstil etwas unbeholfen ihren Charme - mit der Maggi-Flasche in der Hand. Brühwürfel offerierte man als „praktisches Weihnachtsgeschenk“, und schlitzohrig wurde Werbung damals schon unter dem Deckmantel „Aufklärung“ unter das Volk gebracht. Zugute kamen Maggi dabei die Kontakte zur Schweizerischen Gemeinnützigen Gesellschaft, die seine Angebote offiziell als wertvolle Ernährung empfahl. Kein Wunder, daß so manche Anzeige einer den Menschen wohlvertrauten amtlichen Bekanntmachung glich. Im Gegenzug mußte sich Maggi jedoch verpflichten, seine Preise einzufrieren, damit die Produkte auch dem Bedürftigsten erschwinglich blieben. Die Botschaft an die Schweizer Verbraucher um 1885 lockte: „Erbs-Teigwaaren - nahrhafter als Fleisch, ebenso leicht verdaulich, sehr billig und rasch zubereitet.“

Als Vorsteher des Reclamebüros erregte der spätere Dramatiker Frank Wedekind Aufmerksamkeit. Er verherrlichte die Suppen und Speisewürze mal als „Göttermahl“, dann als Instrumente der „Frauen-Emancipation“. Der junge Schriftsteller ließ sich zu einem Loblied inspirieren, als dem Alltag die Schrecken zweier Kriege noch fremd waren:

„Vater, mein Vater!
Ich werde nicht Soldat,
dieweil man bei der Infanterie,
nicht Maggi-Suppen hat.“

„Söhnchen, mein Söhnchen!
Kommst du erst zu den Truppen,
so isst man dort auch längst nur
Maggi's Fleischconservensuppen.“

Maggi wachte inständig über den Fleiß seines Schützlings. Getreu seinem Daseinsprinzip „Schonet mich nicht, dazu bin ich da“ gönnte er Wedekind kaum eine freie Stunde zur Selbstbesinnung. Außerdem unterlagen seine Reime und Anekdoten der scharfen Zensur des Patrons. Nach knapp acht Monaten erwies sich Wedekind plötzlich als Kostverächter und mochte nicht länger das schmückende Lätzchen für Maggi-Suppen spielen. Er weigerte sich, „philantropische Mäntelchen fürs Geldverdienen zu schneidern“. Die kurze Maggi-Episode im besonderen und seine innigen Kenntnisse kapitalistischer Gesetzmäßigkeiten im allgemeinen ermunterten Wedekind danach, freche Gesellschaftskritik zu üben und die Moral seiner Mitmenschen anzuprangern. Trotzalledem verrichtete das Reclamebüro wichtige Schrittmacherdienste für das moderne Marketing, auch wenn zu jener Zeit die Produktion das Maß aller Dinge war, dem sich Verkaufsaktionen unterzuordnen hatten. Heute funktioniert das System meist umgekehrt: Es werden zuerst Bedürfnisse aufgespürt, neue Märkte erschlossen oder Lücken entdeckt und Testphasen für den Verkauf zwischengeschaltet. Erst danach beginnen die Fließbänder zu rollen.

Wedekind mußte erfahren, daß Julius keineswegs immer das von seinen Freunden gelobte leutselige und um Harmonie ringende Gemüt hervorkehrte. Bienenfleißig wie er war, verabscheute er Leute mit halbherzigem Pflichtbewußtsein. Seine Unnachgiebigkeit und Risikobereitschaft offenbarten sich auch im Privatleben. Trotz eines stattlichen Gestüts duldete er es nicht, seine Pferde für Familienausflüge einzuspannen. Er erregte als erster Automobil-und Motorradbesitzer über seinen Wirkungskreis hinaus Aufsehen, doch seine Kinder mußten den beschwerlichen Weg zur Sonntagsschule stets zu Fuß bewältigen. Wie seine Mitarbeiter spurte auch der Anhang nach seinem Willen. Dem widerstrebenden Sohn Harry lehrte er das Fahrradfahren mit Schocktherapie: Er schwang den Sprößling aufs Gefährt, gab ihm einen Klaps und einen gehörigen Schubs. Selbsterfahrung erhob er zur Devise, auch wenn sie schmerzte.

Schmerzliches blieb Julius Maggi selbst nicht erspart. Eine Zitterpartie begann für ihn 1890, als seine Kommanditgesellschaft in eine Aktiengesellschaft „Fabrik von Maggi's Nahrungsmitteln" umgewandelt wurde. Das Grundkapital betrug 1,5 Millionen Franken - nach den beträchtlichen Aufwendungen für die Produktneuheiten ein weiteres finanzielles Wagnis. Die teilweise atemberaubenden Umwälzungen, die die Wirtschaftsführer um die Jahrhundertwende zu permanenter Anpassung drängten, forderten auch das junge Unternehmen und seinen Generaldirektor heraus. Nach einem Jahr war die Kapitaldecke um die Hälfte ausgedünnt. Lange Tage und Nächte der Existenzängste und Rettungsversuche folgten. Mit Maggis Beziehungen zur Finanzwelt und der unerschütterlichen Einsatzbereitschaft der Mitarbeiter gelang es, den Abwärtstrend umzukehren. In der anschließenden Periode des Blühens und Gedeihens bereicherten Soßen und Bouillon-Würfel die Produktpalette. Die Mitarbeiterzahl stieg in Deutschland auf fast 3.000 und sollte sich bis 1939 auf 4.300 ausdehnen. Vorher jedoch, nämlich 1912, stirbt der einfallsreiche Industrielle im Alter von 66 Jahren während einer Sitzung an einem Gehirnschlag. Er hatte sich zuletzt von seinem Posten als Generaldirektor zurückgezogen und als Delegierter im Verwaltungsrat gewirkt. Das Schicksal bewahrte ihn davor, eine weitere Krisenphase seines Unternehmens während des Ersten Weltkrieges, der wirtschaftlichen Depression und Währungsreform meistern zu müssen. Nach dem Zweiten Weltkrieg stürzte die Firma durch Rohstoffknappheit, Zwangsbewirtschaftung der Betriebe und Lebensmittelrationierung in einen Überlebenskampf. Von diesem Aderlaß, der sich äußerlich in der Zerstörung der Zentralverwaltung in Berlin ausdrückte, konnte das stolze Unternehmen aus eigener Kraft nicht mehr vollständig genesen.

Die einschneidendste Wegmarke kreuzte die Maggi-Truppe 1947: Die eidgenössische, übernahmehungrige Nestlé - wie Maggi ein Bahnbrecher auf dem Nahrungssektor, wo beide gleichsam jetzt mit Quick-, Fix-, Mix- und Fertigprodukten unseren Instant-Nerv kitzeln - schluckte die Alimentana AG. Diese Holding bemutterte von 1934 an sämtliche Maggi-Einheiten. Mit der Umschlingung des Suppen-Souveräns durch das Milchmädchen, das mit Kaffeepulver gigantische Fortschritte erzielte, endete das letzte Kapitel einer gerade erst 60 Jahre alten Chronik eines makellosen Familienunternehmens. Unter den Fittichen eines weltweit operierenden, steinreichen Konzerns wurden aber zur gleichen Zeit die Weichen in eine gesicherte Zukunft gestellt.

Auf den inzwischen gesättigten Verbrauchsgütermärkten, wo allenfalls Innovationen noch etwas bewegen und ansonsten Expansion nur auf Kosten der Konkurrenz möglich erscheint, ist gebündelte Schlagkraft von beiderseitigem Vorteil. Die Maggi GmbH steuert zum Umsatz der deutschen Nestlé-Gruppe (1986 fünf Milliarden DM), gerade ein Siebtel bei, wird aber als Ertragsperle sorgsam behütet. Gemäß der Tradition sahnt auch die heutige Geschäftsführung kräftig mit Suppen und Soßen ab, die rund die Hälfte des Umsatzes bescheren.

Der um Originalität und Flexibilität nie verlegene Julius Maggi hätte gewiß seine Freude gehabt an den Weiterentwicklungen seines Hauses, dessen Sortiment mittlerweile 200 Artikel, auch im hochwertigen Segment, umfaßt. Mit Eier-Ravioli, Kartoffel-Püree oder den als kulinarische Genüsse gepriesenen „Drei-Kronen-Spezialitäten" setzt Maggi seine Erfolgslinie fort. Insbesondere die „5-Minuten-Terrine", die als Ruckzuck-Lunch derzeit Küchen-Muffel und gestreßtes Büropersonal bei Laune hält, könnte von der Machart des Pioniers sein. Ein fremdbestimmter Betrieb allerdings, in dem die selbständige und unabhängige Seele nicht mehr schlägt, wäre keine Welt für Julius Maggi gewesen.

UNTERM STRICH

Julius Maggi

Firmenname	Maggi GmbH
Firmensitz	Singen/Hohentwiel
Branche	Nahrungsmittel
Hauptprodukt/ Dienstleistung	Soßen, Suppen, Brühen, Würzmittel, Fertiggerichte
Eigentumsverhältnis	100 % Nestlé Deutschland AG
Gesellschafter/ Geschäftsführer	Dr. Hans-Joachim Rieber
Gründer	Julius Maggi
Gründungsjahr	1887
Mitarbeiter	rund 2.400 (1986)
Niederlassungen	-
Umsatz	ca. 700 Mio. DM (1986)
Zukunftsziel	Kontinuierlicher weiterer Ausbau der Marktposition

Rosenthal
Der Paradiesvogel als Unternehmer
von Fides Krause-Brewer

Zwei Persönlichkeiten des gleichen Namens, Vater Philipp und Sohn Philip – mit einem „p" – Rosenthal haben die Geschicke eines Unternehmens geprägt, das immerhin seit 107 Jahren besteht. Beide, der Vater wie der Sohn, haben eine Lebensgeschichte, die sich wie ein Roman ausnimmt.

Begonnen hat alles mit einem Zwei-Mann-Betrieb, den Philipp Rosenthal 1879 gründete. Zuvor war er mit 17 Jahren nach Amerika gegangen. Über seinen Aufenthalt in der neuen Welt kursieren abenteuerliche Geschichten. Belegt ist immerhin, daß er mehrere Jahre als Kutscher eine vierspännige Postkutsche der „Butterfield San Diego"-Linie und auch die Post von Fredericksburg nach Comfort und San Antonio gefahren hat. Daher kam wohl seine spätere Vorliebe, bei feierlichen Anlässen vierspännig vorzufahren. Abgesehen von den Jahren des Abenteuerlebens verbrachte Philipp Rosenthal vier Jahre als „clerk" in einer amerikanischen Porzellan-Importfirma. Grundwissen für diese Tätigkeit konnte er mitbringen, denn schon sein Vater Abraham Rosenthal hatte in Werl ein gutgehendes Porzellan-Geschäft betrieben.

Mit 24 Jahren kam der unternehmungslustige Philipp zurück nach Deutschland. Er wollte eigentlich nur bemaltes Porzellangeschirr für amerikanische Rechnung bei Hutschenreuther in Selb einkaufen. Da er aber diese begehrte Ware nicht in ausreichender Menge zu kaufen bekam, beschloß der junge Mann, Weißware zu kaufen und sie selbst bemalen zu lassen. Er mietete das arg heruntergekommene Schloß Erkersreuth bei Selb und begann mit einem Porzellanmaler seine Laufbahn als Industrieller. Der Anfang war beschwerlich; der Transport der Weißware wurde zum Beispiel mit einem Hundegespann bewältigt. Die Konkurrenz in Selb war bereits gut eingeführt. Die kleine Stadt war ein bevorzugter Standort für die Porzellanherstellung geworden, weil in der Nähe die notwendigen Rohstoffe reichlich vorhanden waren.

Es ist nicht überliefert, ob der junge Philipp Rosenthal schon ein fertiges unternehmerisches Konzept hatte. Das ist kaum anzunehmen. Aber eines hatte er sich von Anfang an vorgenommen: Keine Billigware wollte er liefern, sondern Qualitätsware zu gehobenen Preisen. Die Porzellanmalerei ließ sich gut an. 1881 waren es schon vier Maler, die im Schloß arbeiteten, und 10 Jahre nach Beginn des Unternehmens wurde das alte Schlößchen zu klein. Rosenthal baute auf eigenem Grund und Boden einen Porzellan-Dekorationsbetrieb für 100 Mitarbeiter.

Ein Jahr später begann er mit der Herstellung eigener Weißware, und damit wurde er zum Fabrikanten. Dies geschah allerdings in einer recht problematischen Zeit. Nach dem Boom, der sich nach dem gewonnenen Krieg gegen Frankreich im Jahre 1871 entwickelte, nach den Gründerjahren mit dem Heraufkommen von Dampfmaschine, mechanischem Webstuhl und Eisenbahn gab es ein erhebliches Auf und Ab im Konjunkturverlauf, von schwindelerregenden Aufschwüngen in tiefe Rezessionstäler, von der Anhäufung großer Reichtümer bis zum totalen Bankrott. In dieser Phase der Unruhe und der Wellenbewegungen wuchs das Unternehmen Rosenthal dennoch stetig weiter. 1896 waren bereits 400 „Rosenthaler", wie sie sich noch heute stolz nennen, am Werke. 1897 wurde die Firma in eine Aktiengesellschaft umgewandelt, die zunächst die Traum-Dividende von 18 Prozent bezahlen konnte. Sie sank allerdings schon im Jahre 1902 auf 10 Prozent ab.

War die Produktion zunächst auf herkömmliches Porzellangeschirr beschränkt, kamen nun andere Produkte hinzu. Gegründet wurde die Abteilung „E" mit der Produktion von keramischen Isolatoren, die im Zuge der rasant verlaufenden Elektrifizierung stark gefragt waren. Seither hatten die technischen Produkte in der Produktionspalette der Philipp Rosenthal & Co. AG einen festen Platz. Der Fabrikant Rosenthal war allerdings einer der ersten, der die Chancen in diesem Produktionszweig erkannte. Bis 1930 hatte er in diesem Markt rund 20 Konkurrenten dazubekommen.

Rosenthal bewies aber auch sonst, daß er im wahrsten Sinne des Wortes über den Teller-Rand sehen konnte. Er gründete schon 1898 den Verband der bayerischen Porzellan-Industriellen und begann damit eine rege Tätigkeit auch in anderen branchennahen Verbänden. Vor allem engagierte er sich im

Messewesen, hier besonders für die Leipziger Messe, die er schon besuchte, als er dort noch in einem Torbogen seine Ware ausstellen mußte.

Die Marke „Rosenthal“ setzte sich im In- und Ausland durch; und 1910 beschritt das Unternehmen mit der Fertigung von künstlerischem Porzellan einen Weg, der es bis heute prägt. Bald arbeitete eine Reihe bekannter Künstler Entwürfe für die Rosenthal-Produkte aus. Die Zeiten für Geschirr höchster Qualität und für Zierporzellan waren gut, die Preise blieben lange stabil.

Der Erste Weltkrieg brachte in der Entwicklung des künstlerischen Produktionszweiges und des Geschirrs einen erheblichen Einbruch. Es gab einen fühlbaren Absatzrückgang. Die tragende Säule des Geschäftes war nun das

Philip Rosenthal über Erfolg:

„Jeder wirkliche Erfolg, und der kann immer nur in einer millimeterweisen Erweiterung der Qualität des menschlichen Lebens bestehen, hängt (das sagt einer, der Oxford-Student und Straßenarbeiter, KZ-Einsitzender und Vorstandsvorsitzender war) immer von vier Faktoren ab.

1. Standpunkt-Analyse und Fernsicht: Welche menschlich nützlichen Ziele kann man aus der Stellung und mit den Mitteln, die man hat, anstreben?

2. Nahsicht und Taktik: Wo und wie kann man, ohne die Fernsicht zu verlieren, Gestrüpp umgehen und Flußläufe nutzen?

3. Fortune: Die wird später immer rationalisiert: „Na ja, der hatte eben doch die entscheidende Stärke oder doch die entscheidende Schwäche“. Aber: ob den einen im entscheidenden Augenblick eine Kugel oder Kopfweh trifft und den anderen Lust und Laune, das ist reines Glück.

4. Menschen: Die man findet oder die einen finden; und auch das ist wieder teilweise Fortune. Aber kein Erfolg entsteht ohne das Zusammen von Menschen, von denen, die Wege aufzeigen, denen, die vor Hindernissen warnen, denen, die sie durchstoßen helfen, aber vor allen denen, die bauen.

Keiner sollte sich als Rosenthaler fühlen, der durch die schnelle Mark, die Anpassung an den Druck des Momentes oder den Nächst-Oberen sich selbst und manchmal *scheinbar* sogar das Unternehmen nach vorne führt. Keiner auch, der sich täuschen läßt oder andere täuscht durch modische Prioritäten, die es in jeder Gegenwart gibt, die aber höchstens zerstreuen oder betäuben. Die wirklichen Lebensinhalte sind über die Jahrtausende dieselben geblieben. Ein richtiger Rosenthaler ist nur einer, der als Real-Idealist das bei uns Erreichte erhält und gemäß unseren bescheidenen Zielen – oder anderen, die dem wirklichen menschlichen Lebensinhalt dienen – weiter nach vorne führt.“

technische Porzellan, mit dem man für die aufstrebende Industrie wichtige Arbeitsmaterialien herstellen lassen konnte. Und eine Erfindung dieser Jahre, das feuerfeste Porzellan, begann bald die Kupfer- und Aluminium-Töpfe der Hausfrauen zu ersetzen, weil die Metalle für die Rüstung gebraucht wurden.

Auch nach dem Krieg expandierte Rosenthal weiter - allerdings unterbrochen durch peinliche Pannen in der Qualität mancher Produkte. Aber auch diese Phase wurde mit der Entlassung einiger leitender Angestellter überwunden. Rosenthal erwarb andere Firmen, so zum Beispiel die Porzellan-Firma F. Thomas - übrigens ohne die Fabrik vorher selbst besichtigt zu haben. Er erwarb die Krister-Porzellan-Manufaktur in Schlesien, und es entstand eine Interessengemeinschaft zwischen der AEG und Rosenthal bei der Herstellung von Elektroporzellan.

Der erfolgreiche Unternehmer reiste durch viele Länder dieser Erde und wurde überall geschätzt. Er brachte es bis zum bayerischen Geheimrat und Dr. Ing. h. c., Leipzig benannte eine der Hauptstraßen zur technischen Messe nach ihm. Der damalige deutsche Außenminister Gustav Stresemann bezeichnete ihn als einen „Pionier deutscher Qualitätsarbeit und einen unermüdlichen Förderer des deutschen Messewesens“.

Der Herr Geheimrat Rosenthal war aber nicht nur ein erfolgreicher Geschäftsmann, sondern er engagierte sich auch im Sozialwesen für seine Belegschaft. Die Firma zahlte schon 1892 Gratifikationen an Angestellte, und einen bezahlten Urlaub für werdende Mütter gab es bei Rosenthal lange bevor er gesetzlich eingeführt wurde. Zwischen 1900 und 1920 schuf Rosenthal eine Witwenkasse, baute Arbeiterwohnungen, richtete Kinderkrippen und eine Betriebs-Krankenkasse ein. Außerdem gehörten schon seit 1924 bis 1933 zwei Betriebsdelegierte dem Aufsichtsrat an.

Hatte das Unternehmen die Inflation einigermaßen überstanden - mit den üblichen Auswüchsen wie einer Dividende von 1.000 Prozent und einem 18stelligen Gewinn, so erlebte es 1925 das Spitzenjahr seiner Produktion. Der Abstieg kam 1930 mit schweren Umsatzeinbußen. Rosenthal wurde von der Wirtschaftskrise voll erwischt. Es gab erhebliche Verluste, aber das Unternehmen kam dank der umsichtigen Geschäftsführung nie in Zahlungsschwierigkeiten.

Das Schicksalsjahr für Rosenthal schlug mit dem Einzug Hitlers in die Regierung im Jahre 1933. Die Verfolgung jüdischer Bürger machte aus dem geehrten und beliebten Geheimrat Rosenthal den „Juden Rosenthal“. Man wagte sich allerdings nicht direkt an ihn heran - dafür war er im Ausland zu bekannt. Aber er mußte aus dem Unternehmen ausscheiden - während „bewährte“ Parteigenossen mit in den Vorstand kamen. Der Name „Rosenthal“ allerdings blieb erhalten, trotz seines unverkennbar jüdischen Klangs. Dies geschah auf Drängen des Reichsbankpräsidenten Hjalmar Schacht, der wußte, was dieser Name für den deutschen Export bedeutete. Familienquerelen boten den Nazis dann allerdings die Gelegenheit, den alten Herrn zu entmündigen und ihn ganz aus seinem Besitz zu verdrängen. Er starb 1937.

Sein Sohn Philip, geboren 1916, befand sich zu dieser Zeit schon in England, wohin ihn der Vater auf eine Schule geschickt hatte. So blieb ihm das Miterleben der Alterstragödie seines Vaters, der nach Jahren sein Großvater hätte sein können, erspart.

Philip Rosenthal blieb in England, studierte in Oxford Volkswirtschaft und Philosophie. Bei Kriegsausbruch ging er in einer Art Kurzschlußhandlung in die Fremdenlegion, ohne zu wissen, was ihn dort erwartete. Als er herausfand, daß man ihm dort physisch und psychisch das Kreuz brechen würde, versuchte er mehrmals die Flucht, die in Gefängnissen, in Strafarbeit im Steinbruch und in wasserlosen Wüstenlagern endete. Erst der vierte Fluchtversuch gelang. 1942 konnte er nach abenteuerlichen Erlebnissen nach England zurückkehren. Dort versuchte er sich zunächst als Bäckerlehrling, landete aber schließlich als Journalist in der Propagandaabteilung des britischen Foreign Office. Mittlerweile hatte er neben der deutschen auch die britische Staatsangehörigkeit erworben.

Philip Rosenthal hat also das Leben zunächst als Sohn reicher Eltern, dann als armer Schlucker von oben wie von unten kennengelernt. Dies war für ihn die Erkenntnisbasis für seine späteren Bemühungen um einen besseren Ausgleich zwischen arm und reich – vor allem für sein politisches Engagement für die Vermögensbildung in Arbeitnehmerhand.

Aber zunächst einmal hatte die Wiedergutmachung nach dem Krieg ihn und seine Mutter erneut zu Millionären gemacht. Sie erhielten eine Million DM in bar und 11 Prozent der Aktien der Rosenthal AG zurück. 1950 entschloß er sich, das Angebot, als Werbechef der Firma in den Vorstand einzutreten, anzunehmen. Mehr traute man ihm damals offenbar nicht zu. Aber Rosenthal lernte schnell, worauf es in seinem Metier ankam. 1958 übernahm er den Vorsitz des Vorstandes. Die Jahre von 1950 bis 1960 standen im Zeichen der Expansion. Rosenthal nahm die Fabrikation von Kondensatoren auf und sicherte sich damit einen Platz in der aufstrebenden Radio- und Fernseh-Industrie. Neue Werke mit hohem Mechanisierungsgrad wurden gebaut. Damit wurde erstmals das Konzept der „Fabrik auf der grünen Wiese“, die beliebig erweiter- und änderbar ist, in die Tat umgesetzt. Mehr noch aber beeinflußte Philip Rosenthal die künstlerische Ausgestaltung dieser Fabrikneubauten. Kein Geringerer als der große Architekt und Bauhaus-Gründer Walter Gropius entwarf die Baupläne für avantgardistische und schöne industrielle Zweckbauten in Selb und Amberg.

Ein besonderes Image verpaßte der Firmenchef dem Unternehmen mit der Erweiterung der Produktpalette von der Porzellanfabrik zum „Wohnen schlechthin“ – mit der Angliederung einer Möbel- und einer Besteck-Produktion. Der „New Look“ wurde mit Hilfe von namhaften Designern kreiert und das Angebot auf drei Linien reduziert: F. Thomas Geschirr, Classic Rose Collection und Rosenthal Studio Line. Diese darf nur in Rosenthal-Studio-Häusern oder in Studioabteilungen führender Händler verkauft werden. Es hat zunächst mit den Einzelhändlern um diese Auflagen harte Kämpfe gegeben.

Sie fühlten sich von Rosenthal erpreßt und bevormundet. Aber dies ist Geschichte. Von 3.000 in Frage kommenden Händlern werden 630 im Inland und 450 im Ausland mit Studio-Line-Produkten beliefert. Gleichzeitig mit der Porzellan-Produktion entwickelte sich das „technische Bein" des Unternehmens, in enger Zusammenarbeit mit der AEG. Anfang der 70er Jahre wurden die Aktivitäten zwischen AEG-Telefunken und Rosenthal neu geordnet: Es entstand die Rosenthal Technik AG, die als größter Hersteller technischer Keramik in Europa eine breite Produktpalette für die Elektrotechnik, Elektronik bis zur Ingenieur-Keramik herstellte. Im Jahr 1985 wurde die Rosenthal Technik AG an die Hoechst AG verkauft. Seither konzentriert sich Rosenthal noch intensiver auf den Wohnbereich. Es entstand die „Manufaktur des Wohnens" mit einer großen Bandbreite von Produkten - Porzellan, Glas, Keramik, Besteck und Möbel.

Der Firmenchef machte auch Ernst mit der Mitbestimmung und der Vermögensbildung im eigenen Unternehmen. Heute halten die Mitarbeiter 9 Prozent, die Familie Rosenthal dagegen nur 4 Prozent des Grundkapitals. Im Jahre 1982 zog sich Philip Rosenthal auf den Posten des Aufsichtsratsvorsitzenden zurück. Schon einige Jahre vorher war er ein zeitraubendes politisches Engagement eingegangen. Er fand seine politische Heimat in der SPD und eroberte 1969 den Wahlkreis Wolfenbüttel-Goslar mit einem spektakulären Fußmarsch über 130 Kilometer. Dies dürfte dem geübten Bergsteiger und Ruderer, der sich schon Lorbeeren in dem Karakorum und in den Anden geholt hat, nicht allzu schwer gefallen sein. In den Bundestag eingezogen, verfocht er vehement seine Ideen zur Vermögensbildung. 1970 machte ihn der damalige Bundeskanzler Willy Brandt zum parlamentarischen Staatssekretär im Bundeswirtschaftsministerium. Auf diesem Posten war er aber weder glücklich noch erfolgreich, und er verließ schon 1971 sein Amt mit einem Rücktrittsbrief, der mit Anklagen gegen seinen Amtschef Karl Schiller gespickt war. Rosenthal warf ihm beispielsweise vor, er habe auf Kosten der Arbeitnehmer für die Reichen Politik gemacht. Daß dies für die SPD in ihrer damaligen schwierigen Lage keine besondere Hilfe war, läßt sich unschwer ausmalen. Aber so etwas focht den unerschrockenen Politiker Rosenthal nicht an. 1982, nach der „Wende", verzichtete er auf ein erneutes Bundestagsmandat - zugunsten des ehemaligen FDP-Generalsekretärs Verheugen.

Philip Rosenthals Lebensstil ist ebenso bunt wie seine Vita. Ein VW-Bus als Transportmittel, eine uralte Aktentasche und mit Vorliebe feuerrote Socken gehören ebenso zu seinem Image wie etwa das exzentrisch ausgestattete Schloß Erkersreuth, in dem er wohnt und in dessen Mischung aus liebevoll gepflegter Rokoko-Tradition und supermodernem Wohnstil sich die Familie offenbar wohl fühlt. Die Idee ist, eine Spannung herzustellen zwischen echtem Alten und echtem Neuen.

Mit seiner jetzigen schottischen Ehefrau Lavinia, die er 1958 heiratete, hat er vier Kinder: Shealagh, Turpin, Toby und Julie. Aus einer früheren Ehe stammt die älteste Tochter Franzisca. Er selbst sieht seine Leistung für das

Unternehmen „in dem Finden von besseren Leuten für Design, Kunst, Werbung, Technik und Verkauf und natürlich darin, diese Leute zusammenzubringen“. Das ist gewiß ein Understatement ebenso wie seine Äußerung beim 100jährigen Firmenjubiläum: „Ich habe allen Grund, mehr als zufrieden zu sein mit dem, was mir im Vergleich zu meinen Fähigkeiten möglich war und möglich ist und - immer Fortune eingeschlossen - noch möglich sein wird.“ Fortüne hat er gehabt, und so ist er trotz seiner 70 Jahre noch immer für interessante Überraschungen gut.

UNTERM STRICH

Philipp Rosenthal

Firmenname	Rosenthal AG
Firmensitz	Selb/Bayern
Branche Hauptprodukt/ Dienstleistung	Porzellan, Glas, Keramik, Besteck, Möbel
Eigentumsverhältnis	AG, 9 % des Aktienkapitals Belegschaft, 5 % Bayer. Hypobank München, 4 % Familie Rosenthal, Rest Streubesitz
Vorstand	Dietrich Müller (Sprecher) Peter Siemssen, Bernhard Teuber (stellv.) Dr. Henning Müller-Gerbes (stellv.) Günther Raithel (stellv.)
Gründer:	Geheimrat Dr. h. c. Philipp Rosenthal
Gründungsjahr	1879
Mitarbeiter	4.316 (1986)
Produktionsstätten	Inland: 10 Werke, Ausland: 3 Beteiligungen, Vertriebsgesellschaften in 10 Ländern
Umsatz	357,7 Mio. DM (1986)
Zukunftsziel	Manufaktur des Wohnens

Brockhaus
Ein Mann und sein Werk von A bis Z
von W. Christian Schmitt

Zufall oder Schicksal? Aus dem 1772 in Dortmund geborenen, zum Tuchhändler ausgebildeten und ab Anfang des vorigen Jahrhunderts von Holland aus wirkenden Friedrich Arnold Brockhaus ist nur deshalb der einst größte und mächtigste (Buch-)Verleger deutscher Zunge geworden, weil ein Franzose das offenbar so wollte. Weil Napoleon seine Kontinentalsperre gegen England verkündete (von wo F. A. Brockhaus seine Stoffe bezog), Holland zur - französischen - Provinz erklärte, ein ertragreiches Wirtschaften zumindest in der Branche Tuche und Materialien nahezu unmöglich machte und den jungen Unternehmer quasi zu dem zwang, was er „im Grunde seines Herzens" eigentlich schon immer wollte: sich von Berufs wegen mit Büchern, Autoren, der Literatur, dem gedruckten Worte zu beschäftigen. Er tat dies mit einer Konsequenz, Entschiedenheit, Ausdauer und einem Engagement, das nicht nur Zeitgenossen staunen ließ. Bis heute ist der Name Brockhaus Synonym geblieben für Enzyklopädien und deren Qualität schlechthin. „... das Wissenswürdigste für allgemeine Bildung aus dem Umfange der Wissenschaft, der

Natur, der Kunst und des öffentlichen Lebens auf eine der Gestalt, dem Charakter und dem Bedürfnisse der neuesten Zeit entsprechende Art kurz und deutlich darzustellen . . .“ So lautete einst im Kern die Leitidee des Brockhaus Verlags. Kurz und deutlich, auf das Wissenswürdigste beschränkt (freilich, hin und wieder auch angereichert durch ein paar eher amüsant-unterhaltsam wirkende Details), so sollen auch Mann und Werk dargestellt, soll das F.-A.-Brockhaus-ABC angelegt sein.

A wie Auflagenzahlen resp. -renner oder auch -flops

Den absoluten Antiseller - zumindest zu F. A. Brockhaus' Lebzeiten - hat kein Geringerer als Arthur Schopenhauer mit seinem Erstling „Die Welt als Wille und Vorstellung“ geliefert. Selbst nach zehn Jahren war die Anfangsauflage von 800 Exemplaren noch nicht verkauft und mußte makuliert werden. Mehr Freude hatte der Verleger mit seinem „Conversations-Lexicon . . . mit besonderer Rücksicht auf die älteren und neuesten merkwürdigen Zeiten“. Von Juni 1812 bis Dezember 1815 setzte er davon circa 10.000 Exemplare ab; von der 4. Auflage 1818 binnen Jahresfrist sogar 12.000 Exemplare. Was sensationell war und F.A. B. zu der Feststellung veranlaßte: „Seit der Erfindung der Buchdruckerkunst ist kein Beispiel gleichen Erfolges und eines gleichen Absatzes bei einem Werke dieses Umfangs (650 eng gedruckte Bogen) in irgend einem Lande bekannt.“ Bis zur 10. Auflage wurden gar etwa zwei Millionen Bände des Lexikons abgesetzt. Heute fallen exakte Auflagenzahlen unter das Kapitel Geschäftsgeheimnis.

B wie Brockhaus, F. A. (Lebens- und Firmendaten)

F. A. Brockhaus, der eigentlich David Arnold Friedrich als Vornamen hatte (in dieser Reihenfolge), wurde am 4. Mai 1772 in Dortmund geboren und starb am 20. August 1823 in Leipzig. Er war Sohn eines Materialwarenhändlers und Ratsherrn, Nachfahre fast einer Legion von Pastoren und wurde zum bekanntesten und erfolgreichsten Verleger seiner Zeit. Zumindest zweimal kann von einer „Schicksalfügung“ gesprochen werden. Zum einen: als er, bedingt durch die politischen Wirrnisse seiner Zeit, von seinem erlernten Tuchhändler-Beruf zum Buchhändler und Verleger „umschulen“ mußte. Und zum anderen: als er am Rande der Leipziger Buchhändlermesse 1808 ein noch nicht fertiggestelltes Lexikon aufkaufte, im eigenen Verlag herausbrachte und damit den Grundstock für jenes Werk legte, das unter dem Namen „Brockhaus“ weltberühmt wurde. Sein buchhändlerisches Wirken begann - so ist es einer Anzeige zu entnehmen - am 15. Oktober 1805 in - Amsterdam. Mit der Gründung der Firma Rohloff & Co. Wobei Co. für F. A. Brockhaus stand.

C wie Charaktereigenschaften resp. -merkmale

Vielfältig sind die Wesensmerkmale, die F. A. Brockhaus bescheinigt worden sind. Sein Lehrherr meinte, bei ihm „eine gewisse Herrschsucht und Neigung zu Unverträglichkeiten“ feststellen zu können. Andere heben seinen

„brennenden Durst nach Kenntnissen" und seine „wahre Bücherwut" hervor. Aber auch die Beschreibung scheint nicht untrefflich: „Wie denn überhaupt der leicht Verletzte und Erregbare stets in fast rührender Weise nach Frieden mit seinen Mitmenschen trachtete, die so oft seinen ausgeprägten Gerechtigkeitssinn, seine Begeisterungsfreudigkeit, sein mit einer fast demütigen Bescheidenheit gepaartes hohes Selbstbewußtsein kränkten." Sein Motto im Geschäftsleben: Ein Wort ein Mann, ein Mann ein Wort.

D wie Datenbestand resp. -erfassung bei(m) Brockhaus

Der Anspruch der Brockhaus Enzyklopädie lautet seit eh und je: die Welt von A bis Z zu beschreiben und zu erklären. Dafür sorgt heute eine 35 Fachleute umfassende Redaktion, die bei ihrer Arbeit von mehr als 1.000 Sachkennern und Spezialisten (sowie von Computern) außerhalb der Redaktion unterstützt wird. So enthält die 19. Auflage der Brockhaus Enzyklopädie (deren 1. Band im September 1986 erschienen und deren 24. für den Juni 1994 projektiert ist) auf etwa 17.000 Seiten rund 260.000 Stichwörter (etwa 10.000 mehr als die „alte", 17. Auflage von 1966), dazu noch über 35.000 Abbildungen, Karten und Tabellen.

E wie Erziehung, Ausbildung resp. Lehrjahre

Verbrieft ist, daß F. A. Brockhaus 1788 das Dortmunder Gymnasium verließ, um „die Handlung" zu erlernen. Konkret: um bei dem Düsseldorfer Lehrherrn Hoffmann eine Tuchlehre zu absolvieren, die ihn in die Lage versetzen sollte, später einmal in der elterlichen Tuchhandlung tatkräftig mitzuwirken (was er allerdings schon - ohne allzugroße Lust und Freude - während seiner Schulzeit mußte). In der Familienchronik festgehalten ist auch, daß es zwischen ihm und seinem Lehrherrn zu „Verstimmungen" gekommen und er zwecks Studiums des „allgemeinen Wissens" in den Jahren 1793/94 nach Leipzig gewechselt sei. Erstmals an jenen Ort, den einige Jahre später ein jeder mit seinem Namen verbinden sollte. Fest steht überdies, daß er ab 1796 in einer eigenen „Handlung mit englischen Manufacturen" wirkte und höchstselbst „Tuche und Posamente ellenweise" abmaß.

F wie Familie resp. Freundschaften

Sein Familiensinn schien äußerst ausgeprägt. Mit seinem Bruder Gottlieb verband Friedrich Arnold „eine herzliche Liebe". Glücklich verliefen offenbar auch die Ehejahre mit Sophie Wilhelmine Arnoldine Beurhaus, die aus einer Patrizierfamilie stammte und ihm sieben Kinder schenkte, 1809 dann allerdings im Kindbett starb. Der Witwer verlobte sich dann zunächst mit der Altenberger Hofrätin Spazier, einer Witwe, um dann 1812 abermals zu heiraten. Indes nicht die Hofrätin, sondern eine Jeanette von Zschock. Auch und wohl vor allem, um seinen Kindern, allen voran seinen Söhnen Friedrich (1800 bis 1865), Heinrich (1804 bis 1874) und Hermann (1806 bis 1877), wieder eine mütterliche Erziehung zuteil werden zu lassen.

G wie Goethe resp. Autorenkontakte

Zwar sprach F. A. B. einmal mit „dem großen Mann persönlich über Dinge des Taschenbuchs", als Autor gewinnen indes konnte er Johann Wolfgang von Goethe nicht. Daß der Name Goethe schließlich doch in (späteren) Brockhaus-Programmen auftauchte, hängt mit den Veröffentlichungen „Eckermanns Gespräche mit Goethe" (1836) und „Goethes Briefe an die Gräfin Auguste zu Stolberg" (1839, also sieben Jahre nach Goethes Tod) zusammen. Mit Brockhaus' größtem Autor (er wurde es erst viele Jahre nach beider Tod) traf der Verleger nie zusammen: Mit Arthur Schopenhauer. Eine fast tragische Züge annehmende Korrespondenz der beiden ist allerdings erhalten.

H wie Heimstädte resp. Wirkungsstätten

In Dortmund begann sein Leben, in Leipzig endete es. Dazwischen lagen als Stationen u. a.: Lehrzeit in Düsseldorf, Kurzstudienaufenthalt in Leipzig, Übersiedlung zwecks Geschäftsgründung nach Holland (zunächst nach Arnheim, dann - 1802 - nach Amsterdam, wo er 1805 die Firma Rohloff & Co. gründete, aus dem sich später dann der F. A. Brockhaus Verlag entwickelte), Rückkehr nach Deutschland, Versuch eines Neubeginns in Altenburg, schließlich 1817 Verlagsumzug nach Leipzig.

I wie Internationalität

Schon 1808 plante Brockhaus, seine Firma „zu einem Mittelpunkt für den buchhändlerischen Verkehr der verschiedenen Nationen" zu machen, Verlagsobjekte in drei verschiedenen Sprachen hatte er im Sinn. Das erste, was er verlegte, war eine politisch-literarische Zeitschrift mit Namen „De Ster" (zu deutsch „stern"), die in holländisch erschien und bereits knapp zwölf Wochen später von Napolcon verboten wurde. Ein Nachfolgeobjekt, halb Zeitschrift, halb Buch, mit dem Titel „Individualitäten aus und über Paris von Carl Friedrich Cramer und seinen Freunden", wurde in Paris redigiert, in Amsterdam verlegt und in Leipzig gedruckt. Noch erstaunlicher war manch anderes, was damals und auch noch später den Schriftzug Brockhaus trug. So kam es zu einer „Bibliothek ausländischer Autoren in Originalsprachen", auch zu einer „Internationalen wissenschaftlichen Bibliothek". Mehr noch: in Petersburg wurde eigens eine Firma Brockhaus & Efron installiert, um von dort aus ab 1890 einen russischen Brockhaus auf den Markt zu bringen. Selbst in Chile kannte man das Kürzel F. A. B. Denn dorthin lieferte man Ende des vorigen Jahrhunderts Schulbücher in Millionenauflagen.

J wie Jugenderlebnisse

Von F. A. Brockhaus' Lehrjahren und seinem „Abgang" in Düsseldorf war bereits die Rede. Noch nicht von den Gründen. Einer war sicher, daß ihn sein Lehrherr gerne mit seiner Nichte Maria Siebel verheiraten wollte - was dem Tuch-Lehrling wohl nicht so recht behagte. Mehr schon konnte er sich - 21jährig - an den Gedanken gewöhnen, mit seiner Dortmunder Cousine fürderhin

Helmut Benze (Pressesprecher von F. A. Brockhaus) über die Verlagsphilosophie:

Der Verlag F. A. Brockhaus sowie Generationen von Redakteurinnen und Redakteuren haben - in Zusammenarbeit mit Tausenden von wissenschaftlichen Fachleuten - dem Brockhaus die Tugend der Sachlichkeit und sachlichen Richtigkeit, der Neutralität und der Zeitgemäßheit gegeben.

Die „Philosophie“ von F. A. Brockhaus läßt sich mit vier Grundgedanken und einer Leitidee umschreiben:

1. Zuverlässige Kenntnisse aus möglichst vielen Gebieten des Wissens sind eine wesentliche Grundlage allgemeiner Bildung.
2. Die Auswahl des Wichtigsten dessen, was die Menschheit von sich weiß (und was interessierte Menschen wissen wollen), beruht nicht auf einem ein für allemal abgeschlossenen Kanon, sondern muß sowohl dem Fortschritt der Wissenschaft, der Entwicklung auf allen Lebensgebieten als auch den Bedürfnissen der jeweiligen, also der neuesten Zeit, entsprechen.
3. Bereits im Vorwort der 1. Auflage des Conversations-Lexicons ist festgelegt, daß der Wissensstoff „nur aus den besten Quellen“ und „unparteiisch“ vermittelt werden darf.
4. Für ein gutes Nachschlagewerk ist die Art und Weise der Wissensvermittlung von ebenso großer Bedeutung wie die Auswahl des Wissensstoffes.

Der Brockhaus ist aus einem Instrument zu einer Institution geworden; nicht etwa, weil Verlag und Redaktion unfehlbare Autorität für sich beanspruchten, sondern weil sie bestrebt waren und sind, der Unfehlbarkeit, diesem Ideal der „Lexikonphilosophie“, immer wieder möglichst nahe zu kommen.

Die Leitidee wurde von Verlag und Redaktion am deutlichsten im Vorwort zur 7. Auflage (1827) formuliert: „... das Wissenswürdigste für *allgemeine* Bildung aus dem Umfange der Wissenschaft, der Natur, der Kunst und des öffentlichen Lebens, auf eine der Gestalt, dem Charakter und dem Bedürfnisse der neuesten Zeit entsprechende Art kurz und deutlich darzustellen...“ Sie bestimmt auch die heutige Arbeit.

zusammen zu sein. Indes der Vater war dagegen. Was zur Folge hatte, daß das Fräulein sich - aus Liebe und Verzweiflung - in einen Brunnen stürzte, allerdings gerettet wurde und - vorübergehend - Trost in einem Kloster suchte. Ein Erlebnis (besser eine Erfahrung besonderer Art) hatte der junge Brockhaus 1794 in Leipzig. Offenbar trug er sich mit dem Gedanken, für ein eigenes Manuskript (keine Gedichte, kein Drama, sondern „ein größeres ernsteres Werk“) einen Verleger zu suchen. In seiner Unbefangenheit schrieb er an die angesehene Leipziger Verlagsbuchhandlung Voss & Co. und bat den Verleger „zur näheren Besprechung“ in seine Wohnung mit dem Vermerke: „So wird mir Ihr Besuch morgen früh von 10 bis 12 Uhr sehr angenehm sein.“ Möglicherweise hatte man bei Voss & Co. an jenem Tage Wichtigeres vor. Es kam kein Verleger, auch keine Reaktion. Und so bleibt es reine Spekulation, was aus F. A. Brockhaus wohl geworden wäre, hätte man sich seinerzeit dieses Manuskriptes (über dessen Verbleib nichts bekannt ist) wohlwollend auf Verlagsseite angenommen.

K wie Konkurrenten

Der wichtigste verlegerische Mitstreiter um die Gunst der lexikonfreudigen Leser war generationenlang bis in unsere Tage hinein (ehe es zu einer Firmen-Fusion kam) das von Joseph Meyer (1796 bis 1856) gegründete Bibliographische Institut, in dem u. a. „Meyers Konversationslexikon“ erschien, in dessen 3. Auflage damals zu lesen war: „Die Firma Brockhaus nimmt jetzt durch Reichhaltigkeit und Vielseitigkeit der Produktion und Ausdehnung der Verbindungen den ersten Platz in Deutschland ein, und ihr Ehrgeiz, alle Zweige und Tätigkeiten des Büchermarktes in sich zu vereinigen, ist in großartigster Weise zum Ziel gelangt.“ Und an anderer Stelle hieß es neidlos anerkennend über F. A. Brockhaus: „Sein Ansehen und Einfluß stiegen von Jahr zu Jahr, bis endlich dem deutschen Publikum der Brockhaussche Verlag eines Werks schon als Empfehlung galt, da es daran gewöhnt war, nur Ausgezeichnetes unter dieser Firma erscheinen zu sehen . . .“

L wie Lexika resp. Enzyklopädien

Fast wie die Jungfrau zum Kinde, so kam F. A. Brockhaus zu „seinem“ Lexikon. Ort des Geschehens: die Leipziger Buchhändlermesse. Man schrieb das Jahr 1808. F.A. B. war erstmals auf dieser Messe, die Umschlagplatz war für so mancherlei, auch für Gerüchte, Nachrichten und halbfertig gedruckte Manuskripte. Dazu gehörte auch das „Conversationslexikon mit vorzüglicher Rücksicht auf die gegenwärtigen Zeiten“, erstellt von dem Leipziger Privatgelehrten Dr. Renatus Gotthelf Löbel, der über der Arbeit, nach Vollendung des dritten Bandes, verstorben war. Zwar wurde das Werk noch bis zum fünften Band weitergeführt, dann aber ging dem Verleger das Geld aus, und der Drukker, der Leipziger Friedrich Richter, verwahrte den halbfertigen sechsten Band in seinen Lagerräumen. Dies war des jungen Brockhaus' Sternstunde. Er kaufte Rechte und Bestände für 1.800 Taler. Er hatte richtig erkannt, daß hier der Stoff für ein Volksstück vorlag, freilich konnte er noch nicht ahnen, daß er damit den Grundstock für seinen späteren Weltruhm gelegt hatte. 1809 bis 1811 brachte er das Werk - um zwei Ergänzungsbände erweitert - heraus. Ein Volksbuch war geboren. Doch erst die 2. Auflage trug den Namen Brockhaus.

M wie Mütterlicher Einfluß

1767 heiratete Katharina Elisabeth Dividis (geboren 1736) in Dortmund Johann Adolf Heinrich Brockhaus. Die beiden hatten - wie berichtet wird - zwei Söhne, Gottlieb, den älteren, und eben Friedrich Arnold.

N wie Nachkommen resp. verwaltetes Erbe

Über seine drei Söhne sagte F. A. B. einmal wohl eher scherzend: Einer solle die Bücher drucken, einer sie verlegen und einer sie auch noch möglichst selbst schreiben. Sohn Heinrich nahm sich vor, „an mir soll er Freude haben". Er und sein Bruder Friedrich führten nach des Gründers Tod im Jahr 1823 die Verlagsgeschäfte. Und F. A. B hätte wahrscheinlich an beiden seine Freude gehabt. In der Amtszeit der beiden Brüder, d. h. binnen 20 Jahren, wurde das Verlagsprogramm um 660 Werke erweitert. Sohn Friedrich gründete 1837 die „Leipziger Allgemeine Zeitung", die später zur „Deutschen Allgemeinen Zeitung" wurde. Und Sohn Heinrich, Ehrenbürger seiner Stadt und zudem noch Ehrendoktor der Philosophie, schrieb - selbst erstaunt - nieder: „Wenn man bisweilen durch unsere Magazine und Druckereien geht, erstaunt man wirklich über die Masse von Papier, die sich angehäuft findet, und begreift in solchen Augenblicken nicht, wie alles gelesen werden soll . . ."

O wie Objektivität des Standardwerks

Wahrhaftigkeit und Überparteilichkeit haben den Brockhaus von Anfang an ausgezeichnet. Daran hat er auch in jenem Stück dunkler Geschichte von 1933 bis 1945 festgehalten. So verkündete man 1943 unbeirrt im Verlag: „Wir dürfen (im Lexikon) keine Meinungen vertreten oder für diese oder jene Ansicht oder Lehre Stimmung machen, wir wollen sachlich unterrichten und unbeeinflußt Auskunft geben." Gegen Anfechtungen vielerseits hatte schon Eduard Brockhaus (der von 1854 bis 1895 für die Verlagsgeschichte mitverantwortlich zeichnete) zu kämpfen: „Und diesen unbestreitbaren Einfluß hat das Conversations-Lexicon von jeher im Sinne der Aufklärung und der Popularisierung der Wissenschaft ausgeübt, in freiem, echt liberalem und humanem Geiste, nie im Dienste irgendwelcher Parteien und Doctrin. Es hat deshalb vielerlei Anfechtungen von den extremen Parteien in Kirche und Staat erfahren, in frühern Zeiten auch von der Censur . . ."

P wie Programmpalette resp. erste Publikationen

Mit der literarisch-politischen Zeitschrift „stern" startete Brockhaus sein Programm. Es folgten Übersetzungen englischer Dramen (von Joanna Baillie), Reisebücher (zum Auftakt die „Ansichten der Hauptstadt des französischen Kaiserreichs vom Jahre 1806"), auch viel Wissenschaftliches. So etwa eine in lateinisch verfaßte „Geschichte der Botanik" oder ein „Historisch-militärisches Handbuch für die Kriegsgeschichte der Jahre 1792 bis 1808". Aber dies ist nur ein kleiner Ausschnitt aus dem ans Universelle grenzenden Verlagsprogramm. Dort konnte man im Laufe der Jahre die Bücher der Madame de Staël ebenso finden wie etwa die Erinnerungen von Casanova. Aber auch ein „Allgemeines Deutsches Bücher-Lexikon“ (das alle seit 1700 in deutscher Sprache gedruckten Bücher aufführte). Daneben eine 167 Bände umfassende „Allgemeine Encyklopädie der Wissenschaften und Künste“ sowie eine (bis 1896 bereits 96 Bände aufweisende) „Bibliothek der deutschen Nationalliteratur vom Mittelalter bis in die neueste Zeit“, ein verlegerisches Jahrhundertprojekt, das schon einen rein literarischen Verleger ausgezeichnet hätte. Welche Dimensionen die Produktion erreicht hatte, liest sich aus einer Verlagsnotiz: „Der Brockhaussche Verlagskatalog enthält bis Ende 1871, ohne Berücksichtigung neuer Auflagen, 2.552 Artikel in 5.551 Bänden . . .“

Q wie Querverweise (im Brockhaus)

Querverweise waren eine schon von F. A. Brockhaus genutzte und verfeinerte Technik, um den Wissensstoff zu entzerren, übersichtlicher zu gliedern und zu strukturieren. Mit den sogenannten enzyklopädischen Verweisungen wurde es möglich, größere Zusammenhänge zu erschließen.

R wie Raubdruckunwesen resp. staatliche Eingriffe

„Wer kann und darf eigentlich sein Leben und sein Vermögen einem großen und würdigen Unternehmen in Deutschland widmen, solange unser Handel vogelfrei und ohne Schutz ist?“ F. A. Brockhaus meinte damit die Raubdrucker jener Zeit, die - oftmals sogar noch durch die unterschiedlichen gesetzlichen Vorschriften in den einzelnen deutschen Teilstaaten geschützt - hemmlungslos das geistige Eigentum anderer für eigene Zwecke verwerteten. Mit dem baden-württembergischen Drucker Macklot, der das Brockhaus-Lexikon mit dem Hinweis einfach nachdruckte, „daß auch für Minderbemittelte eine billigere Ausgabe geschaffen werde“, prozessierte Brockhaus vier Jahre - und verlor dennoch. Aber auch mit staatlichen Stellen hatte der Verlag mehr als einmal „Probleme“. Oder besser: umgekehrt. So zensierte beispielsweise 1821 die preußische Regierung nicht nur die von Brockhaus verlegten „Deutschen Blätter“, sondern darüber hinaus auch gleich noch alle übrigen Verlagswerke. Von Casanovas Memoiren konfiszierte man gar nach Erscheinen des vierten (!) Bandes der etwas weniger streng bearbeiteten französischen Ausgabe gleich die gesamte Auflage.

S wie Sortimentsbuchhandel resp. Reise- und Versandbuchhandel

Um 1800 gab es in Leipzig ganze 50, in Berlin 30, in Wien 21 und in Stuttgart nicht mehr als drei Buchhandlungen. Heute findet man - laut Nachschlagewerk „Buch und Buchhandel in Zahlen“ - allein in München 285 Firmen des verbreitenden Buchhandels, in Berlin 267, in Hamburg 257, in Frankfurt 162, in Köln 161 und in Stuttgart 156. Aber nicht nur sie tragen zur (weiteren) Popularisierung der Brockhaus-Werke bei. In zunehmendem Maße sind es die Reise- und Versandbuchhändler geworden, über die - so Schätzungen - mittlerweile 30 bis 40 Prozent der Auflage von Enzyklopädien und lexikalischen

Werken an den Leser und Benutzer gebracht werden. Oft zitiertes Brockhaus-Wort: „Kein Lexikon ohne Versandbuchhandel!"

T wie Teilhaber

Der Familienbetrieb F. A. Brockhaus begann mit einem „Compagnon", und auch heute ist die Konstruktion ähnlich. Obwohl dennoch grundverschieden. Als F. A. Brockhaus 1805 in Amsterdam mit dem „Strohmann" Rohloff die Firma Rohloff & Co. gründete, da hatte dies nur einen Grund: Er mußte einen ortsansässigen Buchhändler als Partner haben, weil er selbst als Ausländer nicht Mitglied der Amsterdamer Büchergilde werden konnte. Heute haben sich die einstigen Konkurrenten und Marktführer auf dem enzyklopädischen Sektor zur Firma „Bibliographisches Institut & F. A. Brockhaus AG" mit Sitz in Mannheim zusammengetan. Und im Vorstand findet man nur noch einen einzigen, der den Namen des Verlagsgründers trägt: Hubertus Brockhaus.

U wie Übersetzungen resp. Überraschungen

Erstaunlich, was er alles ins Deutsche übertragen ließ und seinen Lesern vorsetzte, dieser F. A. Brockhaus. Das reichte von Arbeiten aus dem Englischen, Französischen und Spanischen bis hin zum Italienischen. Selbst an eine Shakespeare-Übersetzung wagte er sich. Besorgt wurde sie von Johann Heinrich Voß und seinen beiden Söhnen. Aber der Erfolg blieb aus. Zumindest auf diesem Sektor.

V wie Verlegerisches Engagement resp. Risiko

F. A. Brockhaus hatte natürlich auch so etwas wie ein „Erfolgsrezept". Es sah bei ihm wie folgt aus: „Wir müssen als Regel annehmen, daß wir von zwanzig Unternehmungen bei zehn verlieren, bei fünf auf unsere Kosten kommen, bei vier ordentlich und bei einer tüchtig gewinnen."

W wie Werbung resp. Reklame

Arthur Schopenhauer hatte sich für sein Werk „Die Welt als Wille und Vorstellung" extra ausbedungen, daß der Verlag sich „jeglicher Werbung" für das Buch zu enthalten habe, da es „allein durch eigene Kraft überzeugen" solle. Das Ergebnis ist bekannt. Auch das eines 1925 vom Verlag veranstalteten Preisausschreibens, bei dem Werbesprüche gefragt waren. Der prämiierte lautete: „Wie ein Dichter ohne Feder, wie ein Auto ohne Räder, wie ein Farmer ohne Blockhaus, ist ein Deutscher ohne Brockhaus". Anno 1986 las sich ein Werbespruch so: „Lieber Brockhaus Verlag, was schenkt man dem, der alles hat?" - „Die blaue Mauritius, die sieben Weltmeere, das Lächeln der Mona Lisa - alles edel verpackt in unserer neuen Enzyklopädie..."

X wie Xylographie gleich Holzschneidekunst

Holzschnitte, so heißt es in der Brockhaus Enzyklopädie unserer Tage, finde man heute nur noch sehr selten im Lexikon. Moderne Graphik und Fotos auf jeder Seite erweiterten - wo erforderlich auch vierfarbig gedruckt - die Textinformation und würden komplexe Sachverhalte besser verstehen helfen. Das war alles noch ein wenig anders zu Lebzeiten des F. A. Brockhaus.

Y wie Yongden, Lama

Lama Yongden ist einer der zahlreichen F. A. Brockhaus-Autoren, die mit ihren Arbeiten (u. a. „Die Macht des Nichts“) wesentlich zur Programmsparte Reisen- und Entdeckungsliteratur beigetragen haben. Andere berühmte Autoren waren Fridjof Nansen, Sven Hedin und Alexandra David-Neel.

Z wie Zitate aus dem Munde von F. A. Brockhaus

Von ihm stammen Aussprüche wie „Fast auf allen Gedichtsammlungen ruht im deutschen Buchhandel eine Art Fluch“ oder „Der Verlagsbuchhandel ist eine Lotterie, wo es immer neun Nieten gegen einen Treffer gibt.“ Aber auch Sätze wie etwa: „Wir wollen überzeugend das Lexikon unserer Zeit und für unsere Zeit sein“ oder „Jedes Buch und jede Schrift findet Käufer, wenn der Verfasser den Geist der Zeit begreift und berührt.“

UNTERM STRICH

Friedrich Arnold Brockhaus

Firmenname	F. A. Brockhaus GmbH
Firmensitz	Mannheim
Branche	Verlag
Hauptprodukt/ Dienstleistung	Allgemeine und spezielle Nachschlagewerke und Lexika
Eigentumsverhältnis	Tochtergesellschaft der Bibliographisches Institut & F. A. Brockhaus AG
Gesellschafter/ Geschäftsführer	Hubertus Brockhaus/Dr. Michael Wegner
Gründer	Friedrich Arnold Brockhaus
Gründungsjahr	1805
Mitarbeiter	in die Muttergesellschaft integriert
Niederlassungen	Wien, Zürich (der Muttergesellschaft)
Umsatz	in die Muttergesellschaft integriert
Zukunftsziel	Ausbau der Stellung als Marktführer für Lexika

Reuter
Von Tauben und Terminals
von Wolfgang Stock

Aachen, Pontstraße 117 ist ein graues, unscheinbares Zweifamilienhaus mit hohen Fenstergittern und vergilbten Gardinen. Studenten der Technischen Hochschule, Turbinenschrauben und Vergaserventile im Kopf, eilen achtlos vorüber. Das Restaurant im Parterre strahlt den Charme eines Warteraums zweiter Klasse aus. Einfache Tische, billige Rattan-Lampenschirme und staubige Aquarelle an der Wand unterstreichen das muffig-bürgerliche Flair des Gasthauses. Hinter der länglichen Theke in der Mitte des Raumes steht der Kneipier, einer von jener Sorte Mensch, auf denen alle Schwere des Lebens lastet.

Die kulinarischen Genüsse des „Reuter's House" können sich allerdings sehen lassen. Eine Küche mit leicht vegetarischem Einschlag, die so gar nicht zu der tristen Würde der Lokalität paßt. Französischer Ziegenkäse als delikate Vorspeise, zarte Auberginen von pikanten Pfifferlingen eskortiert, und auch der vollmundige Corbières rutscht angenehm die Kehle hinunter.

Im House des Herrn Reuter finden sich nur wenige Spuren des Namensgebers. Nicht wie im Zeitungsmuseum, drei Häuserblocks Richtung Marktplatz, in der Pontstraße 13, wo im Saal mit den Zeitungen aus der Weimarer Republik eine Kopie des mannshohen Ölgemäldes von Rudolf Lehmann aus dem Jahr 1869 hängt: Reuter mit Nickelbrille, im blauen Wollfrack, dem gigantischen Backenbart und diesem schalkhaften Pariser Intellektuellenblick. „Baron Julius Reuter - Geschenk der Agentur Reuter an die Stadt Aachen" ist da lapidar zu lesen. Doch in „Reuter's House" muß man lange nach einer Spur des Barons suchen. Nur das Geticker, das aus der Ecke kommt, deutet darauf hin, daß es sich hier nicht um ein gewöhnliches Lokal handelt. An der Fensterfront zur Pontstraße steht ein Ticker, auf dem frisch die neuesten Reutermeldungen als endlose Papierrollen auslaufen. „Den hat die Londoner Agentur hingestellt", meint der mürrische Kneipier auf Fragen. Wir sollten uns an der Außenfront doch mal die Widmung zu Gemüte führen.

Die Kurzmeldungen über Reuters Leben, eine indigofarbene Tafel, hängt oberhalb des Portals. „Paul Julius Reuter (1816–1899), Gründer der Nachrichtenagentur Reuter, ließ im Jahre 1850 durch Brieftauben auf das Dach dieses Hauses Nachrichten aus Brüssel tragen. Damit begann er sein Lebenswerk im Dienste des Nachrichtenverkehrs der Welt." Den Text schmückt symbolhaft eine ornamentierte weiße Brieftaube auf blauem Grund. Die Brieftaube, Reuters Erfolgstier.

* * *

Im Gasthof Schlembach, direkt neben dem Bahnhof, war am 22. April 1850 ein seltsames Paar abgestiegen. Er, von eher gedrungener Gestalt, sie, eine korpulente Dame, die ihn um einen ganzen Kopf überragte. Julius Reuter, „Zeitungskorrespondent aus Paris", wie er ins Gästebuch schrieb, nebst Gemahlin, war nach Aachen gekommen, um mit dem Brauereibesitzer Heinrich Geller das Geschäft seines Lebens auszuhandeln.

Reuter wollte eine Lücke schließen. Eine Telegraphenlinie zwischen Berlin und Paris - davon träumte er. Bisher hielten Depeschen von Berlin Richtung Frankreich in Aachen jäh inne, auf umgekehrtem Wege kamen Pariser Nachrichten nur bis nach Brüssel. Zwischen Aachen und Brüssel klafften 150 Kilometer drahtloses Niemandsland. Diese Lücke zu schließen, das war Reuters grandiose Marktlücke. Da der Draht zwischen beiden Städten noch einige Zeit auf sich warten lassen würde, besann sich Reuter auf Hilfe der Natur. Brieftauben sollten seine Depeschen von Brüssel nach Aachen fliegen und Postkutsche und Dampfbahn um entscheidende Stunden schlagen.

Der Brauerei- und Brennereibesitzer Heinrich Geller, der in der Pontstraße 117 lebte, besaß über 200 Brieftauben. Am 24. April 1850 schlossen beide tatkräftigen Männer einen aus zehn Paragraphen bestehenden Vertrag. Der Brauer überließ dem Zeitungsmann 45 gutgereiste Tauben plus 12 Taubenbeförderungskästen aus Draht. Reuter, kein Glücksritter, sondern ein Ehrenmann mit Prinzipien, verpflichtete Geller in einem der Paragraphen zur Wahrung des Depeschengeheimnisses. Sollte die Verschwiegenheit verletzt werden, drohte dem Brauereibesitzer eine Strafe von 100 Talern. Reuter nannte sein Unternehmen „Institut zur Beförderung telegraphischer Depeschen“ und legte sich den Titel „Direktor“ zu.

Am 27. April 1850 flog die erste Taube von Brüssel nach Aachen. Auf ganz dünnem Papier hatte man ihr die Kursnotierung der Pariser Börse an den Fuß geklemmt. Durch Reuters Tauben bekamen Zeitungen und Banken, da die Tauben fünf, sechs Stunden schneller als die Landbeförderung waren, Reuter-Depeschen fast einen Tag früher als Nachrichten, die mit der Eisenbahn befördert wurden.

Reuters Frühtaube kam regelmäßig nach zweistündigem Flug gegen 7 Uhr in der Pontstraße an. Mit der Depesche ging dann Reuter laufenden Schrittes zum Rheinischen Bahnhof, wo sich der elektrische Telegraph der Rheinischen Eisenbahngesellschaft befand. Von dort kabelte er die Nachrichten nach Berlin an die großen Verlagshäuser und Banken.

Schon nach drei Wochen waren die Ausgaben des pfiffigen Zeitungsmanns durch Einnahmen gedeckt. Mit dem Gewinn, den sein Tauben-Expreß abwarf, verdingte sich Reuter nun als Spekulant an der Börse. Als am 2. August 1850 die Telegraphenleitung Aachen-Verviers in Betrieb genommen wurde, ging Reuter in den belgischen Grenzort Verviers und hielt dort seinen schnellen Flugservice aufrecht. Reuter folgte dem technischen Fortschritt, dem weiteren Ausbau der Telegraphenlinie bis hin zur französischen Grenze bei Quiévrain. Der finanzielle Erfolg seiner Tauben-Depesche war nach etwa einjährigem Bestehen so außerordentlich, daß Reuter nun in London und Übersee einstieg. Das „Reutersche Telegraphen Bureau“, bescheiden gegründet und schon in den 60er Jahren des vorigen Jahrhunderts ein Welthaus, machte Paul Julius Reuter zum reichen und berühmten Manne.

* * *

Keinen Namen drucken die Zeitungen weltweit so oft wie den Reuters. Präsidenten, Päpste und Popstars - Paul Julius Reuter schlägt sie allesamt um Längen. Von „El Sol de México“ über den „Sydney Morning Herald“ bis zur „Kyoto Shimbun“ - das Kürzel „Reuter“ hinter jeder Meldung gilt als Garant englischer Verläßlichkeit und deutscher Dynamik.

Der Weg vom Taubenschlag zum Medienimperium war Reuter, der eigentlich Israel Beer Josaphat hieß, nicht in die Wiege gelegt worden. Als dritter Sohn des Rabbiners der kurhessischen Israelitischen Gemeinde erblickte Klein-Israel am 21. Juli 1816 in Kassel das Licht der Welt. Mit 15 Jahren Kaufmannslehre in einem Göttinger Bankkontor, mit 32 besaß der geschäftstüchtige Israel bereits eine Buchhandlung in Berlin. 1840 Heirat mit einer Tochter des Berliner Bankiers Magnus. Als Buchhändler besaß er ein offenes Ohr für liberales und demokratisches Gedankengut, was ihm mit der deutschen Obrigkeit so manche Schererei eintrug. Im Revolutionsjahr 1848 konvertierte Israel Beer Josaphat zum Christentum, ließ sich taufen und nahm den Namen Paul Julius Reuter an.

In Göttingen lernte Reuter den Physiker und Mathematiker Karl Friedrich Gauss kennen, dem gerade mit der Konstruktion des ersten elektromagnetischen Nadeltelegraphen die entscheidende Erfindung in der Geschichte der elektrischen Telegraphie gelungen war. Und hier begann Reuters Traum von der telegraphischen Nachrichtenagentur. Unzufrieden im politisch zersplitterten Deutschland ging Reuter von Berlin nach Paris. Dort sammelte er im Nachrichtenbüro von Charles Havas als Übersetzer Erfahrungen in der Technik der Nachrichtenübermittlung.

Nach seinem Aachener Tauben-Coup emigrierte Reuter nach Großbritannien. Im No. 1 Royal Exchange Building mietete er sich nahe der Londoner Börse zwei kleine Zimmer als Büro. Im Oktober 1851 schlug offiziell die Geburtsstunde seines Telegraphendienstes. Sein einziger Gehilfe beim Start blieb ein 12jähriger Laufbursche namens John Griffith. Eineinhalb Jahrzehnte später war Griffith erster Sekretär der nun weltweit erfolgreichen Telegraphengesellschaft.

Mit zäher Tatkraft begann Reuter seinen Telegraphendienst, einen Börsendienst zwischen London und Paris über das submarine Dover-Calais-Kabel. Nach und nach übermittelte er auch politische Depeschen und Wirtschaftsmeldungen und weitete seine Dienstleistung auf andere europäische Länder aus. Schon 1858 bekamen so gut wie alle führenden Zeitungen Europas Reuters Nachrichten. Mit Shanghai als Kopfbüro faßte Reuter 1861 im Fernen Osten Fuß, 1874 ging es nach Brasilien.

Durch journalistische Schnelligkeit, kaufmännische Pfiffigkeit und scharfen Blick sicherte sich Reuter seinen Wettbewerbsvorsprung. So ließ Reuter vor Irlands Küste mit kleinen Booten die Postdampfer aus den USA abfangen, seine Nachrichten in wasserdichten Kanistern über Bord werfen und diese dann mit Netzen auffischen. Die Bootsmänner brachten die Nachrichten in Windeseile zu einer nahen Telegraphenstation. Von dort ging die Meldung direkt nach London, wo Reuter mit seinen Neuigkeiten acht Stunden vor der Konkurrenz präsent war. „Ist dieser Mister Reuter eine Institution oder ein Mythos?" notierte darob 1881 ein verwunderter Chronist.

Die britische Staatsbürgerschaft hatte Reuter 1857 angenommen, und 1871 war er vom Herzog Ernst II. von Sachsen, Coburg und Gotha in den Stand eines Freiherren befördert worden. Sieben Jahre später gab Baron Reuter die Geschicke seiner Telegraphengesellschaft an seinen Sohn Herbert ab. Ein Lebenskünstler war Baron allemal: In Deutschland gestartet, in Großbritannien durchs Ziel gelaufen und in Frankreich ausgeruht. Seinen Lebensabend verbrachte er an der Côte d'Azur, wo er im Februar 1899 starb. In West Norwood, im Südosten Londons, fanden die sterblichen Überreste des Medienpioniers ihre letzte Ruhestätte. Die Weltpresse druckte die Nachricht von seinem Tode über seine eigene Agentur. „Baron von Reuter, der Gründer der Reuter-Agentur, ist heute morgen in Nizza im 83. Lebensjahr verstorben. – Reuter."

* * *

Michael Nelson, deputy managing director von Reuters, über Paul Julius Reuter und die Tradition seiner Nachrichtenagentur:

„Paul Julius Reuter war eines der großen innovativen Genies der Kommunikationsindustrie. Es gelang ihm immer, die neuen Datenübertragungsmöglichkeiten des 19. Jahrhunderts zugunsten seines weltweiten Nachrichtendienstes auszunutzen: Wo neue Telegraphen- und Telefonkabel auf der Welt verlegt wurden, war seine Firma immer dabei.

Wir versuchen stets, dem Vorbild unseres Gründers nachzustreben, indem wir alle Möglichkeiten der Kommunikationstechnik voll ausnutzen. Überall in unserer Geschichte findet man zahlreiche Beispiele von technologischen Innovationen, die die Firma Reuters als erste angewandt hat, zum Beispiel den Funk zur weltweiten Übertragung von Aktienkursen in den 20er Jahren oder 1964 die Erstanwendung von Computern zur Übertragung von Marktdaten.

Für mich persönlich ist es sehr wichtig, bei einer Firma zu arbeiten, die hohen Wert auf Ehrlichkeit und Redlichkeit legt. Reuters bemüht sich heute um die Bewahrung seines Rufes als eine völlig unparteiische Firma, die keinerlei politische Neigungen hat und Nachrichten aus aller Welt unabhängig liefert.

Trotz der Tatsache, daß uns die weltumspannende Reichweite des Britischen Königreiches zu vielen unserer frühen Erfolge verholfen hat, können wir meiner Meinung nach stolz sein, daß unsere Firma den Niedergang des Reiches überlebt hat. Denn nach dem Zweiten Weltkrieg hätte die Firma Reuters ohne weiteres an finanzieller Ausblutung sterben können. Wie andere Nachrichtendienste in der Nachkriegszeit hätte auch Reuters Subventionen von Regierungsseite akzeptieren und damit seine Unabhängigkeit in Frage stellen können. Reuters lehnte stattdessen alle Subventionen ab und kämpfte hart darum, eine neue Identität zu gewinnen als ein Pressedienst, der zwar nun in einem relativ kleinen Land ansässig ist, aber trotzdem eine starke Position auf dem internationalen Medienmarkt innehat. Es ist Reuters auch tatsächlich gelungen, die größte Nachrichtenagentur der Welt in der Nachkriegszeit zu werden."

Das Reuter Building in Londons Fleet Street/Ecke Salisbury Court ist ein siebenstöckiges Fin-de-siècle-Haus aus grauem Basaltstein. Über einen ganzen Häuserblock erstreckt sich das Gebäude, gegenüber residiert der „Daily Express". Ganz britisches Understatement klebt da irgendwo ein kleines Schild, güldne Letter auf schwarzem Marmor: *Reuters*. Keine Adresse, keine Branche, kein pompöser Titel. Reuters – das genügt.

Mr. Michael Nelson, einer der drei Reuters-Direktoren, sieht wie ein aus einem Graham-Greene-Roman entlaufener Brite aus: Ein liebenswürdiger älterer Herr von 57 Jahren, dezent burgunderrote Krawatte, dunkler, unauffälliger Anzug, mit den Gepflogenheiten englischer Gastfreundschaft auf vertrautem Fuß. Sherry? A cup of tea? Nelsons Büro im 7. Stock strahlt mit braunem Teppichboden, dunklen Ledermöbeln, Wandlithographien der Fleet Street um die Jahrhundertwende und einer Bibliothek mit dicken Lederbänden viktorianische Eleganz aus. Noch nicht einmal der große Konferenztisch in einer Ecke deutet darauf hin, daß hier der Exekutiv-Direktor der ältesten, ohne Unterbrechung bestehenden Nachrichtenagentur der Welt regiert.

Der oxfordstudierte Historiker Nelson arbeitet seit 1952 bei Reuters, zuerst drei Jahre im Fernen Osten, anschließend beim Wirtschaftsdienst. Natürlich sei er stolz und dankbar, für Reuters arbeiten zu dürfen. Er lasse sich da gern in die Pflicht nehmen. Es sei schon ein erhebendes Gefühl, eine 135jährige Tradition fortzuführen. „Die Weltnachrichtenagentur" – wie er Reuters voller Ambition nennt. Kassel habe man gerade aus Dankbarkeit eine Statue des Gründers gestiftet. Er komme gerade aus Havanna, auch Castro habe ihn empfangen, der Schlüssel Reuters öffne halt alle Türen.

Über Geld redet ein Engländer nicht so gerne. Doch bei Reuters stimmen die Zahlen. Nach finanziellen Turbulenzen in den 60er und 70er Jahren schossen die Umsätze zwischen 1980 und 1984 wie Raketen in die Höhe. 1986 stieg der Holding-Umsatz um 43 Prozent auf 620,9 Millionen Pfund, etwa 1,75 Milliarden DM. Kein schwaches Ergebnis. Auch sonst ist Mr. Nelson an Steigerungsraten zwischen 30 und 50 Prozent gewöhnt. Die Umsatzrendite lag in den letzten vier Jahren stets über 20 Prozent. Das freut die Aktionäre der „Reuters Holdings PLC", der „public limited company", der im Vereinigten Königreich seit 1984 registrierten Aktiengesellschaft. Zwei Drittel der Aktien befinden sich in Privathand, etwa 20 Prozent werden von Zeitungsverlagen gehalten. Ein Aktienpaket fein austaxiert zwischen Besitzern in der Alten und Neuen Welt.

Als Reuters oberste Devise nennt Mr. Nelson: Facts, nothing than facts. Man verpflichte sich vier journalistischen Prinzipien und rücke davon keine Haarspitze ab: Genauigkeit, Unbestechlichkeit, Schnelligkeit und Lesbarkeit. Vielleicht sei man bisweilen auch etwas penibel, wirft Mr. Nelson stolz ein. Bei der amerikanischen Geiselnahme im Iran wurde die Freilassung der US-Bürger erst gemeldet, als die Maschine mit den Geiseln vom Teheraner Flughafen tatsächlich abhob. In solchen Fragen sei man halt etwas pingelig, geradezu altmodisch.

Aus den Arbeitsrichtlinien der Redaktionen: „Jeder Reuters-Mitarbeiter ist verpflichtet, unserem Ruf gerecht zu werden, unparteiisch und korrekt zu berichten. Erst dann kommen Schnelligkeit und guter Stil – in dieser Reihenfolge." In 106 Büros von Abidjan bis Zürich versuchen 900 Journalisten mit täglich 50.000 bis 60.000 Wörtern dieser Unternehmenskultur gerecht zu werden.

Reuters, das sei eben ein Qualitätssiegel für Objektivität. Deshalb werde man sowohl in Israel als auch in den arabischen Staaten gelesen. Sowohl in Indien als auch in Pakistan. Darüber hinaus versuche man auch, schnell zu sein. So wie Reuters in Europa als erste das Attentat auf Abraham Lincoln gemeldet habe und andere Agenturen erst zwei Tage später nachzogen.

Die Reuters-Familie ist eine illustre Runde bekannter und weniger bekannter Schreiber. Doch wer in der britischen Schreiberwelt etwas gilt, der hat schon seine Feder für Reuters geschwungen. So ist Ian Fleming, der geistige Vater James Bonds, Korrespondent in Moskau gewesen, Frederick Forsyth hat in den 60er Jahren für Reuters aus Paris und Berlin berichtet, und Edgar Wallace lebte als Korrespondent in Südafrika.

Ob ein Reuter-Manne schon einmal von der Königin geadelt worden sei, will ich wissen. Zum Ritter geschlagen?? Michael Cooling, Reuters oberster Manager für Corporate Relations, blickt nun doch ziemlich indigniert drein. Oh no, oh no, das wäre uns peinlich. Es verstieße gegen Reuters Corporate Culture - gegen das Firmenethos.

* * *

Beim Gang durch die Büros von Reuters wird schnell klar, daß der Medienriese für das 21. Jahrhundert gut gerüstet ist. Riesige Großraumbüros, ein Terminal vor jedem Arbeitsplatz, Drucker, Telefone, Tastaturen, Knöpfe und Konsolen - doch weit und breit keine Schreibmaschine. So mancher Arbeitsplatz mit seinem schnörkellosen High-Tech-Styling sieht eher aus wie das Cockpit der Concorde. Neue Technologien, Datenbanken und Computerterminals bestimmen heute Reuters Bild. Die Agentur sieht ihre Zukunft im Handel mit Wirtschaftsdaten. Und kehrt damit zurück zum Gründer und seinen Pariser Börsendepeschen.

Seit 1920 funkt Reuters Devisenkurse und Handelspreise rund um den Globus. Reuters war die erste Agentur, die - 1964 - Marktdaten weltweit über Computer verbreitete. 1973 startete der Monitor Dienst, ein elektronischer Marktplatz für Devisen und Warenterminhändler, Broker und Bankprofis. Durch den Kauf zweier wichtiger amerikanischer Computerfirmen, der „Instinet Corp." und der Chicagoer „Network Utilities Inc." sowie spezialisierter Softwareproduzenten verfügt Reuters heute über ein vollelektronisches Börsenhandelssystem. Mit dem Monitor Dealing Service können Teilnehmer untereinander „on line" in Kontakt treten. Reuters Netzwerke verbinden über 90.000 Computerterminals über Telefonstandleitung oder Satellitenübertragung. Aktien können - ohne Telefon - rund um die Uhr gekauft und verkauft werden. Buchung und Abwicklung laufen vollautomatisch ab. „Reuters eigene kleine Börse" schrieb „Business Week" im November 1986 voller Ehrfurcht. 94 Prozent seines Umsatzes erwirtschaftet Reuters mit seinen Wirtschaftsdiensten, nur 6 Prozent entfallen auf den Pressedienst.

Reuters Londoner Datenzentrale gilt als das Nonplusultra moderner Kommunikationstechnik. Auf den Terminals können Kunden in Sekundenschnelle

Tausende von Seiten abrufen. Devisenkurse, Zinssätze, Aktienkurse, Fed Funds, Canadian Bonds, den Kaffeepreis von Kolumbien, den Staatsetat von Malaysia - der hochleistungsfähige SDS2 Terminal oder der 512 KB-Art-PC zaubert's herbei. Der Clou: Aus verschiedenen Informationen kann man sogar eigene Seiten zusammenstellen, den Bildschirm vierteilen und verschiedene Programme gleichzeitig überwachen.

Reuters war schon immer die Vorhut technischer Neuerungen gewesen. Der Morsetelegraph, drahtloser Funk, Ferndrucker, Satellitentechnik, computergesteuerte Nachrichtenübertragung. Doch die meisten Beobachter haben noch nicht begriffen, welch kolossale Umwälzung in Kommunikations- und Handelstechnik da in Fleet Street/Ecke Salisbury Court vor sich geht. Schon bald wird Reuters der betagten Tante Fleet Street „good bye" zurufen und in die Docklands umziehen, das neue Londoner High-Tech-Medienzentrum im ehemaligen Hafengebiet Wapping.

* * *

Nur einen Steinwurf von der Bank of England steht eine drei Meter hohe Statue, die Paul Julius Reuter darstellen soll: mit diesem energischen Blick, der flotten Fliege, die Augen streng auf das Royal Exchange Building gerichtet. Hier hat ihm 1976 die Agentur in der Nähe seines ersten Büros ein Denkmal

UNTERM STRICH

Paul Julius Reuter

Firmenname	Reuters Holdings PLC
Firmensitz	London
Branche	Nachrichtenwesen
Hauptprodukt/ Dienstleistung	Nachrichten- und Informationsagentur
Eigentumsverhältnis	Aktiengesellschaft
Gesellschafter/ Geschäftsführer	Christopher Hogg (Chairman), Glen Renfrew (Managing Director), Michael Nelson (Deputy Managing Director)
Gründer	Paul Julius Reuter
Gründungsjahr	1851
Mitarbeiter	5.458
Niederlassungen	140 Büros in 81 Ländern
Umsatz	620,9 Mio. engl. Pfund (1986)
Zukunftsziel	Reuter-Kunden weltweit und in allen Einzelheiten mit Informationen zu beliefern

gesetzt. „Paul Julius Reuter“, steht da eingemeißelt, „geboren 1816 in Kassel, Germany, gestorben 1899 in Nizza, Frankreich, gründete die Weltnachrichtenorganisation, die seinen Namen trägt, in dem No. 1 Royal Exchange Building in der City of London, neben diesem Platz am 14. Oktober 1851.“ Keine zehn Schritte von Reuter entfernt findet sich das Monument von George Peabody, der im 19. Jahrhundert als Wohltäter der Londoner Armen wirkte. Tauben schwirren umher und scheißen dem US-Philanthropen auf den schwarzen Marmorkopf. An Peabodys Nachbarn vergreifen sich die Federviecher nicht, kein Exkrementkrümelchen verunziert Reuters Büste. Späte Dankbarkeit, möchte man meinen.

Bosch
Zulieferer mit Format
von Jens Peter Eichmeier

Ein Fest ist es, ein Fest ganz im Stil des Hauses, ein unnachahmliches Fest. Die große Schau gibt es nicht, ein werbewirksames Fernsehspektakel wird gar nicht erst erwogen: Der Bosch-Konzern gedenkt des 125jährigen Geburtstages seines Gründers und der hundertsten Wiederkehr des Gründungstages auf eigene Art. Die Bosch-Chöre singen, und das Bosch-Orchester spielt.

Es ist gerade so wie damals, 1936, als Robert Bosch 75 und sein Weltunternehmen 50 Jahre alt wurden, oder wie 1961, im Jahr des hundertsten Geburtstages von Bosch und des 75jährigen Bestehens des Konzerns. Obwohl eine internationale Gästeschar prominenter Politiker und Unternehmer dem Weltunternehmen die Ehre gibt, gedenkt Bosch des Gründers und der Gründung wie eh und je im überschaubaren Rahmen der Stuttgarter Liederhalle, wie eh und je - so auch 1986 - am 23. September, dem Geburtstag von Robert Bosch. Eine leise Feier, aber selbstbewußt - gerade so, wie es die Geschichte des Hauses und der Geist des Gründers vorgeben.

Der Elektronik- und Technologie-Konzern mit mehr als 20 Milliarden Mark Umsatz und 148.000 Mitarbeitern hier und in der Welt strotzt vor Kraft, aber als Kraftprotz soll das Unternehmen nicht dastehen. Das entspräche nicht Robert Bosch, der von sich sagt, als er längst die Krisen der Gründung hinter sich hat: „Mein Verdienst ist: In dieser Werkstätte, vor 45 Jahren gegründet, wirkt sich aus, was ich in den 45 Jahren an Charaktereigenschaften hineinsteckte.“ Und nach der Feier, als württembergischer Wein und Häppchen gereicht werden, sieht man Henry A. Kissinger, den ehemaligen US-Außenminister, und Stuttgarts Oberbürgermeister Rommel beieinanderstehen: Small talk über Hegel, den großen Sohn der Stadt. Sinnfälliger ist Bosch in der Schwabenmetropole nicht zu ehren.

Auch das ist Bosch: Marcus Bierich, Vorsitzender der Geschäftsführung, kann, wie er sagt, nicht alle die Gäste namentlich begrüßen. Aber diese drei will er doch erwähnen: August Dierolf, er ist der älteste Anwesende, 92 Jahre und 1912 „beim Bosch“ eingetreten, Helmut Schüler, mit 50 Bosch-Jahren der dienstälteste Aktive unter den Gästen und schließlich Angelika Dinger, die jüngste Bosch-Mitarbeiterin im Saal. Und Hans L. Merkle, nach Robert Bosch und Hans Walz der dritte Bosch-Chef und jetzige Vorsitzende des Aufsichtsrates, antwortet in seiner Jubiläumsrede nur einem direkt. Die Ehre wird Richard Rau, dem langjährigen Gesamtbetriebsratsvorsitzenden, zuteil: Er hätte eine Lebensleistung besonderer Art aufzuweisen, hätte es verstanden, seine gewerkschaftliche Bindung, die er nie verleugnete, mit den industriellen Erfordernissen in Einklang zu bringen. Eine geradezu demonstrative Hinwendung zu den Arbeitnehmern, ganz im Sinne Robert Boschs: „In einer größeren, gut geleiteten Firma“, so schreibt er einmal, „ist es meist nicht so, daß einer sagen kann, das oder das habe ich gemacht. In einer solchen Firma muß Zusammenarbeit sein, und einer stützt sich auf den anderen.“ In der Tat, der Firmengründer, eine wie eigenwillige Persönlichkeit er auch war, hat sich – wohl auch im Gegensatz zu manch anderem Gründer – immer auch gesehen als einer, „der nie den Ehrgeiz hatte, etwas selbst gemacht zu haben“. Deswegen ist das Wesen des Mannes auch nicht so leicht entschlüsselbar, schon gar nicht auf eine simple Formel zu bringen. Und doch gibt es keinen Konzern weit und breit, in dem das Vermächtnis des Gründers sozusagen stete Gegenwart bleiben soll: „Was Robert Bosch“, sagt Hans L. Merkle, „getan hat und was er uns zu tun hinterließ, weist in seinen Erwartungen, seinen Forderungen an die Lebenden in die Zukunft.“

Mit seinen grauen Knickerbockern und dem langen Bart, so hat Richard Rau Robert Bosch noch selbst Anfang der vierziger Jahre erlebt. Das hat sich dem heutigen Gesamtbetriebsratsvorsitzenden, der damals „beim Bosch“ seine Mechanikerlehre begann, tief eingeprägt, „wie die ganze Lehrlingsmannschaft an der Werkbank stand, Bosch mit diesem und jenem sprach, sich dies und das zeigen ließ und dann wieder verschwand.“ Und Emil Hammer weiß gar zu berichten, daß Bosch gern morgens durch die Fabrik ging und dann gesagt hat: „Mensch, Kerle, des musch so macha.“ Und dann die Geschichte, wie sich der stattliche Herr bückt, eine Büroklammer aufhebt und dabei sagt: „Was dappsch Du auf meim Geld rom, des han i ja zahlt!" Sie nannten ihn „Vater Bosch" oder ganz schwäbisch „d'r Vadder". Seine Sparsamkeit ist geradezu sprichwörtlich: „Löschet's Licht, d'r Vadder kommt, mr hört ihn scho!" So sehen wir ihn mit den Augen eines langjährigen Freundes und späteren Testamentsvollstreckers Hans Walz vor uns: „Die hagere, ragende Gestalt mit dem kräftig ausschreitenden Gange, im charaktervollen Antlitz die wuchtige Stirn, die glänzenden Augen, die kritisch bohrend forschen und in der Erregung Blitze zucken lassen konnten, meist aber gütig strahlten – der ganze Mann das verkörperte Sinnbild väterlicher Güte ..." Das ist alles in einer Person vereint. Die Ausstrahlungskraft seiner Persönlichkeit wirkt noch heute.

Nichts ist Robert Bosch in den Schoß gefallen, und an der Wiege ist ihm bestimmt nicht geweissagt worden, daß Bundespräsident Richard von Weizsäcker an seinem 125. Geburtstag sagen würde: „Robert Bosch gehört zum Allerbesten, was das Schwabenland hervorgebracht hat." In der Tat. Bosch hat den Wandel des Schwabenlandes von der Agrargesellschaft der Bauernkultur hin zur hochindustrialisierten Region mit weltweiter Wirksamkeit auf besonders eindrucksvolle Weise mitgetragen, immer zwischen den beiden Welten stehend. Es ist – bezeichnend genug – die „Schwäb'sche Eisenbahn", die für Bewegung sorgt: Bis ins Jahr 1522 läßt sich die Familie Bosch in den Oberämtern Ulm, Geislingen und Heidenheim zurückverfolgen, zuletzt betreibt Vater Servatius Bosch in Albeck auf der Schwäbischen Alb, wo ihm Robert als elftes von zwölf Kindern geboren wird, einen Bauernhof von stattlicher Größe, einen Gasthof, eine Bierbrauerei, er leiht Pferde aus, wenn Vorspann nötig ist für den mühevollen Albaufstieg auf der alten Handelsstraße zwischen Ulm und Nürnberg. „Doch als", so schreibt Sohn Robert später, „nun Gewißheit darüber vorhanden war, daß die Bahn Ulm-Crailsheim nicht über Albeck kommen würde, verkaufte mein Vater sein Anwesen und zog nach Ulm."

Das Zeitalter neuer Beweglichkeit hatte mit den dampfenden Ungetümen, die den Albaufstieg nun leichter meisterten, längst begonnen, und das Bauerngeschlecht der Boschs hat sich dem Aufbruch nicht verschlossen. Wie viele erleiden nun das Schicksal der Entwurzelung, landen irgendwo in den Fabriken der Städte! Nicht so die Familie Bosch. Der ältere Bruder gründet in Köln ein Installationsgeschäft (dessen Sohn ist der spätere BASF-Chef und Chemie-Nobelpreisträger Carl Bosch), und Bruder Robert bringt es zum weltweit angesehenen Unternehmer, der deutsche Industriegeschichte entscheidend mitprägt. Und doch ist Robert Bosch der Scholle treu geblieben, hat sich später gar in Mooseurach bei Königsdorf südlich von München sein eigenes Gut gekauft. Hier gegenüber dem Blomberg und der Benediktenwand fühlt sich der Bauernsohn frei, steigt dort ein in seine Wälder, die er behutsamer betritt als sein Büro in Stuttgart. Die Liebe zur Natur wird später die Brücke zwischen dem Großvater und dem Enkel: Der Forstmann Christof Bosch betreibt in Mooseurach heute ökologischen Landbau.

So ist Robert Bosch seiner Herkunft treu geblieben - vielleicht wirkt dies in ihm als eine Art Urkraft. Seine Entschlossenheit, die eigene Unabhängigkeit zu wahren und zu sichern, mag hier ihre Wurzeln haben. Dazu gehört als entscheidendes Merkmal auch das „herrenhafte Selbstbewußtsein des Großbauernsohnes", von dem Theodor Heuss in seiner Bosch-Biographie schreibt. Vater Servatius hat seinem Sohn - offen für die heraufziehende Industriewelt - geraten, die Mechanikerlehre anzutreten. Doch vielmehr noch: Der Vater hat seinem Sohn auch, wie der Historiker Otto Borst schreibt, den demokratischen Stolz vor Königsthronen vererbt. Schließlich war der Vater einst Führer der demokratischen Opposition im Dorf gegen den Schultheißen, den Hüter der alten Ordnung. So unterscheidet sich Robert Bosch schließlich auch von den vielen pietistisch geprägten Unternehmern Schwabens. Zur Kirche bleibt der Sohn des Freimaurers stets auf Distanz. Aus seinem ersten Kassenbuch, in dem Einnahmen und Ausgaben eingetragen werden, entfernt er das erste Blatt, auf dem das damals übliche „Mit Gott" steht. Für Erfolg oder Mißerfolg will er, so Theodor Heuss, selber geradestehen und nicht Gott bemühen, an den er doch nicht so recht glaubt. Bosch ist der Zeit immer auf der Spur, er lernt stets dazu und will, daß gelernt wird. Er analysiert seine Gegenwart mit dem kritischen Blick fürs Mögliche und teilt das auch in vielen Briefen, Denkschriften und Aufsätzen mit. So ist er nie nur Unternehmer, sondern immer auch offen für die Zeit und den Wandel. Vor allem gilt dies für die aufgeregten Jahre nach dem Ersten Weltkrieg. Zum Hindenburg-Mythos hat der sicher nicht unkritische Anhänger der Weimarer Republik überhaupt kein Verhältnis und für die heraufziehende Hitler-Diktatur erst recht kein Verständnis. „Das will ein Staatsmann sein und weiß nicht, was Gerechtigkeit ist", hat Bosch nach einem Treffen mit Hitler im September 1933 gesagt. Und so hat der schwäbische Demokrat, der auch immer etwas von einem Weltverbesserer in sich hatte, schließlich dem einstigen Leipziger Oberbürgermeister Carl Goerdeler Zuflucht und Schutz geboten, der so die am 20. Juli 1944 gescheiterte Widerstandsbewegung gegen Hitler organisieren konnte.

Als der Bauernsohn von der Alb im November 1886 die kleine Werkstatt im Hinterhof der Stuttgarter Rotebühlstraße 75 B bezieht, da hat er die Mechanikerlehre längst hinter sich und längst viel praktische Erfahrung gesammelt. Er hat in Nürnberg bei Sigmund Schuckert, der Dynamomaschinen und Bogenlampen produziert, gearbeitet, er hat bei seinem Bruder in Köln die „Sicherheit gegenüber dem Drum und Dran von Abschlüssen und Bilanzen" gelernt und ein halbes Jahr als „außerordentlich Studierender" die Technische Hochschule in Stuttgart besucht. Vor allem aber war der Handwerker in die USA gereist, weil ihn, den Demokraten, dieses Land der Freiheit, so schrieb er später, besonders anlockte. Auch England hat er besucht: Erfahrungen bei den Pionieren der Industrialisierung gesammelt. Das ist der Stoff, aus dem Selbständigkeit erwächst. Doch was im nachhinein als geradezu zwingend erscheint, ist in der jeweiligen Gegenwart offene Entscheidung und Risiko. Bosch will Selbständigkeit, vor allem diese.

Die Werkstatt, die zunächst als Zweizimmerwohnung mit Arbeitsraum geplant war und dort lag, wo heute der ein paar Jahre später gegründete Klett-Verlag seinen Sitz hat, ist von einem Weingärtner gemietet und gerade 50 Quadratmeter groß. In dem als Küche vorgesehenen Raum befindet sich das Büro des Firmengründers, in den beiden Zimmern ist die Werkstatt, in der Bosch gemeinsam mit einem Mechaniker und einem Lehrjungen arbeitet, und auf dem Korridor hängt wenig später ein Telefon. In der Nachbarschaft, in der Rotebühlstraße 72, hatte sich als erster Fabrikant im Stuttgarter Westen Rudolph Knosp sein „Schlößle" neben seiner Fabrik bauen lassen. Die schmucke Villa hat die Zeiten überstanden. Nicht weit davon in der Reinsburgstraße hatte der Fabrikant Gustav Siegle seine neu erbaute Villa. Die Familie - Bosch hatte 1887 geheiratet - ist in diesem Areal des aufstrebenden Unternehmer- und Bürgertums der Stadt, die sonst eher durch das Königshaus, die Beamten und das Kleingewerbe geprägt wurde, immer wieder umgezogen. Wachstum von Familie und Geschäft machen Mobilität nötig. Ab 1891 wohnt die Familie in der Rotebühlstraße 145 im ersten Stock, im zweiten Stock darüber war gerade Karl Kautsky, aus London kommend, eingezogen. Der Jungunternehmer und der marxistische Theoretiker, der die „Neue Zeit", die wissenschaftliche Zeitschrift der Sozialdemokratie, redigiert, haben wohl intensive Gespräche gehabt. Clara Zetkin, im Nachbarhaus wohnend, ist mit von der Partie. Die Zetkin ist in dieser Zeit mit dem Stuttgarter Maler und Sozialisten Friedrich Zundel verheiratet. Der malte die inzwischen geborenen Bosch-Kinder, und als die Zetkin, diese Kämpferin der sozialistischen Frauenbewegung, 1924 nach Moskau geht, heiratet 1927 die Bosch-Tochter Paula den Maler Zundel. Da ist Robert Bosch längst ein weltweit respektierter Unternehmer. Doch Theodor Heuss hält diese frühen Jahre im Stuttgarter Westen für wichtig genug: „In der freundschaftlich gegnerischen Auseinandersetzung mit ihnen (Kautsky und Zetkin) entwickelte sich die soziale und politische Anschauung des jungen Robert Bosch." Für den jungen Handwerker, der sich gerade selbständig gemacht hat, ist diese Zeit intellektuell außerordentlich ertragreich und wohl auch spannungsgeladen. Damals wurden nämlich auch die Grundlagen der Freundschaft zu dem konservativen, ja nationalen Paul Reusch, dem jungen Studenten des Bergbaus, dem späteren einflußreichen Ruhrindustriellen und Chef der Gutehoffnungshütte, gelegt. An diesen Freund - auch er ein Schwabe - schreibt Bosch im Februar 1932, als die Weltwirtschaftskrise wütet und die Nazidiktatur grollend naht: „Durch einen Diktator kann man wohl ein Volk regieren, nicht aber die Weltwirtschaft." Darin sind sich beide einig.

Im Februar 1887, wenige Monate nach der Gründung, gibt Robert Bosch in der Stuttgarter demokratischen Zeitung „Der Beobachter" eine Anzeige auf: „Rob. Bosch, Telephone, Haustelegraphen. Fachmännische Prüfung und Anlegung von Blitzableitern. Anlegung und Reparatur elektr. Apparate sowie aller Arbeiten der Feinmechanik." Der Firmengründer nimmt jeden Auftrag an, der dazu beiträgt, die kleine Werkstatt über Wasser zu halten. Alles mögliche wird repariert und auch hergestellt: Blindenschreibmaschinen, Geschwindigkeitsmesser, Füllfederhalter, Gravierzirkel, fotografische Verschlüsse, Zigarrenspitzen mit mechanischer Entfernung des Stummels, selbstschließende Wasserleitungshähne, Gasanzünder, elektrisch anzeigende Schießscheiben. Und es wird vielerlei installiert: Telefonanlagen, elektrische Klingeln und Türkontakte, Blitzableiter, Wasserstandsfernmelder. Das ist das Sammelsurium eines Firmengründers, der suchend seine Selbständigkeit begründet, weit entfernt von einer zündenden Idee, aber offensichtlich doch auf zukunftsträchtigem Weg. Die technische Anwendung der Elektrizität, die Elektrotechnik, ist jung. Sie ist, so sagt Hans L. Merkle, streng genommen noch jünger als heute die Elektronik. Die Anwendung des dynamoelektrischen Prinzips durch Werner von Siemens ist gerade 20 Jahre neu. Das Telefon gibt es erst seit einem Jahrzehnt. Merkle: „Es gehörte Vision, Imagination dazu, sich 1886 für die Elektrotechnik zu entscheiden."

Aber es ist in dem Gründungsjahr anderes Entscheidendes geschehen: Gottlieb Daimler in Bad Cannstatt und Karl Benz in Mannheim erproben unabhängig voneinander, doch eingebettet in das wachsende Netzwerk der badischen und württembergischen Maschinenbauer, ihre ersten Motorfahrzeuge. Die Öffentlichkeit hat von diesen Ereignissen, die die Welt veränderten, zunächst nicht gerade aufmerksam Notiz genommen. Wann mag Bosch davon erfahren haben? Ist es gar ein Zufall, eine Laune der Geschichte, daß Bosch und Daimler, die Pioniere der Massenmotorisierung, so nah beieinander experimentieren und laborieren, räumlich nah und doch in persönlich großer Distanz. Die zielstrebige Systematik beginnt erst Jahre später. Erste Kontakte mit Motoren hat Bosch jedenfalls schon im ersten Jahr seiner Unternehmensgründung. Als ein „kleiner Maschinenbauer" im Sommer 1887 nachfragt, ob er ihm einen Zündapparat bauen könne, wie ihn die Gasmotorenfabrik Deutz in ihren Benzinmotoren verwendet, willigt Bosch ein. Ein schicksalschwerer Auftrag ist es allemal, und der junge Handwerker, der da seinen Platz sucht, handelt zugleich kaufmännisch: Er baut nicht nur den einen Zündapparat nach Deutzer Muster, sondern gleich drei weitere, die zu Versuchszwecken von den Gasmotorenfabriken abgenommen werden. Das ist die Zündung für die ortsfesten und noch längst nicht die für die schnellaufenden Motoren der Motorkutschen. Doch Bosch, der wachen Sinnes die auf ihn zukommenden Möglichkeiten erahnt, ist im Geschäft. In den fast zehn Jahren bis 1896 baut er immerhin tausend Magnetzünder für ortsfeste Motoren, nicht genug, um davon leben zu können, aber Bosch ist dabei. Die Verkaufszahlen schwanken von Jahr zu Jahr. Heuss: „Die Richtung auf eine Spezialisierung markierte sich, wurde jedoch nicht verfolgt."

Eine Begegnung in diesen Jahren hält Bosch für so wichtig, daß er sie in seinen Lebenserinnerungen erwähnt: Die Magnetapparate führt der junge Handwerker, wohl gerade 26 Jahre alt, dem großen Gottlieb Daimler vor, der damals längst in hohem Ansehen steht und in seinem Gewächshaus neben der herrschaftlichen Villa in Cannstatt mit beweglichen Motoren experimentiert.

Das „Glaubensbekenntnis" des Hauses Bosch:

Wie kaum ein anderes bundesdeutsches Unternehmen von internationaler Bedeutung ist die Bosch-Gruppe ihrem Gründer Robert Bosch treu geblieben. Hans L. Merkle, ehemaliger Testamentsvollstrecker, viele Jahre Vorsitzender der Geschäftsführung und jetziger Aufsichtsratsvorsitzender, beruft sich immer wieder auf den Firmengründer. So sagte er bei den Jubiläumsfeiern 1986: „Ziel, Stil und Struktur des Unternehmens gehen unmittelbar auf Robert Bosch und auf seinen Letzten Willen zurück." Oder: „Robert Bosch können wir unter die Männer einreihen, bei denen unternehmerischer Sinn, technisches Wissen und - das ist ein weiterer wichtiger Zug - ein geschärftes Gewissen zusammentrafen. Und man tut gut daran, einem so außerordentlichen Mann nachzuleben - reflektierend nachzuleben, indem man Wissen und Erfahrung mit Mut verbindet."

Das Bekenntnis zur Spitzenleistung ist eine Art Lebenselixier des Hauses: „Unsere Kunden wissen, daß wir den Grundsatz von Robert Bosch hochhalten: den Gewinn weitgehend unterzupflügen, das heißt zu re-investieren in Form von Forschung und Entwicklung, von Aus- und Weiterbildung unserer Mitarbeiter und von Investitionen, um die Kapazität - damit die Liefersicherheit -, die Wirtschaftlichkeit und die Qualität zu erhöhen."

Selbstbewußt sind die „Boschler" seit eh und je. Merkle: „Wir wissen bei Bosch, was wir wert sind. Aber gerade dieses Bewußtsein ist Voraussetzung dafür, daß wir bescheiden bleiben und daß wir uns nicht satt zurücklehnen, sondern nach Neuem Ausschau halten. So sehen wir unsere Aufgabe nicht darin, das zu ernten, was wir gestern gesät haben, sondern zu säen, was wir morgen ernten."

Die Leistung des Unternehmens beruht in erster Linie, so Merkle, nicht auf materiellen, sondern auf menschlichen Voraussetzungen. So liege der Nutzen der Dezentralisierung der Gruppe auch weniger in der sachlich-organisatorischen Seite als vielmehr in der Stärkung des Verantwortungsbewußtseins, „überhaupt in der Heranziehung eines größeren - und ich hoffe immer wachsenden - Kreises von Mitarbeitern nicht nur zur Vorbereitung, sondern auch zum Treffen von Entscheidungen." Insofern ist es - ganz im Sinne des Firmengründers - ein grundlegender Irrtum anzunehmen, „Erfolg und Mißerfolg eines Unternehmens liegen in der Hand eines einzelnen." Es gilt im Gegenteil der Satz: „In Wirklichkeit ist Erfolg immer eine Gemeinschaftsleistung. Nur der Mißerfolg kann und darf einem einzelnen zur Last gelegt werden."

Doch der war längst weiter als der ungleich jüngere Mechaniker. Mit der Erfindung der Glührohrzündung hatte Daimler immerhin die Voraussetzung geschaffen für den schnellaufenden, leichten Motor seines ersten motorisierten Dreirades. Robert Bosch kann dem großen Mann nichts Neues bieten, und so blitzt er ab - fürs erste.

Doch das ändert sich. Dabei hilft nicht etwa, wie man meinen müßte, die räumliche Nähe zwischen Cannstatt und dem Stuttgarter Westen, sondern der Engländer Frederic R. Simms, der seit 1893 (also drei Jahre nach der Gründung der Daimler-Motoren-Gesellschaft) die geschäftlichen Interessen Gottlieb Daimlers in England vertritt. Seit 1898 verkauft der geschäftstüchtige Simms dort auch Bosch-Produkte. Er war es, der Bosch das Motor-Dreirad des französischen Grafen de Dion-Bouton schickte, damit dieser seinen Zündapparat für ortsfeste Motoren in das Dreirad einbaue. Das Ziel des Briten: Würde sich die elektrische Zündung auch für Motoren in Kraftfahrzeugen eignen, so müßte, falls der Verkauf von Daimler-Motoren in England gut vorankäme, für ihn, Simms, ein weiterer Gewinn (als Bosch-Vertreter versteht sich) herausspringen.

Tatsächlich, Bosch und seine Leute haben Erfolg: Am 11. Juni 1897 patentiert das Kaiserliche Patentamt für Robert Bosch in Stuttgart den neuen Apparat: „Elektrischer Funkengeber zur Zündung des Explosionsgemisches in Gasmaschinen und dgl." Das „Problem der Probleme", so hatte Karl Benz gesagt, ist gelöst. Und tatsächlich: Gottlieb Daimler nimmt zwei Jahre vor seinem Tod schweren Herzens und zähneknirschend Abschied von seiner Glührohrzündung, die seinen schnellaufenden Fahrzeugmotor einst erst ermöglicht hatte, doch nicht der Weisheit letzter Schluß gewesen war, und wechselt auf das elektrische Verfahren des Firmengründers im Stuttgarter Westen über. Der hat nun den Anschluß an die Automobilindustrie gefunden, und als ihm 1902 die Entwicklung der Hochspannungsmagnetzündung mitsamt den Zündkerzen gelingt und Renault damit ein erstes Rennen gewinnt, ist das Bündnis mit der Autoindustrie perfekt. Der Weg zur Konstruktion von Hochleistungsmotoren ist frei. Die Erfolge der verbesserten Baureihe Mercedes Simplex tragen den Namen Bosch in die Welt.

Mit ihren Erfindungen haben Erfinder oft genug ihre Selbständigkeit verloren. Sie waren häufig auf das angewiesen, was heute Risikokapital genannt wird. Das war bei den Pionieren der Motorisierung wie Nicolaus Otto, Gottlieb Daimler oder Karl Benz nicht anders. Sie haben mit den Nutznießern ihrer Patente, ihren Kapitalgebern, oft schlimme Konflikte durchstehen müssen. Als Daimler 1890 in die Gründung der Daimler-Motoren-Gesellschaft mit den beiden Aktionären Duttenhofer und Lorenz, hinter denen die Württembergische Vereinsbank (die später in der Deutschen Bank aufgeht) stand, einwilligt, da ahnt er, was dann auf ihn zukam: „... und ich soll nun meine Selbständigkeit preisgeben und zusehen, wenn andere laborieren." Solche Beispiele des Verlustes an unternehmerischer Unabhängigkeit und individueller Freiheit hat der Großbauernsohn mit dem „herrenhaften Selbstbewußtsein" wohl zeit seines Lebens vor Augen gehabt. Die ersten Jahre mit ihren finanziellen Krisen haben zudem sein Leben wohl wie ein Trauma begleitet. In seinen Erinnerungen ist das zu spüren: „Es war lange ein böses Gewürge." Mit 10.000 Mark an erspartem und ererbtem Geld hatte Robert Bosch 1886 angefangen, aber schon 1891 war er fast am Ende, und in den ersten Monaten des folgenden Jahres mußte er seine Belegschaft fast gänzlich entlassen. Erst im zehnten Geschäftsjahr, als ein Umsatz von 100.000 Mark erwirtschaftet wurde, gibt es erste Anfänge von Gewinn, werden die Gefahren der Zahlungsunfähigkeit gebannt. Seit den Urerlebnissen dieser frühen Jahre hat die Sicherung der finanziellen Unabhängigkeit des Hauses absolute Priorität. Seit 1906 finanziert Bosch die riesigen Investitionen, wie Heuss schreibt, praktisch aus laufenden Überschüssen. Heuss: „Fremdes Geld, als es sich ihm näherte, hatte er nicht mehr nötig, und gegen die Entpersönlichung des Betriebes wehrte sich ein gewisser herrscherlicher Instinkt."

Dieses mag denn auch der Grund dafür gewesen sein, daß der Versuch Daimlers, Bosch aufzukaufen, scheiterte. Tatsächlich mag Robert Bosch ein paar Augenblicke gezögert haben: Es wird verhandelt über die Frage, ob Daimler den Alleinverkauf der Bosch-Zünder übernimmt. Doch zu einer Einigung kommt es nicht, und so entgeht der junge Firmengründer dem Schicksal, zu einem Teilbetrieb des nahen Automobilunternehmens zu werden. Die Zusammenarbeit zwischen den beiden Unternehmen wird zwar zunehmend enger, die Rennerfolge der nun in Untertürkheim produzierenden Daimler-Leute sind auch Erfolg für Robert Bosch, doch seine Unabhängigkeit stets vor Augen, bindet er sich nicht an einen. Im Gegenteil. In dem Maße wie Daimler-Autos in die Welt exportiert werden, zieht es auch Bosch hinaus in die aufblühende Auto-Welt. Vor dem Ersten Weltkrieg 1914, als er seit vier Jahren in seiner großbürgerlichen Villa am Heidehof wohnt und das große Metallwerk in Feuerbach längst gegründet ist, exportiert er sage und schreibe 88 Prozent seiner Erzeugnisse. Bosch setzt nicht, so bequem und einfach das hätte sein können, auf einen einzigen Kunden, sondern auf die gesamte Branche in der Welt. Auch das ist eine der Wurzeln des Erfolgs der Unabhängigkeit. Im hundertsten Jahr des Automobils will Bosch nicht beanspruchen, an der Wiege gestanden zu haben. „Wenn man folglich nicht sagen kann", so meint Hans L. Merkle, „Bosch habe einen Anteil daran, daß das Automobil gerade 100 Jahre alt geworden ist, haben wir doch einen Anteil daran, daß es 100 Jahre jung geblieben ist."

Doch auch dies ist bezeichnend für den Bauernsohn, der von der Alb kam und dann direkt ins Zentrum der Massenmotorisierung stieß: Kaum sind seine ersten großen Erfolge da, meint er ihrer schon nicht mehr sicher sein zu können. Besorgt fragt er unmittelbar nach der Jahrhundertwende: „Was ist, wenn sich der Magnetzünder als technische Eintagsfliege erweist – wie beschäftige ich dann meine Leute?" Solches Bewußtsein für mögliche Gefahrenquellen allzu großer Einseitigkeit ist offensichtlich die Antriebsquelle für die rastlose Suche nach immer Neuem. Drängende Appelle sind die Folge: „Immer soll nach Verbesserung des bestehenden Zustandes gestrebt werden, keiner soll mit dem Erreichten sich zufrieden geben, sondern stets danach trachten, seine Sache noch besser zu machen." Seit 1910 gibt es kaum ein Jahr ohne Neuerungen. Die Bosch-Chronik ist ein Kalendarium permanenter Innovation: der erste Anlasser, das Bosch-Licht (Lichtmaschine, Scheinwerfer, Reglerschalter), das Bosch-Horn, Einspritzpumpen für den Dieselmotor, der Auto-Winker. Es reicht bis in die Gegenwart mit der elektronisch gesteuerten Benzineinspritzung, dem Antiblockiersystem ABS oder der jetzt ins Werk gesetzten „mobilen Kommunikation" des zukünftigen Verkehrs. Auf Vielfalt war schon die erste Werkstätte in der Stuttgarter Rotebühlstraße ausgerichtet. Was damals aber eher Ausdruck der Suche des jungen Gründers nach existenzsichernden Tätigkeiten ist, wird dann jedoch zunehmend geradezu zum Prinzip der Vorsorge und der Risikostreuung. Robert Bosch nimmt sich immer wieder neuer Gebiete an, obwohl der Trend zum Auto ungebrochen ist: Er versteht etwas von Elektromotoren, so steigt er ins Geschäft mit Elektrowerkzeugen ein. Da er die Feinmechanik beherrscht, wendet er sich dem Projektorengeschäft zu, und so übernimmt Bosch 1932, zehn Jahre vor seinem Tode, die Eugen Bauer GmbH, aus der sich der Produktbereich Photokino entwickelt. Der erste Kühlschrank, auf der Leipziger Messe 1933 ausgestellt, wird Grundlage der Hausgeräte-Fertigung: Bosch versteht etwas von Massenfertigung. Die Hochfrequenztechnik öffnet den Weg ins Radiogeschäft mit der Übernahme der Ideal-Werke, die später Blaupunkt-Werke heißen. 1929 beteiligt sich Bosch experimentierfreudig an der Gründung der Fernseh AG. Der Gründer selbst hat sein Lebenswerk auf mehrere Beine gestellt und so gegen zukünftige Launen der Automobilindustrie abgesichert. Das reicht vielfältig und nahezu ungebrochen bis in die Gegenwart. Auch die Telefonanlagen sind dank Telenorma wieder dabei: Ausbau der Telekommunikation.

Dabei ist Robert Bosch - im Gegensatz zu anderen Gründervätern - nie der große Erfinder gewesen. Auch das ist ihm, der so viel über sich und seine Stellung in dieser Welt nachdachte, immer klar gewesen. „Es ist lediglich", so hat er gesagt, „ein technisches Gefühl, das mir durchgeholfen hat." Aber er kennt auch die andere Seite seines unternehmerischen Erfolges. Er versteht es, die richtigen Leute um sich zu versammeln nach dem Motto: „Suche dir deinen Mann, und deine Sache ist gemacht." Da ist der ehemalige Lehrling Gottlob Honold, der die Hochspannungsmagnetzündung entwickelt und durch viele andere Entwicklungen für die technische Spitzenstellung sorgt. Gustav Klein besorgt das Auslandsgeschäft mit Entschlossenheit. Weil er bei einem Flugzeugabsturz ums Leben kommt, wird Bosch nie fliegen. Da sind Arnold Zähringer und Ernst Durst, die als Betriebsleiter die Grundlagen für die präzise Massenfertigung legen, ohne die Bosch nie und nimmer in der Lage gewesen wäre, den weltweiten Erfolg zu erringen und zu sichern. Die präzise Fertigung großer Serien von Elektronik in der Gegenwart wäre ohne die lang eingeübten Fähigkeiten nicht denkbar. Die Menschen, die Bosch um sich sammelt, sind alles andere als abgeleitete Größen, sind auch im Banne des Firmengründers mit seinen immer ausgeprägten charismatischen Eigenschaften selbständige Persönlichkeiten. Die wohl wichtigste personelle Entscheidung trifft Bosch im Jahre 1912, als er Hans Walz aus einer großen Zahl von Bewerbern auswählt, um sein Privatsekretariat zu leiten. Walz ist es schließlich, der nach dem Tode des Gründers im Jahre 1942 als Vorsitzender der Geschäftsführung und vor allem auch als Vorsitzender des Kollegiums der Testamentsvollstrecker die Verantwortung trägt. Bis zu seinem 80. Geburtstag im Jahre 1963 behält er die Führung der Robert Bosch GmbH, dann tritt Hans L. Merkle an die Spitze, der im Juli 1984 sein Amt an Marcus Bierich übergibt. Das ist Kontinuität in der Führung: Drei Wechsel innerhalb von hundert Jahren! Und es steht dies in einem merkwürdigen Gegensatz zu den katastrophalen Brüchen dieses Jahrhunderts.

Es war schon immer etwas Besonderes, beim Bosch zu arbeiten. Das Gerangel um die Arbeitsplätze und der Stolz, wenn man es geschafft hatte, wird verständlich beim Vergleich der Löhne: Bereits im Jahre 1911 belegt die Statistik der Berufsgenossenschaft Feinmechanik, daß der Bosch-Durchschnittslohn von 2.001,44 Mark im Jahr um 49,25 Prozent über dem aller Arbeiter der Branche liegt. Schon damals überschreiten die Löhne der Stuttgarter Arbeiter den Durchschnitt der Arbeiter des Reiches, Bosch schiebt sich an die Spitze der Spitze. In der Schwabenmetropole müssen die Mitarbeiter des graphischen Gewerbes ihren ersten Platz auf der Lohnskala räumen, jetzt erhalten die „Boschler“ den „haigschta Loah“, den höchsten Lohn. Damals macht ein stolzes Wort die Runde: „Hald Dei Gosch, i schaff beim Bosch!“ Verschenkt hat Robert Bosch bestimmt nichts. Weil „beim Bosch“ nichts verschenkt wird, gibt es auch lange kein Weihnachtsgeld. Gezahlt aber wird für Leistung. Zu den geflügelten Worten des großen Unternehmers, der so eigenwillig seinen Weg geht, gehört denn auch der Satz: „Ich zahle nicht gute Löhne, weil ich viel Geld habe, sondern ich habe viel Geld, weil ich gute Löhne zahle.“

Solch pragmatische Sicht der Dinge führt denn auch zur Verwirklichung des Acht-Stunden-Tages im Jahre 1906 aus Anlaß des 100.000. Magnetzünders und 1910 zum arbeitsfreien Samstagnachmittag, als der 500.000. Zünder gefeiert wird. Natürlich steht bei diesen sozialen Pioniertaten soziales Gewissen Pate, die Auseinandersetzung mit den sozialen Bewegungen seiner Zeit, ohne die Bosch gar nicht zu verstehen ist. Doch er begründet seine soziale Fortschrittlichkeit zu Recht mit betriebswirtschaftlichen Argumenten. Noch kurz vor seinem Tode sagt er im Jahre 1941: „Ich habe früh, schon im Jahre 1906, die achtstündige Arbeitszeit in meinem Betrieb eingeführt, weil ich sie für die wirtschaftlichste hielt und für am zuträglichsten für die Erhaltung der menschlichen Arbeitskraft.“ Neben der Berliner Jalousiefabrik Heinrich Freese und den Carl-Zeiss-Werken ist Bosch der Dritte im Bunde. Doch seinen Unternehmerkollegen erscheint dies als die „Formel einer revolutionären Gesinnung“. Jetzt macht das bös gemeinte Wort vom „roten Bosch“ die Runde. Einmal mehr muß er erfahren, daß er zwischen den Welten steht: „Man hetzte zwar von links nach rechts, man hetzte auch von rechts nach links, man hetzte aber von beiden Seiten gegen die Mitte, und das war ich.“

Schadenfreude begleitet den großen Streik der Metallarbeitergewerkschaft bei Bosch Anfang 1913, der seinen Anlaß in der Entlassung von acht Arbeitern hat, die wegen schlechtgehender Geschäfte nicht mehr beschäftigt werden können. Nach diesem erbitterten Arbeitskampf, der viele Arbeitsplätze kostet, macht ein neues Wort die Runde: „Hättesch Dei Gosch g'halta, no hätt' de d'r Bosch b'halta.“ Der Firmengründer tritt zwar dem württembergischen Metallarbeitgeberverband bei, er bleibt sich aber treu: Weitere soziale Pioniertaten folgen. Vor allem aber dies: Das Leitmotiv in den Bosch-Fabriken mit der wachsenden Arbeitsteilung: „Jeder hat ein Anrecht darauf, sich als vollwertiges Glied des Ganzen, als eine für seinen Platz notwendige Persönlichkeit zu fühlen.“ So steht es 1919 in der ersten Ausgabe des „Bosch-Zünders“. Heute sagt Gesamtbetriebsratsvorsitzender Rau: „Für soziale Pioniertaten ist der Rahmen eng geworden.“ Der Grund: „Tarifverträge und Gesetze lassen nur noch wenig Raum.“

Im März 1942 - mitten im Krieg und vereinnahmt von der Diktatur der Nationalsozialisten - hat die „Bosch-Familie“ von ihrem Vater Bosch Abschied genommen. In bewegter Rede - Hakenkreuzfahnen vor Augen und Nazi-Embleme im Blick - erinnert Hans Walz mutig an die Grundsätze seines Freundes: Ihn hätten von Anfang an Gerechtigkeit, Menschenliebe und Freiheit bestimmt. Beschwörend fast fügt Walz, auf dessen Schultern nun die Verantwortung für das Unternehmen lastet, hinzu: „Keiner ist unter uns, an welchem Platz er auch stehe, der nicht aufgerufen wäre, dies verpflichtende Erbe mit dem eigenen Leben zu erfüllen.“ Richard Ulbrich aus dem Lichtwerk in Feuerbach ist damals Gefreiter an der Front im Norden. Von dort schreibt er: „Vater Bosch soll in uns leben, und sein Geist soll bei uns sein.“ Das sind die Manifestationen dessen, was man damals längst „Bosch-Geist“ nennt. Heute, so sagt Richard Rau, gibt es so etwas wie „Bosch-Geist“ oder „Bosch-Stolz“ nicht mehr. In dem Elektronik- und Technologie-Konzern der Gegenwart stoßen sich die Welten. Bereits bei den Feiern zum 75jährigen Jubiläum hatte sich Hans Walz zu dem mahnenden Appell entschlossen, „daß Robert Bosch zeitlos ... weiterlebe in seinem Werk.“

Tatsächlich haben die sieben Testamentsvollstrecker 1964 eine Konstruktion geschaffen, die es ermöglichen soll, das Weltunternehmen im Sinne des Gründers weiterzuführen. Die Erben übertrugen bis auf etwa zehn Prozent das Privatvermögen auf die Robert Bosch Stiftung GmbH, gleichzeitig wurden die Stimmrechte der Stiftung auf die neu geschaffene Robert Bosch Industrietreuhand KG übertragen. Sie ist seither das eigentliche Lenkungsorgan der Bosch-Gruppe. Dem Gesellschaftergremium gehören acht Persönlichkeiten an, darunter Merkle als Vorsitzender, Marcus Bierich und Robert Bosch der Jüngere (Sohn aus zweiter Ehe) als Vertreter der Familie. Dieser von niemandem kontrollierte, eher geheimnisvolle Kreis hat die Macht, hält die Fäden in der Hand und fällt strategische Entscheidungen. Hier entwickelt sich die oft zitierte Kontinuität des Hauses. Grundlagen sind die Richtlinien, die Robert Bosch seinen Nachfolgern nach langen Überlegungen als Anleitung zur Wahrung und Mehrung seines Lebenswerkes hinterlassen hatte. Er war klug genug, die Nachfolger nicht sklavisch an den nie veröffentlichten Wortlaut der Richtlinien zu binden. Vielmehr anerkannte er die Notwendigkeit, „diese Richtlinien auf dem Weg der Fortentwicklung den jeweiligen Veränderungen anzupassen.“ Neue Gedanken und Grundsätze können daher unter der Voraussetzung in die Richtlinien aufgenommen werden, „daß sie ... in der Richtung meiner geistigen Einstellung liegen und geeignet sind, die sozialen Zwecke meiner Unternehmungen im Sinne meiner Bestrebungen zu fördern.“ Merkle hat daraus die „Politik der Evolution“ als Prinzip abgeleitet. „Vater Bosch“ hat eine eigene Bosch-Welt hinterlassen, die Erben aber zugleich aufgefordert, weltoffen zu sein. Die Robert Bosch GmbH ist - gemäß dieser Tradition - offen und verschlossen zugleich, für viele ein Rätsel, auf alle Fälle in der deutschen Unternehmenslandschaft einmalig.

UNTERM STRICH

Robert Bosch

Firmenname	Robert Bosch GmbH
Firmensitz	Stuttgart
Branche	Kraftfahrzeugausrüstung / Elektrotechnik
Hauptprodukte	Kraftfahrzeugausrüstung / Kommunikationstechnik / Gebrauchsgüter / Produktionsgüter
Eigentumsverhältnis	Robert Bosch Stiftung GmbH (rund 90%)
Geschäftsführer	Marcus Bierich, Konrad Eckert, Karl Gutbrod, Peter Rose, Kurt Schips, Friedrich und Hermann Scholl
Gründer	Robert Bosch
Gründungsjahr	1886
Mitarbeiter	148.000 (1986)
Niederlassungen	21 Geschäftsbereiche im Inland sowie Tochter- und Beteiligungsgesellschaften sowie Auslandsvertretungen in mehr als 130 Ländern
Umsatz	21,719 Mrd. DM (1986)
Zukunftsziel	Aufbau des Geschäftsfeldes „Mobile Kommunikation“

Sachs
Im Vorwärtsgang zu großen Zielen
von Barbara Beck

„Er hatte keine Industrie-Cäsaren-Gebärden, er hatte keine Macht-Vorstellungen, er hatte keinen politischen Ehrgeiz. Er war der Führer der technischen Dinge und Werke, die er erfunden, in die Welt gesetzt und zu einem beispiellosen Erfolg gebracht hatte. Mehr wollte er nicht sein in der Welt". Mit diesem Nachruf ehrte Kasimir Edschmid den am 2. Juli 1932 verstorbenen Großindustriellen und Mitbegründer der weltbekannten Schweinfurter Metallindustrie Ernst Sachs in der „Frankfurter Zeitung".

Karl Ernst Josef Sachs wurde am 22. November 1867 in Petershausen bei Konstanz als Sohn des Schreiners und Werkzeugmachers Josef Sachs und seiner Ehefrau Pauline geboren. Sein Vater hatte nach der Erfindung einer kombinierten Bohr- und Sägemaschine einen Betrieb zur Herstellung solcher Maschinen gegründet, in dem er zeitweise bis zu 70 Arbeiter beschäftigte.

Obwohl Ernst Sachs schon früh Interesse an technischen und mechanischen Vorrichtungen zeigte, begann er nach dem Besuch der Volksschule auf Wunsch der Eltern zunächst eine kaufmännische Lehre, von der seine Eltern sich bessere Entwicklungsmöglichkeiten und höheres gesellschaftliches Ansehen erwarteten. Der Entschluß, seinen Sohn Techniker werden zu lassen, fiel Josef Sachs sehr schwer.

Erste technische Lehrstätte wurde für Ernst Sachs eine kleine Fabrik für Laubsägemaschinen in Stuttgart. Die nächste Station seiner Lehrzeit bildete die Firma Schneider in Schwenningen im Schwarzwald, die Werkzeuge für die Uhrenfabrikation produzierte. In Schwenningen saß Sachs zum ersten Mal auf einem Fahrrad, das sich ein Stellmacher selbst gebastelt hatte und auf dem Sachs gelegentlich fahren durfte.

Nach einer Zwischenetappe in einer Fabrik, die Spezialmaschinen für die Herstellung von Taschenuhren fertigte, kam Ernst Sachs 1885 zu der angesehenen feinmechanischen Werkstätte Boley in Esslingen, wo der noch nicht Zwanzigjährige eine Präzisionsfräsmaschine für Tresorschlüssel konstruierte. Während seiner Zeit bei Boley baute sich Sachs, da er sich noch kein Stahlhochrad leisten konnte, selbst ein Rad aus Holz mit Eisenreifen. Als er sich schließlich ein gebrauchtes Stahlhochrad mit Vollgummireifen kaufen konnte, trat er dem dortigen Radfahrerverein bei und nahm an Klubrennen teil.

Mit seiner Übersiedlung 1889 nach Frankfurt am Main, wo er in der feinmechanischen Werkstätte Lorch Schmidt arbeitete, begann Ernst Sachs' große Zeit als Radrennfahrer. Da er einen für die damalige Zeit außergewöhnlich hohen Lohn von acht bis elf Mark pro Tag verdiente, konnte er sich bald ein modernes Hochrad leisten. Wegen seiner sportlichen Begabung fand er Aufnahme im exklusiven Frankfurter „Velocipedklub", der gewöhnlich keine jungen Handwerker als Mitglieder aufnahm. Im Juli 1893 fand Ernst Sachs' erfolgreiche Radrennfahrerkarriere, die ihm etwa 80 Rennsiege eingebracht hatte, nach einem Unfall beim Training auf der Frankfurter Palmengartenbahn ein abruptes Ende.

Nach einem halbjährigen Kuraufenthalt in Bad Kissingen kam Ernst Sachs im April 1894 in die aufstrebende bayerische Industriestadt Schweinfurt, wo er ein Jahr bei einem Fahrradhändler arbeitete. Am 23. November 1894 veröffentlichte das Kaiserliche Patentamt in Berlin eine Patentschrift „Fahrrad-Kugellager mit verschiebbarer Kugellauffläche", deren Inhaber Ernst Sachs war. Dank dieser von Sachs erdachten Nabenkonstruktion, die später unter dem Namen „Schweinfurter Patent-Präcisions-Nabe" bekannt werden sollte, drehten sich die Räder nun leichter.

Zwar war Sachs jetzt im Besitz eines vielversprechenden Patents, aber es fehlte ihm an dem nötigen Kapital zur Auswertung seiner Erfindung. Während Sachs noch an der weiteren Verbesserung der Fahrradnabe arbeitete, lernte er über seinen späteren Schwiegervater, den Schweinfurter Kugellagerfabrikanten Wilhelm Höpflinger, den Schweinfurter Kaufmann Karl Fichtel kennen. Am 1. August 1895 erschien im „Schweinfurter Tagblatt" unter der Rubrik „Amtliche Bekanntmachungen" folgende Notiz: „Unter der Firma Schweinfurter Präcisions-Kugellagerwerke Fichtel & Sachs stehen die Herren Karl Fichtel, Kaufmann dahier, und Ernst Sachs, Mechaniker dahier, von heute ab in offener Handelsgesellschaft mit dem Sitz hierselbst. Schweinfurt, Königliches Landgericht, Kammer für Handelssachen, gez. Zeller".

Als Fabrikationswerkstätte fungierte ein einstöckiges Haus auf dem Fichtelschen Familiengrundstück in der Schweinfurter Schultesstraße, das sie mietfrei zur Verfügung gestellt bekamen. Das Anfangskapital von 15.000 Mark stammte auch von Fichtel. Zwei Gesellen und ein Lehrling bildeten die erste Belegschaft, die sich gegen Jahresende 1895 bereits auf zehn Arbeitskräfte vergrößerte. Karl Fichtel widmete sich der kaufmännischen Organisation und dem Vertrieb, während Sachs die Fabrikation und technische Leitung des Unternehmens übernahm. Nachdem sich Sachs selbständig gemacht hatte, heiratete der Jungunternehmer am 7. November 1895 die zwanzigjährige Sofie Barbara, genannt Betty, die Tochter seines Freundes und Förderers Wilhelm Höpflinger.

Die ersten Jahre der jungen Firma - die Arbeiterzahl war gegen Ende des Jahres 1896 immerhin auf 70 Beschäftigte angestiegen - waren hart. Trotz der von Sachs entwickelten neuen Nabenmodelle gelang der Durchbruch zum erhofften großen Geschäft nicht; und außerdem waren die nötigen Betriebsmittel mit dem sich steigernden Absatz nicht im gleichen Umfang gewachsen. Wiederholt mußten bei finanziellen Engpässen Geldmittel von Freunden geborgt werden. Einen der angebotenen Bankkredite anzunehmen lehnte Sachs jedoch ab und konnte auch seinen Kompagnon Fichtel dazu bewegen. Sachs wollte den Betrieb nicht aus der Hand geben. Er befürchtete, daß sie gezwungen würden, die Firma zu einer Aktiengesellschaft umzuwandeln, die von Banken und Aufsichtsräten abhängig wäre. In dieser Situation half sein Schwiegervater Höpflinger mit 136.000 Mark. Aus ähnlichen Überlegungen heraus verzichtete auch Sachs' Sohn Willy bei dem Wiederaufbau des im Zweiten Weltkrieg zu 67 Prozent zerstörten Werkes auf die Zuhilfenahme fremder Finanzmittel.

1903 glückte Ernst Sachs nach achtjährigen Versuchen der große Wurf mit der „Torpedo-Freilaufnabe", die erstmals Antrieb, Freilauf und Rücktrittbremse in einem einzigen kleinen Aggregat zusammenfaßte und deren Erprobung in der Praxis mit einer Gruppe Versuchsfahrern von Sachs zu einem geschickt angelegten Werbefeldzug in Dutzenden von Zeitungen genützt wurde. Die Nabe verursachte eine totale Umwälzung der Fahrradindustrie. Das Fahrrad entwickelte sich zum Massenverkehrsmittel, weil diese Nabe das Radfahren von den bisherigen körperlichen Anstrengungen befreite.

Die Nachfrage nach der Torpedo-Freilaufnabe war groß, und Sachs verstand es, die Gunst der Stunde zu nutzen. In der Saison 1903/04 verließen 86.000 Torpedo-Naben das Werk, in den folgenden Jahren erhöhte sich die Stückzahl weiter. Ende des Jahres 1904 war die Arbeiterzahl auf 900 angestiegen. Bereits 1905 entstand eine Verfeinerung der Torpedo-Nabe: die „Doppel-Torpedo-Nabe", die erste Mehrgangnabe.

Neben der Entwicklung der Fahrradnabe beschäftigte sich Ernst Sachs in jenen Jahren auch mit der Fertigung von Kugellagern. Ihm mußte sich der

Gedanke geradezu aufdrängen, das Kugellager, das beim Fahrrad den leichten Lauf bewirkte, auch bei schwereren Fahrzeugen, Maschinen und Transmissionen aller Art zu probieren. Er verbesserte die Herstellungsverfahren für Kugellager so, daß das neuzeitliche Präzisionskugellager möglich wurde. Da weder zuverlässige Unterlagen noch Berechnungsgrundlagen über den praktischen Anwendungsbereich der neuen Aggregate existierten, stellte Sachs zunächst Experimente an den Transmissionen und Maschinenanlagen des eigenen Betriebs an, die er mit Kugellagern versehen ließ. Dank der Kugellager konnten der Kraftverzehr und die Betriebskosten verringert werden.

Für den Fahrzeugbau waren die Versuche bei der städtischen Branddirektion in Leipzig im Jahre 1898 von besonderer Bedeutung. In für Pferdebespannung gebaute 4.000-kg-schwere Feuerwehrwagen wurden Fichtel & Sachs-Kugellager eingebaut; nach einem erfolgreich absolvierten Probejahr wurde der ganze Wagenpark mit den neuen Maschinenteilen ausgerüstet. Damit war der Beweis erbracht, daß Kugellager auch für schwer belastete Achsen vorteilhaft verwendet werden konnten.

Ein Problem stellte das Einfüllen der Kugeln in die Ringe dar, da ohne entsprechende Einfüllöffnung das Lager nur bis über die Hälfte mit Kugeln gefüllt werden konnte, was die Tragfähigkeit erheblich beeinträchtigte. Sachs erfand eine neue Einfüllöffnung, bei der die früheren Nachteile vermieden wurden. Außerdem entwickelte Sachs Kugelführungsringe, auch Kugelkäfige genannt, um die gegenseitige Reibung der einzelnen Kugeln zu verhindern. Ihm gelang die Verbesserung der ersten Kugelführungsringe durch den 1905 patentierten Wellenkorb, der eine hohe Tragfähigkeit des Kugellagers ermöglichte. Der Wellenkorb war der wichtigste Beitrag von Ernst Sachs zur Entwicklung der neuzeitlichen Lager. Im Laufe der Zeit erhielt Sachs über 100 Patente für neuentwickelte oder verbesserte Kugellagerkonstruktionen.

Während es bedeutend länger dauerte, bis sich der Maschinenbau des Kugel- oder Rollenlagers bediente, erkannte die junge Kraftfahrzeugindustrie verhältnismäßig rasch die Möglichkeiten, die in den neuen Sachs-Lagern steckten, und auch die gerade entstehende Flugzeugindustrie brauchte Schweinfurter Kugellager. Die Schweinfurter Firma wurde zu einem der führenden Kugellagerproduzenten im Kraftfahrzeugbau. Ab 1910 gab es fast kein Autorennen, bei dem sich nicht mit Sachs-Lagern ausgestattete Wagen auf den ersten Plätzen fanden. Häufig nahm Sachs selbst an den Rennen teil, sein größter Erfolg war der Große Preis der Stadt Wien von 1909.

Sachs' Kompagnon Fichtel hatte sich in der Zwischenzeit um den schnellen und lückenlosen Aufbau der in- und ausländischen Verkaufsorganisation gekümmert, die erst den breiten Absatz der Sachs-Konstruktionen ermöglichte. Nach dem Tode von Karl Fichtel am 8. September 1911 übernahm Sachs die alleinige Leitung des Unternehmens.

In den Jahren nach der Erfindung der Torpedo-Freilaufnabe und der wesentlichen Kugellagerformen dehnten sich die Fabrikanlagen weit aus, die Zahl der Arbeiter stieg auf 2.600 im Jahre 1912 an. Zollpolitische Erwägungen führten 1912 zum Erwerb eines Zweigwerkes in Tschirnitz an der Eger in Böhmen. Etwas später entstand eine Tochterfabrik in Lancaster in den Vereinigten Staaten. Der Erste Weltkrieg verhinderte die geplante Errichtung einer weiteren Fabrik in der Nähe von Sedan, wo ein Bauplatz bereits angekauft war. Dabei war die schnelle Erweiterung der Schweinfurter Produktionsanlagen und die Gründung von Zweigwerken ohne Inanspruchnahme fremder Finanzmittel erfolgt!

Die Philosophie des Hauses Fichtel & Sachs:

Nach dem Tode von Ernst Sachs führte dessen Sohn Willy die Firma durch die wirtschaftlich schwierigen Kriegs- und Nachkriegsjahre. Das durch Kriegseinwirkungen schwer zerstörte Werk konnte wieder zu einem Unternehmen von Weltruf aufgebaut werden. Die Expansion des Unternehmens erstreckte sich auch auf ausländische Niederlassungen, beispielsweise in Frankreich und Brasilien.

Seit 1980 erzielt das Unternehmen trotz härteren Wettbewerbs einen jährlich steigenden Gesamtumsatz, der sich allerdings auf die einzelnen Produktgruppen entsprechend der Marktnachfrage recht unterschiedlich verteilt. Hohe Investitionen in verbesserte Fertigungsverfahren und neue Produkte führten bei größerer Wirtschaftlichkeit im Fertigungsprozeß zu neuen Marktchancen, vor allem im Bereich Kraftfahrzeugteile.

Die Qualitätsanforderungen an die eigenen Produkte und die Einsatzbereitschaft der Mitarbeiter trugen wesentlich zu dieser günstigen Entwicklung bei. Die richtige Motivation der Mitarbeiter zeigt sich vor allem an der zunehmend hohen Beteiligung am betrieblichen Vorschlagswesen für Verbesserungen. Die Anfang der 80er Jahre rückläufige Mitarbeiterzahl konnte wieder erhöht werden. Zur Entspannung der Arbeitsmarktsituation wurde auch die Zahl der Auszubildenden weiter angehoben.

Während des Ersten Weltkrieges vergrößerte sich die Produktion durch den militärischen Bedarf; außer Naben und Kugellagern wurde auch Munition hergestellt. Dadurch stieg die Zahl der bei Fichtel & Sachs Beschäftigten von 3.600 im Jahre 1914 auf rund 8.000 bei Kriegsende. Die Produktionsanlagen wurden durch den 1915 begonnenen und ein Jahr später fertiggestellten Bau der als Werk II bezeichneten Fabrikanlage am Schweinfurter Hauptbahnhof erweitert. Während des Krieges finanzierten Sachs und seine Frau Betty ein von ihnen eingerichtetes Lazarett in Schweinfurt.

Der verlorene Krieg blieb nicht ohne Folgen für Fichtel & Sachs. Während die Fabrik in Tschirnitz unter großen finanziellen Verlusten gehalten werden konnte, ging die „Ball Bearing Company" in Lancaster verloren. In Schweinfurt mußten nach Kriegsende durch den stagnierenden Export, auf den vor dem Krieg im Durchschnitt 40 Prozent der Schweinfurter Erzeugnisse entfielen, die Produktion und die Zahl der Beschäftigten stark reduziert werden.

Durch die Inflation erhielt die Fahrradindustrie durch die erhöhte Nachfrage nach dem relativ billigen Fahrrad einen erneuten Auftrieb, von dem auch die Fichtel & Sachs-Werke mit ihren Freilaufnaben profitierten. Ein großer Teil der knapp 3.000 Arbeiter, die unmittelbar nach Kriegsende entlassen worden waren, konnte wieder eingestellt werden.

Die politischen und wirtschaftlichen Krisen der Nachkriegszeit bewogen Ernst Sachs, der bisher mit seinem ganzen Vermögen für die Firma gehaftet und seit dem Tode Fichtels die Alleinverantwortung getragen hatte, am 25. Januar 1923 seine Firma in eine Aktiengesellschaft umzuwandeln. Das Grundkapital betrug 100 Millionen Mark. Sachs hatte aber mit diesem Schritt seine Firma nicht aus der Hand gegeben; denn sämtliche Aktien verblieben im Besitz seiner Familie und der Witwe seines ehemaligen Partners Fichtel. Als Holding-Gesellschaft dient seitdem die damals ebenfalls neu gegründete Sachs GmbH in München.

Für die während des Ersten Weltkrieges stark expandierende deutsche Automobilindustrie sah die Situation dagegen schlechter als für die Fahrradindustrie aus. Durch den Abbau der sie bisher schützenden Zollschranken mußten viele Kraftfahrzeugfabrikanten unter dem Druck vor allem der auf Massenfabrikation ausgerichteten amerikanischen Autoindustrie ihre Fabriken schließen. Die sich vermehrenden Krisenzeichen im deutschen Automobilbau konnten Ernst Sachs nicht gleichgültig bleiben, da auch die Zukunft seines eigenen Unternehmens davon betroffen war, dessen Kugellagerproduktion für die Automobilindustrie bald nach der Firmengründung stark angestiegen war.

Die deutsche Kugellagerindustrie, die sich 1905 zu einer Preis- und Absatzregulierungs-Konvention zusammengeschlossen hatte, die auch die Einkaufspreise für Stahl für ihre Mitglieder festlegte, hatte bis zum Ersten Weltkrieg eine beherrschende Weltmarktstellung eingenommen. Nach Kriegsende begann sich die deutsche „Kugellager-Konvention" unter dem Einfluß der Verschlechterung ihrer Position auf dem Weltmarkt durch billiger produzierende ausländische Firmen und der für sie ungünstigen zollpolitischen Entwicklungen aufzulösen. Die im Kartell vertretene schwedische Firma SKF-Göteborg, die die Norma-Kugelwerke in Stuttgart übernommen hatte, drohte wegen der zunehmenden Verstöße gegen die Kartellabsprachen und der Unterangebote der ausländischen Konkurrenz mit ihrem Austritt.

Da verschiedene Einigungsversuche an der Uneinigkeit unter den deutschen Kugellagerherstellern scheiterten und ein Preiskampf mit dem finanzstarken schwedischen Kugellagertrust drohte, entschloß sich Sachs am 16. Mai 1929 seine Kugellagerabteilung an die Schweden zu verkaufen. Außer Sachs'

Werk I in der Schweinfurter Schultes/Schrammstraße, in dem die Kugellager produziert wurden, gingen in die unter schwedischer Führung stehenden, neu gegründeten „Vereinigten Kugellagerfabriken AG“ die Firmen Riebe, Fries & Höpflinger, die Kugellager-Abteilung der deutschen Waffen- und Munitionsfabriken und die Maschinenfabrik Rheinland (Klöckner & Thyssen) ein.

Sachs, der von der Presse viel Kritik für den Verkauf einstecken mußte, nannte es „die schwerste Entscheidung meines Lebens“. Hauptfabrikationsstätte blieb nach einer Forderung von Sachs, der Aufsichtsratsvorsitzender der neuen Firma wurde, Schweinfurt, in das 1931 auch der Sitz des Unternehmens verlegt wurde. Mit den aus dem Verkauf gewonnenen Geldern kaufte Sachs die Anteile der Erben Fichtels an Fichtel & Sachs auf, das damit in den Alleinbesitz von Sachs überging. Nach der Abgabe der Kugellagerabteilung nannte sich das um etwa die Hälfte verkleinerte Werk ab 1929 „Fichtel & Sachs AG“.

Um den Verlust der Kugellagerabteilung auszugleichen - 1928 betrug der Anteil der Kugellager am Gesamtumsatz 46 Prozent -, fügte Ernst Sachs zu der der Firma verbliebenen Herstellung von Fahrradnaben zwei neue zukunftsträchtige Produktionssparten hinzu: Kupplungen und Stoßdämpfer für die Kraftfahrzeugindustrie und Kleinmotoren. Die Fahrzeugteileproduktion sollte sich später zum wichtigsten Umsatzträger des Unternehmens entwickeln.

Die Motorisierung des Fahrrades stellte sich Ernst Sachs als die zweite große Aufgabe seines Lebens. Ihm schwebten Motorfahrräder vor, die für jeden erschwinglich und in ihrer Bedienung unkompliziert sein sollten. 1930 konnte der erste, von Chefkonstrukteur Emil Fischer konstruierte, Sachs-Motor mit 74 ccm Zylinderinhalt und einer Leistung von 1,25 PS nach erfolgreicher Absolvierung von Zuverlässigkeitsfahrten in Serienproduktion gehen. Dieser Motor wurde von dem neuen Chefkonstrukteur Gustav Steinlein noch verbessert. Bei seinem auf 98 ccm vergrößerten Motor mit 2,25 PS unterblieb das laute mechanische Geräusch des Vorgängermodells. Dieser robuste und leistungsfähige Motor sollte sich zu Sachs’ größtem Erfolg nach der Torpedo-Nabe entwickeln. 1931/32 machten die Fahrrad-Motoren bereits 19 Prozent der Gesamtproduktion aus.

Ernst Sachs war es nicht mehr vergönnt, den Siegeszug seiner neuen Produkte, der Kraftfahrzeugteile und Kleinmotoren, mitzuerleben; denn er starb am 2. Juli 1932. Die Leitung der Firma, die damals 5.754 Mitarbeiter beschäftigte, übernahm sein einziger Sohn Willy.

In den Jahren nach dem Ersten Weltkrieg war der 1917 zum Geheimen Kommerzienrat ernannte und 1925 mit dem Ehrendoktor der Technischen Hochschule München ausgezeichnete Schweinfurter Industrielle auch im sozialen Bereich aktiv geworden. Ernst Sachs vertrat die Ansicht, daß gesicherte Arbeitsplätze und hohe Löhne die beste Sozialpolitik bildeten, da sie die Arbeitnehmer von öffentlichen Wohlfahrtseinrichtungen unabhängig machten. 1919 ließ Sachs in seinem Werk eine große Lehrlingsabteilung mit eigenen Werkstätten einrichten, eine damals keineswegs übliche Einrichtung bei Industriebetrieben. Die ersten Werkswohnungen, die Ernst-Sachs-Kolonie, wurden 1923 gebaut.

Für seine Firma schuf Sachs eine eigene Hinterbliebenen- und Altersversorgung mit einem Gründungskapital von 450.000 Mark, das später auf 950.000 Mark aufgestockt wurde. 1930 bekam die Ernst-Sachs-Hilfe die Form einer Stiftung. Der Stadt Schweinfurt hatte er 1917 100.000 Mark und zehn Jahre später nochmals 400.000 Mark zur Errichtung eines Volksbades gestiftet. 1931 entschloß sich Sachs, die gesamte Finanzierung für das Volks- und Hallenschwimmbad zu übernehmen.

Die Eröffnung des nach ihm benannten Ernst-Sachs-Bades 1932 erlebte Sachs, der 1927 zum Ehrenbürger von Schweinfurt ernannt worden war, nicht mehr. Die Stadt stellte ihrem am 2. Juli 1932 verstorbenen Ehrenbürger ein Ehrengrab.

UNTERM STRICH

Ernst Sachs

Firmenname	Fichtel & Sachs AG
Firmensitz	Schweinfurt
Branche	Kfz-Teile, Zweitaktmotoren, Fahrradantriebe, Kleingetriebe, Schmiede- und Preßteile
Hauptprodukt/ Dienstleistung	Stoßdämpfer, Kupplungen
Eigentumsverhältnis	Mannesmann AG (60,0 %) Mannesmann-Sachs GbR (37,5 %) Fam. Gunter Sachs (2,5 %)
Gesellschafter/ Geschäftsführer	Werner H. Dieter, Vorsitzender des Aufsichtsrates
Gründer	Ernst Sachs und Karl Fichtel
Gründungsjahr	1895
Mitarbeiter	18.500 (1986), weltweit
Niederlassungen	weltweit
Umsatz	2,245 Mrd. DM (1985), Gruppe
Zukunftsziel	Marktstellung ausbauen und Beschäftigung sichern

Zeiss
Licht und Glas
von Klaus Dieter Oehler

In seinem Nachruf fand Ernst Abbe über seinen Freund, Geschäftspartner und Förderer, der am 3. Dezember 1888 verstorben war, nur lobende Worte:

„Alles, was heute vorliegt als hervorgegangen aus der Tätigkeit von Carl Zeiss, ist durchaus nichts anderes als die Bewährung eines originalen Gedankens, den der jetzt Verstorbene aus sich heraus erfaßt und durch ein Vierteljahrhundert hin kämpfend durchgeführt hat.

Diesen Gedanken, die praktische Construction des Mikroskopes ganz und gar auf die wissenschaftliche Theorie zu gründen und alle Kunstfertigkeit unter deren strenge Leitung zu stellen – diesen Gedanken hat Carl Zeiss verfolgt über alle Hindernisse hinweg mit einer Beharrlichkeit und Ausdauer, wie nur ein festes Vertrauen auf die Wahrheit einer Erkenntnis sie gewähren kann."

Ausdauer, Beharrlichkeit und Vertrauen waren die wesentlichen Merkmale des Mannes, dessen Name heute noch ein Markenzeichen ist für Qualität, Perfektion und Zuverlässigkeit. Es ist schon erstaunlich, daß sich die Gedanken des Mechanikus der Jenaer Universität bis heute in diesem Unternehmen im ursprünglichen Sinn gehalten haben, ja daß sich noch heute in den Werken rund um Oberkochen auf der Schwäbischen Alb, in Mainz oder wo auch immer ein Werk der heutigen Carl-Zeiss-Stiftung steht, der Geist des Gründers wiederfinden läßt. Große soziale Anstrengungen, gleichzeitig hohe Ansprüche an die Leistungsfähigkeit, eine starke Motivation der Mitarbeiter und bei alldem noch viel Gespür für wirtschaftlichen Erfolg, das zeichnet die Zeiss-Unternehmen auch heute noch aus. 140 Jahre nachdem dem Mechanikus Carl Zeiss die Genehmigung „zur Fertigung und zum Verkauf mechanischer und optischer Instrumente sowie zur Errichtung eines Ateliers für Mechanik“ erteilt wurde.

Zeiss hatte eine auch damals nur sehr selten anzutreffende Mischung aus handwerklicher Fertigkeit und geistiger sowie künstlerischer Begabung „geerbt“. Sein Vater, der Hofdrechslermeister August Zeiss, vermachte ihm einen Großteil der handwerklichen Kunst, seine Mutter, Friedericke Schmith, bildete seine geistigen Anlagen aus. Und so wurde Carl, der als fünftes Kind am 11. September 1816 in Weimar geboren wurde, zwar weder zu einem Gelehrten noch zu einem überragenden Künstler, aber eben zu einem Unternehmer und Erfinder mit außergewöhnlichem Gespür. Im Grunde begann seine Karriere nicht so, wie man sie sich heute für einen erfolgreichen Unternehmer vorstellt. Er durfte zwar, wie seine älteren Brüder, das Gymnasium besuchen, aber er mußte die Oberschule nach der Obersekunda wieder verlassen. Als Grund hierfür wird zum einen genannt, daß er für ein Studium gesundheitlich nicht robust genug gewesen sein soll, andere aber glauben, daß sein Vater wenigstens einen der Söhne im handwerklichen Bereich habe halten wollen. Wie dem auch sei, Carl Zeiss ließ sich trotz dieses „Handicaps“ nicht von seinen Zielen abhalten. Er ging zwar von 1834 bis 1838 in die Lehre beim Großherzoglichen Hofmechanikus Dr. Friedrich Körner in Jena, aber bereits nach dem ersten Lehrjahr besuchte er parallel zu seiner Ausbildung auch Vorlesungen an der Universität. Dabei beschäftigte er sich unter anderem mit Gebieten wie Mathematik, Experimentalphysik, Mineralogie, Optik und Chemie. Zeiss selbst berichtet über diese Zeit in seinem Gesuch um Erlaubnis, sich als Universitätsmechanikus niederzulassen, am 10. Mai 1846: „Darauf trat ich ... eine vierjährige Lehrzeit an, besuchte aber gleichzeitig fortwährend die für einen Mechaniker geeigneten akademischen Vorlesungen, wozu ich mir bei meinem Abgang vom Gymnasium die nötige Ermächtigung durch ein Abiturientenexamen erworben hatte.“ Nach seiner Lehre erweiterte er in den nächsten sieben Jahren seine theoretischen und praktischen Kenntnisse in den „renommiertesten physikalischen, optischen und mathematischen Maschinenwerkstätten Stuttgarts, Darmstadts, Wiens und Berlins“, wie er selbst schreibt, und schloß in Jena mit dem Studium der Chemie und höheren Mathematik seine Ausbildung ab. Wer nun staunt, was ein Mechaniker damals alles leisten wollte, würde heute mit Sicherheit von Überqualifizierung sprechen. Damals jedoch war diese Ausbildung für viele Mechaniker unerläßlich.

Zeiss' Lehrvater Körner zum Beispiel hatte 1818 den Doktorgrad erlangt, war in den akademischen Lehrkörper aufgenommen worden und hielt Vorlesungen über den Gebrauch und die Herstellung von Instrumenten.

Dem Gesuch um Niederlassung als Mechanikus konnte Carl Zeiss drei Beurteilungen von Professoren aus Jena beifügen, darunter diejenige des bekannten Zellforschers Schleiden und des Direktors des Physiologischen Instituts Haeser. Und so konnte er dann am 19. November 1846 mit 100 Talern Betriebskapital in der Neugasse 7 in Jena seine erste Werkstatt eröffnen. Der Aufbau des Geschäfts war am Anfang äußerst schwierig. Zeiss hatte Konkurrenz, die damals bereits über reiche Erfahrung und ein erprobtes Unternehmen verfügte. Andererseits aber war es eine Zeit, die für seine Branche als sehr günstig anzusehen war. Die Wissenschaft brauchte damals neue, ganz spezielle Präzisionsgeräte auf dem Gebiet der Optik, da mit den bisher vorhandenen Geräten der Forschung Grenzen gesetzt waren. Die wissenschaftlichen Grundlagen der Optik, also die Berechnung der Krümmung eines Glases und ähnliches, waren aber noch lange nicht erforscht, und so versuchten die Gerätehersteller, die Qualität ihrer Objektive durch „Pröbeln" zu verbessern. Zunächst suchte man aus einer großen Zahl von Kron- und Flintglaslinsen diejenigen heraus, deren Kombination beim Probieren die geringsten Unregelmäßigkeiten zeigten. Dann war man mit großer Geduld bemüht, die noch vorhandenen Bildfehler zu verbessern, was aber nur bis zu einem gewissen Grad möglich war. Schließlich vereinigte der Optiker zwei, drei oder vier von diesen nicht vollkommenen korrigierten Doppellinsen zu einem optischen System und veränderte ihre wechselseitigen Abstände so lange, bis ihm das Objektiv ein scharfes und helles Bild zu geben schien.

Carl Zeiss machte dieses Pröbeln erst einmal mit. Doch er glaubte, daß es eine wissenschaftliche Methode geben müßte, die das Pröbeln überflüssig machte und die Qualität der Objektive erhöhen und berechenbar machen würde. Erst einmal mußte er sich jedoch mit dem Vorhandenen zufriedengeben. Da zu erwarten war, daß die Aufträge der Universitätsinstitute zum Bau und zur Reparatur von Laboratoriumsgeräten nicht ausreichen würden, vertrieb Zeiss zusätzlich Brillen, Laborartikel aller Art, Waagen und optische Geräte, die er von fremden Herstellern bezog. So allerdings kam er finanziell ganz gut zurecht und konnte bereits im Jahr der Gründung einen Gehilfen und einen Lehrling beschäftigen.

Dennoch ließ ihn der Gedanke an ein perfektes Mikroskop nicht los. Zwar baute auch Zeiss „ganz ordentliche" Mikroskope, aber auch diese hoben sich kaum von jenen ab, die andere Hersteller damals bauten. Ihr einziger Vorteil war, daß sie im Vergleich zu anderen handlicher und leichter zu transportieren waren. Professor Schleiden ermunterte den jungen Mechanikus immer wieder, an seinen Forschungen zur Verbesserung des Mikroskopes festzuhalten. Für seine, in Zeiss' Augen einfachen, Mikroskope erhält er dennoch die Anerkennung der Fachwelt. Auf der Allgemeinen Thüringischen Gewerbeausstellung in Weimar wird ihm 1857 eine silberne und 1861 die goldene

Medaille als Ehrenpreis zuerkannt. In der Begründung wird hervorgehoben, daß die Zeiss'schen Geräte zu „den vortrefflichsten in Deutschland überhaupt" gefertigten gehörten, deren Linsensystem sich durch „plane, scharfe und lichtstarke Bilder auszeichneten". In den ersten zwei Jahrzehnten seit Bestehen des Werkes werden etwa 1.000 einfache und zusammengesetzte Mikroskope gefertigt. In dieser Zeit erhöht sich die Zahl der Mitarbeiter auf 20. Der Mitarbeiterstamm bleibt in der Regel auf Jahrzehnte hinweg der Werkstatt verbunden. Unter ihnen ist August Löber, der als erster Lehrling 1847 in die Werkstatt eingetreten war und bei seinem Ausscheiden 1891 als Werkmeister ging. Die Vielseitigkeit der Arbeit, das Verhalten von Carl Zeiss gegenüber den Mitarbeitern und die gegenseitige Anerkennung sind die Grundlage für das Zusammengehörigkeitsgefühl der „Zeissianer". Dies wurde auch durch gemeinsame Feiern gefördert. Mindestens einmal im Jahr hat Zeiss am frühen Morgen eine unerwartete Ansprache gehalten: „Meine Herren, legen Sie Ihre Arbeit zur Seite und gehen Sie nach Hause, kleiden Sie sich um, und kommen Sie dann um 9 Uhr wieder. Ich habe ein paar Kremser (offene Pferdegespanne) bestellt und für die nötige Zehrung gesorgt. Wir fahren nach der Leuthenburg. Vergessen Sie auch nicht, Ihre Frauen und Bräute mitzubringen." Doch neben der Feierei war ein harter Arbeitstag das Übliche. Darüber hinaus knobelte Carl Zeiss auch nach Feierabend weiter an der Lösung seines Problems. Er suchte unermüdlich nach der Gesetzmäßigkeit, die sich beim Durchfallen des Lichtes durch eine Reihe hintereinander geschalteter Linsen ergibt. Es ging ja darum, vor dem Zusammenbau eines Mikroskopes die Gesetze der Lichtbrechung genau zu kennen, sie zu berechnen und darzustellen, um dadurch den unproduktiven Zeitverlust durch das Pröbeln zu vermeiden und um präziser zu arbeiten. Dabei machte Zeiss nicht den Fehler, nur auf sein eigenes Wissen zu vertrauen. Er vergewisserte sich der Mitarbeit von Studenten der Jenaer Universität, lange Jahre, jedoch ohne dabei deutliche Fortschritte zu erzielen. Carl Zeiss erkannte, wie Abbe später betonte, daß er, „als Autodidakt an dieses Arbeitsfeld herangekommen, also ohne den Anteil an der Summe von traditioneller Erfahrung, den anderen gegenüber, die schon Jahrzehnte hin jene eigenartige Kunst geübt hatten, sehr im Nachteil sei. Und als Autodidakt, auch frei von allzu großer Verehrung für das traditionell Gegebene, fand er bald, daß diese Art des Arbeitens im letzten Grund für die Optik eigentlich höchst irrational sei." „Wie der Architekt ein Bauwerk, bevor eine Hand zur Ausführung sich rührt, schon im Geiste vollendet hat, nur unter Beihilfe von Zeichenstift und Feder zur Fixierung seiner Idee", so muß auch, dachte sich Zeiss, „das komplizierte Gebilde von Glas und Metall, wie das Mikroskop es erfordert, sich aufbauen lassen. Rein verstandesmäßig in allen Elementen bis ins letzte vorausbestimmt in geistiger Arbeit durch theoretische Ermittlung der Wirkung aller Teile, bevor diese Teile noch körperlich ausgeführt sind ..." Das ist nun die Idee, die Carl Zeiss in der Mikroskop-Optik eingeführt und über alle Hindernisse hinweg zur Verwirklichung gebracht hat: die Idee eines streng rationalen Aufbaus der optischen Konstruktionen für das Mikroskop." Die

Idee war vorhanden, nur der richtige Partner noch nicht gefunden. Zwischen 1852 und 1854 arbeitete Zeiss in dieser Frage eng mit dem Mathematiker Barfuß zusammen, jedoch wieder einmal ohne meßbaren Erfolg. Am 3. Juli 1866 kam es dann zu der Begegnung, die nicht nur für Zeiss von unschätzbarem Wert war. Der damals 50jährige Zeiss traf den 26jährigen Ernst Abbe, den Sohn eines armen Spinnmeisters. Abbe hatte sich aus ärmsten Verhältnissen hochgearbeitet.

Philosophie des Hauses Zeiss:

Die Philosophie der heutigen Unternehmensleitung unter Dr. Horst Skoludek orientiert sich immer noch in erster Linie an den Statuten, die Ernst Abbe bei der Gründung der Carl-Zeiss-Stiftung aufgestellt hat. Natürlich hat sich dabei die Änderung der Technik entsprechend niedergeschlagen, so daß auch die Elektronik Einzug gehalten hat. Im wesentlichen aber besteht die Philosophie aus vier Zielen:

Optische, feinmechanische, elektronische und glastechnische Erzeugnisse hoher Qualität zu entwickeln, zu fertigen und auf den nationalen und internationalen Märkten anzubieten.

Den Mitarbeitern eine freie Entfaltung ihrer Fähigkeiten zu ermöglichen.

Den Mitarbeitern besondere soziale Rechte einzuräumen.

Wichtige Gebiete der Wissenschaft und Technik zu fördern und an der Erfüllung gemeinnütziger Aufgaben mitzuwirken.

Seine Jugend hatte er in der Kammgarnspinnerei von Eichel & Kramer in Eisenach verbracht. Die Mühle, in der die Spinnerei untergebracht war, diente während der Revolution 1848 als Unterschlupf. Ernst Abbes Vater, Georg Adam Abbe, versteckte mehrere Flüchtlinge in einem verborgenen Raum. Ernst mußte bei Hausdurchsuchungen Wache stehen und den Bedrohten mit Pfiffen Zeichen geben, sich ruhig zu verhalten. Die niederdrückende Ausbeutung und entwürdigende Abhängigkeit der arbeitenden Klasse bleiben in seinem Gedächtnis haften. Als Hauptursache erkannte er die Anhäufung und den Mißbrauch von wirtschaftlichem Eigentum in der Hand weniger und weitgehende Rechtlosigkeit der arbeitenden Klasse. Während seiner Schulzeit bewies Ernst Abbe eine überdurchschnittliche Intelligenz. Da der Vater eine weiterführende Schule nicht bezahlen konnte, übernahm der Arbeitgeber, die Herren Eichel und Kramer, die Kosten. Sie wollten dadurch Ernst Abbe als späteren Mitarbeiter gewinnen. Der jedoch setzte nach bestandenem Abitur seinen Wunsch durch, studieren zu können. Seinen Lebensunterhalt während des Studiums bestritt er durch Stipendien und durch Erteilung von Privatunterricht. Er besuchte die Vorlesungen und Übungen mit ausgezeichnetem Erfolg. Nach viereinhalbjährigem Studium legt er mit 21 Jahren die Doktorprüfung ab, sein Hauptfach ist die Physik. Nach einer Anstellung in Frankfurt kehrt er 1863 nach Jena zurück. Dort traf er dann Carl Zeiss.

Im Grunde war die Zusammenarbeit zwischen Zeiss und Abbe gar nicht selbstverständlich. Zeiss hatte es mittlerweile schon zu einigem Reichtum gebracht, das Unternehmen beschäftigte aber noch immer nicht mehr als 20 Mitarbeiter. Der Unternehmer Zeiss aber konnte den Wissenschaftler Abbe mit seiner Idee gewinnen. Abbe und Zeiss versuchten fünf Jahre lang, hinter das Geheimnis der Lichtbrechung zu kommen, bis es ihnen schließlich Ende des Jahres 1871 gelang. Dabei gab es immer wieder Rückschläge, aber das Vertrauen von Zeiss in den jungen Wissenschaftler war unerschöpflich.

Von diesem Zeitpunkt an, da Abbe das Rätsel gelöst hatte, ging es mit der Zeiss'schen Werkstätte unaufhaltsam bergauf, und die Freundschaft zwischen Abbe und Zeiss wurde immer fester. Alle Objektive, die das Haus Zeiss verließen, waren „sämtlich neuerdings auf Grund theoretischer Berechnung des Herrn Professor Abbe in Jena construiert", wie es in der Preisliste von 1872 heißt.

Die Verbindung zu Abbe wollte Zeiss nun auch auf unternehmerischem Gebiet noch enger knüpfen. Also bot er ihm 800 Taler Gewinnanteil. Doch Abbe lehnte es ab, diesen Gewinn als sein alleiniges Eigentum zu betrachten. Dieser Gewinn, so sagte er, wäre nicht zustande gekommen ohne die Arbeit vieler in der Werkstätte Carl Zeiss. Was ihn, Ernst Abbe, angehe, so hätte er die Entdeckung nicht machen können ohne die wissenschaftliche Anleitung, die er Schule und Hochschule zu verdanken habe. Er müsse deshalb jene daran teilhaben lassen, die diesen Gewinn mit hervorgebracht hätten. Daraus zog er als Folgerung, daß er in jedem Jahr die Hälfte seines Gewinns aus der Firma Carl Zeiss der Universität überwies. Allerdings konnte auch dies nicht verhindern, daß Abbe ebenso wie Zeiss zu einem reichen Mann wurde.

Das Geschäft wuchs und wuchs. Mit der nun einmaligen Güte der Geräte wuchs auch die Nachfrage. 1881 mußte Zeiss bereits 82 Mitarbeiter beschäftigen, um die Aufträge erfüllen zu können. Im gleichen Jahr ernannte ihn die Philosophische Fakultät der Universität zum Ehrendoktor.

Doch immer noch war für Zeiss ein Problem bei der Herstellung des perfekten Mikroskopes nicht gelöst. Denn neben einer handwerklichen Kunst und den wissenschaftlichen Berechnungen Abbes fehlte dem Glas noch die notwendige Qualität. Jahrelang war auch hier schon versucht worden, ein möglichst schlierenfreies und reines Glas herzustellen. Die Lösung aber schaffte der Glas-Chemiker Dr. Otto Schott. 1879 schickt Schott optische Gläser zur Prüfung an Zeiss in Jena. Zeiss ist von seinen Gläsern recht beeindruckt und ermuntert Schott, weitere Versuche vorzunehmen. 1884 gründen Zeiss, sein Sohn Roderich, Abbe und Schott gemeinsam das „Glastechnische Laboratorium Schott und Genossen". Das Laboratorium wird sogar vom preußischen Staat subventioniert, mit insgesamt rund 60.000 Mark. Im Sommer 1886 lief die Produktion auch im Glaswerk auf vollen Touren, 46 verschiedene Gläser bot Schott und Genossen der Kundschaft an.

Durch die jetzt vorzüglichen Gläser bekam auch das Zeiss-Werk noch einmal neuen Auftrieb. Am 24. September 1886 verließ das Mikroskop mit der Fertigungsnummer 10 000 die Werkstatt in Jena. Grund genug zu einer ausgiebigen Feier. Beschäftigt wurden damals bei Zeiss schon über 250 Mitarbeiter, die Werksräume mußten im Verlauf der Jahre mehrmals vergrößert werden. Allerdings verfuhr Zeiss beim Ausbau des Werkes aufgrund der nicht gerade rosigen wirtschaftlichen Lage in jenen Jahren recht vorsichtig. Er gestattete seinen Mitarbeitern vielmehr, ihre Arbeit auch zu Hause fortzusetzen, so daß sich eine eigene Heimindustrie bildete. Nur wenige Arbeiten vergab Zeiss an auswärtige Firmen. Und alle Stücke, die von außerhalb angeliefert wurden, mußten die strenge Qualitätskontrolle durchlaufen.

Dies führte zwar dazu, daß die Zeiss-Produkte teurer wurden als die der Konkurrenz, aber der Qualitätsunterschied glich dies aus. Zeiss hatte sich aufgrund des hohen Qualitätsstandards schnell von seinen Mitbewerbern gelöst.

Die Entdeckungen von Robert Koch und anderen Forschern auf dem Gebiet der Bakteriologie, die erst durch die Qualität der Zeiss-Mikroskope möglich wurden, verhalfen dem Namen Zeiss zu weltweiter Bekanntheit. Für Carl Zeiss selbst jedoch blieben nicht viele Jahre, in denen er sich an dem Erfolg seines Lebenswerks freuen konnte. Mehrere Schlaganfälle mußte er von 1886 an verkraften, es folgen häufige Kuraufenthalte, und von 1887 an sitzt er sogar ständig im Rollstuhl. Am 3. Dezember 1888 stirbt er.

Das Werk jedoch, das Zeiss gemeinsam mit Ernst Abbe aufgebaut hatte, sollte seinen Namen tragen, beschloß sein Freund und Partner Abbe. Um aber auch den Geist von Carl Zeiss zu erhalten, entschloß sich Abbe zur Gründung einer Stiftung. Abbe erwarb alle Geschäftsanteile an der Firma und übertrug diese dann der Stiftung. Seine Familie fand er mit einer relativ geringen Summe endgültig ab, sich selbst enteignete er. Das hat er damals so begründet: „Der Besitz, über den ich gegenwärtig verfüge . . . ist ganz wesentlich nur dadurch zustande gekommen, daß es mir und meinen Genossen möglich war, die Tätigkeit vieler anderer Personen dauernd in unseren Dienst zu stellen und den Ertrag ihrer Arbeit uneingeschränkt uns zunutze zu machen. . . Nach meiner persönlichen Überzeugung will ein Erwerb dieses Ursprungs vor einem strengeren Sittlichkeitsideen genügenden Eigentumsbegriff als öffentliches Gut betrachtet und behandelt sein ... Diese Überzeugung ... verpflichtet mich vor meinem Gewissen, die Mittel, welche die Gunst der Umstände in meine Hand gelegt hat, bei meinen Lebzeiten zu gemeinnütziger Verwendung zu bringen und gleichzeitig Vorkehrungen zu treffen, daß auch nach meinem Tode Gleiches geschehe."

So wurde die Carl-Zeiss-Stiftung eine Stiftung ganz besonderer Art. Sie ist zugleich und vor allem ein industrielles Unternehmen, das heute 3,6 Milliarden Mark umsetzt und weltweit tätig ist. Als Alleineigentümerin zweier Firmen führt und verwaltet sie sich durch eigene Organe. Der Reingewinn wird für kulturelle und wissenschaftliche Zwecke verwendet. Ihre industrielle Tätigkeit betreibt die Carl-Zeiss-Stiftung auf dem Gebiet der Feintechnik und Optik unter dem Firmennamen Carl Zeiss und in der Glasindustrie unter dem Namen Jenaer Glaswerk Schott. Bis 1948 hatte die Stiftung ihren Sitz in Jena. Dort befindet sich auch heute noch das VEB Kombinat Carl Zeiss, Jena, ein Mammutkonzern mit insgesamt rund 69.000 Mitarbeitern. Allerdings kann man das Kombinat nicht mit dem westlichen Unternehmen vergleichen, denn dort ist praktisch die komplette feinmechanische und optische Industrie der DDR zusammengefaßt worden.

Nach dem Zweiten Weltkrieg wurden jedoch wesentliche Männer aus der Führungsspitze, allen voran die Wissenschaftler, von den Amerikanern nach Schwaben geholt. Dort gründeten sie dann das neue Zeiss-Werk in Oberkochen, die Stiftung erhielt ihren Sitz im benachbarten Heidenheim. Die Jenaer Glaswerke verlegten in der Zeit ihren Sitz nach Mainz.

UNTERM STRICH

Carl Zeiss

Firmenname	Carl Zeiss
Firmensitz	Oberkochen
Branche	Feinmechanik und Optik
Hauptprodukt/ Dienstleistung	Licht-, Elektronen-, Operationsmikroskope, Brillengläser und -fassungen
Eigentumsverhältnis	100 % Carl-Zeiss-Stiftung
Gesellschafter/ Geschäftsführer	Dr. Horst Skoludek
Gründer	Carl Zeiss
Gründungsjahr	1846
Mitarbeiter	ca. 8.550 (1986)
Niederlassungen	6 (Inland), 20 (Ausland)
Umsatz	1,3 Mrd. DM (1986)
Zukunftsziel	Mit Erfolg weiterarbeiten, so wie bisher

Walther
Ins Schwarze getroffen
von Horst Schankliss

Die Walther Sportwaffenfabrik - Carl Walther GmbH - in Ulm konnte 1986 auf ihr einhundertjähriges Bestehen zurückblicken. Daß sie diese einhundert Jahre überstehen konnte und auch heute noch über einen weltweiten Ruf verfügt, ist einzig und allein dem zähen Willen des Firmengründers Carl Walther sowie den nachfolgenden drei Generationen zu verdanken, die zu ihrer Zeit an der Spitze dieses Familienunternehmens standen bzw. stehen.

Fritz Walther, ältester Sohn des Firmengründers und sein Nachfolger, stand zweimal vor dem absoluten „Aus": einmal 1918 nach dem Ende des Ersten Weltkrieges, und zum zweiten Mal 1945 nach dem totalen Zusammenbruch. Dieser brachte nicht nur die Demontage des Werkes im von sowjetischen Truppen besetzten Thüringen, sondern auch ein Verbot jeglicher Fertigung von Schußwaffen unter Androhung der Todesstrafe für das gesamte ehemalige Reichsgebiet.

Der Name Walther ist eines der Mosaiksteinchen, aus dem sich das zusammensetzte, was man später als „deutsches Wirtschaftswunder" bezeichnete.

Hohes handwerkliches Können und ein ausgeprägter Sinn für machbare Konstruktionen haben den Werdegang des Werkes bestimmt. Um die Bedeutung dieses Schaffens zu erkennen, muß man sich allerdings ein wenig mit der geschichtlichen Entwicklung des Büchsenmacher-Handwerks befassen:

Wie fast alle traditionsreichen deutschen Waffenfertiger begannen auch die Walthers in Thüringen. Aufgrund der guten Qualität des dort erzeugten Eisens entstanden die Städte Suhl und das jetzige Zella-Mehlis. Urkundlich sind die dortigen Eisenhämmer schon 1440 erwähnt, und der erste Büchsenmacher-Innungsverband wurde 1593 von Suhl, Zella und Mehlis gegründet.

Beim Aufkommen der Feuerwaffen gab es noch zwei Gruppen von Handwerkern: Die eine schmiedete die Rohre, die andere fertigte die Schäfte. Später gingen die Arbeiten ineinander über, und auch heute noch muß ein Büchsenmacher mit Stahl und Holz gleichermaßen gut umgehen können.

Im Laufe der Zeit wurden die Schußwaffen technisch verfeinert. Sie blieben jedoch Einzelfertigungen, wenn auch mit der Ausrüstung der stehenden Heere eine gewisse Standardisierung erforderlich wurde.

Die erste „technische Revolution" gab es zu Anfang des 19. Jahrhunderts, als das Knallquecksilber die Erfindung des Zündhütchens möglich machte. Ihr Vorteil lag darin, daß jetzt die Schußwaffen auch bei feuchtem Wetter schossen und zu jeder Zeit einsatzbereit waren.

Nun wurde sehr viel experimentiert, und es ging in erster Linie darum, mehrschüssige Waffen zu entwickeln, die robust und unkompliziert zu handhaben waren. Eine dieser neuen Waffentypen war der Revolver, der sich großer Popularität erfreute. Carl Walther hat trotz der Konfrontation mit der etablierten Konkurrenz der Revolver, die in den letzten Jahrzehnten des 19. Jahrhunderts den Markt beherrschte, an seinen Ideen festgehalten und sie auch konstruktionsmäßig durchgeführt.

Carl Walther - mit vollständigem Namen hieß er Carl Wilhelm Freund Walther - richtete im Herbst 1886 im geerbten Haus auf dem „Katzenbuckel" in Zella-St. Blasii seine erste eigene Werkstatt ein. Eine Drehbank mit Fußbetrieb, ein Schraubstock und eine Feldschmiede - das war alles.

Er war - natürlich - „erblich belastet". Seine Mutter Rosalie war eine geborene Pistor, eine Enkelin des Mannes, der als „Pistor-Schmalkalden", als Fertiger hervorragender Schußwaffen in ganz Europa bekannt war. Auch Walthers Ehefrau entstammte einer bekannten Waffenfamilie; sie war die Tochter des Revolver-Fabrikanten Christian Friedrich Pickert in Großfahner bei Gotha.

Carl Wilhelm Freund Walther hatte fünf Söhne: Fritz, Georg, Willy, Erich und Lothar. Die Ausbildung dieser fünf wurde von vornherein im Hinblick auf die Zukunftspläne des Vaters festgelegt. Die drei Erstgeborenen erlernten im elterlichen Betrieb das Büchsenmacherhandwerk, Erich wurde Kaufmann und Lothar Werkzeugmacher.

Zunächst galt es jedoch, praktisch zu arbeiten, die junge Büchsenmacherei zu etablieren und ihre Wirtschaftlichkeit zu sichern und auszubauen. Unterstützt von einem Lehrling stellte der damals 28 Jahre alte Carl Walther in handwerklicher Arbeit Jagd- und Scheibenbüchsen - hier vor allem mit Martini-System - her. Später nahm er Büchsen nach System Aydt und andere in sein Fertigungsprogramm auf, und das waren Waffen, deren Herstellung hohes Können erforderte.

Hier ist wieder ein kleiner Schlenker in die Waffengeschichte angebracht: Die Metallpatrone war erfunden worden. Geschoß und Antriebspulver waren in einer Metallhülse - meistens aus Messing - untergebracht; gezündet wurde die Patrone durch den Schlagbolzen der Waffe, der auf das im Patronenboden befindliche Zündhütchen trifft.

Diese Erfindung bot wiederum ein weites Betätigungsfeld für Waffen-Konstrukteure. Das Problem lag darin, den bei der Zündung entstehenden Gasdruck nicht nur zum Antrieb des Geschosses, sondern auch zum Wiederladen der Waffe zu verwenden. Der Gasdruck soll den Verschluß der Waffe öffnen, wobei die leere - abgeschossene - Patronenhülse hinausgeworfen wird. Er muß dann über den Verschluß eine Feder derart zusammenpressen, daß sie bei Nachlassen dieses Druckes den Verschluß wieder in die Ausgangslage zurückbringt, während eine neue Patrone vom Magazin her in das Patronenlager gebracht wird. Dann braucht man nur noch den Abzug durchzuziehen, um diesen Vorgang erneut auszulösen.

Das Ganze ist das Prinzip einer „Selbstladepistole", mit dessen Problematik - Gasdruck kontra Federdruck, richtiger Druck der Magazinfeder usw. - sich Carl Walther auseinanderzusetzen hatte. Er hätte es nicht nötig gehabt, sich mit dieser Problematik herumzuschlagen, denn sein bescheidener Betrieb florierte, und er hatte sein Auskommen.

1903 konnte er neben dem Elternhaus einen kleinen, dreistöckigen Betriebsbau errichten, und bald danach wurde eine eigene Dieselkraftanlage angeschafft und im Erdgeschoß installiert. Der erste Schritt zum Industriebetrieb war getan.

Ausgangs des 19. und anfangs des 20. Jahrhunderts beschäftigten sich viele Konstrukteure mit dem System der Selbstladepistole. Browning, Bergmann, Borchard, Frommer, Haenel, Luger, Mauser, Ortgies, Roth, Sauer, Schmeißer, Steyr und Stock sind Namen, die Waffengeschichte gemacht haben. Carl Walther mußte gewußt haben, auf welche Risiken er sich einließ, als er an der Konstruktion einer eigenen Selbstladepistole unbeirrbar festhielt. Er beschäftigte mittlerweile fünfzehn Personen und setzte seine Idee von einer treffsicheren und einwandfrei funktionierenden Selbstladepistole mit Hilfe seines ältesten Sohnes Fritz 1908 in die Tat um.

Die Produktionsaufnahme der „Walther Modell 1" bedeutete auch den Abschied von der bisherigen handwerklichen Arbeitsweise und den Einstieg in die moderne Industrieproduktion. Diese „Walther Modell 1" war eine bahnbrechende Konstruktion auf dem Gebiet der Taschenpistolen. Mit einer Länge von nur 114 mm war sie im Vergleich zu anderen Pistolen geradezu winzig klein, ihr Leergewicht betrug nur 0,37 kg. Sie war als einfacher Rückstoßlader in dem für damalige Verhältnisse sehr kleinen Kaliber 6,35 mm ausgelegt, und das Wechselmagazin faßte beachtliche 6 Schuß. Diese Pistole wurde auf Anhieb ein voller kommerzieller Erfolg, aber Carl Walther war der Ansicht, daß sie durchaus noch verbesserungsbedürftig sei.

Schon ein Jahr später brachte er diese in der Konstruktion geänderte Verbesserung als „Walther Modell 2“ heraus. Dabei wurde erstmals der Lauf als Führung für die Verschlußführung genutzt; beim Modell 1 lag die Verschlußfeder noch unter dem Lauf. Diese neue Art der Führung der Verschlußfeder ist seit 1909 bei einer Vielzahl von Walther-Modellen zu finden. Ein anderes, interessantes Detail ist die Verwendung der Kimme als Lade-Anzeige: Befindet sich eine Patrone im Patronenlager, steht die Kimme normal hoch; ist das Lager leer, fällt sie in eine Aussparung und man kann nicht mehr über sie visieren.

Alle Pistolen-Konstrukteure verbesserten immer wieder ihre Modelle, und mit dem inzwischen entwickelten Kaliber 7,65 mm erwuchs dem Revolver gegenüber eine beachtliche Konkurrenz. Walther brachte seine erste Pistole in diesem Kaliber als „Modell 3“ im Jahre 1910 heraus. Sie wog nur 470 Gramm und wurde deshalb zu den „kleinen Pistolen“ gerechnet.

Militär und Polizei fanden immer mehr Interesse an Selbstladepistolen; viele Hersteller bewarben sich um staatliche Aufträge. Carl Walther war der Meinung, sein „Modell 3“ sei aufgrund des handlichen Formates eher für den zivilen Bereich geeignet und brachte daher noch im gleichen Jahr eine Polizei- und Militärversion als „Modell 4“ heraus. Dabei wurde die Grundeinheit des „Modell 3“ beibehalten, aber die Magazinkapazität wurde auf 8 Schuß erhöht und der Lauf der günstigeren Ballistik wegen auf 85 mm verlängert.

Die Fabrik wuchs langsam, aber stetig. Bis zum Beginn des Ersten Weltkrieges war die Zahl der Mitarbeiter auf 75 angestiegen, denen etwa fünfzig Maschinen für ihre Arbeiten zur Verfügung standen. In der Fertigung stand der Zivilbedarf im Vordergrund, aber das änderte sich schlagartig mit dem Kriegsausbruch 1914. Das Preußische Kriegsministerium bestimmte von nun an das Bild der Waffenhersteller in Zella, Mehlis und Suhl.

Der Bau auf dem „Katzenbuckel“ wurde zu eng. 1914 wurde die Errichtung einer wesentlich größeren Fabrik geplant. Inwieweit diese Planung auf die unternehmerischen Fähigkeiten des Carl Walther oder auf die Forderungen des Preußischen Kriegsministeriums zurückzuführen ist, bleibt ungeklärt.

Ein erster Bauabschnitt konnte 1915 auf einem 22.000 Quadratmeter großen Gelände in Zella in Betrieb genommen werden, ein zweiter Block folgte 1916/17. Damals arbeiteten etwa 500 Leute bei Walther, der Maschinenpark wurde - so ist es mündlich überliefert - auf etwa 750 erweitert. Trotz aller Belastungen durch die Kriegsproduktionen wurde der zivile Markt nicht vergessen. Als Beispiel hierfür kann das „Modell 7“, das 1917 im Kaliber 6,35 mm herauskam, gelten.

Carl Wilhelm Freund Walther erlebte das kriegsbedingte Ansteigen seines Werkes nicht mehr. Er starb 1915 als angesehener und geachteter Fabrikant. Sich selbst hat er ein Denkmal durch seine Konstruktionen gesetzt. Die später zu einer Stadt zusammengefaßten Zella und Mehlis ehrten ihn posthum, als sie anläßlich des fünfzigsten Jubiläums der Walther-Werke im Jahr 1936 den Marktplatz in „Carl-Walther-Platz“ umbenannten.

Hans Fahr über die Zukunft des Hauses Walther:

„Der heutige Sport- und Verteidigungswaffenmarkt stellt eine echte Herausforderung dar. Immer neue Entwicklungen zwingen die Firmen zu einer schnellen Reaktion, d. h., die Firma Walther ist gezwungen, neue Entwicklungen schnell zu realisieren. Wie kann sie das bewerkstelligen?

Auf der einen Seite dadurch, daß Neuentwicklungen auf allen Sport- und Verteidigungswaffengebieten im eigenen Haus forciert betrieben werden und zum anderen durch einen hochwertigen Maschinenpark, der gleichzeitig hohe Qualität und enorme Flexibilität erlaubt. Die Verwirklichung einer immer mehr computerunterstützten Fertigung ist das Ziel. Mit diesem CNC-Maschinenpark besteht außerdem die Möglichkeit, hochstehende Fertigungstechnologie für andere Produkte und Branchen auszunutzen.

Die Firma Walther wird aber immer als Hauptprodukte die Sport- und Verteidigungswaffen besitzen. Sie wird aber in Zukunft verstärkt versuchen, auch in anderen Branchen ihre Fertigungstechnologie einzusetzen.“

Der Fortgang des Werkes von Carl Walther lag nun in den Händen seiner Söhne. Fritz und Georg hatten sich nach ihrer Lehre im elterlichen Haus auch in anderen Betrieben des In- und Auslandes umgesehen und sich ein umfassendes Wissen angeeignet.

Fritz Walther hatte sich schon zu Lebzeiten seines Vaters besonders stark für die Konstruktionen von Pistolen interessiert und war auch an der „Walther Modell 1“ maßgeblich beteiligt. Es war also logisch und folgerichtig, daß er sich auch künftig auf diesem Gebiet besonders intensiv engagierte. Seine Arbeiten waren es, durch die die Walther-Werke zum internationalen Durchbruch und weltweiten Ansehen kamen.

Die drei Brüder Fritz, Georg und Erich leiteten nun die Firma gemeinsam. Lothar Walther, der gelernte Werkzeugmacher, nahm nach dem Ersten Weltkrieg das Studium auf und machte sich selbständig. Er schuf die heute in Königsbronn, Baden-Württemberg, ansässige Firma Lothar Walther, Feinwerkzeugbau GmbH & Co.

Die Walther-Werke waren jetzt in allen Bereichen des jagdlichen und sportlichen Schießens tätig. So z. B. entwickelte man eine Selbstladeflinte, die 1921 der Öffentlichkeit vorgestellt wurde und ein absolutes Novum für Deutschland bedeutete. Ihr folgte - und auch das war absolut neu - eine Selbstladebüchse, die sowohl als Repetierer wie auch als Einzellader verwendet werden konnte.

Für das sportliche Schießen, das seinerzeit noch in den Kinderschuhen steckte, baute man „Olmypia-Kleinkaliberbüchsen", für Jagd und Wurftaubensport Doppelflinten und für Bergsteiger und Seefahrer eine konstruktiv sehr bemerkenswerte Signalpistole. Diese Pistole wurde bereits 1926 patentiert, und die internationale Fachwelt hält sie heute noch für eine der besten auf dem Gebiet der Leucht- und Signalpistolen. Sie entspricht auch jetzt noch den Anforderungen, die man an ein solches Verständigungs- und Rettungsgerät stellen muß.

Fritz Walther beschränkte sich jedoch nicht ausschließlich auf die Fertigung von Waffen. Weil Schußwaffen, wenn sie treffsicher sein sollen, hochwertige Präzisionsinstrumente sein müssen, erfordert ihr Bau notwendigerweise auch einen großen Anteil an exakter Feinmechanik.

Georg Walther erkannte die Möglichkeiten, die sich dadurch auf dem Gebiet der Bürotechnik boten. Mitte der zwanziger Jahre nahm man die Fertigung von Rechen- und Addiermaschinen auf. Diesem neuen Zweig widmete sich konstruktiv besonders Georg Walther, während Erich die Vertriebsorganisation aufbaute. Die Maschinen mit der „Walther-Schleife" fanden in aller Welt guten Absatz. Die weitere Entwicklung der Abteilung „Büromaschinen" muß hier kurz aufgezeichnet werden, weil sie typisch für den Einsatz und die Willenskraft „der Walthers" ist.

Bei Ende des Zweiten Weltkrieges lagen die Walther-Werke in Trümmern. Fritz Walther konnte durch Zufall eine schmale Mappe mit Konstruktionsunterlagen bergen und damit aus der sowjetischen Besatzungszone nach Westen fliehen. In Heidenheim, am Ostrand der Schwäbischen Alb, stellte ihm eine befreundete Firma eine kleine Baracke zur Verfügung, in der in mühsamer Kleinarbeit die erste Rechenmaschine nach Kriegsende von Hand zusammengebastelt wurde.

Gewaltige Schwierigkeiten waren zu überwinden; hochwertiges Rohmaterial war nicht aufzutreiben, und auch die Werkzeuge mußten erst mühsam selbst gebaut werden. Zu essen gab's wenig, und frieren mußte man auch. Aber außer den Konstruktionszeichnungen hatte man auch den Willen zur Werkstreue und zur Präzisionsarbeit mit hinüber gerettet; die bewährte Tradition war eine unerläßliche Voraussetzung für den Wiederaufbau.

Der Betrieb wuchs. Man konnte bald eine größere Fabrikationsbaracke in Niederstotzingen erstellen, und aus der entstand dann im Verlauf eines Jahrzehnts ein beachtlicher Fabrikbau. Ein zweites Werk wurde in Gerstetten auf der Schwäbischen Alb errichtet. Die Abteilung „Büromaschinen" wurde zum selbständigen Betrieb, in dem Georg Walther die nach dem Krieg neu entwikkelten Addiermaschinen baute. Fritz Walther konnte sich nach Lockerung der strengen gesetzlichen Bestimmungen wieder dem Bau von Sport- und Jagdwaffen zuwenden.

Georg Walther starb überraschend und unerwartet 1954. Seine Präzisionsmechanik hat sich leider in der Rechenmaschinen-Branche nicht durchsetzen können. Sie konnte nicht überleben, weil die Elektronik an ihre Stelle trat. Diesem Wandel in der Technologie hatte die „Walther Büromaschinen GmbH" nichts entgegenzusetzen.

Aber nun zurück zur Entwicklung der Walther-Werke in der Zeit zwischen den beiden Weltkriegen. Fritz Walther war ein ausgezeichneter Pistolenschütze. Er kannte Probleme und Problemchen aus eigener Praxis und konnte auch konstruktiv zur Beseitigung beitragen. Da war zum Beispiel die Formgebung - heute sagt man „styling" - ein entscheidender Faktor. Pistolen-Styling dient nicht nur der Eleganz; es kommt darauf an, daß die Pistole dem Schützen so „in der Hand liegt", daß er auch bei längeren sportlichen Schießdisziplinen nicht ermüdet.

Bei Walther kam die erste Sportpistole 1925 heraus. Mit ihr gewann Heinz Hax als einziger deutscher Teilnehmer am Schnellfeuerschießen gegen stärkste internationale Konkurrenz die Silbermedaille bei den Olympischen Spielen 1932 in Los Angeles. Das war eine Sensation. Walther war in die Domäne der Amerikaner eingedrungen und stand nun im Mittelpunkt des Interesses aller olmypischen Schießsportler.

Es war nun selbstverständlich, daß die deutsche Equipe für die Olympischen Spiele 1936 in Berlin mit Walther-Pistolen ausgerüstet wurde. Dabei traten große Schwierigkeiten auf: Wegen der Devisenbeschränkungen konnte man keine Präzisions-Patronen in den USA einkaufen und mußte sich mit dem beschränken, was es im Lande gab und natürlich auch unter Devisenbeschränkungen gefertigt wurde. Fritz Walthers persönliches Engagement und die Bemühungen der Patronenhersteller führten zu einer stolzen Bilanz: Gold und Silber für Deutschland, Bronze für Schweden, und auch die Plätze 4 und 5 wurden mit den Walther-Pistolen geschossen.

Der konstruktiv wohl „größte Wurf" gelang Fritz Walther mit der „PP", „Pistole Polizei", die 1929 herauskam. Sie ließ - so das Urteil eines bekannten ausländischen Fachmannes - jede andere Selbstladepistole über Nacht veralten. Zum ersten Mal gab es eine Pistole mit einem funktionsfähigen und verläßlichen Double-Action-System (Spannen und Schießen der Waffe nur durch Betätigung des Abzuges). Mit diesem Problem hatten sich Konstrukteure und Erfinder schon seit Beginn dieses Jahrhunderts beschäftigt; Walther konnte es zufriedenstellend lösen.

Der PP folgte 1931 eine verkleinerte Version, die „PPK" = „Pistole Polizei Kriminal". Beide Modelle fanden einen weltweiten Markt; sie sind auch heute noch ein bedeutender Umsatzfaktor im Lieferprogramm der Walther-Werke. Beide Modelle wurden von anderen Herstellern oft kopiert; die Kopien konnten jedoch die Originale nie in ihrer Existenz gefährden. Die von Fritz Walther immer geforderte und auch gelieferte Qualität ließ der Konkurrenz keinen Spielraum.

Von 1935 bis 1937 wurde in Zella-Mehlis an einer Armee-Pistole im Kaliber 9 mm mit Spannabzug und automatischer Fallsicherung gearbeitet. Dazu wurde sehr viel experimentiert, und keine andere Pistole bei Walther hatte so viele Vormodelle wie diese, die dann als P 38 bei der Wehrmacht die Pistole 08 ablöste. Mehrere hunderttausend P 38 ließen Verläßlichkeit und Qualität der Walther-Erzeugnisse zur Legende werden. Seit fünf Jahrzehnten wird die P 38 in fast unveränderter Form gebaut, und als P 1 wurde sie von der Bundeswehr übernommen.

Die Übernahme der P 38 als Ordonnanz-Pistole bei der Wehrmacht bedeutete zwangsläufig die Einstellung aller Ambitionen auf neue konstruktive Bereiche. Die Werke waren ausgelastet, man beschäftigte etwa 2.000 Personen.

1945 marschierten US-Truppen in Zella-Mehlis ein, später räumten sie Thüringen und übergaben das Gebiet an sowjetische Truppen. Die Walther-Werke wurden demontiert und gesprengt. Fritz Walther konnte - wie bereits erwähnt - mit einer schmalen Mappe Konstruktionsunterlagen in den Westen fliehen und mußte dort in der „Stunde Null“ vollkommen neu beginnen.

Besitz und natürlich Fertigung von Waffen war den Deutschen bei Todesstrafe verboten. Diese Bestimmungen wurden im Laufe der Zeit gelockert, und den Sportschützen war gestattet, mit Luftgewehren zu schießen. Derartige „Gewehre“ waren nach Ansicht der Alliierten allenfalls zum Schießen auf Spatzen geeignet, jedoch nicht für einen ernsthaften sportlichen Wettkampf, bei dem in Entfernungen von 25 bis 300 Metern zu schießen und zu treffen war; Luftgewehre reichten allenfalls bis 30 Meter.

Fritz Walther, aber auch andere deutsche Waffenkonstrukteure nahmen die Herausforderung an. Die Luftgewehr- und Luftpistolen-Disziplinen des sportlichen Schießens wurden auf 10 Meter Distanz festgelegt, und hierfür galt es nun, geeignete „Sportgeräte“ zu entwickeln. Mit dem, was bis dahin bekannt war, war nichts anzufangen, weil es an der notwendigen Treffgenauigkeit mangelte. Fritz Walther entwickelte u. a. für die Laufherstellung ein Verfahren, das die Schußpräzision auf Wettkampfreife brachte. Er hat es jedoch nicht mehr erlebt, daß die von ihm entwickelten Sportgeräte - von „Waffen“ kann man in diesem Zusammenhang nicht sprechen - zu Olympischen Geräten wurden. Fritz Walther starb 1966, geehrt mit der Dieselmedaille in Gold und als Inhaber von mehr als 80 Patenten. Er hinterließ seinen Erben die Verpflichtung zur absoluten Qualitätsarbeit, und dieser Verpflichtung wurde voll nachgekommen, denn sonst hätte man auf den hartumkämpften und begrenzten Märkten nicht bestehen können.

Karl-Heinz Walther führte das Werk im Sinne von Vater und Großvater fort. Er erweiterte den Bereich der Sportwaffen und führte neue Technologien ein. Wie seine Vorfahren war auch er aktiver Schütze und konnte ebenfalls aus der praktischen Erfahrung heraus große Impulse in die Fertigung geben. Unter seiner Ägide ist das Sportpistolenprogramm GSP mit den unterschiedlichen Wechselsystemen erfolgreich in den Markt eingeführt worden. Dieses Sportpistolenprogramm ist einer der wesentlichen Grundpfeiler der Firma Walther.

Karl-Heinz Walther stand vor der schwierigen Aufgabe, das Werk erfolgreich durch Zeiten der Rezession - nicht zuletzt auch bedingt durch Inlandsmarktverluste durch die Waffengesetzgebung von 1968 - zu führen.

Eine weitere schwierige Phase war die komplette Neuausrüstung der deutschen Polizei Mitte der siebziger Jahre. Gegen sehr starke Konkurrenz gelang es Karl-Heinz Walther, die Pistole P 5, Kaliber 9 mm Para, in verschiedenen Bundesländern als Dienstwaffe einzuführen.

1980 trat sein Neffe Hans Fahr in das Unternehmen ein. Leider waren es nur noch drei Jahre, in denen Karl-Heinz Walther und Hans Fahr die Firma gemeinsam leiteten. Karl-Heinz Walther verstarb völlig überraschend einen Tag vor seinem 60. Geburtstag am 2. November 1983. Er konnte noch die Anfänge des großen sportlichen Erfolges miterleben, den die CO_2-betriebene Luftpistole CP 2 erreichte.

Die Walther-Werke konnten ihr 100jähriges Bestehen 1986 als Familienunternehmen begehen, denn es ist jetzt die vierte Generation, die das Unternehmen leitet und die die feste Absicht hat, es auch weiter als Familienunternehmen zu führen. Wenn ein Fazit zu ziehen ist, dann das: weltweite Anerkennung ist letztlich auf gleichbleibende Qualität und den unbeirrbaren Willen zu dieser Qualität zurückzuführen.

UNTERM STRICH

Carl Walther

Firmenname	Carl Walther GmbH
Firmensitz	Ulm
Branche	Sport- und Verteidigungswaffen
Hauptprodukt/ Dienstleistung	Sport- und Verteidigungswaffen
Eigentumsverhältnis	Familienunternehmen
Gesellschafter/ Geschäftsführer	Hans Fahr
Gründer	Carl Walther
Gründungsjahr	1886
Mitarbeiter	400
Umsatz	30 Mio. DM
Zukunftsziel	Ausbau der Weltmarktstellung

Kienzle
Immer zur rechten Zeit
von Hanns-Georg Rodek

Im Jahre 1908, zum 25jährigen Jubiläum seiner Firma, bekam Jakob Kienzle es amtlich bestätigt: die eigene Weltgeltung, anerkannt vom württembergischen König, proklamiert im eigenen Hotel vor den heimischen Notablen und der Welt kundgetan vom Neuen Tageblatt Stuttgart. Der knapp 50jährige hatte erreicht, wovon er als kleiner Junge und Sohn eines armen Getreidehändlers nur träumte: Wohlstand und gesellschaftliche Anerkennung.

„Heute gab es im Bahnhotel ein Festessen. Zu Beginn der Tafel erhob sich der Festgeber, begrüßte die Gäste und gedachte der segensvollen Regierung unseres Königs, der zur heutigen Feier seine Glückwünsche zu entbieten allergnädigst geruht habe. Präsident von Mosthaf führte in einer längeren Ansprache aus, daß die Regierung in erster Linie unter denen sein möchte, die ihre Glückwünsche darbringen. Die Firma Schlenker und Kienzle habe sich zu einer Weltfirma entwickelt."

Der Vater hatte zweimal geheiratet. Das Unglück wollte es, daß er das ganze Vermögen von Jakobs Mutter verwenden mußte, um die Schulden des

Schwiegervaters aus der ersten Ehe abzutragen. Genau drei Monate, bevor Jakob am 12. April 1859 auf die Welt kam, starb der Vater. Seiner Familie (zu der noch Jakobs vier Jahre ältere Schwester Maria zählte) hinterließ er eine solide, wenn auch nicht üppige Existenzgrundlage: ein schuldenfreies Haus mit Stall und Feldern.

42 Gulden Hauszins von einem Untermieter, der Erlös zweier Kälber und eines Schweins, wenig mehr floß jedes Jahr in die Haushaltskasse. „Es wurde gespart, wo man konnte", schreibt Kienzle in seinen nie veröffentlichten Lebenserinnerungen. „Ich mußte die Kühe füttern helfen, Futter holen im Felde, und das Holz, das kam, mußte ich selbst sägen und spalten."

Sowohl der Ehrgeiz, etwas besonderes zu leisten, als auch der Anspruch, den Lohn dafür zu ernten, lassen sich bei Kienzle sein Leben lang verfolgen. Mit 14, nach der Konfirmation, stand Jakob vor der Frage „Was werden?" Vor demselben Scheideweg befand sich seine Heimatgemeinde Schwenningen. Anfang des Jahrhunderts war sie noch ein 2.000-Seelen-Dorf gewesen mit wenigen Vollerwerbsbauern und vielen Handwerkern in den Arme-Leute-Gewerben Schuhmacherei und Weberei.

In den folgenden Jahrzehnten war der Schwarzwald (und insbesondere Schwenningen) zum Zentrum der Uhrmacherei geworden. Eine Industrie konnte man das noch lange nicht nennen, lediglich einen dominierenden Handwerkszweig, der einige Zeit blühte und dann von einer Krise in die nächste taumelte.

Zuerst gerieten die Uhrmacher in die Abhängigkeit der Hausierer, die ihre Ware vertrieben und - wenn überhaupt - sehr spät mit dem Erlös zurückkamen. Dann kamen die Packer auf als Bindeglied zwischen Fabrikation und Verkauf. Meist Wirte oder Krämer, lieferten sie Rohmaterialien, organisierten den Vertrieb und bereicherten sich an Uhrmeistern wie fahrenden Händlern.

Die wirklichen Schockwellen stammen jedoch aus der Neuen Welt. In Amerika hatten deutsche Auswanderer begonnen, Uhren zu bauen. Weil die Fachkräfte fehlten, wurde der Arbeitsgang vereinfacht und standardisiert: Metall- statt Holzgestell, Formen gestanzt statt gebohrt, vernietet und deshalb kaum zu reparieren. Vor allem aber verbilligten Präzisionsmaschinen die Ware entscheidend. Heraus kam zwar ein Wegwerfprodukt, doch schon Mitte der fünfziger Jahre stellten die Amerikaner anderthalb Millionen dieser „unanständigen Uhren" her und verkauften sie - doppelt so viele wie ihre Schwarzwälder Konkurrenz.

Johannes Bürk, der 1855 die erste Uhrenfabrik in Schwenningen gegründet hatte, rechnete seinen zaudernden Kollegen zwei Jahre später vor, daß man die Anschaffungskosten für Werkzeuge drastisch senken könne, „da bei gehörig durchgeführter Arbeitsteilung nicht jeder Uhrenmacher zahnen, drehen, triebmachen müßte".

Allerdings führte weder Bürk das amerikanische System konsequent ein, noch gestattete es Schwenninger Uhrmacherstolz, sich in einer Fabrik zu verdingen. Von Traditionen weniger gehemmt, begann das amerikanische Zeitalter statt dessen im nahen Schramberg. Erhard Junghans ließ sich von seinem in die Staaten ausgewanderten Bruder Xaver die Maschinen schicken und begann 1867 den Markt aufzurollen.

In Schwenningen sollte insbesondere einer Junghans' Beispiel folgen, der Kaufmann und Packer Friedrich Mauthe. Schon Ende der Sechziger fabrizierte er in gemieteten Räumen mit zwölf Arbeitern selbst. 1873 stellte er einen Lehrling ein, den 14jährigen Sohn des Bruders seiner Frau: Jakob Kienzle.

Dessen Mutter wollte einen Kaufmann aus ihm machen. „Zu jener Zeit konnte ich mir die Bedeutung dieses Beschlusses nicht recht vorstellen," blickt er zurück. „Ich wußte nur, daß Kaufmann etwas besseres sein soll als ein Handwerker. Und dies war mir schon recht."

Einen Verwandtschaftsbonus für den jungen Jakob gab es nicht, im Gegenteil. Von der Buchhaltung wurde er ferngehalten und in die Packerei gesteckt, zusammen mit einem Johann Iselin. „Wir hatten die Uhren einzupacken. Ebenso mußten wir die Kisten packen und auch die Postpakete. Die Kistenpackerei war in einer offenen Scheune mit Durchzug. Damit wir Licht hatten, war das Scheunentor Sommer und Winter offen. Oft mußten wir bei 18 bis 20 Grad Kälte Kisten packen."

Zu einem Zuckerschlecken wurde die Arbeit bei Mauthe auch nach der Gesellenzeit nicht. Um 6 Uhr morgens hatte Kienzle den Arbeitern das Tor zu öffnen, und vor 9 Uhr war nie Feierabend. Da die Woche über keine Rechnungen geschrieben wurden, mußte Kienzle das am Sonntag besorgen – bis in den Nachmittag hinein.

Kaum verwunderlich, wenn Kienzle sich nach neuen Ufern umsah. In seiner freien Zeit lernte er Französisch und schrieb Bewerbungsbriefe. Als ihn Chefsohn Christian eines Morgens vor dem Vokabelheft überraschte, hatte Kienzle sein erstes Schlüsselerlebnis. „Was brauchst du Französisch?" fragte ihn Mauthe. „Mein Bruder und ich können Französisch, und das ist genug für uns."

Das zweite Licht ging ihm auf, als auf seine Offertenschreiben entweder keine oder ablehnende Antwort kam. „Frau Christine Mauthe hat meine Bewerbungen illusorisch gemacht, indem sie mir das verdiente gute Zeugnis nicht gab. Die Verwandten glaubten, mich dadurch in ihrem eigenen Geschäft festhalten zu können." Und er zog seine Konsequenz: „Nun wußte ich, woran ich war. Für mich hieß es nun, selbst für mich zu sorgen."

1883 verließ Jakob Kienzle die Mauthes, nicht aber Schwenningen. Er heuerte bei dem Familienbetrieb des Uhrmachers Christian Schlenker an. Er brachte Ehrgeiz, Erfahrung, Fachwissen und eine hübsche Summe Erspartes, bei Mauthe hatte er zuletzt 600 Mark im Jahr verdient. Das war nicht genug, um sich selbständig zu machen. Doch es reichte als Mitgift. Am 3. Juli 1883 heiratete er Christian Schlenkers Tochter Agathe und wurde zusammen mit dessen Sohn Johannes Firmenteilhaber.

Sein Eintritt bewahrte die Werkstatt vor dem Schicksal vieler anderer, die sich der neuen Zeit verschlossen. Mit Jakob Kienzle zog die Risikobereitschaft ein, die gefehlt hatte. Mit ihm, der nie weiter weg von zu Hause gekommen war als bis zum Bodensee, peilte die Firma neue Horizonte an. Und es war tatsächlich Kienzle, der den Rahmen sprengte, nicht sein vorsichtiger Schwager Johannes Schlenker.

Ende 1883 - nach nur einem Dreivierteljahr - war der Gewinn bereits größer als der gesamte Umsatz des vorigen Jahres. Eine kaufmännische Meisterleistung, die Kienzle hauptsächlich durch eine Erweiterung des Außenhandels erreichte.

Das Wohnhaus des Schwiegervaters wurde, samt Stall und Scheuer, zu Fabrikräumen umgebaut. Den Werkführer Johann Rösch („ein fleißiger, tüchtiger Mann, der in seiner früheren Stellung nicht geschätzt wurde") warb Kienzle Mauthe ab. 1885 kaufte er - gegen den Protest der Schwiegersleute - für 42.000 Mark ein Fabrikgebäude beim Bahnhof; bei einem Vorjahresumsatz von gerade 144.000 eine gewagte Entscheidung. Dort wurde, wieder ein Novum, eine Dampfmaschine von zehn Pferdestärken installiert.

Das Geschäft ging gut, als 1887 Österreich-Ungarn, einer der Kienzleschen Hauptkunden, protektionistische Maßnahmen ergriff: Die Zölle auf Uhren wurden drastisch erhöht. Wie Mauthe, der eine Filialfabrik in Bregenz gründete, verlor auch Kienzle wenig Zeit.

Noch im Herbst reiste er nach Prag, um sich nach einem geeigneten Standort umzusehen. Mit seinen billigen Arbeitskräften ins Erzgebirge zu gehen lehnte er ab, weil es keine Eisenbahnverbindung gab. Statt dessen fuhr er in den Nordwesten Böhmens und entdeckte bei Komotau eine Mühle.

„Soviel ich mich erinnere, kostete das ganze Objekt 23.000 Gulden. Die Mühle wurde ausgebrochen, anstatt des Wasserrades eine Turbine eingesetzt, Stall und Scheuer ausgebaut und zwei Stockwerke auf das alte Hintergebäude aufgesetzt, so daß Arbeitsräume für einige hundert Arbeiter geschaffen wurden."

In Komotau befand sich bald die ganze Zugfederfabrikation. Ungehärteter Stahl wurde aus Schweden bezogen, in Komotau gehärtet, poliert und zugeschnitten: der Beginn von Arbeitsteilung nicht nur innerhalb einer Fabrik, sondern zwischen unterschiedlichen Standorten. Kurz vor dem Weltkrieg standen bei Kienzle Komotau rund 500 Beschäftigte in Brot und Arbeit, mehr als bei allen deutschen Konkurrenten in der Donaumonarchie zusammen.

Statistisch gesehen stieg die Kurve bis zur Jahrhundertwende steil nach oben, eine Periode ungebremsten Wachstums für Kienzle. Die Beschäftigtenzahl schnellte von 30 (als er in die Firma eintrat) über 100 (drei Jahre danach) und 500 (im Jahre 1898) auf mehr als 1.000 (1910). Parallel entwickelten sich die Umsätze. Das Jahr 1883 schloß mit 54.863 Mark ab. 1891 schlug bereits die zehnfache Summe zu Buche. Die Million wurde 1896 überschritten, die zweite sieben Jahre später.

Auch nach außen dokumentierte sich die Expansion. 1888 entstand ein dreistöckiger Fabrikneubau in Schwenningen. Fünf Jahre darauf waren auch diese Räume zu klein; ein massives Backsteingebäude kam dazu. Wiederum ein halbes Jahrzehnt später wurde die Hauptfabrik verlängert und mit zwei Etagen aufgestockt.

Wann immer Kienzle die Baukolonnen anrücken ließ, bekam er übrigens Ärger mit seinem Intimfeind (und Grundstücksnachbarn) Mauthe. „Er wollte sogar eine hohe Mauer auf die Grenze setzen, um uns das Licht zu verbauen. Das hat ihm aber das Ministerium verboten." Schwierigkeiten, mit denen Kienzle nicht zu kämpfen hatte, als er ein Verkaufsbüro in London einrichtete (1900) und Zweigfabriken in Mailand und Paris (1902).

Bilanzen und Richtfeste erzählen allerdings nur die halbe Geschichte. Erst ein Vierteljahrhundert nach Junghans und sieben Jahre nach Mauthe gelang es Kienzle, „Amerikanische Uhren" herzustellen. Bis dahin war zwar „amerikanisch", das heißt arbeitsteilig, produziert worden. An den Produkten jedoch, feinen Massivuhren, hatte sich nicht viel geändert. Ins Geschäft mit den leichteren, billigen Uhren stieg Kienzle erst 1894 ein.

Der Bremsklotz saß im eigenen Haus. Kompagnon Schlenker war laut Kienzle „sehr konservativ, schwer zu Vergrößerungen zu bewegen". Nach langem Hin und Her trennte man sich 1897 „in aller Harmonie". Jakob Kienzle übernahm die Fabrik und zahlte seinen Schwager mit einer halben Million aus.

Der gründete eine eigene Firma, was den frischgebackenen Alleininhaber kaum beunruhigte: „Ich kannte meine Leistungsfähigkeit und diejenige meines Schwagers. Schon nach anderthalb Jahren hat mein Schwager mir seine Fabrik zum Kauf anbieten lassen. Als ich erfuhr, daß er krank war, habe ich mich mit ihm geeinigt." Kienzle kaufte Schlenker auf, der sich nach Stuttgart zurückzog und Kienzle um zwei Jahre überlebte.

Weniger leicht aus der Welt zu schaffen waren die gesamtwirtschaftlichen Faktoren. Anfang der Neunziger stiegen die meisten Firmen von Schwarzwälder auf Großuhren und Wecker um und überschwemmten damit den Markt. Restriktive Handelsverträge des Reiches und Importbeschränkungen traditioneller Abnehmer wie Rußland taten ihr übriges. 1892 gingen zwei Schwenninger Uhrenfirmen konkurs.

So einigten sich die badischen und württembergischen Hersteller, 80 Jahre vor der OPEC, auf Preisabsprachen. Nach mehreren Fehlschlägen kam 1895 ein Kartell für alle „Amerikaneruhren" zustande; so blieben die Preise eine Weile stabil. Doch Mitte 1897 trat Junghans aus und warf den anderen Kartellmitgliedern vor, die Konvention umgangen zu haben. Die restlichen Fabrikanten hielten sich noch eine Weile an die Vereinbarung, doch der Preisverfall war nicht aufzuhalten.

Im Jahr 1900 verfiel Arthur Junghans auf ein radikales Mittel: Seine Firma sollte sich mit den drei größten Schwenninger Unternehmen - Mauthe, Kienzle und Haller - zu einer Super-Aktiengesellschaft vereinigen. Die Berliner Disconto-Bank wurde als Betriebsprüferin engagiert und lud schließlich die vier beteiligten Parteien zum entscheidenden Gespräch in die Reichshauptstadt.

Nach Kienzles Überlieferung - und allein seine existiert - lautete der Sachverständigenbefund wie folgt: Junghans: maschinelle Einrichtung sehr gut, Buchhaltung und Kalkulation gut, Gesamtordnung sehr gut. Kienzle: maschinelle Einrichtung sehr gut, Buchhaltung sehr gut, Kalkulation mustergültig,

Die Philosophie des Hauses Kienzle:

Das Produkt und der Produzent haben einiges gemeinsam. Die Geschäftsführung besorgt nicht ein einziger, sondern eine Führungstroika - Harald Seidel (als nomineller Vorsitzender), der Diplom-Volkswirt Otto Hott und der Diplom-Ingenieur Peter Lohse. Ein arbeitsteiliger Vorgang sozusagen. Die drei handeln nach einem Konzept, das genausogut für ihre Uhren gelten könnte: keine Extravaganzen nach außen, statt dessen muß die Maschinerie innen zuverlässig und effektiv funktionieren.

„Kienzle ist heute ein mittelständisches Unternehmen mit Tochtergesellschaften im In- und Ausland, das zu den führenden Uhrenherstellern der Welt gehört", so Otto Hott. „Das Unternehmen blickt auf eine mehr als 100jährige Vergangenheit zurück, in deren Verlauf immer wieder Pionierarbeit bei technischen Neuerungen geleistet und damit die Entwicklung der Uhr maßgeblich mit geprägt wurde. Die Kienzle-Philosophie war und ist, Uhren mit hoher Qualität herzustellen, die einer breiten Käuferschicht Freude bereiten."

Was Hott zum Betriebsklima sagt, mag banal klingen, trifft aber zu: „Wir legen Wert auf einen kooperativen Führungsstil, der den Mitarbeitern einen großen Freiraum für eigenverantwortliches Handeln gibt und die Motivation unserer Mitarbeiter fördert." Ins zweite Kienzle-Jahrhundert sieht Otto Hott mit gesunder Zuversicht. „Das Unternehmen hat aufgrund seiner Marktkenntnis und seiner Ressourcen trotz eines harten internationalen Wettbewerbs seine Marktstellung kontinuierlich ausbauen können und sieht optimistisch in die Zukunft."

Vorsichtig, aber bestimmt, ist auch Hotts Einschätzung seiner künftigen Produktpalette: „Kienzle wird die Entwicklung neuer Produkte weiter vorantreiben, ohne sein Hauptprodukt, die Uhr, zu vernachlässigen. Es gilt in Zukunft eher, die vorhandenen Produktfelder auszubauen, als nach weiteren Ausschau zu halten."

Gesamtordnung sehr gut. Haller: maschinelle Einrichtung mittelmäßig, Buchführung gut, Kalkulation unregelmäßig, Gesamtordnung gut. Mauthe: maschinelle Einrichtung schlecht, Buchhaltung gut, Kalkulation nicht vorhanden, ebensowenig Bilanzen.

Danach ging man daran, die potentiellen Teilhaber zu taxieren. Junghans wurde auf drei Millionen festgelegt; unter anderem, weil er ein Patent auf ein „geräuschloses Rechenschlagwerk" miteinbrachte. Kienzle bestritt sogleich den Wert der Erfindung, drang aber nicht durch.

Mauthe wurde mit 1,5 Millionen bewertet (glaubt man Kienzle, nur wegen der Freundschaft Mauthes mit dem Vermittler der Elefantenhochzeit, dem Rottweiler Pulverfabrikanten Duttenhofer), die Hallersche Fabrik sollte mit 1,3 Millionen beteiligt sein.

„Nun kam ich an die Reihe. Soviel ich mich erinnere, zeigte mein Geschäft einen Wert von 1,45 Millionen Mark auf der Basis der Inventur. Ich sagte, ich lege mein Patent über ein geräuschloses Schlagwerk ohne Vergütung in die Gesellschaft, trotzdem es das einzig richtige sei und einzig gute, während das Junghanssche nichts tauge."

Trotzdem wollten die Verhandlungspartner Kienzle kein größeres Aktienkapital zubilligen als Haller - 1,3 Millionen. Als er drohte, den Handel platzen zu lassen, gingen die anderen drei auf 1,4 Millionen: „Immer noch 50.000 Mark weniger, als ich laut Bilanz zu fordern das Recht gehabt hätte."

„Als man mir erklärte, man gehe nicht weiter, bin ich aufgestanden und habe das Zimmer verlassen. Während ich wegging, liefen Mauthe und Duttenhofer hinter mir drein, sie wollten mir die 50.000 Mark auch noch dazutun. Ich erklärte jedoch, ich hätte die Gründung satt, bei der so blutig Unrecht geschehe, und ich mache nicht mit."

Die Geburt mißlang gründlich. In einer Fußnote kann es sich Kienzle nicht verkneifen, auf das Schicksal der beiden Rechenschlagwerke einzugehen. Junghans' sei nicht einmal ein halbes Jahr produziert worden („weil es immer versagte"), während sein eigenes auch nach einem Vierteljahrhundert das beste der gesamten Industrie sei („Ich habe damit viel Geld verdient").

Das Jahr 1900 erscheint im Rückblick als Wasserscheide. Die revolutionären Veränderungen waren zu den Akten gelegt (siehe Zusammenschluß) oder an einem vorläufigen Endpunkt angelangt (wie die Umstellung von Produktionsweise und Produktpalette).

Bei Kienzle hatte sich der typische Gebäudekomplex eines Großbetriebs herausgebildet: eine Gehäuseschreinerei, die Abteilung Metallverarbeitung mit den entsprechenden Sonderwerkstätten wie Galvanik, Beizerei und Lackiererei, dazu Montageabteilung, Packerei und der Heiz- und Maschinenraum der Dampfturbine. Als man die leblosen Produktionsmittel im Griff hatte, begannen die lebendigen außer Kontrolle zu geraten. Soziale Verbesserungen wie der Zehn-Stunden-Tag und die Krankenversicherungen waren zwar bis in den Schwarzwald vorgedrungen; der durchschnittliche Tageslohn lag mit 2,50 Mark so hoch wie in Stuttgart, doch lag vieles im argen.

Tagelöhner mußten dem Fabrikherrn die Werkzeuge für ihre Arbeit abkaufen, Petroleum für ihren Arbeitsplatz selbst besorgen und wurden für Zuspätkommen und Fehlstücke mit Lohnabzug bestraft. Die 700 oder 800 Mark, die ein Arbeiter jedes Jahr nach Hause trug, mochten für ihn selbst gerade ausreichen. Um eine Familie ernähren zu können, mußten Mutter und Kinder mit anpacken. Im Arbeitsvertrag lag häufig die stillschweigende Vereinbarung, auch den Rest der Familie der Fabrik zuzuführen. Den Durchschnittsarbeiter wollte man mit Familie, oder man wollte ihn nicht. Die Löhne von Frauen und Jugendlichen lagen bei 1,40 Mark pro Tag.

Dem Kartell der Schwenninger Fachgewerkschaften gehörten Anfang 1906 hauptsächlich Metall - (329), Holzarbeiter (183) und Schuhmacher (96) an. Der Deutsche Metallarbeiterverband (DMAV) behauptete, fast 60 Prozent aller erwachsenen Metaller in Schwenningen seien bei ihm organisiert. Mit dieser Rückendeckung schickte der DMAV den Schwenninger Unternehmern „Vorschläge" zu Lohn- und Arbeitsbedingungen. Die Forderungen klangen maßvoll; revolutionär wäre die gemeinsame Unterschrift von denen da oben und jenen dort unten gewesen. Kienzle, Mauthe und Junghans waren jedoch weder bereit, einen gleichberechtigten Partner anzuerkennen, noch Tarifverträge anstelle von Einzelverträgen zu setzen. Statt dessen gründeten sie einen Arbeitgeberverband.

Am 1. Juni 1907 begannen 66 Arbeiter beim Schwenninger Metallwarenzulieferer Jäckle den ersten Streik. Die Unternehmer sperrten 2.112 Arbeiter in der gesamten Schwarzwälder Industrie aus, davon 1.450 allein in Schwenningen. Jakob Kienzle erschien mit Thomas Haller und Johann Jäckle am 3. Juli persönlich beim Königlichen Oberamtmann in Rottweil und forderte mehr Landjäger gegen die Streikposten: „Auf Grund der in letzter Zeit vorgekommenen Belästigungen der Arbeitswilligen durch die ausgesperrten und streikenden Uhrenarbeiter sehen wir uns genötigt, ernstliche Hilfe seitens der Regierung zum Schutz der Arbeitswilligen nachzusuchen."

Der Streik endete am 11. Juli mit einem Schlichtungsabkommen. Weder unterschrieben die Fabrikanten damit einen Tarifvertrag (das dauerte bis 1919), noch verpflichteten sie sich, alle Entlassenen wieder einzustellen. Bei Kienzle hatte ein Drittel der Belegschaft gestreikt; mehr als die Hälfte von ihnen fand nirgendwo mehr Anstellung, denn die Arbeitgeber zirkulierten schwarze Listen.

Deswegen zählte Jakob Kienzle noch längst nicht zu den Arbeiterfressern. Im Gegenteil, die Distanz zwischen Lohnempfänger und -herr war in Schwenningen relativ gering. Kienzle war, wie viele Gründerväter, äußerst sparsam, trieb wenig persönlichen Aufwand und duzte sich mit manchen seiner Untergebenen.

Alles war in Ordnung, solange die Arbeitnehmer damit zufrieden waren, unter dem väterlichen Schutzschirm des Patriarchen zu stehen. Für treue Mitarbeiter wurde ein Aufwand getrieben, der heute unvorstellbar ist. „Es war eine schöne Feier, die im Hause des Herrn Kommerzienrates Kienzle dessen

Büroangestellte und Werkführer vereinigte", berichtete das Lokalblatt „Neckarquelle". „Galt es doch fünf Arbeiter zu ehren, die seit 25 Jahren der Firma treue Dienste geleistet haben. Während des Mahles überreichte Herr Kommerzienrat Kienzle mit anerkennenden Worten den Jubilaren je eine goldene Uhr und goldene Kette." Nicht genug damit, die Tochter des Hauses, Elsa, und der junge Firmenerbe Herbert unterhielten die Gesellschaft (inklusive Arbeiter) mit Lieder- und Klaviervorträgen.

Damals legten Industrielle noch Wert darauf, als soziale Wohltäter zu gelten - sei es aus Überzeugung, um Steuern zu sparen, oder weil der Konkurrent vor Ort ähnlich spendabel war. Bei Kienzle gab es eine Betriebskrankenkasse, seit 1907 ergänzt von einem Unterstützungsfonds, der kranken Arbeitern vorerst den vollen Lohn weiterzahlte. 1911 stiftete Kienzle den heute noch bestehenden Charlottenpflege-Kindergarten, später eine Plastik am Rathaus, eine Glocke und ein Fenster für die Stadtkirche.

Das Bemühen ums Gemeinwohl entsprang nicht zuletzt dem lebenslangen Verlangen des arm Geborenen nach gesellschaftlicher Achtung. „Ich bemühte mich, meine Schulkameraden und bessere junge Leute in einem Verein ‚Eintracht' heranzuziehen. Wir spielten in der Öffentlichkeit eine angesehene Rolle, weil wir bestrebt waren, uns weiterzubilden." Das war der Zwanzigjährige. Ein Jahrzehnt später findet man Kienzle im Radfahrerverein, gemeinsam mit all den hoffnungsvollen Schwenninger Jungunternehmern von Haller über Bürk bis Jäckle.

Am bezeichnendsten ist wohl die Episode um die Feier zur Stadterhebung Schwenningens Ende 1907. Weil es sich der Stadtschultheiß Würth nicht zutraute, die Festrede zu halten, bat er den Kommerzienrat und Uhrenfabrikanten Bürk darum.

„Herr Bürk", so Kienzle in seinen Erinnerungen, „glaubte den Gemeinderat in Verlegenheit zu bringen, wenn er es ablehnte mit dem Bemerken, es solle das ein Gemeinderat besorgen."

Jakob Kienzle ergriff die Gelegenheit und nützte sie. „Meinem Gefühl nach hatte ich die Sache sehr gut gemacht", konstatiert er. „Herr Bürk ging in seiner Gehässigkeit aber soweit, daß er - zwar nicht offiziell, aber am Wirtstisch - meine Rede durch seine Söhne kritisieren ließ.

Von dieser Zeit datiert die Feindschaft zwischen Richard Bürk und mir. Er gönnte mir meinen Erfolg bei meinem ersten öffentlichen Auftreten nicht und suchte mich durch persönliche Angriffe in der Öffentlichkeit herabzusetzen. Das gelang ihm aber nicht; die Öffentlichkeit war immer auf meiner Seite. Beweise dafür sind die jeweiligen Gemeinderatswahlen, bei denen ich mit am meisten Stimmen bekam."

Je älter Kienzle wurde, desto wichtiger wurden für ihn Ehrungen und desto mehr wurden ihm zuteil. Auf den Kommerzienrat folgte der Geheime Kommerzienrat, auf die Ehrenbürgerschaft seiner Heimatstadt ein Ehrendoktor der Technischen Hochschule Stuttgart.

Was nicht heißt, daß Kienzle keine Weichen mehr zu stellen gehabt hätte. Im Ersten Weltkrieg war er mit dem Bau von Zündern ausgelastet, die zuletzt fast 90 Prozent des Umsatzes ausmachten. Nach Versailles erholte sich die Uhrenproduktion erstaunlich schnell. 1924 erzielte Kienzle mit einem Umsatz von über 8 Millionen das Doppelte des letzten Vorkriegsjahres.

Bereits 1913 hatte Kienzle die bankrotte Villinger Uhrenfabrik Werner übernommen, die in der Weimarer Republik mit ihrer Taxameterproduktion zum zweiten Standbein wurde (und heute als „Kienzle Apparate" zu Mannesmann gehört). 1928 schluckte Kienzle den alten Konkurrenten Thomas Haller aus Schwenningen, 1931 die Deutsche Uhrenfabrik in Leipzig, hinter der die größte Uhrengroßhandlung des Reichs stand.

Als Jakob Kienzle am 26. Februar 1935 einer Lungenentzündung erlag, hatte er sein Reich wohl geordnet. Seit 1922 war die Fabrik eine Familien-AG. Anfang der 50er Jahre wurden die Papiere erstmals an der Börse gehandelt; Mitglieder der inzwischen weit verzweigten Sippe begannen, ihre Anteile zu verkaufen.

Um nicht eines Tages mit einem unerwünschten Großaktionär konfrontiert zu werden, suchte und fand die Direktion selbst einen: den Schweizer

UNTERM STRICH

Jakob Kienzle

Firmenname	Kienzle Uhrenfabriken GmbH
Firmensitz	Schwenningen
Branche	Uhren
Hauptprodukt	Großuhren
Eigentumsverhältnis	GmbH, Anteile mehrheitlich bei Erben Alfred Kreidler
Geschäftsführer	Harald Seidel (Vorsitzender), techn. Dipl.-Volksw. Otto Hott, Dipl.-Ing. Peter Lohse
Gründer	Jakob Kienzle
Gründungsjahr	1883
Mitarbeiter	1.300 (Kienzle-Gruppe)
Niederlassungen	Brasilien, USA, Österreich
Umsatz	150 Mio. DM (Kienzle-Gruppe)
Zukunftsziel	Stärkung der Marktposition im Inland

Rüstungskonzern Bührle. Dieser wiederum interessierte die Kreidler-Metallwerke und verkaufte nach und nach sämtliche Anteile. Seit 1965 besaß (und besitzt) Kreidler fast 99 Prozent des Kienzle-Stammkapitals.

Die neuen Besitzer wurden bald mit der schlimmsten Krise in der Geschichte des Unternehmens konfrontiert: mit der elektronischen Revolution. Im Zeitalter der Mechanik hatte man fast alle Teile der Uhren in den eigenen Werkstätten hergestellt. Nun mußten elektronische Komponenten zugekauft werden, und das machte ganze Abteilungen überflüssig. Kienzle entkam der tödlichen Krise. Doch der Preis war hoch. Beschäftigte das Stammhaus 1970 noch über 3.000 Leute, so waren es zehn Jahre darauf keine 700 mehr.

Gesundgeschrumpft begannen Kienzle-Uhren bald wieder, positive Schlagzeilen zu machen. 1973 ging das erste Quarzwerk in Serie, 1976 das millionste vom Band. Doch auf Zeitmesser allein wollte Kienzle seine Zukunft nicht mehr bauen. Die Firma begann, in andere Produkte zu diversifizieren. So gehören heute zum Produktionsprogramm der Kienzle-Gruppe elektronische und mechanische Antriebsmotoren für Autoaußenspiegel, elektronische Heizkostenverteiler, Bürk Haupt- und Nebenuhren sowie Zeiterfassungsgeräte, WIGO-Elektrogeräte und die elektronischen Steuerungen der Tochterfirma ESGE. 1985 machten Uhren in der Kienzle-Gruppe noch 70 Prozent des Umsatzes aus.

1987, nach fast einem Jahrhundert, verläßt Kienzle die - wie sollte sie anders heißen - Jakob-Kienzle-Straße und zieht in eine hochmoderne Fabrik am Stadtrand Schwenningens. Der alte Jakob Kienzle würde sein Werk nicht wiedererkennen. Doch das Wichtigste für ihn wäre wohl, daß es den Betrieb noch gibt, im Gegensatz zu den Mauthes, Hallers und Bürks.

Wempe
Brillante Ideen und eigener Wille

von Jan Brech

New York - 5th Avenue. Über dem Schaufenster eines etwa 100 Quadratmeter großen Ladens prangt das Schild: „Wempe Exquisite Timepieces & Jewelry". In der Nachbarschaft, nur einen Häuserblock entfernt, ist die feinste Adresse, die in der weltweiten Zunft der Juweliere überhaupt zu finden ist: Tiffany.

Hellmut Wempe, Inhaber und Chef der Hamburger Filialkette Gerhard D. Wempe, Feinuhrmacher & Juwelier in dritter Generation, wagte im Oktober 1981 den Sprung in die Metropole New York, die er für „das Zentrum der Welt" hält. Daß er sich die noble, elegante und teure 5th Avenue als Standort aussuchte, liegt ebenso auf der Hand wie die gewünschte Nähe zu dem Luxusladen Tiffany. Dieses Geschäft ist so etwas wie das „heimliche Vorbild" des Hamburger Juweliers.

Was sich Tiffany erlauben kann, nämlich auf seinen Verkaufsstücken den Firmennamen gleichberechtigt neben die berühmten Markennamen der exklusiven Uhrenhersteller zu gravieren, möchte auch Wempe für sein Haus erreichen. Die Filialkette Wempe soll nicht nur Einkaufsort für glitzernde Kostbarkeiten sein, sondern dem Kunden selbst ein Markenzeichen bedeuten. Eine Uhr von Patek Philippe ist schon eine Menge, eine Uhr von Patek Philippe, gekauft bei Wempe in New York, ist halt noch mehr.

Dem ersten mutigen Vorstoß in die internationale Spitzengruppe der Juweliere hat Wempe weitere Schritte folgen lassen. Seit drei Jahren ist er in Paris vertreten; in Zürichs weltbekannter Bahnhofstraße residiert er seit Anfang 1986. Image und Prestige, das mit diesen Standorten verbunden ist, soll vor allem auf das Geschäft in Deutschland ausstrahlen. Mit seinen 12 inländischen Filialen, in denen Uhren, Schmuck und Accessoires der gehobenen Preisklasse für gut 120 Millionen DM umgesetzt werden, gehört Wempe zu den größten Juwelieren der Bundesrepublik.

Der Weg dorthin war lang und durch Auf und Ab gekennzeichnet. Mehr als 100 Jahre hat es gedauert, um den Namen Wempe in die große Welt der internationalen Juweliere einzuführen. Die Wiege des Unternehmens stand in dem kleinen Flecken Elsfleth. In drei Generationen hat die Firma den Weg über Oldenburg nach Hamburg gefunden. Großvater, Vater und Sohn haben alle auf ihre Weise dazu beigetragen, das Firmenmotto immer wieder neu zu bestätigen: „Bei Wempe gehen die Uhren anders." Mittelständische Unternehmer, wie sie es sind und waren, haben sich stets etwas Neues einfallen lassen, waren unermüdlich dabei, der Zeit voraus zu sein.

Der Gründer Gerhard D. Wempe stammte aus Elsfleth. Im kleinbürgerlichen Milieu aufgewachsen, hatte er Uhrmacher gelernt und galt als ein Mann mit vielen Talenten. Sein Spitzname „Gülden-Gerd" wies ihn als einen Mann mit „sonnigem Gemüt" aus: freundlich und vielseitig interessiert. Seine körperlichen Mängel infolge von Wachstumsstörungen bestärkten ihn in dem Willen, Ungewöhnliches zu leisten und darzustellen.

Beseelt von dem Wunsch, sich als Uhrmacher selbständig zu machen, eröffnete er, 21 Jahre alt, am 5. Mai 1878 sein erstes Geschäft in Elsfleth. Das Gründerkapital betrug nicht mehr als 80 Mark. Mit dem ersten Geld, das er einnahm, baute er den Laden um. Das neugestaltete Geschäft erregte im Ort und in der Umgebung Aufsehen. Wempe nutzte seine künstlerische Begabung, das preisgünstige Angebot fortschrittlich und geschmackvoll zu präsentieren, und legte einen Geschäftsgrundsatz fest, der für das Haus noch heute gilt: Vertrauen der Kunden schafft man sich durch eine erstklassige, preisgünstige Reparaturwerkstatt. Die Elsflether dankten es mit regem Besuch.

16 Jahre blieb Wempe in Elsfleth. Familiäre Zwistigkeiten nötigten ihn, einen Neuanfang in Oldenburg zu versuchen. Auch in der Residenzstadt machten seine Geschäfte bald Furore. In geräumigen, attraktiv gestalteten Schaufenstern und Schaukästen - beides Neuheiten in Oldenburg - offerierte er ein breites Angebot von Uhren. Als Aussteller von Großuhren leistete Wempe Pionierarbeit. In einem seiner späteren Hamburger Geschäfte dekorierte er Schaufenster mit mehr als 30 Stand- und Wanduhren, vor denen sich dicke Menschentrauben bildeten, um die ungewöhnlichen Exponate zu

bestaunen. In Oldenburg erweiterte er das Angebot auch um Schmuck. Wempe war als erster deutscher Kaufmann zum Uhrmacher und Juwelier geworden.

Hellmut Wempe zur Tradition des Hauses Wempe:

„Wahrung von Tradition und das Festhalten an einer klar definierten Firmenphilosophie sind die Leitgedanken unserer Arbeit. Diese stützt sich auf eine große Zahl dem Hause seit langen Jahren treuverbundener Mitarbeiter, von denen viele ihr gesamtes Berufsleben in meiner Firma verbracht haben. In der derzeitigen Phase wird die Überleitung in die vierte Generation vorbereitet, wobei der nötige Nachwuchs aus eigenen Reihen heranwächst.

In allen deutschen Großstädten in jeweils prominenter Lage werden aufwendig gestaltete Geschäfte unterhalten, die sich eindeutig von Sortiment und Gestaltung her an einen Käuferkreis der gehobenen Mitte wenden. Uhren sämtlicher bedeutender Weltmarken und ein umfassendes klassisches Juwelenprogramm, das sich aber modischen Tendenzen nicht verschließt, bilden das Warenangebot, das in einer imagebildenden Markenkampagne in den wichtigsten bundesdeutschen Medien sowie in einem umfangreichen jährlich aufgelegten eigenen Katalog vorgestellt wird. Zum Sortiment gehört eine eigene Uhren-und Juwelenlinie, wie sie nur von wenigen Juwelieren weltweit angeboten wird.

Den ersten beiden internationalen Standorten Fifth Avenue in New York und Rue Royale in Paris sollen noch weitere Eröffnungen im Ausland folgen."

Früher als seine ortsansässigen Konkurrenten hatte er außerdem begriffen, daß die Kundschaft für das feine Uhren- und Schmuckgeschäft nicht allzu dicht gesät ist. Sie wollte immer wieder umworben sein. Wempe kam diesem Wunsch mit damals für die Branche ungewöhnlicher Reklame und Werbung nach. So brachte er sich vor allem mit Inseraten in den Zeitungen ständig in Erinnerung. Zudem ging er daran, dem Wempegeschäft etwas Typisches, nicht Nachahmbares zu verleihen. So ließ er sich ein eigenes Uhrenmodell bauen, das er als „Wempe-Uhr" besonders auffällig ausstellte. Später kamen eine Hausmarke „Wempe-Möwe" oder als besonderer Verkaufsschlager „GDW-Uhrketten" hinzu; es besagte nichts anderes als „Gerhard D. Wempe-Uhrketten".

Am Aufbau eines unverwechselbaren Image haben die Juweliere Wempe bis heute festgehalten. Wempe war der erste, der sich als Juwelier auf den Litfaßsäulen vorstellte. In Inseraten wurde der Kundschaft versichert: „Wempe ist kein Warenhaus.“ Die Aussage des Hauses Wempe, eine Top-Adresse zu sein, versucht Enkel Hellmut Wempe heute mit „highly sophisticated“ Werbung zu dokumentieren. Ausgefallene Motive mit Uhren und Brillanten sollen „Impressionen von Wempe“ vermitteln.

Das geschäftliche und familiäre Glück des Gründers Gerhard D. Wempe blühte in Oldenburg nur bis kurz nach der Jahrhundertwende. 1903 starb seine Frau. Zwei Jahre später ging der Witwer mit fünf Kindern eine neue Ehe ein, die von Anfang an nicht viel taugte. Vor allem die Kundschaft nahm Wempe übel, sich mit einer „leichtfertigen Lebedame“ eingelassen zu haben. Die Umsätze gingen in einem Maße zurück, daß Wempe nichts übrig blieb, als Oldenburg zu verlassen und anderswo eine Existenz aufzubauen. Er ging nach Hamburg und eröffnete 1907 dort ein neues Geschäft.

In der Hansestadt baute Wempe auf dem auf, was ihn in Oldenburg hatte groß werden lassen: ein attraktiv aufbereitetes Angebot in allen Preisklassen, Sonderangebote, intensive Reklame und kostengünstige, zuverlässige Reparatur. Bereits drei Jahre nach dem Wiederbeginn erreichte er in Hamburg einen bemerkenswerten Umsatz von 100.000 Mark. Dann ging Wempe einen entscheidenden Schritt weiter. 1911 eröffnete er in der Hamburger Altstadt die erste Wempe-Filiale. Für die Juwelierbranche war das absolutes Neuland. Wempe wollte als Filialist vor allem vorteilhaft einkaufen. Der Erfolg der Filiale löste bei ihm weiteren Expansionsdrang aus. Zehn Jahre später, nach zahlreichen Neueröffnungen und Schließungen, hingen an der Filialkette Wempe sieben Glieder.

Die harte Zeit des Wiederaufbaus in Hamburg war an dem gesundheitlich labilen Mann nicht spurlos vorbei gegangen. 64 Jahre alt, gebeugt an seinem Buckel und gebrochen durch die unglückliche Ehe, starb der Gründer Gerhard D. Wempe im Jahr 1921. Unter nicht immer günstigen Voraussetzungen hatte er einen Kleinbetrieb zu einem respektierlichen Branchenunternehmen gemacht, das sich in mannigfacher Form von der Konkurrenz unterschied. Der Name Wempe stand in der Juwelierbranche für etwas, das aus dem Rahmen fiel.

Herbert Wempe, 1890 in Elsfleth geboren und bereits seit 1917 Geschäftsführer in dem Unternehmen seines Vaters, feilte an der Kette unermüdlich weiter. An einer Verlängerung allerdings lag ihm nichts. Auf der vorhandenen Grundlage sollte Wempe wachsen. 1929 erreichte das Unternehmen einen Umsatz von 3 Millionen Mark und war damit das größte Fachgeschäft in Deutschland.

Das 50jährige Jubiläum der Firma nahm der neue Inhaber zum Anlaß, von seiner Maxime abzugehen, keine weiteren Neueröffnungen zu versuchen. Mit einem für die damalige Zeit sensationell hohen Aufwand von fast 250.000 Mark errichtete er in den vornehmen Alsterarkaden eine Filiale, in der er nur teuren Schmuck anbot. Die sehr hochpreisigen Stücke wurden zwar bestaunt, aber zunächst kaum gekauft. Wempe galt mehr als der Mann der „mittleren Kundschaft“. Erst später wurde auch dieses „Flaggschiff“ ein Erfolg.

Mit der Filiale in den Alsterarkaden verbindet sich allerdings eine Geschichte, die für die „Ausgefallenheit" der Juweliere Wempe und für deren unkonventionellen Geschäftsstil zeugt. In der Nacht vom Sonnabend, dem 12., auf Sonntag, den 13. Januar 1929 wurde in der Filiale eingebrochen. Wempe beklagte den Verlust von Waren im Wert von mehr als 30.000 Mark. Am folgenden Montag konnten die Hamburger eine bemerkenswerte Anzeige in den Zeitungen bestaunen. Wempe schlug den Dieben ein Geschäft vor. Er wollte die Schmuckstücke zurückkaufen und bat um ein Treffen mit den Gaunern. An einem kalten Wintertag traf er sich mit zwei Männern im Hamburger Stadtpark. Das Geschäft wurde auf höfliche Weise abgewickelt. Wempe, dessen Mut den Hanseaten imponierte, war fortan eine bekannte Persönlichkeit.

In der Hamburger Oper, so berichtet es die Familien-Chronik, ereignete sich, daß inmitten eines Aktes ein berühmter Sänger seine Partnerin für jedermann verständlich fragte, ob ihr Schmuck wohl bei Wempe geklaut worden sei, und Hans Fallada setzte dem Raub bei Wempe in seinem Roman „Wer einmal aus dem Blechnapf frißt" ein literarisches Denkmal. 1963 machte zum zweiten Mal ein Einbruch bei Wempe Schlagzeilen. Nach der Methode „Rififi" raubte eine Bande von vier Männern Juwelen im Wert von einer halben Million Mark. Es war der bis dahin größte Einbruch in der Juwelierbranche.

Von seinem Grundsatz, keine Expansion über neue Geschäfte zu betreiben, ging Wempe noch einmal ab. Er kaufte 1938 die Chronometer-Werke GmbH in Hamburg, nicht zuletzt, um eine erstklassige Ausbildungsstätte zu gewinnen.

Eine schlimme Zäsur brachte für das Haus Wempe der Zweite Weltkrieg. Die Stadt Hamburg lag 1945 in Trümmern, und von den Wempe-Geschäften war nichts übrig geblieben. Erste Versuche, das Geschäft mit einer Wecker-Reparatur wieder auf die Beine zu bringen, standen unter einem schlechten Stern. Herbert Wempe, dessen Wirken in den Anfängen des Dritten Reiches nicht frei von Irrungen und Wirrungen war, geriet überall an Gegner. Erst nach der Währungsreform bekam die Firma dank der finanziellen Hilfe schweizer und deutscher Uhrenhersteller langsam wieder Boden unter die Füße. Zum 75. Jubiläum war die Gefahr des Ruins gebannt. Wempe hatte 1953 wieder fünf Filialen in Hamburg.

Der Wiederaufbau nach dem Krieg ist entscheidend von Hellmut Wempe, dem Enkel des Gründers, gestaltet worden. 1932 in Hamburg geboren, trat Hellmut Wempe 1951 in die Firma ein und stand 12 Jahre an der Seite seines Vaters. Als Herbert Wempe 1963 starb, vollzog sich die Übernahme der alleinigen Verantwortung reibungslos und ruhig.

Unter Hellmut Wempe ist das Unternehmen in kräftigeren Farben als je zuvor aufgeblüht. War der Gründer der begabte Handwerker und Händler, der Vater der gewissenhafte Kaufmann, brachte der Enkel „Ambiente" in das Geschäft ein. Künstlerische Begabung hatten sicher auch Großvater und

Vater, Hellmut Wempe jedoch hauchte dem Unternehmen jene Exklusivität ein, die Juwelierläden der obersten Klasse unverwechselbar macht.

Die entscheidende Wende vollzog sich 1964. In der traditionellen Tagung zum Jahresbeginn mit seinen Geschäftsführern und Abteilungsleitern auf dem Stimbekhof in der Lüneburger Heide trug Wempe seine Pläne vor: Ausbau einer überregionalen Kette mit einigen umsatzstarken Großfilialen. Zugleich legte er zwei unverrückbare Grundsätze für die künftige Expansion fest.

Erste Voraussetzung für neue Geschäfte sollten erstklassige City-Lagen sein, wobei Wempe Ecklagen bevorzugte. Der vom Großvater ererbte Anspruch, das Warenangebot so zu präsentieren, daß eigentlich kein Kunde daran vorbei kommt, läßt sich am besten in Übereck-Schaufenstern verwirklichen. Bei der Erkundung geeigneter Lagen entwickelten Wempe und seine Mitarbeiter in den folgenden Jahren geradezu kriminalistische Methoden.

Zum anderen entschied sich Wempe in der Sortimentspolitik auf ein umfassendes Angebot der mittleren und gehobenen Preisklasse. Schwerpunkte sollten hochwertige Uhren, Juwelen, klassische Goldwaren, modischer Silberschmuck sowie Feuerzeuge und Schreibgeräte sein. Natürlich kann man bei Wempe auch Schmuckstücke der höchsten Preisklasse erstehen. In der „dünnen Luft“ der Hofjuweliere, die kleinste Abnehmer-Schichten bedienen, will Wempe sich nicht bewegen.

Ein dritter Grundsatz ist hinzugekommen: Präsenz in den Hochburgen der Juweliere mit internationalem Ruf. Wer Filialen in New York, Paris und Zürich betreibt, so glaubt Hellmut Wempe, der prägt sich auch bei der Kundschaft in Deutschland als Oase der Exklusivität ein.

Diese Ziele hat Wempe Schritt für Schritt realisiert. Auf dem Weg in Richtung Süden setzte er Pflöcke in Bremen, Hannover, Düsseldorf, Köln, Frankfurt, Nürnberg, Stuttgart und München. Im Stammgebiet Hamburg ist er viermal vertreten, die bayerische Landeshauptstadt ist der zweite Standort, an dem Wempe mit zwei Geschäften vertreten ist. Auf der ständigen Suche nach einem Top-Standort bleibt Wempe in Berlin, dem bislang letzten weißen Fleck in seinem Juwelier-Reich. In seinen Filialen beschäftigt Wempe heute etwa 230 Mitarbeiter, die im Durchschnitt mehr als eine halbe Million DM pro Kopf und Jahr umsetzen. Der Branchendurchschnitt erreicht nicht einmal 180.000 DM.

Den Begriff „Uhren-Wempe“, mit dem das Unternehmen in Hamburg einst groß geworden ist, hat der Inhaber in dritter Generation getilgt. Der Name Wempe soll vielmehr ein Markenartikel „sui generis“ in der Schmuckbranche sein. Hellmut Wempe hat frühzeitig mit unkonventioneller Werbung das Image in dieser Richtung aufpoliert. Als erster der Branche überhaupt startete er 1976 eine überregionale Anzeigenkampagne, in der der Name Wempe mit exquisiten Markenartikeln der Uhren- und Accessoiresindustrie verbunden war. Zugleich legte er einen Hauskatalog für seine Kunden auf. Die Werbekosten, die nicht selten vier Millionen DM im Jahr übersteigen, teilt er sich mit seinen Partnern aus der Industrie.

Vor vier Jahren wagte er einen noch größeren Schritt nach vorn. Wempe sollte selbst zum Markenmacher werden. Nach eigenen Vorgaben angefertigt, präsentierte Wempe eine eigene Kollektion unter dem Namen „5th Avenue", die Uhren und andere Stücke wie Feuerzeuge oder Schreibstifte umfaßt. In Anspruch, Qualität und Preis will Wempe gleichberechtigt neben den führenden Weltmarken stehen. Das größte Erfolgserlebnis besteht für Wempe darin, mit seinen Kreationen kopiert zu werden. Erst wenn die internationalen Plagiatoren sich seiner annehmen, sei bewiesen, daß die Linie stimmt.

Mit Fleiß, Ehrgeiz, Phantasie und kommerziellem Geschick haben die Wempes ihrem Namen Glanz verliehen. Das Unternehmen brilliert mit soliden Ergebnissen, die die Selbständigkeit auch künftig garantieren. Der eiserne Wille des Gründers, etwas zu werden und zu hinterlassen, war der Grundstein. Gerhard D. Wempe ist diesen Weg unbeirrt gegangen, wobei ihm fast jedes Mittel recht war, um besser als die Konkurrenz zu sein. Über Herbert Wempe, den unermüdlichen Prinzipal, der der Firma Wempe ein unverkennbares Image zuschnitt, spannt sich der Bogen zu Hellmut Wempe, der die kühnen Pläne schmiedet, Wempe einen Platz auf der Spitze des Olymp zu verschaffen, den die großen Markenartikler der glitzernden Branche besetzen. An der Schwelle steht bereits die vierte Generation. Die Tochter Kim-Eva zeigt nach den Worten von Hellmut Wempe „gute Anlagen".

UNTERM STRICH

Gerhard D. Wempe

Firmenname	Gerhard D. Wempe, Feinuhrmacher und Juwelier
Firmensitz	Hamburg
Branche	Juwelier
Hauptprodukt/ Dienstleistung	Uhren, Schmuck, Accessoires
Eigentumsverhältnis	Familienunternehmen
Gesellschafter/ Geschäftsführer	Hellmut Wempe
Gründer	Gerhard D. Wempe
Gründungsjahr	1878
Mitarbeiter	250
Niederlassungen	12 Filialen (Inland), 3 (Ausland)
Umsatz	rund 110 Mio. DM
Zukunftsziel	Wempe: ein internationaler Markenname

Junghans
Präzision und Prestige
von Inge Nowak

Als er damals mit dem Geschäft begann, haben es sicherlich nicht wenige als waghalsig betrachtet: Ein Strohhutfabrikant fertigt Uhren. Nicht nur, daß zu dieser Zeit, anno 1861, die Schwarzwälder Uhrmacherei bereits auf eine 200jährige Tradition, sprich Erfahrung zurückblicken konnte. Riskant war es wohl vor allem deswegen, weil sich just zu diesem Zeitpunkt eine ernste Krise für das alteingesessene Handwerk abzeichnete. Die Schwarzwälder, die ihre Uhren in Eigenkonstruktion nach streng geheim gehaltenen individuellen Maßen herstellten, bekamen Konkurrenz von - und dies ist wahrlich eine Ironie der Zeit - Schwarzwälder Uhrmachern, jenen, die in Notzeiten mit behördlicher Unterstützung, ausgerüstet mit ihren Werkzeugen und ihren Kenntnissen, nach Amerika ausgewandert waren. Dort war bereits früher das Zeitalter der maschinellen und damit preiswerteren Fertigung in Fabriken angebrochen - dieser harte Wettbewerbsdruck aus Übersee schien das Ende der individuellen, handwerklichen und kostspieligen Fertigung von Schwarzwälder Uhren einzuläuten. Denn in den idyllischen Tälern des Mittelgebirges frästen die Heimwerker noch jeden Zahn des gleichnamigen Rädchens mühsam einzeln. In zeitraubender Kleinarbeit bohrte der Schwarzwälder Meister in Holz oder Metall mit primitiven Spindel- und Fiedelbohrern in die angelieferten, aus Buchenholzbrettchen zusammengesetzten Uhrenkästchen die nötigen Löcher, um Gehwerk, Schlag- und Weckerwerk einbauen zu können. Alle Uhren waren selbstkonstruiert, Normen waren unbekannt. Damit war gewährleistet, daß kein Uhrmacher etwa dieselben Maße für seine Werke hatte. Heraus kam zweifellos eine handwerkliche Meisterleistung, doch der Käufer dankte dies kaum. Schon damals berichteten aus dem Ausland zurückkehrende hausierende Uhrenträger, daß man in Frankreich und in der Schweiz nicht nur bessere und gefälligere, sondern auch weit billigere Uhren fertige, zusätzlich halte man die Schwarzwälder Uhren geschmacklich für rückständig. Schwarzwälder Uhrmacher schienen zur damaligen Zeit zweifellos ein Musterbeispiel dafür zu sein, was ein Hersteller alles falsch machen konnte. Sie waren nicht nur technisch rückständig, sondern vernachlässigten auch noch die Wünsche der Käufer. Doch man muß den heimischen Meistern zugute halten, daß sie weder ihre Kunden kannten noch das technisch Mögliche abschätzen konnten. Denn der Schwarzwald war damals - ohne Eisenbahn, Telegraphie, vom Auto ganz zu schweigen - einsam und abgelegen, von der Außenwelt nur in mühsamen Fußmärschen zu erreichen - denn auch Wanderwege gab es damals nicht. Hinzu kam, daß der Heimwerker, der viel zu lange für die Fertigstellung einer Uhr brauchte, keine Zeit für Kundenpflege hatte.

Erhard Junghans, Strohhutfabrikant und Associé der Strohhutmanufaktur J. P. Haas & Co. in Schramberg lernte diese Klagen im Laufe seiner Karriere kennen, und er sollte sich neben der aktuellen Hutmode - diesem Geschäft blieb er bis an sein Lebensende treu - auch für das Uhrendesign interessieren. Doch zu Beginn seines beruflichen Lebens spielte die Uhr keine Rolle. Seine ersten Lorbeeren verdiente sich Erhard Junghans mit Strohmoden. Erst spät, er war bereits 38 Jahre alt, wandte er sich der Uhrmode zu. Damals nämlich gründete er in seiner Heimatstadt Schramberg eine Uhrenfabrik. Seine Erfahrungen in dieser Branche waren zwar bescheiden, doch er war entschlossen, die hart arbeitenden, aber betriebswirtschaftlich unbelasteten Meister aufzuwecken. Dieses traditionelle Schwarzwälder Handwerk sollte sich auf dem Weltmarkt wieder behaupten können. Doch am 1. Januar 1823, als Erhard als Sohn des Strickermeisters Nikolaus Junghans und seiner Frau Barbara geboren wurde, deuteten wahrlich keinerlei Zeichen auf seine Berufung hin. Im Gegenteil. Selbst die Chancen für eine Karriere des kleinen Erhard schienen nicht die besten. Erhard und sein ältester Bruder Xaver sowie Vater Nikolaus arbeiteten in Schramberg in der Steingut- und Porzellanfabrik des Isidor Faist. Sie gingen „zum Faist“, hieß es landläufig. Ansonsten trugen zum bescheidenen Wohlstand des übervölkerten Schramberger Tales, in das die Familie Junghans erst 1840 umsiedelte, noch Stroh und Wolle bei. Aus letzteren wurden wollene Männerjacken und Socken gestrickt. Bei ihnen achtete man, genauso wie später bei den Uhren, nicht auf modisches Aussehen, sie waren ja „nur" für die bäuerliche Bevölkerung bestimmt. Wichtig im Tal war auch die „Armenbeschäftigungsanstalt auf Aktien", die spätere Strohhutmanufaktur. Hier wurden Strohtaschen und -matten, aber vor allem die weltweit bekannten fröhlichen Strohhüte, unentbehrlicher Schmuck für jede Schwarzwälder Tracht, in Handarbeit gefertigt. Später sollte dann auch die Uhrenherstellung für Schramberg eine größere Bedeutung erhalten. Um 1840 gab es bereits einige Uhrmacher, doch sie trugen zum Wohlstand nur wenig bei. Große Schwierigkeiten bereitete der überwiegend bäuerlichen Bevölkerung damals aber sicherlich der Vertriebsweg. Da es weder Telefon noch Telegraph gab, ganz zu schweigen von Postwagen, Katalogen oder gar der Eisenbahn, blieb den Schwarzwälder Strickermeistern, Strohflechtern, Uhrmachern und Glasbläsern nur der Hausierhandel, ein damals sicherlich noch ehrenwertes Gewerbe. Diese wandernden Händler brachten die Waren in Kiepen auf langen, mühevollen Märschen über die bewaldeten Höhen des Schwarzwaldes - bei Regen, Sturm, Schnee und Hitze.

In diese Zeit fällt der Beginn der eher märchenhaften Karriere des Erhard Junghans. Der Züricher Kaufmann Johannes Tobler suchte anno 1841 einen jungen Mann, der ihm im Comptoir sowie in den Flechtsälen der Armenbeschäftigungsanstalt und in den auswärtigen Heimarbeitsstuben helfen konnte. Die Wahl fiel auf den damals 18jährigen Erhard, der sich sogleich einer technischen und kaufmännischen Lehre zu unterziehen hatte. Zwei Jahre später war Junghans ein „Commis", der mit „Herr" angesprochen wurde. Wie zur damaligen Zeit so üblich, packte den jungen Mann bald die Wanderlust. Er wollte andere Gegenden, andere Arbeitsweisen und andere Mentalitäten kennenlernen. Zuvor sicherte er sich jedoch die Hand seiner künftigen Frau Luise, jüngste Tochter seines Gönners Tobler. Mehrere Male trieben die Wanderlust und der Wissensdrang Junghans ins Ausland. So lernte er das Bankwesen kennen. Später führte er in Schramberg fremdländische Stroharten ein, Palmfasern, Roßhaar und Manilahanf wurden künftig auch in dem einsamen und abgelegenen Schwarzwaldtal geflochten. Geübte Flechter zeigten ihr Können an modischen Florentiner und Venediger Hüten. Und auch die Kunst des Strohfärbens wurde bald in Schramberg erfolgreich praktiziert. Das Geschäft blühte, und dies nicht zuletzt, weil Junghans die Wünsche der Kunden besonders berücksichtigte. Er beschäftigte sich auch ständig mit den Arbeitsbedingungen und Rationalisierung durch technischen Fortschritt. Der Weltmann war überzeugt, ein Unternehmen sei nur mit maschineller Hilfe so flexibel, um schnell auf wechselnde Moden zu reagieren und trotzdem noch verdienen zu können. Es wird erzählt, der junge Junghans habe damals sogar über die Konstruktion einer Strohflechtmaschine nachgedacht.

Doch es kam anders. Dem wirtschaftlichen Aufschwung wurde durch ein Unwetter schlagartig in weiten Teilen des Schwarzwaldes ein Ende gesetzt. In ihrer Not trafen viele Gemeinden eine Entscheidung, die die gesamte Uhrenbranche Jahrzehnte später in eine tiefe Krise treiben und Junghans dieser

Branche näher bringen sollte. 1847 beschloß ein Schwenninger Bürgerausschuß, 224 Menschen, überwiegend Uhrmacher, auf Kosten der Gemeinde nach Amerika abzuschieben. 20.000 Gulden ließ sich die Stadt diese „Übersiedlung“ kosten. Es gab einige Städte, die diese Maßnahme ergriffen. Doch Schramberg mußte mangels finanzieller Mittel auf diese „Ausweisung“ verzichten. In dieser krisenhaften Zeit wurde Junghans auch zum ersten Mal mit der „Uhr“ konfrontiert. Regierungsrat von Steinbeis besuchte einige Zeit nach der Katastrophe das Tal und schlug vor, die Stadt solle sich als zusätzliches wirtschaftliches Standbein der Herstellung von Uhrenteilen oder ganzer Uhren verstärkt zuwenden. Junghans fand den Vorschlag zweifellos interessant, doch es sollten noch weitere zehn Jahre vergehen, bis er den Versuch wagte.

Die Geschäfte in den fünfziger Jahren entwickelten sich wieder positiv. Junghans verfolgte aufmerksam den Verkauf der Strohwaren, der sich mittlerweile auf das gesamte deutsche Gebiet ausgeweitet hatte und von Handlungsreisenden besorgt wurde. Der wirtschaftliche Erfolg von Erhard Junghans entging auch seinem Schwager Jakob Zeller nicht. Zeller, der sich bei der Strohfärberei geschickt angestellt hatte, machte Junghans den Vorschlag, gemeinsam am Lauterbach, hinten in der Schramberger Geißhalde, eine Ölmühle zu errichten. Obwohl Junghans diesem Vorschlag durchaus skeptisch gegenüberstand - es gab bereits zwei nicht gerade gut verdienende Ölmühlen am Ort -, stimmte er zu. Es sollte aber nur ein kurzes Zwischenspiel sein. Bereits ein Jahr nach ihrer Inbetriebnahme wurde die Ölmühle wieder aufgegeben. Doch nicht ohne eine Alternative. Man war „sehr bald entschlossen, zwar nicht sogleich eine Uhrenfabrik zu eröffnen, sondern mit äußerster Vorsicht erst einmal eine sich auf die Herstellung von Uhrenbestandteilen beschränkende Fabrikation zu eröffnen“.

Dieser Aktion war bereits geraume Zeit vorher, wohl ohne Wissen von Schwager Zeller, ein lebhafter Briefwechsel mit Bruder Xaver Junghans, der in Amerika als Schreiner recht gut verdiente, vorausgegangen. Denn dort gab es die Maschinen, die man für eine konkurrenzfähige Fabrikarbeit benötigte. Erhard erteilte seinem Bruder den Auftrag, alle zum Betrieb einer Uhrenteilefertigung nötigen Maschinen und Werkzeuge zu beschaffen und anschließend selbst nach Schramberg zurückzukehren. Xaver traf im Frühjahr 1862 - einige Monate nach den Maschinen - in dem Schwarzwaldstädtchen ein. Er fand eine eingerichtete Werkstatt in der Geißhalde vor, eben dort, wo vorher das Ölmühlgeschäft versucht wurde.

Das neugegründete Unternehmen baute Gestelle und Kästchen, Bronzeschilde, vergoldete, lackierte und polierte Rahmen für die damals so beliebte Rahmenuhr, Schildbrettchen, Uhrenschilde, Pendelscheiben und ähnliche Holzsachen sowie Scharnierchen, Drahthäkchen und Glastürchen für Uhren - eben alles, was man zur Fertigung von Uhren brauchte. In langwierigen Diskussionen überzeugte Junghans die alteingesessenen Heimarbeiter von einer grundlegenden, ja bahnbrechenden Neuerung, der Voraussetzung für jegliche maschinelle und damit kostengünstige Fertigung: die Normung der Uhrwerke. Denn damit konnten die Uhren schneller gefertigt werden, das langwierige Fräsen jedes einzelnen Zahnrades, das Bohren jedes einzelnen Loches konnte maschinell schneller, einfacher, exakter und kostengünstiger gemacht werden. Und damit war ein wesentlicher Wettbewerbsnachteil gegenüber der amerikanischen Konkurrenz beseitigt. Xaver kümmerte sich derweil um die hölzernen Uhrkästen, um das Tal von Zulieferungen unabhängiger zu machen. Bereits 1863, kurz nachdem Schwager Zeller aus dem Unternehmen schied, ist im „Schwarzwälder Boten“ eine Geschäftsempfehlung der Gebrüder Junghans zu lesen: „Für Uhrmacher und Uhrhändler ... Vermöge unserer praktischen mechanischen Einrichtung nach amerikanischem System sind wir im Stande, Ausgezeichnetes zu den billigsten Preisen zu liefern. Bei dem großen Lager, das in all den genannten Artikeln stets gehalten wird, ist dem größeren und kleineren Uhrenfabrikanten und Händler die Gelegenheit geboten, sein eigenes bezügliches Lager eingehen zu lassen und das betreffende Kapital auf nutzbringende Weise zu verwenden, da er sich hier jeden Augenblick ganz beliebig assortiren kann.“

Der weitgereiste Erhard Junghans brachte seinen Kunden, überwiegend alteingesessene, traditionsbehaftete Heimuhrmacher, betriebswirtschaftliche Kenntnisse wie die Minimierung der Lagerhaltung, Kostensenkung durch Mechanisierung, Zeit- und Geldersparnis durch Normung bei. Diese Vorschläge wurden in dem abgeschnittenen Schwarzwaldtal, die Eisenbahn fauchte immer noch nicht, wie ein revolutionärer Umschwung aufgenommen. Uhren sollen jetzt nach Schablonen gefertigt werden, und dies soll nicht nur den Zusammenbau des Werkes erheblich vereinfachen, sondern auch noch mehr Geld in die Tasche jedes Einzelnen bringen? Junghans stellte wahrlich hohe Anforderungen an die einfache bäuerliche Gesellschaft. Das neue Geschäft des Herrn Associé der Strohhutmanufaktur lief gut an. Bereits im Jahresbericht 1863/64 der Strohhutmanufaktur wird es erwähnt. Dort schrieb diese an die Reutlinger Handels- und Gewerbekammer:

„Die Besitzer des neuen Etablissements von Bronzewaren, Uhrenkästen und Uhrenbestandteilen aller Art, die Gebrüder Junghans dahier, haben es nun unternommen, in Verbindung mit einer der ersten hiesigen Firmen von Schwarzwälder Uhrenfabrikanten sogenannte amerikanische Uhren nach amerikanischem Prinzip zu fabrizieren, also Gestelle, Räder und dergleichen statt zu gießen zu stanzen, wodurch an Material sowohl als an Arbeit bedeutende Ersparnisse gemacht und eine viel präzisere Arbeit erreicht wird. Die ersten Proben sind vollständig gelungen, und ist somit an einem günstigen Erfolg nicht zu zweifeln. Ohne daß dieser Industriezweig auf solche Art erneuert und ganz anders als bisher in die Hand genommen und nach kaufmännischen Grundsätzen behandelt wird, muß derselbe der amerikanischen Konkurrenz nur zu bald erliegen.“

Die Resonanz in der Bevölkerung ist offensichtlich bereits nach wenigen Jahren durchaus positiv. Dabei kam Junghans zweifellos zugute, daß er ein

Schramberger war, der die Mentalität der Uhrmacher kannte - er wußte, wie man sie „anpackt“ - und dem die Schramberger vertrauten. Und Junghans baute solide Uhren nach dem damaligen „Stand der Technik“. Die Zeitmesser waren jetzt nicht nur erheblich billiger, sondern ihre Ganggenauigkeit konnte auch wesentlich verbessert werden. Wagemutig stieg Junghans in eine krisengeschüttelte Branche ein, und bereits nach kurzer Zeit bot er der amerikanischen Konkurrenz Paroli. Als große Neuheit führte Junghans beispielsweise

Die Firmenphilosophie des Hauses Junghans:

„Es genügt heute nicht mehr, ein gutes Produkt herzustellen, man muß es auch an den Mann bringen.“ Geschäftsführer Hans-Jürgen Bublath faßt die Junghans-Strategie zusammen: Die Qualität muß stimmen, das Design muß ansprechen, und die Präsentation in der Vitrine des Händlers muß zum Kauf reizen. Während der 1983 ins Unternehmen eingetretene Bublath bei Produktpalette und Vertriebskanälen neue Wege einschlug, hielt er konsequent an der traditionellen Innovationsfreude fest. Mußten die Gründer im vergangenen Jahrhundert die modernen Produktionsanlagen noch aus Amerika importieren, so sind die heutigen fortschrittlichen und automatischen Fertigungsanlagen zum großen Teil hausgemacht. Auch heute sucht man unentwegt neue Techniken, um eine noch benutzerfreundlichere und pflegeleichtere Uhr - wie etwa die Funk- oder auch die Solaruhr - zu entwickeln. Nach diesem Motto wollte Bublath, in der Branche als Marketing-Experte anerkannt, auch Fortschritte bei Design und Produktpräsentation bringen. „Die goldene Konfirmationsuhr ist passé, es lebe die Uhr als modisches Accessoire.“ Die Modelle wurden bunt, sportlich, verspielt, verrückt oder elegant, je nach Lust und Laune. Der Handel wurde angehalten, die Uhren nach Themen geordnet in den Corporate-Identity-Farben oder in einem eigenen Environment zu gruppieren. Um ein größeres Publikum anzusprechen, wählte Junghans nicht nur das Fachgeschäft, sondern auch das Warenhaus als Vertriebsweg. Seit 1984 wird die Billigmarke „Astra“ angeboten, unter dem Namen „Bugatti“ findet die kaufkräftige Kundschaft ihre Traumuhr. Und um höhere Stückzahlen und damit eine kostengünstigere Produktion zu erreichen, eroberte das Haus neue Märkte und Kunden im Ausland. Der unternehmerische Erfolg bestätigte die Auffassung des Geschäftsführers und motivierte die gesamte Führungsmannschaft zu höheren Leistungen. Angespornt wurden die Mitarbeiter zusätzlich durch die betriebliche Änderung der Organisation. Bublath führte eine dezentrale Führung ein, damit weitete er die Entscheidungsfreiheit und die Verantwortung des Einzelnen aus.

an Stelle des Gewichtsantriebes den Antrieb durch Zugfedern ein und wurde somit zum Konkurrenten der französischen, holländischen, englischen sowie durch den Nachbau der Regulatoren auch der besten Wiener Uhrmacher. Und nicht nur die fortschrittliche Fertigungsweise in der Geißhalde war bahnbrechend. Auch der Zwang, daß jeder Mitarbeiter in der Ortskrankenkasse den vorgeschriebenen Beitrag leisten mußte, sollte erst 20 Jahre später für alle anderen deutschen Arbeitnehmer - im Krankenkassengesetz von 1883 - verpflichtend werden.

Doch dem Gründer des Unternehmens waren nur neun Jahre zum Aufbau seines Lebenswerkes beschieden: 1870, im Alter von 47 Jahren, starb Erhard Junghans, er hinterließ seiner Frau Luise und seinen Söhnen drei Fabrikgebäude, in denen rund 100 Beschäftigte pro Tag etwa 100 Uhren herstellten. Sowohl die Uhrenfabrik als auch die Strohhutmanufaktur waren ihres Kopfes und ihrer treibenden Kraft beraubt - und der deutsch-französische Krieg fand immer noch kein Ende, der Frieden kam erst am 10. Mai 1871 in Frankfurt zustande. Die Söhne waren im Krieg, die Witwe damit Alleinbesitzerin einer Uhrenfabrik. Der einzige Helfer war der 50jährige Schwager Xaver Junghans, dem die Technik anvertraut wurde. Doch Xaver kehrte bereits kurze Zeit später, als ihm die Teilhabe an der Uhrenfabrik verweigert wurde, nach Amerika zurück. Erhard, der älteste Sohn des Firmengründers, war gerade 21 Jahre alt und noch im Krieg. Er wäre mit dieser Verantwortung aber auch sicher überfordert gewesen, ebenso wie sein 19jähriger Bruder Arthur, der einmal die Technik übernehmen sollte. Insgesamt fünf Jahre führte Frau Luise die Regie in der Geißhalde. Während dieser Zeit trat Arthur nach Auslandsaufenthalten in die Fußstapfen seines Vaters. Wie sich später zeigen sollte, war er es insbesondere, der die Geschäfte seines Vaters in dessen Sinne fortführte. Denn Erhard der Jüngere, wie der ältere Sohn genannt wurde, hatte andere Pläne. Er träumte von mehr Entfaltungsmöglichkeiten in einem eigenen Geschäft. Er errichtete in Alpirsbach eine Strohhutfabrik, mußte sich aber noch auf ausdrücklichen Wunsch seiner Mutter um das Schramberger Unternehmen kümmern. Erst gegen Ende des vergangenen Jahrhunderts konnte er sich ganz auf das eigene Unternehmen konzentrieren. Auch der Schwiegersohn Paul Landenberger, dem ebenfalls die Teilhabe verweigert wurde, kehrte dem Geschäft bald den Rücken. Er gründete gemeinsam mit einem weiteren Gesellschafter, dem Philipp Lang aus St. Johann, im Göttelbachtal die Uhrenfabrik Landenberger & Lang, aus der später die Hamburg-Amerikanische Aktiengesellschaft hervorgehen sollte. In diese unruhige Zeit fiel eine weitere, für damalige Verhältnisse revolutionäre Änderung: Die Akkordarbeit wurde bei Junghans eingeführt.

Von der Wanderschaft zurück, setzte Arthur Junghans die von seinem Vater eingeleitete Mechanisierung der Uhrenherstellung konsequent fort. Er baute in eigener Regie Maschinen, die die Handarbeit noch weiter zurückdrängen sollten, schuf Lehren, um eine höchstmögliche Ganggenauigkeit zu erreichen und konstruierte das „Weckerwerk Nr. 10“. Das Werk erregte zuerst Aufsehen und Heiterkeit, von 1876 an aber sollte es für mehr als 50 Jahre als das Standardwerk gelten. Es war nach Art des „Amerikaner-Uhr-Werks“ mit gestanzten Rädern und Lochplatinen, Hohltrieben und Federn ohne Federhäuser gebaut. Das Werk war, damit schien Junghans seinem Ziel einen Schritt näher, preiswert und ganggenau. Vor allem ihm war es zu verdanken, daß die Fertigung deutscher Uhren endlich von der reinen Nachahmung amerikanischer Uhren gelöst wurde.

Und auch damals kannte man bereits Marketingmaßnahmen, ohne daß sie so genannt wurden. Bereits 1877 erschien das erste eingetragene Junghans-Warenzeichen auf dem Markt: der Adler mit Fahne. 13 Jahre später, 1890, wurde als vierte Marke der achtstrahlige Junghans-Stern, der bis heute die Produkte ziert, kreiert. Und auch der Verkauf wurde bald professioneller: Unter dem Namen „Amerikanisches Uhrenmagazin“ wurde 1878 ein Verkaufsgeschäft in Stuttgart eröffnet. Angeboten wurden Küchen- und Weckeruhren zum Preis von 4,80 bis 6 Mark, Standuhren aller Art zum Preis von 10 Mark an und Regulatoren mit Schlagwerk, acht Tage gehend, von 20 Mark an. In dieser Zeit, der Gründer Erhard Junghans war erst neun Jahre tot, wird Arthur Junghans auch sein erstes Deutsches Reichspatent für eine „Uhr mit Kalenderwerk“ erteilt. Zusätzlich wurde 1879 der erste Schritt ins Ausland gewagt: In Venedig errichtete Junghans unter dem Namen „Fratelli Herion“ eine Uhrenfabrik, weitere Auslandsniederlassungen sollten bald folgen. Konsequent setzte der Sohn das Werk des Firmengründers Erhard Junghans fort: technischer Fortschritt, hohe Stückleistung, Gleichmäßigkeit und Ganggenauigkeit, ohne dabei die Wünsche der Kunden aus den Augen zu verlieren.

Einen Einschnitt in die Geschichte des Schramberger Unternehmens brachte das Jahr 1900. Der Wettbewerb unter den Herstellern von Uhren „amerikanischer Bauart“ war mittlerweile so scharf und der Preisdruck so stark geworden, daß der Präsident der Rottweiler Handelskammer einen Zusammenschluß der fünf großen Uhrenfabriken (Haller, Junghans, Kienzle, Landenberger und Mauthe) vorschlug. Doch lediglich zwei Unternehmen waren letztendlich zu der Fusion bereit: Am 15. Juni 1900 wurde die Firma „Vereinigte Uhrenfabriken Gebrüder Junghans und Thomas Haller AG“, Schramberg und Schwenningen, gegründet. Sitz der neuen Gesellschaft war Schramberg. Dieser Schritt brachte Junghans den direkten Kontakt mit der Herstellung von Taschenuhren, die auf der Geißhalde zwar schon einmal geplant, eingeführt, wieder aufgegeben, abermals versucht, aber wiederum zurückgestellt wurden. Von 1903 an, Junghans hatte sich zur weltweit größten Uhrenfabrik gemausert, wurden die Taschenuhren endgültig in das Produktionsprogramm aufgenommen. Der internationalen Bedeutung des Unternehmens folgend, gründete man weitere Filialen in Frankreich, Österreich, Amerika und in Argentinien. 1.500 Arbeiter beschäftigte das Unternehmen 1897, diese produzierten jährlich eine Million Uhren. Das Geschäft blühte, der Junghans-Stern strahlte, die Kataloge enthielten alles, was „in“ war: Spieldosen, Musikautomaten, Nippesuhren, Taschen- und Großuhren. Bekannte Produktnamen wie der

„Babywecker", der Wecker „Jubilo", die als Leuchtturm gestaltete Uhr „Prince Henry", die Pendeluhr „Progresso", der Wecker „Maiblume" oder Uhrenmodelle mit auswechselbaren Musikscheiben stammen aus dieser Zeit.

Doch die Fusion mit Haller sollte nicht lange andauern. 1909 wurde sie bereits wieder gelöst, die beiden Betriebe in Schwenningen und Dreißlingen wurden Filialen. Arthur Junghans hielt konsequent an den Familienzielen der Schramberger Uhrenfabriken Gebrüder Junghans AG, so hieß das Unternehmen mittlerweile, fest: „Technische Vervollkommnung, Wirtschaftlichkeit, größere Unabhängigkeit von Zulieferanten, also der Ausbau einer Vertikalproduktion, die Gründung ausländischer Filialen und Montagebetriebe, die Erweiterung des Vertreternetzes, direkte Kontakte zu Grossisten und Uhrenfachgeschäften." Und das Geschäft blühte. Dank der wirtschaftlichen Erfolge engagierte sich die Familie stark in sozialen Einrichtungen, sie schuf eigene Arbeiter- und Beamtensiedlungen, eine Betriebskrankenkasse, Kinderkrippen, eine Feuerwehr und sogar ein Kraftwerk. Doch die Aufwärtsentwicklung wurde durch den Ersten Weltkrieg jäh unterbrochen. Die Geißhalde wurde zu Kriegslieferungen verpflichtet - in der Schreinerei wurden Munitionskästen und Geschoßkörbe anstelle von Uhrenkästen gezimmert. Erst 1919 konnte sich Junghans wieder dem „normalen" Arbeitsprogramm widmen. Fünf Jahre dauerte es, bis die Spitzenproduktionswerte des Jahres 1904 erreicht wurden: Mit 3,6 Millionen Uhren pro Jahr, davon 68 Prozent Großuhren, wurden mehr als 15 Millionen Mark umgesetzt. Doch dieses Zwischenhoch sollte nur von kurzer Dauer sein. Die Weltwirtschaftskrise hinterließ auch in dem kleinen Schwarzwaldstädtchen ihre Spuren, deutlich ablesbar an den Kurzarbeiterzahlen. Hinzu kam noch der Tod von Arthur Junghans im Jahre 1920. Doch die vier Söhne von Arthur, Oskar, Erwin, Helmut und Siegfried, die jetzt die Regie in der Geißhalde übernahmen, arbeiteten konsequent weiter. Mit den Losungen „Masse aber Klasse" und „Ja zu Neuerungen" blieb ihnen der Erfolg zumindest kurzfristig treu. So ist den vier Nachfolgern die Aufnahme der Armbanduhr ins Produktionsprogramm zu verdanken. Erstmals 1927 erschien sie in einem Katalog und wurde damals als eher vorsichtiges Experiment gewertet. Auch in Fachkreisen beurteilte man sie als „Modenarrheit, die Uhr an der unruhigsten und den größten Temperaturschwankungen ausgesetzten Körperstelle zu tragen". Und die Experten hofften, daß die Armbanduhr nur eine kurzfristige Erscheinung sei, die bald wieder verschwindet. Nur am Rande sei angemerkt, daß die Uhr am Handgelenk während des Ersten Weltkrieges in Deutschland eine besondere Bedeutung erlangte. Denn die Uhr in der Hosentasche erwies sich, vor allem wenn man auf dem Bauch lag, als sehr unzweckmäßig.

Doch der Erfolg wurde erneut durch einen Krieg zunichte gemacht. Erst nach der Währungsreform 1948 konnte der kontinuierliche Wiederaufbau beginnen. Auch diesmal standen die Tugenden des Firmengründers, Erfindergeist und Innovationsbereitschaft, im Mittelpunkt. In diese Zeit fällt die Serienreife der elektrischen Uhr, die Entwicklung der Batterieuhr und erste

Kontakte mit der Quarztechnik. Doch die Urenkel des Firmengründers konnten an die Erfolge ihrer Vorfahren nicht mehr so recht anknüpfen. Eine Neuorientierung wurde erforderlich. Bereits bald gehörte Junghans nicht mehr Junghans. Am 15. Dezember 1956 erlangte die Nürnberger Diehl-Gruppe die Aktienmehrheit der Schramberger Uhrenfabrik, den Vorsitz des Vorstandes übernahm Karl Diehl. Die Familie Junghans hatte damit wohl endgültig das Ruder weitergegeben. Erste Neuerung des neuen Eigentümers: Die Rechtsform der Gesellschaft wurde geändert, künftig sollte sie als GmbH und nicht mehr als AG firmieren. Erste Kontakte mit der Muttergesellschaft hatte das Unternehmen während des Krieges im Rahmen der Kriegslieferungen geknüpft. Gemeinsam nun gingen die beiden Gesellschaften Junghans und Diehl das elektronische Zeitalter an. 1967 lief die erste Quarz-Großuhr vom Produktionsband, 1970 wurde die erste Quarz-Armbanduhr vorgestellt. Doch auch jetzt, wie schon zu Gründers Zeiten, erwies sich die ausländische Konkurrenz als erdrückend. Doch diesmal kam sie nicht aus Übersee, sondern aus

UNTERM STRICH

Erhard Junghans

Firmenname	Junghans Uhren GmbH
Firmensitz	Schramberg
Branche	Uhren
Hauptprodukt/ Dienstleistung	Großuhren, Quarzwerke
Eigentumsverhältnis	Diehl GmbH, Nürnberg (100%)
Geschäftsführer	Hans-Jürgen Bublath, Berthold Korzus
Gründer	Erhard Junghans
Gründungsjahr	1861
Mitarbeiter	700
Produktionsstätte	1 (Inland), 6 (Ausland)
Umsatz	-
Zukunftsziel	Erschließung modernster Technik zur Entwicklung der problemlosen, benutzerfreundlichen Uhr

dem Fernen Osten, aus Japan. Und wie gegen Ende des 19. Jahrhunderts haben die Uhrenhersteller auch diesmal die Flut von billigeren Importuhren noch einmal, im letzten Augenblick, abgewehrt: mit intensiver Forschungsarbeit, kundenbezogenem Design sowie preiswerten und ansprechenden Modellen - genauso wie damals, anno 1861, als Erhard Junghans eine Uhrenteilefabrik gründete.

Und noch eine Parallele: Genau wie Erhard Junghans, der neu in den Uhrenbereich einstieg, so brachte auch der neue Geschäftsführer Hans-Jürgen Bublath, gelernter Ingenieur der Nachrichtentechnik, frischen Wind in die bereits angestaubten Produktionsgebäude in der Geißhalde und in die krisengeschüttelte Branche. Nach Jahren der Verluste schrieb der Uhrenhersteller endlich wieder schwarze Zahlen. Und dies dank der internationalen Vermarktung, Qualität zu freundlichen Preisen und hoher Technologie - Ziele, die bereits der Firmengründer Junghans vor 125 Jahren verfolgte. Und eine Bilanz des Unternehmens seit 1861 zeigt die beachtlichen Erfolge, die erreicht wurden: 300 Millionen weltweit verkaufte Uhren, 3.000 angemeldete Patente und die modernsten Produktionsanlagen weltweit.

Bösendorfer
Die Klaviatur des Erfolges

von Wilhelm Sinkovicz

In einem karg möblierten Hinterzimmer eines alten Vorstadthauses umringen einige Herren einen riesigen schwarzen Konzertflügel, der, wie von Geisterhand betätigt, ganz von allein Chopin spielt. Als wär's Zauberei: Die Tasten, schwarze wie weiße, betätigen sich selbst, senken sich und schnellen wieder hoch, in Windeseile. Den staunenden Zaungästen bleibt der Atem weg - keine Szene aus einem Gespensterfilm, sondern tatsächlich passiert, ab sofort auch täglich wiederholbar.

Der Geisterflügel und noch einige seiner Kollegen stehen nicht in Disneyland, sondern in einer der bedeutendsten Klavierfabriken der Welt, noch dazu in der traditionsbewußten Musikstadt Wien, „auf der Wieden", in einem alten Vorstadthaus wie gesagt, in einem der besten Bezirke der „Kaiserstadt", wo die altehrwürdige Klaviermacherfirma „Bösendorfer" ihren Stammsitz hat. Daß in solchem - wie man meinen könnte - anachronistischen Ambiente sich plötzlich die Instrumente selbständig machen, aufgrund neuester technischer Entwicklungen selbstverständlich und gar nicht durch märchenhafte Zauberei, hat allem Anschein zum Trotz auch etwas mit dem Traditionsbewußtsein der Firma zu tun: Innovationen nämlich gehörten, bei allem Drang zur Bewahrung altbewährter Errungenschaften, von Anfang an zu den ungeschriebenen Gesetzen der „Bösendorfers". Und ganz im Gegensatz zu so manchem Handwerksbetrieb, der vorrangig mit Musik und Kunst zu schaffen hat, ist bei Bösendorfer dieser Innovationsgeist über die langen Jahre der Bewährung hin nicht verlorengegangen. Das hat diesen seit beinahe einem Jahrhundert bereits zur Legende gewordenen Markennamen davor bewahrt, ausschließlich zu einem historischen Begriff zu werden.

Bösendorfer assoziieren wir geschichtsbewußt mit den Urvätern der Klavierspielkunst, des Virtuosentums, also mit Franz Liszt und seinen mehr oder weniger bedeutenden und gleichwertigen Kollegen, Bösendorfer assoziieren wir freilich ebenso mit den großen Namen, die das Klaviervirtuosentum in das Zeitalter des Jet-sets herübergerettet haben, mit Friedrich Gulda zum Beispiel oder Alfred Brendel, mit Svjatoslav Richter; aber auch mit den Größen von der „andern" Seite der musikalischen Front, mit Chick Corea oder Count Basie. Solches hat selbstverständlich nur sehr am Rande mit der großen Tradition zu tun, verweist vielmehr auf die Beständigkeit der Bösendorferschen Produkte in unserer technisch perfekten Zeit, die auch bei künstlerischem Gerät keine Halbheiten zuläßt. Bösendorfer ist also eine historische Legende und gleichermaßen ein sehr zeitgenössischer Qualitätsbegriff. Wie dies möglich geworden ist, wollen die folgenden Schlaglichter auf die Marke Bösendorfer und auf das, was hinter ihr realiter steckt, durchleuchten.

Zurück zu unserem „Geisterflügel". Es gibt ihn also, und er dient keineswegs zur Belustigung einiger abenteuerlustiger Musikfreunde oder einiger musikbegeisterter Technikfreaks. Die derzeitigen Leiter der Firma Bösendorfer, Roland Rädler und „Adjutant" Peter Lemell, halten ihr neuestes Produkt im Gegenteil für eine der revolutionärsten Erfindungen auf dem musikalischen Markt der letzten Jahrzehnte, geeignet, so manches Detail im Musikbetrieb radikal umzukrempeln. Funktionieren kann ein solches Wunderding – wie könnte es anders sein – mittels eingebautem Computer. In einem sogenannten „Imperial"-Flügel, dem prominentesten und teuersten Produkt der Firma Bösendorfer und begehrtestem Instrument der internationalen Konzertszene, sorgt eine hypermoderne Lichtüberwachungsanlage für die exakte digitale Messung jeder kleinsten Bewegung der Klaviertasten und Anschlaghämmerchen. Auf Bruchteile von Millimetern und Sekunden genau registrieren die Lichtschranken Intensität und Dauer des Anschlages eines Pianisten, ein angeschlossenes Datensystem speichert die gewonnene Information ab und ermöglicht im Umkehrverfahren die exakte Wiedergabe des einmal eingegebenen Materials: Im Klartext heißt das, der Imperial-Flügel reproduziert das ganz persönliche Klavierspiel jedes beliebigen Pianisten, der zuvor eine Floppy disc bespielt hat.

Das ist unglaublich genug, aber beileibe noch nicht alles, was Bösendorfers Digitalklavier kann. Denn zu allem Überfluß kann besagter Pianist jetzt auch noch jeden beliebigen Ton einer Aufnahme verändern. Greift der Virtuose bei einer schwierigen Passage einmal daneben – auch das passiert den allerbesten Spielern hin und wieder – kann man per simplem Eingriff in die Dateninformation ein falsches Gis in ein richtiges G umpolen, und bei der Wiedergabe musiziert der Flügel lupenrein und sogar den inkriminierten verbesserten Ton mit derselben Intensität des Anschlags und der Lautstärke, mit der der Pianist zuvor subtil danebengedroschen hat. Für faule Klavierschüler, die an dieser Stelle vermutlich laut aufatmen, dürfte die neue Errungenschaft freilich ein wenig zu teuer werden. Für große Institutionen wie Musikhochschulen, Konservatorien, aber auch Schallplattenfirmen könnte sich das Computerklavier jedoch, so hoffen Rädler und Lemell, als Segen erweisen. Ist es doch beispielsweise möglich, anhand der abgespeicherten Information einen Studenten, bei dem es nur mehr um für den Laien unvorstellbare Details der Spielkunst geht, von scheinbaren Nebensächlichkeiten zu unterrichten, die im Falle einer angestrebten Karriere zu Fallstricken werden könnten. Jede kleinste Differenz mechanischer Natur - eine schwächere Konstitution eines bestimmten Fingers etwa, oder die eine oder andere Unsitte, die dem Spieler selbst nie und nimmer bewußt würde, läßt sich jederzeit anhand des selbstspielenden Klaviers untersuchen und anschaulich demonstrieren.

Der Computerflügel ist selbstverständlich auch in der Lage, die gespeicherte Interpretation im halben Tempo akkurat zu exekutieren. Da kommt so manches ans Tageslicht, was in der Geschwindigkeit einer Chopin-Etüde leicht untergeht. Und der Pianist kann sein Spiel beliebig oft als Zuhörer, gleichsam von außen, begutachten. Für Schallplattenfirmen besteht dazu etwa die Möglichkeit, ein Live-Konzert original mitzuschneiden ohne die lästigen Störgeräusche des hustenden Publikums, des mitsummenden Pianisten oder des gerade quietschenden Pedals.

Solches mag verblüffend sein, charakterisiert aber die Firma Bösendorfer besser als jede Werbebroschüre. Als der amerikanische Erfinder, der dieses Computersystem entwickelt hat, kam, um seine Entdeckung vorzustellen, zögerten die Bösendorfers nicht lange, ließen den Mann in Ruhe auch praktisch beweisen, was theoretisch so unglaublich klang, und machten sich an die sündhaft teure Entwicklung des Produkts. Und was viele heute noch als lächerliche Spielerei abtun, hat einige der interessantesten Pianisten unserer Zeit bereits restlos überzeugt. Sie musizierten und hörten den Flügel ganz von selbst ihr ureigenstes Spiel wiedergeben. Und Institutionen wie die Royal Academy haben sich Exemplare des Computerflügels bereits für pädagogische Zwecke gesichert. Und, was eine Premiere war, sie haben in ihrer Begeisterung gleich traditionellere Produkte der Firma mit eingekauft. Erstmals musizieren die talentiertesten Studenten der ehrwürdigen königlichen Akademie in London jetzt auch auf Bösendorfer-Klavieren. Die Konkurrenz wird das nicht gern sehen, aber die Wiener Firma hat sich wieder einmal durchgesetzt. Über Innovation und Kundenservice, wie das von jeher so ihre Art war.

Schon der Gründer der Firma, der ihr den Namen gegeben hat und damit eigentlich unsterblich wurde, hat es durch Qualitätsbewußtsein und Überzeugungskraft rasch zum angesehensten Klavierfabrikanten in Mitteleuropa gebracht. Geboren wurde dieser Ignaz Bösendorfer im Wien des Jahres 1794.

Mozart war gerade drei Jahre tot, Haydn verbreitete den Ruhm seiner Musik und damit den Ruhm der Kultur- und Musikstadt Wien in London (Paris war längst „erobert"), und Beethoven hatte sich eben erst in Wien angesiedelt. 1828, als Schubert, der das Tor zur sogenannten „Romantik" in der Musik weit aufgestoßen hatte, gerade – ein Jahr nach Beethoven – gestorben war, sucht Ignaz nach Lehre in einem Klaviermacherbetrieb um eine Gewerbeberechtigung eines eigenen Klavierbauerbetriebes an. Er erhielt sie denn auch – mit dem dringlichen Zusatz, sich allsogleich bei dem „hierortigen Steueramte zur Erwerbssteuer aufnehmen zu lassen"; woran zu erkennen ist, daß sich in derartigen Belangen bis heute wenig geändert haben dürfte...

Peter Lemell, Sprecher des Hauses Bösendorfer, über die Unternehmensphilosophie der Firma:

„Wir achten auf die Beibehaltung alter Traditionen des Instrumentenbaus unter Berücksichtigung moderner Erkenntnisse. Zum Beispiel halten wir an der Massivholz-Bauweise wegen der besseren Resonanzfähigkeit fest. Wir sind uns bewußt, daß der heutige Flügelbau immer weiter verbessert werden muß, um den gestiegenen Ansprüchen auf Podium, in Schulen und im Privatheim gerecht zu werden. Das bedeutet, daß man permanent forschen muß.

Trotz eines zufriedenstellenden Jahresumsatzes von 172 Millionen Schilling im Geschäftsjahr 1985/86 (Stichtag 31. 5. 86) ruhen wir uns nicht auf unseren Lorbeeren aus. Wir haben stets ein offenes Ohr für Innovationen und sind für Anregungen von außen dankbar."

Nach fleißigen Anfängen erringt Bösendorfer mit seinen Produkten in den Jahren 1839 und 1845 jeweils die Goldmedaille und den ersten Preis bei den Wiener Industrieausstellungen. Bereits auf die erste dieser Auszeichnungen erhält Bösendorfer vom kaiserlichen Hof die Ermächtigung, sich hinfort „k. u. k. Hof- und Kammerklavierverfertiger" zu nennen. Bis zum Ende der Donaumonarchie versieht die Firma Bösendorfer die Resonanzböden ihrer Instrumente denn auch stolz mit diesem schmückenden Zusatz. Was aber abseits der Ehre, von der man sich bekanntlich wenig kaufen kann, viel wichtiger daran war: Der Name Bösendorfer errang rasch höchstes Ansehen als einer, der für die kaiserlichen Höfe und Kammern Klaviere verfertigt und damit selbstverständlich sofort in sämtlichen adligen und bourgeoisen Häusern als „salonfähig" galt.

Noch wichtiger als die offiziellen Ehrungen und Anerkennungen waren aber vermutlich die Leistungstests, die Bösendorfer-Erzeugnisse auf den internationalen Konzertpodien absolvieren mußten. Zu der Zeit, in die das Wachstum der Firma Bösendorfer fiel, brach in ganz Europa im Zuge der Verbreitung der romantischen Musik und ihrer bis heute maßgeblichen Institutionalisierung des virtuosen Interpretentums eine Hysteriewelle der besonderen Art aus. Es war chic, von dem geigenden Hexenmeister Niccolò Paganini hingerissen zu sein, und dann, ein wenig später, war es noch chicer, sich den atemberaubenden Fingerkünsten des ersten großen Klaviervirtuosen Franz Liszt hinzugeben. Die Damen fielen reihenweise in Ohnmacht, wenn der schöne Künstler aufspielte - und die von ihm malträtierten Klaviere gingen reihenweise zu Bruch. Die Konzertflügel, die Franz Liszt innerhalb kürzester Zeit zerdroschen und damit unspielbar gemacht hat, sind Legion. Die damaligen Instrumente hielten der Virtuosenpranke nicht stand, waren zu fragil, um die Kraftakte des Tastendonnerers zu überstehen. Da kam Bösendorfer: Und wie durch ein Wunder war zum erstenmal in Liszts Karriere ein Klavier auch nach einem Konzert noch heil und konnte wiederverwendet werden. Das machte Schlagzeilen.

Die verblüfften Kritiker waren einmal nicht so sehr von der musikalischen Leistung des Pianisten bezaubert, sondern von der robusten Machart des neuen Flügels: Das „Bösendorfer-Klavier" habe „eisenfest standgehalten", vermerkt der Rezensent, das habe man noch nie erlebt. Daß sein Werk dem Orkan, den der berühmte Komponist auf ihm entfesselt hat, so trotzig entgegenwirken konnte, hat damals übrigens auch den Ignaz Bösendorfer in Erstaunen versetzt. Aber seine Instrumente waren mit einem Schlag, quasi über Nacht, zu den wichtigsten Requisiten jedes Konzertveranstalters geworden. Und mit dem großen Franz Liszt entwickelte sich eine Freundschaft, die den Komponisten bis an sein Lebensende an das Haus Bösendorfer band.

Für Liszt entstand auch eine der ersten spektakulären Sonderanfertigungen der Firma Bösendorfer, ein „Schreibtisch"-Klavier, das im Arbeitszimmer des Komponisten stand und mit einer Klaviatur versehen war, die durch kleine Hämmerchen gut gestimmte Glasplättchen in Schwingung versetzt - das ergibt übrigens einen geradezu überirdisch schwebenden Zauberklang, der eigentlich in groteskem Kontrast zu der Musik steht, die auf diesem Arbeitsinstrument komponiert worden ist. Dieses Schreibtisch-Klavier war ein Geschenk Ludwig Bösendorfers an den Komponisten. Ludwig, der Sohn Ignaz Bösendorfers, übernahm nach dem Tod seines Vaters im Jahr 1859 die Leitung der Klavierfabrik. Ignaz hatte seinen Filius wohl vorbereitet. Das Kind war musikalisch genug, um in seine Fußstapfen treten zu können, und auch technisch interessiert. Zwei Jahre lang absolvierte Ludwig Lehrgänge an der Technischen Universität in Wien und arbeitete, solange sein Vater noch lebte, in der Fabrik eifrig mit. So war er vertraut mit jedem Handgriff der Klaviermacherkunst, was ihn - unterstützt durch die offenkundige musikalische Begabung - zu einem idealen Firmenchef machte. Ludwig Bösendorfer war der eigentliche Motor zum Erfolg des Unternehmens. 1860 bezieht Bösendorfer ein neues Fabrikationsgebäude außerhalb des Wiener Stadtkerns. Erstmals tritt die Firma auch als Konzertveranstalter selbst in Erscheinung, denn das neue Haus hat auch einen kleinen Konzertsaal, der etwa 200 Personen Platz bietet. Und schon ist Bösendorfer nicht nur als Klaviermacher, sondern auch als musikalische Autorität in ganz Wien bekannt.

Der Techniker in Ludwig widmet sich mittlerweile unermüdlich den Veränderungen und Verbesserungen der gebräuchlichen Klaviermechanik. Er tritt also nicht nur als Konstrukteur kurioser Unikate - wie jenem Arbeitsinstrument für Liszt oder einigen formal originellen Schöpfungen für adlige Musikliebhaber - hervor, sondern arbeitet als Pionier des modernen Klavierbaus. Im Jahr der Übersiedlung meldet er ein Patent auf seine gerade fertig entwickelte neue Klaviermechanik an, die Erleichterungen für den pianistischen Anschlag mit sich bringt und rasch von den Pianisten genützt wird, um noch transzendentere Spieltechniken auszuprobieren und zu vervollkommnen. Durch derartige Neuerungen ist die Geschichte der Firma Bösendorfer untrennbar auch mit Entwicklungen der Musikgeschichte verbunden. Das Zusammenwirken von Kunst und Handwerk sichert auch das weitere Wachstum der Fabrik. 1870 übersiedelt Ludwig Bösendorfer ein zweites Mal. Diesmal in das Fabrikgebäude in der Graf-Starhemberg-Gasse auf der Wieden, wo Bösendorfer bis zum heutigen Tag zu Hause ist. Gleichzeitig sichert sich der Unternehmer - auch dies ein Zeichen wirtschaftlicher Aufwärtsentwicklung - ein Verkaufs-und Bürolokal mitten in der Inneren Stadt, im Palais des Fürsten Liechtenstein. Ein Palais, in dem es auch eine eigene Reitschule gab, die Bösendorfer häufig frequentiert. Er ist auch ein Pferdenarr; aber nicht so sehr, daß ihm entginge, daß diese Reitschule ein Saal mit herrlicher Akustik ist. Bald verschafft sich der Musikspezialist in ihm die nötige Energie, um den anfangs zweifelnden Fürsten Liechtenstein zu überreden, die Reitschule kurzerhand in einen Konzertsaal umzubauen. Gesagt, getan, zwei Jahre nach seiner letzten Übersiedlung ist Bösendorfer Herr des sogenannten „Bösendorfer-Saales“, der bald zum meistfrequentierten musikalischen Veranstaltungsort in Wien avanciert. Bis zum Jahr 1913 ist Bösendorfer auch einer der wichtigsten Konzertveranstalter der Stadt. Viereinhalbtausend Konzerte finden im beliebten Saal während dieser vierzig Jahre statt, Künstler wie Liszt, Paderewski, Reger, Rubinstein, Bruno Walter, aber auch Komponisten wie Richard Strauss, Edvard Grieg, Gustav Mahler und sogar Béla Bartók musizieren, wenn sie in der Kaiserstadt auftreten, am liebsten in der ehemaligen Reitschule.

Ludwig Bösendorfer ist bald ein Original im Wiener Kulturleben, gerngesehener Gast auf allen Gesellschaften und trotzdem beinahe ausschließlich auf sein Geschäft konzentriert. Der internationale Ruhm - auf Liszt folgten nahezu ausnahmslos alle bedeutenden Klavier-Virtuosen, die sich nach und nach auf Bösendorfer-Klaviere verlegten - brachte dem Klaviermachermeister Reichtum. Er konnte sich leisten, dem Konservatorium der Gesellschaft der Musikfreunde, damals die bedeutendste Ausbildungsstätte für Musiker in Wien, gleich 14 Konzertflügel zur Verfügung zu stellen und obendrein einen Preis auszusetzen, der jeweils dem begabtesten Absolventen der Klavierklasse einen Bösendorfer-Flügel zusicherte. In Form des alle zwei Jahre stattfindenden Bösendorfer-Wettbewerbes findet diese Tradition bis heute ihre Fortsetzung.

Unter Ludwig Bösendorfer, der immer wachen Sinnes die Zeichen und Notwendigkeiten der Zeit erkannte, begann auch die bis heute ungebrochene Tradition der Künstlerbetreuung der Firma. Jedem Pianisten, der auf seinen Konzertreisen einen Bösendorfer-Flügel benützt, steht ein Berater und Begleiter der Firma zur Verfügung. Der alte Bösendorfer selbst begleitete die damalige Virtuosen-Prominenz auf den Bahnreisen von Konzert zu Konzert durch Europa. Liszt und Anton Rubinstein hat er auf langen Fahrten die Zeit durch Kartenspiele verkürzt. Nur seinen Herzenswunsch hat ihm die kaiserlich-königliche Verwaltung nicht erfüllen wollen: Sein Antrag auf einen Bösendorfer-Salonwaggon mit Klavier- und Schlafzimmer für die reisenden Künstler wurde abgelehnt. Das schien selbst den Beamten im musikfreundlichen Wien zuviel des Kundendienstes.

Selbstverständlich sucht der wache Geist Ludwig Bösendorfer auch rechtzeitig nach einem geeigneten Nachfolger, der das Unternehmen einmal in seinem Sinne weiterführen würde, sobald es seine Kräfte nicht mehr erlauben. 1909 verkauft er seine Firma an seinen jungen Freund Carl Hutterstraßer. Damit übergibt er sein Unternehmen in die Hände eines Mannes, der traditionsbewußt genug ist, den Namen „Bösendorfer" als Institution weiter zu pflegen. Nach dem Abbruch des Liechtensteinschen Palais und dem Tod des rührigen Ludwig Bösendorfer übernimmt die Familie Hutterstraßer aufs vorbildlichste die ihr zustehenden Agenden. Das Unternehmen blüht weiter auf, nur der Krieg und die Wirtschaftskrise sorgen für die unvermeidlichen Einbrüche. 1945 kommt der Betrieb völlig zum Stillstand. Die Facharbeiter waren an der Front, nach Kriegsende dienen Bösendorfer-Klaviere als Brennholz-Material. Mit einem gewaltigen Kraftakt gelingt es den Hutterstraßers, den Traditionsbetrieb zu retten. In den Jahren 1946 und 1947 fabrizieren ein paar kundige Facharbeiter wieder Bösendorfer-Flügel. Elf Stück pro Jahr ist die karge Ausbeute. Karg, aber qualitätsvoll - die Kunst des Klaviermachens und all das über die Jahrzehnte hin verfeinerte Know-how sind nicht verlorengegangen. Die raren Instrumente aus Wien sind begehrt und gehen wie eh und je in alle Welt.

Aber es ist nicht die Zeit für subtil und liebevoll gearbeitete Qualitätsware. Die ist zwar begehrt, aber ihre Produktion zu kostspielig, als daß der notwendige Aufstieg allein wieder herbeigeführt werden könnte. 1966 wird die Bösendorfer OHG in eine Aktiengesellschaft umgewandelt. Eine amerikanische Firma erwirbt die Aktienmehrheit - und die Traditionsbewußten unter den Musikfreunden sehen das Ende der unverwechselbaren, klangvollen Flügel heraufdämmern und eine Serienfabrikation der Standardklasse. Gottlob ist das Gegenteil der Fall. Der amerikanische Käufer ist gar nicht so amerikanisch, daß er in Wien ein Schreckgespenst sein müßte: Arnold F. Habig ist tatsächlich Sproß einer altösterreichischen Familie, die vor Zeiten nach den USA ausgewandert ist und dort einen Holzverarbeitungsbetrieb gegründet hat, der sich bald durch zahlreiche Ankäufe zu einem der größten Holz-Verarbeitungskonzerne entwickelte: Kimball Inc., heute auch der größte Hersteller von Tasteninstrumenten in den USA. Arnold F. Habig suchte für seine Klavier- und Orgelbau-Firma einen Traditionsbetrieb - der Verkauf von Bösendorfer-Aktien kam ihm da gerade recht. Da er aber um die Bedeutung der Tradition wußte und um die Tatsache, daß Bösendorfersche Tradition auch sehr viel mit dem typisch wienerischen Charme zu tun hat, beließ er in seiner neuen Wiener Firma alles, wie es war. Der Geschäftsführer der Bösendorfer OHG, Roland Rädler, wird zum Vorstandsdirektor der L. Bösendorfer Klavierfabrik AG, die gesamte Belegschaft wird beibehalten und, was das Wichtigste ist, Bösendorfer bleibt in Wahrheit eine völlig autonome Firma, an deren Führung der amerikanische Konzern so gut wie überhaupt keinen Anteil nimmt.

Unter Rädlers Leitung vergrößert sich das Unternehmen nun auftragsgemäß zusehends. Die Kombination aus Beibehaltung althergebrachter, nach wie vor nicht verbesserter (nicht verbesserbarer) Klaviermacher-Rezepte und Bedachtnahme auf modernste Erkenntnisse und Notwendigkeiten sorgt dafür, daß der Innovationsgeist und die solide Handwerkskunst des Ignaz und Ludwig Bösendorfer bis in die achtziger Jahre unseres Jahrhunderts und weiter ihre Fortsetzung finden.

So darf Bösendorfer heute seine „führende Stellung“ auf dem Weltmarkt postulieren, ohne von den Firmen verlacht zu werden, die unzählig viel mehr Klaviere pro Jahr in die Welt hinausschicken. Mehr denn je ist es heute für die Konzertveranstalter Pflicht, neben den begehrten Instrumenten der Konkurrenz-Firma Steinway auch einen Bösendorfer-Konzertflügel anbieten zu können. Die Pianisten sind heute gewohnt, zwischen diesen zwei Instrumenten wählen zu können. Und sie wählen in verstärktem Maße Bösendorfer, obwohl die Firma ganz bewußt keine Verträge mit Pianisten abschließt, die diese verpflichten würden, Bösendorfer zu spielen. Lediglich der persönliche Kontakt, den die führenden Herren der Firma zu den Solisten herstellen, sichert neben der offenkundigen Güte und Klangschönheit der Instrumente die Beständigkeit und Treue der Virtuosen, die sich in zahllosen Dankesbriefen der prominentesten Musiker ausdrücken, die an den Wänden der immer noch heimeligen Klavierfabrik in Wien gerahmt zu finden sind. Es kommt schon manchmal vor, daß ein großer Pianist, der gerade verzweifelt feststellt, in einer fremden Stadt sein Lieblingsessen nicht zu bekommen, dieses von einem rührigen Vertreter der Firma Bösendorfer dann doch serviert bekommt. In solchen Fällen entwickeln die Verantwortlichen bei Bösendorfer einen kuriosen Eifer, der - alle Künstler sind einander ähnlich - daran erinnert, wie der große Direktor der New Yorker Metropolitan Opera, Sir Rudolf Bing, seine streitsüchtigen Sängerstars beruhigt und auf groteske Art berühmte Dirigenten engagiert hat. Bing war übrigens auch ein Wiener. Diese Art von charmanter Überredungskunst scheint in der Donaustadt so recht zu Hause zu sein. Nicht zuletzt deshalb gilt Bösendorfer immer noch als zutiefst wienerische Einrichtung, nicht zuletzt deshalb steigt der Ruhm des Namens Bösendorfer immer weiter.

Das läßt sich selbstverständlich - auch von nüchternen Fakten muß geredet werden - auch in Zahlen ausdrücken. Die Produktion der Klavierfabrik hat im

Jahr 1984 die Tausendergrenze überschritten. 1966 war es noch ein Traumziel, über 1.000 Instrumente im Jahr zu erzeugen. Heute hat man damit einen Plafond erreicht, der - denn die Nachfrage steigt weiterhin stetig - nurmehr durch eine neuerliche Firmenerweiterung zu heben wäre. Bösendorfer hat sich - trotz aller Tüfteleien für neue Verbesserungen der Mechanik und kleinere oder größere Innovationen beim Klaviergehäusebau - ein schönes Stück vom Klavierbauerkuchen abgeschnitten. Die nahezu konkurrenzlose Kontinuität - der Vorarlberger Roland Rädler ist nunmehr bereits seit einem Vierteljahrhundert an leitender Position tätig und symbolisiert die fortgeführte Tradition am besten - hat der notwendigen Ausweitung nicht entgegengewirkt. Qualität, solides Handwerk, liebevolle Behandlung („Die braucht ein Klavier", sagt Peter Lemell, der rührige Firmensprecher und im Wiener Konzertleben omnipräsente Musikfreund, „denn ein Klavier reagiert auf die kleinsten Veränderungen wie eine Pflanze"), all das hat sich bewährt und wird, wie die Zeichen stehen, sich auch weiterhin bewähren. Und mir nichts, dir nichts wird sogar das hochtechnische Gerät, das der Computerflügel darstellt, zu einem wienerischen Instrument werden, das von hier aus in die Welt geht, obwohl es doch der gemütlich-anachronistischen Mentalität dieser Stadt so diametral entgegengesetzt erscheint...

UNTERM STRICH

Ignaz Bösendorfer

Firmenname	L. Bösendorfer Klavierfabrik AG
Firmensitz	Wien, Österreich
Branche	Klavierbau
Hauptprodukt/ Dienstleistung	Flügel/Pianinos
Eigentumsverhältnis	mehrheitlich im Besitz von Kimball International Inc., Jasper, Ind., USA
Gesellschafter/ Geschäftsführer	Vorstandsdirektor Dr. Roland Rädler
Gründer	Ignaz Bösendorfer
Gründungsjahr	1828
Mitarbeiter	250
Niederlassungen	2
Umsatz	172 Mio. Schilling (1986)
Zukunftsziel	Ausbau der führenden Stellung auf dem Weltmarkt

Faber-Castell
Triumph des Bleistiftes
von Hubert Neumann

Der Kalender zeigt den 10. Juli 1986: Auf der riesigen Video-Leinwand im Großen Saal der Nürnberger „Meistersingerhalle" leuchtet in ständig wechselnden, modernen, farbigen Laser-Lichtbündeln ein Doppelname auf: Faber-Castell.

Das auf dem Weltmarkt führende Bleistift- und Schreibgeräte-Unternehmen aus der kleinen fränkischen Ortschaft Stein, genau an der Stadtgrenze zur ehemaligen Freien Reichsstadt Nürnberg, feiert seinen 225. Gründungstag. Anton Wolfgang Graf von Faber-Castell verkörpert in ununterbrochener Folge die achte Generation der Familie. Sein Stammbaum reicht in das 9. Jahrhundert zurück. Das weltweit operierende Unternehmen, dem er heute vorsteht, geht auf Caspar Faber (1730–1784) zurück. Noch vor markanten Geschichtsdaten wie der Französischen Revolution und lange vor der Gründung der Vereinigten Staaten von Nordamerika entstand dieses Unternehmen.

Der Firmengründer, im alten fränkischen Marktflecken Langenzenn geboren, dessen gewaltiges Kloster mit seinem wundervollen Kreuzgang zu den vielen Sehenswürdigkeiten Frankens gehört, heiratete „in der Betstund des 21. Juni 1758", wie es im Zirndorfer Ehebuch eingetragen ist, als „neuangehender Inwohner und Schreinergesell zum Stein" Maria Bußoin, die Tochter einer Bleistiftmacherfamilie. Caspars Sohn Anton Wilhelm (1758-1811) gab der Firma den ersten Namen: A. W. Faber, als er den kleinen Handwerksbetrieb 1784 übernahm. Im Totenbuch der Kirchengemeinde wird er schon als Bleistiftfabrikant bezeichnet. Vier Jahre später wird ihm ein Sohn, Georg Leonhard (1788-1839), geboren. Er führt den Titel fort, obwohl auch er mit seinen 30 Arbeitern immer noch handwerklich orientiert war. Die Kirchenbücher jener Zeit nennen ihn als „Bleistiftfabrikant, Gutsbesitzer und Hauptmann der 6. Kompanie des 2. Landwehrbataillons".

In vierter Generation übernahm sein Sohn, Johann Lothar (1817-1896), das väterliche Erbe in Stein. Bevor wir uns mit diesem herausragenden fränkischen Unternehmer beschäftigen, der durch Weitsicht, fränkische Zähigkeit, hohen Fleiß und als leidenschaftlicher Verfechter des Qualitätsgedankens den weltweiten Erfolg der Familienfirma begründete, wollen wir uns mit dem wichtigsten Produkt, dem Bleistift beschäftigen. Woher kommt das kleine Schreibgerät?

Der Name „Bleistift" ist irreführend. Eigentlich müßte er „Graphitstift" heißen. Seine Geburtsstunde ist ebenso unbekannt wie sein Geburtsort. In Nürnberg wurde er nicht erfunden. Albrecht Dürer (1471-1528), der größte Sohn der Stadt, zeichnete noch mit dem Silberstift. Ihm zum Andenken brachte die Firma Faber-Castell 1971 dieses kleine Zeichengerät in einer Faksimile-Ausgabe wieder auf den Markt. In den Annalen der Freien Reichsstadt tauchen der Pleystefft und die Pleystifftmacher erstmals im 16. Jahrhundert auf.

Möglich ist es, daß irische oder englische Mönche nach der Entdeckung des Graphits im gleichen Jahrhundert in England diese „Schreibmasse" mit nach Nürnberg gebracht haben. Denn in der Freien Reichsstadt blühte, neben dem europaweiten Handel, das handwerkliche Gewerbe schon zwei Jahrhunderte. Die Stadt am Schnittpunkt der großen Handelsstraßen zwischen Ost und West, zwischen Süd und Nord, verdankte der Huld der Kaiser des Heiligen Römischen Reiches, dem weitblickenden Kaufmanns- und Handelsgeist seiner Bürger, aber auch den politischen Wirren der Zeit den Aufschwung zur wichtigsten deutschen Stadt des Mittelalters.

Mit dem Niedergang der Hohenstaufen und der Wahl des Grafen Rudolf I. von Habsburg (1218-1291) im Jahre 1273 zum Kaiser war auch der damals schnellste Handelsweg von Süd nach Nord, der Rhein, für den Handelsverkehr zu unsicher geworden. Plünderer raubten die Kauffahrtsschiffe aus, das sprach sich schnell herum. Unter den Hohenstaufen hatte gerade dieser Fluß für das Erblühen der großen Rheinstädte gesorgt. Unter den nachfolgenden Habsburgern versank Mailand, die wichtigste südlichste Handelsmetropole, zur Bedeutungslosigkeit ebenso wie Köln, das damals die größte und mächtigste Stadt des Reiches war. Der Aufschwung der Republik Venedig begann. Alle kostbaren Waren jener Zeit, seltene Gewürze des Orients, Seide, Perlen und Edelsteine, gingen über Tirol, Augsburg nach Nürnberg. Hier sorgten tüchtige Handelsherren für ihre weitere Verbreitung. Die Hansestädte im Norden lieferten wiederum über Nürnberg Waren aus dem Norden nach Frankreich, Spanien und Portugal. Der Handel mit dem Osten, nach Böhmen, Polen, Ungarn und Rußland wurde ebenfalls in den Mauern der im 14./15. Jahrhundert bereits 27.000 Einwohner zählenden Reichsstadt Nürnberg umgeschlagen.

Die reichen Bürger errichteten stolze Gebäude im heute noch sichtbaren fränkischen Fachwerk oder den massiven Buntsandsteinen. Langgezogene bewehrte Stadtmauern schützten diesen Reichtum. Von ihm geben heute noch die großen einmaligen gotischen Hallenkirchen St. Sebald und St. Lorenz Kunde. Es sind keine „Bischofskirchen“, sondern „Bürgerkirchen“. Das weiß-rote Stadtwappen im Abschlußfenster von St. Lorenz hoch über dem Fenster des Kaiserpaares zeugt bis in unsere Tage vom Selbstbewußtsein dieser Bürger, die ihre Gotteshäuser mit reichen Kunstwerken ausstatteten.

Wie prächtig die Häuser in Nürnberg eingerichtet gewesen sein müssen, mag die Tatsache beleuchten, daß Kaiser Ludwig IV., „der Bayer“ (1285–1347), nicht auf der Burg wohnte, sondern bei der Handelsfamilie Ebner. Als Ludwig sich 1328 in Rom vom Volk krönen ließ und in weiteren heftigen Kämpfen mit dem Papsttum verwickelt war, hat der Nürnberger Kaufmann Konrad Groß Kaiserkrönung und Kriege finanziert. Kaiser Ludwig dankte mit weitreichenden Handelsprivilegien. Seine Nachfolger bestätigten nicht nur diese wichtigen und wertvollen Privilegien und Schutzbriefe für das Reichsgebiet. Kaiser Karl IV. erließ bei einem Reichstag am 10. Januar 1356 die „Goldene Bulle“, nach der jeder deutsche König nach seiner Wahl durch die sieben Kurfürsten in Frankfurt seinen ersten Hoftag (Reichstag) in Nürnberg abzuhalten habe.

32 deutsche Kaiser und Könige mit ihrem oft gewaltigen Troß weilten, zum größten Teil mehrfach, in den wuchtigen Mauern ihrer Freien Reichsstadt. Von Heinrich III. im Jahre 1050 an waren es alle Kaiser des Heiligen Römischen Reiches bis hin zum letzten, Josef I. (1740). Der Sohn Karls des IV., Wenzel, wurde 1361 in Nürnberg geboren und im Pfarrhof von St. Sebald getauft. Sechs Wochen dauerte es, bis die hohen Paten, die Erzbischöfe von Mainz, Köln und Prag, alle Kurfürsten und Fürsten des Reiches, Bischöfe und Prälaten mit ihrem Gefolge zur Kindstaufe in Nürnberg eintrafen.

Nach Nürnberg kamen aber auch vier bayerische Könige, zuletzt Ludwig III. im Jahre 1917. Vor ihm war Kaiser Wilhelm II. zweimal, 1897 und 1915, in der Stadt gewesen. Großartige künstlerische und handwerkliche Leistungen hatten Nürnberg im frühen Mittelalter berühmt gemacht. Die Meisterwerke Albrecht Dürers, der Bildhauer Veit Stoß und Adam Krafft, des Erzgießers Peter Vischer und seiner Söhne, des Dichters und Meistersingers Hans Sachs, hatten den Namen der Stadt in alle Welt getragen. Dazu kamen findige Handwerker. Das Drahtziehen – die heutige deutsche Kabelindustrie profitiert noch immer davon - wurde in Nürnberg erfunden, ebenso die Taschenuhr. Martin Behaim konstruierte den ersten Weltglobus, dieser ist heute im Germanischen Nationalmuseum zu sehen. Mit diesem Globus entdeckte Christoph Kolumbus 1492 Amerika, die „Neue Welt".

Die Firmenphilosophie des Hauses Faber-Castell:

Drei Begriffe kennzeichnen seit eh und je die Firmenphilosophie im Hause Faber-Castell: Qualität, Internationalität, Produktvielfalt. Seit dem Übergang von der handwerklichen zur industriellen Stiftfertigung im vorigen Jahrhundert hatten vor allem Qualität und Internationalität unter Verwendung des eigenen Markennamens höchste Priorität.

Doch schon unter Reichsrat und Fabrikherr Lothar von Faber umfaßte der Warenkatalog des „Bleistiftimperiums" mehr als 100 Seiten mit Schreib- und Büroutensilien aller Art. Pflegte Lothar von Faber für die richtige Präsentation seiner Produktvielfalt noch „edle silberne und goldene Etikettierungen" zu wählen, so entspricht heute das Produkt- und Kommunikationskonzept dem modernen Begriff der „Corporate Identity". Anton Wolfgang Graf von Faber-Castell, gegenwärtig der Firmenchef, sieht sich der Qualitätstradition seiner Vorväter verpflichtet und fügt der Firmenphilosophie gern zwei weitere Begriffe hinzu: Innovation und Service. So muß das Schreib- und Zeichengerätesortiment durch Neuheiten und Verbesserungen den wachsenden Ansprüchen der internationalen Kunden jederzeit gerecht werden; außerdem müssen die Produkte in Funktionalität und Design absolut vorbildlich sein.

Seit eh und je steht der Markenname Faber-Castell für ein qualitativ hochwertiges Sortiment. Mehr als 2.500 Produkte verkauft die Unternehmensgruppe weltweit. Produkte für Schule und Büro, für Kunst und Graphik, für das Technische Zeichnen und den Hobbybedarf. Neue Werkstoffe, fortschreitende Technik und wachsende Ansprüche des Marktes führen zu immer neuen Entwicklungen. Forschung und Entwicklung ist bei Faber-Castell ein Bereich, in dem von Jahr zu Jahr verstärkt investiert wird.

Graf Anton Wolfgang versteht sich sowohl als Repräsentant wie auch als der erste „Verkäufer" in seinem Unternehmen. Nicht nur, weil er dessen Namen trägt, sondern weil er sich oft genug der „Kärrnerarbeit" des Firmenlenkers unterwirft. Auch das könnte ein Grund dafür sein, daß vor allem bei langjährigen Mitarbeitern nach wie vor eine starke Identifikation mit der gräflichen Familie und dem Unternehmen besteht.

Die Druckkunst blühte, astronomische Instrumente wurden in Nürnberg entwickelt und gebaut, aber auch die in vielen Ländern begehrten Ritterrüstungen und Bronzegeschütze. Die Menschen in der Stadt hielten ständig Ausschau nach lohnender Tätigkeit. Der bürgerliche Rat, aus dem das Patriziat hervorging, duldete keine Zünfte. Die Gewerbefreiheit im heutigen Sinne war nicht erlaubt, das Handwerk war vom Rat abhängig. Er regelte dessen Verhältnisse durch Gesetz und Ordnung und setzte ihm als erste Instanz das Rugamt anstelle der Zunftmeister vor. Diese Behörde bestand aus fünf Patriziern, die sich im Namen des Rates allen zünftlerischen Bestrebungen erfolgreich widersetzten.

Der Rat kontrollierte nicht nur die Tätigkeit des Handwerks, sondern auch die gesamte Korrespondenz. Alle einlaufenden Schreiben mußten ungeöffnet an den jüngeren Bürgermeister abgeliefert werden. Er entschied über Handelsgeschäfte ebenso wie Bürgerrechte. Eifersüchtig war der Rat bestrebt, daß nur bestes Material für Waren aus Nürnberg verwendet wurde. Schlechte Ware wurde im Namen des Rats vernichtet. Zum Schutz der einheimischen Handwerker ging man rücksichtslos gegen Nichtberechtigte vor, die man verächtlich „Störer" oder „Stümper" nannte.

Vermutlich waren es die Schreiner, die in dem „Pleystefft", dem neuen Schreibgerät, ein lukratives Geschäft witterten. Wie der Handwerkszweig der Blei- oder Pleystefftmacher entstand, liegt ebenfalls im Dunkel der Geschichte. Erstmals tauchte am 22. Oktober 1582 im Ehebuch von St. Lorenz in deutschen Landen die Bezeichnung „Bleyweißmacher" auf. Im Ehebuch von St. Sebald werden „Bleyweißmacher" erst seit 1623 geführt. Nun waren die „Weißmacher" ursprünglich ein Zweig der Schreiner. Sie durften ihre Arbeiten aber im Gegensatz zu den Schreinern nicht leimen, sondern nur „zusammenfügen". So fertigten die „Weißmacher" kleinere Arbeiten wie Nähpulte und Kinderspielsachen, für die Nürnberg bis heute noch berühmt ist.

Ein Familienstreit ist zugleich der erste Hinweis dafür, daß in Nürnberg Bleistifte gefertigt wurden. So bittet am 7. Januar 1662 der „Bleyweißstefftmacher" Michael Jening den Rat, sich der Bitte seines Schwiegersohnes Friedrich Staedtler (1636–1688) zu widersetzen, „ungehindert das Bleiweißstefftmachen zu erlauben". Staedtler unterhielt, wie aus einem Ratserlaß vom 6. Juli 1661 im Staatsarchiv nachzulesen ist, einen kleinen Kramladen auf der heutigen Karlsbrücke und ernährte sich mit „pfenwerth Crämerey". „Pleysteffte" waren im Mittelalter „Pfennigware".

Das blieben sie auch im 18. und 19. Jahrhundert, als die selbständig handwerklich arbeitenden Bleistiftmacher nach und nach der emporwachsenden Bleistiftgroßindustrie weichen mußten. Auch Georg Leonhards Ehefrau, Friederike Albertine Sophie Faber, Tochter des Ratsverwandten, Bierbrauers und Wirts, Johann Conrad Kupfer in Cadolzburg, hatte fast immer einen Weidenkorb bei sich, gefüllt mit Bleistiften, die sie zum Verkauf anbot.

Ihr Sohn Lothar gehört zu den großen Gründergestalten des 19. Jahrhunderts. Sein Name steht nicht hinter den Dynastien von Krupp, Bosch oder Thyssen zurück. Als Jüngling hatte er in Paris und London „Weltluft" geschnuppert, hatte erkannt, daß nur freier Handel der Industrie Wachstumsimpulse verschaffen konnte. Mit kühlem Kalkül arbeitete er an der Verwirklichung weltweiter Pläne, als er 1839 nach den Aufenthalten in Paris und London ins väterliche Geschäft nach Stein zurückkehrte. Man kann heute kaum nachempfinden, wie es für den jungen, begeisterungsfähigen Mann deprimierend gewesen sein muß, was er damals in Stein vorfand. „Im Verfall traf ich alles zu Hause an", schreibt Lothar später über seine Rückkehr.

In dieser Zeit, „da nur englische Sorten mit bestem englischen Graphit" in der Welt der Zeichenstifte etwas galten, wie er hinterlassen hat, erkannte er als erster unter den deutschen Bleistiftfabrikanten, daß nur Qualität zu besonderem Erfolg führen kann. Mit viel Energie verbesserte Lothar Faber deshalb Fabrikation und Stiftqualität, schuf ein Sortiment, „wie es der Weltmarkt verlangt". Er legte für die Gestaltung seiner Stifte Maßstäbe an, die nach und nach von allen Bleistiftherstellern in der ganzen Welt übernommen wurden. So gilt nicht nur das Längenmaß, sondern auch der sechseckige Bleistift als seine Idee, ebenso wie die Schaffung einer heute noch gültigen Härteskala.

Mit Stolz kennzeichnet Lothar Faber seine Stifte mit seinem Namen. Der „A. W. Faber-Bleistift" ist damit auch einer der ersten Markenartikel in Europa. Um seine Produkte vor Fälschern zu schützen, reichte der erfolgreiche Fabrikant dem Deutschen Reichstag 1874 die Petition „Zur Schaffung eines Markenschutzgesetzes in Deutschland" ein, das 1875 in Kraft trat. Der Bleistift aus Stein bei Nürnberg mit dem Markenzeichen A. W. Faber trug damit den Namen als Markenzeichen und Botschaft für Spitzenqualität millionenfach in die Welt.

Durch zahlreiche Verkaufsreisen im zersplitterten Deutschen Reich und dem europäischen Ausland sorgte Lothar Faber für eine rasche Hebung des Umsatzes. 1849 gründete er – für heutige Verhältnisse unvorstellbar – die erste Auslandsfiliale in der „Neuen Welt" in der City von New York. Es folgten Filialen in London, Paris, Wien und Petersburg. Das Faber-Haus in Berlin galt Ende des 19. Jahrhunderts als besondere Sehenswürdigkeit. Rasch dehnten sich die Fabrikanlagen in Stein aus.

Seinen Mitarbeitern war der Firmenchef in jeder Hinsicht Vorbild. Mit klarem Sachverstand, kaufmännischem Weitblick verband er hohes soziales Engagement. So gründete er schon 1844 für sein Unternehmen eine Kranken-, Unterstützungs- und Pensionskasse, eine Arbeiter-Sparkasse, eine Arbeiterbibliothek, schuf die erste private Kinderbewahranstalt in Deutschland und einen Consumverein, damit die Arbeiter mit preiswerten Waren versorgt werden konnten. Früh engagierte er sich im Wohnungsbau. Für seine Arbeiter ließ er geräumige Wohnhäuser in Fabriknähe errichten. Napoleon III. schickte eine Kommission nach Stein, um diese sozialen Einrichtungen zu studieren. 1865 zum Reichsrat der Krone Bayerns ernannt, wurde Freiherr Lothar von Faber zu einem der entschiedensten Befürworter des 1869 verabschiedeten neuen Gewerbegesetzes, das auch dem Königreich Bayern die lange umkämpfte Gewerbefreiheit brachte.

Sein öffentliches Wirken in Nürnberg trägt heute noch reife Frucht. Die Landesgewerbeanstalt Bayern (LGA) wurde von ihm mitgegründet, „um den Fleiß und das Geschick und die Kunstfertigkeit der Gewerbetreibenden in

Bayern“ anzuregen. Heute ist sie ein Informations- und Innovationszentrum für die gesamte bayerische Wirtschaft. Lothar von Faber gehört zu den Mitgründern einer der ältesten bayerischen Banken, der heutigen Bayerischen Vereinsbank (VIN) in Nürnberg AG, ebenso zu den Gründern der renommierten und führenden Nürnberger Lebensversicherungsgruppe. Die erste Polytechnische Schule, die heutige OHM Fachhochschule, geht mit auf seine Initiative zurück, ebenso das Gewerbemuseum, dessen Ausstellungsexponate Musterbeispiele handwerklicher Kunst aus vielen Jahrhunderten darstellen.

Bei seinen Kunden schuf Lothar von Faber das Bewußtsein für Qualität. Tinten, Tuschen, Federhalter und später ein bedeutendes Sortiment an Rechenstäben erweiterten nach und nach das Produktionsprogramm. Getreu seinem Qualitätsgrundsatz, „stets nur das Beste machen, was in der Welt gemacht wird“, erwarb der Unternehmer aus Stein während einer Rußlandreise, im tiefsten Sibirien, 440 Kilometer westlich von Irkutsk, sogar ein Bergwerk mit dem damals besten Graphit. Damit sicherte er dem Unternehmen für lange Zeit eine Quelle hervorragender Rohstoffe. Vor der Jahrhundertwende wurde auch vor dem Wohnhaus, dem „Alten Schloß“, ein Zedernwald angelegt. Das Holz der lärchenähnlichen Kieferngewächse aus dem Libanon war schon im Altertum berühmt. Es eignete sich besonders gut für die Aufnahme der schreibfähigen Graphitfüllungen. 1945, im kalten ersten Nachkriegswinter, wurden die Bäume von Nürnbergs Bevölkerung als Heizmaterial vernichtet.

Ständig erweiterte der Firmenchef das Angebot neuer, immer aufwendiger gestalteter Schreibgeräte. In seinen hinterlassenen Aufzeichnungen kann man nachlesen, welch feines Gespür für den Bedarf Lothar von Faber hatte. „... kam ich auf die Idee, eine neue Sorte Bleistifte zu schaffen, denn schon war es mir gelungen, eine Verbesserung der Qualität zu erzielen, und jede Verbesserung mußte mir einen höheren Preiß, einen höheren Gewinn mit der Zeit einbringen. Ich schuf nach meiner Zurückkunft auf die Fabrik die schwarz-gold und gelb-silber Bleistifte. Gold und Silber als die beiden edelsten Metalle sollten in der Fabrik das erste Mal ihre Anwendungen finden. Ich ließ Goldbogen und Goldetiquetten, Silberbogen und Silberetiquetten machen ...“

Schon zwei Jahre vor der Übernahme des kleinen elterlichen Betriebes hatte Lothar von Faber 1837 den „Polygrades-Bleistift“ kreiert. Die Verwendung durch bekannte Maler und Zeichner verstärkte den Ruhm der kleinen Produkte aus Stein. Bei dem „Polygrades“ Stift handelt es sich um ein Zeichengerät mit neuer Bindeart, den es in vierzehn verschiedenen Härten gab. Nach dem Tode des Vaters zog Lothar Bilanz. Das verbliebene Vermögen betrug 1840 nur noch knapp 3.000 Gulden. So verkaufte er zur Finanzierung seiner geplanten Expansion einige Felder aus Familienbesitz und nahm zum ersten Mal einen Kredit von 400 Gulden auf.

Mit weitsichtigem Blick kaufte er zwischen 1848 und 1872 die am westlichen Rednitzufer gelegenen Glasschleifereien auf, ließ die Gebäude abreißen und dort große Bleimühlen errichten. Dafür investierte er 24.500 Gulden, Zeichen des steigenden Wohlstandes. Nach eigenen Aussagen hatte der Bleistiftfabrikant in den ersten vier Jahren seiner Tätigkeit 15.000 Gulden netto verdient. Bereits 1840 wurde eine Dampfmaschine in der Fabrik aufgestellt, die für den Betrieb der ständig steigenden Anzahl von Arbeitsmaschinen nötig war. Gleichzeitig verbesserte Lothar von Faber die Minenherstellung in der Bleimühle.

Als Lothar Faber 1863 von König Maximilian II. für seine Verdienste um die bayerische Industrie geadelt und ein Jahr später zum Reichsrat der Krone Bayerns ernannt wurde, stand er auf dem Höhepunkt seiner Karriere. Nach vier Jahren Tätigkeit zum öffentlichen Wohl in der Kammer der Reichsräte bat er den König um Entlassung. Seine oft notwendige Abwesenheit von der Fabrik hatte sich nachteilig auf die Geschäfte ausgewirkt. „Ich hatte ungeheure Mühe und Anstrengungen, mit meinem geschäftlichen und reichsräthischen Beruf fertig zu werden", schreibt er selbst. „Es gieng während der Sitzungen immer stellenweise von München nach Stein und von Stein nach München. In Fühlung mit meinen Geschäften konnte ich nicht bleiben, die Fabrik gieng in manchem zurück, in Vielem nicht vorwärts. Es ist niemand der mich ersetzen könnte." In einem späteren Brief wird er noch deutlicher und stellt fest, daß die Fabrik, nachdem sie seiner vierjährigen Leitung „entbehrt hatte, versumpft war".

Nach seinem Ausscheiden aus der Kammer 1868 widmete sich der Freiherr wieder verstärkt seinen Unternehmungen, insbesondere nach dem deutsch-französischen Krieg der Reorganisation des Pariser Hauses, das während der kriegerischen Auseinandersetzung vom Stammhaus abgeschnitten war. Als Lothar von Faber 1896 starb, hinterließ er keinen männlichen Erben. Sein einziger Sohn Wilhelm war 1893 im Alter von 42 Jahren überraschend gestorben, ebenso dessen zwei Söhne an Kinderkrankheiten.

Lothar von Faber entschloß sich, seine Enkelin Ottilie, älteste Tochter Wilhelms, als Nachfolgerin zu bestimmen. Heute, da die Emanzipation der Frau in weiten Bereichen des öffentlichen Lebens fortgeschritten ist - damals waren Frauen zum Studium nicht zugelassen - kann man kaum nachvollziehen, was dieser Schritt bedeutet. Die Regeln einer autoritären Männerwelt besaßen auf dem ersten Höhepunkt der Industrialisierung ihre volle Gültigkeit.

Ottilie von Faber, eine zarte, schöne Frau mit eindrucksvollen braunen Augen, deren ausdrucksvolles Gesicht einen starken Charakter erkennen ließ, hatte 1896 den Grafen Alexander zu Castell-Rüdenhausen geheiratet. Ihr Ehemann, Rittmeister des 6. Checauleger-Regiments der bayerischen Kavallerie, ging mit militärischer Exaktheit und schnellem Einfühlungsvermögen an seine neue Aufgabe als Unternehmer heran. Seiner Initiative ist ein neues, erfolgreiches Faber-Produkt, der weltberühmte grüne Bleistift „Faber-Castell 9.000" zu verdanken, den er 1905 auf den Markt brachte. Er wurde ein großer nationaler und internationaler Erfolg.

Die Verbindung von „Industrie-Adel" und dem Vertreter aus einem der ältesten bayerischen Grafengeschlechter erwies sich als ein Glücksfall. Die früheste Erwähnung des Namens Castell findet man auf einer Stifterurkunde der Benediktinerabtei Münster-Schwarzach aus dem Jahre 816. Mit königlicher Genehmigung wurde 1898 der Familienname mit dem Familientitel Graf und Gräfin von Faber-Castell eingeführt. Alexander und Ottilie begannen 1903 mit dem Bau eines eigenen Wohnsitzes, dem „Neuen Schloß". Das heutige Wahrzeichen von Stein an der viel befahrenen Bundesstraße 14 zwischen Nürnberg und der mittelfränkischen Residenzstadt Ansbach wird im Volksmund als „Bleistiftschloß" bezeichnet. An ihm arbeiteten die wichtigsten Künstler des Jugendstils, und so stellt sich die Kunst- und Kulturgeschichte des Schlosses heute in seinen historischen Stilelementen als ein Sinnbild für die Verbindung von Tradition und Moderne dar.

Anschaulich läßt sich vor allem an der einmaligen, wertvollen Einrichtung die Wandlung des Lebensstils eines handwerklichen Kleinfabrikanten über den des Industrieadels des 19. Jahrhunderts bis zum Herrschaftsanspruch des Hochadels verfolgen. Der feudale Wohnsitz ist heute Museum. Für die Ausstattung des „Neuen Schlosses" wurde 1906 die damals ungeheure Summe von 3 Millionen Goldmark aufgewendet. Für die 36 Wohnräume und Säle des Schlosses wurden nur erlesenste Baustoffe wie Perlmutt, Gold- und Silberschmuck im Jugendstildekor, Marmor und Kristall verwendet. Kunsthistoriker entdeckten erst kürzlich, daß die Decke eines Saales mit Platinstaub ausgestattet wurde.

Für die Erziehung der drei Mädchen aus der Ehe Ottilie und Alexanders und des 1905 geborenen Firmenerben Roland wurden Gouvernanten eingestellt, Tutoren übernahmen die Aufgaben der schulischen Ausbildung. Graf Alexander von Faber-Castell setzte aber durch, die Erziehung seines einzigen Sohnes in traditioneller Adelsweise mit einer militärischen zu verbinden. Der junge Graf Roland mußte auf die Kadettenschule, anschließend studierte er Land- und Forstwirtschaft. Roland von Faber-Castell war erst 23 Jahre alt, als er nach dem Tode seines Vaters 1928 die Firmenleitung übernahm. Er setzte die erfolgreiche Tätigkeit seiner Vorfahren fort, stand der „Albrecht-Dürer-Gesellschaft" in Nürnberg vor, dem ältesten deutschen Kunstverein, war im Aufsichtsrat der Nürnberger Vereinsbank in Nürnberg (Hypothekenbank) ebenso tätig wie in den Aufsichtsratsgremien der Nürnberger Lebensversicherungsgruppe.

Mit kaufmännischem Gespür und weltmännischer Weitsicht ausgestattet, führte er 1932 die Fusion mit der Firma Johann Faber durch. Er erwarb die Firma Osmia, eine renommierte Füllhalterfabrik in Dossenheim bei Heidelberg und für sein Unternehmen die Mehrheitsbeteiligung an der Lapis Johann Faber S. A., São Carlos, São Paulo in Brasilien. Lapis hat sich unter dem Sohn von Roland von Faber-Castell, dem heutigen Firmenchef Anton Wolfgang Graf von Faber-Castell, zur größten Bleistiftfabrik der Welt entwickelt. Jährlich werden dort 750 Millionen Bleistifte produziert.

Roland von Faber-Castell heiratete 1938 Katharina von Sprecher-Bernegg. Die Familie gehörte zu den ältesten in Graubünden (Schweiz). Am 7. Juni

1941 kam Sohn Anton Wolfgang in Bamberg zur Welt. Er besuchte die Schule in der Heimat seiner Mutter, in der Schweiz, und erwarb im Internat von Zouz das Abitur, studierte dann Jura in Zürich. In einem bekannten Züricher Anwaltsbüro begann der junge Jurist seine Laufbahn, die ihn 1969 für ein kaufmännisches Praktikum im väterlichen Unternehmen zurück nach Stein führte. Wiederum schloß sich eine Ausbildung an, diesmal in der international angesehenen Managementschule „Imede“ in Lausanne. Zunächst führte ihn der Berufsweg nach London und schließlich nach New York, wo er für die Credit Suisse White Weld-Gruppe, einem der führenden Häuser für internationale Finanzierungen, insbesondere im Euro-Dollar-Markt, arbeitete. 1975 wurde er Geschäftsführungsmitglied der Credit Suisse White Weld Ltd., London.

Zu Beginn der 70er Jahre drängte sein Vater, der seit 1928 ununterbrochen an der Spitze des Firmenunternehmens stand, auf eine Rückkehr des Sohnes Anton Wolfgang von Faber-Castell. Im Dezember 1975 legte Graf Roland für seinen Sohn die Nachfolgeregelungen fest und bestellte ihn zum geschäftsführenden Gesellschafter. Im Februar 1978, nach dem Tod seines Vaters, übernahm er die Firmenleitung als alleiniger geschäftsführender Gesellschafter. Dem Erbe seiner Väter verpflichtet, widmete er sich mit hohem Engagement vor allem dem weiteren Ausbau der Unternehmensgruppe.

Als 1. Vorsitzender der ältesten Kunstvereinigung Deutschlands, der „Albrecht-Dürer-Gesellschaft“ in Nürnberg, aber auch als Vorsitzender der „Stiftergemeinschaft Industriekultur Nürnberg“ wirkt er mit Umsicht und hohem Kunstverstand für die Öffentlichkeit. Seiner Initiative verdankt Nürnberg die Einrichtung des „Stadtzeichners“. Internationale Künstler erhalten die Möglichkeit, unbeschwert von materiellen Sorgen einige Monate in Nürnberg zu arbeiten.

Zeitgenössische Kunst gehört zu den privaten Ambitionen des heutigen Firmenchefs ebenso wie Sport. Dies ist nicht verwunderlich, denn der 1,91 Meter große, schlanke, sportliche Graf war schon in den Schul- und Studienjahren ein erfolgreicher Leistungssportler. Besonders große Erfolge errang er im Ruder-Rennsport, wo er mehrfacher Schweizer Meister wurde. Zusammen mit seinen Geschwistern verfügt er über forst- und landwirtschaftliche Besitzungen im Nürnberger Raum sowie in Österreich. Nicht im großen Schloß, sondern im Forstgut Dürrenhembach bei Nürnberg hat er wie schon sein Vater sein Domizil aufgeschlagen.

Der Junggeselle hat die Führungsposition im Unternehmen klar geregelt. Die Interessen der Familienmitglieder werden unter anderem auch durch einen von ihm und seinem Vater ins Leben gerufenen eigenen Verwaltungsrat mit vertreten. Obwohl Wolfgang von Faber-Castell Mehrheitsgesellschafter ist, legt er in seiner Funktion als Vorsitzender und Geschäftsführer diesem Verwaltungsrat Rechenschaft ab. Die Mitglieder des Verwaltungsrats sind profilierte Vertreter aus Wirtschaftskreisen. Anläßlich des 225jährigen Firmenjubiläums wurde 1986 die seit Jahren geplante Anpassung der Unternehmensstruktur an die Erfordernisse der Zukunft durchgeführt. Für die 12 Tochtergesellschaften, Beteiligungen in den USA, Kanada und Argentinien sowie die zahlreichen Agenturen und Lizenznehmer wurden auch personelle Neuordnungen vorgenommen.

Grundlage dafür war die Umwandlung der A. W. Faber-Castell KG in die A. W. Faber-Castell Unternehmensverwaltungs GmbH & Co. (Besitzgesellschaft) und die A. W. Faber-Castell GmbH & Co. (Betriebsgesellschaft). Die Unternehmensverwaltung stellt dabei die Management-Holding für die gesamten Aktivitäten der Faber-Castell-Gruppe dar. Sie umfaßt alle operativen Bereiche: das Faber-Castell-Stammhaus in Stein mit den ausländischen Vertriebsgesellschaften, die Lapis Johann Faber S.A. Brasilien sowie die Faber-Castell-Beteiligungen in den USA, Argentinien und Kanada. Die Geschäftsführung liegt bei Anton Wolfgang Graf von Faber-Castell, der die Leitung der operativen Einheit des Stammhauses am 1. September 1986 an Ulrich Hanke übergab. Der ehemalige Geschäftsführer bei der Lingner & Fischer GmbH, Bühl, übernahm nicht nur den Vorsitz der Geschäftsführung, sondern gleichzeitig die Leitung des Geschäftsbereichs Marketing und Vertrieb; für den Bereich Technik zeichnet Peter Küppers verantwortlich, Roland Müller für den Bereich Finanzen und Verwaltung. Damit hat der Firmenchef nicht nur für eine Entlastung seiner eigenen Tätigkeit gesorgt, sondern sich den notwendigen Freiraum geschaffen, um die Wachstumsmöglichkeiten der Unternehmensgruppe optimal zu nutzen. Nach eigenen Worten will er sich künftig verstärkt auf die strategische Entwicklung der einzelnen Firmen und den weiteren Ausbau der weltweiten Aktivitäten konzentrieren.

Faber-Castell zählt heute international zu den führenden Herstellern von Schreib- und Zeichengeräten in der Welt. Der Weltumsatz, einschließlich der Beteiligungsgesellschaften in den USA, Kanada und Argentinien, wuchs 1985 auf 640 Millionen DM nach 550 Millionen DM im Vorjahr. Der konsolidierte Gruppenumsatz stieg um 16 Prozent auf 325 Millionen DM. Daran sind die Auslandsmärkte mit rund 80 Prozent beteiligt. Den größten Beitrag zum Konzernumsatz leistete das brasilianische Tochterunternehmen mit einem Zuwachs von über 20 Prozent auf über 130 Millionen DM Umsatz. Wesentlich verbessert wurde die Ertragslage. „Wir sind in soliden schwarzen Zahlen", verkündete kürzlich der Firmenchef.

Viel verspricht sich der Graf von der seit 1978 begonnenen Produktion von Kosmetikartikeln. Dieser Bereich ist zwar forschungsintensiv und aufwendig, hat aber bei Faber-Castell bereits 15 Prozent des Stammhausumsatzes erreicht. Abnehmer sind alle bekannten Kosmetik-Markennamen zwischen London, New York, Paris und Rom. Aus der langen Erfahrung im Umgang mit Farben und Stiften wurde mit Kosmetikartikeln ein völlig neuer Markt erschlossen. Bei ihrer Produktion müssen scharfe gesetzliche Vorschriften, wie sie für die Lebensmittelherstellung gelten, genaustens beachtet werden. In den Labors bei Faber-Castell werden daher nicht nur bakteriologische Untersuchungen durchgeführt, sondern gleichzeitig auch ständig neue Farbtönungen komponiert. Für den Kosmetiksektor gibt es allein mehr als 2.000 Farbschattierungen, allein für Lippenstifte über 500 verschiedene Rottönungen.

Faber-Castell unterhält Produktionsstätten in Stein bei Nürnberg und Geroldsgrün im Frankenwald, seit 1954 in Irland, seit 1962 in Australien. In Österreich wird seit 1963, in Peru seit 1965, in Brasilien seit 1967 und in Malaysia seit 1980 produziert. Die sehr erfolgreich tätige Faber-Castell Corporation, Parsippany/USA (mit einer Faber-Castell-Beteiligung von 26 Prozent), versorgt die Märkte in den USA und Kanada. Eigene Vertriebsgesellschaften unter eigenem Firmennamen bestehen in England, Österreich, Frankreich, Australien, Malaysia, der britischen Kronkolonie Hongkong, in Italien, Japan und Südafrika.

3.500 Mitarbeiter gehören weltweit zur Faber-Castell Unternehmensgruppe. Aber alle Fäden laufen bei dem Edelmann zusammen, der modernes Management mit solidem, weitblickendem Kaufmannsgeist verbindet. Dem aristokratischen Weltmann verdanken die Mitarbeiter den ungezwungenen Umgangston. Gepaart mit Respekt vor der ständigen Präsenz, der Innovationsfreudigkeit des Firmenchefs, herrscht diese Ungezwungenheit nicht nur im Unternehmen, sondern auch bei den zahlreichen Festen. Und in Stein feiert man gern. Unvergessen bleibt, als Wolfgang Graf von Faber-Castell 1983 zum 222. Firmenjubiläum nach Stein einlud. Seine charmante Mutter trug an diesem Tag in jugendlicher Frische das Kleid, das sie 1936 bei der Verlobung mit Graf Roland getragen hatte. Auch das ist Faber-Castell.

UNTERM STRICH

Anton Wilhelm Faber-Castell

Firmenname	A. W. Faber-Castell
Firmensitz	Stein/Nürnberg
Branche	Schreibwaren
Hauptprodukt/ Dienstleistung	Schreib- und Zeichengeräte
Eigentumsverhältnis	GmbH & Co./Unternehmensverw. GmbH & Co.
Gesellschafter/ Geschäftsführer	Anton Wolfgang Graf von Faber-Castell
Gründer	Caspar Faber
Gründungsjahr	1761
Mitarbeiter	3.500
Niederlassungen	13 (Ausland), 2 (Inland)
Umsatz	325 Mio. DM Gruppe / 640 Mio. DM Weltumsatz
Zukunftsziel	Festigung und Ausbau international

Kühne & Nagel
Nägel mit Köpfen
von Jürgen P. Hoffmann

Vom Fenster seines Büros im siebten Stock des Hamburger Verwaltungsgebäudes aus schaut Klaus-Michael Kühne über den Hamburger Hafen. Ein Frachter mit Containern beladen gleitet die Elbe hinunter, und vor der Überseebrücke dümpeln zwei Barkassen, die von hier oben aussehen wie zwei kleine Spielzeug-Schiffchen für die Badewanne. Auf der anderen Seite des Hafens, dort, wo einst die großen imposanten Helgen der Hamburger Werften „HDW - Howaldtswerke Deutsche Werft AG" und „Blohm + Voss AG" als Wahrzeichen für Prosperität und Erfolg des Hafens die hereinkommenden Schiffe begrüßten, ist heute Brachland.

„Etwas Wehmut" beschleiche ihn, gesteht Klaus-Michael Kühne beim Blick aus dem Fenster. „Kaum noch etwas ist heute so wie früher. Das gilt übrigens auch für unser Geschäft." Sein Geschäft - das ist das der Speditionsgruppe Kühne & Nagel. Sein Unternehmen - das ist seine „Geliebte", mit der er, so Kühne, „glücklich verheiratet" ist.

Das Speditionsgeschäft besteht darin, eine Ware von einem Punkt A zu einem Punkt B zu transportieren. So einfach ist das. Nein, so einfach ist das eben nicht. Von A zu B ist oft ein langer Weg. Tausende Kilometer übers Meer oder durch die Luft, durch den Dschungel, durch Wüsten, durch Flüsse ohne Brücken und nicht selten mitten durch Kriegsregionen. Neben den natürlichen Hindernissen müssen unzählige Zollschranken überwunden werden. Und es muß schnell gehen. Die Ware muß pünktlich und unbeschädigt beim Kunden ankommen - egal ob es eine komplette Fabrikanlage, ein wilder Löwe oder ein Sack voll Flöhe ist.

Als Chef des größten privaten Speditionsunternehmens der Bundesrepublik und eines der drei größten der Welt hat Klaus-Michael Kühne rund um die Uhr das „Big Business" des Welthandels im Kopf. Der 50jährige, 1,90 Meter große, schlanke Unternehmer, der sehr zurückhaltend und sympathisch wirkt, ist seit 1967 an der Firmenspitze. Übernommen hat er sie von seinem Vater Alfred, der 1981 starb. Dessen Vater August Kühne hatte im Juli 1890 zusammen mit Friedrich Nagel und 30.000 Mark Betriebskapital in der Tasche in einem kleinen Kontor in der Langenstraße 49 in Bremen die Spedition gegründet. Seit dem Tod des Teilhabers Nagel 1907 ist die Firma ein Familienunternehmen Kühne. Heute beträgt der Weltumsatz rund fünf Milliarden Mark, und rund 8.500 Beschäftigte arbeiten für ihren Hamburger Chef.

„Ich habe eine sehr praxisbezogene Ausbildung absolviert", erinnert sich der am 2. Juni 1937 geborene Hamburger. „Das kann ich eigentlich auch heute nur jedem jungen Menschen empfehlen." Nach dem Abitur 1956 machte Kühne zunächst eine zweijährige Banklehre und volontierte anschließend fünf Jahre lang in allen Sparten des väterlichen Unternehmens. „Von der Pike auf" sollte er nach dem Willen seines Vaters das Transportgeschäft erlernen. Dazu gehörte es auch, daß sich der Sohn zunächst bei befreundeten Unternehmern und im Ausland - so unter anderem in Kanada und Südafrika - die ersten Sporen verdienen mußte. „Da ich der einzige Sohn war, hatte sich mein Vater sehr auf meine Nachfolge konzentriert", erklärt Kühne diese zielbewußte Ausbildung zum Spediteur. 1963 trat er dann als Junior-Partner ins Unternehmen der Familie ein.

Gab es, wie in anderen Firmen, Schwierigkeiten zwischen dem Senior- und dem Juniorchef? Klaus-Michael Kühne: „Eigentlich nicht. Wir waren zwar einige Male unterschiedlicher Auffassung, aber mein Vater hat mir zunehmend mehr Aufgaben übertragen und mich in die Verantwortung genommen. So ging der Generationswechsel flexibel vor sich." Und Ressentiments bei der Belegschaft gegenüber dem jungen Chef? „Nein, sicher bin ich hier und da etwas zu forsch herangegangen, aber die Schwierigkeiten hielten sich in Grenzen."

1966 firmierten die Kühnes um: Die Kühne & Nagel Speditions AG, Bremen, wurde haftende Gesellschafterin der Kühne & Nagel KG, Bremen. Den Aufsichtsratsvorsitz in der Aktiengesellschaft übernahm Alfred Kühne, Vorstandsvorsitzender wurde Sohn Klaus-Michael. Mehrmals wurde das Unternehmen in den folgenden Jahren umstrukturiert und 1974 die Dachgesellschaft Kühne & Nagel International AG im Schweizer Pfäffikon gegründet. Notwendig geworden war dies durch Diversifikation der Dienstleistungen über das traditionelle Speditionsgeschäft hinaus auf den Hafenumschlag sowie auf die Bereiche Stauerei, Verpackung, Versicherung und sogar den Betrieb von Reisebüros (50-Prozent-Beteiligung an der Dr. Tigges Reisebüro GmbH & Co KG).

Die Philosophie des Hauses Kühne & Nagel:

„Eine Firma ist wie ein Orchester. Und der Chef des Unternehmens ist der Dirigent. Mein Vater hat das Unternehmen noch fast patriarchalisch geführt. Das waren damals aber auch andere Zeiten."

Klaus-Michael Kühne sieht sich nicht als den Alleinherrscher im Unternehmen. „Wir haben heute sicherlich auch eine sehr straffe Führung im Unternehmen, die auch durch mich geprägt wird. Wir sind eine Gruppe mit einer Vielzahl von Betriebsstätten und einer Vielzahl von Aufgaben – da muß eine ordnende Hand dasein. Zusammen mit einigen sehr tüchtigen Top-Managern bilden wir eine Führungsriege, die Autorität ausstrahlt." Sieht er sich selbst als autoritären Chef? „Ja, gewisse autoritäre Züge sind an mir wohl nicht zu übersehen."

Gefragt nach seiner persönlichen Lebensphilosophie, antwortet Kühne: „Etwas schaffen, etwas Konstruktives bewirken, sich selbst im Unternehmen verwirklichen."

Anfang der 80er Jahre zogen dunkle Wolken über das Haus Kühne & Nagel. Unternehmerische Fehlentscheidungen beim Engagement als Reeder stürzten die Firma tief in die roten Zahlen. Rund 90 Millionen Mark kostete Kühne der mißglückte Versuch, mit einer eigenen Schiffsflotte Ladung über die Weltmeere zu transportieren. Mit jugendlichem Elan war der dynamische Sohn damals an seinem eher vorsichtigen Vater vorbei ins Verderben gestürmt. „Wir bauten unsere Reederei während des Booms auf, und dann erwischte uns die Baisse – ein Verfall der Frachtraten und des Dollars – kalt. Das Engagement war zweifellos eine etwas unüberlegte und falsche Entscheidung", resümiert Kühne heute und wirkt dabei entschlossen, den einmal gemachten Fehler nicht zu wiederholen. „Reeder zu werden war falsch. Das war etwas, wovon wir zu wenig verstanden. Wir hatten nicht das notwendige Know-how, das uns sonst auszeichnet."

Die Verluste aus dem Fehltritt mußte Klaus-Michael Kühne mit einem Teilverkauf des Unternehmens an den englischen Mischkonzern Lonrho bezahlen: Am 1. Juli 1981 trennte sich die Familie Kühne schweren Herzens von 50 Prozent der Firma. Für den Vollblut-Unternehmer Klaus-Michael Kühne war die Aufgabe der Hälfte des Familienunternehmens nicht leicht. „Das war ein schwerer Entschluß. Aber ich hatte eigentlich keine andere Möglichkeit mehr."

Die Leitung der internationalen Gruppe liegt seit dem „schwarzen Sommer '81" bei einer Management-Gesellschaft mit Sitz in Luxemburg. Klaus-Michael Kühne ist gemeinsam mit Lonrho-Chef Roland W. Rowland geschäftsführender Verwaltungsrat des Unternehmens. Im „Board of Directors" hat auch Frau Mercedes Kühne, die Mutter des Firmenchefs, noch Sitz und Stimme. „Die Patt-Situation zwischen mir und den Engländern hat sich bis zum heutigen Tag nicht negativ ausgewirkt", so Klaus-Michael Kühne. „Ich habe mit diesem Partner Glück gehabt - ein Partner, der sich nicht in jede Entscheidung einmischt." Die Konsolidierung der angeschlagenen Gruppe in den vergangenen fünf Jahren - das ist mit Sicherheit der Erfolg des Unternehmers Klaus-Michael Kühne.

Das Transportgeschäft, das er unter seinem Namen rund um den Erdball betreibt - „Wir bewegen alles und überall hin, auch bis zum Südpol" - hat ihn selbst zu einem „Viel-Flieger" gemacht. Wie viele Kilometer er in seinem Leben geschäftlich auf Reisen war, weiß er nicht. Aber in seinem Reisepaß sind Stempel fast aller Staaten dieser Welt - der letzte ein chinesischer. China und Indien sind die beiden Märkte, auf denen der Chef die besten Zuwachschancen für das weltweite Speditionsunternehmen sieht: „Zur Zeit setzen wir vor allem auf die Region Fernost. Dort haben wir auch schon viele Positionen besetzt."

In Peking und Schanghai hat K & N schon Büros. Auf einigen Containern, die im Reich der Mitte ankommen, steht heute schon der Markenname „Kühne & Nagel" weiß auf dunkelblau. Übrigens: Ein Umzug eines Vier-Personen-Haushaltes von Hamburg, Düsseldorf oder Frankfurt nach Peking kostet ungefähr 18.000 Mark.

Über den Tellerrand des Alltagsgeschäfts hinausschauen - das sieht Kühne, der auch Vorstandsmitglied des Nah- und Mittelost-Vereins in Hamburg ist, als seine vorrangige Aufgabe als Unternehmenschef. Große Bedeutung mißt er deswegen auch einer guten Liquiditätslage der Kühne & Nagel-Organisation bei. Mehr als 100 Millionen Mark an flüssigen Mitteln stehen ihm zur Zeit für neue Projekte und Beteiligungen zur Verfügung.

Weiße Flecken auf der Landkarte hat das weltumspannende Netz der Speditionsgruppe kaum noch: Kühne & Nagel ist (fast) überall vertreten. Eigene Büros hat die Gruppe in 55 Ländern. Intern hat das K & N-Management die Welt in zehn Regionen aufgeteilt, wobei die einzelnen regionalen Geschäftsleitungen mit Fachsparten-Verantwortlichen zusammenarbeiten. „Unsere nicht ganz einfache Organisation hat sich in der Praxis bewährt." Ohne den „Kollegen" Computer sei das komplexe Transportgeschäft heute nicht mehr abzuwickeln. Die elektronische Datenverarbeitung hilft bei der Frachtkalkulation oder der rechtzeitigen Bereitstellung der Container.

„In unserer Sparte ist viel Bewegung. Da muß man als Unternehmer rechtzeitig und richtig reagieren. Und dafür ist ein sehr gutes Informationssystem innerhalb der Gruppe unerläßlich“, erklärt Klaus-Michael Kühne seine unternehmerischen Aufgaben. Aber auch von seinen Mitarbeitern erwartet der Chef Flexibilität und Mobilität. „Ein Beispiel: Jahrelang war das Nahost-Geschäft unser Renner. Seit drei, vier Jahren hat sich das geändert. Wir mußten uns den veränderten Handelsströmen anpassen. Wir haben umstrukturiert, Beschäftigte umgruppiert und dann das Amerika-Geschäft forciert.“ 1985 transportierte Kühne & Nagel rund 27 Prozent weniger Waren zum Arabischen Golf als 1984, verschiffte dafür aber 20 Prozent mehr Waren - vor allem Fahrzeuge, Maschinen und Ersatzteile - nach den USA und Kanada. Die Spediteure mußten sich auf den steten Wandel einstellen. „Wir haben nun einmal keine Maschinen oder Fabriken. Unser Investment ist das Know-how unserer Mitarbeiter. Leider ist die Neigung der Führungskräfte, in exotische Länder zu gehen, heute bei weitem nicht mehr so groß wie vor zwanzig oder dreißig Jahren.“

UNTERM STRICH

Kühne & Nagel

Firmenname	Kühne & Nagel (AG & Co)
Firmensitz	Bremen
Branche	Spedition
Hauptprodukt/ Dienstleistung	Spedition
Eigentumsverhältnis	Klaus-Michael Kühne, Hamburg, Lonrho PLC, London (je 50 Prozent)
Gesellschafter/ Geschäftsführer	Hans Friedrich Barmbold, Jürgen Koop, Klaus-Dieter Pietsch, Peter Wagner
Gründer	August Kühne, Friedrich Nagel
Gründungsjahr	1890
Mitarbeiter	3.782, inkl. internat. Schwestergruppen: 8.571, (1986)
Niederlassungen	12 (300 Betriebsstätten in 55 Ländern)
Umsatz	1,937 Mrd. DM, inkl. internat. Schwestergruppen 4,535 Mrd. DM (1986)
Zukunftsziel	Weltweite Aktivitäten im Speditions- und Transportgeschäft

Was macht den „Markenanbieter" Kühne & Nagel aus? „Wir zeichnen uns durch besonderen Service aus. Wir sind bekannt dafür, daß wir international die volle Palette der Dienstleistungen im Transportwesen anbieten können. Kühne & Nagel bietet alles in einer Hand." Weil eine Dienstleistung wie diejenige eines Spediteurs werblich nicht so einfach zu profilieren sei wie eine neue Zigarettensorte oder Seife, hänge die Imagebildung entscheidend von den persönlichen Kontakten ab. Jeder Verkäufer sei nicht nur Transportberater, sondern auch „Aushängeschild" des gesamten Unternehmens.

Was bedeutet es für Klaus-Michael Kühne, mit seinem Namen für das Unternehmen zu stehen? „Man hat es oft leichter. Viele Türen öffnen sich schneller. Ich muß aber auch - weit mehr als ein reiner Manager - Vorbild sein."

Porschefahrer und Junggeselle Klaus-Michael Kühne, der einen Wohnsitz in Hamburg und einen in der Schweiz hat, fühlt sich auch heute noch als Hanseat. Auch wenn die Alster und die Elbe nur Etappen im ruhelosen Leben des Chefs der Kühne & Nagel-Gruppe sind. Was aus dem Familienunternehmen Kühne & Nagel wird, wenn Klaus-Michael Kühne einmal abtritt? „Dann werden meine 50 Prozent wohl an eine Familien-Stiftung übergehen." Vorstellbar sei aber auch, daß Kühne & Nagel eines Tages an die Börse gehe.

Daß sein Familienname auf Containern und Lkw um die ganze Welt fährt, war für den eher introvertierten Klaus-Michael Kühne eigentlich von Jugend an selbstverständlich: „Ich habe es selten als Belastung empfunden, mit meinem Namen für dieses Unternehmen zu stehen. Ich bin Unternehmer mit Haut und Haaren. Es macht mir Spaß." Das Riesenunternehmen, das Geschäft - das schreibt Klaus-Michael Kühne ganz groß, sein Privatleben eher klein. Zeit, ein Buch zu lesen, habe er nur am Wochenende und im Urlaub. „Dafür jogge oder schwimme ich fast täglich. Das ist ein guter Ausgleich." In einem Satz: Klaus-Michael Kühne ist ein Unternehmer aus Leidenschaft.

Autorenverzeichnis

Beck, Barbara, Jahrgang 1961, Studium der Geschichte und Kunstgeschichte in Augsburg und München, Doktoranden-Studium.

Block, Hans-Joachim, Jahrgang 1942, Volontariat bei der „Freien Presse" (Osnabrück). Ab 1967 in der Zentralredaktion der „Neuen Westfälischen" (Bielefeld), seit 1968 Wirtschaftsredakteur dieser Zeitung.

Bößenecker, Dr. Hermann, Jahrgang 1928, Studium der Geschichte, Germanistik und Philosophie in Würzburg. Seit 1960 Wirtschaftskorrespondent in München (bis 1970 für „Die Welt", anschl. „Die Zeit"). Bücher: „Bayern, Bosse und Bilanzen", „Europa in der Stunde der Entscheidung".

Bräuninger, Friedrich, Jahrgang 1954, Lehre als Bankkaufmann, Volontariat bei der „Augsburger Allgemeinen Zeitung". Seit 1982 Redakteur der „Wirtschaftswoche" in Düsseldorf.

Brech, Jan, Dipl.-Kfm., Jahrgang 1938, Studium der Betriebswirtschaftslehre in Köln und Würzburg, Volontariat bei der Tageszeitung „Die Welt". Seit 1974 deren Wirtschaftskorrespondent in Hamburg.

Dennert, Christian, Jahrgang 1935, Graphikstudium in Mainz, Kreativ-Direktor INEX - Agentur für Marketing und Kommunikation, Koblenz.

Dudeck, Lothar, Jahrgang 1926, Studium der Zeitungswissenschaften, Germanistik und Geschichte in München. Lebt als freier Journalist und PR-Berater in Löwenstein/Württemberg.

Eichmeier, Dr. Jens-Peter, Jahrgang 1938, Studium der Volkswirtschaftslehre, Staatsrecht, Geschichte und Philosophie in Freiburg und Göttingen. Volontariat bei „Neue Ruhr Zeitung". Ab 1971 Redakteur bei den „Stuttgarter Nachrichten", seit 1985 dort Ressortleiter Wirtschaft.

Freitag, Michael, Jahrgang 1950, Studium der Soziologie, Germanistik und Musik in Hannover. Redakteur „Frankfurter Allgemeine Magazin".

Generotzky, Dr. Werner, Jahrgang 1938, Studium der Wirtschaftswissenschaften in Münster. Ressortleiter Wirtschaft beim Bielefelder „Westfalen-Blatt".

Gutmann, Hermann, Jahrgang 1930, Werftkaufmann, journalistische Ausbildung in Hannover, 1957–1974 Lokalredakteur beim „Weser-Kurier" (Bremen), 1974–1985 Reiseredakteur bei „essen & trinken" (Hamburg). Seit 1985 von Bremen aus freiberuflich tätig für Zeitungen, Zeitschriften, Funk und Fernsehen. Buchautor.

Hill, Stan, Jahrgang 1942, hat sich mit zahlreichen Veröffentlichungen in der Pfeifen-Literatur einen Namen gemacht.

Hoffmann, Jürgen P., Dipl.-Volksw., Jahrgang 1956, Studium der Volkswirtschaftslehre in Hamburg. Als freier Wirtschaftsjournalist seit 1982 tätig für „Hamburger Abendblatt", „Wirtschaftswoche", „Manager-Magazin". Buchautor „Öl – vom ersten bis zum letzten Tropfen" und „Die großen Wirtschaftsdenker".

Ingersoll, Robert, Jahrgang 1933, Studium der Anglistik, Theaterwissenschaften und Geschichte an der Universität Kalifornien. 1963–1968 Korrespondent für ausländische Zeitungen in Frankfurt, Stuttgart und München. Seit 1968 im Büro Bonn von McGraw-Hill World News, ab 1969 dort Chefkorrespondent. © Copyright für den Beitrag „Deutschlands Herausforderer der französischen und italienischen Herrenmode" by McGraw-Hill Publications Company/International Management.

Jacobi, Uwe, Jahrgang 1939, Chefreporter „Heilbronner Stimme", Theodor-Wolff-Preis 1975, Wächter-Preis der deutschen Tagespresse 1981, Konrad-Adenauer-Sonderpreis 1983.

Kaiser, Ulrich, Jahrgang 1934, lebt als freier Autor in Gröbenzell bei München.

Krause-Brewer, Fides, Jahrgang 1919, Studium der Volkswirtschaftslehre in Freiburg, von 1967 bis 1986 wirtschaftspolitische Korrespondentin des ZDF in Bonn.

Linke, Thomas, Jahrgang 1959, Studium der Volkswirtschaftslehre in Köln. Seit 1986 Redakteur in der Wirtschaftsredaktion der „Welt" in Bonn.

Lith, Fabian, Jahrgang 1930, Veröffentlichungen zu kulinarischen Themen.

Ludwig, Dr. Karlheinz, Jahrgang 1920, Studium der Wirtschaftswissenschaften in Erlangen. Seit 1956 freiberuflich als Journalist, Dozent und Wirtschaftsberater tätig.

Monsees, Horst, Jahrgang 1953, Studium der Volkswirtschaftslehre und Publizistik in Berlin. Volontariat bei der „Hannoverschen Allgemeinen Zeitung". Seit 1985 Wirtschaftsredakteur bei der „Frankfurter Neuen Presse".

Mühlbaur, Stephan, M.A., Jahrgang 1948, Studium der Politischen Wissenschaften in Freiburg/Breisgau. Volontariat beim „Straubinger Tagblatt". Seit 1986 Ressortleiter Wirtschaft beim „Donaukurier", Ingolstadt.

Nowak, Inge, Jahrgang 1959, Studium der Wirtschaftswissenschaften in Stuttgart. Volontariat bei der „Stuttgarter Zeitung". Seit 1985 dort Wirtschaftsredakteurin.

Neumann, Hubert, Jahrgang 1924, Studium der Politischen Wissenschaften in München. Lokal- und politischer Nachrichtenredakteur „Fränkischer Tag", Bamberg. Seit 1970 Wirtschaftskorrespondent der „Süddeutschen Zeitung" in Nürnberg. Publikationen: „Malta - Insel der Ritter", „Italienische Riviera", „Das Erbe der Gotik", Merian Heft Nürnberg.

Oehler, Klaus Dieter, Dipl.-Ökonom, Jahrgang 1956. Schiffahrtskaufmann, Volontariat bei der „Rheinischen Post" in Düsseldorf. Wirtschaftsredakteur der „Stuttgarter Zeitung".

Osterroth, Jochen v., Jahrgang 1944. Von 1971–1982 Mitarbeiter von World News IMC (Luxemburg), rallye racing, RTL, dpa und SID. Ab 1983 freier Journalist, Karikaturist und PR-Berater.

Reinke, Kurt, Jahrgang 1927. Bergmann, Arbeiter, Dolmetscher, Werbefachstudium. Anschließend Verlags-, Versicherungs- und Industriewerbung. Von 1962 bis 1986 Haus- und Werkzeitschriftleiter.

Rieck, Michael, M.A., Jahrgang 1957, Studium der Geschichte, Politischen Wissenschaften, Publizistik und Kommunikationswissenschaften in Bochum. Chefredakteur des Bonner Gründermagazins „Die Geschäftsidee".

Rien, Mark W., Jahrgang 1934, Studium der Literaturwissenschaft, Political Science, Anglistik und Philosophie in Hamburg, Oxford, Wien und St. Louis. Dozent für Literatursoziologie an amerikanischen Universitäten, Lektor des Rowohlt Verlages, Pressesprecher in Konzernen der Nahrungs- und Genußmittelindustrie. Seit 1981 Büro für Publizistik und Öffentlichkeitsarbeit.

Rodek, Hanns-Georg, Jahrgang 1958, Studium der Politologie, Anglistik und Germanistik in Freiburg/Breisgau. Seit 1985 Redakteur der „Südwest Presse", Villingen-Schwenningen. 1986 „Lokaljournalisten-Preis-Wirtschaft" des Württembergischen Genossenschaftsverbands, Feuilletonmitarbeiter „Die Welt", Bonn.

Schaake, Marlet, Jahrgang 1941, Journalistenausbildung in Hamburg. 1962 Korrespondentin für SAD in Paris, 1966 Redakteurin der „Weltwoche" und des „Tagesanzeiger", Zürich. 1974 Regieassistenz beim Deutschen und Schweizer Fernsehen, u. a. „Ihr Leben, Talkshow mit Guido Baumann". Lebt seit 1980 in Rom, „Cosmopolitan"-Autorin ab 1982.

Schankliss, Horst, Jahrgang 1925, nach entspr. Ausbildung im internationalen kommerziellen Überseefunkdienst tätig. Seit 1964 Ressortleiter für Waffenrecht, Schießsport und Informationen beim „Deutschen Waffenjournal".

Schmitt, W. Christian, Jahrgang 1944, Feuilletonredakteur, zuletzt Mitglied der Chefredaktion des „Börsenblatt für den Deutschen Buchhandel". Seit 1978 selbständiger, auf Buchmarkt- und Literaturthemen spezialisierter Journalist für Tageszeitungen und Fachblätter. Buchautor „Die Buchstaben-Millionäre. Begegnungen, Gespräche und Erfahrungen mit vierzig Schriftstellern", Anthologien-Herausgeber „Deutsche Prosa, Die Büchner-Preisträger".

Schuster, Ralf, Jahrgang 1956, Volontariat bei der Mainzer Verlagsanstalt. Seit 1985 stellvertretender Redaktionsleiter der Rüsselsheimer Tageszeitung „Main-Spitze".

Simsa, Dr. Paul, Jahrgang 1924, Studium der Völkerkunde in Mainz. Seit 1951 Beiträge in Motorfachzeitschriften. Ab 1955 Autor und Chefredakteur bei der „Motor-Presse", Stuttgart.

Sinkovicz, Wilhelm, Jahrgang 1960, Studium der Komposition, Musikwissenschaft und Philosophie in Wien. Musikkritiker und Redakteur der Tageszeitung „Die Presse", Wien.

Stock, Dr. Wolfgang, Jahrgang 1955, Studium der Wirtschafts- und Sozialwissenschaften, Romanistik und Germanistik in Aachen und Barcelona, Objektleiter Buch im Verlag Norman Rentrop, Bonn.

Ueffing, Brigitte, Dipl.-Volksw., Jahrgang 1940, Studium der Wirtschaftswissenschaften, Jura und Publizistik in München und Münster. Wirtschaftsredakteurin bei der „Rheinischen Post", Düsseldorf.

Weichselgartner, Julia, Jahrgang 1934. Tätigkeit in der Industrie. Mitarbeiterin und Korrespondentin der Tageszeitung „Die Welt" und der Nachrichten-Agentur „vwd". Seit 1982 Mitglied der Wirtschaftsredaktion der „Süddeutschen Zeitung", München.

Zacharias, Eva Maria, Jahrgang 1952, Volontariat bei der „Rheinischen Post". Seit 1975 freie Journalistin für Zeitungen, Zeitschriften, Hörfunk und Fernsehen. Buchautorin.

Zielgerecht planen — Erfolgreich führen

Rich · Gumpert · Schulze

Geschäftspläne — So sichern Sie Finanzierung und Erfolg Ihres Unternehmens

Oft scheitert der Plan, sich selbständig zu machen, an der Finanzierung. Was fehlt, sind Geschäftspläne, aus denen Kreditgeber die Chancen einer Existenzgründung ,,ablesen" können. Dieses Buch zeigt, wie man erfolgreiche Geschäftspläne gestaltet und die eigenen unternehmerischen Aktivitäten besser plant.
208 Seiten, gebunden, mit Schutzumschlag,
Bestell-Nr. 562 **49,80 DM**

Hans-Hermann Stück

Wirtschaftsrecht Ratgeber für Existenzgründer und Selbständige

Diese Neuerscheinung faßt für Unternehmensgründer und Selbständige die wichtigsten Bereiche des Wirtschaftsrechts vom Arbeitsrecht über das Gewerberecht bis hin zum Insolvenzrecht, zusammen. Kurz und übersichtlich erläutert der Autor an praktischen Beispielen, Mustertexten und Checklisten die Bedeutung des Rechts für Ihren wirtschaftlichen Alltag. Das Buch ist in einer leicht verständlichen Sprache geschrieben und überzeugt durch Praxisnähe und Verwertbarkeit. 192 Seiten,
Bestell-Nr. 573 **49,80 DM**

René Klaus Grosjean

Unternehmensfinanzierung — Ratgeber für Unternehmensgründer und Selbständige

Solide Finanzierung ist der Grundstein jedes erfolgreichen Unternehmens. Doch woher das Geld nehmen? Wie führen Sie geschickte Verhandlungen mit Banken, Gesellschaften, Spezialinstituten? Welche Bedeutung haben Leasing und Factoring für Ihre Finanzierung? Lesen Sie, wie Sie sich verhalten sollten, wenn es um die Auflösung einer Firma geht oder um eine Kreditkündigung oder, oder, oder... Lassen Sie sich informieren. Denn es geht um Ihr Geld.
Paperback, 192 Seiten
Bestell-Nr. 582 **49,80 DM**

T. Deal · A. Kennedy

Unternehmenserfolg durch Unternehmenskultur

Dieses Buch zeigt, daß hohe Gewinne letztlich nicht von rationalen Dingen wie Finanzplanung, Personalplanung, betriebswirtschaftlichen Analysen oder Kostenkontrolle abhängig sind. Viel wichtiger sind die inneren Werte. Die Motivation der Mitarbeiter. Die Vorbilder. Die Tradition. Und das Miteinander aller. Vom Chef über den Abteilungsleiter bis hin zum Lagerarbeiter. Die Erkenntnis: Starke Kulturen machen starke Unternehmen.
Originalausgabe, 224 Seiten,
Bestell-Nr. 571 **49,80 DM**

Erhältlich in jeder gutsortierten Buchhandlung oder direkt beim:

Verlag Norman Rentrop
Theodor-Heuss-Str. 4/U 1019 · 5300 Bonn 2
☎ (0228) 8205-0 · Tx 17228309 (ttx d) · ttx 228309 = rentrop